KB049790

제2판

세관조사와 관세형사법

김민정

박영사

제 2 판 머리말

세관조사를 받는 모든 범죄의 성립 및 처벌과 이에 대한 세관, 검찰, 법원에 이르기까지의 형사절차에 대한 지침서로 세관조사와 관세형사법을 출판한 지 2년이 지났다. 그동안 관세형사법과 관련한 규정에 유의미한 개정이 있어 전면 개정의 필요가 생겼다. 또한, 관세범의 처벌과 관련하여 대법원 양형위원회에서 관세범죄 양형기준을 도입하는 큰 변화가 있었다.

개정판의 특징은 다음과 같다.

관세법은 수출입통관절차와 관련하여 많은 개정이 있었다. 제1편 무역실무와 수출입통관 절차에 보세판매장 관련 규정의 개정, 통관보류, 보세구역 반입명령제도 등에 관한 내용을 보완하였다. 실무상 금괴 밀반송 등으로 인한 관세법위반 사건이 많아 반송통관에 관한 내용도 추가하였다. 목록통관 배제대상 물품, 여행자휴대품 면세범위, 우편물통관과 이사물품 통관과 관련한 개정내용과 개정양식을 모두 반영하였다.

제2편 관세채권의 성립·확정·소멸에서는 관세감면제도에 대하여 전면적 보완을 하였다. 관세포탈죄의 경우 조사 종결과 동시에 부과된 관세 등 세금 미납시 체납처분이 이루어지는데 이를 연기하고 경제생활을 영위할 수 있도록 납부기한 연장(분할납부 승인 신청) 제도에 관하여 소개하였다. 가산세, 납부고지서의 송달 등 실무적으로 중요한 규정의 개정 내용도 반영하였다.

제3·4편 관세형법 총(각)론과 관련하여서는 관세법상 몰수·추징 규정을 보완하고, 소위 '리얼돌'과 관련한 대법원 판례의 변화, 구매대행과 해외직구시 밀수입죄와 관세포탈죄와 관련한 규정 개정 내용을 반영하였다. 밀수출(반송)죄 관련 내용을 보강하고, 최근 문제되는 할당관세, FTA와 관련한 관세포탈죄 관련 내용을 추가하였다. 부정수출입죄의 경우 수출입 관련 제한 규정의 개정사항을 모두 반영하였다.

　　제5편 광의의 관세형법과 관련하여, 개정 대외무역법은 국내생산물품 등의 원산지 표시 위반행위에 대한 단속 근거를 마련하고 벌칙규정을 정비하는 등 원산지 관련 처벌규정을 강화하였다. 지식재산권에 관한 죄의 경우 종래 친고죄로 규정되어 있었으나 최근 대부분 반의사불벌죄로 개정되어 세관조사가 이들 범죄에 대해서도 활발히 이루어지고 있다. 이에 관련 규정을 추가하고, 수입식품안전관리특별법, 외국환거래법의 개정사항도 충실히 반영하였다.

　　제6편 관세형사절차와 관련하여, 기업심사 과정에서의 권리보호방법, 세관조사(수사)시 임의수사의 제한과 강제수사인 구속, 압수수색제도에 관한 내용을 추가하였다. 공판준비절차와 공판절차에 관하여도 대폭 보강하였다.

　　마지막으로, 종래 관세범죄의 경우 양형기준이 없어 법관에 따라 자의적으로 형량이 정해지는 것이 아닌가 하는 우려가 있었다. 이에 대법원 양형위원회에서는 형량범위나 감경 또는 가중인자에 대하여 정한 관세범죄 양형기준을 도입하였다. 이 책의 부록으로 2023. 7.부터 시행 중인 관세범죄 양형기준 전문을 실어 세관조사 또는 관세형사재판을 받는 경우 참고할 수 있도록 하였다. 이밖에 실무적으로 빈번히 문제되는 원산지표시와 관련하여 개별 물품의 원산지표시방법도 부록으로 실어 두었다.

2023년 9월
저자

머리말

세관조사는 관세법위반뿐만 아니라 대외무역법위반 등 원산지에 관한 죄, 상표법위반 등 지식재산권에 관한 죄, 수입식품안전관리특별법위반 등 국민보건에 관한 죄, 외국환거래에 관한 죄 등에 대하여도 이루어진다. 이 책은 세관조사를 받는 모든 범죄의 성립 및 처벌과 이에 대한 세관, 검찰, 법원에 이르기까지의 형사절차에 대한 지침서라고 할 수 있다.

이 책의 특징은 다음과 같이 요약할 수 있다.

첫째, 무역계약의 성립부터 대금결제, 운송 등의 무역실무, 수출입통관절차, 관세의 부과징수, 관세범죄의 성립과 처벌, 세관조사 등 형사절차를 시간 순서대로 설명하였다. 각 단계별로 법위반을 하지 않도록 주의할 점이 무엇인지 부연하여 수출입업자나 운송업자 등이 관련 지식이 부족하여 법위반에 이르는 결과가 되지 않도록 도움을 주고자 하였다. 이를 위해 무역실무와 통관절차라는 큰 흐름과 그 안에서 관세가 부과되는 경우에 대해 먼저 설명하고, 그 기초 위에 이 책의 원래의 목적인 관세범죄와 형사절차에 대해 설명하는 방식을 택하였다. 즉, 제1편에서는 무역실무부터 화물의 이동 및 수출입통관절차를, 제2편에서는 관세채권의 성립·확정·소멸에 대하여 다루었다. 제3편과 제4편에서는 관세형법 총론과 각론으로 나누어 관세법위반에 대하여 설명하였다. 제5편에서 세관조사를 받는 관세법 외에 다른 법률을 광의의 관세형법으로 보아 설명하였고, 제6편에서 세관조사와 처분, 수사의 종결 등 형사절차에 대하여 설명하였다.

둘째, 세관조사를 받을 수 있는 모든 범죄에 대하여 쟁점별로 법위반 여부를 빠짐없이 점검할 수 있도록 하였다. 하나의 물품을 적법하게 통관하기 위해서는 관세법 외에도 여러 법률을 검토하여야 한다. 원산지, 지식재산권, 외국환거래 등에 관하여 관련 규정이 여러 법률에 혼재되어 있고 복잡하여 법률의 부지로 법위반이 되는 경우가 적지 않다. 이에 이 책에서는 이를 쟁점별로 정리하였다. 원산지에 관한 죄에서 관세법·대외무역법·FTA특례법 등에 혼재되어 있는 원산지 규정들을 모두 비교·정리하였고, 지식재산권에 관한 죄에서 상표법·저작권법·디자인보호법위반의 경우 공통적으로 적용되는 관세법상 지식재산권보호조치와 각 구성요건 및 처벌의 차이에 관하여 다루었다. 국민보건에 관한 죄에서는 수입식품안전관리특별법·식품위생법·건강기능식품법·의료기기법·약사법·화장품법의 관계와 각 구성요건 및 처벌뿐만 아니라 세관 외에 식품의약품안전처에서의 행정절차에 관하여도 다루었다. 그리고 외국환거래에 관한 죄에서 외국환거래법, 재산국외도피죄, 범죄수익등은닉·가장·수수죄를 한 데 모아 정리하였다.

셋째, 무역서적을 따로 보지 않아도 관세형사법을 이해하는 데 어려움이 없도록 무역실무에 대한 설명과 자료를 모두 실었다. 무역실무 지식은 수사기관이나 법조계에서 필요할 수 있다. 실제 실무를 하는 수출입업자나 운송업자 등 피의자(피고인)의 언어를 이해하고 실행의 착수나 고의 여부 등을 판단하는 데에 무역실무에 대한 이해가 선행되어야 하므로 이를 간접적으로나마 경험할 수 있도록 하였다. 이를 위해, 인보이스·선하증권·포장명세서 등 무역서식, 수출입신고서와 수출입신고필증·통관목록·간이신고서 등 수출입통관 관련 서식, 원산지증명서 등 무역실무 및 수출입신고와 관련된 중요서식은 설명과 함께 실물을 직접 볼 수 있게 하였고, 컨테이너 터미널의 구조 등은 그림으로 넣어 현장감을 느낄 수 있도록 하였다. 그 밖에 무역실무에서 자주 쓰는 약어는 모두 제목에 부기하여 무역실무에 익숙해지도록 하였다. 또한, 관세포탈죄와 같은 관세수입의 확보를 보호법익으로 하는 범죄의 이해를 위해 관세의 성립·확정·소멸 등 관세법의 조세실체법적인 내용도 설명하였다.

넷째, 일반 국민이 관세법위반 등으로 불의의 타격을 입지 않도록 해외직구나 구매대행에 관하여 별도로 자세히 설명하였다. 종전에는 전문적인 수출입업자가 관세법위반으로 처벌되는 경우가 대부분이었으나, 전자상거래의 활성화로 최근 세관조사 사례의 상당수는 해외직구나 구매대행으로 인한 것이다. 이러한 범죄는 조직적, 전문적 밀수범죄라기보다 수출입을 업으로 하지 않고 한 행위이거나 생계형 범죄인 경우가 많다. 그러나 관세법은 밀수입죄 등에 대해 법정형이 중한데다 몰수·추징 규정이 있고, 특가법에 따라 가중처벌되며, 자유무역지역법에 따라 필요적 몰수·추징하는 등 중한 처벌이 이루어지고 있다. 이에 실무상 자주 문제되는 해외직구나 구매대행와 관련하여 밀수입죄 등 관세법위반에 해당되는 경우에 대하여 자세히 소개하고, 국민보건에 관한 죄 등에서 건강기능식품, 화장품 등 개별 물품의 통관방법과 관세법위반 등이 되는 사례들을 설명하였다.

　　다섯째, 관세형사절차와 관련하여서는 납세자나 피의자 등 조사를 받는 입장에서 도움이 될 수 있도록 하였다. 관세형사절차는 통관 과정이나 기업심 사 과정에서 시작되기도 하고, 관세포탈시 부족세액을 추징하는 절차가 동시 에 이루어지며, 상당 부분 통고처분으로 종결되는 특징이 있다. 이에 세관조사 단계뿐만 아니라 범칙조사로 전환될 수 있는 기업심사 단계에서의 납세자나 피의자의 권리보호를 위한 제도, 형사절차와 동시에 진행되는 관세의 부과징 수와 이에 대한 불복절차, 그리고 세관에서 처분하는 원산지표시위반등으로 인한 과징금과 외국환거래법위반으로 인한 과태료의 부과 및 권리구제절차에 대하여도 설명하였다. 수입식품 등의 경우 세관조사 이후에 일어나는 식약처 (청)의 영업정지 또는 과징금 부과절차 등 세관조사와 관련된 모든 절차에 대 하여도 빠짐없이 다루었다. 이를 통해 세관조사를 받는 피의자가 향후 어떤 절 차에 놓이게 되는지 알고 부당하게 권리를 침해당하지 않으며 불복절차를 밟 아나갈 수 있도록 하였다.

　　이 책이 수출입 과정에서 어려움을 겪거나 세관조사를 받는 수출입업자 등과 세관이나 법조계 실무가들에게 도움이 되었으면 한다.

2021년 7월
저자

차 례

제 I 편 무역실무와 수출입통관절차

제 1 장 관세법과 무역실무

제 2 장 수출입통관절차

제 2 편 관세채권의 성립·확정·소멸

제 1 장 관세와 조세법률주의

제 2 장 관세채권의 성립

제 2 장 관세범의 처벌에 관한 특별규정

제 4 편　관세형법 각론

제 1 장　전자통관시스템에 관한 죄

제 2 장 밀수출입에 관한 죄

제 3 장 관세포탈에 관한 죄

제 4 장 부정수출입에 관한 죄

제 5 장   허위신고에 관한 죄

제 5 편 　광의의 관세형법

제 1 장 　원산지에 관한 죄

제 2 장　지식재산권에 관한 죄

제 3 장   국민보건에 관한 죄

제 4 장 외국환에 관한 죄

제 6 편　관세형사절차

제 1 장　세관조사(수사)

제 2 장　관세청장 또는 세관장의 처분

제 3 장 관세범의 공소시효

제 4 장　수사의 종결과 공판

법령약어표

관세법	법
관세법 시행령	시행령
관세법 시행규칙	시행규칙
관세와 무역에 관한 일반 협정 제7조의 이행에 관한 협정 1994	WTO 관세평가협정
(WTO Agreement on Implementation of Article Ⅶ of the GATT 1994)	
건강기능식품에 관한 법률	건강기능식품법
국제조세조정에 관한 법률	국조법
금융실명거래 및 비밀보장에 관한 법률	금융실명법
농수산물의 원산지 표시에 관한 법률	원산지표시법
마약류 관리에 관한 법률	마약류관리법
멸종 위기에 놓인 야생 동·식물의 국제거래에 관한 협약	멸종위기협약
세계무역기구협정 등에 의한 양허관세 규정	양허관세규정
수입식품안전관리 특별법	수입식품법
수출용 원재료에 대한 관세 등 환급에 관한 특례법	환특법
식품 등의 표시·광고에 관한 법률	식품표시광고법
자유무역지역의 지정 및 운영에 관한 법률	자유무역지역법
자유무역협정의 이행을 위한 관세법의 특례에 관한 법률	FTA특례법
총포·도검·화약류 등의 안전관리에 관한 법률	총포화약법
특정경제범죄 가중처벌 등에 관한 법률	특경법
특정범죄 가중처벌 등에 관한 법률	특가법
폐기물의 국가 간 이동 및 그 처리에 관한 법률	폐기물이동법

화학물질의 등록 및 평가 등에 관한 법률   화학물질등록평가법

관리대상화물 관리에 관한 고시   관리고시
관세법 제226조에 따른 세관장확인물품
        및 확인방법 지정고시   세관장확인고시
관세평가 운영에 관한 고시   관세평가고시
국가관세종합정보망의 이용 및 운영 등에 관한 고시   국종망고시
국제우편물 수입통관 사무처리에 관한 고시   우편물고시
국제평화및안전유지등 의무이행을 위한
        무역에 관한 특별조치 고시   특별조치고시
남북 교역물품의 원산지확인에 관한 고시   남북물품고시
납세업무 처리에 관한 고시   납세고시
보세운송에 관한 고시   보세운송고시
보세판매장 운영에 관한 고시   보세판매장고시
보세화물관리에 관한 고시   화물고시
보세화물 입출항 하선·하기 및 적재에 관한 고시   입출항고시
사후관리에 관한 고시   사후관리고시
소요량의 산정 및 관리와 심사에 관한 고시   소요량고시
수입통관사무처리에 관한 고시   수입고시
수출용원재료에 대한 관세 등 환급사무처리에
        관한 고시   수출용원재료고시
수출통관사무처리에 관한 고시   수출고시
여행자 및 승무원 휴대품 통관에 관한 고시   여행자고시
원산지표시제도 운영에 관한 고시   원산지운영고시
종합보세구역의 지정 및 운영에 관한 고시   종합보세구역고시
지식재산권 보호를 위한 수출입통관
        사무처리에 관한 고시   지식재산권고시
특송물품 수입통관 사무처리에 관한 고시   특송고시
품목분류사전심사제도 운영에 관한 고시   품목분류고시

A.T.A.까르네에 의한 일시수출입 통관에
    관한 고시   까르네고시

관세범의 고발 및 통고처분에 관한 훈령   고발·통고처분훈령
관세법 등에 따른 과태료 부과징수에 관한 훈령   과태료훈령
기업심사 운영에 관한 훈령   기업심사훈령
밀수 등 신고자 포상에 관한 훈령   밀수훈령
세관공무원의 범칙조사에 관한 훈령   범칙조사훈령
압수물품의 보관관리에 관한 훈령   압수훈령
여행자정보 사전 확인제도 운영에 관한 훈령   APIS훈령
외국환거래법에 따른 행정처분 및 과태료
    부과징수에 관한 훈령   외국환훈령
체납정리 사무처리에 관한 훈령   체납훈령

관세청 전자통관시스템
    https://unipass.customs.go.kr   유니패스
Advance Customs Valuation Arrangement
    for transactions between related parties   ACVA

World Customs Organization   WCO
(세계관세기구)
World Trade Organization   WTO
(세계무역기구)

제 1 편

무역실무와
수출입통관절차

제1장

관세법과 무역실무

제 1 절 총 설

　무역실무는 크게 무역계약의 성립과 그 이행으로서 대금결제, 운송, 보험으로 나눌 수 있다. 수출업자 또는 수입업자는 해외시장조사를 통해 거래상대방을 물색하고 거래를 제의한다. 이후 두 당사자는 품명, 수량, 가격 등 상품에 대한 사항과 인코텀즈 2020 등 무역계약의 이행에 필요한 거래조건에 대하여 약정한다. 무역계약은 계약조건을 구두로 합의한 후 상업송장으로 대체하거나, 무역계약서를 작성하는 경우도 있다. 무역계약의 이행은 물품의 인도에 필요한 운송과 그 반대급부인 대금의 결제 과정이라고 볼 수 있다. 무역계약이 체결되면 수출업자는 물품을 확보하여 수출통관한 후 수입업자에게 보내고 은행으로부터 수출대금을 회수한다. 수출업자가 계약물품을 선적하여 보내면 수입업자는 수입대금을 결제하고 화물을 인도받는다. 운송과 대금결제에 필수적인 서류로 상업송장, 선하증권, 포장명세서 등이 있고, 이들 서류는 세관에서 통관 또는 심사·조사시에도 필수적으로 요구되는 서류이다.

제 2 절 무역계약의 성립

Ⅰ. 무역거래조건과 관세범죄

　무역계약이란 국제간 매매계약을 말한다. 무역계약은 일반적으로 해외시장조사, 상품에 대한 조회(inquiry), 오퍼의 발행 및 승낙, 계약체결의 순서로 진행된다.

무역계약에서 수출업자와 수입업자간 위험의 이전과 물품가격에 운임·보험료 등 비용부담에 관하여 정한 것을 무역거래조건이라 한다. 수출업자가 운임·보험료를 지불하는 조건인 경우 수출업자는 이 비용을 계약금액에 포함시켜 수입업자로부터 지급받는다. 수출업자가 운임·보험료를 지불하지 않는 경우 수입업자는 수입신고시 이를 과세가격에 포함시켜야 하므로(법 제30조 제1항 제6호, 시행령 제20조 제5항), 결과적으로 무역거래조건이 달라도 관세는 대부분의 경우 거의 동일하다.

운임·보험료가 포함되지 않은 무역거래조건인 경우 운임·보험료를 가산하지 않으면 관세포탈죄 등이 문제될 수 있으므로 주의해야 한다. 예컨대, FOB조건인데 수입신고시 총과세가격에 수입업자가 부담한 운임·보험료를 가산하지 않은 경우 고의성이 있다면 관세포탈죄가 성립할 수 있다.

Ⅱ. Incoterms 2020

1. 의 의

무역계약은 필연적으로 운송이 수반되고 이에 따라 매도인과 매수인은 운송비나 보험료 등 비용의 부담과 위험의 이전 등에 관하여 명확히 정할 필요가 있다. 국제상업회의소는 무역거래조건의 해석으로 인한 분쟁을 예방하기 위해 1936년 '무역거래조건의 해석에 관한 국제규칙(International Rules for Interpretation of Trade Terms)을 제정하였다. 이를 International Commercial Terms의 약칭인 Incoterms라 부른다. 국제상관습의 변화에 따라 여러 번의 개정을 거쳐 2020. 1. 1.부터 Incoterms 2020이 시행되고 있다. 인코텀즈는 특정 국가의 국내법이나 국제조약이 아니어서 무역계약에 자동적으로 적용되는 것이 아니라 무역계약에서 인코텀즈의 적용을 명시함으로써 계약에 편입되어 국제물품매매계약의 일부가 된다.[1]

---

1) 김상만, 인코텀즈 2020 주요 개정 내용과 시사점, 경북대학교 법학연구원 법학논고 제67집, 2019. 260-261면.

2. 내 용

인코텀즈 2020은 매도인과 매수인의 의무, 매도인이 언제 어디서 물품을 인도하여 위험이 이전하는지, 어느 당사자가 어떤 비용을 부담하는지 등에 대하여 규정하고 있다. 11개 규칙의 주요 내용은 다음과 같다.[2]

① EXW 조건

Ex Works의 약자이다. 공장인도조건이라 한다. 매도인에게 최소한의 의무가 있는 조건이다. 원칙적으로 매도인은 지정인도장소에서 물품을 수취용 차량에 적재하지 않은 채로 수입업자의 처분 하에 둠으로써 인도하여야 한다. 물품이 인도된 때로부터 물품의 멸실 또는 훼손의 모든 위험은 매수인이 부담한다.

② FCA 조건

Free Carrier의 약자이다. 운송인 인도조건이라 한다. 매도인은 수출통관을 하여 매수인이 지정한 운송인에게 물품을 인도하여야 하고, 그때까지의 비용과 위험을 부담한다. 수출통관은 매도인이, 수입통관은 매수인이 한다.

③ CPT 조건

Carriage Paid To의 약자이다. 운송비지급 인도조건이라 한다. 매도인은 지정인도장소에서 물품을 그 자신과 운송계약을 체결한 운송인에게 인도한다. 이 조건에서는 물품의 인도장소(위험이전장소)와 물품의 목적지를 구분해야 한다. 인도와 위험의 이전은 인도장소에서 이루어지지만, 매도인은 물품의 목적지까지 운송계약을 체결하고 운송비를 부담한다. 즉, 인도지점과 비용부담지점이 상이하다.

④ CIP 조건

Carriage and Insurance Paid To의 약자이다. 운송비·보험료지급 인도조건이라 한다. 매도인은 지정인도장소에서 그와 운송계약을 체결한 운송인에게 물품을 인도한다. 수출통관은 매도인이, 수입통관은 매수인이 수행한다. 매도

---

2) 김상만, 위 논문, 268-277면.

인은 운송계약과 보험계약의 체결의무가 있다. 인코텀즈 2010에서는 보험부보
조건이 협회적하약관(C)[Institute Cargo Clause(C)]였으나 인코텀즈 2020에서는 부
보범위가 협회적하약관(A)[Institute Cargo Clause(A)]로 강화되었다.

⑤ DAP 조건

Delivered At Place의 약자이다. 목적지 인도조건이라 한다. 매도인은 물품
을 지정목적지에서 도착운송수단에 실어둔 채 양하준비 상태로 매수인의 처분
하에 둠으로써 인도한다. 물품이 목적지에 도착하는 때에 인도되므로 인도와
목적지의 도착은 동일하다. 매도인은 도착운송수단으로부터 물품을 양하할 필
요는 없다. 그러나 매도인이 체결한 운송계약에서 인도장소에서의 양하 관련
비용이 발생한 경우 이러한 비용은 매도인이 부담하며, 당사자간 달리 합의되
지 않은 한 매도인은 그 양하 관련 비용을 별도로 매수인에게 청구할 권리가
없다.

⑥ DPU 조건

Delivered At Place Unloaded의 약자이다. 도착지양하 인도조건이라 한다.
매도인은 물품을 지정목적지에서 도착운송수단에서 양하하여 매수인의 처분하
에 둠으로써 인도한다. 매도인이 도착지에서의 양하 관련 위험과 비용을 부담
하는 것을 원하지 않는 경우 DAP 조건을 사용하여야 한다.

⑦ DDP 조건

Delivered Duty Paid의 약자이다. 관세지급 인도조건이라 한다. 수출업자
가 수입항까지의 운임 및 보험료에 더하여 수입통관하여 수입국의 지정목적지
까지 운송할 의무가 있다.

⑧ FAS 조건

Free Alongside Ship의 약자이다. 선측인도조건이라 한다. 매도인은 매수
인이 지정한 선박의 선측(부두 또는 바지선)에 인도할 때까지 위험과 비용을 부
담한다. 수출통관은 수출업자가, 수입통관은 수입업자가 한다.

⑨ FOB 조건

Free On Board의 약자이다. 본선인도조건이라 한다. 수출업자는 물품이 지정된 선적항에서 수입업자가 지정한 선박에 적재될 때까지 위험과 비용을 부담한다. 따라서 매수인은 그 이후의 모든 비용을 부담하게 된다. 수출통관은 수출업자가, 수입통관은 수입업자가 한다. FOB조건은 해상운송이나 내수로운송에만 사용되므로 물품이 본선에 적재되기 전에 운송인에게 이전되는 경우에는 FCA 조건이 적합하다.

⑩ CFR 조건

Carriage and Freight의 약자이다. 운임포함 인도조건이라 한다. 매도인은 물품을 본선에 적재함으로써 인도하여야 한다. 물품의 멸실 또는 훼손의 위험은 본선에 적재된 때 이전한다. 매도인은 인도장소로부터 지정목적항까지 물품을 운송하는 운송계약을 그 비용으로 체결하여야 한다. 수출통관은 매도인이, 수입통관은 매수인이 수행한다.

⑪ CIF 조건

Cost, Insurance and Freight의 약자이다. 운임·보험료포함 인도조건이라 한다. 매도인은 물품을 지정선적항에서 매도인이 지정한 본선에 적재함으로써 인도하여야 한다. 물품의 멸실 또는 훼손의 위험은 본선에 적재된 때 이전한다. 매도인은 인도장소로부터 지정목적항까지 물품을 운송하는 운송계약을 그 비용으로 체결하여야 하고, 선적항부터 적어도 목적항까지 매수인의 물품의 멸실·훼손 위험에 대하여 보험계약을 체결해야 한다. 수출통관은 매도인이, 수입통관은 매수인이 수행한다. 물품이 컨테이너터미널에서 운송인에게 교부되는 경우에는 둘 이상의 운송수단이 사용되므로, 이 경우는 CIP 조건이 적합하다.

Ⅲ. 무역계약서와 상업송장

1. 무역계약서

(1) 의 의

무역계약은 구두로도 성립한다. 실무상 수출업자의 견적송장(Proforma Invoice)에 수입업자가 서명하거나 수출업자의 견적서에 대해 수입업자가 발행한 구매주문서(Purchase Order)에 상대방이 서명하는 것으로 계약서를 대체하기도 한다. 양 당사자가 계약서의 형식으로 구속력 있는 합의를 작성하는 경우도 있는데, 이러한 무역계약서에는 양 당사자가 합의한 품질, 수량, 거래조건, 포장·선적조건, 결제, 클레임 및 중재조항, 불가항력조항 등에 대하여 정한다.

(2) 준거법

우리나라는 2004. 2. 17. 「국제 물품매매 계약에 관한 국제연합 협약」(United Nations Convention on Contracts for the International Sale of Goods, 일명 '비엔나 협약'이라 한다)에 관한 가입서를 국제연합에 기탁하여 2005. 3. 1.부터 발효되었다. 미국이나 중국 등 주요국 대부분 역시 이 협약에 가입하고 있어 이러한 국가의 계약당사자들의 경우 준거법에 관하여 달리 정하지 않았다면 비엔나 협약이 국제물품매매에 관한 준거법으로 적용된다. 비엔나 협약은 매매계약의 성립 및 그 계약으로부터 발생하는 수출업자와 수입업자의 권리의무만을 규율한다고 규정하고 있어(비엔나협약 제4조), 비엔나 협약이 규율하지 않는 사항에 관해서는 국제사법에 의하여 지정되는 법이 준거법이 된다. 이와 같이 계약당시 예상하지 못한 국가의 법이 준거법이 될 수 있기 때문에 추후 분쟁에 대비하여 무역계약서 작성시 미리 준거법에 대하여 정하여두는 것이 좋다.

2. 상업송장(Invoice)

(1) 의 의

상업송장이란 수출업자가 작성·서명하여 수입업자에게 보내는 선적화물의 계산서 및 내용명세서를 말한다. 따라서 본래 상업송장은 무역계약의 이행으로서 수출업자가 수입업자에게 보내주는 운송서류 중 필수적인 서류이다.

수출지은행에서 환어음을 매입할 때 화환어음의 담보물권이 되는 운송서류에 상업송장이 포함되어야 하므로 무역금융의 필수적인 서류라고도 할 수 있다.

이와 구별되는 것으로 견적송장(pro forma invoice)이 있다. 견적송장은 수출업자가 수입업자에게 수출물품의 가격 등을 산정하여 보내는 견적서를 말한다.

(2) 기 능

세관에서 수입통관 심사시 과세가격 증명자료로 상업송장을 요구하므로, 수입업자에게는 수입상품의 정확성 및 진실성을 입증하기 위한 세관신고의 증거자료가 되고, 수입계산서의 역할도 한다. 실무상 구두합의로 인해 성립한 무역계약의 경우 무역계약서를 작성하지 않고 상업송장으로 거래계약의 존재 및 이행의 증거자료로 사용하는 경우가 많다.3) 따라서 관세범칙 사건에 있어서도 상업송장은 중요한 증거자료가 되고, 이에 세관조사시에도 상업송장과 수입신고서·외환송금내역의 일치 여부 등을 조사하게 된다.

(3) 작성방법

상업송장은 특정 양식이 있는 것은 아니나 수출대금을 신용장에 의해서 결제할 경우에는 신용장통일규칙에 따라 상업송장을 작성해야 한다(UCP 제18조). 따라서 수출업자(수익자)는 신용장개설의뢰인(수입업자) 앞으로 신용장 금액의 범위 내에서 신용장상의 상품명세와 일치하게 작성하여야 한다. 상업송장의 기재사항으로는 서식 1.과 같이 상품명, 수량, 단가, 인도조건, 지불조건, 총금액, 매수인, 매도인, 포장방법, 화인 등이 있다.4)

---

3) 박대위 외, 333－335면.
4) 한국무역협회(https://www.kita.net).

[서식 1. COMMERCIAL INVOICE]

① Shipper/Seller KRGILTRA159SEO	⑦ Invoice No. and date
GILDING TRADING CO., LTD. 159, SAMSUNG−DONG, KANGNAM−KU, SEOUL, KOREA	8905 BK 1007 MAY. 20. 2007
	⑧ L/C No. and date 55352 APR. 25. 2007
② Consignee MONARCH PRODUCTS CO., LTD. 5200 ANTHONY WAVUE DR. DETROIT, MICHIGAN 48203 U. S. A	⑨ Buyer(if other than consignee) MONARCH PRODUCTS CO., LTD. 5200 ANTHONY WAVUE DR. DETROIT, MICHIGAN 48203 U. S. A
	⑩ Other references COUNTRY OF ORIGIN: REPUBLIC OF KOREA
③ Departure date MAY. 20, 2007	
④ Vessel/flight ⑤ From PHEONIC BUSAN,KOREA	⑪ Terms of delivery and payment F.O.B BUSAN L/C AT SIGHT
⑥ To DETROIT, U.S.A	

⑫ Shipping Marks	⑬ No.&kind of packages	⑭ Goods description	⑮ Quantity	⑯ Unit price	⑰ Amount
		NYLON OXFORD	60,000M	US$1.00/M	US$60,000
MON/T DETROIT LOT NO C/NO.1−53 MADE IN KOREA	420 1208.06KGS. MATERIAL. AS PER MONARCH PRODUCTS INDENT NO. T. 858	DP X	420D		

Signed by
⑱

제3절 무역대금결제

I. 무역대금결제와 관세범죄

무역계약은 거래당사자가 국외에 있어 안전한 대금지급의 확보 방법이 중요하다. 신용장 방식은 은행이 지급을 보증한다는 점에서 수입자 입장에서 안전하나 은행 수수료 등 비용이 발생한다는 단점이 있다. 따라서 첫 거래시 통상 신용장 방식을 많이 이용하게 된다. 첫 거래 이후 수출자와 수입자 간 신뢰가 쌓인 경우이거나 수급이 불안정한 물품으로 수출자가 거래상 우위에 있는 경우 D/A, D/P, T/T 방식을 이용하게 된다.

무역대금의 결제는 관세포탈죄나 외국환거래법위반과 관련이 있다. 실제 세관조사를 할 때에도 기본적으로 수입신고금액과 실제 대금지급액을 비교한다. 수입신고금액보다 실제 대금지급액이 크다면 저가신고로 인한 관세포탈죄가 문제된다. 수입신고금액보다 실제 대금지급액이 적다면 상계나 제3자 지급 등 외국환거래법위반에 해당될 수 있다.

II. 신용장(L/C) 방식

1. 의 의

신용장(Letter of Credit; L/C)이란 그 조건과 일치하는 제시에 대해 결제하겠다는 개설은행의 확정적 약속을 말한다. 서로 다른 나라에 있는 수출업자와 수입업자는 대금회수불능의 위험과 상품입수불능의 위험이 있다. 신용장 방식이란 이러한 대금회수불능의 위험을 상쇄시키기 위해 공신력 있는 은행을 개입시켜 대금결제를 담보하는 결제방식을 말한다. 대부분의 신용장거래에서 각 당사자들의 권리·의무, 은행이 서류와 신용장조건의 일치여부 검토시 적용해야 하는 원칙이나 해석기준, 운송서류의 수리요건 등에 관하여는 신용장통일규칙(Uniform Customs and Practice for Documentary Credits; UCP)이 준거법으로 적용되고 있다.

2. 신용장 거래의 특성

(1) 독립성의 원칙

신용장은 매매계약 또는 기타 계약에 근거를 두고 발행된 것이기는 하나 그러한 계약과는 별도로 매매계약 당사자와 은행 간 체결되는 별개의 독립된 계약이다. 따라서 은행은 신용장에 매매계약에 관한 어떠한 참조사항이 포함되어 있더라도 그러한 계약과는 아무런 관계가 없으며 이에 구속되지 아니한다(UCP 제3조). 이에 따라 수입업자가 일방적으로 대금지급의 보류를 요청하더라도 신용장의 독립성에 따라 수출업자는 대금결제를 받을 수 있게 된다.

(2) 추상성의 원칙

신용장 거래에서 모든 당사자는 서류상의 거래를 행하는 것이며, 이들 서류에 관련될 수도 있는 상품이나 용역 또는 기타 계약이행에 의하여 거래를 하는 것이 아니다(UCP 제5조). 은행은 신용장 조건을 충족시켰는가를 오직 서류상으로만 확인하고 수출대금을 결제하여야 한다. 실무상 이러한 추상성을 악용하여 은행으로 하여금 수출대금을 결제하도록 하고 이 돈을 해외에 빼돌려 재산국외도피죄가 문제된 사례들이 있다. 휴·폐업등 부실기업이 부도 직전에 수입가격을 부풀려서 허위수입신용장을 개설하고 허위 선적서류를 발급받아 현품과 운송서류의 내용이 다르더라도 운송서류가 신용장 조건에 일치하는 경우 수입자의 지급거절에도 불구하고 은행에서 대신 지급할 의무가 발생하는 것을 악용하는 것이다.[5]

3. 당사자

수출업자는 신용장이 발행되는 상대방으로, 수익자라 한다. 신용장 개설의뢰인은 수입업자가 된다. 개설은행은 개설의뢰인의 요청과 지시에 따라 신용장을 발행한다. 통지은행은 개설은행이 발행한 신용장을 수출업자에게 전달해 주는 은행이다. 확인은행은 개설은행의 확약과 별도로 신용장에 의해 발행된 환어음의 지급, 인수, 매입 등을 추가로 확약하는 은행이다. 매입은행은 환어음

---

5) 부산본부세관, 7-8면.

을 자기 자금으로 매입해주고 환어음과 운송 서류 등을 개설은행에 송부하고 대금을 돌려받는다. 지급은행은 개설은행을 대신해서 수출업자에게 대금을 지급해주는 은행을 말한다. 매입은행이 운송서류는 개설은행에 송부하지만 환어음은 제3의 은행에 보내 상환 받는 경우가 있는데, 이때 상환해주는 은행을 상환은행이라 한다.6)

4. 결제과정

① 수출업자와 수입업자는 결제조건을 신용장 방식에 의할 것을 조건으로 매매계약을 체결한다. ② 수입업자는 거래은행인 외국환은행에 수출업자 앞으로 신용장 개설을 요청한다. 이때 개설은행은 수입업자에게 담보를 요구하게 된다. ③ 신용장 개설은행은 신용장을 개설한 후 수출업자가 소재하는 지역의 외국환은행에 신용장을 수출업자에게 통지해주도록 요청한다. ④ 수출업자는 통지은행으로부터 신용장을 수령하고, 물품을 선적한 후 선박회사 또는 항공

[그림 1. 신용장 거래과정]

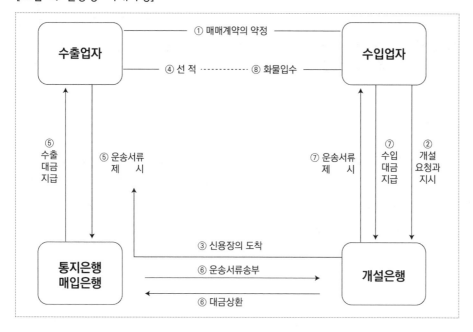

6) 박대위 외, 197－201면.

사로부터 선하증권(항공화물운송장)을 받는다. ⑤ 수출업자는 거래은행에 가서 신용장 조건에 따른 운송서류의 매입을 의뢰하여 수출대금을 회수한다. ⑥ 수출업자에게 대금을 결제해준 매입은행은 환어음과 운송서류를 신용장 개설은행으로부터 추심하여 개설은행으로부터 대금을 상환받는다. ⑦ 개설은행은 송부받은 운송서류를 수입업자에게 제시하고 수입업자는 이에 따른 수입대금을 지급한다. ⑧ 수입업자는 운송서류 중 선하증권을 제시하고 물품을 입수한다. 이러한 절차는 그림 1.과 같다.[7]

Ⅲ. 추심(D/A · D/P) 방식

1. 의 의

추심방식에 의한 결제란 추심의뢰인인 수출업자가 거래은행인 추심의뢰은행에 화환추심어음을 발행하여 수입업자로부터 대금을 회수하는 것을 말한다. 은행의 지급확약이 없다는 점에서 신용장방식과 구별된다. 수출업자의 대금회수불능 위험이 신용장방식보다 크므로 신규거래보다 상호 신뢰관계가 있는 기존 거래처의 경우 주로 이용하게 된다. 신용장 방식의 경우 수수료가 많이 발생하고 수입업자가 신용장 개설에 따른 담보를 제시하여야 하기 때문에 추심방식을 이용하는 경우가 많다.

2. 유 형

인수인도조건과 지급인도조건이 있다. 인수인도조건(Documents against Acceptance; D/A)은 수입업자가 환어음을 인수하는 것만으로 운송서류를 찾아갈 수 있는 조건이다. 지급인도조건(Documents against Payment; D/P)은 수입업자가 운송서류를 찾기 위해서는 어음에 대한 지급을 하여야 하는 조건이다.

---

7) 구종순, 202-203면.

3. 결제과정8)

(1) D/A 방식

수출업자는 수출물품을 선적한 후 운송서류와 환어음을 추심의뢰은행에 추심의뢰한다. 추심의뢰은행은 추심은행에 운송서류와 환어음을 송부하고, 추심은행이 수입업자에게 운송서류의 도착을 통지하면 수입업자는 지급 또는 인수 후 운송서류를 확보하고 화물을 인도받게 된다.

[그림 2. D/A 방식 거래과정]

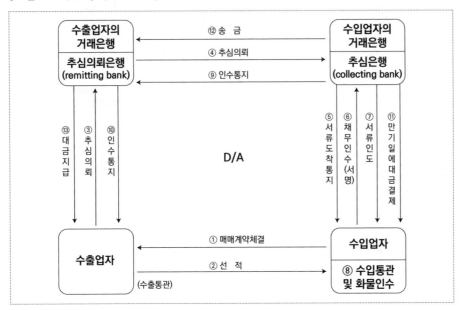

(2) D/P 방식

수출업자는 수출물품을 선적한 후 수입자를 지급인으로 수출자를 수취인으로 한 일람불 환어음을 발행하여 선적서류와 함께 거래 외국환은행에 추심을 의뢰하고, 추심의뢰은행은 이를 수입지의 은행에 추심요청을 한다. 추심은행은 수입자가 환어음 대금을 지급함과 동시에 선적서류를 수입업자에게 인도하고 그 대금을 추심의뢰은행에 송금하여 수출업자가 수출대금을 지급받는다.

---

8) 이하 그림 포함 한국무역협회, 155-156면.

[그림 3. D/P 방식 거래과정]

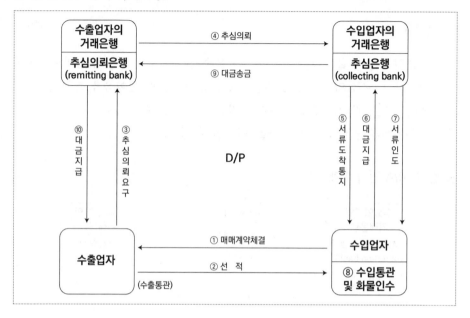

Ⅳ. 송금(T/T) 방식[9]

1. 의 의

　　송금방식이란 수입업자가 수출업자에게 거래대금을 송금하는 것을 말한다. 송금방식에는 송금수표, 우편송금환, 전신송금환 방식이 있다. 이 중 전신송금환(Telegraphic Transfer; T/T)을 이용하여 결제하는 경우가 대부분인데, 이를 실무상 T/T 결제방식이라 한다. 대금결제과정이 수입업자가 수출업자의 계좌번호로 송금하는 단순한 방식이어서 금융비용을 절약할 수 있지만 송금의 시기에 따라 수출업자 또는 수입업자의 위험이 따르는 문제가 있다. 수입업자가 물품을 받기 전 미리 대금을 지급하는 사전송금의 경우 수입업자는 물품회수불능의 위험에 놓이게 되고, 수출물품의 인도와 동시에 또는 인도 후 송금하는 경우 수출업자는 대금회수불능의 위험에 놓이게 되는 것이다. 따라서 이 방식은 수출입업자 간 신뢰관계가 있는 경우 많이 이용된다.

---

9) 이하 한국무역협회, 150－154면.

2. 종 류

송금시기에 따라 사전송금방식, 대금교환도 조건, 사후송금방식이 있다. 사전송금방식은 수출대금 전액을 수출물품의 선적 전에 미리 송금받는 방식으로 수출자에게 유리하다. 대금교환도 조건은 물품 또는 선적서류의 인도와 동시에 수출대금을 외국환은행을 통하여 송금 받는 결제방식을 말한다. 사후송금방식은 물품의 인도(선적) 후에 주로 전신환으로 대금을 결제하는 방식을 말한다.

3. 결제과정

(1) 사전송금방식

수입업자 거래은행에 수출업자에 대한 송금을 의뢰하면, 송금은행은 수출업자가 소재하는 지역의 환거래은행을 지급은행으로 지정하여 수출업자에게 대금의 지급을 전신으로 지시하고, 지급은행이 수출업자에게 송금도착통지를 하면 수출업자는 수출대금을 회수할 수 있다.

[그림 4. 사전송금방식 거래과정]

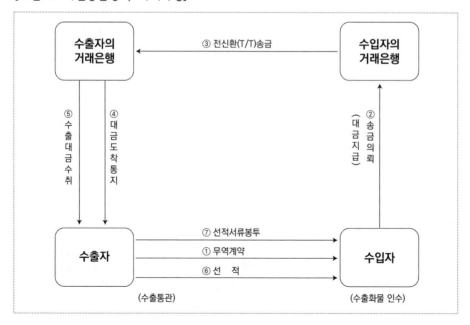

(2) 현물상환방식(Cash On Delivery; COD)

수입업자가 소재하는 국가에 수출자의 지사나 대리인이 있는 경우 수출업자가 물품을 지사 등에 송부하면 수입업자가 물품의 품질 등을 검사한 후 물품과 현금을 상환하여 물품대금을 송금한다.

[그림 5. COD방식 거래과정]

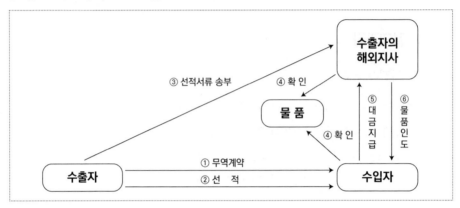

(3) 서류상환방식(Cash Aganist Document; CAD)

수출업자가 물품을 선적하고 수입업자 또는 수출국에 소재하는 수입업자의 대리인이나 지사에게 선적서류를 제시하면 서류와 상환하여 대금을 결제한다.

[그림 6. CAD방식 거래과정]

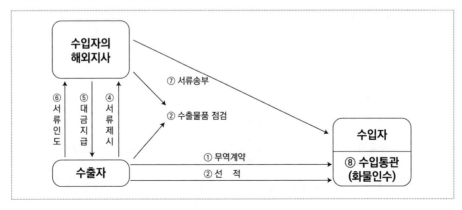

(4) 사후송금방식

수출업자가 물품을 선적하고 선적서류를 송부한 후 수입업자는 선사로부
터 물품을 인수하고 거래은행에 송금을 의뢰하여 수입대금을 결제한다.

[그림 7. 사후송금방식 거래과정]

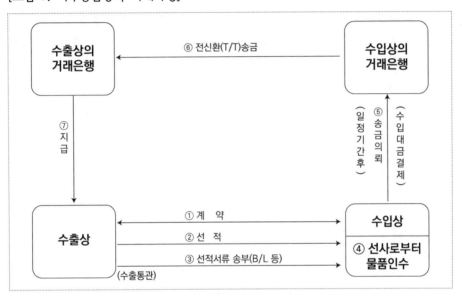

제 4 절   운송과 보험

Ⅰ. 운송과 운송서류

1. 운송의 종류

운송의 종류로는 해상운송, 항공운송, 복합운송이 있다. 해상운송은 선
박을 운송수단으로 타인의 화물이나 사람을 운송하고 그 대가로 운임을 받
는 것을 말한다. 해상운송은 대량운송이 가능하여 항공운송보다 운임이 저
렴하다는 특징이 있다. 항공운송은 육상운송이나 해상운송에 비해 신속하다
는 장점이 있다. 복합운송이란 여러 운송수단을 이용하여 운송하는 것을 말

한다.

2. 운송인과 운송주선업자(포워더)

운송인이란 선박회사, 항공사 등을 말한다. 화물운송주선업자란 화물운송의 주선을 업으로 하는 자를 말한다. 실무상 화물운송주선업자(freight forwarder, 포워더)는 운송서류의 작성, 포장, 창고보관, 혼재업무 등 운송에 관하여 필요한 부수적인 업무와 더불어 통관까지 대행하는 경우가 많다. 특히 복합운송에서는 주로 화물운송주선업자(freight forwarder)가 전 운송구간에 걸쳐 효율적인 운송수단을 선정하고 운송책임을 진다.

보세운송업자, 보세화물을 취급하려는 화물운송주선업자, 국제무역선·국제무역기 또는 국경출입차량에 물품을 하역하는 것을 업으로 하는 자 등은 세관장에게 등록하여야 한다(법 제222조 제1항, 시행령 제231조).

3. FCL/LCL 화물과 CY/CFS

(1) 의 의

오늘날 대부분의 수출입화물 운송은 컨테이너 운송에 의한다. 관세범죄의 피의자(피고인)가 "포워더에게 의뢰해서 FCL 화물로 만들어서 수출하려고 하다가 CY에서 세관에 적발되었다"라고 말할 때 컨테이너 화물의 용어나 컨테이너 터미널의 구조를 모르면 쉽게 그 내용을 파악할 수 없다. 전체적인 물류의 흐름 중 어느 과정에서 문제되었는지 파악하는 것은 기본적인 사실관계를 이해하는 것뿐만 아니라 실행의 착수시기나 고의 여부 등을 판단하는 데에도 반드시 필요하다.

(2) 컨테이너 화물의 종류

동일한 규격의 컨테이너를 사용하면 적재나 양륙시간을 단축하고 운송수단 간의 환적에도 용이하다. 따라서 해상운송에 국한하지 않고 육상, 항공운송 등 복합운송에 이르기까지 컨테이너 운송이 일반적으로 이용되고 있다. 컨테이너의 규격 중 가장 많이 사용되고 있는 것은 20 feet와 40 feet이다.

FCL(Full Container Load) 화물은 컨테이너에 들어 있는 화물 전부를 1명의 화주가 소유하고 있는 것을 말한다(컨테이너고시 제2조 제3호). LCL(Less Than Container) 화물은 여러 화주의 화물을 1개의 컨테이너에 같이 실은 것을 말한다(동조 제4호). 이러한 LCL 화물이 모여서 하나의 컨테이너가 채워진다.

(3) 컨테이너 보관장소

컨테이너 터미널(Container Terminal; CT)은 컨테이너 전용부두에 설치되어 있는 컨테이너 전용대합실을 말한다. CY(Container Yard)는 CT 내에 컨테이너 보관장소로 FCL 화물을 쌓아 두는 곳을 말한다. CFS(Container Freight station)는 여러 곳에서 들어온 화물을 모아 놓고 컨테이너에 적입할 수 있는 곳을 말한다. 여러 곳에서 온 LCL 화물은 CFS에서 화주별, 목적지별로 혼재되어 하나의

[그림 8. 컨테이너 터미널의 구조]

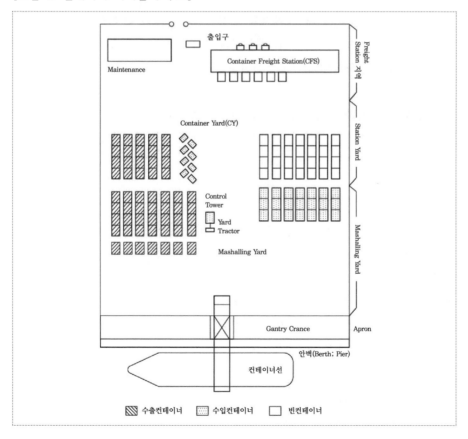

컨테이너로 채워진 후 CY로 이동하게 된다. 따라서 LCL 화물을 CFS 화물이라고 부르기도 한다.[10] 컨테이너 터미널의 구조는 그림 8.과 같다.[11]

4. 선하증권(B/L)

(1) 의 의

운송서류는 선하증권, 항공화물운송장, 복합운송증권 등이 있다. 그 중 대표적인 것은 선하증권이다. 선하증권(Bill of lading)이란 선박회사가 화물을 선적한 후 수취증으로 발급하는 운송서류이다. 약칭으로 B/L이라고 한다. 선박회사가 발급하는 선하증권을 Master BL, 운송주선인이 발급하는 선하증권을 House BL이라 한다.

(2) 선하증권의 기능

선하증권은 화물에 대한 권리를 주장할 수 있는 권리증권이다. 선하증권 소지인은 화물을 소유할 법적 권리를 갖게 되고, 선주도 반드시 선하증권과 상환하여 화물을 인도하여야 한다. 선하증권에는 화물의 수량, 중량, 상태 등이 기재되기 때문에 화물에 대한 명세서이기도 하다. 따라서 세관에서는 서류심사의 경우나 관세범칙 사건을 조사할 때 신고된 물품과 실제 반출입된 물품이 동일한지 여부 등을 확인하기 위하여 상업송장과 더불어 선하증권과 포장명세서를 요구한다.

(3) 선하증권의 기재사항

선하증권에는 선박의 명칭·국적 및 톤수, 송하인이 서면으로 통지한 운송물의 종류, 중량 또는 용적, 포장의 종별, 개수와 기호, 운송물의 외관상태, 용선자 또는 송하인의 성명·상호, 수하인 또는 통지수령인의 성명·상호, 선적항, 양륙항, 운임, 발행지와 그 발행연월일, 수통의 선하증권을 발행한 때에는 그 수, 운송인의 성명 또는 상호, 운송인의 주된 영업소를 기재한다(상법 제853조 제1항).[12] 선하증권은 서식 2.와 같다.

---

10) 이용근, 391-397면.
11) 이용근, 395면을 바탕으로 수정.
12) 한국무역협회(https://www.kita.net).

23
제1장/ 관세법과 무역실무

[서식 2. Bill of Lading]

① Shipper/Exporter ABC TRADING CO. LTD. 1. PIL−DONG, JUNG−KU, SEOUL, KOREA		⑪ B/L No. ; But 1004		
② Consignee TO ORDER OF XYZ BANK				
③ Notify Party ABC IMPORT CORP. P.O.BOX 1, BOSTON, USA				
Pre−Carriage by	⑥ Place of Receipt BUSAN, KOREA			
④ Ocean Vessel WONIS JIN	⑦ Voyage No. 1234E	⑫ Flag		
⑤ Port of Loading ⑧ Port of Discharge ⑨ Place of Delivery ⑩ Final Destination(For the Merchant Ref.) BUSAN, KOREA BOSTON, USA BOSTON, USA BOSTON, USA				

⑬ Container No. ⑭ Seal No. Marks & No	⑮ No. & Kinds of Containers or Packages	⑯ Description of Goods	⑰ Gross Weight	Measurement
ISCU1104	1 CNTR	LIGHT BULBS (64,000 PCS)	4,631 KGS	58,000 CBM
Total No. of Containers or Packages(in words)				

⑱ Freight and Charges	⑲ Revenue tons	⑳ Rate	㉑ Per	㉒ Prepaid	㉓ Collect
㉓ Freight prepaid at	㉔ Freight payable at	㉖ Place and Date of Issue May 21, 2007, Seoul Signature			
Total prepaid in	㉕ No. of original B/L				
㉗ Laden on board vessel Date Signature May 21, 2000		㉘ ABC Shipping Co. Ltd. as agent for a carrier, zzz Liner Ltd.			

5. 항공운송과 항공화물운송장(Airway Bill)

(1) 항공운송

항공운송은 신속하다는 장점이 있는 대신 운임이 비싸고 일시에 대량의 화물을 운송할 수 없는 단점이 있었다. 이에 종전에는 주로 부피가 작고 신속한 운송을 요하는 고가제품에 대하여만 항공운송을 이용하였다. 이후 대형 화물전용기를 이용하게 되면서 대량운송이 가능해졌고 컨테이너 운송이 발전함에 따라 육상운송, 해상운송과 연계한 항공운송이 가능하게 되었다.[13]

(2) 항공화물운송장(Airway Bill)

항공운송의 경우 선하증권과 같은 운송계약 체결을 증명하는 역할을 하는 것으로 항공화물운송장(Airway Bill)이 있다. 송화인과 운송인 사이에 항공운송계약이 체결되면 운송인은 항공화물운송장을 발급한다. 선하증권이 양도성이 있는 유가증권임에 반해 항공화물운송장은 양도성이 없고, 화물 수취증으로 기능할 뿐이다. 송화인은 운송장에 기재된 운임 및 기타 수수료를 지불해야 하기 때문에 운송장은 항공사가 송화인에게 청구하는 운임청구서이기도 하다. 화물이 항공사에게 제공하는 화주보험에 가입된 경우 이러한 사실이 운송장에 기재되면 운송장은 화물이 보험에 가입하였다는 것을 증명하는 보험증명서가 될 수 있다.

(3) 항공화물운송장의 발행방식

항공화물운송장에 반드시 기재되어야 할 필수사항은 출발지, 도착지, 예정 기항지, 적용조약 및 항공사의 책임제한에 관한 고지이다. 운송장 발행에 근거가 되는 운송서류는 신용장, 상업송장, 포장명세서 등이다. 작성된 운송장의 내용은 근거서류와 일치해야 한다. 이 밖에 운송장에 기재되는 내용은 송화인, 수화인, 통화, 운송신고가격, 보험, 운임, 상품명, 운임지급방법, 중량, 취급상의 주의사항 등이다. 항공화물운송장은 서식 3.과 같다.[14]

---

13) 구종순, 119면.
14) 한국무역협회(https://www.kita.net).

[서식 3. Airway Bill]

Shipper's Name and Address	Shipper's Account Number	Not negotiable Air Waybill issued by	**KOREAN AIR**

Copies 1, 2 and 3 of this Air Waybil are originals and have the same validity.

Consignee's Name and Address	Consignee's Account Number	It is agreed that the goods described herein are accepted in apparent good order and condition (except as noted) for carriage SUBJECT TO THE CONDITIONS OF CONTRACT ON THE REVERSE HEREOF. THE SHIPPER'S ATTENTION IS DRAWN TO THE NOTICE CONCERNING CARRIER'S LIMITATION OF LIABILITY. Shipper may increase such limitation of liability by declaring a higher value for carriage and paying a supplemental charge if required.

Telephone :

Issuing Carrier's Agent Name and City	Accounting Information

Agent's IATA Code	Account No.

Airport of Departure(Addr. of First Carrier) and Requested Routing

TO	By First Carrier	Routing and Destination	to	by	to	by	Currency	CHGS Code	WT/VAL		Other		Declared Value for Carriage	Declared Value for Customs
									PPD	COLL	PPD	COLL		

Airport of Destination	Flight/Date	For Carrier Use Only	Flight/Date	Amount of Insurance	INSURANCE — If Carrier offers Insurance, and such insurance is requested in accordance with conditions on reverse hereof, indicate amount to be insured in figures in box marked 'amount of Insurance'.

Handling Information

No. of Pieces RCP	Gross Weight	kg lb	Rate Class Commodity item No.	Chargeable Weight	Rate / Charge	Total	Nature and Quantity of Goods (incl. Dimensions or Volume)

Prepaid	Weight Charge	Collect	Other Charges

Valuation Charge

Tax

Total Other Charges Due Agent	Shipper certifies that the particulars on the face hereof are correct and that insofar as any part of the consignment contalns dangerous goods, such part is properly described by name and is in proper condition for carriage by air according to the applicable Dangerous Goods Regulations.

Total Other Charges Due Carrier

- -

Signature of Shipper or his Agent

Total Prepaid	Total Collect

- -

Currency Conversion Rates	CC Charges In Dest. Currency	Executed on(date)	at(place)	Signature of Issuing Carrier or its Agent

For Carrier's Use Only at Destination	Charges at Destination	Total Collect Charges

ORIGINAL 3(FOR SHIPPER)

6. 포장명세서(Packing List)

포장명세서(Packing List)는 선적화물의 포장 및 포장단위별 순중량, 총중량, 포장의 일련번호 등을 기재함으로써 운송과 통관의 편의를 위해 수출업자가 수입업자 앞으로 작성하는 서류이다. 포장명세서는 상업송장의 기재내용을 보완하는 역할을 한다. 따라서 수출입통관절차에서 심사자료로 사용되고,[15] 관세범칙사건에서도 인보이스, 선하증권과 함께 조사의 필수적인 서류로 활용된다. 특히 밀수출입죄와 같이 물품의 동일성 여부, 수출입 여부가 쟁점이 되는 사건에서 포장명세서는 화물의 동일성 등을 증명하는 서류로 중요한 역할을 한다. 포장명세서 기재사항은 서식 4.와 같다.[16]

Ⅱ. 보 험

1. 해상보험 등

운송 도중의 위험은 원칙적으로 운송인이 보상하지만 약관에 의하여 손해를 전액보상하지는 않는다. 따라서 보험이 필요하게 된다. 해상보험은 화물의 이동구간에서 우발적인 사고에 의해 선박이나 적하에 대한 손해에 대하여 보험금을 지급하는 것을 내용으로 하는 손해보험의 일종이다. 실무상 해상보험만 부보하고 운송상 위험이나 화재의 위험 등은 특약사항에 포함하는 방식을 취한다. 따라서 해상보험은 성격상 해상손해뿐만 아니라 항해에 부수되는 육상이나 항공위험까지도 확장 담보해주는 육상·해상혼합보험의 성격을 가진다.[17]

항공화물의 경우에도 항공운송인이 면책되는 경우 보험을 부보할 필요가 있다. 항공운송은 사고가 발생하면 전손되는 특수성을 가지고 있어 이를 담보하기 위한 협회항공화물약관(Institute Air Cargo Clauses) 등이 사용되고 있다.

---

15) 남풍우, 523 – 524면.
16) 한국무역협회(https://www.kita.net).
17) 남풍우, 394면.

2. 보험서류

보험계약이란 보험자가 피보험자에게 해상손해를 보상할 것을 확약하는 계약이다. CIF나 CIP 조건 등 수출업자가 보험에 대한 의무를 지는 거래조건인 경우 보험서류는 운송서류와 마찬가지로 필수적으로 구비해야 하는 신용장의 기본서류가 된다.

신용장에서 요구하는 보험서류로는 보험증권과 보험증명서가 있다. 보험 증권은 보험계약 성립의 증거로 보험자가 피보험자의 청구에 따라 교부하는 증거증권이다. 통상 배서나 인도에 의하여 양도된다. 보험증명서는 수출업자가 보험회사와 일정기간 동안 보험가입과 관련한 포괄계약을 체결한 후 실제로 보험가입 필요가 있을 때마다 보험회사로부터 받는 보험서류를 말한다.[18]

---

18) 남풍우, 505-507면.

[서식 4. PACKING LIST]

① Seller
   Gil Dong Trading Co., Ltd.
	⑧ Invoice No. and date
	   8905 HC 3108 Aug. 15, 2012.		

② Consignee(or For account & risk of Messrs.)
   Monarch Products Co., Ltd.
   P.O.Box 208
   Bulawayo, Zimbabwe
	⑨ Buyer(if other than consignee)
	   Monarch Products Co., Ltd.
	   P.O.Box 208
	   Bulawayo, Zimbabwe		

③ Notify Party
   Same as above.
	⑩ Other references
	   Country of Origin:
	   Republic of Korea		

④ Departure date Aug. 20, 2012.			
⑤ Vessel/flight ⑥ From Phoenix BUSAN, KOREA			
⑦ To Bulawayo, Zimbabwe			

⑪ Shipping Marks	⑫ No.&kind of packages	⑬ Goods description	⑭ Quantity or net weight	⑮ Gross Weight	⑰ Measurement
MON/T Bulawayo LOT NO C/NO.1–53 MADE IN KOREA //	4200DX420D Material, As per Monarch Products Indent No T.858	Nylon Oxford	60,000M 1208.06Kgs.	1,317kgs	24.5CBM

Signed by
   ⑱

제2장

수출입통관절차

제1절 총 설

통관이란 관세법의 절차를 이행하여 물품을 수출, 수입, 반송하는 것을 말한다(법 제2조 제13호).[1] 관세의 부과·징수 및 수출입물품의 통관을 적정하게 하려는 관세법의 목적을 달성하기 위해서는 화물이 입출항하여 수출입신고가 이루어지기 전 단계부터 내국물품과 섞이지 않도록 하는 세관의 통제와 감시가 필요하다.[2] 이를 위해 관세법은 제6장(운송수단), 제7장(보세구역), 제8장(운송) 등에서 수출입신고 전 화물의 입출항 단계부터 수출입업자, 운송업자등에게 각종 의무를 지우고 세관의 관리가 이루어지도록 하고 있다.

세관의 관리는 수출입신고의 적정을 기하기 위한 예방적 역할을 할 뿐만 아니라 관세범칙사건의 적발에도 큰 기여를 한다. 즉, 관세법에 따라 화물의 경우 선장이나 기장은 입국시 적재화물목록 등을 세관장에게 제출하고 이에 따라 모든 물품에 화물관리번호가 부여되며 세관에서는 관리대상화물을 선별하여 우범화물에 대한 검사를 하는 등으로 통관단계에서 관세범을 적발하고 있다. 여행자의 경우 출국시 세관신고절차를 두고 입국시 선장이나 기장의 세관장에 대한 여객명부 보고, 신용카드업자의 여행자 카드사용내역 제출 등의 제도를 통해 우범화물의 반입이나 밀수 등을 세관에서 적발할 수 있도록 하고 있다.

따라서 관세범칙사건의 이해를 위해서는 수출입신고절차뿐만 아니라 화

---

1) 환적은 포함되지 않는다.
2) 이 책에서는 화물의 이동에 따른 세관의 감시와 통제를 '관리'라고 통칭하기로 한다.

물의 흐름과 이에 대한 세관의 관리에 대하여 알아둘 필요가 있다. 이하에서는 통관의 적정을 기하기 위한 핵심적인 제도인 보세구역제도부터 각 통관형태별로 화물의 이동과 세관의 관리, 이후 이루어지는 수출입신고절차에 대하여 시간 순서대로 설명하였다.

제 2 절 보세구역제도

I. 개 관

보세란 관세 등 세금을 납부하지 않은 상태, 즉 수입통관절차가 완료되지 않은 상태를 말한다. 그리고 이 상태의 외국물품을 보세화물이라 한다. 보세구역이란 보세화물을 세관 관리 하에 장치·검사·전시·제조·건설·판매할 수 있도록 하는 곳을 말한다. 보세운송이란 동적인 개념으로 외국으로부터 수입하는 화물을 입항지에서 통관하지 아니하고 세관장에게 신고하거나 승인을 얻어 외국물품 상태 그대로 다른 보세구역으로 운송하는 것을 말한다.

보세구역은 지정보세구역, 특허보세구역, 종합보세구역으로 나눌 수 있다. 지정보세구역은 세관장이 지정하는 보세구역으로 지정장치장과 세관검사장이 있다. 특허보세구역은 사인의 신청에 대해 세관장이 하는 특허행위로 보세창고, 보세공장, 보세건설장, 보세판매장, 보세전시장이 있다. 종합보세구역은 지방자치단체의 장, 중앙기관장 또는 사인의 신청에 대해 관세청장이 지정한다.

II. 지정보세구역

1. 의 의

지정보세구역이란 통관 물품을 일시장치하거나 검사하기 위한 장소로 세관장이 지정한 구역을 말한다. 지정보세구역으로는 지정장치장과 세관검사장이 있다. 주로 국가·지방자치단체, 공항시설 또는 항만시설을 관리하는 법인이 소유하거나 관리하는 토지·건물 기타 시설에 대하여 세관장의 지정에 의해서 지정보세구역이 된다(법 제166조).

2. 지정장치장

통관을 하려는 물품을 일시장치하기 위한 장소로 세관장이 지정하는 구역을 말한다(법 제169조). 지정장치장에 반입한 물품은 화주 또는 반입자가 그 보관을 책임을 진다(법 제172조 제1항). 세관장은 지정장치장의 질서유지와 화물의 안전관리를 위하여 필요하다고 인정할 때에는 화주를 갈음하여 보관의 책임을 지는 화물관리인을 지정할 수 있다(법 제172조 제2항). 현재 지정된 화물관리인으로는 사단법인 한국관세무역개발원 등이 있다. 지정장치장의 화물관리인은 세관장의 승인을 받은 요율에 따라 화물관리에 필요한 비용을 화주로부터 징수할 수 있다(법 제172조 제3항).

3. 세관검사장

통관하려는 물품을 검사하기 위한 장소로 세관장이 지정하는 지역을 말한다(법 제173조 제1항). 세관장은 검사를 받을 물품의 전부 또는 일부를 세관검사장에 반입하여 검사할 수 있다(동조 제2항). 세관검사장에 반입되는 물품의 채취·운반 등에 필요한 비용은 화주가 부담한다(동조 제3항).

Ⅲ. 특허보세구역

1. 의 의

특허보세구역이란 사인의 신청에 의하여 사인의 토지나 시설 등에 대하여 세관장이 보세구역으로 특허한 장소를 말한다(법 제174조 제1항). 특허보세구역은 보세창고, 보세공장, 보세건설장, 보세전시장, 보세판매장이 있다. 특허기간은 10년의 범위 내에서 신청한 기간으로 하되(법 제176조 제1항, 시행령 제192조), 보세전시장과 보세건설장의 특허기간은 박람회, 공사 기간을 고려하여 세관장이 정하는 기간으로 하고(법 제176조 제2항), 보세판매장은 두 차례에 한정하여 특허를 갱신할 수 있고, 갱신기간은 한 차례당 5년 이내로 한다(법 제176조의2

제6항).

특허보세구역에 물품을 장치하는 기간은 보세창고와 그 밖의 특허보세구역에 따라 다르다. 보세창고의 장치기간은 ① 외국물품(③에 해당하는 물품은 제외한다)은 1년의 범위에서 관세청장이 정하는 기간으로,3) ② 내국물품(③에 해당하는 물품은 제외한다)은 1년의 범위에서 관세청장이 정하는 기간으로, ③ 정부비축용물품, 정부와의 계약이행을 위하여 비축하는 방위산업용물품·장기간 비축이 필요한 수출용원재료와 수출품보수용 물품으로서 세관장이 인정하는 물품·국제물류의 촉진을 위하여 관세청장이 정하는 물품은 비축에 필요한 기간으로 한다. 그 밖의 특허보세구역은 해당 특허보세구역의 특허기간으로 한다(법 제177조 제1항).

2. 보세창고

(1) 의 의

보세창고는 외국물품이나 통관을 하려는 물품을 장치하는 보세구역이다(법 제183조 제1항).4) 운영인은 미리 세관장에게 신고를 하고 외국물품이나 통관을 하려는 물품의 장치에 방해되지 아니하는 범위에서 보세창고에 내국물품을 장치할 수 있다. 다만, 동일한 보세창고에 장치되어 있는 동안 수입신고가 수리된 물품은 신고 없이 계속하여 장치할 수 있다(동조 제2항). 운영인은 세관장의 승인을 받아 보세창고에 1년(수입신고수리 물품은 6개월) 이상 계속하여 내국물품만을 장치할 수 있다(동조 제3항).

(2) 내국물품 반출의무

내국물품으로서 장치기간이 지난 물품은 그 기간이 지난 후 10일 내에 그 운영인의 책임으로 반출하여야 한다(법 제184조 제1항). 1년 이상 내국물품 장치승인을 받은 경우에도 그 승인기간이 지난 경우에는 이와 같다(동조 제2항).

---

3) 다만, 세관장이 필요하다고 인정하는 경우에는 1년의 범위에서 그 기간을 연장할 수 있다.

4) 보세구역에는 인화질·폭발성 물품을 장치하지 못하고, 보세창고에는 부패할 염려가 있는 물품 또는 살아있는 동물이나 식물을 장치하지 못한다. 이러한 물품은 그 장치를 위해 특수한 설비를 한 보세구역에서만 장치할 수 있다(시행령 제174조).

3. 보세공장

(1) 의 의

보세공장은 외국물품을 원료 또는 재료로 하거나 외국물품과 내국물품을 원료 또는 재료로 하여 제조·가공하거나 그 밖에 이와 비슷한 작업을 할 수 있는 보세구역이다(법 제185조 제1항). 보세공장에서는 세관장의 허가를 받지 아니하고는 내국물품만을 원료로 하거나 재료로 하여 제조·가공하거나 그 밖에 이와 비슷한 작업을 할 수 없다(동조 제2항). 관세법은 수입통관 후 보세공장에서 사용하게 될 물품에 대하여는 통관 전에 보세공장에 직접 반입하여 수입신고를 하게 할 수 있게 하여 물류의 흐름이 원활이 이루어질 수 있도록 하고 있다(동조 제6항).[5]

한편, 운영인은 보세공장에 반입된 물품을 그 사용 전에 세관장에게 사용신고를 하여야 한다(법 제186조 제1항). 이 경우 세관공무원은 그 물품을 검사할 수 있다. 사용신고를 한 외국물품이 마약, 총기 등 다른 법령에 따라 허가·승인·표시 또는 그 밖의 요건을 갖출 필요가 있는 물품으로서 관세청장이 정하여 고시하는 물품인 경우에는 세관장에게 그 요건을 갖춘 것임을 증명하여야 한다(동조 제2항).

(2) 보세공장 외 작업 허가

세관장은 가공무역이나 국내산업의 진흥을 위하여 필요한 경우에는 기간, 장소, 물품 등을 정하여 해당 보세공장 외에서 보세공장 외 작업을 허가할 수 있다(법 제187조 제1항). 허가를 받아 지정된 장소(공장 외 작업장)에 반입된 외국물품은 지정된 기간이 만료될 때까지는 보세공장에 있는 것으로 본다(동조 제5항). 세관장은 보세공장 외 작업 허가를 받은 보세작업에 사용될 물품을 관세청장이 정하는 바에 따라 공장외작업장에 직접 반입하게 할 수 있다(동조 제6항). 보세공장 외 작업허가시 지정된 기간이 지난 경우 해당 공장외작업장에 허가된 외국물품이나 그 제품이 있을 때에는 해당 물품의 허가를 받은 보세공장의 운영인으로부터 그 관세를 즉시 징수한다(동조 제7항).

---

5) 법률 제6305호.

(3) 제품과세와 원료과세

외국물품이나 외국물품과 내국물품을 원료로 하거나 재료로 하여 작업을 하는 경우 그로써 생긴 물품은 외국으로부터 우리나라에 도착한 물품으로 보아 제품에 대하여 과세한다. 다만, 세관장의 승인을 받고 외국물품과 내국물품을 혼용하는 경우에는 그로써 생긴 제품 중 해당 외국물품의 수량 또는 가격에 상응하는 것은 외국으로부터 우리나라에 도착한 물품으로 본다(법 제188조).

보세공장에서 제조된 물품을 수입하는 경우 사용신고 전에 미리 세관장에게 해당 물품의 원료인 외국물품에 대한 과세의 적용을 신청한 경우에는 사용신고를 할 때의 그 원료의 성질 및 수량에 따라 관세를 부과한다(법 제189조 제1항). 세관장은 대통령령으로 정하는 기준에 해당하는 보세공장에 대하여는 1년의 범위에서 원료별, 제품별 또는 보세공장 전체에 대하여 원료과세 신청을 하게 할 수 있다(동조 제2항).

4. 보세건설장

(1) 의 의

보세건설장은 주로 외국차관 또는 외자도입에 의하여 새로 건설될 발전, 제철, 석유화학 등 플랜트공사를 보세상태 하에서 건설할 수 있게 하기 위해 도입된 제도이다.[6] 보세건설장에서는 산업시설의 건설에 사용되는 외국물품인 기계류 설비품이나 공사용 장비를 장치·사용하여 해당 건설공사를 할 수 있다(법 제191조).

운영인은 보세건설장에 외국물품을 반입하였을 때에는 세관공무원이 검사가 필요 없다고 인정하는 경우 외에는 사용 전에 해당 물품에 대하여 수입신고를 하고 세관공무원의 검사를 받아야 한다(법 제192조). 세관장은 보세건설장에 반입된 외국물품에 대하여 필요하다고 인정될 때에는 보세건설장 안에서 그 물품을 장치할 장소를 제한하거나 그 사용상황에 관하여 운영인으로 하여금 보고하게 할 수 있다(법 제193조). 운영인은 보세건설장에서 건설된 시설을 수입신고가 수리되기 전에 가동하여서는 아니 된다(법 제194조).

---

6) 법률 제1976호 제·개정이유.

(2) 보세건설장 외 작업 허가

세관장은 보세작업을 위하여 필요하다고 인정될 때에는 기간, 장소, 물품 등을 정하여 해당 보세건설장 외에서의 보세작업을 허가할 수 있다(법 제195조 제1항). 보세건설장 외에서의 보세작업 허가에 관하여는 보세공장의 규정을 준용한다(동조 제2항).

5. 보세전시장

보세전시장은 우리나라에서 개최될 국제박람회, 전시회를 보세상태로 운영할 수 있게 하여 국제교역과 문화교류의 원활에 기여하게 하기 위해 도입된 제도이다.[7] 보세전시장에서는 박람회, 전람회, 견본품 전시회 등의 운영을 위하여 외국물품을 장치·전시하거나 사용할 수 있다(법 제190조).

6. 보세판매장

보세판매장이란 보세구역으로서 해당 물품을 외국으로 반출할 것 등을 조건으로 물품을 판매할 수 있는 지역을 말한다. 세관장은 보세판매장에서 판매할 수 있는 물품의 수량, 장치장소 등을 제한할 수 있다. 다만, 보세판매장에서 판매할 수 있는 물품의 종류, 판매한도는 기획재정부령으로 정한다(법 제196조 제1·4항).

보세판매장 종류는 출국장 면세점, 입국장 면세점, 시내면세점 등이 있다.

(1) 출국장 면세점

출국장에서 출국인 및 통과여객기(선)에 의한 임시체류인에게 판매하는 보세판매장을 말한다.

(2) 외교관 면세점

외교관 면세점이란 외교관용 물품 등의 면세를 받을 수 있는 자에게 판매

---

7) 법률 제1976호 제·개정이유.

하는 보세판매장을 말한다.

(3) 입국장 면세점

외국에서 국내로 입국하는 자에게 물품을 판매할 목적으로 공항, 항만 등의 입국경로에 설치된 보세판매장을 말한다(법 제196조 제2항). 입국장 면세점은 2019년 도입된 제도로 국민의 해외여행 불편을 해소하고 해외소비를 국내로 전환함으로써 일자리를 창출하기 위하여 도입되었다.[8]

입국장면세점은 판매한도가 있다. 운영인은 외국에서 국내로 입국하는 사람에게 물품(술, 담배, 향수 제외)은 미화 800달러의 한도에서 판매해야 한다. 술, 담배, 향수는 별도면세범위에서 판매할 수 있는데, 술은 2병 합산하여 2리터 이하로 미화 400달러 이하, 담배는 궐련인 경우 200개비, 엽궐련은 50개비, 전자담배의 경우 궐련형은 200개비, 니코틴 용액은 20밀리리터, 기타 유형은 110그램, 그 밖의 담배는 250그램, 향수는 60밀리리터의 면세한도 내에서 판매할수 있다(시행규칙 제69조의4 제1항).

(4) 시내면세점

시내면세점이란 공항 및 항만의 보세구역 이외의 장소에서 출국인 및 통과여객기(선)에 의한 임시체류인에게 판매하는 보세판매장을 말한다. 운영인은 보세판매장의 물품을 전자상거래의 방법에 의하여 판매할 수 있는데, 시내면세점이나 전자상거래에 의하여 판매한 물품은 출국장 보세구역 내 인도장에서 구매자에게 인도하게 된다(보세판매장고시 제2조).

(5) 중소 · 중견기업에 대한 혜택

보세판매장과 관련하여 관세법은 중소·중견기업에 대한 혜택을 강화하는 방향으로 여러 차례 개정하였다. 2013년 중소·중견기업에게 일정 비율 이상 보세판매장 특허를 부여하고, 상호출자제한기업집단 내 기업에 대해서는 보세판매장 특허를 일정 비율 이하로 제한하였고,[9] 2014년 중소·중견기업의 보세판매장 참여확대 취지를 실질적으로 살릴 수 있도록 산업발전법에 따른 중견기업 중 매출액, 자산총액 및 지분 소유 등이 대통령령으로 정하는 기준을 충

---

8) 법률 제16093호.

9) 법률 제11602호.

족하는 일정규모 이하의 기업에 한해 특허를 우대하여 부여하였다.[10] 2015년
에는 기존 보세판매장의 특허 만료 시 신규 특허절차를 거치도록 하고 있으나,
중소기업 및 중견기업의 경우 대기업에 비하여 제반 여건이 열악하여 공정한
경쟁이 어려운 점 등을 고려하여 중소기업 및 중견기업이 특허를 받아 운영하
는 보세판매장에 대해서는 특허의 갱신을 허용하고, 해당 특허의 갱신 시에는
신규 특허절차를 거치지 아니하도록 하였다.[11] 2019년 입국장 면세점을 도입
하면서는 그 규모가 출국장 보세판매장에 비해 작고 판매물품의 종류도 많지
않을 것이라는 점 등을 고려하여, 중소기업 및 중견기업에게만 특허를 부여하
게 하였다(법 제176조의2 제1항 단서).

Ⅳ. 종합보세구역

1. 의 의

종합보세구역제도는 외국인투자유치를 원활히 하기 위하여 1999년 도입
되었다. 종합보세구역 입주업체는 외국물품 상태에서 물품을 제조·보관·판
매·전시 등을 할 수 있다. 2004년에는 종합보세구역을 활성화하기 위하여 민
간인도 종합보세구역지정을 요청할 수 있도록 하고, 외국인관광객 유치를 위
하여 관세 등에 대한 환급절차를 마련하였다.[12]

2. 종합보세구역의 지정

(1) 의 의

종합보세구역에서는 보세창고·보세공장·보세전시장·보세건설장 또는 보
세판매장의 기능 중 둘 이상의 기능(종합보세기능)을 수행할 수 있다(법 제197조
제2항). 관세청장은 직권으로 또는 관계 중앙행정기관의 장이나 지방자치단체
의 장, 그 밖에 종합보세구역을 운영하려는 자(지정요청자)의 요청에 따라 무역
진흥에의 기여 정도, 외국물품의 반입·반출 물량 등을 고려하여 일정한 지역

---

10) 법률 제12159호.
11) 법률 제12847호.
12) 법률 제7009호.

을 종합보세구역으로 지정한다(동조 제1항). 관세청장이 직권으로 종합보세구역을 지정하고자 하는 때에는 관계중앙행정기관의 장 또는 지방자치단체의 장과 협의하여야 한다(시행령 제214조 제3항). 지정요청에 의할 경우 지정요청자는 지정요청서[13])에 당해 지역의 도면을 첨부하여 관세청장에게 제출하여야 한다(법 제197조 제3항, 시행령 제214조 제2항).

(2) 지정대상

종합보세구역은 외국인투자촉진법에 의한 외국인투자지역, 산업입지 및 개발에 관한 법률에 의한 산업단지, 유통산업발전법에 의한 공동집배송센터, 물류시설의 개발 및 운영에 관한 법률에 따른 물류단지, 기타 종합보세구역으로 지정됨으로써 외국인투자촉진·수출증대 또는 물류촉진 등의 효과가 있을 것으로 예상되는 지역 중에서 관세청장이 지정할 필요가 있다고 인정하는 지역을 그 지정대상으로 한다(법 제197조 제3항, 시행령 제214조 제1항).

지정요건으로는 종합보세기능을 수행하기 위하여 입주하였거나 입주할 업체들의 외국인투자금액이 미화 1천만불 이상, 수출금액이 연간 미화 1천만불 이상, 외국물품의 반입물량이 월 1천톤 이상인 경우일 것을 요한다(종합보세구역고시 제6조 제1항). 종합보세구역 지정요청자가 개별업체인 경우 ① 자본금 10억원 이상으로 종합보세기능을 수행하는 경우, ② 수출금액이 연간 미화 300만불 이상으로 종합보세기능을 수행하는 경우, ③ 위 자본금 또는 수출금액을 충족하는 업체로서 통관을 위한 일시 장치기능과 보관·분할·병합·재포장·분배 등 국제물류 촉진기능을 함께 수행하는 경우 해당 사업장을 종합보세구역으로 지정할 수 있다(동조 제2항). 지정기간에 대한 규정은 없어 취소될 때까지 지정의 효력이 있다.

(3) 종합보세구역 예정지의 지정

관세청장은 지정요청자의 요청에 의하여 종합보세기능의 수행이 예정되는 지역을 종합보세구역예정지역으로 지정할 수 있다(시행령 제214조의2 제1항). 예정지역의 지정기간은 3년 이내로 하고, 당해 예정지역에 대한 개발계획의 변경 등으로 인하여 지정기간의 연장이 불가피하다고 인정되는 때에는 3년의 범

---

13) 당해 지역의 소재지 및 면적, 구역안의 시설물현황 또는 시설계획, 사업계획을 기재한 것을 말한다.

위 내에서 연장할 수 있다(동조 제2항).

3. 종합보세사업장의 설치 · 운영

종합보세구역에서 종합보세기능을 수행하려는 자는 그 기능을 정하여 세관장에게 종합보세사업장의 설치 · 운영에 관한 신고를 하여야 한다(법 제198조 제1항). 특허보세구역 운영인의 결격사유인 법 제175조 각 호의 어느 하나에 해당하는 자는 종합보세사업장의 설치 · 운영에 관한 신고를 할 수 없다(동조 제2항). 종합보세기능을 변경하는 경우에도 세관장에게 신고하여야 한다(동조 제3항). 종합보세사업장을 폐업하거나 30일 이상 계속하여 휴업하는 경우도 세관장 신고사항이다. 운영인 또는 그 상속인(법인인 경우에는 청산법인 또는 합병후 존속하거나 합병으로 인하여 설립된 법인)은 세관장에게 즉시 그 사실을 신고하여야 하며 다시 개업하고자 할 때에는 서면으로 그 요지를 통지하여야 한다(종합보세구역고시 제9조 제1항).

4. 물품의 반출입

(1) 반출입 절차

종합보세구역에 물품을 반입하거나 반출하려는 자는 세관장에게 신고하여야 한다(법 제199조 제1항). 이때 보세구역 물품의 반출입절차를 준용한다(시행령 제216조). 외국으로부터 도착한 물품 또는 보세운송되어 반입하는 물품에 대하여는 House B/L 단위로 반입신고하여야 한다(종합보세구역고시 제13조 제1항). 동일 종합보세사업장에서 종합보세기능 간에 물품을 이동하는 경우에는 반출입신고를 하지 아니하고, 동일 종합보세구역 내의 종합보세사업장 간의 물품의 이동에는 보세운송신고를 하지 아니한다(동조 제3항). 종합보세구역에 반입된 외국물품이 사용신고 또는 수입신고 되어 수리된 경우에는 반출신고를 생략한다(동조 제4항).

(2) 내국물품 반출입신고

종합보세구역에 반입 · 반출되는 물품이 내국물품인 경우에는 신고를 생략하거나 간소한 방법으로 반입 · 반출하게 할 수 있다(법 제199조 제2항). 다만, ①

세관장의 허가를 받고 내국물품만을 원료로 하여 제조·가공 등을 하는 경우 그 원료 또는 재료, ② 보세공장 혼용작업에 소요되는 원재료, 보세판매장에서 판매하고자 하는 물품, ③ 보세전시장의 기능을 수행하는 경우, ④ 당해 내국물품이 외국에서 생산된 물품으로서 종합보세구역안의 외국물품과 구별되는 필요가 있는 물품은 반출입신고를 생략할 수 없다(시행규칙 제70조).

한편, 종합보세구역에서 소비하거나 사용되는 물품으로서 ① 제조·가공에 사용되는 시설기계류 및 그 수리용 물품, ② 연료·윤활유·사무용품 등 제조·가공에 직접적으로 사용되지 아니하는 물품은 수입통관 후 소비하거나 사용하여야 한다(법 제200조 제1항, 시행규칙 제71조).

(3) 반출입 제한

세관장은 종합보세구역에 반입·반출되는 물품으로 인하여 국가안전, 공공질서, 국민보건 또는 환경보전 등에 지장이 초래되거나 종합보세구역의 지정 목적에 부합되지 아니하는 물품이 반입·반출되고 있다고 인정될 때에는 해당 물품의 반입·반출을 제한할 수 있다(법 제200조 제3항).

(4) 장치기간

종합보세구역 반입물품은 장치기간의 제한이 없다. 다만, 보세창고의 기능을 수행하는 장소 중에서 관세청장이 수출입물품의 원활한 유통을 촉진하기 위하여 필요하다고 인정하여 지정한 장소에 반입되는 물품의 장치기간은 1년의 범위에서 관세청장이 정하는 기간으로 한다(법 제200조 제2항). 장치기간의 제한이 없는 경우 체화의 개념이 있을 수 없고, 따라서 장치기간 경과물품의 매각대상에 해당되지 않는다. 다만, 부패하거나 부패할 우려가 있는 등의 경우 긴급공매 대상이 될 수 있을 뿐이다(법 제208조 제1항 단서).

5. 종합보세구역 판매물품에 대한 관세 등의 환급

(1) 외국인 관광객 등에 대한 관세 등의 환급

외국인 관광객 등이 종합보세구역에서 구입한 물품을 국외로 반출하는 경우에는 해당 물품을 구입할 때 납부한 관세 및 내국세 등을 환급받을 수 있도록 하는 제도이다(법 제199조의2). 외국인 관광객 등의 범위는 외국환거래법에 따른 비거주자를 말한다. 다만, 법인·국내에 주재하는 외교관(이에 준하는 외국 공관원을 포함)·국내에 주재하는 국제연합군과 미국군의 장병 및 군무원은 제외한다(시행령 제216조의2).

외국인관광객 등이 종합보세구역에서 물품을 구매할 때에 부담한 관세 등을 환급 또는 송금 받고자 하는 경우에는 출국하는 때에 출국항을 관할하는 세관장에게 판매확인서와 구매물품을 함께 제시하여 확인을 받아야 한다(시행령 제216조의4 제1항). 출국항 관할 세관장은 판매확인서의 기재사항과 물품의 일치 여부를 확인한 후 외국인관광객 등에게 이를 교부하거나 판매인에게 송부한다(동조 제2항). 외국인관광객 등이 판매확인서를 교부받은 때에는 환급창구운영 사업자[14])에게 이를 제시하고 환급 또는 송금받을 수 있다. 다만, 판매인이 판매확인서를 송부 받은 경우에는 그 송부받은 날부터 20일 이내에 외국인관광객 등이 종합보세구역에서 물품을 구매한 때 부담한 관세 등을 당해 외국인관광객 등에게 송금하여야 한다(동조 제3항).

(2) 판매인에 대한 관세 등의 환급

판매인은 종합보세구역에서 관세 및 내국세 등이 포함된 가격으로 물품을 판매한 후 ① 외국인관광객 등이 구매한 날부터 3월 이내에 물품을 국외로 반출한 사실이 확인되는 경우이거나 ② 외국인관광객 등에게 송금한 것이 확인되는 경우에는 관세 등을 환급받을 수 있다(시행령 제216조의5 제1항). 환급금을 지급받은 판매인은 외국인관광객 등에 대하여 환급 또는 송금한 사실과 관련된 증거서류를 5년간 보관하여야 한다(동조 제3항).

6. 종합보세구역에 대한 세관의 관리

세관장은 관세채권의 확보, 감시·단속 등 종합보세구역을 효율적으로 운영하기 위하여 종합보세구역에 출입하는 인원과 차량 등의 출입을 통제하거나 휴대 또는 운송하는 물품을 검사할 수 있다(법 제203조 제1항).

세관장은 종합보세구역에 반입·반출되는 물품의 반입·반출 상황, 그 사

---

14) 외국인관광객 등이 종합보세구역에서 물품을 구입한 때에 납부한 관세 등을 판매인을 대리하여 환급 또는 송금하는 사업을 영위하는 자를 말한다(시행령 제216조의6).

용 또는 처분 내용 등을 확인하기 위하여 장부나 전산처리장치를 이용한 기록을 검사 또는 조사할 수 있으며, 운영인으로 하여금 업무실적 등 필요한 사항을 보고하게 할 수 있다(동조 제2항).

관세청장은 종합보세구역 안에 있는 외국물품의 감시·단속에 필요하다고 인정될 때에는 종합보세구역의 지정요청자에게 보세화물의 불법유출, 분실, 도난방지 등을 위한 시설을 설치할 것을 요구할 수 있다. 이 경우 지정요청자는 특별한 사유가 없으면 이에 따라야 한다(동조 제3항).

7. 지정취소 등

관세청장은 종합보세구역에 반입·반출되는 물량이 감소하거나 그 밖에 대통령령으로 정하는 사유로 종합보세구역을 존속시킬 필요가 없다고 인정될 때에는 종합보세구역의 지정을 취소할 수 있다(법 제204조 제1항).

세관장은 종합보세사업장의 운영인이 설비의 유지의무를 위반한 경우, 운영인이 수행하는 종합보세기능과 관련하여 반입·반출되는 물량이 감소하는 경우, 1년 동안 계속하여 외국물품의 반입·반출 실적이 없는 경우에는 6개월의 범위에서 운영인의 종합보세기능의 수행을 중지시킬 수 있다(동조 제2항).

또한, 세관장은 종합보세사업장의 운영인이 거짓이나 그 밖의 부정한 방법으로 종합보세사업장의 설치·운영에 관한 신고를 한 경우, 특허보세구역 운영인의 결격사유에 해당하게 된 경우,[15] 다른 사람에게 자신의 성명·상호를 사용하여 종합보세사업장을 운영하게 한 경우에는 그 종합보세사업장의 폐쇄를 명하여야 한다(동조 제3항).

---

15) 다만, 피성년후견인과 피한정후견인, 파산선고를 받고 복권되지 아니한 자를 임원으로 하는 법인이 3개월 이내에 해당 임원을 변경한 경우에는 그러하지 아니하다.

Ⅴ. 자유무역지역

1. 의 의

자유무역지역이란 관세법, 대외무역법 등 관계 법률에 대한 특례와 지원을 통하여 자유로운 제조·물류·유통 및 무역활동 등을 보장하기 위한 지역으로서 산업통상자원부장관이 지정한 지역을 말한다(자유무역지역법 제2조 제1호·제4조).

자유무역지역법은 외국인투자의 유치, 국제물류의 원활화 등을 촉진하기 위하여 일정 지역을 자유무역지역으로 지정하여 관세 등을 부과하지 아니하는 혜택을 주되, 외국물품 등이 자유무역지역 외로 반출될 경우에는 일반적인 관세행정에 따라 국내로 반입되는 물품을 확인하고 관세 등 제세를 적정하게 부과·징수하기 위하여 통관절차를 거치도록 하고 있다.

2. 자유무역지역의 지정

산업통상자원부장관은 자유무역지역을 지정·변경하는 경우 이를 고시하는데, 예컨대 인천국제공항 자유무역지역 변경 지정 고시의 내용은 다음과 같다(산업통상자원부 고시 제2022-60호). 그 밖에 인천항, 부산항, 포항항, 광양항 중 일부지역이 자유무역지역으로 지정되어 있다.

① 명칭: 인천국제공항 자유무역지역

② 위치: 인천광역시 중구 운서동 일원

③ 경계: 인천국제공항 화물터미널 지역, 1~3단계 공항물류단지 외곽 울타리

④ 면적: 3,45,564㎡(당초: 3,374,916㎡)

⑤ 변경 내역: ① 화물터미널 면적확대, ② 물류단지(3단계) 실제사용면적 반영

⑥ 토지이용계획(변경지역): 화물터미널 운영사업자 유치

⑦ 관리권자: 국토교통부장관

위치도

3. 자유무역지역으로 물품반입

자유무역지역 외의 국내지역을 관세영역이라 한다(자유무역지역법 제2조 제7호). 외국물품 등을 자유무역지역 안으로 반입하려는 자는 세관장에게 반입신고를 하여야 한다(동법 제29조 제1항). 세관장은 위 신고를 받은 경우 그 내용을 검토하여 적합하면 신고를 수리하여야 한다(동조 제2항).

다만, 다음의 어느 하나에 해당하는 경우 그 반입을 하려는 자는 관세법 제241조에 따른 수입 신고를 하고 관세등을 내야 한다(동조 제4항).

① 입주기업체 외의 자가 외국물품을 자유무역지역 안으로 반입하려는 경우, ② 입주 자격을 갖춘 입주기업체가 자유무역지역에서 사용 또는 소비하기 위하여 외국물품을 자유무역지역 안으로 반입하려는 경우,16) ③ 입주 자격을

---

16) 다만, 다음의 어느 하나에 해당하는 외국물품을 반입하는 경우는 제외한다.
　① 기계, 기구, 설비 및 장비와 그 부분품

갖춘 입주기업체가 자유무역지역에서 자기가 직접 사용 또는 소비하기 위하여 외국물품[17)]을 자유무역지역 안으로 반입하려는 경우

이때 수입신고 및 관세등의 납부를 하지 아니하고 외국물품을 사용·소비하거나 자유무역지역 안으로 반입한 자는 5년 이하의 징역 또는 관세액의 10배와 물품의 원가 중 높은 금액에 상당하는 금액 이하의 벌금에 처한다(자유무역지역법 제57조 제1항 제1호).

4. 자유무역지역에서 물품반출

① 자유무역지역에서 외국물품등의 전부 또는 일부를 원재료로 하여 제조·가공·조립·보수 등의 과정을 거친 후 그 물품을 관세영역으로 반출하려는 경우, ② 외국물품등을 자유무역지역에서 그대로 관세영역으로 반출하려는 경우 수입신고를 하고 관세 등을 내야 한다(자유무역지역법 제29조 제5항).

이때 수입신고 및 관세 등의 납부를 하지 아니하고 외국물품등을 자유무역지역에서 관세영역으로 반출한 자(무신고 반출행위)는 관세법 제269조, 제270조 및 특가법 제6조에 따라 처벌한다(동법 제57조 제2항 제1호).

Ⅵ. 보세운송

1. 의 의

보세운송이란 외국물품을 관세등이 유보된, 즉 보세상태로 국내운송하는 것을 말한다. 보세운송구역은 국제항, 보세구역, 보세구역 외 장치허가된 장소, 세관관서, 통관역, 통관장, 통관우체국이 있다. 보세운송은 수입화물에 대한 관세가 유보된 상태에서 운송되는 것이므로 운송에 제약이 따른다. 보세운송 구역에서는 외국물품 그대로 운송할 수 있다(법 제213조 제1항 본문). 다만, 수출신

---

② 원재료(입주기업체가 수입신고하려는 원재료는 제외한다), 윤활유, 사무용컴퓨터 및 건축자재

③ 그 밖에 사업목적을 달성하는 데에 필요하다고 인정하여 관세청장이 정하는 물품

17) 위 기계, 기구, 설비 및 장비와 그 부분품, 원재료 등에 해당하는 물품 중 해당 사업목적을 달성하는 데에 필요한 물품은 제외한다.

고수리물품은 해당 물품이 장치된 장소에서 보세운송 구역으로 운송할 수 있다(법 제213조 제1항 단서).

2. 세관의 관리

(1) 세관장 신고 또는 승인

보세운송은 세관장에게 신고하는 것이 원칙이고(법 제213조 제2항 본문), 물품의 감시 등을 위하여 필요하다고 인정하여 대통령령으로 정하는 경우에는 세관장의 승인을 받아야 한다(동조 제2항). 보세운송의 신고는 화주, 관세사 등, 보세운송업자의 명의로 하여야 한다(법 제214조). 세관장은 보세운송의 신고를 하거나 승인을 받으려는 물품에 대하여 관세의 담보를 제공하게 할 수 있다(법 제218조).

(2) 물품검사

세관공무원은 감시·단속을 위하여 필요하다고 인정될 때에는 관세청장이 정하는 바에 따라 보세운송을 하려는 물품을 검사할 수 있다(법 제213조 제3항). 수출신고가 수리된 물품은 보세운송절차를 생략한다(동조 제4항).

(3) 보세운송수단 등

원칙적으로 보세운송수단은 보세운송업 등록자의 운송수단에 의하여만 운송이 가능하다. 운송수단을 변경하는 경우나 목적지나 경유지를 변경하는 경우 세관장의 승인을 얻어야 한다(보세운송고시 제37·38조).

보세운송의 신고를 하거나 승인을 받은 자는 목적지에 도착하였을 때 도착지 세관장에게 도착보고를 하여야 한다(법 제215조). 세관장은 보세운송물품의 감시·단속을 위하여 필요하다고 인정될 때에는 운송통로를 제한할 수 있다(법 제216조 제1항).

보세운송물품은 보세운송신고수리(승인)일로부터 해상화물은 10일, 항공화물은 5일 안에 목적지에 도착하여야 한다(법 제216조 제2항, 보세운송고시 제6조). 세관장은 재해나 그 밖의 부득이한 사유로 필요하다고 인정될 때에는 그 기간을 연장할 수 있다(법 제216조 제2항 단서).

3. 관세의 징수

보세운송하는 외국물품이 지정된 기간 내에 목적지에 도착하지 아니한 경우 즉시 그 관세를 징수한다(법 제217조). 이때 과세물건의 확정시기는 보세운송을 신고하거나 승인을 받은 때의 성질과 수량에 따라 하고(법 제16조 제5호), 납세의무자는 보세운송을 신고하였거나 승인을 받은 자가 된다(법 제19조 제1항 제6호).

제 3 절 수입통관

I. 개 관

수입이란 외국물품을 우리나라에 반입(보세구역을 경유하는 경우 보세구역으로부터 반입)하는 것을 말한다(법 제2조 제1호). 외국물품이란 외국으로부터 우리나라에 도착한 물품[외국의 선박 등이 공해(公海, 외국의 영해가 아닌 경제수역을 포함한다)에서 채집하거나 포획한 수산물 등을 포함한다[18]]으로서 수입신고가 수리되기 전의 것이거나 수출신고가 수리된 물품을 말한다(동조 제4호).

일반적인 수입통관절차는 입항, 하역, 입항지 보세구역반입, 수입신고, 수입신고서류 심사 및 물품검사, 관세등 제세납부, 수입신고수리, 물품반출, 세액심사의 순서로 이루어진다. 수입화물을 선적한 선박이 입항하면 세관은 운송인 등으로부터 적재한 화물의 내용과 수량을 기재한 적하목록을 제출받아 화물관리번호를 부여한다.

운송인은 세관에 하선신고를 하고 특정한 보세구역에 수입화물을 반입한다. 화주는 통관을 위해 관세청통관시스템에 수입신고자료를 전송하여 수입신고를 하고, 세관공무원은 관련 서류를 검토하여 수입통관이 가능하면 수입신고를 수리하고, 수입통관을 할 수 없는 사유가 있으면 신고인에게 보완통보를

---

18) 우리나라 선박이 공해등에서 채집하거나 포획한 수산물 등은 외국물품이 아니라 내국물품이다. 우리나라 영해에서 채집·포획한 수산물은 우리나라 선박이이든 외국선박이든 내국물품에 해당한다. 외국 영해에서 채집·포획한 수산물은 반대로 선박국적을 불문하고 외국물품에 해당한다.

하거나 통관보류 조치 등을 한다. 수입신고가 수리되면 화주는 화물관리인에게 화물취급 수수료를 정산·납부하고 수입화물을 반출할 수 있게 된다.

Ⅱ. 수입화물의 흐름과 세관의 관리

1. 입항과 적재화물목록 제출

(1) 입 항

국제무역선이나 국제무역기가 개항에 입항하였을 때에는 선장이나 기장은 적재화물목록을 첨부하여 지체 없이 세관장에게 입항보고를 하여야 한다(법 제135조). 적재화물목록(약칭 '적하목록')이란 선사 또는 항공사가 B/L의 내역을 기재한 선박 또는 항공기의 화물적재목록을 말한다(입출항고시 제2조).

(2) 적재화물목록 제출

선박회사의 경우 적재항에서 화물이 선박에 적재되기 24시간 전, 항공사의 경우 항공기가 입항하기 4시간 전까지 선박 또는 항공기 입항예정지 세관장에게 적재화물목록을 전자문서로 제출하여야 한다(입출항고시 제8조 제1항, 제21조 제1항).[19][20] 혼재화물의 경우 운항선사 또는 항공사가 화물운송주선업자로부터 혼재화물적재화물목록을 제출받아 최종적으로 이를 취합하여 세관장에게 제출한다(입출항고시 제8조 제3항, 제21조 제2항).

(3) 세관의 관리

세관공무원이 적재화물목록을 제출받은 때에는 세관의 특별감시가 필요한 우범화물 해당 여부 등을 심사한다(입출항고시 제10조). 세관장은 적재화물목록 제출 이후 하역계획변경 등 부득이한 사유로 추가하선이 필요한 경우 적재화물목록 또는 적재화물목록 일부를 해당 물품 하선 전까지 추가로 제출하게

---

[19] 중국, 일본, 대만, 홍콩, 러시아 극동지역 등(근거리 지역)의 경우, 선박은 적재항에서 선박이 출항하기 전까지 제출하여야 하고, 벌크화물의 경우 선박이 입항하기 4시간 전까지 제출하여야 한다.

[20] 항공기는 근거리 지역의 경우 적재항에서 항공기가 출항하기 전까지, 특송화물의 경우 항공기가 입항하기 1시간 전까지 제출하여야 한다.

할 수 있고(입출항고시 제8조 제4항), 추가제출한 적재화물목록에 대하여 감시단속상 필요한 때에는 검사대상으로 선별하여 검사를 할 수 있다(동조 제6항). 이로써 수입통관의 적정을 기하기 위한 세관의 관리가 시작되는 것이다.

2. 화물관리번호

화물관리번호란 적재화물목록상의 적재화물목록관리번호(Manifest Reference Number)에 Master B/L 일련번호와 House B/L 일련번호를 합한 번호를 말한다 (입출항고시 제2조 제10호). 화물관리 세관공무원이 적재화물목록을 접수한 때에는 적재화물목록에 등재된 화물관리번호별로 화물의 이동상황을 추적하고 재고관리를 해야 한다(입출항고시 제4조 제2항). 따라서 세관에서는 일차적으로 모든 화물에 화물관리번호를 부여하여 관리한다고 볼 수 있다. 수출입업자 등도 유니패스에 화물관리번호를 조회하여 적재·하선(기), 보세운송신고, 보세구역 반출입 등 화물의 이동과 진행상황을 파악할 수 있다.

3. 관리대상화물 선별

(1) 관리대상화물

세관장이 지정한 보세구역 등에 감시·단속 등의 목적으로 장치하거나 검사 등을 실시하는 화물을 말한다. 관리대상화물에는 검사대상화물(검색기검사화물, 즉시검사화물, 반입후검사화물 및 수입신고후검사화물)과 감시대상화물(하선(기) 감시화물 및 운송추적감시화물)이 있다(관리고시 제2조 제1호). 세관공무원은 운항선사나 항공사가 제출한 적재화물목록을 심사하여 관세청장이 별도 시달한 기준에 따라 감시단속상 검사 또는 감시가 필요하다고 인정하는 화물을 검사대상화물 또는 감시대상화물로 선별한다(관리고시 제3조 제1항).

(2) 검사대상화물

물품 특성상 내부에 밀수품을 은닉할 가능성이 있는 화물이나 실제와 다른 품명으로 수입할 가능성이 있는 화물 등은 검색기검사화물로 선별하여 해당 컨테이너를 엑스레이에 통과시키는 방법으로 검사한다(관리고시 제5조 제1항). 실제와 다른 품명으로 수입할 가능성이 있는 화물로서 LCL 화물 등 검색기검사로 우범성 판단이 곤란한 화물이나 수(중)량 차이 가능성이 있는 화물, 반송 후 재수입되는 컨테이너화물로 밀수입 등이 의심되는 화물 등은 즉시검사화물로 선별하여 검사한다(동조 제2항). 검색기검사화물이나 즉시검사화물로 선별되지 않은 화물 중 우범성이 높다고 판단하는 화물은 반입후검사화물 및 수입신고후검사화물로 선별하여 검사한다(동조 제4항).

(3) 감시대상화물

세관장이 하선(기)감시화물로 선박 또는 항공기 단위로 선별하여 감시하는 화물은 우범성이 있다고 판단되는 선박 또는 항공기로 운송하는 화물 및 공컨테이너, 하선(기) 작업 중 부두(계류장)에서 세관에 신고 없이 화물 반출이 우려되는 화물 등을 말한다(관리고시 제5조 제6항). 검사대상화물 중 운송 도중 다른 화물로 바꿔치기 우려가 있는 화물은 운송추적감시대상화물로 선별하여 감시한다(동조 제7항).

4. 하선(기) 및 보세구역 반입

(1) 하선(기)신고

하역이란 화물을 본선(기)에서 내리는 양륙 작업과 화물을 본선(기)에 올려 싣는 적재 작업을 말한다(입출항고시 제2조 제4호). 운항선사 또는 그 위임을 받은 하역업체가 화물을 하선(기)하려는 때에는 Master B/L 단위의 적하목록을 기준으로 하역장소와 하선(기)장소를 기재한 하선신고서를 세관장에게 전자문서로 제출해야 한다(입출항고시 제15조 제1항). 항공사가 화물을 하기하려는 때에는 하역장소와 하기장소를 기재한 하기신고서를 세관장에게 전자문서로 제출해야 한다(동 고시 제28조 제1항).

(2) 하선(기)장소

선사가 물품을 하선할 수 있는 장소는 컨테이너를 취급할 수 있는 시설이 있는 부두내 또는 부두밖 컨테이너 보세장치장(CY, CFS를 포함한다)으로 한정되고(입출항고시 제15조 제3항), 항공사가 물품을 하기할 수 있는 장소는 항공기가 입항한 공항 항역내 보세구역에 한정된다(입출항고시 제28조 제2항). 세관장이 밀수방지 등을 위하여 검사대상화물로 선별한 경우 세관장이 지정한 장소가 하선(기)장소가 된다(입출항고시 제15조 제4항, 제28조 제3항).

(3) 하선신고 수리

세관장은 하선신고서가 접수된 때에는 하선신고내용이 적재화물목록과 일치하는지 여부와 하선장소의 적정성 여부 등을 심사한 후 세관 화물정보시스템에 하선신고수리사실을 등록하고 신고인, 관련하역업자 및 보세구역 등에 전자문서로 통보한다. 다만, 세관장은 신속한 화물처리를 위해 세관 화물정보시스템에서 자동으로 하선신고를 수리할 수 있다(입출항고시 제17조 제1항).

(4) 보세구역 반입

하선신고를 한 자는 입항일(외항에서 입항수속을 한 경우 접안일)로부터 컨테이너화물의 경우 3일, 원목이나 곡물 등 산물은 10일 내에 해당물품을 하선장소에 반입하여야 한다(입출항고시 제19조 제1항). 하선장소를 관리하는 보세구역 운영인은 해당 보세구역을 하선장소로 지정한 물품에 한해 해당 물품의 반입 즉시 House B/L 단위로 세관장에게 전자문서로 물품반입신고를 하여야 하며, 창고 내에 물품이 입고되는 과정에서 실물이 적재화물목록상의 내역과 상이함을 발견하였을 때에는 반입사고화물로 분류하여 신고하여야 한다. 다만, Master B/L 단위의 FCL 화물, LCL 화물로서 해당 하선장소 내의 CFS 내에서 컨테이너 적출 및 반입 작업하지 아니하는 물품은 Master B/L 단위로 반입신고를 할 수 있다(동조 제2항). 이때 LCL 화물이 Master B/L 단위로 반입신고된 후 사정변경 등의 사유로 해당 하선장소의 CFS 내에 컨테이너 적출 및 반입작업을 하려는 때에는 당해 컨테이너의 내장화물 적출사실을 세관장에게 신고하고 House B/L 단위로 물품 반입신고를 하여야 한다(동조 제3항).

(5) 하기장소의 물품반입

하역장소 보세구역 운영인은 화물분류 완료 후 해당 물품을 지정된 하기장소 보세구역 운영인에게 지체없이 인계해야 하며, 해당 물품을 인수받은 운영인은 입항 후 24시간 이내에 지정된 하기장소에 반입해야 한다. 다만, 위험물품의 경우에는 지체없이 하기장소에 반입해야 한다. 물품을 인수받은 보세구역 운영인은 해당 보세구역을 하기장소로 지정한 물품에 한해 해당물품의 반입 즉시 House AWB 단위로 세관장에게 전자문서로 물품 반입신고를 해야 하며, 창고 내에 물품을 입고하는 과정에서 실물이 적하목록상의 내역과 상이함을 발견하였을 때에는 반입사고화물로 분류하여 신고해야 한다. 다만, House AWB이 없는 화물은 Master AWB 단위로 반입신고를 할 수 있다(입출항고시 제30조).

Ⅲ. 수입신고절차

1. 수입요건확인 및 수입신고

(1) 수입신고

물품을 수입하고자 하는 때에는 당해 물품의 품명·규격·수량 및 가격과 그 밖에 대통령령으로 정하는 사항을 세관장에게 신고하여야 한다(법 제241조 제1항). 관련 법령상 수입에 요건이 필요한 경우 이를 구비하여 신고하여야 한다. 수입신고는 수입하려는 물품을 지정장치장 또는 보세창고에 반입하거나 보세구역이 아닌 장소(세관장의 허가를 받은 별도의 장소를 말함)에 장치하고, 그 반입일 또는 장치일부터 30일 이내에 하여야 한다(법 제241조 제3항).

수입신고는 수입신고서를 첨부서류 없이 전자신고(P/L신고)하는 것을 원칙으로 한다(수입고시 제12조 제1항). 수입신고서 기재사항은 다음과 같다(시행규칙 별지 제1호의3 서식).

[서식 5.]

수 입 신 고 서

*처리기간 3일 (3쪽 중 제1쪽)

①신고번호	②신고일	③세관. 과	⑥입항일	⑦전자인보이스 제출번호
④B/L(AWB) 번호	⑤화물관리번호	⑧반입일	⑨징수형태	

⑩신 고 인		⑮통관계획	⑲원산지증명서유무	㉑총중량
⑪수 입 자		⑯신고구분	⑳가격신고서유무	㉒총포장갯수
⑫납세의무자	(통관고유부호－사업자등록번호)	⑰거래구분	㉓국내도착항	㉔운송형태
	(주소)			
	(상호)	⑱종류	㉕적출국	
	(전화번호)		㉖선기명	
	(이메일주소)			
	(성명)			
⑬운송주선인				
⑭해외거래처		㉗Master B/L(AWB)		㉘운수기관부호
㉙검사(반입)장소				

● 품명 · 규격

㉚품 명 ㉛거래품명			㉜상 표	
㉝모델 · 규격	㉞성분	㉟규격수량	㊱단가	㊲금액
㊳품목번호		㊵순중량	검사여부	㊸사후확인기관
㊴과세가격	(미화)	㊶수량		
	(원화)	㊷환급물량	㊹원산지	㊺특수세액근거
㊻수입요건확인 (발급서류명)				

㊼세목	㊽세율	㊾감면율	㊿세액	(51)감면분납부호	감면액	내국세목부호

(52)결제금액(인도조건－통화종류－금액－결제방법)				(55)환 율
(53)총 과세가격	(미화)	(54)운임	(57)가산금액	납부(고지)서 번호
	(원화)	(56)보험료	(58)공제금액	(62)총 부가가치세과표

세 목	(59)세 액	(61)신고인기재란		세관기재란
관 세		「관세법」 제241조에 따라 위와 같이 신고합니다. 년 월 일 신고인: (서명/인) ○ ○세관장 귀하		
개 소 세				
교 통 세				
주 세				
교 육 세				
농 특 세				
부 가 세				
신고지연가산세				
미신고가산세				
(61)총 세액합계		담당자	접수일시	수리일자

(2) 허가승인 등의 증명 및 확인(요건확인)

수출입을 할 때 법령에서 정하는 바에 따라 허가·승인·표시 또는 그 밖의 조건을 갖출 필요가 있는 물품은 세관장에게 그 허가·승인·표시 또는 그 밖의 조건(이하 '구비조건')을 갖춘 것임을 증명하여야 한다(법 제226조 제1항).

통관을 할 때 구비조건에 대한 세관장의 확인이 필요한 수출입물품에 대하여 그 물품과 확인방법, 확인절차, 그 밖에 필요한 사항을 관세청고시인 '관세법 제226조에 따른 세관장확인물품 및 확인방법 지정고시(세관장확인고시)'에 미리 공고하고 있다(법 제226조 제2항, 시행령 제233조).

관련 법령에 따라 수출입물품에 대한 허가·승인·표시나 그 밖의 조건을 확인·증명하는 수출입 관련 기관을 '요건확인기관'이라 하는데, 이러한 요건확인기관의 장에게 허가, 승인 그 밖의 조건을 구비하기 위하여 신청하는 것을 '요건신청'이라 한다. 요건신청은 통관포털을 이용하거나 서면 등의 방식으로 요건확인기관의 장에게 직접 신청할 수 있다(세관장확인고시 제3조). 통관포털로 요건신청을 하는 경우 요건신청의 효력발생시점은 통관포털을 통하여 전송된 자료가 요건확인기관의 시스템에 접수된 시점으로 한다(동 고시 제5조).

(3) 의무이행의 요구

세관장은 다른 법령에 따라 수입 후 특정한 용도로 사용하여야 하는 등의 의무가 부가되어 있는 물품에 대하여는 문서로써 해당 의무를 이행할 것을 요구할 수 있다(법 제227조 제1항). 의무의 이행을 요구받은 자는 대통령령으로 정하는 특별한 사유가 없으면 해당 물품에 대하여 부가된 의무를 이행하여야 한다(동조 제2항). 세관장은 의무의 이행을 요구받은 자의 이행 여부를 확인하기 위하여 필요한 경우 세관공무원으로 하여금 조사하게 할 수 있다(동조 제3항).

수입신고수리시에 부과된 의무를 면제받고자 하는 자는 다음에 해당하는 경우에 한하여 당해 의무이행을 요구한 세관장의 승인을 얻어야 한다(시행령 제234조).

① 법령이 정하는 허가·승인·추천 기타 조건을 구비하여 의무이행이 필요하지 아니하게 된 경우
② 법령의 개정 등으로 인하여 의무이행이 해제된 경우
③ 관계행정기관의 장의 요청 등으로 부과된 의무를 이행할 수 없는 사유

가 있다고 인정된 경우

(4) 서류심사 또는 물품검사 대상 선별

세관에서는 신속하고 효율적인 통관의 적정성 확보를 위해 선별된 물품에 한정하여 서류심사나 검사를 한다. 세관인력은 한정되어 있어 실무상 총 수입 신고 건 중 서류심사는 약 10%, 물품검사는 약 1~2% 정도 선별하고 있다.

수입업체나 수입신고인의 성실도 등 기준에 따라 접수시 전자시스템에 의하거나 세관공무원에 의해 서류제출대상 또는 물품검사대상으로 선별된다. 서류 제출대상은 사전세액심사 대상, 부과고지대상 등 세액과 관련하여 확인이 필요한 경우, 세관공무원이 우범요소를 고려하여 선별하거나 세관장확인물품 등 요건확인 이 필요한 경우, 검사대상으로 선별된 경우 등이 있다(수입고시 제13조 제1항).[21]

---

21) 서류제출대상은 다음과 같다(수입고시 제13조 제1항).
  ① 법 제38조 제2항 단서에 따른 사전세액심사 대상물품. 다만, 다음의 어느 하나에 해당하는 물품은 제외한다.
    ㉮ 부가가치세법 제27조 제1호·제2호와 제15호(같은 법 시행령 제56조 제22호 해당물품에 한한다) 해당물품
    ㉯ 특급탁송물품으로서 규칙 제45조 제2항 제1호에 따른 소액면세대상물품
    ㉰ 법 제89조에 따른 감면대상물품 중 감면추천서를 전자문서로 제출받은 물품
    ㉱ 개성공업지구로부터 반입되는 임가공물품
    ㉲ 법 제101조에 따른 해외임가공감세물품
    ㉳ 법 제99조에 따른 감면대상물품중 물품가격이 미화 150달러 이하인 전자상거래 물품으로서 수출업체가 반품 등의 사유로 재반입하는 물품
    ㉴ 기타 세관장이 통관심사시 서류제출이 필요하지 아니하다고 인정하는 물품
  ② 법 제39조에 따른 부과고지대상물품
  ③ 법 제82조에 따른 합의세율 적용신청물품
  ④ 할당·양허관세 신청물품중 세율추천기관으로부터 세율추천을 증명하는 서류를 통관시스템 에서 전자문서로 전송받을 수 없는 물품
  ⑤ 법 제226조에 따른 세관장확인물품 중 요건확인기관으로부터 요건구비를 증명하는 서류를 통관시스템에서 전자문서로 전송받을 수 없는 물품
  ⑥ 법 제232조에 따른 원산지증명서류 제출대상물품. 다만, 개성공업지구로부터 반입되는 임 가공물품과 체약상대국과의 원산지 전자자료교환시스템을 통해 원산지증명서의 내용을 확 인 할 수 있는 경우에는 제외한다.
  ⑦ 제28조에 따라 검사대상으로 선별된 물품
  ⑧ 법 제250조에 따라 신고취하되거나 신고각하된 후 다시 수입신고하는 물품
  ⑨ 보세건설장에서의 수입물품·신고수리전반출승인물품·보세판매장반입물품과 선(기)용품 수 입물품(무역통계부호표상의 수입관리 종류별 부호가 13,17,18,20,22,23,24,25,29,30,33에 해 당하는 물품)
  ⑩ 일시수입통관증서(A.T.A Carnet)에 의하여 수입하는 물품
  ⑪ 수입신고서 기재사항 중 품명·규격의 일부만 기재한 물품

검사대상은 수입신고자료 접수 시 통관시스템에 의해 임의적으로 또는 세관공무원이 각종 정보에 의하거나 우범요소를 고려하여 선별한다(수입고시 제28조 제1항). 위험관리기법을 이용하여 검사대상을 선별하는 것을 우범화물자동선별시스템(Cargo Selectivity, C/S)이라 한다.

세관공무원은 신고인에게 서류제출대상 여부, 검사대상여부 등을 통보한다(수입고시 제12조 제3항).

2. 서류심사

신고인은 서류제출대상으로 선별된 수입신고 건에 대하여는 송품장, 가격신고서[22], 선하증권(항공화물운송장) 사본, 포장명세서, 세관장확인대상 수입요건 구비서류, 원산지증명서 등을 통관시스템에 전자제출하거나 스캔한 전자이미지 파일을 제출, 또는 직접 종이서류를 제출하여야 한다(수입고시 제15조).

수입과 세관공무원은 제출서류의 구비 및 신고서의 기재사항이 제출서류와 일치하는지 여부, 사전세액심사 대상물품의 품목분류·세율·과세가격·세액의 적정여부, 세관장이 수입요건을 확인하는 물품의 품목분류의 적정여부, 용도의 신고여부 및 수입요건의 구비여부, 기타 수입신고 수리 여부를 결정하기 위하여 필요한 사항 등을 심사한다(수입고시 제22조 제1항).

3. 물품검사

(1) 검사절차

세관장은 물품검사를 실시하기 전에 제4항에 따른 검사준비 사항이 포함된 검사계획을 신고인 및 장치장소 관리인에게 전자통관시스템으로 통보해야 한다(수입고시 제31조 제1항). 검사계획을 통보받은 신고인은 검사참여를 신청할

---

[12] 지방세법 시행령 제71조에 따른 담배소비세 납세담보확인서 제출대상물품과 같은 법 시행령 제134조의2에 따른 자동차세 납세담보확인서 제출대상물품
[13] 다이아몬드 원석(HS 7102.10, 7102.21, 7102.31)
[14] 관리대상화물 검사결과 이상이 있는 물품
[15] 같은 컨테이너에 화주가 다른 선하증권(B/L)이 혼재되어 있으나 부두직통관을 신청한 물품
[16] 그 밖에 관세청장이나 세관장이 서류제출이 필요하다고 인정하는 물품
22) 해당물품에 한하며, 전산으로 확인 가능한 경우에는 서류제출대상에서 제외한다.

수 있다(동조 제2항). 검사참여를 신청받은 세관장은 검사일시와 장소를 적은 같은 항에 따른 검사참여신청(통보)서를 신고인에게 발급해야 한다(동조 제3항).

세관장은 물품검사를 할 때 수입화주 또는 수입화주로부터 화물의 보관·관리를 위탁받은 장치장소 관리인(이하 '장치장소 관리인')에게 검사에 필요한 장소와 장비의 확보, 검사대상 물품의 포장을 열고 다시 포장하는 작업을 할 수 있는 사람의 배치 등의 검사준비 사항을 요구할 수 있다. 이 경우 검사준비 완료 여부에 따라 검사의 순서를 조정하는 등 그 준비가 완료된 때에 검사를 실시할 수 있다(동조 제4항).

세관장은 검사준비가 완료된 경우 장치장소의 관리인이나 그를 대리하는 소속종사자의 협조(물품의 포장상태 및 내용물품의 파손여부 등을 확인) 하에 검사를 실시한다. 다만, 장치장소의 관리인이나 그를 대리하는 소속종사자의 협조가 어려운 경우 수입화주나 신고인(그 소속 종사자를 포함한다)에게 검사참여하도록 검사일시와 장소 등을 통보할 수 있다(동조 제5항).

세관장은 검사준비 또는 협조가 어려워 검사가 곤란하다고 인정되는 경우에는 다음의 어느 하나에 해당하는 방법으로 물품검사를 할 수 있다(동조 제6항).

① 지정보세구역 등 세관장이 지정하는 검사 가능 장소로 보세운송 등을 하여 검사

② 신고취하 후 검사가 가능한 보세구역(화주 소재지 보세구역 외 장치장을 포함한다)으로 보세운송한 후 도착지 보세구역 관할세관에 다시 수입 신고하여 검사

한편, 세관공무원의 적법한 물품검사로 인하여 물품에 손실이 발생한 경우 그 손실을 입은 자에게 손실보상을 하여야 한다(법 제246조의2).

(2) 검사방법

검사방법으로는 일반검사(전량검사, 발췌검사), 정밀검사(분석검사, 비파괴검사, 파괴검사), 안전성검사{협업검사, 방사능검사(표면방사선량률 측정), 안전성분석검사} 등이 있다(수입고시 제32조 제1항).

4. 보완요구

수입과 심사자는 신고서 항목의 기재사항이 미비된 경우(정정보완 요구), 신고서 심사결과 첨부서류가 누락되었거나 증빙자료의 보완이 필요한 경우(서류보완 요구) 등 신고인이 제출한 서류와 자료에 의하여 심사사항의 확인이 곤란한 경우에는 신고가 수리되기 전까지 갖추어지지 아니한 사항을 보완하게 할 수 있다(법 제249조).

5. 신고사항의 정정

신고인은 세액의 결정에 영향을 미치지 아니하는 신고사항을 정정하려는 때에는 정정신청내용을 기재한 수입·납세신고정정신청서를 통관시스템에 전송하고 그 증빙자료를 세관장에게 제출하여야 한다. 다만, 세관장이 수입·납세신고정정신청서만으로 정정내용의 확인이 가능하다고 인정하는 경우에는 증빙자료의 제출을 생략할 수 있다(수입고시 제27조 제1항).

수입과 심사자는 심사결과 신고서의 기재사항(과세표준, 세율, 납부세액을 제외한다) 중 신고사항과 신고물품이 일치되지 아니하는 경우 직권으로 정정할 수 있다(동조 제3항).

6. 담보제공요구

세관장은 관세를 납부하여야 하는 물품에 대하여는 신고를 수리할 때에 관세에 상당하는 담보의 제공을 요구할 수 있다(법 제248조 제2항). 담보제공을 요구하는 사유로는 ① 법 또는 환특법 제23조를 위반하여 징역형의 실형을 선고받고 그 집행이 끝나거나 면제된 후 2년이 지나지 아니한 자,[23] ② 같은 사유로 징역형의 집행유예를 선고받고 그 유예기간 중에 있는 자, ③ 법 제269조부터 제271조까지, 제274조, 제275조의2, 제275조의3[24] 또는 환특법 제23조에 따라 벌금형 또는 통고처분을 받은 자로서 그 벌금형을 선고받거나 통고처분

---

23) 세관장이 재범의 우려가 없다고 인정하는 경우 제외될 수 있다.
24) 밀수출입죄, 관세포탈죄, 부정수출입죄, 가격조작죄 및 그 미수범, 밀수품의 취득죄등, 강제징수면탈죄등, 명의대여행위죄를 말한다.

을 이행한 후 2년이 지나지 아니한 자, ④ 수입신고일을 기준으로 최근 2년간 관세 등 조세를 체납한 사실이 있는 자, ⑤ 그 밖에 수입실적, 수입물품의 관세율 등을 고려하여 관세채권의 확보가 곤란한 경우가 있다.

7. 수입신고수리

세관장은 수입신고한 내용을 심사한 후 신고가 적합하게 이루어졌을 때에는 지체 없이 수리하고 신고인에게 신고필증을 발급하여야 한다(법 제248조 제1항). 약 30%의 정도의 수입신고가 전자통관심사에 의해 자동 수리된다. 수입신고시에는 수입물품의 품명·규격·수량 등에 관한 사항, 수입신고내용과 물품의 일치 여부, 허가·추천 등 법정요건 구비 여부를 심사하는 통관적법성 심사를 한다. 수입물품에 부과되는 세액에 대한 심사는 수리 후 심사하는 것이 원칙이고 예외적인 경우 수리 전 심사한다. 세관장이 검사대상으로 선별하거나 관리대상화물로 선별한 경우에는 해당 물품검사가 종료된 후에 수리한다(수입고시 제35조 제2항).

수입신고수리가 되면 이를 증명할 수 있는 서류로 수입신고필증을 받을 수 있다. 종전 수입면허제 하에서 수입면장이라고 부르던 것에 기인하여 현재 실무상으로 '수입면장'이라고 부르기도 한다. 수입신고필증은 다음과 같다(수입고시 별지 제1호의3 서식).

[서식 6.]

(갑 지)

수 입 신 고 필 증

※ 처리기간: 3일

①신고번호 99999−99−9999999−9	②신고일 YYYY/MM/DD	③세관.과 999−99	⑥입항일 YYYY/MM/DD	⑦전자인보이스 제출번호 XXXX−X−XX−XXX
④B/L(AWB)번호 XXXXXXXXXXXXXXXXX(XXXX)	⑤화물관리번호 YYXXXXXXXXX−9999−9999		⑧반입일 YYYY/MM/DD	⑨징수형태 99

⑩신 고 인 XXXXXXXXXXXXXXXXXXXXXXXXXXXX
⑪수 입 자 XXXXXXXXXXXXXXXXXXXXXX (999999999999 X)
⑫납세의무자 (XXXXXXX−9−99−9−99−9/999−99−99999)
(주소) XXXXXXXXXXXXXXXXXXXXXXXXXXXXXXX
(상호) XXXXXXXXXXXXXXXXXXXXXXXXXXXXXXX
(전화번호) XXXXXXXXXXXXXXXXXXXXXXXXXXX
(이메일주소) XXXXXXXXXXXXXXXXXXXXXXXXXX
(성명) XXXXXXXXXXXX
⑬운송주선인 XXXXXXXXXXXXXXXXXXXXXXXXX (9999999)
⑭무역거래처 XXXXXXXXXXXXXXXXXXXXXXXXXXXXXXX
XXXXXXXXXXXXXXXXX(XX) / XXXXX9999X

⑮통관계획 X XXXXXXXXXXXX	⑲원산지증명서 유무 X	㉑총중량 9,999,999,999,999 XX
⑯신고구분 X XXXXXXXXXXXX	⑳가격신고서 유무 X	㉒총포장갯수 99,999,999 XX
⑰거래구분 999 XXXXXXXXXXXXX	㉓국내도착항 XXXXX XXXXXXXXXXXX	㉔운송형태 XX−XXX
⑱종류 XX XXXXXXXXXXXXX	㉕적출국 XX XXXXXXXXXXXXXX ㉖선 기 명 XXXXXXXXXXXXXXXXXXXXXXXX XX	
㉗MASTER B/L 번호 XXXXXXXXX		㉘운수기관부호 XXXX

㉙검사(반입)장소 99999999−XXXXXXXXXX (XXXXXXXXXXXXXXXXXXXXXXXXXXXXXXXX)

● 품명 · 규격 (란번호/총란수: 999/999)

㉚품 명 XXXXXXXXXXXXXXXXXXXXXXXXXXXXXXXXXXXXXXX
㉛거래품명 XXXXXXXXXXXXXXXXXXXXXXXXXXXXXXXXXXXXXXX
㉜상 표 XXXXXXXXXXXXXXXXXXXXXXXXXXXXXX XXXXXXXXXXXXXXXX

㉝모델 · 규격	㉞성분	㉟수량	㊱단가(XXX)	㊲금액(XXX)
XXXXXXXXXXXXXXXXXXXXXXX XXXXXXXXXXXXXXXXXXXXXXX XXXXXXXXXXXXXXXXXXXXXXX XXXXXXXXXX	XXXXXXXXXXXXXXXXXXXX XXXXXXXXXXXXXXXXXXXX XXXXXXXXXXXXXXXXXXXX	9,999,999.9999XXX	9,999,999.999999	99,999,999.9999
XXXXXXXXXXXXXXXXXXXXXXX XXXXXXXXXXXXXXXXXXXXXXX XXXXXXXXXXXXXXXXXXXXXXX XXXXXXXXXX	XXXXXXXXXXXXXXXXXXXX XXXXXXXXXXXXXXXXXXXX XXXXXXXXXXXXXXXXXXXX	9,999,999.9999XXX	9,999,999.999999	99,999,999.9999

㊳세번 부호	9999.99−9999	㊵순중량	9,999,999,999.999 XX	㊸C/S 검사	X XXXXXXXXXXX	㊺사후확인기관 999, 999, 999	
㊴과세가격(CIF)	$99,999,999,999	㊶수 량	9,999,999,999 XXX	㊹검사변경	X XXXXXXXXXX		
	\999,999,999,999	㊷환급물량	9,999,999.9999 XXX	㊻원산지	XX−X−X−XX	㊼특수세액	9,999,999.99

㊽수입요건확인 (발급서류명)	9−999−99−99−99999999 (XXXXXXXXXXXXXXXXXXX)	9−99−99−99999999 (XXXXXXXXXXXXXXX)	9−99−99−99999999 (XXXXXXXXXXXXXXX)	9−99−99−99999999 (XXXXXXXXXXXXXXX)
	9−999−99−99−99999999 (XXXXXXXXXXXXXXXXXXX)	9−99−99−99999999 (XXXXXXXXXXXXXXX)	9−99−99−99999999 (XXXXXXXXXXXXXXX)	9−99−99−99999999 (XXXXXXXXXXXXXXX)

㊾세종	㊿세율(구분)	(51)감면율	(52)세액	(53)감면분납부호	감면액	* 내국세종부호
XXXXXX	9,999.99(XX XXXX) 9999999999	999,999.99	999,999,999,999,999	XXXXXXXXXXXX	999,999,999,999,999	
XX	9,999.99(XX XXXX)	999,999.99	999,999,999,999,999	XXXXXXXXXXXX	999,999,999,999,999	XXXXXX
XX	9,999.99(XX XXXX)	999,999.99	999,999,999,999,999	XXXXXXXXXXXX	999,999,999,999,999	
XX	9,999.99(XX XXXX)	999,999.99	999,999,999,999,999	XXXXXXXXXXXX	999,999,999,999,999	
XX	9,999.99(XX XXXX)	999,999.99	999,999999,999,999	XXXXXXXXXXXX	999,999999,999,999	

(54)결제금액(인도조건-통화종류-금액-결제방법) XXX−XXX−999,999,999,999,999,999−XX (56)환 율 99,999.9999

(55)총과세가격	$99,999,999,999	(57)운임	999,999,999,999,999	(59)가산금액	999,999,999,999,999	(64)납부서번호	999−99−99−9999999
	\99,999,999,999,999	(58)보험료	999,999,999,999,999	(60)공제금액	999,999,999,999,999	(65)총부가가치세과표	999,999,999,999,999

(61)세 종	(62)세 액
관 세	999,999,999,999,999
특 소 세	999,999,999,999,999
교 통 세	999,999,999,999,999
주 세	999,999,999,999,999
교 육 세	999,999,999,999,999
농 특 세	999,999,999,999,999
부 가 세	999,999,999,999,999
신고지연가산세	999,999,999,999,999
미신고가산세	,999,999,999,999,999
(63)총세액합계	999,999,999,999

※신고인기재란
XXXXXXXXXXXXXXXXXXXXXXXXXXXXXXXX
XXXXXXXXXXXXXXXXXXXXXXXXXXXX※
XXXXXXXXXXXXXXXXXXXXXXXXXXXXXXXX
XXXXXXX
− 전화번호 XXX−XXXXX XXXX
− 이메일주소 XXX−XXXXX XXXX

(66)세관기재란
XXXXXXXXXXXXXXXXXXXXXXXXXXXXXXXXXXXXXX
XXXXXXXXXXXXXXXXXXXXXXXXXXXXXXXXXXXXXX
XXXXXXXXX

THE REPUBLIC OF KOREA

(67)담당자 XXXXXXXXXX 999999 (68)접수일시 YYYY/MM/DD,HH:MM (69)수리일자 YYYY/MM/DD

발 행 번 호: 9999999999999(YYYY.MM.DD) 세관 · 과: 999−99 신고번호: 99999−99−999999X−X Page: 999/999

* 본 신고필증은 발행 후 세관심사 등에 따라 정정 · 수정될 수 있으므로 정확한 내용은 발행번호 등을 이용하여 관세청 인터넷통관포탈(http://unipass.customs.go.kr)에서 확인하시기 바랍니다.
* 본 수입신고필증은 세관에서 형식적 요건만을 심사한 것이므로 신고내용이 사실과 다른 때에는 신고인 또는 수입화주가 책임을 져야 합니다.

8. 세액납부 및 물품반출

수입신고수리가 되면 운송수단, 관세통로, 하역통로 또는 법에 따른 장치장소로부터 신고된 물품을 반출할 수 있게 된다(법 제248조 제3항). 수입신고한 물품의 수입화주는 그 물품에 대한 관세 등의 납세의무자가 된다. 납세신고를 한 자는 수입신고가 수리된 날로부터 15일 이내에 관세 등을 국고수납은행이나 우체국에 납부하여야 한다(수입고시 제45조 제2항).

9. 통관보류

세관장은 다음의 어느 하나에 해당하는 경우에는 해당 물품의 통관을 보류할 수 있다(법 제237조, 시행령 제244조).

① 법 제241조 또는 제244조에 따른 수출·수입 또는 반송에 관한 신고서의 기재사항에 보완이 필요한 경우

② 수출·수입 또는 반송신고시의 제출서류 등이 갖추어지지 아니하여 보완이 필요한 경우

③ 수입물품이 법에 따른 의무사항을 위반하거나 국민보건 등을 위해할 우려가 있는 경우

④ 제246조의3 제1항에 따른 안전성 검사가 필요한 경우 및 안정성 검사 결과 불법·불량·유해 물품으로 확인된 경우[25]

⑤ 국세징수법 제30조 및 지방세징수법 제39조의2에 따라 세관장에게 강제징수 또는 체납처분이 위탁된 해당 체납자가 수입하는 경우

⑥ 관세 관계 법령을 위반한 혐의로 고발되거나 조사를 받는 경우

세관공무원은 통관보류시 통관시스템에 입력하고 통관보류통지서를 신고인에게 전자문서로 통보한다.

한편, 사위 기타 부정한 방법으로 신고한 경우, 수입신고의 형식적 요건을 갖추지 못한 경우 등에는 수입신고 각하사유가 된다(법 제250조 제3항, 수입고시

---

25) 2021. 12. 21. 개정 관세법(법률 제18583호)은 세관장이 수출입 물품의 성분·품질 등에 대한 안전성 검사 결과 불법·불량·유해 물품으로 확인된 물품에 대해서는 통관을 보류할 수 있도록 하였다.

제19조 제1항).

10. 보세구역 반입명령제도

관세청장이나 세관장은 수입신고수리물품이 다음의 어느 하나에 해당하는 경우에는 법 제238조에 따라 화주 또는 수출입신고인에게 해당물품을 보세구역으로 반입할 것을 명령할 수 있다. 다만, 해당물품이 수입신고수리를 받은 후 3월이 경과하였거나 관련법령에 의하여 관계행정기관의 장의 시정조치가 있는 경우에는 그러하지 아니하다(수입고시 제107조 제1항).

① 법 제227조에 따른 의무를 이행하지 아니한 경우
② 법 제230조에 따른 원산지표시가 적법하게 표시되지 아니하였거나 수입신고수리 당시와 다르게 표시되어 있는 경우
③ 지식재산권을 침해한 경우
④ 법 제230조의2에 따른 품질등의 표시(표지의 부착 포함)가 적법하게 표시되지 아니하였거나 수출입신고 수리 당시와 다르게 표시되어 있는 경우

11. 수입외국물품 통관표지

(1) 의의 및 대상

세관장은 관세 보전을 위하여 필요하다고 인정할 때에는 대통령령으로 정하는 바에 따라 수입하는 물품에 통관표지를 첨부할 것을 명할 수 있다(법 제228조). 통관표지의 첨부대상은 다음과 같다(시행령 제235조 제1항).

① 법에 의하여 관세의 감면 또는 용도세율의 적용을 받은 물품
② 법 제107조 제2항의 규정에 의하여 관세의 분할납부승인을 얻은 물품
③ 부정수입물품과 구별하기 위하여 관세청장이 지정하는 물품

(2) 통관표지 첨부 생략

다만, 다음의 물품은 통관표지의 첨부를 생략한다(수입고시 제116조 제2항).
① 수입신고수리후 자가사용으로 인정되는 휴대품, 우편물, 탁송품이나 별

송품

② 재수출조건부 면세대상 물품 등 일시수입물품

③ 우리나라에서 수출된 후 재수입되는 물품

④ 외교관 면세대상물품

⑤ 수출조건으로 공매낙찰된 물품

(3) 수입신고수리

세관장이 통관표지 첨부대상 수입물품에 대하여 수입신고수리를 하고자 할 때에는 통관표지의 종류와 소요되는 수량을 세관 기재란에 표기해야 한다 (수입고시 제120조 제2항).

Ⅳ. 신속통관을 위한 제도

1. 신고특례제도

(1) 입항 전 수입신고

원칙적으로 수입신고는 입항된 후에만 할 수 있으나(법 제243조 제2항), 입항하려는 물품의 신속한 통관이 필요할 때에는 해당 물품을 적재한 선박이나 항공기가 입항하기 전에 수입신고를 할 수 있다. 이 경우 입항 전 수입신고가 된 물품은 우리나라에 도착한 것으로 본다(법 제244조 제1항).

입항 전 수입신고 시기는 해당 물품을 적재한 선박 또는 항공기가 그 물품을 적재한 항구 또는 공항에서 출항하여 우리나라에 입항하기 5일 전(항공기는 1일전)부터 할 수 있다(시행령 제249조 제1항). 다만, ① 세율이 인상되거나 새로운 수입요건을 갖추도록 요구하는 법령이 적용되거나 적용될 예정인 물품, ② 농·수·축산물이나 그 가공품으로서 수입신고하는 때와 입항하는 때의 물품의 관세율표 번호 10단위 또는 과세단위(수량이나 중량)가 변경되는 물품은 해당 물품을 적재한 선박 등이 우리나라에 도착된 후에 수입신고하여야 한다 (시행령 제249조 제3항).

(2) 출항 전 수입신고

항공기로 수입되는 물품이나 일본, 중국, 대만, 홍콩으로부터 선박으로 수입되는 물품을 선(기)적한 선박과 항공기가 해당물품을 적재한 항구나 공항에서 출항하기 전에 수입신고할 수 있다(수입고시 제3조 제1호).

(3) 보세구역 도착 전 수입신고

수입물품을 선(기)적한 선박 등이 입항하여 해당물품을 통관하기 위하여 반입하려는 보세구역(부두밖 컨테이너 보세창고와 컨테이너 내륙통관기지 포함)에 도착하기 전에 수입신고할 수 있다(수입고시 제3조 제3호).

2. 반출특례제도

(1) 수입신고 수리 전 반출

1) 의 의

원칙적으로 수입물품은 수입신고 수리 후 반출하여야 하나 일정한 경우 수입신고 수리 전에 장치장소로부터 반출하려는 자는 납부하여야 할 관세에 상당하는 담보를 제공하고 세관장의 승인을 받은 후 반출할 수 있다(법 제252조).

2) 대 상

신고 수리 전 반출 승인대상은 수입통관에 곤란한 사유가 없는 물품으로서 ① 완성품 세번으로 수입신고수리 받고자 하는 물품이 미조립상태로 분할 선적 수입된 경우, ② 비축물자로 신고된 물품으로서 실수요자가 결정되지 아니한 경우, ③ 사전세액심사 대상물품으로서 세액결정에 오랜 시간이 걸리는 경우, ④ 품목분류나 세율결정에 오랜 시간이 걸리는 경우, ⑤ 수입신고시 원산지증명서를 제출하지 못한 경우 등이 있다(수입고시 제38조 제1항).

3) 담보제공 생략

국가·지방자치단체, 공공기관 수입물품, 학술연구용품감면세 감면대상의 수입물품, 최근 2년간 법 위반 사실이 없는 수출입자 또는 신용평가기관으로부터 신용도가 높은 것으로 평가받은 자의 수입물품, 수입물품의 성질 등을 고려할 때 관세채권의 확보에 지장이 없다고 관세청장이 인정하는 물품은 담보제공을 생략할 수 있다(법 제252조 단서, 시행령 제256조 제3항).

4) 효 과

반출승인일을 수입신고 수리일로 보고(법 제8조), 수입신고 수리 전 반출승인 물품은 내국물품으로 본다(법 제2조 제5호 라목).

(2) 수입신고 전 즉시반출

일정한 경우 수입하려는 물품을 수입신고 전에 운송수단, 관세통로, 하역통로 또는 장치장소로부터 즉시 반출할 수 있다. 즉시반출하려는 자는 세관장에게 즉시반출신고를 하여야 한다. 이 경우 세관장은 납부하여야 하는 관세에 상당하는 담보를 제공하게 할 수 있다(법 제253조 제1항). 즉시반출업체로 지정 받을 수 있는 자는 외국인투자기업에 해당하는 경우로서 ① 포괄담보업체, ② 최근 2년간 관세 등 제세의 체납이 없는 업체, ③ 최근 2년간 법 제269조부터 제271조까지, 제274조, 제275조의2 또는 제275조의3을 위반하거나 환특법 제23조 위반으로 처벌받은 사실이 없는 업체, ④ 최근 3년간 수출입실적 있는 업체 등을 말한다(수입고시 제123조 제1항).

제4절 수출통관

Ⅰ. 개 관

수출이란 내국물품을 외국으로 반출하는 것을 말한다(법 제2조 제2호). 내국물품이란 ① 우리나라에 있는 물품으로서 외국물품이 아닌 것, ② 우리나라의 선박 등이 공해에서 채집하거나 포획한 수산물, ③ 입항 전 수입신고가 수리된 물품, ④ 수입신고수리 전 반출승인을 받아 반출된 물품, ⑤ 수입신고전 즉시반출신고를 하고 반출된 물품 등을 말한다(법 제2조 제5호).

1993. 12. 31. 개정된 관세법은 화물의 흐름을 신속하게 하기 위하여 수출물품의 제조 이전에도 수출신고를 할 수 있도록 하고, 수출물품이 제조된 장소

에서 곧바로 수출신고가 가능하도록 하였다.[26] 1997. 12. 13. 개정된 관세법은 수출신고가 수리된 물품을 의무적으로 보세구역에 반입하도록 하던 것을 보세구역에 반입하지 아니하고 바로 선(機)적할 수 있도록 하여 수출통관절차를 간소화하였다.[27]

Ⅱ. 수출신고절차

1. 수출요건확인 및 수출신고

수출신고 전 수출에 필요한 조건이 규정되어 있는 것인지 대외무역법 및 개별법령을 확인하여야 한다. 요건이 필요한 경우 그러한 요건을 구비하고 관세법에 따른 수출신고를 하여야 한다. 물품을 수출하고자 하는 때에는 당해 물품의 품명·규격·수량 및 가격과 그 밖에 대통령령으로 정하는 사항을 세관장에게 신고하여야 한다(법 제241조 제1항).

수출신고는 화주 또는 관세사 등의 명의로 하는 것이 원칙이고, 다만 화주에게 해당 수출물품을 제조하여 공급한 자의 명의로 할 수 있다(법 제242조). 수출신고는 해당 물품이 장치된 물품소재지를 관할하는 세관장에게 하여야 한다(수출고시 제4조).

수출신고는 전자문서로 작성된 수출신고서 등 신고자료와 함께 송품장 등 관련서류를 전자제출하거나 전자이미지로 통관시스템에 전송하는 방식으로 한다. 수출신고의 효력은 전송된 신고자료가 통관시스템에 접수된 시점에 발생한다(수출고시 제7조·제8조). 수출신고서는 서식 7.과 같다(시행규칙 별지 제1호의2 서식).

2. 심 사

수출신고물품에 대하여는 전자통관심사, 심사(화면심사, 서류심사), 물품검사를 하게 된다. 수출과 심사자는 신고서를 정확하게 작성하였는지 여부, 법 제226조에 따라 세관장이 수출요건을 확인하는 물품의 품목분류의 적정여부

---

26) 법률 제4674호.
27) 법률 제5419호.

및 수출요건의 구비여부, 법 제230조에 따른 원산지 표시 및 법 제235조에 따른 지식재산권 침해여부, 분석의뢰가 필요한 물품인지 여부, 그 밖에 수출신고 수리여부를 결정하기 위하여 필요한 사항에 대하여 심사한다(수출고시 제11조).

3. 물품검사

세관공무원은 수출물품에 대하여 검사를 할 수 있으나(법 제246조 제1항), 수출신고물품의 검사는 원칙적으로 생략한다(수출고시 제17조 제1항). 예외적으로 수출물품 선별검사에 관한 훈령에 따라 물품을 확인할 필요가 있는 경우 물품검사를 한다. 수출물품의 검사는 신고수리 후 적재지에서 검사하는 것을 원칙으로 한다(동조 제2항).

세관장은 수출물품의 적하목록이 제출된 이후 특정시기를 정하여 신고인, 적하목록 제출자 및 보세구역 운영인 등에게 검사대상임을 통보할 수 있다. 다만, 세관검사의 목적달성을 위하여 필요한 경우 수출물품의 검사대상 여부를 수출신고시점에 신고인에게 통보할 수 있다(수출고시 제17조의2). 수출신고시점에 검사대상임을 통보받은 신고인 또는 화주는 수출물품이 적재되기 전 적재지 보세구역 또는 적재지 세관장이 별도로 정하는 장소에 해당 물품을 반입하고 적재지 관할 세관장에게 수출신고필증 및 첨부서류 등을 제시하여 물품검사를 요청하여야 한다(동 고시 제17조의4).

[서식 7.]

(□ 수 출 □ 반 송) 신 고 서

*처리기간: 즉시   (3쪽 중 제1쪽)

①신고자	⑤신고번호		⑥세관, 과	⑦신고일자	⑧신고구분	C/S구분
②수 출 대 행 자 　(통관고유부호) 수 출 화 주 　(통관고유부호) 　　(주소) 　　(대표자) (사업자등록번호)			⑨거래구분	⑩종류	⑪결제방법	
			⑫목적국	⑬적재항	⑭선박회사(항공사)	
			⑮선박명(항공편명)	⑯출항예정일자	⑰적재예정보세구역	
			⑱운송형태		⑲검사희망일	
			⑳물품소재지			
③제 조 자 　(통관고유부호) 　제조장소　　산업단지부호			㉑신용장(L/C)번호		㉒물품상태	
			㉓사전임시개청통보여부		㉔반송사유	
④구 매 자 　(구매자부호)			㉕환급신청인(　　) 　자동 간이정액환급(　　)			

● 품명 · 규격

㉖품　명				㉘상표명	
㉗거래품명					
㉙모델 · 규격	㉚성분	㉛수량		㉜단가	㉝금액
㉞품목번호	㉟순중량		㊱수량		㊲신고가격(FOB)
㊳송품장번호	㊴수입신고번호		㊵원산지		㊶포장개수(종류)
㊷수출요건확인 (발급서류명)					

㊸총중량	㊹총 포장개수	㊺총 신고가격(FOB)
㊻운임(W)	㊼보험료(W)	㊽결제금액
㊾수입화물관리번호		㊿컨테이너번호

※신고인기재란	세관기재란
「관세법」 제241조에 따라 위와같이 신고합니다. 　　　　　　　　　　　　　　　년 월 일 　신고인:　　　　　　　　　　　(서명/인) 　○○세관장 귀하	

51운송(신고)인	적재의무기한	담당자	신고수리일자
52기간　　　　　~			

세관장은 컨테이너검색기 또는 차량이동형검색기 등을 활용하여 검사할 수 있고, 물품확인이 필요한 경우 전량검사, 발췌검사 또는 분석검사 등을 실시한다(동 고시 제20조).

4. 보완요구

세관장은 신고인이 제출한 서류 및 자료에 의하여 심사사항의 확인이 곤란한 경우에는 보완요구할 사항을 통관시스템에 입력하고 보완요구서를 신고인에게 통보하여야 한다. 보완요구를 하는 경우에는 보완요구서에 보완을 하여야 할 사항, 보완을 요구하는 이유 및 보완기간 등을 구체적으로 기재하여야 한다(수출고시 제14조).

5. 신고사항의 정정

심사대상이나 검사대상을 제외한 수출신고건은 출항 전까지 자율정정을 허용할 수 있다. 그 밖의 경우에는 현품확인으로 정정내용을 확인한 경우이거나 정정으로 환급액이 증가하는 경우에 객관적 자료에 의하여 정정내용을 확인한 경우 정정을 허용할 수 있다(수출고시 제26조).

6. 통관보류

세관장은 심사결과 수출물품이 법에 따른 의무사항을 위반하거나 국민보건 등을 위해할 우려가 있는 경우, 관세범칙혐의로 자체조사가 진행 중이거나 고발의뢰한 경우 등에는 해당 물품의 통관을 보류할 수 있다(수출고시 제15조). 또한 보완요구 기간 내에 보완요구사항을 구비하지 아니하는 경우 통관을 보류하여야 한다(동 고시 제14조 제4항).

7. 수출신고수리

자동수리대상은 통관시스템에서 자동으로 신고수리되고, 심사대상은 심사 후, 검사대상은 검사 후 수리한다. 적재지 검사대상은 수출물품을 적재하기 전에 검사를 받는 조건으로 신고를 수리할 수 있다(수출고시 제21조). 세관장은 수출신고수리가 되었음을 증명할 수 있는 서류로 신고필증을 발급하여야 한다(법 제248조 제1항).

종전 수출면허제 하에서 수출면장이라고 부르던 것에 기인하여 현재 실무에서 수출신고필증을 '수출면장'이라고 부르기도 한다. 수출신고필증은 다음과 같다(수출고시 별지 제1호 서식).

[서식 8.]

수출신고필증(수출이행, 갑지)

※ 처리기간: 즉시

①신고자 xxxxxxxxxxxx	⑤신고번호 99999-99-9999999		⑥세관.과 999-99	⑦신고일자 YYYY/MM/DD	⑧신고구분 X	⑨C/S구분 X

②수 출 대 행 자 xxxxxxxxxxxxxxxxx	⑩거래구분 xx	⑪종류 X	⑫결제방법 xx

(통관고유부호) XXXXXXX-9-99-9-99-9 수출자구분 x
⑬목적국 xxxxxxx ⑭적재항 xxxxxx ⑮선박회사 xxxxxxx (항공사)

수 출 화 주 xxxxxxxxxxxxxxxxxxxxx
(통관고유부호) XXXXXXX-9-99-9-99-9
⑯선박명(항공편명) XXXXXXX ⑰출항예정일자 XXXXXX ⑱적재예정보세구역

(주소) XXXXXXXXXXX (소재지) XXX
⑲운송형태 xx xxx ⑳검사희망일 YYYY/MM/DD

(대표자) XXXXXXXXXXX
(사업자등록번호) 999-99-99999
㉑물품소재지 xxx XXXXXXX / XXXXXXXXXXXXXXX

③제 조 자 xxxxxxxxxxxxxxxxxxxxx
(통관고유부호) XXXXXXX-9-99-9-99-9
㉒L/C번호 xxxxxxxxxxx ㉓물품상태 X

제조장소 xxx 산업단지부호 xxx
㉔사전임시개청통보여부 x ㉕반송 사유 xx

④구 매 자 xxxxxxxxxxxxxxxxxxxx
(구매자부호) XXXXXXXXXX
㉖환급신청인 X (1:수출대행자/수출화주, 2:제조자)
자동간이정액환급 xx

품명·규격 (란번호/총란수: 999/999)

㉗품 명 xxxxxxxxxxxxxxxxxxxxx	㉙상표명 xxxxxxxxxxxxxxxx
㉘거래품명 xxxxxxxxxxxxxxxxxxx	

㉚모델·규격	㉛성분	㉜수량	㉝단가(XXX)	㉞금액(XXX)
xxxxxxxxxxxxxxxxxxxxx ▲ xxxxxxxxxxxxxxxxxxxxx xxxxxxxxxxxxxxxxxxxxx 「모델·규격의·갯수·및·길이에 xxxxxxxxxxxxxxxx 따라·세로길이·가변적」 xxxxxxxxxxxxxxxxxxxxx xxxxxxxxxxxxxxxxxxxxx ▼ xxxxxxxxxxxxxxxxxxxxx	XXXXXXXXXXXX XXXXXXXXXXXX XX XXXXXXXXXXXX XXXXXXXXXXXX	999,999,999,999(XXX)	9,999,999,999.99	999,999,999.99

㉟세번부호 9999.99-9999	㊱순중량 999,999,999,999(XX)	㊲수량 999,999,999,999(XX)	㊳신고가격(FOB) $999,999,999 ₩999,999,999

㊴송품장번호 XXXXXXXXX	㊵수입신고번호 XXXX-XX-XXXXX-X(XX)	㊶원산지 xx-x-x	㊷포장갯수(종류) 999,999(XX)

㊸수출요건확인 (발급서류명)	X-XXXXXXXXX (XXXXXXXXXXXXXXXX)	X-XXXXXXXXX (XXXXXXXXXXXXXXXX)	X-XXXXXXXXX (XXXXXXXXXXXXXXXX)	X-XXXXXXXXX (XXXXXXXXXXXXXXXX)

㊹총중량 9,999,999(XX)	㊺총포장갯수 999,999 (XX)	㊻총신고가격 (FOB)	$ 999,999,999,999 ₩ 999,999,999,999,999

㊼운임(\) 999,999,999	㊽보험료(\) 999,999,999,999	㊾결제금액 XXX-XXX-999,999,999,999,999

㊿수입화물관리번호 XXXXXXXXXXXXXXX	X	51컨테이너번호 XXXXXXXXXX

※신고인기재란 XXXXXXXXXXXXXXXXXXXXX XXXXXXXXXXXXXXXXXXXXX	52세관기재란 XXXXXXXXXXXXXXXXXXXXX XXXXXXXXXXXXXXXXXXXXX XXXXXXXXXXXXXXXXXXXXX XXXXXXXXXXXXXXXXX

53운송(신고)인 XXXXXXXXXXXXXXXX	55적재의무 기한 YYYY/MM/DD	56담당자 XXXX(XXXXX)	57신고수리일자 YYYY/MM/DD
54기간 YYYY/MM//DD 부터 YYYY/MM/DD 까지			

발 행 번 호: 9999999999999(YYYY.MM.DD)   Page: 999/999

(1) 수출신고수리일로부터 30일내에 적재하지 아니한 때에는 수출신고수리가 취소됨과 아울러 과태료가 부과될 수 있으므로 적재사실을 확인하시기 바랍니다.(관세법 제251조, 제277조) 또한 휴대탁송 반출시에는 반드시 출국 심사(부두,초소,공항) 세관공무원에게 제시하여 확인을 받으시기 바랍니다.

(2) 수출신고필증의 진위여부는 관세청 인터넷통관포탈에 조회하여 확인하시기 바랍니다. (http://portal.customs.go.kr)

Ⅲ. 수출화물의 흐름과 세관의 관리

1. 수출물품의 적재이행관리

수출신고가 수리된 물품은 수출신고가 수리된 날부터 30일 이내에 우리나라와 외국 간을 왕래하는 운송수단에 적재하여야 한다. 세관장은 이 기간 내에 적재되지 아니한 물품에 대하여는 수출신고의 수리를 취소할 수 있다(법 제251조). 앞서 본 바와 같이 수출신고필증에는 수출신고수리일로부터 30일 내에 적재하지 아니한 때에는 수출신고수리가 취소됨과 아울러 과태료가 부과될 수 있으므로 적재사실을 확인하라는 문구가 기재되어 있다.

2. 적재기간 연장

출항 또는 적재 일정변경 등 부득이한 사유로 인하여 적재기간을 연장하려는 자는 변경 전 적재기간 내에 통관지 세관장에게 적재기간 연장승인(신청)서를 제출하여야 한다(수출고시 제45조 제3항). 세관장은 적재기간연장승인(신청)서를 접수한 때에는 연장승인신청사유 등을 심사하여 타당하다고 인정하는 경우에는 수출신고수리일로부터 1년의 범위 내에서 적재기간 연장을 승인할 수 있다(동조 제4항).

3. 적재지검사 대상물품의 경우

적재지검사 대상물품의 경우에는 수출물품의 적재이행관리 및 적재기간 연장 규정에도 불구하고 물품검사가 완료된 후 운송수단에 적재하여야 한다(수출고시 제45조 제6항).

4. 출 항

국제무역선이나 국제무역기가 개항을 출항하려면 선장이나 기장은 출항하기 전에 세관장에게 출항허가를 받아야 한다(법 제136조 제1항). 출항허가를 받으려면 그 개항에서 적재한 물품의 목록을 제출하여야 한다(동조 제2항). 세관장은 신속한 출항 및 통관절차의 이행과 효율적인 감시·단속을 위하여 필요한 경우에는 관세청장이 정하는 바에 따라 출항하는 해당 국제무역선 또는 국제무역기가 소속된 선박회사 또는 항공사로 하여금 적재물품의 목록을 출항허가 신청 전에 제출하게 할 수 있다(동조 제3항).

제5절 반송통관

Ⅰ. 개 관

반송이란 수입이나 수출과 같은 통관의 일종으로서, 국내에 도착한 외국물품을 수입통관절차를 거치지 아니하고 다시 외국으로 반출하는 것을 말하고, 그 물품을 보냈던 화주에게 당해 물품을 도로 돌려보내는 경우로 한정되지 않는다.[28]

반송과 구별되는 개념으로 환적이 있다. 관세법상 환적이란 통관의 일종이 아니라 보세운송, 반입, 반출 등 물품이동의 하나이다.[29] 즉 환적이란 동일한 세관의 관할구역에서 입국 또는 입항하는 운송수단에서 출국 또는 출항하는 운송수단으로 물품을 옮겨 싣는 것을 말한다(법 제2조 제14호). 복합환적이란 입국 또는 입항하는 운송수단의 물품을 다른 세관의 관할구역으로 운송하여 출국 또는 출항하는 운송수단으로 옮겨 싣는 것을 말한다(동조 제15호).

Ⅱ. 반송신고절차

1. 반송인

반송은 적하목록, 선하증권(B/L), 항공화물상환증(AWB) 상의 수하인 또는

---

28) 대법원 2009. 2. 12. 선고 2007도300 판결.

29) 부산고등법원 2019. 7. 24. 선고 2019노56 판결. 개정 교토협약 특별부속서 E 제2항은 환적의 필수적인 특성으로 대상 물품은 오직 해당 관세영역으로부터 반출을 위하여 다른 운송수단으로 옮겨 실을 목적으로만 그 관세영역에 도착할 것, 대상 물품을 옮겨 싣고 반출되는 과정은 대체로 매우 짧은 기간 내에 이루어질 것, 관세영역에 머무는 동안 환적물품은 관할세관 구역 내에 있기 때문에 항시 세관의 통제 하에 있게 될 것 등을 고려하여야 한다고 규정하고 있다.

해당 물품의 화주(해당 물품의 처분권리를 취득한 자를 포함한다)가 할 수 있다(반송고시 제4조).

2. 반송신고

법 제241조에 따라 반송신고를 하려는 자는 다음의 서류를 첨부한 반송신고서(서식 7.의 수출신고서 서식을 사용하되 서식명은 반송신고서로 변경 사용)를 세관장에게 제출하여야 한다(반송고시 제5조 제1항).

① 해당 물품의 선하증권(항공화물인 경우에는 항공화물상환증) 사본
② 수출송품장 및 포장명세서(필요한 경우에만 해당된다)
③ 대외무역법령 등 관련 법령에 따른 승인 · 추천 · 인증 등이 필요한 경우 관련서류

반송신고는 해당 물품을 외국으로 반출하고자 하는 선박 또는 항공기 적재단위[선하증권(B/L) 또는 항공화물상환증(AWB)]별로 하여야 한다.

3. 반송심사

세관장은 반송신고물품에 대하여 다음에 해당하는 사항을 심사한다(반송고시 제6조 제1항).

① 반송요건에 적합한지 여부
② 법 제234조 또는 법 제235조에 따라 수출입이 금지되는지 여부
③ 대외무역법령 및 그 밖의 법령에 따른 조건의 구비여부
④ 통관보류물품 등 수입신고된 물품의 경우 그 신고의 취하여부
⑤ 그 밖의 반송물품의 통관을 위하여 필요한 사항

세관장은 반송신고물품이 외국으로부터 도착되어 수입되지 아니하고 관세등이 유보된 상태로 외국으로 반출되어야 하는 물품인 것에 특히 유의하여 반송인, 품명 및 규격, 수량, 신고가격등을 심사하여야 한다(동조 제2항).

세관장은 심사를 위하여 필요한 경우에는 신고인등 이해관계자의 의견을 청취할 수 있다(동조 제3항).

4. 검사대상 선별 및 검사

반송신고물품에 대한 검사는 수출고시에서 검사대상으로 선별되었거나 사회관심품목등 소비재와 정상 수출입을 가장한 부정무역의 우려가 있는 물품등 세관장이 필요하다고 인정하는 경우에는 검사할 수 있다(반송고시 제7조 제1항).

검사담당세관공무원은 물품검사를 할 때에 반송신고물품이 당초 반입된 물품의 품명, 규격 등과 일치하는지 여부를 확인하여야 하며 마약류등 불법부정 물품의 혼재 또는 은닉 여부에 특히 유의하여 검사를 하여야 한다(동조 제2항).

5. 반송신고수리

세관장은 반송신고 물품에 대하여 신고사항 및 신고서류에 이상이 없는 때와 물품검사를 하는 경우 신고사항과 현품이 일치하는 등 이상이 없는 때에 검사결과 이상유무를 수출통관시스템에 등록하고 신고를 수리하여야 한다(반송고시 제8조).

6. 적재확인

반송신고수리 세관장은 반송신고수리물품이 수리일로부터 30일을 경과하였을 때에는 적재여부를 확인하여 적재되지 아니한 경우에는 국외반출 또는 취하하도록 기간을 정하여 법 제263조에 따른 명령(서류의 제출 또는 보고 등의 명령)을 하여야 한다(반송고시 제11조).

제6절 간이통관

I. 수출입(반송)신고의 생략

여행자휴대품, 승무원휴대품, 우편물, 국제운송을 위한 컨테이너,[30] 기타 서류·소액면세물품 등 신속한 통관을 위하여 필요하다고 인정하여 관세청장이 정하는 탁송품[31] 또는 별송품은 수출입(반송)신고를 생략할 수 있다(법 제241조 제2항, 시행령 제246조 제4항).

1. 수입신고의 생략

기타 서류·소액면세물품 등 신속한 통관을 위하여 필요하다고 인정하여 관세청장이 정하는 탁송품 또는 별송품 중 수입신고를 생략할 수 있는 물품은 다음의 어느 하나에 해당하는 물품 중 관세가 면제되거나 무세인 물품을 말한다(수입고시 제70조 제1항). 따라서 이 경우는 B/L[32]만 제시하면 물품보관장소에서 즉시 인도한다(동조 제2항).

① 외교행낭으로 반입되는 면세대상물품(법 제88조)

② 우리나라에 내방하는 외국의 원수와 그 가족 및 수행원에 속하는 면세대상물품(법 제93조 제9호)

③ 장례를 위한 유해(유골)와 유체

④ 신문, 뉴스를 취재한 필름·녹음테이프로서 문화체육관광부에 등록된 언론기관의 보도용품

⑤ 재외공관 등에서 외교통상부로 발송되는 자료

⑥ 기록문서와 서류

⑦ 외국에 주둔하는 국군으로부터 반환되는 공용품[군함·군용기(전세기를

---

30) 법 별표 관세율표중 기본세율이 무세인 것에 한한다.
31) 상업서류, 견본품, 자가사용물품, 그 밖에 이와 유사한 물품으로서 국제무역선·국제무역기 또는 국경출입차량을 이용한 물품의 송달을 업으로 하는 자(물품을 휴대하여 반출입하는 것을 업으로 하는 자는 제외한다)에게 위탁하여 우리나라에 반입하거나 외국으로 반출하는 물품을 말한다(법 제2조 제18호).
32) 외국에 주둔하는 국군으로부터 반환되는 공용품은 물품목록.

포함한다)에 적재되어 우리나라에 도착된 경우에 한함]

2. 간이신고

수입신고 생략 물품 중 과세 되는 물품과 다음의 어느 하나에 해당하는 물품은 첨부서류 없이 신고서에 수입신고사항을 기재하여 신고한다(수입고시 제71조 제1항).

① 국내거주자가 수취하는 해당물품의 총 가격이 미화 150달러 이하의 물품으로서 자가사용물품으로 인정되는 면세대상물품

② 해당 물품의 총 과세가격이 미화 250달러 이하의 면세되는 상용견품

③ 설계 도중 수입승인이 면제되는 것

④ 외국환거래법에 따라 금융기관이 외환업무를 영위하기 위하여 수입하는 지급수단

3. 수출신고의 생략

여행자휴대품, 우편물, 특송물품으로서 다음에 해당하는 물품은 송품장, 통관목록 또는 우편물목록을 세관장에게 제출하는 것으로 법 제241조 제1항의 수출신고를 생략할 수 있다. 다만 세관장확인대상에 해당하는 물품은 제외한다(수출고시 제36조).

① 유해 및 유골, ② 외교행낭으로 반출되는 물품, ③ 외교통상부에서 재외공관으로 발송되는 자료, ④ 외국원수 등이 반출하는 물품, ⑤ 신문, 뉴스취재 필름, 녹음테이프 등 언론기관 보도용품, ⑥ 카다로그, 기록문서와 서류, ⑦ 외국인관광객 등에 대한 부가가치세 및 개별소비세 특례 규정에 따라 외국인 관광객이 구입한 물품, ⑧ 환급대상이 아닌 물품가격 FOB 200만원 이하의 물품.

Ⅱ. 특송물품 통관

1. 의 의

탁송품(이하 '특송물품'이라 한다)이란 상업서류, 견본품, 자가사용물품, 그 밖에 이와 유사한 물품으로서 국제무역선·국제무역기 또는 국경출입차량을 이용한 물품의 송달을 업으로 하는 자33)에게 위탁하여 우리나라에 반입하거나 외국으로 반출하는 물품을 말한다(법 제2조 제18호).

특송업체란 국제무역선·국제무역기 또는 국경출입차량을 이용하여 상업서류나 그 밖의 견본품 등을 송달하는 것을 업으로 하는 자로서 세관장에게 등록한 업체를 말한다(법 제222조 제1항 제6호).

특송물품을 기적한 항공기가 입항하면 특송업체는 소액 특송물품에 대해 세관에 적재한 화물의 내용과 수량을 기재한 통관목록을 제출하는 것으로 수입신고를 갈음한다.

수입신고가 필요한 화물의 경우 관세사를 통해 수입신고를 한다. 세관공무원은 관련 서류를 검토하여 수입통관이 가능하면 수입신고를 수리하고, 수입통관을 할 수 없는 사유가 있으면 신고인에게 보완통보를 하거나 통관보류조치 등을 한다. 수입신고가 수리되면 특송업체는 특송화물을 반출받아 국내운송을 시작한다.

2. 특송물품의 흐름과 세관의 관리

(1) 특송업체 등록

국제무역선·국제무역기 또는 국경출입차량을 이용하여 상업서류나 그 밖의 견본품 등을 송달하는 것을 업으로 하는 자는 관세청장이나 세관장에게 등록하여야 한다(법 제222조 제1항 제6호). 이에 따라 세관장에게 등록한 업체를 특송업체라 한다.

---

33) 물품을 휴대하여 반출입하는 것을 업으로 하는 자는 제외한다.

(2) 특송물품의 반입과 자체시설 통관

특송물품은 세관장이 따로 지정한 세관지정장치장에 반입하여 세관공무원의 X-Ray 검색기 검사 등을 거친 후 통관하여야 한다. 특송업체는 자체시설에서 특송물품을 통관할 수 있다(법 제254조의2 제6항 단서).

3. 목록통관

국내거주자가 수취하는 자가사용물품 또는 면세되는 상용견품 중 물품가격이 미화 150달러(미합중국과의 협정에 따른 특송물품 통관의 특례에 해당하는 물품은 미화 200달러) 이하에 해당하는 물품(이하 '목록통관특송물품')은 특송업체가 통관목록을 세관장에게 제출함으로써 법 제241조 제1항의 수입신고를 생략할 수 있다(법 제254조의2, 시행규칙 제79조의2 제1항, 특송고시 제8조 제1항 제1호).

특송업체가 목록통관 특송물품을 수입통관하려는 때에는 통관목록을 세관장에게 제출하여야 한다(특송고시 제9조 제1항). 통관목록 기재사항은 서식 9.와 같이 특송업체명, 선박(항공)편명, 적출국(항), 선하증권 번호, 입항일자, 송하인에 대한 정보, 수하인에 대한 정보, 품명 등 물품에 대한 정보 등이 있다(특송고시 별지 제4호 서식).

물품수신인은 목록통관으로 반출된 특송물품을 수입신고하고자 하는 경우에는 사유서 등을 첨부하여 세관장에게 수입신고할 수 있다. 이 경우 수입신고는 해당물품이 목록통관으로 반출된 날로부터 30일 이내에 하여야 하며, 이 경우 해당물품을 세관장이 지정하는 장소에 반입하여야 한다(특송고시 제12조의3 제1·2항).

[서식 9.]

통 관 목 록

제출일자: 제출일련번호

1. 특송업체명   2. 선박편명(항공편명)   3. 적출국(항)(Port of loading)   4. Master B/L No.   5. 입항일자(Date of arrival)

— — — — —   — — — — — —   — — — — — — —   — — — — —   — — — —／— —／— —

20. 거래코드 (A 개인 전자상거래 물품)	9. 물품수신인 성명 Consignee Name	11. 물품수신인 주소 Address	12. 품 명 Description	14.포장 갯수 carton	16. 중 량 kgs	18.발송국 Origin	21.전자상거래 사이트 주소	23.화물운송 주선업자부호
				15.수 량 piece		19.용도구분 (1: 개인, 2: 회사)	22.전자상거래 유형	
6.House B/L No.	10. 물품수신인 전화번호 Phone No.	25. 물품수신인 우편번호 Zip Code	13. 규 격 standards	26.HS Code	17. 물품 가격 (US$)	27. 물품수신인 식별부호 (갸: 개인통관고유부호, 나: 생년월일, 다: 통관고유부호, 라: 사업자번호, 마: 외국인등록번호, 바: 여권번호)	29.해외판매자 30.구매 · 배송 대행업자 31.판매중개자 32.주문번호	24.세관 기재란

4. 간이신고

물품가격이 미화 150달러(미합중국과의 협정에 따른 특송물품 통관의 특례에 해당하는 물품은 미화 200달러)를 초과하고 2,000달러 이하인 물품은 간이한 방법으로 신고할 수 있다(특송고시 제8조 제1항 제2호). 간이신고 특송물품을 수입통관하려는 때에는 첨부서류 없이 인터넷·EDI 등을 이용하여 전자서류로 수입신고하여야 한다. 다만, 검사대상으로 선별된 물품은 수입신고서에 송품장, 선하증권 또는 항공화물운송장 등을 첨부하여 세관장에게 제출하여야 한다(특송고시 제9조 제2항).

5. 일반수입신고

목록통관 배제대상물품과 간이신고 배제대상물품, 물품가격이 미화 2,000 달러를 초과하는 물품에 대해서는 법 제241조 제1항에 따른 수입신고를 하여야 한다(특송고시 제8조).

(1) 목록통관 배제대상물품

목록통관 배제대상물품은 ① 의약품, ② 한약재, ③ 야생동물 관련 제품, ④ 농림축수산물등 검역대상물품, ⑤ 건강기능식품, ⑥ 지식재산권 위반 의심물품, ⑦ 식품류·주류·담배류, ⑧ 화장품(기능성화장품, 태반함유화장품, 스테로이드제 함유화장품 및 성분미상 등 유해화장품에 한함), ⑨ 적재화물목록 정정에 따라 선하증권 또는 항공화물운송장 내용이 추가로 제출된 물품, ⑩ 통관목록 중 품명·규격·수량·가격·물품수신인 성명·물품수신인 식별부호·거래코드·공급망 정보·물품수신인 주소·물품수신인 전화번호 등이 부정확하게 기재된 물품, ⑪ 전파법 시행령 제77조의2 제1항에 따른 방송통신기자재 등으로서 같은 영 별표 6의2 제1호 자목에 해당하는 물품, ⑫ 그 밖에 법령에 따라 통관이 제한되는 물품 등 목록통관이 타당하지 않다고 세관장이 인정하는 물품을 말한다(특송고시 별표 1).

(2) 간이신고 배제대상물품

간이신고 배제대상물품은 ① 목록통관배제대상물품, ② 사전세액심사 대상물품, 합의세율 적용신청물품, 원산지증명서류 제출대상물품, 지방세법에 따른 담배소비세 납세담보확인서 제출대상물품과 자동차세 납세담보확인서 제출대상물품, ③ 할당·양허관세율의 적용을 신청한 물품 중 세율추천이 필요한 물품, ④ 용도세율 신청물품 중 사후관리대상물품, ⑤ 세관장 확인대상물품, ⑥ 신고취하 또는 신고각하된 후 다시 수입신고하는 물품, ⑦ 해체·절단 또는 손상·변질 등에 의해 물품의 성상이 변한 물품, ⑧ 이사물품 수입통관 적용대상 물품, ⑨ 품명·규격·수량·가격 등이 부정확하여 세관장이 간이신고가 부적당하다고 인정하는 물품, ⑩ FTA 협정관세의 적용을 신청한 물품, ⑪ 법 제240조 의2에 따른 유통이력 신고대상 물품을 말한다(특송고시 별표 2).

Ⅲ. 여행자 휴대품 통관

1. 의 의

여행자와 여행자 휴대품에 대한 세관의 관리는 주로 입국시 과세를 위해 이루어진다. 세관에서는 선사 또는 항공사로부터 여행자에 대한 정보를 받고 여행자를 분류한다. 기탁화물은 모두 엑스레이를 통과하여 검사하고 여행자는 신고서 작성의무를 부여하며 면세통로와 과세통로를 나누어 통관심사한다. 우리나라에 거주하는 여행자가 해외에서 사용하다가 재반입할 귀중품 등은 출국시 신고하여야 한다. 실무상 출국시 문제되는 것은 주로 외국환거래법과 관련된다. 미화 1만 달러 초과하는 해외여행자의 일반해외여행경비는 세관신고를 하여야 한다. 미화 1만 달러 초과하는 해외이주자의 해외이주비나 해외유학생의 유학경비 등은 외국환은행장의 확인사항으로 확인증을 지참하여 세관신고 하여야 한다.

2. 여행자 휴대품의 흐름과 세관의 관리(APIS 등)

(1) 여행자정보사전확인제도

Advanced Passenger Information System(약칭 'APIS'라 한다)은 정보분석을 통해 테러, 마약 등과 관련된 우범여행자를 사전에 파악해 적발함으로써 신속하고 안전한 통관을 위한 제도이다. 이에 따라 세관에서는 항공기 입항 전에 항

공사로부터 여객명부를 입수해 정보분석을 통해 우범여행자를 선별하여 집중
검사하게 된다. 또한 사회안전과 관련된 정보뿐만 아니라 면세점구입기록 등
까지 파악할 수 있어 밀수 등 관세범 적발이나 과세정보로도 활용하고 있다.

(2) 세관통로의 구분운영

세관장은 세관통로를 면세통로, 세관검사통로로 구분하여 운영한다(여행자
고시 제7조). 세관공무원은 신고대상물품을 휴대한 여행자나 승무원이 세관에
신고하지 아니하고 세관 검사선별 라인(Customs Belt)을 통과한 경우 관세포탈
또는 불법 반입의 고의가 있는지를 심사하여 관세법, 외국환거래법, 마약류관
리법 등의 위반 여부를 조사할 수 있다(여행자고시 제8조).

3. 통관절차

(1) 신고서 작성 및 제출

우리나라에 입국하는 모든 여행자와 승무원은 인적사항, 신고대상물품을
소지하였는지 등을 신고서에 기재하여 세관장에게 제출하여야 한다(법 제241조
제2항 제1호). 다만, 동반가족이 있는 경우 등에는 대표자 1명이 일괄하여 신고
할 수 있다(여행자고시 제5조 제1항).

여행자 휴대품 신고서는 다음과 같다(시행규칙 별지 제42호 서식).

[서식 10.]

관세청 KOREA CUSTOMS SERVICE 여행자 휴대품 신고서

- **모든 입국자는** 신고서를 작성·제출해야 합니다.
- **동일한 세대의 가족은** 1명이 대표로 신고할 수 있습니다.
- **성명과 생년월일은 여권과 동일하게** 기재해야 합니다.

성 명	
생년월일	년 월 일
여권번호	외국인에 한함
여행기간	일 출발국가
동반가족	본인 외 명 항공편명
전화번호	
국내 주소	

세관 신고사항   해당 사항에 "∨" 표시

1. 휴대품 면세범위(뒷면 참조)**를 초과하는 "품목"**

	있음				없음
	술	담배	향수	일반물품	

- 물품 상세 내역은 뒷면에 기재
- ⇨ 자진신고 시 관세의 30%(15만원 한도) 감면

2. 원산지가 FTA 협정국가인 물품으로서 협정관세를 적용받으려는 물품 있음☐ 없음☐

3. 미화로 환산해서 총합계가 1만 달러를 초과하는 화폐 등(현금, 수표, 유가증권 등 모두 합산) 있음☐ 없음☐

[총 금액 :   ]

4. 우리나라로 반입이 금지되거나 제한되는 물품 있음☐ 없음☐

ㄱ. 총포류, 실탄, 도검류, 마약류, 방사능물질 등
ㄴ. 위조지폐, 가짜 상품 등
ㄷ. 음란물, 북한 찬양 물품, 도청 장비 등
ㄹ. 멸종위기 동식물(앵무새, 도마뱀, 원숭이, 난초 등) 또는 관련 제품(웅담, 사향, 악어가죽 등)

5. 동·식물 등 검역을 받아야 하는 물품 있음☐ 없음☐

ㄱ. 동물(물고기 등 수생 동물 포함)
ㄴ. 축산물 및 축산가공품(육포, 햄, 소시지, 치즈 등)
ㄷ. 식물, 과일류, 채소류, 견과류, 종자, 흙 등
- 가축전염병 발생국의 축산농가 방문자는 농림축산검역본부에 신고하시기 바랍니다.

6. 세관의 확인을 받아야 하는 물품 있음☐ 없음☐

ㄱ. 판매용 물품, 회사에서 사용하는 견본품 등
ㄴ. 다른 사람의 부탁으로 반입한 물품
ㄷ. 세관에 보관 후 출국할 때 가지고 갈 물품
ㄹ. 한국에서 잠시 사용 후 다시 외국으로 가지고 갈 물품
ㅁ. 출국할 때 "일시수출(반출)신고"를 한 물품 등

본인은 이 신고서를 사실대로 성실하게 작성하였습니다.

년 월 일

신고인: (서명)

< 뒷면에 계속 >

1인당 "품목"별(술/담배/향수/일반물품) 면세범위

▶ 해외 또는 국내 면세점에서 구매하거나, 기증 또는 선물받은 물품 등으로서

술	2병	합산 2ℓ 이하로서 총 US $400 이하	미화 800달러 이하
담배		- 궐련형: 200개비(10갑) - 시 가: 50개비 - 액 상: 20㎖(니코틴 함량 1% 이상은 반입 제한) ▶ 한 종류만 선택 가능	일반물품 ▶ 다만, 농림축수산물 및 한약재는 검역에 합격한 것으로서 총 40kg, 총 금액 10만원 이하(물품별로 수량·중량 제한)
향수	60㎖		

* 만 19세 미만인 사람에게는 주류 및 담배를 면세하지 않습니다.

면세범위 초과 "품목"의 상세내역

▶ 예 시: 술 3병, 담배 10갑, 향수 30㎖, 시계 1,000달러 반입 시
작성대상은 술 3병, 시계 1,000달러(담배, 향수는 면세범위 이내로 작성 생략)

품 목	물 품 명	수량(또는 중량)	금 액
술			
담배			
향수			
일반물품			

※ 세관 신고사항을 **신고하지 않거나 허위신고한 경우 가산세**(납부세액의 40% 또는 60%)가 **추가 부과**되거나, **5년 이하의 징역 또는벌금**(해당 물품은 몰수) 등의 **불이익**을 받게 됩니다.

95mm×245mm[백상지 100g/㎡]

(2) 신고대상물품

신고대상물품은 다음과 같다(여행자고시 제6조 제1항).

① 해외에서 취득한 물품으로서 전체 취득가격 합계액이 미화 800달러를 초과하는 물품

② 1명당 면세기준을 초과하는 술, 담배, 향수. 다만, 만 19세 미만인 사람[34])이 반입하는 술 및 담배는 모두 신고해야 한다.

③ 판매 또는 사업목적으로 사용할 물품과 수리용품, 견본품 등 회사용품

④ 총포·도검·화약류·분사기·전자충격기·석궁(부분품, 모의 또는 장식용을 포함한다), 유독성 또는 방사성물질류 및 감청설비

⑤ 양귀비·아편·코카 잎 등 마약류, 향정신성 의약품류, 대마류 및 이들의 제품, 오·남용 우려가 있는 의약품류

⑥ 헌법질서를 문란하게 하거나 공공의 안녕질서 또는 풍속을 해치는 서적·간행물·도화, 영화·음반·비디오물·조각물 또는 그 밖에 이에 준하는 물품

⑦ 정부의 기밀을 누설하거나 첩보에 사용되는 물품

⑧ 화폐·채권이나 그 밖의 유가증권의 위조품·변조품 또는 모조품

⑨ 동물(고기·가죽·털을 포함한다), 식물, 과일, 채소류, 살아있는 수산생물, 농림축수산물(가공품을 포함한다), 그 밖의 식품류

⑩ 멸종위기에 처한 야생동·식물종의 국제거래에 관한 협약(CITES)에서 보호하는 살아있는 야생 동·식물 및 이들을 사용하여 만든 제품·가공품(호랑이·표범·코끼리·타조·매·올빼미·코브라·거북·악어·철갑상어·산호·난·선인장·알로에 등과 이들의 박제·모피·상아·핸드백·지갑·악세사리 등, 웅담·사향 등의 동물한약 등, 목향·구척·천마 등과 이들을 사용하여 제조한 식물한약 또는 의약품 등을 말한다)

⑪ 위조상표 부착물품 등 지식재산권 침해물품

⑫ 일시 출국하는 여행자 및 승무원이 출국시 휴대반출신고하여 반출했다가 재반입하는 물품

⑬ 일시 입국하는 여행자가 체류기간 동안 사용하다가 출국시 재반출할 신변용품, 신변장식용품 및 직업용품

---

34) 만 19세가 되는 해의 1월 1일을 맞이한 사람은 제외한다.

⑭ 우리나라에 수입할 의사가 없어 세관에 보관했다가 출국시 반송할 물품

(3) 가산세

신고하지 아니하여 과세하는 경우 해당물품에 대하여 납부할 세액(관세 및 내국세를 포함한다)의 100분의 40에 해당하는 금액을 가산세로 징수한다(법 제241조 제5항 제1호). 여행자의 입국일을 기준으로 소급하여 2년 이내에 2회 이상 반복적으로 자진신고를 하지 아니하는 경우에는 100분의 60에 해당하는 금액을 가산세로 징수한다(시행령 제247조 제4항).

(4) 수입요건심사

다음과 같은 물품을 여행자휴대품으로 통관하려는 여행자는 해당 법령에서 정한 허가, 승인, 표시 그 밖의 요건을 구비한 것임을 증명하여야 한다(여행자고시 제16조).

① 총포화약법 또는 방위사업법에 따른 총포, 도검(장식용 도검과 일본도를 포함한다), 화약류 등
② 마약류관리법에 따른 마약·향정신성 의약품 및 대마
③ 검역법, 가축전염병예방법, 식물방역법, 수산생물질병 관리법에 따른 개, 고양이 등 동물류, 쇠고기·돼지고기·햄·소세지 등 육류 및 육가공품과 종자류, 묘목류, 채소류, 절화류, 과일류 등(망고, 파파야, 오렌지 등을 말한다) 식물류 및 그 가공품, 살아있는 수산생물 등 검역대상물품
④ 멸종위기에 처한 야생동·식물종의 국제거래에 관한 협약(CITES), 야생생물 보호 및 관리에 관한 법률 또는 약사법에 따라 수입이 제한되는 물품
⑤ 세관장확인고시 별표 1 및 별표 2에 따른 물품

4. 통관방법

(1) 면세통관

1) 기본면세범위

여행자 휴대품의 기본면세범위는 1인당 과세가격 합계 기준으로 미화 800

달러 이하이다(시행규칙 제48조 제2항). 이 경우 농림축수산물(한약재 포함) 및 한약의 면세범위는 기본면세 범위에 포함한다(여행자고시 제18조 제1항).

농림축수산물 및 한약재 등의 면세범위는 전체 농림축수산물[35], 한약재[36]의 총량 40kg 이내, 전체 해외취득가격 10만원 이내로 한다.[37] 다만, 면세통관 범위 내라 하더라도 검역대상물품은 검역에 합격된 경우에만 관세를 면제한다(여행자고시 제20조 제1항).

한약의 면세범위는 모발재생제(100㎖) 2병, 제조환(8g) 20병, 녹용복용액(12앰플 入) 3갑, 활락환 10알, 다편환(10T入) 3갑, 소염제(50T入) 3병, 구심환(400T入) 3병, 소갈환(30T入) 3병, 인삼봉황(10T入) 3갑, 삼편환 10알, 백봉환 30알로 하되, 전체 해외취득가격이 10만원 이하, 10개 품목 이하인 경우로 한정한다(동 고시 제21조).

두 개 이상의 휴대품 취득가액 합계가 미화 800달러를 초과하는 경우에는 기본면세 범위에서 입국장인도장에서 인도받거나 보세판매장에서 구매한 내국 물품, 고세율품목 순서로 공제한다(동 고시 제18조 제2항).

2) 별도면세범위

① 다음의 경우 기본면세범위와 별도로 관세를 면제한다(시행규칙 제48조 제3항, 여행자고시 제19조).

구분	면세한도			비고
술	2병			2병 합산하여 용량은 2리터(L) 이하, 가격은 미화 400달러 이하로 한다.
담배	궐련		200개비	
	엽궐련		50개비	
	전자담배	궐련형	200개비	
		니코틴용액	20밀리리터(㎖)	

---

35) 참기름, 참깨, 꿀, 고사리, 더덕은 각 5kg, 잣은 1kg, 쇠고기 10kg, 돼지고기 10kg, 그 밖의 농림축수산물은 품목당 5kg이다.
36) 인삼(수삼, 백삼, 홍삼 등 포함), 상황버섯은 300kg, 녹용은 150g, 그 밖의 한약재는 품목당 3kg이다.
37) 단위당 용량 또는 중량이 품목별 면세범위를 초과하여 과세하는 경우에는 전체 물품 가격을 과세가격으로 한다(위 고시 제20조 제2항).

		기타유형	110그램	
	그 밖의 담배		250그램	
향수	60밀리리터(㎖)			

다만, 만 19세 미만인 사람이 반입하는 술·담배에 대해서는 관세를 면제하지 않는다. 주류 2병의 합계 용량 또는 총 가격이 면세범위를 초과한 경우라도 면세범위 내의 1병은 면세할 수 있으며 그 외 면세범위를 초과하는 구간에 있는 주류는 전체 취득가격에 대하여 과세한다(여행자고시 제19조 제2항).

보세판매장에서 구매한 내국물품인 주류·향수가 포함되어 있을 경우에는 별도면세 범위에서 해당 내국물품의 구매수량을 우선 공제한다. 단위당 용량 또는 금액이 면세 기준을 초과하여 과세하는 경우에는 해당 물품의 가격을 과세가격으로 한다.

② 세관장이 반출확인한 물품으로서 본인이 재반입하는 물품

③ 일시 입국하는 자가 본인이 사용하고 재수출할 목적으로 직접휴대하여 수입하거나 별도 수입하는 신변용품, 신변장식용품 및 직업용품으로서 세관장이 재반출조건부로 일시반입을 허용하는 경우

④ 비거주자(다만, 우범여행자는 제외한다)가 현재 사용 중인 물품으로서 직접 휴대하여 수입하는 스틸 및 활동사진 카메라, 슬라이드 또는 필름 프로젝터와 그 부속품, 망원경, 휴대용 테이프녹음기 및 CD재생기, 휴대용 라디오수신기, 휴대폰, 휴대용 TV세트, 휴대용 타자기, 휴대용 개인용 컴퓨터와 그 부분품, 휴대용 전자계산기, 유모차, 장애인용 휠체어

(2) 과세통관

1) 면세범위 초과물품의 통관

여행자 휴대품으로서 기본면세 범위 또는 면세범위를 초과한 물품은 수입 요건에 해당하는지를 심사한 후 과세한다. 다만, 녹용의 경우에는 면세범위를 포함하여 총 500g에 한정하여 통관할 수 있다(여행자고시 제22조 제1항). 2명 이상의 동반가족이 미화 800달러를 초과하는 물품 1개 또는 1세트를 휴대반입한

경우 1명이 반입한 것으로 본다(동조 제3항).

2) 과세가격의 결정

자진 신고한 여행자와 승무원이 제시한 영수증 가격은 특별한 사유가 없으면 구입가격으로 인정하며, 영수증이 없는 경우에도 신고한 가격이 세관장이 특별히 낮은 가격이 아니라고 판단한 경우에는 이를 인정한다(여행자고시 제23조). 그 밖에 과세가격 결정은 관세평가고시에 따른다.

3) 세액의 계산

여행자 휴대품의 세액은 신고한 금액을 미화로 환산한 금액에서 여행자 1명당 관세면제금액인 미화 800달러를 공제한 후, 나머지 금액을 원화로 환산하고 해당 물품의 세율을 적용하여 계산한다(여행자고시 제25조).

4) 간이세율 적용

여행자 휴대품은 간이세율을 적용할 수 있다. 다만, 간이세율적용 배제물품은 제외한다(시행령 별표 2, 여행자고시 제26조).

5) 협정관세 적용

여행자가 휴대수입하는 물품으로서 협정당사국에서 취득한 협정당사국 원산지 물품인 경우 협정관세를 적용한다. 협정관세를 적용할 때에는 원산지 표시, 구매영수증 등을 확인할 수 있으며, 진위성·신뢰성이 의심되지 않는 한 전자적 방법 등으로 제출되는 구매영수증 또는 원산지증명서를 통해서도 확인할 수 있다(여행자고시 제27조).

5. 출국시 세관절차

다음의 어느 하나에 해당하는 물품을 휴대하고 출국하는 여행자는 세관에 휴대물품의 반출신고를 해야 한다(여행자고시 제53조).
① 일시 출국하는 여행자와 승무원이 출국 시 휴대하여 반출하였다가 입국 시 재반입할 귀중품 및 고가의 물품으로서 관세를 면제받고자 하는 물품

② 「외국인관광객 등에 대한 부가가치세 및 개별소비세 특례규정」 제4조
   의 면세판매자가 같은 규정 제8조에 따라 외국인관광객 등에게 판매한
   면세물품으로서 관련 세액을 환급받고자 하는 물품
③ 법 제248조에 따라 수출신고수리된 물품으로서 여행자가 휴대 반출하
   는 물품
④ 관계 법령에 따라 국외로 반출을 제한하는 물품
⑤ 해외 수출상담·전시 등을 위하여 여행자가 휴대하여 반출하는 견본품
   으로서 세관장이 타당하다고 인정하는 물품(다만, 환급대상물품, 귀금속
   류, 지급수단 및 법 제226조에 따른 세관장 확인대상 물품은 제외한다)

6. 지급수단 등의 수출입신고

미화 1만 달러 이하의 지급수단을 수입하는 경우에는 신고를 요하지 않는
다. ① 거주자 또는 비거주자가 미화 1만 달러를 초과하는 지급수단(대외지급수
단, 내국통화, 원화표시여행자수표, 원화표시자기앞수표)을 휴대수입하는 경우, ② 국
민인 거주자가 미화 1만 달러를 초과하는 지급수단(대외지급수단, 내국통화, 원화
표시여행자수표, 원화표시자기앞수표)을 휴대수출하는 경우 관할 세관장에게 신고
하여야 한다(외국환거래규정 제6-2조 제2항).

Ⅳ. 우편물 통관

1. 의 의

수출·수입 또는 반송하려는 우편물[38]은 통관우체국을 경유하여야 한다
(법 제256조 제1항). 통관우체국은 체신관서 중에서 관세청장이 지정한다(동조 제
2항). 현재 국제우편물류센터, 부산국제우체국, 인천해상교환국이 지정되어 있
다(우편물고시 제3조). 항공으로 반입된 국제우편물은 인천공항국제우편세관이,
해상으로 반입된 국제우편물은 부산국제우편세관비즈니스센터가 통관지 세관
이 된다. 다만, 인천항으로 반입된 해상우편물은 인천공항국제우편세관에서 통

---

38) 서신은 제외한다.

관한다(우편물고시 제4조).

　수입하려는 우편물의 통관유형은 수입신고 절차를 거치는 통관, 간이통관, 현장과세통관, 현장면세통관이 있다(우편물고시 제5조).

2. 우편물품의 흐름과 세관의 관리

(1) 우편물의 사전전자정보 제출

　통관우체국의 장은 수입하려는 우편물의 발송국으로부터 해당 우편물이 발송되기 전에 세관신고정보를 포함하여 대통령령으로 정하는 전자정보(이하 "사전전자정보"라 한다)를 제공받은 경우에는 그 제공받은 정보를 해당 우편물이 발송국에서 출항하는 운송수단에 적재되기 전까지 세관장에게 제출하여야 한다(법 제256조의2 제1항).

　세관장은 관세청장이 우정사업본부장과 협의하여 사전전자정보 제출대상으로 정한 국가에서 발송한 우편물 중 사전전자정보가 제출되지 아니한 우편물에 대해서는 통관우체국의 장으로 하여금 반송하도록 할 수 있다(동조 제2항).

　통관우체국의 장은 사전전자정보가 제출된 우편물에 대해서는 제257조 본문에 따른 우편물목록의 제출을 생략하고 세관장에게 검사를 받을 수 있다. 다만, 통관우체국의 장은 세관장이 통관절차의 이행과 효율적인 감시·단속을 위하여 대통령령으로 정하는 사유에 해당하여 우편물목록의 제출을 요구하는 경우에는 이를 제출하여야 한다(동조 제3항).

(2) 우편물 검사

　세관장은 통관우체국에 도착한 우편물에 대하여 검사를 하여야 한다[39](법 제257조). 우편물 검사는 X−ray검색기를 통해 실시하되, X−Ray 검사가 부적합하다고 인정되는 물품이나 X−Ray 검사결과 사회안전 저해물품 및 지식재산권 침해 의심물품 등 현품확인이 필요하다고 인정되는 경우에는 현품검사를 실시할 수 있다(우편물고시 제11조 제2항).

---

39) 다만, 관세청장이 정하는 우편물은 검사를 생략할 수 있다.

(3) 우편물 분류 및 관리

세관장은 우편물 검사를 종료한 때에는 우편물을 ① 심사대상 우편물, ② 현장면세통관대상 우편물, ③ 농림축산검역본부 인계대상 우편물, ④ 마약류·위조화폐 등 범칙조사대상 우편물로 분류한다(우편물고시 제12조 제1항).

세관장은 우편물 검사결과 ① 마약류, ② 총포·도검·석궁·화약류·전자충격기·모의총포 등 안보위해물품, ③ 그 밖에 세관장이 통관관리가 필요하다고 인정하는 물품(이하 '관리대상물품'이라 한다)은 겉포장에 스티커를 부착하는 방법으로 관리대상물품임을 표시하고 통관절차가 종료될 때까지 관리하여야 한다(동조 제2항).

세관장은 ① 법 제234조에 따른 수출입금지물품, ② 법 제235조에 따른 지식재산권 침해물품, ③ 법 제237조에 따라 통관을 보류한 물품, ④ 관리대상물품의 안전한 통관관리를 위하여 필요한 경우 통관우체국장에게 해당 물품을 지정보세구역 등 별도로 지정한 장소에 보관할 것을 요청할 수 있다(동조 제3항).

통관우체국의 장은 세관장이 우편물에 대하여 수출·수입 또는 반송을 할 수 없다고 결정하였을 때에는 그 우편물을 발송하거나 수취인에게 내줄 수 없다(법 제258조 제1항). 우편물이 대외무역법 제11조에 따른 수출입의 승인을 받은 것이거나 그 밖에 대통령령으로 정하는 기준에 해당하는 것일 때에는 해당 우편물의 수취인이나 발송인은 제241조 제1항에 따른 신고를 하여야 한다(동조 제2항).

(4) 통관안내

세관장은 심사대상 우편물에 대하여 국제우편물 통관안내서 또는 현장과세통관안내서를 통관우체국장에게 전산으로 통보하고, 통보를 받은 통관우체국장은 통관안내서를 세관장 명의로 수취인에게 통지하여야 한다(동 고시 제14조).

[서식 11.]

국제우편물 통관 안내서(기본형)

1. 귀하의 우편물은 세관 통관 또는 반송 절차가 필요하여 ○○○○우체국에 보관중입니다.
    (본 안내서는 간이통관 또는 수입신고 대상 우편물에 대해 일률적으로 발송하는 것이며, 이미 통관신청된 경우 재신청 불필요)

통관번호		우편물번호		발송국		중량(g)	
보내는사람		받는사람		품 명		도착일자	

2. 우편물 보관기간(통관 안내서를 발송한 날의 다음 날부터 15일 이내, 수취인의 청구가 있는 경우 45일 연장 가능) 내에 아래 통관방법에 따라 ○○○○세관에 통관신청 하시기 바랍니다(보관기간 경과 시 「국제우편규정」에 따라 반송 될 수 있음).

① 간이통관 신청(5일 이내)		② 일반(정식) 수입신고	
대상물품	■ 개인 자가사용물품으로서 해외구매 미화 1,000달러 이하 물품(선물은 500만원 이하) ※ 판매용 물품은 가격 상관없이 일반 수입신고	대상물품	■ 동식물·식품 검역 등 세관장 확인대상 물품 ■ 판매용 물품 ■ 해외 구매 미화 1,000달러 초과 물품 (선물로 받는 경우는 500만원 초과) ■ 간이통관 신청서를 기한내 제출하지 않은 우편물
통관방법	■ 간이통관 신청서 제출(모바일·인터넷 등) ※ 현장과세통관 대상 물품은 간이통관 신청절차 없이 세관에서 즉시 부과고지 ■ 신청서 접수후 필요한 경우 세관 담당자 연락(2~3일 소요)	통관방법	① 관세사 선정(관세사 수수료 발생) ② 관세사에 수입신고 의뢰(송품장 등 관련서류 필요) ※ 한국관세사회 홈페이지 (http://www.krcaa.or.kr) 참조

*(참고) 소액물품 면세(물품가격 미화 150달러 이하 자가사용물품) 기준을 초과하는 경우 전체 물품 (150달러 포함)의 과세가격 기준으로 관세등 부과

[간이통관 신청서 제출 방법] (※해외로 반송하고자 하는 우편물은 간이통관 신청서로 반송 신청할 수 있음)

모바일/ 인터넷	▶ (스마트폰)모바일 관세청(우측QR코드로 간편접속)→ 우편물통관→ 개인인증→신청 ▶ (PC)전자통관시스템(https://unipass.customs.go.kr)→업무지원→ 국제우편물통관→신청
우편/FAX /E-Mail	▶ (제출방법) 간이통관신청서(첨부양식)와 가격증빙자료(영수증, 송품장, 대금결제 내역 등)를 아래 방법으로 제출 －(우편) ○○광역시 ○○구 ○○로 ○○번길 ○○○○세관 ○○○○과 －(FAX) 000－000－0000, －(E-Mail) ○○○○@korea.kr

* (유의사항) 간이통관 신청은 통관 안내서를 통지받은 날부터 5일(공휴일·토요일 포함) 이내에 제출하여야 간이통관 절차를 이용할 수 있으며, 기한내 간이통관 신청을 하지 않은 경우 관세법 제241조제1항에 따른 수입신고를 해야 합니다.
* (반송·폐기 신청 방법) 간이통관 신청서의 "반송·폐기" 신청란에 체크 및 사유를 기재하여 세관에 제출

3. 주요 물품 통관 안내 (※ 통관 관련 자세한 내용은 ○○○○세관 홈페이지(http://○○○○.go.kr)
참고

구분	통관가능(개인 자가사용물품)	통관제한(수입요건을 구비하여 수입신고)
건강기능 식품· 의 약 품 등	■ 자가사용 인정기준: 6병(의약품은 6병 초과시 3개월 복용 분량) – 6병 초과시: 6병만 통관, 나머지는 반송 * 단, 국내 의사 소견서 제출시 해당수량 통관가능 ※ 판매용: 해당 법령에 따른 요건을 구비하여 일반 수입신고	■ 식품의약품안전처에서 수입금지 고시된 건강기능식품·의약품 (유해성분 문의: 식품의약품안전처 종합상담센터 1577–1255) ※ 6병 이내라도 수입금지 유해성분 함유시 통관제한 (타다라필, 실데나필, HORNY GOAT WEED, 요힘빈 등)
모의총포 ·조준경	경찰청(총포화약안전기술협회 등)에 모의총포등 해당여부 검사(※검사수수료 수취인 부담) ※ 모의총포는 수입이 금지되며, 총포류의 경우 지방경찰청장 허가 등 수입요건을 구비하여 일반수입신고	

* 지식재산권 침해의심물품은 권리권자등의 감정결과(진정상품 해당여부)에 따라 처리(별도 양식의 국제우편물 통관안내서로 안내됨)

4. 관련기관 연락처

통관 (세관)	고객지원센터: 125 우편세관: 000–000–0000	검역 문의	동물: 000–000–0000 식물: 000–000–0000	우편물 도착·보관· 배송 (우체국)	우편고객만족센터: 1588–0000 통관우체국: 000–000–0000

※ 통화연결이 어려운 경우 통관번호를 기재하여 이메일(○○○○@korea.kr)로 문의하면 답변 받으
실 수 있습니다.

※ (식물검역 유의사항) 식물검역 종료 전 검역시료의 반환을 요구하는 경우 검역에 합격된 시료에
한하여 사용 잔량 인수 가능합니다.

○○○○세관장

3. 우편물 통관

(1) 수입신고대상 우편물

수입신고를 하여야 하는 우편물은 다음과 같다(우편물고시 제16조 제1항).

① 대외무역법 제11조에 따른 수입의 승인을 받은 물품

② 법령에 따라 수출입이 제한되거나 금지되는 물품

③ 법 제226조에 따라 세관장의 확인이 필요한 물품

④ 가공무역을 위하여 우리나라와 외국간에 무상으로 수입하는 물품 및 그 물품의 원·부자재

⑤ 판매를 목적으로 반입하는 물품

⑥ 대가를 지급하였거나 지급하여야 할 물품 중 물품가격이 미화 1,000달러를 초과하는 물품

⑦ 선물 등 판매목적이 아닌 다른 목적으로 수입하면서 대가를 지급하지 않는 물품으로서 과세가격 5백만원 초과 물품

⑧ 수취인이 수입신고하려는 물품

(2) 간이통관대상 우편물

간이통관대상 우편물이란 수입신고대상 우편물을 제외한 다음의 어느 하나에 해당하는 우편물을 말한다(우편물고시 제2조 제4호).

① 판매목적이 아닌 다른 목적으로 수입하는 물품으로서 대가를 지급하였거나 지급하여야 할 물품 중 물품가격 미화 1,000달러 이하의 물품

② 선물 등 판매목적이 아닌 다른 목적으로 수입하면서 대가를 지급하지 않는 물품 중 과세가격 5백만원 이하의 물품

세관장은 간이통관대상 우편물에 대하여 법 제39조에 따라 부과고지하려는 경우에는 미리 해당 우편물이 간이통관대상이라는 사실을 통관우체국장에게 전산으로 통보하여야 한다. 통보를 받은 통관우체국장은 해당 우편물이 간이통관대상이라는 사실 및 간이통관 신청절차를 진행해야 한다는 사실을 수취인에게 통지하고, 통지를 받은 수취인은 통지받은 날부터 5일 이내에 국제한 자료를 세관장에게 제우편물 간이통관 신청서 및 가격자료 등 통관에 필요출

하여야 한다(동 고시 제22조).

간이통관대상 우편물에 대하여 FTA관세법에 따른 협정관세를 적용받으려는 수취인은 국제우편물 간이통관 신청서를 작성 시 FTA협정관세 적용 신청 여부란에 적용여부를 표시 하여야 한다(동 고시 제23조 제1항).

수취인은 협정관세의 적용을 신청할 때에는 FTA관세법 제8조 제2항에 따라 원산지증빙서류를 제출하여야 한다(동조 제2항).

[서식 12.]

국제우편물 간이통관 신청서

처리기간: 15일

(통관 문의: 고객지원센터 125, ㅇㅇ세관 000-000-0000, ㅇㅇㅇㅇ@korea.kr)

1. 통관대상 우편물

통관번호(6자리)		중 량(g)	
우편물번호		수취인 성명	
신고품명		도착일자	년 월 일

2. 간이통관 신청 내용 (모바일 또는 인터넷으로 작성·제출 시 보다 신속한 통관 가능)

우편물 내용 (품명·수량 등)	※ 상세히 기재
우편물가격 및 배송료	ㅇ 물품가격: (화폐단위:) ※ 영수증 등 가격자료 제출시 신속한 처리 가능 ㅇ 물품가격에 운임(우편요금) 포함 여부(□ 미포함, □ 포함) ㅇ 전자상거래(인터넷) 구매 물품 해당 여부 (□ 예, □ 아니오)
수취 사유	□ 개인구매 □ 선물 □ 재반입 □ 기타 (상세히 기재) ※ 해당사항에 체크(판매용 물품은 수입신고 대상임)
수 취 인	ㅇ 개인통관고유부호: ㅇ 연락처: ※ 개인통관고유부호가 없는 경우 생년월일 또는 여권번호 기재
반송 및 폐기 신청	◇ 반송·폐기 신청 여부 (□ 예, □ 아니오) (신청사유: 반입제한, 수취거절 등) ㅇ 반송(□ 전체, □ 부분), 폐기(□ 전체, □ 부분) ㅇ 지식재산권 침해의심물품: □ 폐기 □ 침해부분 변경 후 반송
FTA협정관세 적용 신청	◇ FTA협정관세 적용 신청 여부 (□ 예, □ 아니오) □ 한-EU □ 한-EFTA □ 한-미국 □ 한-아세안 □ 한-캐나다 □ 한-인도 □ 한-칠레 □ 한-페루 □ 한-터키 □ 한-중국 □ 한-영국 □ RCEP □ 기타( ) ※ FTA협정세율을 적용받기 위해서는 원산지증명서가 필요하며, 원산지증명서 제출 면제대상인 경우에는 구매처(국가), 가격 정보가 기재된 구매영수증 등을 제출하여야 합니다.
세금 납부 방법	□ 계좌이체 □ 신용카드납부 □ 수취시 현금납부 ※ 신용카드 결제의 경우 카드로택스(www.cardrotax.kr) 사이트 가입 후 공인인증서 로그인 후 이용가능하며, 주민등록번호는 담당자에게 직접 알려주어야 합니다.

* 동식물식품 검역 등 세관장 확인대상, 판매용, FTA협정관세 사후 적용 신청(예정), 간이통관 신청 기한 경과 등 수입신고 대상은 관세법 제241조제1항에 따른 "수입신고"를 하여야 합니다.
* 간이세율이 적용되지 않는 물품에 대해 사업자등록번호를 기재하여 신청시 수입세금계산서 발행 가능합니다.

국제우편물 수입통관 사무처리에 관한 고시」 제22조제3항에 따라 간이통관을 신청합니다.
20 년   월   일

3. 신청인 (성명)   [인 또는 서명] (수취인과의 관계)
(전화번호, 휴대폰)

ㅇㅇㅇㅇ세관장 귀하

(3) 현장과세통관

세관장은 현장과세통관대상 우편물에 대하여는 법 제39조에 따라 부과고지 한다(동 고시 제24조).

(4) 현장면세통관

현장면세통관대상 우편물이란 수입신고대상 우편물을 제외한 다음의 어느 하나에 해당하는 우편물을 말한다(동 고시 제2조 제8호).
① 법 제94조에 따른 관세가 면제되는 소액물품 등 관세 및 내국세 등 각종 세금이 부과되지 아니하는 물품
② 법 제40조에 따라 세액을 징수하지 않는 물품

세관장은 현장면세통관대상 우편물에 대하여는 법 제241조 제1항에 따른 수입신고를 생략하고 관세 등 각종 세금의 부과·징수 없이 면세통관할 수 있다(동 고시 제27조).

수취인이 현장면세통관되어 반출된 우편물을 법 제241조 제1항에 따라 수입신고를 하려는 경우에는 사유서 등을 첨부하여 세관장에게 수입신고할 수 있다(동 고시 제28조 제1항). 이때 수입신고는 해당 우편물이 현장면세통관되어 통관우체국에서 반출된 날부터 30일 이내에 하여야 하고(동조 제2항), 해당 우편물을 세관장이 지정하는 장소에 반입하여야 한다(동조 제3항).

세관장은 반입된 물품의 수입신고수리를 위해 수취인에게 증빙자료의 제출을 요구할 수 있다(동조 제4항). 세관장은 반입된 물품에 대하여 현품을 확인한 후 반입된 물품이 현장면세통관으로 반출된 우편물과 동일물품으로 인정되는 경우에만 수입신고를 수리할 수 있다. 다만, 사진 등 영상자료 및 그 밖의 서류 등으로 반입된 물품이 현장면세통관으로 반출된 우편물과 동일물품으로 인정되는 경우에는 현품의 확인을 생략할 수 있다(동조 제5항).

V. 이사물품 통관

1. 의 의

이사물품 통관이란 우리나라로 주거를 이전하기 위하여 입국하는 자가 반입하는 이사물품에 대하여 세관에 물품내역을 신고하고 관세법에 따라 면세 또는 관세 등을 납부하고 통관하는 것을 말한다. 이사물품의 면세통관 범위는 인적 요건, 거주기간, 반입기간, 필수 과세대상물품, 자동차 등 여러 요건을 살펴야 해서 다소 복잡하다. 실무상 이사물품으로 통관하면서 수입신고 대상임에도 이를 하지 않아 밀수입죄로 처벌되는 사례들이 있으므로 주의하여야 한다.

2. 이사물품의 흐름과 세관의 관리

(1) 이사자 등 요건확인

이사물품은 이사자인지 단기체류자인지에 따라 면세범위가 달라지므로 먼저 그 요건을 확인하여야 한다.

① 이사자는 우리나라 국민(재외영주권자 제외)으로서 외국에 주거를 설정하여 1년(가족을 동반한 경우에는 6개월) 이상 거주하였거나 외국인 또는 재외영주권자로서 우리나라에 주거를 설정하여 1년(가족을 동반한 경우에는 6개월) 이상 거주하려는 사람을 말한다(시행규칙 제48조의2 제1항 본문, 이사물품고시 제2조 제1호). 이사자는 본인의 전체 거주기간 중 3분의 2 이상을 외국에서 체류하여야 한다.

② 가족이란 민법 제779조에 따른 ⓐ 배우자, 직계혈족 및 형제자매, 직계혈족의 배우자, ⓑ 배우자의 직계혈족 및 배우자의 형제자매(이사자 또는 단기체류자와 생계를 같이 하는 경우에 한한다)를 말한다(동조 제3호). 동반가족은 이사자와 동일세대를 구성하여 이사자 본인의 최저 소요 거주기간의 3분의 2 이상의 기간을 함께 거주한 가족을 말한다(동조 제4호).

③ 단기체류자란 해외에 주거를 설정하여 3월 이상 1년 미만 거주한 우리나라 국민 또는 우리나라에 주거를 설정하여 3월 이상 1년 미만 거주하려는 외국인(재외영주권자 포함), 가족을 동반한 자로서 해외에 주거를 설정하여 3월 이

상 6개월 미만 거주한 우리나라 국민 또는 우리나라에 주거를 설정하여 3월 이상 6개월 미만 거주하려는 외국인(재외영주권자 포함)을 말한다(이사물품 고시 제2조 제2호).

(2) 거주기간 확인

거주기간의 확인은 다음과 같은 구분에 따른다(이사물품고시 제4조 제3항).

① 우리나라 국민은 여행자정보시스템 또는 행정정보공동이용업무포털을 통하여 출입국 일자를 확인하는 것을 원칙으로 하며, 대상자가 출입국사실증명서를 미리 발급받아 제출하는 경우에는 증명서에 기재된 외국체류기간을 확인한다.

② 재외영주권자는 국내 고용계약서(취업을 위한 입국 시) 또는 외교부장관이 발행한 여권실효확인서(영구귀국을 위한 입국 시) 등으로 확인한다.

③ 외국인은 지방출입국·외국인관서의 장이 발행하는 외국인등록증(발급되기 전에는 VISA) 또는 국내 고용계약서 등으로 거주기간을 확인한다.

(3) 자체조사

세관공무원은 이사물품 등의 통관과정에서 다음의 어느 하나에 해당하는 법령 위반사항을 조사한다(이사물품고시 제13조 제1항). 조사결과 위반사실이 확인된 때에는 통고처분, 부과고지 등 필요한 처분을 하여야 한다(동조 제2항).

① 이사자 등이 다음의 어느 하나에 해당하는 물품을 반입하고 신고하지 아니한 경우

㉮ 타인의 의뢰를 받아 반입하는 물품

㉯ 개인용 또는 가정용으로 적합하지 아니한 물품

㉰ 물품의 종류·수량으로 보아 판매할 것으로 인정되는 물품

㉱ 가족 수에 비해 과다하게 반입하는 물품

㉲ 통합공고 제12조 제2항에 해당하는 물품으로서 신고하지 아니하거나 요건확인을 받지 않은 물품

② 이사물품 반입내역서의 기재사항 중 세액결정에 영향을 미치는 중요한 사항을 허위로 기재한 경우

③ 운송업자가 이사물품등과 제3자의 물품이나 상용물품을 혼적하거나 은닉하여 운송한 경우

④ 그 밖에 세관장이 물품의 수량, 포장방법, 신고내용 등으로 보아 법령 위반여부를 조사할 필요가 있다고 인정하는 경우

(4) 고발의뢰

통관부서 세관공무원은 자체조사 결과 다음의 어느 하나에 해당하는 때에는 조사전담부서로 고발의뢰하여야 한다(이사물품고시 제13조 제3항, 범칙조사훈령 제14조 제1항 각호).

① 법 제316조에 따른 통고불이행고발 요건에 해당하는 경우
② 법 제318조에 따른 무자력고발 요건에 해당하는 경우
③ 고발·통고처분훈령의 고발기준에 해당하는 경우
④ 법 위반사항과 다른 법령 위반사항이 경합되는 경우. 다만, 다른 법령 위반사항이 관세청장 또는 세관장의 소관업무에 속하지 아니하는 경우를 제외한다.
⑤ 범칙물품의 소유자, 점유자 또는 보관자가 법 제296조 제2항에 따른 임의제출을 거부하는 경우
⑥ 여죄, 공범 등의 정황이 있다고 판단되는 경우
⑦ 그 밖에 조사에 장기간이 걸리는 등 인지한 부서에서 처리가 곤란하다고 판단되는 경우

3. 이사물품 인정범위

(1) 인적범위

1) 이사자의 경우

이사물품 면세를 받기 위해서는 이사자가 반입하는 것으로서 다음의 어느 하나에 해당하여야 한다(법 제96조 제1항 제2호, 시행규칙 제48조의2 제1항).

① 해당 물품의 성질·수량·용도 등으로 보아 통상적으로 가정용으로 인정되는 것으로서 우리나라에 입국하기 전에 3개월 이상 사용했고 입국한 후에도 계속하여 사용할 것으로 인정되는 것
② 우리나라에 상주하여 취재하기 위하여 입국하는 외국국적의 기자가 최초로 입국할 때에 반입하는 취재용품으로서 문화체육관광부장관이 취

재용임을 확인하는 물품일 것

③ 우리나라에서 수출된 물품(조립되지 아니한 물품으로서 법 별표 관세율표상
의 완성품에 해당하는 번호로 분류되어 수출된 것을 포함한다)이 반입된 경우
로서 관세청장이 정하는 사용기준에 적합한 물품일 것

④ 외국에 거주하던 우리나라 국민이 다른 외국으로 주거를 이전하면서
우리나라로 반입(송부를 포함한다)하는 것으로서 통상 가정용으로 3개월
이상 사용하던 것으로 인정되는 물품일 것

세관장은 다음의 어느 하나에 해당하는 사유가 발생하여 거주이전이 불가
피하다고 인정되는 경우에는 반입하는 이사물품에 대해 거주기간과 관계없이
관세를 면제할 수 있다. 다만, 필수과세대상물품에 해당하는 물품은 제외한다
(시행규칙 제48조의2 제2항, 이사물품고시 제4조 제4항).

① 사망이나 질병

② 파산

③ 외국정부의 입국거부 또는 출국명령

④ 그 밖에 위 ①부터 ③까지에 준하는 사유로 세관장이 거주이전이 불가
피하다고 인정하는 경우

2) 단기체류자의 경우

단기체류자의 거주의 사유, 직업, 거주기간, 거주지 등을 고려하여 통상적
인 개인용품 등으로 인정되는 물품으로서 3개월 이상 사용한 물품에 대하여는
관세를 면제할 수 있다(이사물품고시 제10조 제1항). 이 경우 세관에서는 단기체
류자가 일정한 주거를 정하고 거주하였음을 임대계약서 등을 통해 확인하여야
한다(동조 제2항). 단기체류자가 반입하는 자동차 등 필수과세물품은 일반 수입
신고를 하여야 한다(동조 제3항).

(2) 이사물품으로 적합하지 아니한 물품

이사물품 인정범위에 이사물품으로 적합하지 아니한 물품은 제외한다(이
사물품고시 제4조 제1항). 이사물품고시 별표1에서는 이사물품으로 적합하지 아
니한 물품을 예시하고 있다. 이들 물품은 과세한다.

[이사물품으로 적합하지 아니한 물품]

1. 타인의 의뢰를 받아 반입하는 전체 물품
2. 개인용 또는 가정용으로 적합하지 아니한 물품 예) 인쇄기, 대형복사기, 대형 식기세척기 등 상업용으로 사용될 것으로 추정되는 물품, 자동차 제조사에 의해 생산되지 않은 조립형자동차(Kit Car) 등
3. 직업에 적합하지 아니한 물품 예) 직업(전공학생 포함)과 관계없이 반입하는 그랜드피아노(베이비 그랜드피아노 제외) 등 고급 악기, 작품제작용 비디오카메라, 영사기, 현상기 등
4. 이사자 수에 비해 과다하게 반입하는 물품 예) 가족을 동반하지 아니한 남성의 과다한 여성용 물품 반입, 과다한 모피의류 반입 등
5. 그 밖에 세관장이 이사물품으로 인정하기 곤란하다고 판단한 물품

(3) 내구성 가정용품의 경우

내구성 가정용품이란 단기간 내 변질되거나 변형됨이 없는 가구, 가전제품 등 통상적으로 가정에서 쓰이는 물품을 말하며, 잡화, 의류 등 개인용품은 제외한다(이사물품고시 제2조 제4호). 내구성 가정용품의 경우 가족 수에 따라 이사물품으로 인정하되 주거환경 등을 고려하여 탄력적으로 운영할 수 있다(동 고시 제4조 제2항).

[가족 수에 따른 내구성 가정용품 인정수량]

가족 수	인정 수량
1~2명	5개
3~4명	6개
5~8명	7개
9명 이상	8개

(4) 이사물품 반입기간

이사물품 중 별도로 수입하는 물품은 천재지변 등 부득이한 사유가 있는 때를 제외하고는 입국자가 입국한 날부터 6월 이내에 도착한 것이어야 한다(시행규칙 제48조의2 제3항).

다만, ① 입국 후 영주권포기자의 경우 영주권 포기일, ② 귀화자의 경우 외국국적말소일 또는 우리나라 국적 취득일, ③ 국적회복자의 경우 국적회복일 또는 외국국적상실일에 해당하는 날부터 6개월 이내에 우리나라에 도착하여야 한다(이사물품고시 제5조 제2항).

4. 필수 과세대상물품

(1) 의 의

필수 과세대상물품은 다음과 같다(시행규칙 제48조의2 제1항 단서, 이사물품고시 제6조 제1항).

① 선박
② 항공기
③ 자동차(우리나라에서 수출된 차량과 외국 국적을 가진 기자가 반입하는 경우로 문화체육관광부장관이 취재용임을 확인하는 차량은 제외한다)
④ 개당 과세가격이 500만원 이상인 보석·진주·별갑·산호·호박·상아 및 이를 사용한 제품
⑤ 통상적으로 가정용으로 인정되는 것으로서 우리나라에 입국하기 전에 3개월 미만 사용한 물품
⑥ 이사물품 인정범위를 초과하는 물품, 이때 과세대상을 선정하는 때에는 화주에게 유리하게 적용한다(이사물품고시 제6조 제2항).

(2) 과세가격결정

이사물품 또는 단기체류자 반입물품의 과세가격은 과세가격 결정고시에 따르고, 이사물품 인정범위를 초과한 과세대상 이사물품에 대해서는 다음의 기준을 적용할 수 있다(이사물품고시 제7조 제1항).

① 사용기간이 3월 미만인 경우: 신품가격의 80%
② 사용기간이 6월 미만인 경우: 신품가격의 60%
③ 사용기간이 6월 이상, 1년 미만인 경우: 신품가격의 40%
④ 사용기간이 1년 이상인 경우: 신품가격의 20%

5. 자동차 통관

(1) 면세대상

우리나라에서 수출된 자동차에 한하여 면세된다. 따라서 차대번호 K로 시작하는 것을 확인하여야 한다.

(2) 면세요건

승용자동차 또는 이륜자동차에 대하여 이사자, 동반가족, 가족 명의로 해외에서 등록하여 3개월 이상 경과한 자동차는 면세통관할 수 있다. 이사자 가구당 1대의 자동차에 한한다.

(3) 과세가격

과세가격은 정기적으로 발행되는 자동차가격에 관한 책자(Blue Book 등)에 게재된 신차가격(List Price)에서 최초 등록일부터 수입신고일까지의 사용으로 인한 가치감소분을 공제한 후 운임 및 보험료를 포함한 가격으로 한다.[40] 다만, 객관적으로 입증할 만한 실제구입가격 자료를 제시하는 때에는 그 가격을 인정할 수 있다(이사물품고시 제7조 제2항).

(4) 예상세액

예상세액은 배기량 1,000CC초과시 과세가격의 약 24%, 배기량 1,000CC 이하는 과세가격의 약 19%가 된다.

(5) 자동차 통관 후 절차

신규검사 → 자기인증 → 환경인증 → 차량등록의 순서로 이루어진다. 이사물품으로 통관된 자동차는 자기인증 및 환경인증 면제 또는 생략가능하다. 신규검사 및 자기인증은 교통안전공단에, 환경인증은 한국환경공단 환경인증검사처에, 차량등록은 관할 구청이나 군청 자동차등록사업소에서 한다.

---

[40] (Blue Book 등 게재 신차가격×감가상각잔존율) + 운임 + 보험료.

6. 수입승인면제

이사물품 등으로 인정되는 물품은 대외무역관리규정 제19조에 따른 별표4 제1호 가목과 나목 및 통합공고 제12조 제1항 제3호에 따라 통합공고에서 정한 요건 및 절차를 거치지 않고 통관할 수 있다. 다만, 통합공고 제12조 제2항에 해당하는 물품은 그렇지 않다(이사물품고시 제9조 제1항).

이사물품 등으로 인정되지 않은 물품으로서 대외무역관리규정 제20조에 해당하는 외환거래가 수반되지 않은 과세가격 합계 500만원 이하의 물품은 통합공고에서 정한 요건 및 절차를 거치지 않고 과세통관할 수 있다(동조 제2항).

7. 이사물품 수입신고 및 관세납부

(1) 수입신고인

이사물품 등은 이사자의 명의로 수입신고하여야 한다. 다만, 이사물품 반입내역서는 이사자 또는 단기체류자, 이사자 등의 동반가족, 이사자 등의 위임을 받은 자 또는 가족관계증명서 등으로 가족임이 입증된 자가 작성할 수 있다(이사물품고시 제8조 제1항).

(2) 제출서류

이사물품 등의 수입신고를 하고자 하는 자는 다음의 서류를 세관장에게 제출하여야 한다. 이 경우 수입신고서와 이사물품 반입내역서는 관세청 전자통관시스템을 통해 전송하여야 한다(이사물품고시 제8조 제2항).
① 수입신고서
② 이사물품 반입내역서
③ 포장명세서
④ 선하증권, 화물운송장, 복합운송서류 등 운송관련 서류
⑤ 거주기간 확인 서류
⑥ 자동차 관련 서류
⑦ 입국시 휴대반입(별송품 포함) 신고한 서류(휴대반입신고가 있는 경우에 한함)
⑧ 그 밖에 세관장이 이사자 등 판정, 거주기간의 계산, 과세가격의 결정

등 이사물품등의 통관에 필요하다고 인정하는 서류

(3) 신고방법

다음의 물품에 대하여 수입신고를 하는 때에는 수입신고서 1란에 1품목씩 기재하며, 그 밖의 과세대상이 아닌 물품은 일괄하여 품명란에 "HOUSEHOLD GOODS"로 기재한다(이사물품고시 제8조 제3항).

① 필수과세대상물품

② 자동차, 엽총 등 통관 후 국내에서 등록 등을 위하여 수입신고수리필증이 필요한 물품

③ 신고자가 사후증명 등을 위하여 수입신고서에 구분하여 기재하고자 하는 물품

이사물품 반입내역서는 다음과 같다(이사물품고시 별지 제1호 서식).

[서식 13.]

《앞면》

이사물품 반입내역서

		처리기간
		즉 시

이 사 자	①성 명		②국 적	한국(비영주권자, 영주권자), 외국인( )
	③직 업		④여권번호	⑤생년월일
	⑥주 소	해외(국가·도시명):	⑦국내전화번호 (휴대전화)	
		국내(자세히):		⑧E—mail @

⑨거주(예정)기간(내국인은 외국에 거주한 기간, 외국인·영주권자는 한국에 거주 할 기간): _____ ~ _____
* 거주(예정)기간에 따라 아래의 해당란 □에 "V"표시 하시기 바랍니다.
□개인 1년 이상(이사자) □가족동반 6월 이상(이사자) □개인 3월~1년 미만(단기체류자) □가족동반 3월~6월 미만(단기체류자)

동 반 가 족	⑩성 명	⑪이사자와의 관계	⑫생 년 월 일	⑬여권번호	⑭직 업	⑮거주기간

운 송 내 역	⑯선적항(국가)		⑰B/L(house) No	
	⑱운송의뢰일/국내도착일	/	⑳운송회사 (Forwarder)	해외
	⑲운 임			국내

* 아래 질문에 대하여 해당란 □에 "V"표시하시기 바라며, 뒷면에 신고대상물품을 상세히 기재하여 주시기 바랍니다.
㉑다음 물품을 가지고 있습니까?   있음 없음

	있음	없음
1. 총포·도검·석궁 등 무기류·실탄 및 화약류·유독성 또는 방사성물질(모의총포 포함)	□	□
2. 아편·헤로인·코카인·히로뽕·MDMA·대마 등 마약류, 살빼는 약 등 법에 저촉될 수 있는 약품류	□	□
3. 동물(고기, 가죽 털 포함)·식물·과일채소류 등 농림축수산물 및 기타식품류	□	□
4. 멸종위기에 처한 야생동식물 및 이들로 만든 제품(호랑이, 코브라, 거북, 악어, 산호, 웅담, 사향 등)	□	□
5. 위조상표 부착물품 등 지식재산권 침해물품, 위조지폐 및 위·변조된 유가증권	□	□
6. 판매목적으로 반입하는 물품 또는 회사용품, 다른 사람의 부탁으로 대리운반하는 물품	□	□
7. 신고인이 입국한 날로부터 6월을 초과하여 도착한 물품	□	□
8. 음란물 등 미풍양속을 저해하는 물품, 감청설비, 기타 특별히 신고하고자 하는 물품이나 사항	□	□

이 반입내역서의 내용은 사실과 다름이 없음을 확인합니다.

년   월   일

신 고 인: (서명 또는 인)

붙임서류:
1. 필요시 본인 및 동반가족의 여권 또는 재외영주권 1부
2. 고용계약서 또는 전세계약서 등 거주기간의 확인에 필요한 서류 1부
3. 필요시 외국인등록증, 국내거소신고증(영주권자만 해당) 또는 비자 사본 1부(외국인에 한함)
4. Packing List(포장명세서) 1부
5. 선하증권(B/L), 화물운송장, 복합운송서류 등 운송관련서류 사본 1부
6. 여행자휴대품신고서 또는 주요물품통관내역서 1부
7. 자동차등록증 또는 소유증명서 1부(신고물품에 자동차가 있는 경우)

《뒷면》

신고대상 물품 내역

품 명	포장 번호	상표명	모델·규격	수량	구입가격 (US$)	사용 월수	※ 세관 기재란
1. 신품 또는 입국하기 3개월 미만 사용물품							
2. 개당 과세가격이 500만원 이상인 보석, 진주, 별갑, 산호, 호박, 상아 및 이를 사용한 제품							
3. 상업용 물품, 직업과 관계없는 물품							
4. 그 밖에 신고하고자 하는 물품							

자동차(이륜자동차 포함) 신고

차 명		차대번호		배기량		cc	연 식	
제조국		승차정원		최초/본인명의 등록일자	/			

※ 세관기재란은 기재하지 마시고, 사용월수란에는 사용한 기간을 기재하시고, 3개월 미만 사용한 물품은 빈칸에 기재하십시오.

※ 현품검사 입회시 물품에 이상이 있으면 검사공무원에게 필히 신고하시기 바랍니다.

※ 3월 이상 사용하지 않은 물품을 3월 이상 사용한 물품으로 신고하는 경우 등 신고대상물품을 자진 신고하지 않을 경우 관세법 제241조 제5항의 규정에 따라 해당물품에 대하여 납부할 세액(관세 및 내국세 포함)의 100분의 20에 상당하는 금액이 가산세로 추가 부과되며, 고의로 신고하지 않았거나 허위로 신고하면 관세법에 의거 처벌받을 수 있습니다.

(4) 세금납부

관세를 납부하여야 하는 이사물품 등에 대하여는 수입신고 수리 후 납부를 원칙으로 한다(이사물품고시 제11조 제1항 본문). 이사자 등은 납부고지를 받은 날로부터 15일 이내에 납부하여야 한다(동조 제2항). 세관장은 이사자등이 납부기한까지 세금을 납부하지 않은 때에는 납부를 독촉하여야 하며, 체납자에 대한 독촉장의 송달을 완료한 때에는 체납처분을 하는 서울세관장 또는 부산세관장에게 체납내역을 즉시 통보하고 관련서류를 송부하여야 한다(동조 제3항).

(5) 가산세

세관장은 이사자등이 과세대상 이사물품을 수입신고 시 신고하지 않아 과세하는 경우에는 해당 물품에 대하여 납부할 세액(관세 및 내국세를 포함한다)의 100분의 20에 상당하는 금액을 가산세로 징수한다(법 제241조 제5항).

제 2 편

관세채권의
성립 · 확정 · 소멸

제1장

관세와 조세법률주의

제1절 관세와 관세법의 의의

Ⅰ. 관세의 의의 및 성격

1. 의 의

관세는 국가가 재정수입 또는 국내산업보호를 위하여 반대급부 없이 법률 또는 조약에 따라 관세선을 통과하는 물품에 대하여 강제적으로 부과·징수하는 조세이다. 관세선이란 관세의 부과 여부를 결정하는 경계선, 예컨대 보세구역을 말하며 반드시 국경선과 일치하지는 않는다. 관세는 관세선 안으로 수입되는 물품에 대하여 부과하는 세금이다(법 제14조). 따라서 환적 또는 반송의 경우 관세가 부과되지 않는 것과 구별된다.[1] 한편, 조세를 부과·징수하는 과세주체에 따라 국세와 지방세로 구별하는데, 관세는 부과주체가 국가라는 점에서 국세에 속한다. 관세는 강제적으로 부과·징수한다는 점에서 자력집행권과 관세징수의 우선권이 인정된다(법 제3조).

---

[1] 환적이란 우리나라를 경유하는 경우로 동일한 세관의 관할구역에서 입국 또는 입항하는 운송수단에서 출국 또는 출항하는 운송수단으로 물품을 옮겨 싣는 것을 말한다(법 제2조 제14호). 반송은 신고수리 이전에 다시 외국으로 반출되는 것을 말한다(법 제2조 제3호).

2. 관세의 성격과 경제적 효과

(1) 관세의 성격

1) 소비세

소비세란 소비에 대하여 부과되는 세금을 말한다. 관세의 소비세적 성격에 기인한 관세법상 제도로는 지정보세구역 장치물품의 멸실·손상으로 인한 관세환급, 계약상이물품 관세환급, 종합보세구역 내 판매물품 관세환급, 재수출면세 및 재수출감면세, 손상감세제도 등이 있다.

2) 간접세

납세자가 부담한 세금을 타인에게 이전시키는 것을 조세의 전가라 한다. 관세의 납세자는 수입자이지만 실제 관세를 부담하는 담세자는 시장상황에 따라 달라진다. 상품의 공급과 수요의 탄력성에 따라 부과되는 관세가 외국의 수출자에게 전가될 수도 있고, 국내 소비자에게 전가될 수도 있으며, 경우에 따라서는 누구에게도 전가되지 않고 수입자 자신이 부담할 수도 있다.[2] 통상 법률상 납세의무자와 경제상 담세자가 일치하는 조세를 직접세라 하고 양자가 일치하지 않는 조세를 간접세라 한다.[3] 관세는 소비세로서 간접세로 분류된다.

3) 수시세·대물세

물품이 수입될 때마다 납세의무가 발생한다는 점에서 수시세, 물품에 대하여 부과한다는 점에서 대물세에 해당한다.

(2) 경제적 효과

수입물품에 관세가 부과되면 그 부과된 관세만큼 수입물품의 가격이 올라가므로 수입이 감소되어 국내 산업을 보호할 수 있고, 국제수지가 개선되는 효과가 있다. 관세의 징수로 국가재정수입이 증가하는 효과도 있으나 오늘날 관세의 부과로 인하여 달성하고자 하는 가장 중요한 정책적 목적은 국내산업보호이다.

---

2) 정재완, 9면.
3) 임승순, 8-9면.

Ⅱ. 관세법의 특징

1. 의 의

관세도 국세의 일종이기는 하나 수입물품에 대하여 부과되는 특수성 때문에 원칙적으로 내국세와는 법적 규제를 달리하고 있다.[4] 예컨대, 국세기본법 제2조에서 정의하고 있는 국세에는 관세가 포함되어 있지 않고, 관세에 대하여는 관세법에서 따로 규율하고 있는 것이다. 다만, 관세법은 관세의 부과·징수에 대하여 관세와 내국세가 공통된 부분에 대해 국세기본법을 개별적으로 준용하고 있다.[5]

2. 성 격

(1) 조세실체법과 절차법

조세법률관계 중 관세법은 관세채무의 당사자, 관세채무의 내용, 관세채무의 성립·승계·소멸 등을 다루는 조세실체법에 대하여 규정하고 있다. 또한, 관세채무의 확정과 관세의 징수절차에 관하여 다루는 조세절차법 부분이 있다.

(2) 통관질서법

관세법은 수출입물품 통관의 개념, 절차적 규정을 두고 있고, 통관질서의 적정을 기하기 위한 세관의 관리에 관하여 규정하고 있다. 이 점이 다른 내국세와 다른 가장 큰 특징이라고 할 수 있다. 관세법의 통관법적 성격인 부분을 떼어내어 통관절차법으로 분법하여야 한다는 논의가 있다.

(3) 관세제재법

내국세의 경우 조세범처벌법이라는 별도의 법에서 조세형사범에 대하여 규정하고 있는 것과 달리 관세법은 관세범과 그 처벌에 관한 부분으로 관세범의 종류, 구성요건, 범칙조사, 처벌에 관하여도 조세법적 내용과 함께 규정하고 있다.

---

4) 대법원 1972. 12. 26. 선고 72누91 판결.
5) 예컨대, 법 제19조 제8항은 국세기본법상 제2차 납세의무자 규정을 준용하고 있다.

(4) 관세쟁송법

관세법규에 따른 각종의 처분(경정, 결정, 강제징수 등)에 대한 불복신청과 취소소송 등 조세법률관계에 대한 쟁송을 조세쟁송이라 한다. 관세법은 이러한 불복신청과 조세법률관계에 대한 쟁송절차에 관하여 규정하고 있고, 이는 당사자의 권리보호와 관련하여 큰 의미가 있다.

(5) 국제법

관세법은 국제무역과 관련한 법으로 조약과 협정 등을 반영하고 있다. 예컨대, 우리나라는 1967년 WCO 설립조약, 품목분류협약, 평가협약에 가입하여 WCO 조약 및 결정내용을 관세법에 반영하였다. 또한, 통일상품명 및 부호체계에 관한 국제협약(HS협약)의 내용을 관세법의 품목분류 규정에, WTO 반덤핑협약의 내용을 덤핑방지관세 규정에, WTO 관세평가협약의 내용을 관세평가규정에 반영하고, 관세행정의 국제표준화를 위하여 국제기구의 관세협약 내용을 반영하는 등 국제성을 띠고 있다.

3. 관세의 우선징수

관세를 납부하여야 하는 물품, 즉 수입물품에 대하여는 관세를 다른 조세(국세나 지방세)에 비하여 최우선 징수한다(법 제3조 제1항). 국세징수의 예에 따라 관세를 징수하는 경우 강제징수의 대상이 해당 관세를 납부하여야 하는 물품이 아닌 재산인 경우에 관세의 우선순위는 국세기본법에 따른 국세와 동일하게 한다(동조 제2항).

4. 내국세 등의 부과 · 징수

(1) 의 의

관세법은 수입물품에 대하여 부과되는 관세 외의 내국세 등에 대하여 세관장으로 하여금 부과 · 징수하도록 하여 납세편의와 절차 간소화를 도모할 수 있도록 하고 있다(법 제4조).

(2) 종 류

세관장이 부과·징수하는 조세는 부가가치세, 지방소비세, 담배소비세, 지방교육세, 개별소비세, 주세, 교육세, 교통·에너지·환경세 및 농어촌특별세(이하 '내국세등'이라 한다)가 있다.

(3) 관세법의 우선 적용

수입물품에 대하여 세관장이 부과·징수하는 내국세등의 부과·징수·환급 등에 관하여 국세기본법, 국세징수법, 부가가치세법, 지방세법, 개별소비세법, 주세법, 교육세법, 교통·에너지·환경세법 및 농어촌특별세법의 규정과 관세법의 규정이 상충되는 경우에는 관세법의 규정을 우선하여 적용한다(법 제4조 제1항). 다만, 관세법이 우선 적용되는 범위는 절차적인 사항에 한한다.

"관세법 규정의 우선 적용에 관한 관세법 제4조 제1항은 수입물품에 대하여 세관장이 부과·징수하는 내국세의 부과·징수·환급·결손처분 등의 절차적인 사항에 관하여는 관세법 규정을 우선 적용하는 것이 납세편의 및 그 절차의 간소화를 도모할 수 있다는 취지에서 규정된 것일 뿐, 실체적인 사항에 관하여까지 관세법 규정을 우선 적용하라는 취지로 규정된 것은 아니고, 같은 법 제3조 제1항이 관세를 납부하여야 하는 물품에 대하여는 다른 조세 기타 공과금과 채권에 우선하여 그 관세를 징수한다고 규정하고 있는 것은 관세의 특수성에서 유래된 것이므로, 비록 부가가치세법 제23조 제3항에서 재화의 수입에 대한 부가가치세는 세관장이 관세징수의 예에 의하여 징수하도록 규정하고 있다고 하더라도, 내국세인 부가가치세의 징수에 관하여는 관세법 제3조 제1항이 적용되지 않는다."[6]

---

6) 대법원 2007. 2. 22. 선고 2005다10845 판결.

제 2 절   조세법률주의

Ⅰ. 의 의

헌법 제38조는 '모든 국민은 법률이 정하는 바에 의하여 납세의 의무를 진다'고 규정하고, 제59조는 '조세의 종목과 세율은 법률로 정한다'고 규정함으로써 조세법률주의를 채택하고 있다. 이러한 조세법률주의 원칙은 과세요건 등은 국민의 대표기관인 국회가 제정한 법률로써 규정하여야 하고, 그 법률의 집행에 있어서도 이를 엄격하게 해석·적용하여야 하며, 행정편의적인 확장해석이나 유추적용은 허용되지 않는다는 것이다. 따라서 법률의 위임이 없이 명령 또는 규칙 등의 행정입법으로 과세요건 등에 관한 사항을 규정하거나 법률에 규정된 내용을 함부로 유추·확장하는 내용의 해석규정을 마련하는 것은 조세법률주의 원칙에 위배된다.7)

Ⅱ. 관세법의 해석과 적용

1. 법해석의 기준

관세법을 해석하고 적용할 때에는 과세의 형평과 해당 조항의 합목적성에 비추어 납세자의 재산권을 부당하게 침해하지 아니하도록 하여야 한다(법 제5조 제1항). 따라서 지나친 문리해석으로 법의 기본취지나 목적에 반하지 않도록 해석하여야 하고, 유추·확장해석으로 재산권이 부당하게 침해되지 않도록 신중하여야 한다. 한편, 조세법률주의와 조세공평의 이념에서 비롯된 엄격해석의 원칙은 과세요건에 해당하는 경우에는 물론 비과세 및 조세감면요건에 해당하는 경우에도 적용되므로, 납세자에게 유리하다고 하여 비과세요건이나 조세감면요건을 합리적 이유 없이 확장해석하거나 유추해석하는 것은 허용되지 않는다.8)

"구 관세법(1993. 12. 31. 법률 제4674호로 개정되기 전의 법률) 제12조의2 제3항

---

7) 대법원 2000. 3. 16. 선고 98두11731 전원합의체 판결.
8) 대법원 2006. 5. 25. 선고 2005다19163 판결.

의 위임에 의한 관세법 제12조의2의 규정에 의한 조정관세의 적용에 관한 규정 (1992. 12. 24. 대통령령 제13777호)에 의하면 관세율표 세번 7005의 판유리(CLEAR FLOAT GLASS) 중 조정관세의 적용대상은 두께 2mm 초과 3mm 이하의 것과 4mm 초과 8mm 이하의 것에 한한다고 규정하고 있으므로 확장해석이나 유추 해석을 금지하는 조세법률주의의 원칙상 피고가 공업진흥청장이 고시한 한국 공업규격(KSL 2012)에 따라 두께 3mm의 경우 허용오차가 ±0.3mm, 두께 8mm 의 경우 그 허용오차가 ±0.6mm임을 내세워 원고가 수입한 두께 3.1mm의 판 유리는 두께 3mm의, 두께 8.1mm와 8.2mm의 판유리는 두께 8mm의 판유리와 마찬가지로 각 조정관세율의 적용대상임을 전제로 한 1990. 10. 수입분에 대한 이 사건 과세처분은 위법하다."9)

"조세법률주의의 원칙상 과세요건이거나 비과세요건 또는 조세감면요건 을 막론하고 조세법규의 해석은 특별한 사정이 없는 한 법문대로 해석하여야 하고 합리적 이유 없이 확장해석하거나 유추해석할 수 없으므로, 위 조항에 근 거하여 차액관세를 징수하기 위해서는 우선 그 대상이 되는 물품에 대하여 관 세율표나 같은 법 제73조 등의 위임에 의한 대통령령에서 용도에 따라 세율을 다르게 정하고 있어야 하나, 법 제73조의 위임에 의한 대통령령인 '세계무역기 구협정 등에 의한 양허관세규정' 제2조 관련 [별표 1의나]는 농림축산물에 대 한 양허관세를 규정하면서, 고구마전분(품목번호 1108.19)에 대하여 그것이 시장 접근물량 이내인지 혹은 이를 초과하였는지에 따라 세율을 달리 정하고 있을 뿐 용도에 따라 세율을 달리 정하고 있지 아니하고, 그 외 관세율표나 다른 법 령에서도 고구마전분의 수입관세에 대하여 그 용도에 따라 세율을 달리 정하 고 있지 않으므로 관세법 제83조 제3항에 근거하여 차액관세를 부과할 수는 없다."10)

2. 소급과세금지의 원칙

관세법의 해석이나 관세행정의 관행이 일반적으로 납세자에게 받아들여 진 후에는 그 해석이나 관행에 따른 행위 또는 계산은 정당한 것으로 보며, 새 로운 해석이나 관행에 따라 소급하여 과세되지 아니한다(법 제5조 제2항). 소급

---

9) 대법원 1996. 12. 6. 선고 95누11184 판결.
10) 대법원 2008. 11. 27. 선고 2006두20792 판결.

과세금지의 원칙은 합법성의 원칙을 희생하여서라도 납세자의 신뢰를 보호함이 정의에 부합하는 것으로 인정되는 특별한 사정이 있을 경우에 한하여 적용된다. 일반적으로 납세자에게 받아들여진 세법의 해석 또는 국세행정의 관행이란 비록 잘못된 해석 또는 관행이라도 특정납세자가 아닌 불특정한 일반납세자에게 정당한 것으로 이의 없이 받아들여져 납세자가 그와 같은 해석 또는 관행을 신뢰하는 것이 무리가 아니라고 인정될 정도에 이른 것을 말하고, 단순히 세법의 해석기준에 관한 공적 견해의 표명이 있었다는 사실만으로 그러한 해석 또는 관행이 있다고 볼 수는 없다. 또한 그러한 해석 또는 관행의 존재에 대한 입증책임은 그 주장자인 납세자에게 있다.[11] 한편, 비과세관행이 성립한 후 그러한 관행에 반하는 소급과세는 금지된다.

"관세법 제5조 제2항에 의한 비과세관행이 성립하려면 과세물건에 대하여 상당한 기간에 걸쳐 과세하지 아니한 객관적 사실이 존재할 뿐만 아니라 과세관청이 과세할 수 있음을 알면서도 특별한 사정 때문에 과세하지 아니한다는 의사표시가 있어야 하나, 그러한 의사표시는 과세물건에 대한 비과세의 사실상태가 장기간에 걸쳐 지속된 경우 묵시적인 의향의 표시라고 볼 수 있는 정도이면 족하다고 할 것이다. 그리고 일단 성립한 비과세관행이 더 이상 유효하지 아니하다고 하기 위하여는 종전의 비과세관행을 시정하여 앞으로 당해 과세물건에 대하여 과세하겠다는 과세관청의 확정적인 의사가 표시되어야 하며, 그러한 의사표시는 반드시 전체 과세관청에 의하여 이루어지거나 처분 또는 결정과 같이 구체적인 행정작용을 통하여 이루어질 필요는 없지만, 적어도 공적 견해의 표명으로서 그로 인하여 납세자가 더 이상 종전의 비과세관행을 신뢰하는 것이 무리라고 여겨질 정도에 이르러야 한다."[12]

"행정상의 관행을 존중하려는 것은 일정 기간 계속된 사실관계를 믿은 납세자의 신뢰를 보호하는데 주안점이 있는 것이라 할 것이므로, 상급관청의 유권해석이나 지침시달에 따라 전국세관에서 통일적으로 운용된 사항만이 관세행정상의 관례가 될 수 있다고 할 수 없다."[13]

---

11) 대법원 2006. 6. 29. 선고 2005두2858 판결.
12) 대법원 2011. 5. 13. 선고 2008두18250 판결. 성립한 비과세관행의 소멸시점은 세관장의 자료 제출 요구일인 2004. 3. 26.이 아니라 관세청 관세품목분류위원회가 쟁점물품을 8504호로 분류하기로 결정함으로써 향후 그에 대하여 과세하겠다는 확정적인 의사표시가 있었던 2005. 7. 28.로 보아야 한다고 한 사례.
13) 대법원 1983. 4. 12. 선고 80누203 판결.

3. 신의성실의 원칙

납세자가 그 의무를 이행할 때에는 신의에 따라 성실하게 하여야 한다. 세관공무원이 그 직무를 수행할 때에도 또한 같다(법 제6조). 신의성실의 원칙이 적용되기 위해서는 ① 과세관청의 공적인 견해표명이 있을 것, ② 납세자가 과세관청의 견해표시를 신뢰하고 그 신뢰에 납세자의 귀책사유가 없을 것, ③ 과세관청의 견해표시에 대한 신뢰를 기초로 한 납세자의 행위가 있으며, ④ 과세관청이 당초의 견해표시에 반하여 적법한 행정처분을 할 것, ⑤ 과세관청의 처분으로 인하여 납세자가 불이익을 받을 것을 요건으로 한다.

"용도세율 적용승인 제도는 관세의 신고납부제도 원칙 아래에서 용도에 따라 적용세율이 달라지는 물품의 실제 용도가 그 신고한 내용대로인지를 확인할 뿐, 세관장이 그 승인에 앞서 그 품목분류 및 세액의 적정성을 심사하여야 하는 것은 아닐 뿐만 아니라, 실제로 이 사건에 있어서도 구체적인 세액심사를 거치지 아니한 채 처리되었으므로, 피고가 이 사건 물품에 대하여 관세율표상 품목번호 9031.80-9091호를 적용한 원고의 용도세율 적용신청을 승인하면서 수입신고를 수리하였다고 하더라도 그 승인으로써 이 사건 물품에 대하여 원고가 신고한 대로의 품목분류가 적정한 것이라는 내용의 공적인 견해를 표명하였다거나 그에 대한 원고의 신뢰가 형성되었다고는 할 수 없고, 따라서 피고의 이 사건 부과처분은 신의성실의 원칙에 위배되지 아니한다."[14]

---

14) 대법원 2006. 11. 9. 선고 2005두4137 판결.

제 2 장

관세채권의 성립

제 1 절 총 설

납세의무 또는 관세채권은 과세요건의 충족으로 성립한다. 과세요건은 납세의무자, 과세물건, 과세표준, 세율을 말한다. 관세율은 물품을 체계적으로 분류하여 물품별로 일정한 명칭과 부호를 부여하는 품목분류에 따라 정하고 있으므로 품목분류표에 대한 자세한 해설이 필요하나, 그 양이 방대하여 이 책에서는 물품별 품목분류에 대한 개괄적인 체계와 일반적인 품목분류기준에 대하여 설명하였다.

과세표준과 관련하여서는 관세평가제도가 주로 쟁점이 된다. 관세는 물품가격에 가산·조정요소를 조정한 가격을 과세가격으로 하고, 보충적 평가방법에 의해 세관의 개입에 의해 과세가격이 결정되기도 한다. 관세평가는 그 내용이 복잡하고 기술적이어서 사후적으로 관세추징이 이루어지거나 관세포탈죄의 문제가 생기는 경우가 적지 않다.

관세법의 납세의무자는 인정여부에 따라 신분범인 관세포탈죄의 성립여부가 달라지는데, 주로 실질과세원칙과 관련하여 문제된다.

제 2 절 과세물건

Ⅰ. 의 의

과세물건이란 과세의 객체 또는 대상을 말한다. 관세법은 관세의 부과대상을 모든 '수입물품'이라고 정하고 있다(법 제14조). 수입과세주의를 취하고 있으므로 수출이나 단순통과물품은 과세대상이 아니다. 과세대상은 물품에 한하므로 권리나 용역과 같은 무체물은 과세대상이 포함되지 않는다. 예외적으로 물품에 체화되어 거래조건이 되는 경우 과세대상에 포함될 수 있다.

Ⅱ. 과세물건 확정시기

과세물건 확정시기란 과세의 기준이 되는 수입물품의 성질과 수량이 확정되는 시기를 말한다. 관세는 수입신고를 할 때의 물품의 성질과 수량에 의하여 부과한다(법 제16조 본문). 따라서 일반수입물품의 경우 수입신고 전인 운송이나 하역, 보세구역 반입 과정에서 변질되거나 손상된 경우 원칙적으로 과세대상에 포함되지 않는다.

보세공장에서 제조된 물품을 수입하는 경우 해당 물품의 원료인 외국물품에 대하여는 사용신고시점을 기준으로 원료의 성질 및 수량에 따라 관세를 부과한다(법 제189조 제1항).

수입신고를 하지 않고 수입된 경우 보세구역 외 장치허가를 받거나 보수작업 승인을 받은 때, 수입신고가 수리되기 전에 소비하거나 사용하는 물품은 해당 물품을 소비하거나 사용한 때, 우편물의 경우 통관우체국에 도착한 때, 그 밖의 경우 수입된 때의 물품의 성질과 그 수량에 따라 과세물건이 확정된다(법 제16조 단서 각호).

Ⅲ. 적용법령 확정시기

관세는 수입신고 당시의 법령에 따라 부과한다(법 제17조 본문). 다만, 보세건설장에 반입된 외국물품은 사용 전 수입신고가 수리된 날에 시행되는 법령에 따라 부과한다.[1] 예외적인 과세물건 확정시기가 정하여진 제16조 각호의 어느 하나에 해당되는 물품은 그 사실이 발생한 날에 시행되는 법령에 따라 부과한다(법 제17조 단서).

제3절   과세표준

I. 의 의

관세의 과세표준은 수입물품의 가격 또는 수량으로 한다(법 제15조). 대부분의 수입물품은 가격을 과세표준으로 하는 종가세 방식에 의하고, 예외적으로 종량세 방식[2]을 취하고 있다. 종가세의 납부세액은 '(거래가격×과세환율)×관세율'의 산식으로 산출된다. 종량세의 납부세액은 '수입물품의 수량 × 수량단위당 세액'의 산식으로 산출된다.

1. 과세가격 결정방법(관세평가)

관세법에 따른 기준에 따라 관세의 과세가격을 결정하는 것을 관세평가라 한다. 이를 통해 수출업자와 수입업자의 거래가격보다 높은 가격이 과세가격으로 결정될 수 있으므로, 관세평가는 세율과 함께 관세의 국내산업보호와 세수확보의 필수적인 요소라고 할 수 있다.[3] 무역통계나 수입쿼터를 정할 때도 관세평가를 통해 할당 여부를 정할 수 있다.

관세평가방법은 법 제30조부터 제35조에 6가지 방법에 대해 규정되어 있다. 실무상 제1방법 내지 제6방법이라 한다.

---

1) 보세건설장 반입물품의 과세물건 확정시기나 과세환율 기준시점은 수입신고일이고, 적용법령 기준시점은 수입신고수리일이며, 관세부과 제척기간의 기산일은 건설공사 완료보고일과 설치·운영특허 기간 만료일 중 먼저 도래한 날의 다음날이다.
2) 촬영된 영화용필름, 일부 농산물 등이 해당된다.
3) 자세한 내용은 김민정, 다국적기업의 관세회피에 대한 법적 대응방안에 관한 연구, 서울시립대학교 세무전문대학원 박사학위논문, 2018.

2. 과세가격 결정방법 사전심사

(1) 의 의

납세신고를 하여야 하는 자는 과세가격 결정과 관련하여 ① 제1방법 성립 여부와 관련한 사항, ② 제1방법으로 과세가격을 결정할 수 없는 경우에 적용되는 과세가격 결정방법, ③ 특수관계가 있는 자들 간에 거래되는 물품의 과세가격 결정방법 등에 의문이 있을 때에는 가격신고를 하기 전에 대통령령으로 정하는 바에 따라 관세청장에게 미리 심사하여 줄 것을 신청할 수 있다(법 제37조 제1항).

(2) 신청방법

관세청장은 과세가격 결정방법의 사전심사에 관한 권한을 관세평가분류원장에게 위임하고 있다(법 제329조 제2항, 시행령 제288조 제3항). 따라서 과세가격 결정에 관한 사전심사를 신청하려는 자는 거래당사자·통관예정세관·신청내용 등을 적은 신청서에 다음의 서류를 첨부하여 관세평가분류원장에게 제출하여야 한다. 특수관계자의 경우 본부세관을 거쳐 관세평가분류원에 신청서를 제출하여야 한다(시행령 제31조 제1항).

① 거래관계에 관한 기본계약서(투자계약서·대리점계약서·기술용역계약서·기술도입계약서 등)
② 수입물품과 관련된 사업계획서
③ 수입물품공급계약서
④ 수입물품가격결정의 근거자료
⑤ 기타 과세가격결정에 필요한 참고자료

(3) 심사기간

사전심사 신청에 대한 심사기간은 신청일로부터 1월이고, 결과통보일로부터 30일 내 재심사를 신청할 수 있다(법 제37조 제3항, 시행령 제31조 제3항 제1호). 특수관계자의 경우 심사기간은 신청일로부터 1년이다(동항 제2호).

(4) 심사서의 적용

세관장은 관세의 납세의무자가 과세가격 사전심사에 따라 통보된 과세가격 결정방법에 따라 납세신고를 한 경우 대통령령으로 정하는 요건을 갖추었을 때 그 결정방법에 따라 과세가격을 결정하여야 한다(법 제37조 제4항). 대통령령으로 정하는 요건이란 ① 사전심사 신청인과 납세의무자가 동일할 것, ② 제출자료 내용에 거짓이 없고 내용이 가격신고된 내용과 같을 것, ③ 사전심사의 기초가 되는 법령이나 거래관계등이 달라지지 아니하였을 것, ④ 사전심사결과 통보일로부터 3년[4] 이내에 신고될 것을 말한다(시행령 제31조 제7항).

3. 과세가격 신고제도

(1) 가격신고

관세의 납세의무자는 수입신고를 할 때 세관장에게 해당 물품의 가격에 대한 신고를 하여야 한다(법 제27조 제1항 본문). 가격신고를 할 때 제출하는 과세가격 결정자료란 수입관련거래, 과세가격산출내용에 관한 서류로 상업송장, 계약서, 각종 비용의 금액·산출근거 증빙자료, 기타 가격신고 입증자료를 말한다(법 제27조 제2항, 시행령 제15조 제1항). 통관의 능률을 높이기 위하여 필요하다고 인정되는 경우 물품의 수입신고를 하기 전에 가격신고를 할 수 있다(법 제27조 제1항 단서).

수입신고하는 물품의 과세가격이 제1방법에 따라 결정되는 경우와 제2방법부터 제6방법까지에 따라 결정되는 경우 가격신고의 상세내용이 달라지는데, 각 가격신고서의 기재사항은 다음과 같다(관세평가고시 별지 3, 4).

---

4) 특수관계에 있는 자가 결과 통보일 기준으로 2년 이후부터 3년이 도래하기 30일 전까지 신고 기간을 2년 연장하여 줄 것을 신청한 경우로서 관세청장이 이를 허용하는 경우에는 5년.

[서식 14.]

가격신고서(A) — 실제거래가격(제1방법)

〈참고사항〉: 이 가격신고서는 2면으로 구성되어 있습니다. 가격신고서를 작성하기 전에 〈별표 제6호〉 작성요령을 참고하시어 성실히 작성해 주시기 바랍니다.

1. 납세의무자 상호 및 사업자등록번호(가격신고자)	※ 수입신고번호
2. 판매자의 이름과 주소(수출자와 다른 경우에만 기재)	※세관기재란(심사담당자가 특이사항 기재) 「
3. 구매자의 이름과 주소(납세의무자와 다른 경우에만 기재)	
4. 송품장번호와 발행일	
5. 계약번호와 계약일	┘

	적용되는 칸에 ∨ 표기
6. 구매주문서(Purchase Order) 번호와 주문일	
7. (a) 구매자와 판매자는 관세법 시행령 제23조 제1항중 특수관계에 해당합니까? 　(해당하지 않으면, (b), (c), (d), (e)는 기재하지 마세요)	□ 예　□ 아니오
(b) 질문7 (a)에서 특수관계에 해당한다면 관세법 시행령 제23조 제1항중 어느 　　특수관계에 해당합니까? 　　① 구매자와 판매자가 상호 사업상의 임원 또는 관리자인 경우 　　② 구매자와 판매자가 상호 법률상의 동업자인 경우 　　③ 구매자와 판매자가 고용관계에 있는 경우 　　④ 특정인이 구매자 및 판매자의 의결권 있는 주식을 직접 또는 간접으로 5퍼 　　　센트 이상 소유하거나 관리하는 경우 　　⑤ 구매자 및 판매자중 일방이 상대방에 대하여 법적으로 또는 사실상으로 지 　　　시나 통제를 할 수 있는 위치에 있는 등 일방이 상대방을 직접 또는 간접으 　　　로 지배하는 경우 　　⑥ 구매자 및 판매자가 동일한 제3자에 의하여 직접 또는 간접으로 지배를 받 　　　는 경우 　　⑦ 구매자 및 판매자가 동일한 제3자를 직접 또는 간접으로 공동지배하는 경우 　　⑧ 구매자와 판매자가 「국세기본법 시행령」 제1조의2제1항 각 호의 어느 하나 　　　에 해당하는 친족관계에 있는 경우	[①~⑧ 택1]
(c) 특수관계가 수입물품의 가격 결정에 영향을 미쳤습니까?	□ 예　□ 아니오
(d) 거래가격이 관세법시행규칙 제5조의 비교가격에 근접합니까?(선택적 기재)	□ 예　□ 아니오
(e) 특수관계자간 거래시 수입물품의 가격결정방법은 어느 것입니까? 　　① 비교가능제3자가격법　② 재판매가격법　　③ 원가가산법 　　④ 이익분할법 ⑤ 거래순이익률법(영업이익률) ⑥ 거래순이익률법(총원가가산율) 　　⑦ 거래순이익률법(Berry Ratio)　⑧ 기타 (　　　　　　　)	[①~⑧ 택1]
8. (a) 수입물품의 처분 또는 사용에 있어서 다음 각 호 이외의 제한이 있는가? 　　 – 수입국의 법령에 의한 강제 또는 의무 이행 　　 – 상품판매 지역의 제한 　　 – 상품가격에 실질적으로 영향을 미치지 아니하는 제한	□ 예　□ 아니오
(b) 상품가격 이외 판매 또는 가격과 관련한 조건 또는 사정이 있습니까? 　　(만일 위 질문에 '예'라면 상세한 정보를 별도 제출하시오)	□ 예　□ 아니오

9. (a) 수입물품의 거래조건으로 직접 또는 간접 지급되었으나 실제지급가격에 포함되지 아니한 로열티나 권리사용료가 있습니까?	□ 예 □ 아니오
(b) 수입물품의 사용 또는 재판매 수익의 일부가 직접 또는 간접으로 판매자에게 귀속됩니까? (만일 각각 질문의 답변이 '예'라면, 상세한 조건들과 영향의 환산 금액을 질문15, 16번에 기재하시오)	□ 예 □ 아니오

10. 잠정가격신고의 경우
 (a) 잠정가격신고번호 _____ (b) 잠정가산율 _____
 (c) 잠정가산되어야 할 금액 _____ (d) 가격확정예정시기(분할확정시기) _____
 (e) 관련수입거래 계약기간 _____

> (f) 잠정가격신고 사유(Y, N)
>
> | | | | | | |
> |---|---|---|---|---|---|
> | 수수료 | [　] | 중개료 | [　] | 용기 비용 | [　] |
> | 포장노무비 | [　] | 포장자재비 | [　] | 생산지원비용 | [　] |
> | 권리사용료 | [　] | 사후귀속이익 | [　] | 보험료 | [　] |
> | 운임 | [　] | 운송관련비용 | [　] | 실제지급가격 | [　] |
>
> 원유, 곡물, 광석 등 1차산품으로서 수입신고일 현재 가격이 정해지지 않은 경우 [　]
> 특수관계자간 거래가격 결정방법 사전심사(ACVA) 신청업체인 경우 [　]
> 특수관계자간 거래 중 법 제30조 제1항 본문에 따른 수입물품의 거래가격이 수입신고 수리 이후에
> 「국제조세 조정에 관한 법률」제8조에 따른 정상가격으로 조정될 것으로 예상되는 경우 [　]
> 국내판매가격에 기초로 한 과세가격 결정(제4방법)으로 가격결정에 장시간 소요되는 경우 [　]
> 턴키방식 플랜트 등 물품의 최초 발주 이후 상당기간 후 인도 완료되는 경우 [　]
> 수입 이전에 최종가격 산출공식이 확정되고, 산출공식은 수입이후 발생 변수에 근거하며,
> 그 변수는 거래당사자가 통제할 수 없는 경우 [　]
> 기타 [　] 기타의 경우 사유 [　　　　　　　　　　　　　　　]

11. 가격신고서 작성 책임자(대표이사, 재무이사, 구매관리자 등) 연락처

(a) 부서 및 직위	(b) 성 명
(c) 전화번호	

12. 가격신고서 작성 실무자 연락처

(a) 부서 및 직위	(b) 성 명
(c) 작성일자	(d) 전화번호

가격신고 상세 내용		
※ 신고당시의 원화로 환산하되, 수입신고서가 2란 이상인 경우에는 합산된 총 금액으로 기재		
A. 산출근거	13.(a) 송품장 화폐 단위로 표시된 거래가격(관세평가목적상 실제 지급했거나 지급할 가격) (환율:)	
	(b) 직접·간접지급금액, 할인(조건, 사정해당), 채무상계, 변제금액 등 (원화)	
	14. 국내화폐로 환산한 총액(A)	
B. 가산금액	15. 구매자 부담비용 (a) 구매수수료를 제외한 수수료(커미션)	
	(b) 중개료	
	(c) 용기 및 포장비용	
	16. 무료 또는 인하된 가격으로 구매자에 의해 제공된 재화와 용역으로서 수입물품의 제조와 수출에 사용된: (a) 수입물품에 결합된 재료 또는 구성요소	
	(b) 수입물품의 생산에 사용되는 공구, 금형, 다이스 및 이와 유사한 물품	
	(c) 수입물품의 생산과정에서 소비되는 물품(비료, 촉매 등)	
	(d) 외국에서 수행된 것으로, 수입물품의 생산에 필요한 기술, 설계, 고안, 공예 및 디자인, 스케치	
	17. 로열티 및 권리사용료－9(a)란 참조	
	18. 판매자에게 귀속되는 수입후의 전매, 처분 또는 사용에 따른 수익금액	
	19. 수입항까지의 운송비용(소계)	
	(a) 운임, 왕복운임	
	(b) 적하, 양하, 환적비용, 기타 운송관련비용 등	
	(c) 보험료	
	20. 가산비용 총액	
C. 공제금액:	21. 수입장소 도착 후 운송비용	
	22. 수입 후 행해진 건설, 설치, 조립, 유지보수 또는 당해 수입물품에 대한 기술지원 금액	
	23. 기타비용(계약과 관련없이 구매자 자신의 필요에 의해 사용된 검사비용, 구매수수료, 교육훈련비, 연불이자 등)	
	24. 현금할인, 수량할인 등 인정하는 가격할인 금액(필요시 기재) 수출국에서 수출시 경감 또는 환급받아야 할 관세와 내국세 금액	
	25. 공제비용 총액	
26. 신고납부 과세가격(A＋B－C)		

[서식 15.]

가격신고서(B) — 기타 가격(제2~6방법)	

<참고사항>: 이 가격신고서는 2면으로 구성되어 있습니다. 가격신고서를 작성하기 전에 <별표 제6호> 작성요령을 참고하시어 성실히 작성해 주시기 바랍니다.

1. 납세의무자 상호 및 사업자등록번호(가격신고자)	※ 수입신고번호
2. 판매자의 이름과 주소(수출자와 다른 경우에만 기재)	※세관기재란(심사담당자가 특이사항 기재)
3. 구매자의 이름과 주소(납세의무자와 다른 경우에만 기재)	
4. 송품장번호와 발행일	
5. 계약번호와 계약일	

6. 구매주문서(Purchase Order) 번호와 주문일	적용되는 칸에 ∨ 표기
7. 수입물품의 관세평가방법	
(a) 과세가격으로 인정된 바 있는 동종물품의 거래가격(제2방법)	□
(b) 과세가격으로 인정된 바 있는 유사물품의 거래가격(제3방법)	□
(c) 수입일과 거의 동시에 가장 많은 수량으로 국내 판매된 당해물품, 동종/유사물품의 판매가격에서 역산한 가격(제4(A)방법)	□
(d) 수입일과 가장 가까운 시점(90일 이내)에서 가장 많은 수량으로 국내 판매된 당해물품, 동종/유사물품의 판매가격에서 역산한 가격(제4(B)방법)	□
(e) 수출국 생산자의 제조원가와 이윤 및 일반경비 등 가산방법(제5방법)	□
(f) 기타 합리적 방법으로 결정되는 과세가격 (제6방법)	□

8. 4(B)방법 적용 시에만 해당: 잠정 90일 이내 결정되는 관세의 과세가격 추정치를 기재하시오.

9. 신고하는 관세의 과세가격을 뒷받침하는 증거서류, 또는 4(b)방법 적용 시는 수입 후 90일 이내 제출할 증명자료를 기술하시오. (예시: 세관심사 시 과세가격 산출에 사용된 자료 등)
   (a)
   (b)

10. 잠정가격신고의 경우
   (a) 잠정가격신고번호 _____   (b) 잠정가산율 _____
   (c) 잠정가산되어야 할 금액 _____   (d) 가격확정예정시기(분할확정시기) _____
   (e) 관련수입거래 계약기간 _____

   (f) 잠정가격신고 사유(Y, N)
   수수료 [   ]   중개료 [   ]   용기 비용 [   ]
   포장노무비 [   ]   포장자재비 [   ]   생산지원비용 [   ]
   권리사용료 [   ]   사후귀속이익 [   ]   보험료 [   ]
   운임 [   ]   운송관련비용 [   ]   실제지급가격 [   ]
   원유, 곡물, 광석 등 1차산품으로서 수입신고일 현재 가격이 정해지지 않은 경우 [   ]
   특수관계자간 거래가격 결정방법 사전심사(ACVA) 신청업체인 경우   [   ]
   국내판매가격에 기초로 한 과세가격 결정(제4방법)으로 가격결정에 장시간 소요되는 경우 [   ]
   턴키방식 플랜트 등 물품의 최초 발주 이후 상당기간 후 인도 완료되는 경우   [   ]
   수입 이전에 최종가격 산출공식이 확정되고, 산출공식은 수입이후 발생 변수에 근거하며, 그 변수는 거래
   당사자가 통제할 수 없는 경우   [   ]
   기타 [   ]   기타의 경우 사유   [   ]

11(a) 외환거래가 수반되지 않는 경우 수입물품의 용도	
견본품□ 광고용□ 하자보수용품 □ 대체품□ 선물 또는 무상기증□ 생산제조용□ 기타사유□	
(b) 외환거래가 수반되지 않는 수입물품의 가격 산정 근거	
유상거래 실적가격 □ Price List □제조원가 □ 송품장 □ 기타사유 〔 〕	
12. 가격신고서 작성 책임자(대표이사, 재무이사, 구매관리자 등) 연락처	
(a) 부서 및 직위	(b) 성 명
(c) 전화번호	
13. 가격신고서 작성 실무자 연락처	
(a) 부서 및 직위	(b) 성 명
(c) 작성일자	(d) 전화번호

가격신고 상세 내용

※ 신고당시의 원화로 환산하되, 수입신고서가 2란 이상인 경우에는 합산된 총 금액으로 기재

제2~3 방법 적용	A. 계산의 기초 (대체가격)	14	과세가격으로 인정된 동종/유사물품의 거래가격	
			환율	
	B. 공제 조정	15	(a)수량할인 조정	
			(b)상업적 단계 조정	
			(c)운송비용의 차이	
			(d)선적항까지의 비용의 차이	
			(e)보험료의 차이	
		16	**B의 소계**	
	C. 가산조정	17	(a)수량할인 조정	
			(b)상업적 단계 조정	
			(c)운송비용의 차이	
			(d)선적항까지의 비용의 차이	
			(e)보험료의 차이	
		18	**C의 소계**	
		19	**신고 과세가격 (A − B + C)**	

제4방법 적용	D.계산의 기초	20	당해물품 또는 동종/유사물품을 국내 비특수관계자에게 가장 많은 수량으로 판매한 단위가격	
			환율	
	E.공제비용: D항목에 포함된 금액만 해당	21	(a)수탁판매수수료(위탁판매 수입에 한함)	
			(b)이윤 및 일반경비	
			※ 비율표시: 동종동류비율 □, 납세자제시비율 □	(%)
			(c)운송비용(수입항−보관창고)	
			(d)보험료 (수입항−보관창고)	
			(e)적하비용 (수입항−보관창고)	
			(f)기타 운송비용(상품계정)	
			(g)추가가공시 비용 (제조원가+부가가치)	
			(h)국내판매 및 수입과 관련된 세금과 공과금	
		22	**E의 소계**	
		23	**신고 과세가격 (D − E)**	

제5~6 방법 적용	F.계산의 기초	24	산정가격 / 수입물품의 가격 (내국통화로 환산된 가격)으로서 세관의 결정 등 합의된 사항에 따라 계산되는 금액을 기재	
	G.가산금액 (F란에 포함되지 않은 금액으로 내국통화로 환산)	25	(a)수입항까지의 운송비용	
			(b)선적항에서의 적하비용	
			(c)보험료 및 기타비용	
		26	**소계 G**	
		27	**신고 과세가격 (F + G)**	

(2) 가격신고 생략

다음과 같은 물품은 가격신고서의 제출을 생략할 수 있다(법 제27조 제3항, 시행규칙 제2조 제1항).

① 정부·지방자치단체, 공공기관, 특정연구기관 수입물품, ② 정부조달물품, ③ 관세·내국세 등이 부과되지 않는 물품, ④ 방위산업용 기계·부분품·원재료, 수출용 원재료로 수입하는 물품, ⑤ 과세가격이 미화 1만불 이하인 물품(개별소비세, 주세, 교통·에너지·환경세가 부과되는 물품, 분할 신고한 물품은 제외한다), ⑥ 종량세 적용물품(종량세와 종가세 중 높은 세액 또는 높은 세율을 선택하여 적용해야 하는 물품 제외), ⑦ 과세가격 사전심사 결정을 받은 물품

다만, 다음과 같은 물품은 가격신고서를 제출하여야 한다(시행규칙 제2조 제2항).

① 과세가격을 결정함에 있어서 법 제30조 제1항 제1호 내지 제5호의 규정에 의한 금액을 가산하여야 하는 물품
② 법 제30조 제2항에 따른 구매자가 실제로 지급하였거나 지급하여야 할 가격에 구매자가 해당 수입물품의 대가와 판매자의 채무를 상계하는 금액, 구매자가 판매자의 채무를 변제하는 금액, 그 밖의 간접적인 지급액이 포함되어 있는 경우에 해당하는 물품
③ 과세가격이 법 제31조부터 제35조까지에 따라 결정되는 경우에 해당하는 물품
④ 법 제39조에 따라 세관장이 관세를 부과·징수하는 물품
⑤ 잠정가격신고대상물품
⑥ 관세를 체납하고 있는 자가 신고하는 물품(체납액이 10만원 미만이거나 체납기간 7일 이내에 수입신고하는 경우를 제외한다)
⑦ 납세자의 성실성 등을 참작하여 관세청장이 정하는 기준에 해당하는 불성실신고인이 신고하는 물품
⑧ 물품의 가격변동이 큰 물품 기타 수입신고수리 후에 세액을 심사하는 것이 적합하지 아니하다고 인정하여 관세청장이 정하는 물품

(3) 잠정가격신고제도

납세의무자는 가격신고를 할 때 신고하여야 할 가격이 확정되지 아니한

경우 잠정가격으로 가격신고를 할 수 있다(법 제28조 제1항). 잠정가격신고제도
의 적용을 받고자 하는 납세의무자는 원칙적으로 계약에 따라 잠정적으로 지
급하기로 한 가격을 잠정가격으로 신고하고, 2년의 범위 안에서 세관장이 지정
하는 기간 내에 확정가격을 신고하여야 한다(동조 제2항).

　　잠정가격신고제도 대상은 다음과 같다(시행령 제16조 제1항). ① 원유·곡물·
광석 등 1차 산품과 같이 거래관행상 일정기간 경과 후 가격이 결정되는 물품
으로서 수입신고일 현재 가격이 확정되지 아니한 경우, ② 제1방법 가산요소가
수입신고일부터 일정기간 경과 후 결정되는 경우, ③ 과세가격 결정방법 사전
심사 신청한 경우, ④ 특수관계가 있는 구매자와 판매자 사이의 거래 중 수입
물품의 거래가격이 수입신고 수리 이후에 「국제조세조정에 관한 법률」 제5조
에 따른 정상가격으로 조정될 것으로 예상되는 거래로서 기획재정부령으로 정
하는 요건을 갖춘 경우, ⑤ 계약의 내용이나 거래의 특성상 잠정가격으로 가격
신고를 하는 것이 불가피하다고 세관장이 인정하는 경우

Ⅱ. 실제지급금액에 기초한 관세평가방법(제1방법)

　　제1방법은 원칙적인 과세가격 결정방법으로, 수입물품의 과세가격은 우리
나라에 수출하기 위하여 판매되는 물품에 대하여 구매자가 실제로 지급하였거
나 지급하여야 할 가격에 가산·조정한 거래가격으로 한다(법 제30조 제1항). 다
만, 가산요소는 객관적이고 수량화할 수 있는 자료에 근거하여야 하며, 이러한
자료가 없는 경우에는 제2방법부터 제6방법을 순차 적용하여 과세가격을 결정
한다.

1. 실제지급금액

　　구매자가 실제로 지급하였거나 지급하여야 할 가격이란 해당 수입물품의
대가로서 구매자가 지급하였거나 지급하여야 할 총금액을 말한다. 구매자가 해
당 수입물품의 대가와 판매자의 채무를 상계하는 금액, 구매자가 판매자의 채
무를 변제하는 금액, 그 밖의 간접적인 지급액을 포함한다. 여기서 그 밖의 간
접적인 지급액이란 다음의 금액이 포함되는 것으로 한다(시행령 제20조 제6항).

　　① 수입물품의 대가 중 전부 또는 일부를 판매자의 요청으로 제3자에게

지급하는 경우 그 지급금액

② 해당 수입물품의 거래조건으로 판매자 또는 제3자가 수행하여야 하는 하자보증을 구매자가 대신하고 그에 해당하는 금액을 할인받았거나 하자보증비 중 전부 또는 일부를 별도로 지급하는 경우 그 금액

③ 수입물품의 거래조건으로 구매자가 외국훈련비 또는 연구개발비 등을 지급하는 경우 그 금액

④ 그밖에 일반적으로 판매자가 부담하는 금융비용 등을 구매자가 지급하는 경우 그 금액

2. 가산요소

(1) 구매자가 부담하는 수수료 · 중개료

구매자가 부담하는 수수료와 중개료는 가산한다(법 제30조 제1항). 수수료는 해당 수입물품을 구매 또는 판매함에 있어서 구매자 또는 판매자를 대리하여 행하는 용역의 대가로 구매자 또는 판매자가 지급하는 비용을 말한다. 중개료는 판매자와 구매자를 위하여 거래알선 및 중개역할의 대가로 판매자 및 구매자가 지급하는 비용을 말한다(관세평가고시 제17조).

다만, 구매수수료는 제외한다(법 제30조 제1항). 구매수수료란 물품구매와 관련하여 구매자를 대리하여 행하는 용역의 대가로 구매자가 대리인에게 지급하는 수수료이다. 구매자를 대리하여 행하는 용역이란 구매자의 계산과 위험부담으로 공급자를 물색하는 비용 등을 말한다.

(2) 구매자가 부담하는 용기 · 포장비용

해당 수입물품과 동일체로 취급되는 용기의 비용과 해당 수입물품의 포장에 드는 노무비와 자재비로서 구매자가 부담하는 비용이 별도로 지급되었다면 실제지급금액에 가산하여 과세한다(법 제30조 제1항 제2호). 당해 수입물품과 동일체로 취급되는 용기란 용기가 내용물품과 동일 세번으로 분류되는 것을 말한다.

(3) 생산지원비용

1) 의 의

구매자가 해당 수입물품의 생산 및 수출거래를 위하여 대통령령으로 정하는 물품 및 용역을 무료 또는 인하된 가격으로 직접 또는 간접으로 공급한 경우에는 그 물품 및 용역의 가격 또는 인하차액을 해당 수입물품의 총생산량 등 대통령령으로 정하는 요소를 고려하여 적절히 배분한 금액을 가산한다(법 제30조 제1항 제3호).

대통령령으로 정하는 생산지원비용의 범위는 다음과 같다(시행령 제18조).
① 수입물품에 결합되는 재료·구성품·부분품, 그 유사물품
② 수입물품의 생산에 사용되는 공구·금형·다이스 및 그 밖에 이와 비슷한 물품으로서 수입물품의 조립·가공·성형 등 생산과정에 직접 사용되는 기계·기구 등
③ 수입물품의 생산과정에 소비되는 물품
④ 수입물품의 생산에 필요한 기술·설계·고안·공예·디자인[5]

2) 가산방법

납세의무자는 생산지원비용 전액을 최초로 수입되는 물품의 실제로 지급하였거나 지급하여야 할 가격에 배분할 수 있다. 이 경우 수입되는 전체 물품에 관세율이 다른 여러 개의 물품이 혼재된 경우에는 관세율이 다른 물품별로 최초로 수입되는 물품의 가격에 안분하여 배분한다(시행령 제18조의2).

(4) 권리사용료

1) 의 의

권리사용료란 특허권, 실용신안권, 디자인권, 상표권, 저작권 등 법적권리, 영업비밀[6]을 사용하는 대가로 지급하는 것을 말한다. 권리사용료는 과세가격에 가산하는데(법 제30조 제1항 제4호), 가산요건인 관련성과 거래조건을 충족하

---

5) 다만, 우리나라에서 개발된 것은 제외한다.
6) 법적 권리에는 속하지 아니하지만 경제적 가치를 가지는 것으로서 상당한 노력에 의하여 비밀로 유지된 생산방법·판매방법 기타 사업활동에 유용한 기술상 또는 경영상의 정보 등.

여야 한다(시행령 제19조 제2항). 구매자가 상표권자 등에게 지급한 금액이 수입물품 과세가격의 가산조정요소가 되는 권리사용료에 해당하는지는 실질과세의 원칙에 따라 지급한 금액의 명목이 아니라 그 실질내용이 상표권 등 권리를 사용하는 대가로서의 성격을 갖는 것인지 여부에 따라 판단하여야 한다.[7]

수입물품이 해당 특허에 의하여 생산되거나 해당 디자인을 표현하는 물품이어서 권리사용료가 체화되어 있는 경우 관련성이 인정된다. 다음의 어느 하나에 해당하는 경우 권리사용료가 당해 물품의 거래조건으로 지급되는 것으로 본다(시행령 제19조 제5항).

① 구매자가 수입물품을 구매하기 위하여 판매자에게 권리사용료를 지급하는 경우

② 수입물품의 구매자와 판매자간의 약정에 따라 구매자가 수입물품을 구매하기 위하여 당해 판매자가 아닌 자에게 권리사용료를 지급하는 경우[8]

③ 구매자가 수입물품을 구매하기 위하여 판매자가 아닌 자로부터 특허권 등의 사용에 대한 허락을 받아 판매자에게 그 특허권 등을 사용하게 하고 당해 판매자가 아닌 자에게 권리사용료를 지급하는 경우

구매자가 지급하는 권리사용료에 수입물품과 관련이 없는 물품이나 국내생산 및 그 밖의 사업 등에 대한 활동 대가가 포함되어 있는 경우에는 전체 권리사용료 중 수입물품과 관련된 권리사용료만큼 가산한다(시행령 제19조 제6항).

수입물품이 완제품(수입 후 경미한 조립, 혼합, 희석, 분류, 가공 또는 재포장 등의 작업이 이루어지는 경우 포함)인 경우에는 이와 관련하여 총지급 권리사용료 전액을 가산한다(관세평가고시 제22조 제1항).

수입물품이 국내에서 생산될 물품의 부분품, 원재료, 구성요소 등(이하 '수입부분품 등')이라도 해당 권리가 수입물품에만 관련되는 경우에는 이와 관련하여 총지급 권리사용료로 전액을 가산한다. 다만, 총지급 권리사용료가 수입부

---

7) 대법원 2016. 8. 30. 선고 2015두52098 판결.

8) 대법원 2016. 10. 27. 선고 2014두13362 판결. 구매자와 판매자 사이의 직접적인 약정에 따라 구매자가 판매자 아닌 자에게 권리사용료를 지급하는 경우가 아니라 하더라도, 구매자, 판매자 및 권리보유자 사이의 관계와 그들 사이의 관련 약정의 내용 등에 비추어 볼 때 구매자가 판매자 아닌 자에게 권리사용료를 지급하지 않으면 판매자로부터 수입물품을 구매할 수 없다고 볼 수 있는 경우에는 특별한 사정이 없는 한 권리사용료가 수입물품의 거래조건으로 지급되는 경우에 해당한다고 보아야 한다.

분품 등뿐만 아니라 국내에서 생산될 완제품 전체와 관련된 경우에는 총지급 권리사용료에 완제품의 가격(제조원가에서 세금 및 권리사용료를 제외한 금액) 중 수입부분품 등의 가격이 차지하는 비율을 곱하여 산출된 권리사용료 금액을 가산한다(동조 제2항).

수입물품이 방법에 관한 특허를 실시하기에 적합하게 고안된 설비, 기계 및 장치(그 주요특성을 갖춘 부분품 등 포함)인 경우에는 이와 관련하여 총지급 권리사용료 전액을 가산한다. 다만, 총지급 권리사용료는 특정한 완제품을 생산하는 전체방법이나 제조공정에 관한 대가이고, 수입하는 물품은 그 중 일부공정을 실시하기 위한 설비 등인 경우에는 총지급 권리사용료에 권리사용료와 관련이 있는 전체 설비 등의 가격 중 권리사용료와 관련이 있는 수입설비 등의 가격이 차지하는 비율을 곱하여 산출된 금액을 가산한다. 이와 같이 권리사용료를 전체설비 등의 가격에 대한 당해 수입설비 등의 가격의 비율로 안분하도록 정한 것은 권리사용료가 당해 수입설비 등을 포함한 전체설비 등과 관련되어 지급된 경우에 전체설비 등의 가격 중 당해 수입설비 등의 가격이 차지하는 비율의 권리사용료만을 가산한다는 취지이다.[9]

2) 재현생산권과 복제권

재현생산권이나 복제권은 가산되는 권리사용료에서 제외한다. 재현생산권이란 '특정한 고안이나 창안이 구현되어 있는 수입물품을 이용하여 우리나라에서 그 고안이나 창안을 다른 물품에 재현하는 권리'를 사용하는 대가를 말한다(시행령 제19조 제2항). 재현권의 사용 대가를 수입물품의 과세가격에서 제외하는 이유는, 관세는 수입신고를 하는 때의 물품의 성질과 수량에 따라 부과함이 원칙인데(법 제16조 본문), 재현권은 수입신고 이후 문제되는 것이고 수입신고 당시의 수입물품 자체와는 관련이 없으므로 그 사용 대가는 수입물품의 가치와 별도로 취급되어야 하기 때문이다. 따라서 수입물품에 구현되어 있는 특정한 저작물을 우리나라에서 공연이나 방영 등의 방법으로 재현하는 권리에 대한 사용 대가는 수입물품의 과세가격에 포함될 수 없다.[10]

---

9) 대법원 2019. 2. 14. 선고 2016두34110, 34127 판결. 권리사용료에 전체설비 등과 관련성이 없는 '수입 이후의 국내 활동에 대한 대가'가 포함되어 있는 경우에는 동 계산규정을 적용할 수 없다.

10) 대법원 2020. 2. 27. 선고 2018두57599 판결.

(5) 사후귀속이익

해당 수입물품을 수입한 후 전매·처분 또는 사용하여 생긴 수익금액은 해당 수입물품과의 거래조건 해당 여부와 관계없이 과세가격에 가산한다(관세평가고시 제23조).

(6) 수입항까지의 운임·보험료 기타 운송 관련 비용

해당 수입물품이 수입항에 도착하여 본선하역준비가 완료될 때까지 발생하는 비용은 가산한다(법 제30조 제1항 제6호, 시행령 제20조 제5항).

3. 공제요소

구매자가 지급하였거나 지급하여야 할 총금액에서 다음의 어느 하나에 해당하는 금액을 명백히 구분할 수 있을 때에는 그 금액을 공제한다(법 제30조 제2항 단서).

① 수입 후에 하는 해당 수입물품의 건설, 설치, 조립, 정비, 유지 또는 해당 수입물품에 관한 기술지원에 필요한 비용
② 수입항에 도착한 후 해당 수입물품을 운송하는 데에 필요한 운임·보험료와 그 밖에 운송과 관련되는 비용
③ 우리나라에서 해당 수입물품에 부과된 관세 등의 세금과 그 밖의 공과금
④ 연불조건(延拂條件)의 수입인 경우에는 해당 수입물품에 대한 연불이자

Ⅲ. 보충적 관세평가방법(제2방법~제6방법)

제1방법으로 과세가격을 결정할 수 없을 때 제2방법부터 제6방법까지 순차적으로 그 적용여부를 검토하게 된다.

1. 제2방법

제1방법으로 과세가격을 결정할 수 없을 때 과세가격으로 인정된 사실이 있는 동종·동질물품의 거래가격으로서 다음의 요건을 갖춘 가격을 기초로 하

여 과세가격을 결정한다(법 제31조).

① 과세가격을 결정하려는 해당 물품의 생산국에서 생산된 것으로서 해당 물품의 선적일(船積日)에 선적되거나 해당 물품의 선적일을 전후하여 가격에 영향을 미치는 시장조건이나 상관행(商慣行)에 변동이 없는 기간 중에 선적되어 우리나라에 수입된 것일 것

② 거래 단계, 거래 수량, 운송 거리, 운송 형태 등이 해당 물품과 같아야 하며, 두 물품 간에 차이가 있는 경우에는 그에 따른 가격차이를 조정한 가격일 것

2. 제3방법

제1방법으로 과세가격을 결정할 수 없을 때 과세가격으로 인정된 사실이 있는 유사물품의 거래가격으로서 다음의 요건을 갖춘 가격을 기초로 하여 과세가격을 결정한다(법 제32조).

① 과세가격을 결정하려는 해당 물품의 생산국에서 생산된 것으로서 해당 물품의 선적일(船積日)에 선적되거나 해당 물품의 선적일을 전후하여 가격에 영향을 미치는 시장조건이나 상관행(商慣行)에 변동이 없는 기간 중에 선적되어 우리나라에 수입된 것일 것

② 거래 단계, 거래 수량, 운송 거리, 운송 형태 등이 해당 물품과 같아야 하며, 두 물품 간에 차이가 있는 경우에는 그에 따른 가격차이를 조정한 가격일 것

3. 제4방법

제1방법부터 제3방법으로 과세가격을 결정할 수 없을 때 수입물품의 국내판매가격에서 과세가격에 포함시킬 수 없는 금액을 공제하는 방식으로 역산하여 과세가격을 산정하는 방식이다(법 제33조).

국내판매가격을 기초로 한 제4방법에 의하면 다음 ①의 금액에서 ②부터 ④까지의 금액을 뺀 가격을 과세가격으로 한다. 다만, 납세의무자가 요청하면 제5방법에 따라 과세가격을 결정하되 제5방법에 따라 결정할 수 없는 경우에는 제4방법, 제6방법의 순서에 따라 과세가격을 결정한다(법 제33조).

① 해당 물품, 동종·동질물품 또는 유사물품이 수입된 것과 동일한 상태로 해당 물품의 수입신고일 또는 수입신고일과 거의 동시에 특수관계가 없는 자에게 가장 많은 수량으로 국내에서 판매되는 단위가격을 기초로 하여 산출한 금액

② 국내판매와 관련하여 통상적으로 지급하였거나 지급하여야 할 것으로 합의된 수수료 또는 동종·동류의 수입물품이 국내에서 판매되는 때에 통상적으로 부가되는 이윤 및 일반경비에 해당하는 금액

③ 수입항에 도착한 후 국내에서 발생한 통상의 운임·보험료와 그 밖의 관련 비용

④ 해당 물품의 수입 및 국내판매와 관련하여 납부하였거나 납부하여야 하는 조세와 그 밖의 공과금

4. 제5방법

제1방법부터 제4방법으로 과세가격을 결정할 수 없을 때 수입물품의 생산비용, 수출국 내에서의 통상적인 이윤 및 경비, 운송비용을 합하여 산정한 가격을 기초로 과세가격을 결정하는 방법이다(법 제34조).

제5방법에 의하면 ① 해당 물품의 생산에 사용된 원자재 비용 및 조립이나 그 밖의 가공에 드는 비용 또는 그 가격, ② 수출국 내에서 해당 물품과 동종·동류의 물품의 생산자가 우리나라에 수출하기 위하여 판매할 때 통상적으로 반영하는 이윤 및 일반 경비에 해당하는 금액, ③ 해당 물품의 수입항까지의 운임·보험료와 그 밖에 운송과 관련된 비용을 합한 가격을 기초로 하여 과세가격을 결정한다.

5. 제6방법

최후의 보충적 관세평가방법으로 합리적 기준에 의한 평가방법이라 한다. 제1방법부터 제5방법에 따라 과세가격을 결정할 수 없을 때 관세평가를 포기할 수는 없으므로 제1방법부터 제5방법의 원칙과 부합되는 합리적인 기준에 따라 탄력적으로 과세가격을 결정할 수 있도록 하는 것이다(법 제35조).

제 4 절   납세의무자

Ⅰ. 납세의무자와 관세범죄

납세의무자는 관세범죄 중 특히 관세포탈죄와 관련하여 문제된다. 관세포탈죄는 관세의 납세의무자가 주체가 되는 신분범이다. 따라서 납세의무자가 누구인지에 따라 관세포탈죄의 성립여부가 좌우된다. 또한 납세의무자는 수입신고시 법정신고사항이므로, 세액결정에 영향이 없어 관세포탈죄가 성립하지 않는 경우라도, 이를 잘못 기재한 경우 허위신고죄 등이 성립할 수 있다.

1. 본래적 납세의무자

(1) 수입신고를 한 경우

물품을 수입신고하는 때의 화주가 납세의무자가 된다. 관세법은 화주가 불분명한 경우 납세의무자를 따로 정하고 있다. 수입을 위탁받아 수입업체가 대행수입한 물품인 경우 그 물품의 수입을 위탁한 자, 수입을 위탁받아 수입업체가 대행수입한 물품이 아닌 경우는 대통령령으로 정하는 상업서류에 적힌 물품수신인, 수입물품을 수입신고 전에 양도한 경우에는 그 양수인이 납세의무자가 된다(법 제19조 제1항 제1호).

(2) 수입신고를 하지 않고 수입된 경우

법 제19조 제1항은 다음과 같이 관세법상 의무위반행위에 책임이 있는 자나 수입통관절차 없이 사실상 수입되는 물품에 대하여 납세의무자를 따로 정하고 있다.

① 하역 또는 환적허가의 내용대로 운송수단에 적재되지 아니하여 관세를 징수하는 물품인 경우에는 하역허가를 받은 자
② 지정된 기간이 지난 경우 보세구역 밖에서 하는 보수작업을 승인받은 자
③ 보세구역에 장치된 외국물품이 멸실되거나 폐기되었을 때에는 운영인 또는 보관인

④ 지정된 기간이 지나 관세를 징수하는 물품인 경우에는 보세공장 외 작업, 보세건설장 외 작업 또는 종합보세구역 외 작업을 허가받거나 신고한 자

⑤ 보세운송기간이 지난 물품인 경우에는 보세운송을 신고하였거나 승인을 받은 자

⑥ 수입신고가 수리되기 전에 소비하거나 사용하는 물품인 경우에는 그 소비자 또는 사용자

⑦ 법 제253조 제4항에 따라 관세를 징수하는 물품인 경우에는 해당 물품을 즉시 반출한 자

⑧ 우편으로 수입되는 물품인 경우에는 그 수취인

⑨ 도난물품이나 분실물품인 경우에는 ㉮ 보세구역의 장치물품: 그 운영인 또는 화물관리인, ㉯ 보세운송물품: 보세운송을 신고하거나 승인을 받은 자, ㉰ 그 밖의 물품: 그 보관인 또는 취급인

⑩ 이 법 또는 다른 법률에 따라 따로 납세의무자로 규정된 자

⑪ ①부터 ⑪까지 외의 물품인 경우에는 그 소유자 또는 점유자

(3) 납세의무자의 경합

수입신고를 한 경우의 납세의무자와 수입신고를 하지 않고 수입된 경우의 납세의무자가 경합되는 경우에는 후자를 납세의무자로 한다(법 제19조 제2항). 따라서 물품의 화주가 세관장 허가를 받아 보세구역 아닌 장소에 장치하였다가 도난당한 경우 보관인 또는 취급인이 그 물품에 대한 관세의 납세의무자가 된다.[11]

2. 납세의무의 확장

(1) 납세의무의 승계

납세의무의 승계란 권리·의무가 포괄적으로 이전하는 것을 말한다. 법인이 합병하거나 상속이 개시된 경우 국세기본법 제23조 및 제24조를 준용하여 관세·가산세 및 강제징수비의 납세의무를 승계한다(법 제19조 제4항).

---

11) 대법원 2007. 6. 14. 선고 2007두6267 판결.

(2) 연대납세의무자

1) 수입신고인

수입신고가 수리된 물품 또는 수입신고 수리 전 반출승인을 받아 반출된 물품에 대하여 납부하였거나 납부하여야 할 관세액에 미치지 못하는 경우 해당 물품을 수입한 화주의 주소 및 거소가 분명하지 아니하거나 수입신고인이 화주를 명백히 하지 못하는 경우에는 그 신고인이 해당 물품을 수입한 화주와 연대하여 해당 관세를 납부하여야 한다(법 제19조 제1항 제1호 단서).

2) 공유자·공동사업자

수입신고물품이 공유물이거나 공동사업에 속하는 물품인 경우 그 공유자 또는 공동사업자인 납세의무자가 관세·가산세 및 강제징수비에 대하여 연대납세의무자가 된다(법 제19조 제5항 제1호 가목).

3) 관세포탈죄와 연대납세의무

수입신고인이 수입신고를 하면서 수입신고하는 때의 화주가 아닌 자를 납세의무자로 신고한 경우 수입신고인 또는 납세의무자로 신고된 자가 관세포탈 또는 부정감면죄의 정범, 교사, 방조로 유죄의 확정판결을 받았다면, 그 수입신고인 및 납세의무자로 신고된 자와 해당 물품을 수입신고하는 때의 화주가 관세·가산세 및 강제징수비에 대하여 연대납세의무자가 된다(법 제19조 제5항 제1호 나목 본문). 다만, 관세포탈 또는 부정감면으로 얻은 이득이 없는 수입신고인 또는 납세의무자로 신고된 자는 제외한다(법 제19조 제5항 제1호 나목 단서).

4) 구매대행업자와 연대납세의무

구매대행업자[12)가 화주로부터 수입물품에 대하여 납부할 관세 등에 상당하는 금액을 수령하고, 수입신고인 등에게 과세가격 등의 정보를 거짓으로 제공한 경우 구매대행업자와 수입신고하는 때의 화주가 연대하여 납부할 의무를

---

12) 자가사용물품을 수입하려는 화주의 위임에 따라 해외 판매자로부터 해당 수입물품의 구매를 대행하는 것 또는 사이버몰 등을 통하여 해외로부터 구매 가능한 물품의 정보를 제공하고 해당 물품을 자가사용물품으로 수입하려는 화주의 요청에 따라 그 물품을 구매해서 판매하는 것을 업으로 하는 자를 말한다.

진다(법 제19조 제5항 제1호 다목).

5) 수입신고하지 않고 수입된 경우

수입신고하지 않고 수입된 경우 물품에 대한 납세의무자가 2인 이상인 경우에는 그 2인 이상의 납세의무자가 관세·가산세 및 강제징수비에 대하여 연대납세의무자가 된다(법 제19조 제5항 제2호).

6) 법인 분할·분할합병되는 경우

법인이 분할되거나 분할합병되는 경우 국세기본법 제25조 제2항부터 제4항까지의 규정을 준용하여 분할되는 법인이나 분할 또는 분할합병으로 설립되는 법인, 존속하는 분할합병의 상대방 법인 및 신회사가 관세·가산세 및 강제징수비에 대하여 연대납세의무를 진다(법 제19조 제6항).

7) 분할납부 승인받은 법인의 경우

관세의 분할납부 승인받은 법인이 합병·분할 또는 분할합병된 경우에는 합병·분할 또는 분할합병 후에 존속하거나 합병·분할 또는 분할합병으로 설립된 법인이 연대하여 관세를 납부하여야 한다(법 제107조 제6항).

(3) 납세보증인

관세법 또는 다른 법령, 조약, 협약 등에 따라 관세의 납부를 보증한 자는 보증액의 범위에서 납세의무를 진다(법 제19조 제3항).

(4) 제2차 납세의무자

1) 의 의

제2차 납세의무자는 납세자가 납세의무를 이행할 수 없는 경우 납세자를 갈음하여 납세의무를 지는 자를 말한다(법 제19조 제8항, 국세기본법 제2조 제11호). 제2차 납세의무자는 관세의 담보로 제공된 것이 없고 납세의무자와 관세의 납부를 보증한 자가 납세의무를 이행하지 아니하는 경우에 보충적으로 납세의무를 진다(법 제19조 제9항). 실무상 관세의 납세의무자인 법인의 지분을 가지고 있는 대표자 등 출자자의 제2차 납세의무가 문제되는 경우가 많다. 관세법은 관세의 징수에 관하여 국세기본법 제38조부터 제41조까지의 제2차 납세의무에 관한 규정을 준용하고 있다(법 제19조 제8항).

2) 종 류

① 청산인 등의 제2차 납세의무

법인이 해산하여 청산하는 경우에 그 법인에 부과되거나 그 법인이 납부할 국세 및 강제징수비를 납부하지 아니하고 해산에 의한 잔여재산을 분배하거나 인도하였을 때에 그 법인에 대하여 강제징수를 하여도 징수할 금액에 미치지 못하는 경우에는 청산인 또는 잔여재산을 분배받거나 인도받은 자는 그 부족한 금액에 대하여 제2차 납세의무를 진다(국세기본법 제38조 제1항).

② 출자자의 제2차 납세의무

법인의 재산으로 그 법인에 부과되거나 그 법인이 납부할 국세 및 강제징수비에 충당하여도 부족한 경우에는 그 국세의 납세의무 성립일 현재 무한책임사원으로서 합명회사의 사원 또는 합자회사의 무한책임사원 또는 과점주주인 자는 그 부족한 금액에 대하여 제2차 납세의무를 진다(국세기본법 제39조 제1항 본문). 다만, 과점주주의 경우에는 그 부족한 금액을 그 법인의 발행주식 총수(의결권이 없는 주식은 제외한다) 또는 출자총액으로 나눈 금액에 해당 과점주주가 실질적으로 권리를 행사하는 주식 수(의결권이 없는 주식은 제외한다) 또는 출자액을 곱하여 산출한 금액을 한도로 한다(동항 단서).

과점주주란 주주 또는 합자회사의 유한책임사원·유한책임회사의 사원·유한회사의 사원 1명과 친족관계,[13] 경제적 연관관계 등이 있는 자로서 그들의 소유주식 합계 또는 출자액 합계가 해당 법인의 발행주식 총수 또는 출자총액의 100분의 50을 초과하면서 그 법인의 경영에 대하여 지배적 영향력을 행사하는 자들을 말한다(국세기본법 제39조 제2호, 제40조 제1항).

③ 법인의 제2차 납세의무

국세(둘 이상의 국세의 경우에는 납부기한이 뒤에 오는 국세)의 납부기간 만료

---

13) 6촌 이내의 혈족, 4촌 이내의 인척, 배우자(사실상의 혼인관계에 있는 자를 포함한다), 친생자로서 다른 사람에게 친양자 입양된 자 및 그 배우자·직계비속을 말한다(국세기본법 제2조 제20호, 동법 시행령 제1조의2).

일 현재 법인의 무한책임사원 또는 과점주주의 재산(그 법인의 발행주식 또는 출자지분은 제외한다)으로 그 출자자가 납부할 국세 및 강제징수비에 충당하여도 부족한 경우에는 그 법인은 다음의 어느 하나에 해당하는 경우에만 그 부족한 금액에 대하여 제2차 납세의무를 진다(국세기본법 제40조 제1항).

　① 정부가 출자자의 소유주식 또는 출자지분을 재공매(再公賣)하거나 수의계약으로 매각하려 하여도 매수희망자가 없는 경우

　② 법률 또는 그 법인의 정관에 의하여 출자자의 소유주식 또는 출자지분의 양도가 제한된 경우(국세징수법 제66조 제4항에 따라 공매할 수 없는 경우는 제외한다)

　④ 사업양수인의 제2차 납세의무

사업이 양도·양수된 경우에 양도일 이전에 양도인의 납세의무가 확정된 그 사업에 관한 국세 및 강제징수비를 양도인의 재산으로 충당하여도 부족할 때에는 사업의 양수인은 그 부족한 금액에 대하여 양수한 재산의 가액을 한도로 제2차 납세의무를 진다(국세기본법 제41조 제1항). 제2차 납세의무를 지는 사업양수인은 사업에 관한 모든 권리와 모든 의무를 포괄적으로 승계한 자로서 양도인과 특수관계인인 자 또는 양도인의 조세회피를 목적으로 사업을 양수한 자를 말한다(국세기본법 시행령 제22조).

Ⅱ. 실질과세원칙과 납세의무자

1. 관세법과 실질과세원칙

국세기본법 제14조, 지방세기본법 제17조는 국세 및 지방세에 대한 실질과세원칙에 대하여 규정하고 있다. 법인세법 제4조, 국제조세조정에 관한 법률 제2조의2 등의 개별 법률에서도 실질과세원칙에 대한 규정을 두고 있다. 그러나 관세법은 실질과세원칙에 관한 규정을 두고 있지 않고, 국세기본법을 준용하는 규정도 두고 있지 않다. 이러한 이유로 관세법에는 실질과세원칙이 적용되지 않는다는 주장이 있었으나 대법원 2002두8442 판결 이후 관세법에 실질과세원칙이 적용된다는 점에 대하여는 의문의 여지가 없다.

2. 실질과세원칙에 따른 납세의무자 판단

관세법상 실질과세원칙이 주로 문제되는 경우는 납세의무자의 결정에 관한, 즉 귀속에 있어서의 실질이다. 수입가격을 허위로 신고하거나 부정하게 감면받는 등으로 관세를 포탈하는 경우 수입신고 명의를 대여하는 방식을 취하므로 이 경우 탈루된 관세를 누가 내야하는지가 문제된다. 이러한 문제는 구 관세법[14]에서 관세포탈죄에 해당하는 경우 범인을 형사처벌함과 동시에 밀수품 취득죄와 동일하게 범인이 소유 또는 점유하는 물품을 몰수[15]하거나 물품 가액 상당을 추징하도록 규정하고 있다가 관세포탈 물품을 몰수하는 대신에 부족세액을 징수하게 되면서 특히 문제되었다. 대법원 2003. 4. 11. 선고 2002두8442 판결에서 관세의 납세의무자에 대한 판단기준을 설시한 이후 관세포탈죄에 관한 형사소송, 관세부과처분에 관한 행정소송 모두 이러한 법리에 따라 납세의무자를 판단하고 있다.

"구 관세법(2000. 12. 29. 법률 제6305호로 전문 개정되기 전의 것, 이하 같다) 제6조 제1항은 '다음 각 호의 1에 해당되는 자는 관세납부의무자가 된다.'라고 규정하면서, 제1호 본문에서 '수입신고를 한 물품에 대하여는 그 물품을 수입한 화주'를 들고 있는바, 위 규정 소정의 관세납부의무자인 '그 물품을 수입한 화주'라 함은 그 물품을 수입한 실제 소유자를 의미한다고 할 것이고, 다만 그 물품을 수입한 실제 소유자인지 여부는 구체적으로 수출자와의 교섭, 신용장의 개설, 대금의 결제 등 수입절차의 관여 방법, 수입화물의 국내에서의 처분·판매 방법의 실태, 당해 수입으로 인한 이익의 귀속관계 등의 사정을 종합하여 판단하여야 하며, 이와 같이 해석하는 것이 관세법에도 적용되는 실질과세원칙에 부합하는 것이라고 할 것이다."[16]

(1) 경제적 실질과 관세의 납세의무자

대법원 2012. 1. 19. 선고 2008두8499 전원합의체 판결에서 실질과세원칙과 조세법률주의의 관계를 종전에 대립적 관계로 보았던 것에서 상호보완적

---

14) 1998. 12. 28. 법률 제5583호로 개정되기 전의 것.

15) 다만 관세포탈죄의 경우에 납부할 관세의 일부를 포탈한 때에는 당해 전체물품 중 포탈한 세액의 전체세액에 대한 비율에 해당하는 물품만을 몰수하도록 하였다.

16) 대법원 2003. 4. 11. 선고 2002두8442 판결.

관계로 재정립한 이후 법원은 지방세 및 내국세와 관련하여서는 경제적 실질에 따라 실질과세원칙을 적극적으로 적용하고 있다. 그러나 법원은 관세와 관련하여서는 관세의 특수성을 고려하여 대법원 2002두8442 판결의 판단기준을 원칙으로 하되, 수입되기 전 단계의 법률상 소유자가 누구인지 고려하여 판단하는 등 경제적 실질에 따라 판단하는 것에 소극적인 입장인 것으로 보인다.[17]

제 5 절 품목분류(HS)

Ⅰ. 개 관

1. 의 의

품목분류란 물품을 체계적으로 분류하여 물품별로 일정한 명칭과 부호를 부여하여 관세율을 정한 것을 말한다. 우리나라는 1988. 1. 1. 세계관세기구가 채택한 통일상품명 및 부호체계에 관한 국제협약(International Convention on the Harmonized Commodity Description and Coding System, 약칭으로 Harmonized System, 'HS'협약이라 한다)에 가입하였다. 국제통일상품분류(HS)는 위 협약의 부속서로 작성된 품목분류표이다.

관세법 제50조는 관세의 세율은 별표 관세율표로 정하고 있고, 동법 제85조는 기획재정부장관은 대통령령으로 정하는 바에 따라 품목분류를 적용하는 데에 필요한 기준을 정할 수 있다고 규정하고 있으며, 기획재정부고시 '관세율표의 품목분류'에 따르면 우리나라는 10단위 품목분류 체계를 따르고 있다. 이를 HSK라고 한다.

2. 기 능

품목분류는 관세율을 결정하는 것 외에도 다양한 기능이 있다. 수출입 요건은 '관세법 제226조에 따른 세관장확인물품 및 확인방법 지정고시'에서 품목

---

17) 대법원 2014. 11. 27. 선고 2014두8636 판결.

분류에 따라 정하고 있고, 대외무역관리규정 별표 8은 원산지표시대상을 품목분류에 따라 정하고 있다. FTA 적용도 품목분류에 따라 다른 세율이 적용되도록 정하고 있고, 수출간이환급액도 품목분류에 따라 각 환급액을 정하고 있다. 또한, 통상정책수립을 위한 수출입통계도 품목분류에 의해 이루어지고 있다.

3. 품목분류 체계

HS의 기본구조는 품목분류표 전체의 분류원칙을 정한 통칙과 부, 류, 호, 소호의 순으로 분류하고, 류는 2단위의 숫자로, 호는 4단위의 숫자로, 소호는 6단위의 숫자로 각 표시하되, 소호의 2단위까지는 협약가입국이 공통으로 사용하고, 소호의 나머지 4단위는 위 협약에서 정하여 놓은 분류체계의 범위 내에서 각 가입국이 세분하여 사용할 수 있도록 되어 있다.[18] 품목분류번호를 실무상 세번이라 한다.

품목분류표는 동물성생산품 1부, 식물성생산품 제2부 등 기초원재료로부터 시작하여 가공도가 높아질수록 생산단계별 또는 산업별로 배열되어 있다. 동일한 원재료로부터 얻어지는 물품은 같은 류에 함께 분류하고, 해당 류 안에서는 생산단계별 또는 가공단계별 분류기준으로 원재료→반제품→완제품 순으로 호별 수직배열 방식을 택하고 있다. 즉, 산동물은 제1부에, 그 가죽은 제8부에, 이를 이용하여 만든 신발은 제12부에 분류된다. 또한 누에고치는 제5001호에, 견사는 5004호에, 견직물은 5007호에 분류된다. 한편, 상이한 원재료를 사용하여 생산된 제품은 재질별·용도별 등 다양한 분류기준에 따라 분류하고 있다.[19]

[HS품목분류 속견표][20]

HS	0	1	2	3	4	5	6	7	8	9
0		산동물	육과 식용 설육	어패류 연체 동물	낙농품 새의알 천연꿀	기타 동물성 생산품	산수목 인경 꽃	식용의 채소· 뿌리	과실 견과류 감귤류	커피 차·마태 향신료
10	곡물	곡물의 조분	종자 과실	식물성 수액과	기타 식물성	동물성 식물성	육과 어패류	당류와 설탕	코코아 초콜릿	곡물· 밀크제품

---

18) 따라서 주요국의 품목분류는 우리나라의 품목분류에 있어서도 중요한 참고자료가 된다.
19) 임쌍구 외, 4−5면.
20) 관세청, 수출입통관편람, 한국관세무역개발원, 2016.

		밀가루	인삼	추출물	생산품	유지	조제품	과자		·빵
20	채소·과일의 조제품	각종 조제 식료품	음료 주류 식초	조제 사료	담배	소금 황 토석류	광 슬래그 회	광물성 연료 에너지	무기 화합물	유기 유합물
30	의료용품	비료	염료 잉크 페인트	향료 화장품	비누 왁스	카세인 알부민 효소	화약류 화공품	사진용 영화용 재료	각종 화학 공업제품	프라스틱 · 그제품
40	고무와 그제품	원피 가죽	가죽 제품	모피와 제품	목재 목탄	코르크 그제품	짚·조물 제품	펄프	종이와 판지	서적 신문 인쇄물
50	견 견사 견직물	양모 수모	면 면사 면직물	기타 식물성 섬유	인조필라 민트섬유	인조 스테이플 섬유	워딩 부직포	양탄자	특수 직물 자수천	침투·도포 직물
60	편물	편물제 의류	기타 의류	기타 섬유 제품	신발류	모자류	우산 지팡이	조화·인모 제품	돌 시멘트 석면제품	도자 제품
70	유리와 그제품	귀석 귀금속	철강	철강 제품	구리와 그제품	니켈과 그제품	알루미늄과 그제품	(유보)	잡과 그제품	아연과 그제품
80	주석과 그제품	기타 비금속	공구 스푼 포크	각종 비금속 제품	보일러 기계류	전기 기기 TV	철도 차량	일반 차량	항공기	선박
90	광학기 의료기 측정기	시계	악기	무기	가구류 조명 기구	완구 게임기 운동기	잡품	예술품 수집품 골동품	(유보)	(유보)

Ⅱ. 품목분류 적용기준

1. 의 의

품목분류의 적용기준은 관세청장이 기획재정부장관의 승인을 얻어 고시하고 있는데(법 제85조 제1항, 시행령 제99조 제2항), 이에 따른 품목분류 적용기준에 관한 고시 제3조21) 별표 1에서는 HS해설서를 품목분류 적용기준으로 하고

---

21) 제3조(품목분류의 적용기준) 관세법 별표 관세율표의 품목분류 적용기준으로서 「통일상품명 및 부호체계에 관한 국제협약」 제7조와 제8조에 따라 HS위원회가 작성하고 관세협력이사회가

있다.

2. HS해석에 관한 통칙

HS해설서에서는 HS해석에 관한 통칙에 관하여 규정하고 있다.

(1) 최우선분류원칙

품목분류는 1차적으로 각 부, 류, 번호의 용어 및 관련 부 또는 류의 주에서 정하는 바에 따라 그 해당 품목번호를 결정하여야 한다(통칙 제1호).[22] 이는 호의 용어와 이에 관련되는 부나 류의 주의 규정이 분류결정상 최우선한다는 의미이다.[23] 각 호나 주에서 따로 규정한 것이 없는 경우 통칙 제2호 이하가 적용된다.

(2) 통칙 제2호

불완전한 물품이거나 미완성 물품은 수입신고시 완전 또는 완성된 물품의 본질적인 특성을 지니고 있으면 완전하거나 완성된 물품의 세번에 분류한다. 포장이나 운송 등의 편의를 위해 조립되지 않거나 분해하여 수입되는 완전하거나 완성된 물품도 조립한 물품의 세번에 분류한다(통칙 제2호 가목).

어떤 재료나 물질에 규정하고 있는 각 호에 해당 재료나 물질 외에 다른 재료나 물질이 혼합되어 있어도 그 물품의 특성이 유지되는 한 해당 호에 그대로 분류한다. 혼합물과 결합물 등이 둘 이상의 호에 분류될 수 있을 것 같으면 통칙 제3호가 적용된다(통칙 제2호 나목).

(3) 통칙 제3호

어떤 물품이 둘 이상의 호에 분류되는 것으로 볼 수 있는 경우의 품목분류는 가장 구체적으로 표현된 호에 우선 분류한다(통칙 제3호 가목).

승인한 「HS해설서(Harmonized Commodity Description and Coding System Explanatory Notes)」를 별표 1과 같이 하고, 「HS품목분류의견서(Harmonized Commodity Description and Coding System Compendium of Classification Opinions)」를 별표 2와 같이 한다.

22) 대법원 2009. 4. 23. 선고 2008두23461 판결.
23) 대법원 1998. 5. 8. 선고 98두1949 판결.

혼합물, 서로 다른 재료로 구성되거나 서로 다른 구성요소로 이루어진 복합물과 소매용으로 하기 위하여 세트로 된 물품으로서 위 가목에 따라 분류할 수 없는 것은 가능한 한 이들 물품에 본질적인 특성을 부여하는 재료나 구성요소로 이루어진 물품으로 보아 분류한다(통칙 제3호 나목).

위 가, 나목에 따라 분류할 수 없는 물품은 동일하게 분류가 가능한 호 중에서 그 순서상 가장 마지막 호로 분류한다(통칙 제3호 다목).

(4) 통칙 제4호

통칙 제1호부터 제3호에 따라 분류할 수 없는 물품은 그 물품과 가장 유사한 물품이 해당되는 호로 분류한다.

(5) 통칙 제5호

사진기 케이스·악기 케이스·총 케이스·제도기 케이스·목걸이 케이스와 이와 유사한 용기는 특정한 물품이나 물품의 세트를 담을 수 있도록 특별한 모양으로 되어 있거나 알맞게 제조되어 있고, 장기간 사용하기에 적합하며, 그 내용물과 함께 제시되어 그 내용물과 함께 정상적으로 판매되는 종류의 물품인 때에는 그 내용물과 함께 분류한다. 다만, 용기가 전체 물품에 본질적인 특성을 부여하는 경우에는 그렇지 않다(통칙 제5호 가목).

내용물과 함께 제시되는 포장재료와 포장용기는 이들이 그러한 물품의 포장용으로 정상적으로 사용되는 것이라면 그 내용물과 함께 분류한다. 다만, 그러한 포장재료나 포장용기가 명백히 반복적으로 사용하기에 적합한 것이라면 그렇지 않다(통칙 제5호 나목). 이는 수입물품이 액체나 기체, 분말과 같이 포장을 하지 않고서는 판매 가능한 거래의 객체가 될 수 없는 물품인 경우 일률적인 품목분류가 가능하도록 하는데 그 취지가 있다.[24]

(6) 통칙 제6호

소호의 분류는 같은 수준의 소호들끼리 비교할 수 있다. 따라서 통칙 제3호 가목에 따라 판단할 때 동일 수준의 소호끼리 비교하여 결정하여야 한다.

---

24) 서울고등법원 2018. 2. 14. 2017누74247 판결.

(7) 통칙 제7호

이 표에 규정되지 않은 품목분류에 관한 사항은 HS 협약에 따른다.

Ⅲ. 품목분류사전심사

1. 의 의

전문적이고 복잡·다양한 물품의 개발로 품목분류를 일의적으로 결정하기 어려운 경우가 많다. 잘못된 품목분류의 적용으로 한꺼번에 많은 금액의 추징이나 가산세의 부과, 관세포탈죄 혐의로 조사 문제가 발생할 수 있다. 품목분류사전심사제도는 수출입업자가 품목분류의 혼란으로 야기될 수 있는 수출입에 따른 통관절차상 문제를 사전에 방지할 수 있다는 의의가 있다.[25] 관세청장은 품목분류사전심사 권한을 관세평가분류원장에게 위임하고 있다(법 제329조 제2항, 시행령 제288조 제3항).

2. 신청절차 및 심사

(1) 신청권자

물품을 수출입하려는 자, 수출할 물품의 제조자 및 관세사법에 따른 관세사·관세법인 또는 통관취급법인(관세사 등)은 법 제241조 제1항에 따른 수출입신고를 하기 전에 대통령령으로 정하는 서류를 갖추어 관세평가분류원장에게 해당 물품에 적용될 별표 관세율표상의 품목분류를 미리 심사하여 줄 것을 신청할 수 있다(품목분류고시 제2조 제1항).

(2) 사전심사 및 결과통지

관세평가분류원장은 원칙적으로 해당 물품에 적용될 품목분류를 심사하여 30일 이내에 이를 신청인에게 통지하여야 한다(법 제86조 제2항, 시행령 제106조 제4항). 위 30일에서 다음의 기간은 제외한다.

---

25) 대법원 1995. 9. 5. 선고 94도710 판결.

① 법 제85조 제2항에 따라 관세품목분류위원회에서 사전심사를 심의하는 경우 해당 심의에 소요되는 기간

② 신청서와 견본 및 그 밖의 설명자료가 미비하여 품목분류를 심사하기가 곤란한 때 20일 기간 이내로 정하여 요구하는 보정기간

③ 해당 물품에 대한 구성재료의 물리적·화학적 분석이 필요한 경우로서 해당 분석에 소요되는 기간

④ 관세협력이사회에 질의하는 경우 해당 질의에 소요되는 기간

⑤ 전문기관에 기술 자문을 받는 경우 해당 자문에 걸리는 기간

⑥ 다른 기관의 의견을 들을 필요가 있는 경우 해당 의견을 듣는 데 걸리는 기간

⑦ 신청인의 의견 진술이 필요한 경우 관세청장이 정하는 절차를 거치는 데 걸리는 기간

관세평가분류원장은 품목분류를 심사하여 신청인에게 통지하는 경우에는 통관예정세관장에게도 그 내용을 통지하여야 한다.

한편, 제출자료의 미비 등으로 품목분류를 심사하기 곤란한 경우에는 그 뜻을 통지하여야 한다(법 제86조 제2항).

(3) 재심사 신청 및 결과통지

품목분류를 통지 받은 자는 통지받은 날부터 30일 이내에 관세평가분류원장에게 1회에 한하여 재심사를 신청할 수 있다(법 제86조 제3항, 품목분류고시 제3조 제1항). 이 경우 관세평가분류원장은 해당 물품에 적용될 품목분류를 재심사하여 60일[26] 이내에 이를 신청인에게 통지하여야 한다(시행령 제106조 제7항). 제출자료의 미비 등으로 품목분류를 심사하기 곤란한 경우에는 그 뜻을 통지하여야 한다.

재심사를 신청한 물품이 다음의 어느 하나에 해당하는 경우에는 관세품목분류위원회의 심의에 부쳐야 한다(시행령 제106조 제8항).

① 해당 물품의 품목분류가 변경될 경우 등 납세자(수출자를 포함한다)의 권리 및 의무에 중대한 영향을 미칠 수 있다고 판단되는 경우

---

[26] 보정기간, 해당 물품에 대한 구성재료의 물리적·화학적 분석이 필요한 경우로서 해당 분석에 소요되는 기간, 관세협력이사회에 질의하는 경우 해당 질의에 소요되는 기간은 제외한다.

② 법 별표 관세율표 및 품목분류 적용기준에 대하여 사전(事前)적 해석이 필요하다고 판단되는 경우

③ 그 밖에 ① 및 ② 와 유사한 경우로서 관세청장이 정하여 고시하는 경우

(4) 사전심사 또는 재심사의 반려

관세평가분류원장은 사전심사 또는 재심사의 신청이 다음의 어느 하나에 해당하는 경우에는 해당 신청을 반려할 수 있다(시행령 제106조 제3항).

① 보정기간 내에 보정하지 아니한 경우

② 신청인이 사전심사 또는 재심사를 신청한 물품과 동일한 물품을 이미 수출입신고한 경우

③ 신청인이 반려를 요청하는 경우

④ 이의신청 등 불복 또는 소송이 진행 중인 경우

⑤ 그 밖에 사전심사 또는 재심사가 곤란한 경우로서 기획재정부령으로 정하는 경우[27]

3. 품목분류 변경과 고시

관세청장은 품목분류사전심사 또는 재심사 결과 적용할 품목분류가 변경된 물품에 대하여는 해당 물품에 적용될 품목분류와 품명, 용도, 규격, 그 밖에 필요한 사항을 고시 또는 공표하여야 한다. 다만, 신청인의 영업 비밀을 포함하는 등 해당 물품에 적용될 품목분류를 고시 또는 공표하는 것이 적당하지 아니하다고 인정되는 물품에 대하여는 고시 또는 공표하지 아니할 수 있다(법 제86조 제4항).

4. 품목분류의 적용

세관장은 법 제241조 제1항에 따른 수출입신고가 된 물품이 관세평가분류원장의 품목분류사전심사(재심사) 결과에 따라 통지한 물품과 같을 때에는 그

---

27) ① 농산물 혼합물로서 제조공정이 규격화되어 있지 않아 성분 · 조성의 일관성 확보가 곤란한 경우, ② 냉장 · 냉동 물품과 같이 운송수단 및 저장방법 등에 따라 상태가 달라질 수 있는 경우를 말한다(시행규칙 제33조의2).

통지 내용에 따라 품목분류를 적용하여야 한다. 이 경우 재심사 결과 적용할 품목분류가 변경되었을 때에는 신청인이 변경 내용을 통지받은 날과 관세청장의 고시 또는 공표일 중 빠른 날(이하 '변경일'이라 한다)부터 변경된 품목분류를 적용한다. 다만, 다음의 기준에 따라 달리 적용할 수 있다(법 제86조 제5항).

① 변경일부터 30일이 지나기 전에 우리나라에 수출하기 위하여 선적된 물품에 대하여 변경 전의 품목분류를 적용하는 것이 수입신고인에게 유리한 경우: 변경 전의 품목분류 적용

② 다음의 어느 하나에 해당하는 경우: 변경일 전에 수출입신고가 수리된 물품에 대해서도 소급하여 변경된 품목분류 적용

㉮ 거짓자료 제출 등 신청인에게 책임 있는 사유로 품목분류가 변경된 경우

㉯ 품목분류사전심사 신청인에게 자료제출 미비 등의 책임 있는 사유가 없는 경우이거나 품목분류사전심사 신청인이 아닌 자가 관세청장이 결정하여 고시하거나 공표한 품목분류에 따라 수출입신고를 한 경우로서 수출입신고인에게 유리한 경우

5. 불복방법

품목분류사전심사 또는 재심사 결과 품목분류가 신청인의 의견과 달리 결정될 경우 불복할 수 있는지 문제된다. 대법원은 품목분류사전심사제도는 품목분류의 혼란으로 야기될 수 있는 통관절차상의 품목분류에 있어서 세관장을 기속할 뿐 그 신청인에 대하여 직접 공법상의 권리를 취득하게 하거나 의무를 부담하게 하는 행정처분은 아니라고 보고 있다.[28] 따라서 현재 실무상 품목분류사전심사 또는 재심사 결과 불복이 있는 자는 심사결과에 따른 품목분류에 따라 우선 관세를 납부한 후 다른 품목분류번호가 적용되어야 한다는 이유로 경정청구를 하고, 이에 대한 거부처분에 대해 행정소송으로 다투는 방식을 택하게 된다.

---

28) 대법원 1995. 9. 5. 선고 94도710 판결.

제 6 절   관세율

I. 관세율의 종류와 적용순서

1. 관세율의 종류

기본세율 및 잠정세율과 덤핑방지관세, 상계관세, 긴급관세, 보복관세, 특정국물품 긴급관세, 농림축산물에 대한 특별긴급관세, 조정관세, 할당관세, 계절관세, 국제협력관세, 편익관세, 일반특혜관세 등이 있다(법 제49조).

기본세율과 잠정세율은 관세법 별표 관세율표에 정하고 있다(법 제50조 제1항). 잠정세율의 적용을 받는 물품은 대통령령이 정하는 바에 따라 잠정세율을 인상하거나 인하할 수 있다.

2. 세율 적용의 순서

국제협력관세, 편익관세의 세율은 차순위의 세율보다 낮은 경우에만 우선하여 적용하고, 조정관세율은 일반특혜관세율보다 낮은 경우에만 우선하여 적용한다. 다만, 관세법 제73조에 따라 국제기구와의 관세에 관한 협상에서 국내외의 가격차에 상당하는 율로 양허(讓許)하거나 국내시장 개방과 함께 기본세율보다 높은 세율로 양허한 농림축산물 중 대통령령으로 정하는 물품에 대하여 양허한 세율(시장접근물량에 대한 양허세율 포함)은 기본세율 및 잠정세율에 우선하여 적용한다. 세율 적용의 순서는 다음과 같다(법 제50조 제2항).

① 덤핑방지관세, 상계관세, 보복관세, 긴급관세, 특정국물품긴급관세, 농림축산물에 대한 특별긴급관세, 조정관세 중 제2호29)에 따른 세율

② 국제협력관세, 편익관세

③ 조정관세 중 제1호·제3호·제4호,30) 할당관세, 계절관세

---

29) 공중도덕 보호, 인간·동물·식물의 생명 및 건강 보호, 환경보전, 한정된 천연자원 보존 및 국제평화와 안전보장 등을 위하여 필요한 경우
30) 다음의 경우를 말한다.
  ① 산업구조의 변동 등으로 물품 간의 세율 불균형이 심하여 이를 시정할 필요가 있는 경우

④ 일반특혜관세

⑤ 잠정세율

⑥ 기본세율

Ⅱ. 탄력관세제도

1. 의 의

탄력관세제도란 법률이 정한 범위 안에서 관세율 변경권을 행정부에 위임하여 관세율을 탄력적으로 변경함으로써 급변하는 국내외 경제여건 변화에 신축성 있게 대응할 수 있도록 하는 제도를 말한다.

덤핑방지관세·상계관세·보복관계는 불공정무역에 대응하여, 긴급관세·특정국물품긴급관세·농림축산물긴급관세·조정관세·할당관세·계절관세는 공정무역에 대하여 부과하는 관세이다. 편익관세, 국제협력관세, 일반특혜관세는 국제협력을 도모하기 위한 목적의 관세이다.

2. 종 류

(1) 덤핑방지관세

외국물품이 정상가격 이하로 수입(덤핑)되어 실질적 피해 등이 발생한 것이 조사를 통하여 확인되고 해당 국내산업 보호를 위해 부과하는 관세이다. 국내산업과 이해관계가 있는 자로서 대통령령으로 정하는 자 또는 주무부장관이 부과요청을 한 경우 그 물품과 공급자 또는 공급국을 지정하여 해당 물품에 대하여 정상가격과 덤핑가격 간의 차액(덤핑차액)에 상당하는 금액 이하의 관세를 추가하여 부과할 수 있다(법 제51조). 무역위원회는 WTO 반덤핑협정과 관세법을 근거로 외국물품이 덤핑가격으로 수입되어 동종물품을 생산하는 국내산업에 피해 등을 야기하는지 여부를 조사한다(시행령 제60·61조). 필요시 덤핑방

---

② 국내에서 개발된 물품을 일정 기간 보호할 필요가 있는 경우

③ 농림축수산물 등 국제경쟁력이 취약한 물품의 수입증가로 인하여 국내시장이 교란되거나 산업기반이 붕괴될 우려가 있어 이를 시정하거나 방지할 필요가 있는 경우

지관세 부과 등 조치를 취하거나 특정 가격 이상으로 수출하겠다는 약속으로서 조치를 대신하기도 한다(법 제54조).

(2) 상계관세

외국에서 제조·생산 또는 수출에 관하여 직접 또는 간접으로 보조금이나 장려금을 받은 물품의 수입으로 인하여 실질적 피해 등이 있을 때 해당 국내산업의 보호를 위해 부과하는 관세이다. 국내산업과 이해관계가 있는 자로서 대통령령으로 정하는 자 또는 주무부장관이 부과요청을 한 경우 그 물품과 수출자 또는 수출국을 지정하여 그 물품에 대하여 해당 보조금 등의 금액 이하의 관세를 추가하여 부과할 수 있다(법 제57조).

(3) 보복관세

교역상대국이 우리나라의 수출물품 등에 대하여 우리나라에 대하여 부당하거나 차별적인 조치를 하여 우리나라의 무역이익이 침해되는 경우에는 그 나라로부터 수입되는 물품에 대하여 피해상당액의 범위에서 관세를 부과할 수 있다(법 제63조).

(4) 긴급관세

특정물품의 수입증가로 인하여 동종물품 또는 직접적인 경쟁관계에 있는 물품을 생산하는 국내산업이 심각한 피해를 받거나 받을 우려가 있음이 조사를 통하여 확인되고 해당 국내산업을 보호할 필요가 있다고 인정되는 경우에는 해당 물품에 대하여 심각한 피해 등을 방지하거나 치유하고 조정을 촉진하는 등 피해를 구제하기 위하여 필요한 범위에서 관세를 추가하여 부과할 수 있다(법 제65조).

(5) 농림축산물에 대한 특별긴급관세

국내외 가격차에 상당한 율로 양허한 농림축산물의 수입물량이 급증하거나 수입가격이 하락하는 경우에는 대통령령으로 정하는 바에 따라 양허한 세율을 초과하여 특별긴급관세를 부과할 수 있다(법 제68조).

(6) 조정관세

다음의 어느 하나에 해당하는 경우에는 100분의 100에서 해당 물품의 기본세율을 뺀 율을 기본세율에 더한 율의 범위에서 관세를 부과할 수 있다. 다만, 농림축수산물 또는 이를 원재료로 하여 제조된 물품의 국내외 가격차가 해당 물품의 과세가격을 초과하는 경우에는 국내외 가격차에 상당하는 율의 범위에서 관세를 부과할 수 있다(법 제69조).

① 산업구조의 변동 등으로 물품 간의 세율 불균형이 심하여 이를 시정할 필요가 있는 경우
② 공중도덕 보호, 인간·동물·식물의 생명 및 건강 보호, 환경보전, 유한(有限) 천연자원 보존 및 국제평화와 안전보장 등을 위하여 필요한 경우
③ 국내에서 개발된 물품을 일정 기간 보호할 필요가 있는 경우
④ 농림축수산물 등 국제경쟁력이 취약한 물품의 수입증가로 인하여 국내시장이 교란되거나 산업기반이 붕괴될 우려가 있어 이를 시정하거나 방지할 필요가 있는 경우

(7) 할당관세

1) 의 의

특정물품의 수입을 촉진하거나 억제할 필요가 있는 경우 일정기간 동안 일정수량의 수입물품에 대해 일시적으로 기본세율에 100분의 40의 범위의 율을 더하거나 낮추어 관세를 부과함으로써 그 목적을 달성하는 제도이다(법 제71조).

2) 부과요건

(가) 특정물품의 수입을 촉진할 필요가 있는 경우

① 원활한 물자수급 또는 산업의 경쟁력 강화를 위하여 특정물품의 수입을 촉진할 필요가 있는 경우 ② 수입가격이 급등한 물품 또는 이를 원재료로 한 제품의 국내가격을 안정시키기 위하여 필요한 경우, ③ 유사물품 간의 세율이 현저히 불균형하여 이를 시정할 필요가 있는 경우에는 100분의 40의 범위의 율을 기본세율에서 빼고 관세를 부과할 수 있다. 이 경우 필요하다고 인정

될 때에는 그 수량을 제한할 수 있다(법 제71조 제1항).

예컨대, 관세법 제71조에 따른 할당관세의 적용에 관한 규정 별표 7에 의하면, 2022년 5월 1일부터 11월 30일까지 관세율을 인하하여 적용하는 물품으로 관세율표 번호에 따라 세율 및 한계수량을 다음과 같이 정하고 있다.

관세율표 번호		품명	규격 등	세율 (%)	한계수량
호	소호				
0701		감자(신선한 것이나 냉장한 것으로 한정한다)			
0701	90	기타	칩용	0	12,810톤

(나) 특정물품의 수입을 억제할 필요가 있는 경우

일정한 수량을 초과하여 수입되는 분에 대하여 100분의 40의 범위의 율을 기본세율에 더하여 관세를 부과할 수 있다. 다만, 농림축수산물인 경우에는 기본세율에 동종물품·유사물품 또는 대체물품의 국내외 가격차에 상당하는 율을 더한 율의 범위에서 관세를 부과할 수 있다(법 제71조 제2항).

3) 부과절차

(가) 특정물품의 수입을 촉진할 필요가 있는 경우

관계부처의 장 또는 이해관계인은 특정물품의 수입을 촉진할 필요가 있는 경우로서 할당관세의 부과를 요청하고자 하는 때에는 당해 물품에 관련된 다음의 자료를 기획재정부장관에게 제출하여야 한다(시행령 제92조 제1항).

① 해당 물품의 관세율표 번호·품명·규격·용도 및 대체물품, 해당 물품의 제조용 투입원료 및 해당 물품을 원료로 하는 관련제품의 제조공정 설명서 및 용도, 해당 연도와 그 전후 1년간의 수급실적 및 계획, 최근 1년간의 월별 주요 수입국별 수입가격 및 수입실적, 최근 1년간의 월별 주요 국내제조업체별 공장도가격 및 출고실적

② 당해 할당관세를 적용하고자 하는 세율·인하이유 및 그 적용기간

③ 수량을 제한하여야 하는 때에는 그 수량 및 산출근거

(나) 특정물품의 수입을 억제할 필요가 있는 경우

관계부처의 장 또는 이해관계인은 특정물품의 수입을 억제할 필요가 있는 경우로서 할당관세의 부과를 요청하고자 하는 때에는 당해 물품에 관련된 다음의 자료를 기획재정부장관에게 제출하여야 한다(시행령 제92조 제2항).

① 해당 물품의 관세율표 번호·품명·규격·용도 및 대체물품, 해당 물품의 제조용 투입원료 및 해당 물품을 원료로 하는 관련제품의 제조공정 설명서 및 용도, 해당 연도와 그 전후 1년간의 수급실적 및 계획, 최근 1년간의 월별 주요 수입국별 수입가격 및 수입실적, 최근 1년간의 월별 주요 국내제조업체별 공장도가격 및 출고실적

② 당해 할당관세를 적용하여야 하는 세율·인상이유 및 그 적용기간

③ 기본관세율을 적용하여야 하는 수량 및 그 산출근거

④ 농림축수산물의 경우에는 최근 2년간의 월별 또는 분기별 동종물품·유사물품 또는 대체물품별 국내외 가격동향

(다) 의견수렴 및 결과제출

관계부처의 장은 할당관세의 부과를 요청하는 경우 다음의 사항을 해당 관계부처의 인터넷 홈페이지 등에 10일 이상 게시하여 의견을 수렴하고 그 결과를 기획재정부장관에게 제출하여야 한다. 다만, 자연재해 또는 가격급등 등으로 할당관세를 긴급히 부과할 필요가 있는 경우에는 기획재정부장관과 협의하여 의견 수렴을 생략할 수 있다.

① 해당 물품의 관세율표 번호, 품명, 규격, 용도 및 대체물품

② 특정물품의 수입을 촉진할 필요가 있는 경우 당해 할당관세를 적용하고자 하는 세율·인하이유 및 그 적용기간

③ 특정물품의 수입을 촉진할 필요가 있는 경우 수량을 제한하여야 하는 때에는 그 수량 및 산출근거

④ 특정물품의 수입을 억제할 필요가 있는 경우 당해 할당관세를 적용하여야 하는 세율·인상이유 및 그 적용기간

⑤ 특정물품의 수입을 억제할 필요가 있는 경우 기본관세율을 적용하여야

하는 수량 및 그 산출근거

(라) 자료제출요청

기획재정부장관은 할당관세의 적용에 관하여 필요한 사항을 조사하기 위하여 필요하다고 인정되는 때에는 관계기관·수출자·수입자 기타 이해관계인에게 관계자료의 제출 기타 필요한 협조를 요청할 수 있다(시행령 제92조 제7항).

(마) 수량할당

일정수량의 할당은 당해 수량의 범위 안에서 주무부장관 또는 그 위임을 받은 자의 추천으로 행한다. 다만, 기획재정부장관이 정하는 물품에 있어서는 수입신고 순위에 따르되, 일정수량에 달하는 날의 할당은 그날에 수입신고되는 분을 당해 수량에 비례하여 할당한다(법 제71조 제3항, 시행령 제92조 제3항). 주무부장관 또는 그 위임을 받은 자의 추천을 받은 자는 해당 추천서를 수입신고 수리 전까지 세관장에게 제출해야 한다. 다만, 해당 물품이 보세구역에서 반출되지 않은 경우에는 수입신고 수리일부터 15일이 되는 날까지 제출할 수 있다(동조 제4항).

4) 할당관세의 관리

기획재정부장관은 매 회계연도 종료 후 5개월 이내에 제1항부터 제3항까지의 규정에 따른 관세의 전년도 부과 실적 및 그 결과(관세 부과의 효과 등을 조사·분석한 보고서를 포함한다)를 국회 소관 상임위원회에 보고하여야 한다(법 제71조 제4항). 기획재정부장관은 관세의 전년도 부과 실적 등의 보고를 위하여 관계부처의 장에게 매 회계연도 종료 후 3개월 이내에 관세 부과 실적 및 효과 등에 관한 자료를 기획재정부장관에게 제출할 것을 요청할 수 있다. 이 경우 요청을 받은 관계부처의 장은 특별한 사유가 없으면 그 요청에 따라야 한다(시행령 제92조 제8항).

(8) 계절관세

계절에 따라 가격의 차이가 심한 물품으로서 동종물품·유사물품 또는 대체물품의 수입으로 인하여 국내시장이 교란되거나 생산 기반이 붕괴될 우려가 있을 때에는 계절에 따라 해당 물품의 국내외 가격차에 상당하는 율의 범위에서 기본세율보다 높게 관세를 부과하거나 100분의 40의 범위의 율을 기본세율에서 빼고 관세를 부과할 수 있다(법 제72조).

(9) 편익관세

1) 의 의

관세에 관한 조약에 따른 편익을 받지 아니하는 나라의 생산물로서 우리나라에 수입되는 물품에 대하여 이미 체결된 외국과의 조약에 따른 편익의 한도에서 관세에 관한 편익을 부여하는 제도이다(법 제74조).

2) 적용대상

관세에 관한 편익을 받을 수 있는 국가는 다음 표와 같다(시행령 제95조 제1항).

지역	국가
1. 아시아	부탄
2. 중동	이란, 이라크, 레바논, 시리아
3. 대양주	나우루
4. 아프리카	코모로, 에티오피아, 소말리아
5. 유럽	안도라, 모나코, 산마리노, 바티칸, 덴마크(그린란드 및 페로제도에 한정한다)

위 표에 따른 국가의 생산물 중「세계무역기구협정 등에 의한 양허관세규정」별표 1(이하 '양허표'라 한다)의 가, 나 및 다에 따른 물품으로 한다. 이 경우 해당 물품에 대한 관세율표상의 품목분류가 세분되거나 통합된 때에도 동일한 편익을 받는다(동조 제2항).

3) 세율의 적용

양허표에 규정된 세율을 적용한다. 다만, 다음의 경우에는 당해 양허표에 규정된 세율보다 다음에 규정된 세율을 우선하여 적용한다(시행령 제95조 제3항).

① 법에 의한 세율이 당해 양허표에 규정된 세율보다 낮은 경우에는 법에 의한 세율. 다만, 법 제50조 제3항 단서의 규정에 의한 농림축산물의

경우에는 당해 양허표에 규정된 세율을 기본세율 및 잠정세율에 우선
하여 적용한다.

② 덤핑방지관세, 보복관세, 상계관세, 긴급관세, 농림축산물특별긴급관세
의 경우 당해 세율

4) 적용정지

기획재정부장관은 다음의 어느 하나에 해당하는 경우에는 국가, 물품 및
기간을 지정하여 편익관세의 적용을 정지시킬 수 있다(법 제75조, 시행령 제95조
제4항).

① 편익관세의 적용으로 국민경제에 중대한 영향이 초래되거나 초래될 우
려가 있는 경우

② 그 밖에 편익관세의 적용을 정지시켜야 할 긴급한 사태가 있는 경우

Ⅲ. 국제협력관세

1. 의 의

관세율의 양허란 협상당사국이 특정품목의 관세를 일정수준 이상 부과하
지 않겠다고 약속하는 것을 말한다. 정부는 우리나라의 대외무역 증진을 위하
여 필요하다고 인정될 때에는 특정 국가 또는 국제기구와 관세에 관한 협상을
할 수 있다. 이 협상을 수행할 때 필요하다고 인정되면 관세를 양허할 수 있다.
다만, 특정 국가와 협상할 때에는 기본 관세율의 100분의 50의 범위를 초과하
여 관세를 양허할 수 없다(법 제73조 제1·2항).

2. 종 류

대통령령인 세계무역기구협정 등에 의한 양허관세규정[31])에서는 우리나라
가 국제기구 등에 가입되어 적용되는 양허관세율을 규정하고 있다. 「1994년도
관세 및 무역에 관한 일반협정에 대한 마라케쉬 의정서」에 따라 세계무역기구

---

31) 대통령령 제31338호.

회원국에 대하여 적용할 일반양허관세는 별표 1[32]의 가·나에, 「세계무역기구 협정 개발도상국 간의 무역협상에 관한 의정서」에 따라 같은 의정서에 서명·가입한 국가에 대하여 적용할 양허관세는 별표 2에, 「아시아·태평양 무역협정」에 따라 같은 협정에 서명·가입한 국가에 대하여 적용할 일반양허관세는 별표 3의 가·나에 따르고, 방글라데시에 대하여 적용할 양허관세는 별표 3의 다에 따르며, 라오스에 대하여 적용할 양허관세는 별표 3의 라에, 「유엔무역개발회의 개발도상국 간 특혜무역제도에 관한 협정」에 서명·가입한 국가에 대하여 적용할 일반양허관세는 별표 4에 규정하고 있다.

WTO 농림축산물양허세율 적용대상인 경우에 국내외가격차에 상당한 율로 양허하거나 시장접근개방과 함께 기본세율보다 높은 세율로 양허한 농림축산물 중 시장접근물량 이내로서 수입신고수리 전까지 세관장에게 관련기관의 추천서를 제출한 자는 양허세율을 적용할 수 있다(시행령 제94조).

3. 양허세율의 적용

국제기구와 관세에 관한 협상에서 국내외 가격차에 상당한 율로 양허하거나 국내시장 개방과 함께 기본세율보다 높은 세율로 양허한 농림축산물을 시장접근물량 이내로 수입하는 자로서 관련 기관의 추천을 받은 자는 해당 추천서를 수입신고 수리 전까지 세관장에게 제출해야 한다. 다만, 해당 농림축산물이 보세구역에서 반출되지 않은 경우에는 수입신고 수리일부터 15일이 되는 날까지 제출할 수 있다(시행령 제94조).

4. 양허의 철회 및 수정

정부는 외국에서의 가격 하락이나 그 밖에 예상하지 못하였던 사정의 변화 또는 조약상 의무의 이행으로 인하여 특정물품의 수입이 증가됨으로써 이와 동종의 물품 또는 직접 경쟁관계에 있는 물품을 생산하는 국내 생산자에게 중대한 피해를 가져오거나 가져올 우려가 있다고 인정되는 경우에는 다음의 구분에 따른 조치를 할 수 있다(법 제78조 제1항).

---

32) 공산품·수산물 및 단순 양허한 농림축산물에 대한 양허관세, 국내외 가격차에 상당한 율로 양허하거나 국내시장개방과 함께 기본세율보다 높은 세율로 양허한 농림축산물에 대한 양허관세.

① 조약에 따라 관세를 양허하고 있는 경우: 해당 조약에 따라 이루어진 특정물품에 대한 양허를 철회하거나 수정하여 법에 따른 세율이나 수정 후의 세율에 따라 관세를 부과하는 조치

② 특정물품에 대하여 위의 조치를 하려고 하거나 그 조치를 한 경우: 해당 조약에 따른 협의에 따라 그 물품 외에 이미 양허한 물품의 관세율을 수정하거나 양허품목을 추가하여 새로 관세의 양허를 하고 수정 또는 양허한 후의 세율을 적용하는 조치, 양허의 철회, 수정에 대한 보상으로서 필요한 범위에서만 할 수 있다(동조 제2항).

5. 대항조치

정부는 외국이 특정물품에 관한 양허의 철회·수정 또는 그 밖의 조치를 하려고 하거나 그 조치를 한 경우 해당 조약에 따라 대항조치를 할 수 있다고 인정될 때에는 다음의 조치를 할 수 있다(법 제79조 제1항). 다음의 조치는 외국의 조치에 대한 대항조치로서 필요한 범위에서만 할 수 있다.

① 특정물품에 대하여 이 법에 따른 관세 외에 그 물품의 과세가격 상당액의 범위에서 관세를 부과하는 조치

② 특정물품에 대하여 관세의 양허를 하고 있는 경우에는 그 양허의 적용을 정지하고 이 법에 따른 세율의 범위에서 관세를 부과하는 조치

6. 양허 및 철회의 효력

조약에 따라 우리나라가 양허한 품목에 대하여 그 양허를 철회한 경우에는 해당 조약에 따라 철회의 효력이 발생한 날부터 관세법에 따른 세율을 적용한다(법 제80조 제1항).

양허의 철회에 대한 보상으로 우리나라가 새로 양허한 품목에 대하여는 그 양허의 효력이 발생한 날부터 관세법에 따른 세율을 적용하지 아니하고 양허세율을 적용한다(동조 제2항).

Ⅳ. 일반특혜관세

1. 의 의

국제연합총회의 결의에 따른 최빈개발도상국 중 대통령령으로 정하는 국가를 원산지로 하는 물품에 대하여는 다른 특혜대상국보다 우대하여 일반특혜관세를 부과할 수 있다(법 제76조 제3항). 개발도상국의 수출증대, 공업화의 촉진을 위한 것이다.

2. 내 용

일반특혜관세를 부과할 때 해당 특혜대상물품의 수입이 국내산업에 미치는 영향 등을 고려하여 그 물품에 적용되는 세율에 차등을 두거나 특혜대상물품의 수입수량 등을 한정할 수 있다(동조 제2항).

3. 최빈개발도상국 특혜관세

국제연합총회의 결의에 따른 최빈개발도상국 중 대통령령으로 정하는 국가를 원산지로 하는 물품에 대하여는 다른 특혜대상국보다 우대하여 일반특혜관세를 부과할 수 있다(동조 제3항). 최빈개발도상국, 특혜대상물품 및 세율, 원산지규정에 대하여는 대통령령인 「최빈개발도상국에 대한 특혜관세 공여 규정」[33]에 정하고 있다.

4. 일반특혜관세의 적용 정지 등

기획재정부장관은 특정한 특혜대상 물품의 수입이 증가하여 이와 동종의 물품 또는 직접적인 경쟁관계에 있는 물품을 생산하는 국내산업에 중대한 피해를 주거나 줄 우려가 있는 등 일반특혜관세를 부과하는 것이 적당하지 아니하다고 판단될 때에는 대통령령으로 정하는 바에 따라 해당 물품과 그 물품의

---

33) 대통령령 제31380호.

원산지인 국가를 지정하여 일반특혜관세의 적용을 정지할 수 있다.

　　기획재정부장관은 특정한 특혜대상국의 소득수준, 우리나라의 총수입액 중 특정한 특혜대상국으로부터의 수입액이 차지하는 비중, 특정한 특혜대상국의 특정한 특혜대상물품이 지니는 국제경쟁력의 정도, 그 밖의 사정을 고려하여 일반특혜관세를 부과하는 것이 적당하지 아니하다고 판단될 때에는 대통령령으로 정하는 바에 따라 해당 국가를 지정하거나 해당 국가 및 물품을 지정하여 일반특혜관세의 적용을 배제할 수 있다.

V. 세율의 조정

1. 간이세율

　　신속한 통관을 위해 제세율을 통합한 단일세율을 적용하는 제도를 말한다. 간이세율은 수입물품에 대한 관세, 임시수입부가세 및 내국세의 세율을 기초로 대통령령으로 정한다(법 제81조 제2항, 시행령 별표2 간이세율).

(1) 적용대상

　　여행자 또는 승무원 휴대품, 수입신고대상물품을 제외한 우편물, 탁송품 또는 별송품에 대하여는 간이세율을 적용할 수 있다(법 제81조 제1항).

(2) 간이세율적용 배제물품

　　다음의 물품은 간이세율 적용을 배제한다(시행령 제96조 제2항).

　　① 관세율이 무세인 물품과 관세가 감면되는 물품, ② 수출용원재료, ③ 법 제11장의 범칙행위에 관련된 물품, ④ 종량세가 적용되는 물품, ⑤ 상업용으로 인정되는 수량의 물품, 고가품, 해당 물품의 수입이 국내산업을 해칠 우려가 있는 물품, 법 제81조 제4항에 따른 단일한 간이세율의 적용이 과세형평을 현저히 해칠 우려가 있는 물품, ⑥ 화주가 수입신고를 할 때에 과세대상물품의 전부에 대하여 간이세율의 적용을 받지 아니할 것을 요청한 경우의 해당 물품

(3) 간이세율

　　시행령 별표2에서는 다음과 같이 간이세율을 정하고 있다.

[간이세율]

품 명	세 율(%)
1. 다음 각 목의 어느 하나에 해당하는 물품 중 개별소비세가 과세되는 물품	
가. 투전기, 오락용 사행기구 그 밖의 오락용품	47
나. 보석·진주·별갑·산호·호박 및 상아와 이를 사용한 제품, 귀금속 제품	721,200+4,808,000원을 초과하는 금액의 45
다. 고급 시계, 고급 가방	288,450+1,923,000원을 초과하는 금액의 45
2. 다음 각 목의 어느 하나에 해당하는 물품 중 기본관세율이 10 퍼센트 이상인 것으로서 개별소비세가 과세되지 아니하는 물품	
가. 모피의류, 모피의류의 부속품 그 밖의 모피제품	19
나. 가죽제 또는 콤포지션레더제의 의류와 그 부속품, 방직용 섬유와 방직용 섬유의 제품, 신발류	18
다. 녹용	21
3. 위에 해당하지 않는 물품. 다만, 고급모피와 그 제품, 고급융단, 고급가구, 승용자동차, 수렵용 총포류, 주류 및 담배 제외한다.	15

2. 합의세율

신속 통관을 위해 최고세율을 적용하는 제도를 말한다. 일괄하여 수입신고가 된 물품으로서 물품별 세율이 다른 물품에 대하여는 신고인의 신청에 따라 그 세율 중 가장 높은 세율을 적용할 수 있다(법 제82조 제1항). 신고인의 신청이 요건이 되므로 세관에서 직권으로 적용할 수는 없다. 또한 신고인의 신청에 의한 것이므로 사후적으로 심사·심판청구를 제기할 수 없다(동조 제2항).

3. 용도세율

(1) 의 의

동일한 물품의 경우 용도에 따라 달리 적용되는 세율 중 낮은 세율을 적용토록 하는 제도이다. 용도에 따라 세율을 다르게 정하는 물품을 세율이 낮은 용도에 사용하여 해당 물품에 그 낮은 세율(이하 '용도세율'이라 한다)의 적용을 받으려는 자는 대통령령으로 정하는 바에 따라 세관장에게 신청하여야 한다(법 제83조 제1항).

(2) 사후관리

용도세율이 적용된 물품은 수입신고 수리일부터 3년의 범위 내에서 관세청장이 정하는 사후관리기간 내에는 해당 용도 외의 다른 용도에 사용하거나 양도할 수 없다(동조 제2항). 이러한 금지규정에 위반하여 다른 사람에게 양도한 경우에는 양도자를 형사처벌하되(법 제276조 제3항 제3호), '해당 물품을 직접 물품을 수입한 경우에는 관세의 감면을 받을 수 있고 수입자와 동일한 용도에 사용하고자 하는 자'에게 양도한 경우에는 과태료를 부과한다(법 제277조 제4항 제3호). 사후관리기간에 대하여는 이 책의 제4편 제5장 제5절 사후관리의무위반에 관한 죄에서 설명하였다.

(3) 관세의 징수

사후관리기간 내 해당 용도 외의 다른 용도에 사용하거나 그 용도 외의 다른 용도에 사용하려는 자에게 양도한 경우에는 해당 물품을 특정용도 외에 사용한 자 또는 그 양도인으로부터 해당 물품을 특정용도에 사용할 것을 요건으로 하지 아니하는 세율에 따라 계산한 관세액과 해당 용도세율에 따라 계산한 관세액의 차액에 상당하는 관세를 즉시 징수하며, 양도인으로부터 해당 관세를 징수할 수 없을 때에는 그 양수인으로부터 즉시 징수한다(법 제83조 제3항).[34]

---

34) 다만, 재해나 그 밖의 부득이한 사유로 멸실되었거나 미리 세관장의 승인을 받아 폐기한 경우에는 그러하지 아니하다.

제7절 관세감면제도

관세감면이란 특정물품이 특정한 상황에서 특정목적을 위해 수입되는 경우 관세를 면(免)하게 하거나 감(減)하는 것을 말한다. 관세감면은 세율이 0으로 무세인 경우와 과세대상이 아닌 비과세대상물품과 구별된다. 관세법뿐만 아니라 다른 법령이나 조약, 협정 등에 근거한 경우를 모두 포함한다.[35] 수입물품에 부과되는 내국세의 감면은 내국세법에 별도의 근거가 있어야 감면이 가능하다.

관세감면제도는 특정목적 등을 위해 정책적으로 관세감면의 혜택을 주는 것이므로 통관 후에 해당 용도로 사용하였는지 사후관리하는 절차가 따르는 경우가 있다. 따라서 사후관리의무가 없는 무조건 감면세와 사후관리의무가 있는 조건부 감면세로 나눌 수 있다.

I. 무조건 감면세

감면요건에 해당되면 감면하고, 수입 후 사후관리규정을 두고 있지 않다.

1. 외교관용 물품 등의 면세

(1) 의 의

외교관계에 관한 비엔나협약, 영사관계에 관한 비엔나협약을 관세법에 반영하여 대사관, 공사관, 영사관의 업무용품 및 대사나 공사의 가족용품, 대사관·공사관·영사관 직원과 그 가족용품 등에 대하여 관세를 면제해주는 제도이다.

(2) 대 상

다음의 어느 하나에 해당하는 물품이 수입될 때에는 그 관세를 면제한다 (법 제88조 제1항).

---

35) 대법원 1985. 2. 26. 선고 83도551 판결. 외자도입법에 의한 관세면제대상이 아님에도 관세면세조치를 받았다면 실제수입가격과 수입신고가격의 차액에 해당하는 관세를 포탈하였다고 본 사례.

① 우리나라에 있는 외국의 대사관·공사관 및 그 밖에 이에 준하는 기관의 업무용품

② 우리나라에 주재하는 외국의 대사·공사 및 그 밖에 이에 준하는 사절과 그 가족이 사용하는 물품

③ 우리나라에 있는 외국의 영사관 및 그 밖에 이에 준하는 기관의 업무용품

④ 우리나라에 있는 외국의 대사관·공사관·영사관 및 그 밖에 이에 준하는 기관의 직원 중 대통령령으로 정하는 직원36)과 그 가족이 사용하는 물품

⑤ 정부와 체결한 사업계약을 수행하기 위하여 외국계약자가 계약조건에 따라 수입하는 업무용품

⑥ 국제기구 또는 외국 정부로부터 우리나라 정부에 파견된 고문관·기술단원 및 그 밖에 기획재정부령으로 정하는 자37)가 사용하는 물품

(2) 양수제한물품

외교관용 물품 등 면세 제도에 따라 관세를 면제받은 물품 중 다음의 물품은 수입신고 수리일부터 3년의 범위에서 사후관리기간에 면세 받은 용도 외의 다른 용도로 사용하기 위하여 양수할 수 없다. 다만, 대통령령으로 정하는 바에 따라 미리 세관장의 승인을 받았을 때에는 그러하지 아니하다(법 제88조 제2항).

① 자동차(삼륜자동차와 이륜자동차를 포함한다)

② 선박

③ 피아노

④ 전자오르간 및 파이프오르간

---

36) 다음의 어느 하나에 해당하는 직위 또는 이와 동등 이상이라고 인정되는 직위에 있는 사람을 말한다(시행령 제108조).
① 대사관 또는 공사관의 참사관·1등서기관·2등서기관·3등서기관 및 외교관보
② 총영사관 또는 영사관의 총영사·영사·부영사 및 영사관보(명예총영사 및 명예영사를 제외한다)
③ 대사관·공사관·총영사관 또는 영사관의 외무공무원으로서 제1호 및 제2호에 해당하지 아니하는 사람
37) 면세업무와 관련된 조약 등에 의하여 외교관에 준하는 대우를 받는 자로서 해당 업무를 관장하는 중앙행정기관의 장이 확인한 자를 말한다(시행규칙 제34조 제2항).

⑤ 엽총

(3) 관세징수

양수제한물품을 사후관리기간에 면세 받은 용도 외의 다른 용도로 사용하기 위하여 양수한 경우에는 그 양수자로부터 면제된 관세를 즉시 징수한다(법 제88조 제3항).

2. 정부용품 등의 면세

(1) 의 의

수입주체가 국가기관이나 지방자치단체 등으로 특정되어 있고, 해당 물품도 공용으로 사용하는 물품에 대하여 관세를 면제해주는 제도이다(법 제92조).

(2) 대상 및 면제신청

다음의 어느 하나에 해당하는 물품이 수입될 때에는 그 관세를 면제할 수 있다(법 제92조).

① 국가기관이나 지방자치단체에 기증된 물품으로서 공용으로 사용하는 물품, 다만 관세율표 번호 제8703호에 해당하는 승용자동차는 예외적으로 관세가 부과된다(시행규칙 제41조 제1항). 이 규정에 따라 관세를 면제받고자 하는 자는 당해 기증사실을 증명하는 서류를 신청서에 첨부하여야 한다(시행규칙 제42조 제1항).

② 정부가 외국으로부터 수입하는 군수품(정부의 위탁을 받아 정부 외의 자가 수입하는 경우를 포함한다), 다만 수품관리법 제3조의 규정에 의한 통상품은 예외적으로 관세가 부과된다(시행규칙 제41조 제2항). 이 규정에 따라 관세를 면제받고자 하는 자는 해당 물품이 통상품이 아님을 국방부장관 또는 방위사업청장이 지정하는 자가 확인한 서류, 정부의 위탁을 받아 수입하는 경우에는 정부의 위탁을 받아 수입한다는 것을 국방부장관 또는 방위사업청장이 지정하는 자가 확인한 서류를 신청서에 첨부하여야 한다(시행규칙 제42조 제1항).

③ 국가원수의 경호용으로 사용하기 위하여 수입하는 물품

④ 외국에 주둔하는 국군이나 재외공관으로부터 반환된 공용품

⑤ 과학기술정보통신부장관이 국가의 안전보장을 위하여 긴요하다고 인정하여 수입하는 비상통신용 물품 및 전파관리용 물품

⑥ 정부가 직접 수입하는 간행물, 음반, 녹음된 테이프, 녹화된 슬라이드, 촬영된 필름, 그 밖에 이와 유사한 물품 및 자료

⑦ 국가나 지방자치단체(이들이 설립하였거나 출연 또는 출자한 법인을 포함한다)가 환경오염(소음 및 진동을 포함한다)을 측정하거나 분석하기 위하여 수입하는 기계·기구 중 기획재정부령으로 정하는 물품38)

⑧ 상수도 수질을 측정하거나 이를 보전·향상하기 위하여 국가나 지방자치단체(이들이 설립하였거나 출연 또는 출자한 법인을 포함한다)가 수입하는 물품으로서 기획재정부령으로 정하는 물품

⑨ 국가정보원장 또는 그 위임을 받은 자가 국가의 안전보장 목적의 수행상 긴요하다고 인정하여 수입하는 물품

3. 소액물품 등의 면세

(1) 의 의

일정한 요건에 해당하는 소액물품에 대하여는 관세를 면제함으로써 행정력의 낭비를 줄이고 신속통관을 지원하는 제도이다(법 제94조, 시행규칙 제45조). 실무상 소액물품면세 규정 위반으로 인한 부정감면죄는 전자상거래와 연관된 경우가 많다.

(2) 대 상

① 우리나라의 거주자에게 수여된 훈장·기장(紀章) 또는 이에 준하는 표

---

38) 다음의 물품 중 개당 또는 셋트당 과세가격이 100만원 이상인 기기와 그 기기의 부분품 및 부속품(사후에 보수용으로 따로 수입하는 물품을 포함한다)중 국내에서 제작하기 곤란한 것으로서 당해 물품의 생산에 관한 사무를 관장하는 주무부처의 장 또는 그가 지정하는 자가 추천하는 물품으로 한다(시행규칙 제41조 제3항).
① 대기질의 채취 및 측정용 기계·기구
② 소음·진동의 측정 및 분석용 기계·기구
③ 환경오염의 측정 및 분석용 기계·기구
④ 수질의 채취 및 측정용 기계·기구

창장 및 상패

② 기록문서 또는 그 밖의 서류

③ 상업용견본품 또는 광고용품으로서 다음과 같은 물품

　　㉠ 물품이 천공 또는 절단되었거나 통상적인 조건으로 판매할 수 없는 상태로 처리되어 견본품으로 사용될 것으로 인정되는 물품

　　㉡ 판매 또는 임대를 위한 물품의 상품목록·가격표 및 교역안내서

　　㉢ 과세가격이 미화 250달러 이하인 물품으로서 견품으로 사용될 것으로 인정되는 상용견품 또는 광고용품

　　㉣ 물품의 형상·성질 및 성능으로 보아 견본품으로 사용될 것으로 인정되는 물품

④ 우리나라 거주자가 받는 소액물품으로서 다음과 같은 물품

　　㉠ 물품가격이 미화 150달러 이하의 물품으로 자가사용물품으로 인정되는 것. 다만, 반복 또는 분할하여 수입되는 물품으로서 관세청장이 정하는 기준에 해당하는 것을 제외한다.

　　㉡ 박람회 기타 이에 준하는 행사에 참가하는 자가 행사장 안에서 관람자에게 무상으로 제공하기 위하여 수입하는 물품(전시할 기계의 성능을 보여주기 위한 원료 포함). 다만, 관람자 1인당 제공량의 정상도착가격이 미화 5달러 상당액 이하의 것으로서 세관장이 타당하다고 인정하는 것에 한한다.

(2) 소액물품의 자가사용 인정기준

소액물품의 자가사용 인정기준은 수입고시 별표 11로 정하고 있다. ① 하나의 선하증권(B/L)이나 항공화물운송장(AWB)으로 반입된 과세대상물품을 면세범위 내로 분할하여 수입통관하는 경우, ② 입항일이 같은 두 건 이상의 물품(B/L 또는 AWB기준)을 반입하여 수입통관하는 경우. 다만, 둘 이상의 국가로부터 반입한 물품은 제외한다. ③ 같은 해외공급자로부터 같은 날짜에 구매한 과세대상물품을 면세범위내로 분할 반입하여 수입통관하는 경우로서 각 물품의 물품가격을 합산한 금액이 위 별표 11의 기준을 초과하는 때에는 관세면제 대상에서 제외하고 합산하여 과세한다. 자세한 내용은 제4편 제2장 제3절 Ⅲ. 전자상거래와 밀수입죄에서 설명하였다.

(3) 여행자 휴대품 및 이사물품 등의 감면세

여행자의 휴대품 또는 별송품, 우리나라로 거주를 이전하기 위하여 입국하는 자가 입국할 때 수입하는 이사물품, 국제무역선 또는 국제무역기의 승무원이 휴대하여 수입하는 물품에 대하여 관세를 면제하는 제도이다(법 제96조 제1항). 자세한 내용은 제1편 제2장 제6절 Ⅲ. 여행자휴대품 통관에서 설명하였다.

관세가 면제되는 경우를 제외하고 여행자가 휴대품 또는 별송품을 기획재정부령으로 정하는 방법으로 자진신고하는 경우에는 20만원을 넘지 아니하는 범위에서 해당 물품에 부과될 관세[39]의 100분의 30에 상당하는 금액을 경감할수 있다(동조 제2항).

4. 재수입면세

(1) 의 의

수출 후 단기간 내에 재수입되는 경우이거나 해외시험 · 연구목적으로 수출 후 재수입되는 경우 관세를 면제하는 제도이다. 재수입면세는 우리나라에서 수출된 물품이 그대로 되돌아 온 것은 이를 새로운 물품의 수입으로 볼 수 없을뿐만 아니라 관세를 면제하는 것이 과세균형상 타당하다는 고려에 따른 것이다.[40]

(2) 면세대상

면세대상은 ① 우리나라에서 수출된 물품으로서 해외에서 제조 · 가공 · 수리 또는 사용되지 아니하고 수출신고 수리일부터 2년 내에 다시 수입되는 물품이거나 ② 수출물품의 용기로서 다시 수입하는 물품, ③ 해외시험 및 연구를 목적으로 수출된 후 재수입되는 물품 등이다(법 제99조).[41]

다만, 제조 · 가공 · 수리 · 사용되지 아니하고 2년 내 재수입된 물품으로서

---

39) 간이세율을 적용하는 물품의 경우에는 간이세율을 적용하여 산출된 세액을 말한다.
40) 대법원 1995. 5. 23. 선고 94누16328 판결. 외국의 자동차회사로부터 덤프트럭을 수입하면서 자동차 타이어를 수출한 후 트럭에 장착하여 재수입한 것은 재수입면세대상에 해당한다.
41) 대법원 1984. 11. 27. 선고 84도2100 판결.

① 해당 물품·원자재에 대하여 관세감면을 받은 경우, ② 관세법이나 환특법에 따른 환급을 받은 경우, ③ 관세법이나 환특법에 따른 환급을 받을 수 있는 자 외의 자가 해당 물품을 재수입하는 경우, ④ 보세가공·장치기간 경과물품을 재수출조건으로 매각하여 관세부과하지 않는 경우는 관세를 면제하지 아니한다(법 제99조 제1호 단서).

수리를 위하여 수출한 물품과 치수, 구조, 성능, 가격, 날짜와 요일의 표시가 같은 동종의 다른 신품이 수입된 경우는 비록 동종의 물품이라 하더라도 수리를 위하여 수출한 그 물건이 아닌 다른 물건이 수입된 것이므로 면세대상이 될 수 없다.[42]

(3) 신청방법

재수입면세를 받으려는 자는 그 물품의 수출신고필증·반송신고필증 또는 이를 갈음할 서류를 세관장에게 제출하여야 한다. 다만, 세관장이 다른 자료에 의하여 그 물품이 감면대상에 해당한다는 사실을 인정할 수 있는 경우에는 그러하지 아니하다(시행규칙 제54조 제2항).

5. 손상감세

(1) 의 의

수입물품이 변질·손상된 경우 이를 그대로 과세하면 과세형평에 어긋난다. 따라서 관세법은 수입신고시의 성질과 수량에 따라 과세하도록 하여 변질·손상 부분은 비과세하도록 하고(법 제16조), 보세구역 장치물품 중 부패되거나 변질된 물품은 화주 등에게 반송·폐기 명령을 하거나 통고 후 폐기하도록 하고 있다(법 제160조).

손상감세제도는 이러한 취지에서 ① 수입신고한 물품이 수입신고가 수리되기 전에 변질되거나 손상되었을 때, ② 관세법 그 밖의 법률 등에 따라 관세를 감면받은 물품에 대하여 관세를 추징하는 경우 그 물품이 변질·손상·사용

---

42) 대법원 1984. 11. 27. 선고 84도2100 판결. 면세대상품이 아닌 물품인 새로 수입된 신품의 수리를 위하여 수출한 후 이를 수리하여 재수입된 면세대상품인 수리한 중고품 내지 폐품 또는 불량품으로 수입신고하여 관세의 면세를 받도록 한 행위는 관세포탈의 범의가 있었다 할 것이다.

으로 가치가 감소하였을 때 관세를 경감하도록 하고 있다(법 제100조).

(2) 관세 경감액

관세 경감액은 ① 물품의 변질·손상·사용으로 인한 가치감소에 따르는 가격 저하분에 상응하는 관세액과 ② 관세액에서 그 변질·손상·사용 후 잔존물의 성질·수량으로 산출한 관세액을 공제한 차액 중 많은 금액으로 한다(시행령 제118조 제1항).

6. 해외임가공물품 등의 감세

(1) 의 의

해외임가공물품감세제도는 국내에서 원재료·부분품을 해외로 수출하여 임가공한 후 이를 국내로 다시 수입하는 경우 당초 국내에서 수출한 원재료·부분품은 외국물품이라기보다는 내국물품으로서의 성격이 더 강할 뿐만 아니라, 국내기업이 외국기업과 동등한 조건으로 경쟁할 수 있도록 해외임가공물품에 대한 관세감면제도를 종래보다 확대하고자 하는 취지에서 도입된 제도이다.[43]

가공·수리할 목적으로 수출되었다가 일정 기간 내에 재수입하는 물품에 대한 감면세 조치는 가공·수리에 의하여 부가된 가치 부분만 실질적으로 수입하는 것이므로 그 부분에 대하여서만 과세하고, 재수입되는 원물품에 대하여서는 관세를 면제함이 과세균형상으로도 타당하다.[44]

(2) 감세대상

(가) 임가공물품

원재료 또는 부분품을 수출하여 법 별표 관세율표 제85류 및 제90류 중 제9006호에 해당하는 물품으로 제조하거나 가공한 물품을 말한다. 품목분류표상 10단위의 품목번호가 일치할 것을 요구하지 않는다.

---

43) 헌재 2003. 7. 24. 2002헌바54.
44) 대법원 1986. 12. 23. 선고 86누272 판결.

(나) 가공 또는 수리 후 수입된 물품

가공·수리 목적 수출물품과 가공·수리 후 수입물품의 품목분류표상 10단위의 품목번호가 일치하여야 한다(법 제101조, 시행규칙 제56조).

③ 위 ①, ② 물품이 다음의 어느 하나에 해당하는 경우에는 그 관세를 경감하지 아니한다(법 제101조 제2항).

- ㉠ 해당 물품 또는 원자재에 대하여 관세를 감면받은 경우. 다만, 제1항 제2호의 경우는 제외한다.
- ㉡ 법 또는 「수출용원재료에 대한 관세 등 환급에 관한 특례법」에 따른 환급을 받은 경우
- ㉢ 보세가공 또는 장치기간경과물품을 재수출조건으로 매각함에 따라 관세가 부과되지 아니한 경우

(3) 관세경감액

관세경감액은 다음과 같다(시행령 제119조).

① 임가공물품: 수입물품의 제조·가공에 사용된 원재료 또는 부분품의 수출신고가격에 당해 수입물품에 적용되는 관세율을 곱한 금액

② 가공 또는 수리 후 수입된 물품: 가공·수리물품의 수출신고가격에 해당 수입물품에 적용되는 관세율을 곱한 금액. 다만, 수입물품이 매매계약상의 하자보수보증 기간(수입신고수리 후 1년으로 한정한다) 중에 하자가 발견되거나 고장이 발생하여 외국의 매도인 부담으로 가공 또는 수리하기 위하여 수출된 물품에 대하여는 다음의 금액을 합한 금액에 해당 수입물품에 적용되는 관세율을 곱한 금액으로 한다.

- ㉠ 수출물품의 수출신고가격
- ㉡ 수출물품의 양륙항까지의 운임·보험료
- ㉢ 가공 또는 수리 후 물품의 선적항에서 국내 수입항까지의 운임·보험료
- ㉣ 가공 또는 수리의 비용에 상당하는 금액

(4) 감면신청

(가) 신청시기

해외임가공 관세감면을 받고자 하는 자는 해외에서 제조·가공·수리할 물품을 수출신고할 때 미리 해외임가공 후 수입될 예정임을 신고한다.

(나) 제출서류

감면신청을 할 때 감면을 받고자 하는 자의 주소·성명 및 상호, 사업의 종류(업종에 따라 감면하는 경우에는 구체적으로 기재하여야 한다), 품명·규격·수량·가격·용도와 설치 및 사용장소, 감면의 법적 근거 외에 수출국 및 적출지와 감면받고자 하는 관세액을 기재한 신청서에 제조인·가공인 또는 수리인이 발급한 제조·가공 또는 수리사실을 증명하는 서류와 당해 물품의 수출신고필증 또는 이에 갈음할 서류를 첨부하여 세관장에게 제출하여야 한다. 다만, 세관장이 다른 자료에 의하여 그 물품이 감면대상에 해당한다는 사실을 인정할 수 있는 경우에는 수출신고필증 또는 이를 갈음할 서류를 첨부하지 아니할 수 있다 (시행규칙 제57조 제1항).

II. 조건부 감면세

관세법 제89조부터 제91조까지와 제93조 및 제95조에 따라 관세를 감면받은 물품은 수입신고 수리일부터 3년의 범위에서 관세청장이 정하는 기간(사후관리기간)에 그 감면받은 용도 외의 다른 용도로 사용하거나 양도(임대 포함)할 수 없다. 재수출면세(제97조)나 재수출감면세(제98조)의 경우에는 재수출의무가 있으므로 조건부 감면세에 속하는 것으로 본다. 사후관리기간에 감면받은 용도 외의 다른 용도로 사용하거나 다른 용도로 사용하려는 자에게 양도한 경우 용도 외의 다른 용도로 사용한 자나 그 양도인(임대인 포함)으로부터 감면된 관세를 즉시 징수한다(법 제102조 제1·2항).

1. 세율불균형물품의 면세

(1) 의 의

일반적으로 관세율표는 가공도에 따라 저세율에서 고세율로 상향되는 구조를 가지고 있다. 즉, 부분품은 저세율을, 완성품은 고세율 체계를 갖고 있는데, 이와 반대로 완성품의 관세율이 0%이고, 부분품의 관세율이 고세율인 경우를 역관세 현상이라 한다. 예컨대 반도체 생산에 필요한 장비(완성품)의 관세율은 0%이고, 장비 제조에 필요한 부분품의 관세율은 약 8%이다. 이러한 역관세 현상에 따른 세율불균형을 바로잡기 위해 관세를 감면하는 제도를 말한다.

(2) 요건 및 대상

1) 중소기업의 경우

조세특례제한법 제5조 제1항에 따른 중소기업이 대통령령으로 정하는 바에 따라 세관장이 지정하는 공장에서 ① 항공기(부분품 포함)나 ② 반도체 제조용 장비(부속기기 포함)를 제조 또는 수리하기 위하여 사용하는 부분품과 원재료(수출한 후 외국에서 수리·가공되어 수입되는 부분품과 원재료의 가공수리분을 포함한다) 중 다음의 물품에 대하여는 그 관세를 면제할 수 있다(법 제89조 제1항, 시행규칙 제35조 제1항).

① 항공기 제조업자 또는 수리업자가 항공기와 그 부분품의 제조 또는 수리에 사용하기 위하여 수입하는 부분품 및 원재료
② 장비 제조업자 또는 수리업자가 반도체 제조용 장비의 제조 또는 수리에 사용하기 위하여 수입하는 부분품 및 원재료 중 산업통상자원부장관 또는 그가 지정하는 자가 추천하는 물품

2) 중소기업이 아닌 경우

중소기업이 아닌 자가 세관장이 지정하는 제조·수리공장에서 위 항공기(부분품 포함)를 제조 또는 수리하기 위하여 사용하는 부분품과 원재료에 대해서는 다음에 따라 그 관세를 감면한다(법 제89조 제6항).

① 「세계무역기구 설립을 위한 마라케쉬 협정 부속서 4의 민간항공기 무역에 관한 협정」 대상 물품 중 기획재정부령으로 정하는 물품의 관세

감면에 관하여는 다음 표의 기간 동안 수입신고하는 분에 대하여는 각
각의 적용기간에 해당하는 감면율을 적용한다.

2022년 1월 1일부터 2024년 12월 31일까지	2025년 1월 1일부터 12월 31일까지	2026년 1월 1일부터 12월 31일까지	2027년 1월 1일부터 12월 31일까지	2028년 1월 1일부터 12월 31일까지
100분의 100	100분의 80	100분의 60	100분의 40	10분의 20

② 위 ①항 이외의 물품의 관세감면에 관하여는 다음 표의 기간 동안 수
입신고하는 분에 대하여는 각각의 적용기간에 해당하는 감면율을 적용
한다.

2019년 5월 1일부터 12월 31일까지	2020년 1월 1일부터 12월 31일까지	2021년 1월 1일부터 12월 31일까지	2022년 1월 1일부터 12월 31일까지	2023년 11월 1일부터 12월 31일까지	2024년 1월 1일부터 12월 31일까지	2025년 1월 1일부터 12월 31일까지
100분의 90	100분의 80	100분의 70	100분의 60	100분의 50	100분의 40	100분의 20

3) 국가 및 지방자치단체가 항공기(부분품 포함)를 제조 또는 수리하기 위
하여 사용하는 부분품과 원재료에 관하여는 중소기업인 경우에 준한다(법 제89
조 제7항).

(3) 제조·수리공장의 지정

제조·수리공장의 지정을 받고자 하는 자는 다음의 사항을 기재한 신청서
에 사업계획서와 그 구역 및 부근의 도면을 첨부하여 세관장에게 제출하여야
한다(시행령 제113조 제1항).

① 당해 제조·수리공장의 명칭·소재지·구조·동수 및 평수
② 제조하는 제품의 품명과 그 원재료 및 부분품의 품명
③ 작업설비와 그 능력
④ 지정을 받고자 하는 기간

신청을 받은 세관장은 그 감시·단속에 지장이 없다고 인정되는 때에는 3년의 범위 내에서 기간을 정하여 제조·수리공장의 지정을 하여야 한다. 이 경우 지정기간은 관세청장이 정하는 바에 의하여 경신할 수 있다(동조 제2항).

세관장은 항공기의 수리가 일시적으로 이루어지는 공항 내의 특정지역이 감시·단속에 지장이 없고, 세율불균형물품의 관세 감면 관리 업무의 효율화를 위하여 필요하다고 인정되는 경우에는 해당 특정지역을 제조·수리공장으로 지정할 수 있다(동조 제3항).

(4) 제조·수리공장 지정기간

지정기간은 3년 이내로 하되, 지정받은 자의 신청에 의하여 연장할 수 있다(법 제89조 제3항).

(5) 제조·수리공장 지정취소

세관장은 제1항에 따라 지정을 받은 자가 다음 각 호의 어느 하나에 해당하는 경우에는 그 지정을 취소할 수 있다. 다만, 제1호 또는 제2호에 해당하는 경우에는 지정을 취소하여야 한다(법 제89조 제4항).

① 지정공장 지정 결격사유에 해당하는 경우. 다만, 지정공장 지정 결격사유에 해당하는 사람이 임원으로 재직하는 법인인 경우로서 제175조 제2호 또는 제3호에 해당하는 사람(피성년후견인과 피한정후견인, 파산선고를 받고 복권되지 아니한 자)을 임원으로 하는 법인이 3개월 이내에 해당 임원을 변경하는 경우에는 그러하지 아니하다.
② 거짓이나 그 밖의 부정한 방법으로 지정을 받은 경우
③ 1년 이상 휴업하여 세관장이 지정된 공장의 설치목적을 달성하기 곤란하다고 인정하는 경우

(6) 제조·수리공장 지정 결격사유

다음의 어느 하나에 해당하는 자는 제조·수리공장의 지정을 받을 수 없다(법 제89조 제2항).

① 제175조 제1호부터 제5호까지 및 제7호의 어느 하나에 해당하는 자(미성년자, 피성년후견인과 피한정후견인, 파산선고를 받고 복권되지 아니한 자, 관세법을 위반하여 징역형의 실형을 선고받고 그 집행이 끝나거나(집행이 끝난 것

으로 보는 경우를 포함한다) 면제된 후 2년이 지나지 아니한 자, 관세법을 위반하여 징역형의 집행유예를 선고받고 그 유예기간 중에 있는 자, 관세법상 형사처벌규정[45])에 따라 벌금형 또는 통고처분을 받은 자로서 그 벌금형을 선고받거나 통고처분을 이행한 후 2년이 지나지 아니한 자[46])

② 지정공장 지정이 취소(제175조 제1호부터 제3호까지의 어느 하나에 해당하여 취소된 경우는 제외한다)된 날부터 2년이 지나지 아니한 자

③ ①, ②에 해당하는 사람이 임원(해당 공장의 운영업무를 직접 담당하거나 이를 감독하는 자로 한정한다)으로 재직하는 법인

(7) 지정사항의 변경

세관장의 지정을 받은 자가 지정사항을 변경하려는 경우에는 관세청장이 정하는 바에 따라 세관장에게 변경신고하여야 한다(법 제89조 제8항).

(8) 보세공장 외 작업허가·특허보세구역 규정 준용

세관장은 기간, 장소, 물품 등을 정하여 해당 지정공장 외에서 작업을 허가할 수 있다. 이 경우 보세공장 외 작업허가 규정을 준용한다(법 제89조 제5항, 제187조 제1항).

운영인이 제조·수리공장을 운영하지 아니하게 된 경우, 운영인이 해산하거나 사망한 경우, 지정기간이 만료한 경우, 지정이 취소된 경우 중 어느 하나에 해당하면 그 지정의 효력을 상실한다. 지정의 효력이 상실되었을 때에는 특허의 효력상실시 조치 등 규정을 준용한다(법 제89조 제5항, 제179조 제1항, 제182조).

세관장은 제조·수리공장 운영인에게 그 설치·운영에 관한 보고를 명하거나 세관공무원에게 공장의 운영상황을 검사하게 할 수 있다(법 제89조 제5항, 제180조 제2항).

2. 학술연구용품의 감면세

다음의 어느 하나에 해당하는 물품이 수입될 때에는 그 관세를 감면할 수

---

45) 제268조의2, 제269조, 제270조, 제270조의2, 제271조, 제274조, 제275조의2 또는 제275조의3.
46) 다만, 제279조에 따라 처벌된 개인 또는 법인은 제외한다.

있다(법 제90조).

① 국가기관, 지방자치단체 및 기획재정부령으로 정하는 기관에서 사용할 학술연구용품·교육용품 및 실험실습용품으로서 기획재정부령으로 정하는 물품

② 학교, 공공의료기관, 공공직업훈련원, 박물관, 그 밖에 이에 준하는 기획재정부령으로 정하는 기관에서 학술연구용·교육용·훈련용·실험실습용 및 과학기술연구용으로 사용할 물품 중 기획재정부령으로 정하는 물품

③ ②의 기관에서 사용할 학술연구용품·교육용품·훈련용품·실험실습용품 및 과학기술연구용품으로서 외국으로부터 기증되는 물품. 다만, 기획재정부령으로 정하는 물품은 제외한다.

④ 기획재정부령으로 정하는 자가 산업기술의 연구개발에 사용하기 위하여 수입하는 물품으로서 기획재정부령으로 정하는 물품

3. 종교용품, 자선용품, 장애인용품 등의 면세

① 교회, 사원 등 종교단체의 예배용품과 식전용품(式典用品)으로서 외국으로부터 기증되는 물품, 자선 또는 구호의 목적으로 기증되는 물품, ② 기획재정부령으로 정하는 자선시설·구호시설 또는 사회복지시설에 기증되는 물품으로서 해당 용도로 직접 사용하는 물품, ③ 「장애인복지법」 제58조에 따른 장애인복지시설 및 장애인의 재활의료를 목적으로 국가·지방자치단체 또는 사회복지법인이 운영하는 재활 병원·의원에서 장애인을 진단하고 치료하기 위하여 사용하는 의료용구 등은 그 관세를 면제할 수 있다(법 제91조).

4. 특정물품 면세

(1) 의 의

박람회·국제경기대회 등 행사 참가자가 수입하는 물품이거나 우리나라를 방문하는 외국의 원수와 그 가족 등의 물품 등 정책적 목적을 위해 특정물품에 대하여 관세를 면제하는 제도이다(법 제93조).

(2) 대 상

다음의 어느 하나에 해당하는 물품이 수입될 때에는 그 관세를 면제할 수
있다(법 제93조, 시행규칙 제43조).

① 동식물의 번식·양식 및 종자개량을 위한 물품 중 사료작물 재배용 종
자(호밀, 귀리 및 수수에 한한다).

② 박람회, 국제경기대회, 그 밖에 이에 준하는 행사 중 기획재정부령으로
정하는 행사에 사용하기 위하여 그 행사에 참가하는 자가 수입하는 물
품 중 기획재정부령으로 정하는 물품[47]

③ 핵사고 또는 방사능 긴급사태 시 그 복구지원과 구호를 목적으로 외국
으로부터 기증되는 물품으로서 기획재정부령으로 정하는 물품[48]

④ 우리나라 선박이 외국 정부의 허가를 받아 외국의 영해에서 채집하거
나 포획한 수산물(이를 원료로 하여 우리나라 선박에서 제조하거나 가공한 것
을 포함한다. 이하 이 조에서 같다)

⑤ 우리나라 선박이 외국의 선박과 협력하여 기획재정부령으로 정하는 방
법[49]으로 채집하거나 포획한 수산물로서 해양수산부장관이 추천하는 것

⑥ 해양수산부장관의 허가를 받은 자가 기획재정부령으로 정하는 요건[50]

---

47) 「포뮬러원 국제자동차경주대회 지원법」에 따른 포뮬러원 국제자동차경주대회에 참가하는 자
가 해당 대회와 관련하여 사용할 목적으로 수입하는 물품으로서 같은 법 제4조에 따른 포뮬러
원국제자동차경주대회조직위원회가 확인하는 물품 또는 「2023 새만금 세계스카우트잼버리 지
원 특별법」에 따른 2023 새만금 세계스카우트잼버리에 참가하는 세계스카우트연맹, 각국 스
카우트연맹이 그 소속 대원·지도자·운영요원 등 구성원이나 다른 참가단체의 소속 대원·지
도자·운영요원 등 구성원 또는 같은 법 제5조 제1항에 따라 설립된 2023 새만금 세계스카우
트잼버리조직위원회에 제공하는 등 해당 행사와 관련하여 사용할 목적으로 수입하는 물품으
로서 2023 새만금 세계스카우트잼버리조직위원회가 확인하는 물품

48) 방사선측정기, 시료채취 및 처리기, 시료분석장비, 방사능 방호장비, 제염용장비(시행규칙 제
43조 제4항).

49) 「원양산업발전법」 제6조에 따라 해양수산부장관으로부터 원양모선식 어업허가를 받고 외국과
의 협상 등에 의하여 해외수역에서 해당 외국의 국적을 가진 자선과 공동으로 수산물을 채집
또는 포획하는 원양어업방법을 말한다(시행규칙 제43조 제5항).

50) 다음의 요건을 모두 갖춘 경우를 말한다(시행규칙 제43조 제6항).
  1. 「원양산업발전법」 제6조 제7항에 따라 해외현지법인으로 원양어업을 하기 위하여 신고한
     경우로서 해외현지법인이 다음 각 목의 어느 하나에 해당할 것
  가. 대한민국 국민이 납입한 자본금이나 보유한 의결권이 49퍼센트 이상일 것
  나. 해외현지법인이 설립된 국가의 법령에 따라 대한민국 국민이 보유할 수 있는 지분이 25퍼
     센트 미만으로 제한되는 경우에는 대한민국 국민이 납입한 자본금이나 보유한 의결권이

에 적합하게 외국인과 합작하여 채집하거나 포획한 수산물 중 해양수산부장관이 기획재정부장관과 협의하여 추천하는 것

⑦ 우리나라 선박 등이 채집하거나 포획한 수산물과 제5호 및 제6호에 따른 수산물의 포장에 사용된 물품으로서 재사용이 불가능한 것 중 기획재정부령으로 정하는 물품[51]

⑧ 중소기업기본법 제2조에 따른 중소기업이 해외구매자의 주문에 따라 제작한 기계·기구가 해당 구매자가 요구한 규격 및 성능에 일치하는지를 확인하기 위하여 하는 시험생산에 필요한 원재료로서 기획재정부령으로 정하는 요건에 적합한 물품[52]

⑨ 우리나라를 방문하는 외국의 원수와 그 가족 및 수행원의 물품

⑩ 우리나라의 선박이나 그 밖의 운송수단이 조난으로 인하여 해체된 경우 그 해체재(解體材) 및 장비

⑪ 우리나라와 외국 간에 건설될 교량, 통신시설, 해저통로, 그 밖에 이에 준하는 시설의 건설 또는 수리에 필요한 물품

⑫ 우리나라 수출물품의 품질, 규격, 안전도 등이 수입국의 권한 있는 기관이 정하는 조건에 적합한 것임을 표시하는 수출물품에 붙이는 증표로서 기획재정부령으로 정하는 물품[53]

24퍼센트 이상일 것
2. 「원양산업발전법」 제2조 제10호에 따른 해외수역에서 해양수산부장관이 기획재정부장관과 협의하여 고시한 선박·어구 등의 생산수단을 투입하여 수산동식물을 채집 또는 포획(어획할당량 제한으로 불가피하게 해외현지법인이 직접 수산동식물을 채집 또는 포획하지 못하게 되었을 때에는 생산수단을 실질적으로 운영하고 소요경비를 전액 부담하는 등 해외현지법인의 계산과 책임으로 합작상대국 어업자를 통하여 수산동식물을 채집 또는 포획하는 경우를 포함한다)하고 직접 수출할 것

51) 우리나라 선박 등에 의하여 채집 또는 포획된 수산물과 제5항 및 제6항에 따른 방법 또는 요건에 따라 채집 또는 포획된 수산물을 포장한 관세율표 번호 제4819호의 골판지 어상자를 말한다(시행규칙 제43조 제7항).
52) 해당 중소기업에 외국인이 무상으로 공급하는 물품을 말한다(시행규칙 제43조 제8항).
53) 관세가 면제되는 증표는 다음과 같다(시행규칙 제43조 제9항).
   ① 캐나다 공인검사기관에서 발행하는 시·에스·에이(C.S.A)증표
   ② 호주 공인검사기관에서 발행하는 에스·에이·에이(S.A.A)증표
   ③ 독일 공인검사기관에서 발행하는 브이·디·이(V.D.E)증표
   ④ 영국 공인검사기관에서 발행하는 비·에스·아이(B.S.I)증표
   ⑤ 불란서 공인검사기관에서 발행하는 엘·시·아이·이(L.C.I.E)증표
   ⑥ 미국 공인검사기관에서 발행하는 유·엘(U.L)증표
   ⑦ 유럽경제위원회 공인검사기관에서 발행하는 이·시·이(E.C.E)증표

⑬ 우리나라의 선박이나 항공기가 해외에서 사고로 발생한 피해를 복구하
기 위하여 외국의 보험회사 또는 외국의 가해자의 부담으로 하는 수리
부분에 해당하는 물품

⑭ 우리나라의 선박이나 항공기가 매매계약상의 하자보수 보증기간 중에
외국에서 발생한 고장에 대하여 외국의 매도인의 부담으로 하는 수리
부분에 해당하는 물품

⑮ 국제올림픽·장애인올림픽·농아인올림픽 및 아시아운동경기·장애인
아시아운동경기 종목에 해당하는 운동용구(부분품을 포함한다)로서 기획
재정부령으로 정하는 물품54)

⑯ 국립묘지의 건설·유지 또는 장식을 위한 자재와 국립묘지에 안장되는
자의 관·유골함 및 장례용 물품

⑰ 피상속인이 사망하여 국내에 주소를 둔 자에게 상속되는 피상속인의
신변용품

⑱ 보석의 원석(原石) 및 나석(裸石)으로서 기획재정부령으로 정하는 것55)

(3) 면제신청

신청절차는 다음과 같다(시행규칙 제44조).

(가) 면세대상 ①, ②, ⑮는 신청서에 주무부처의 장 또는 그 위임을 받은
기관의 장의 확인을 받아야 한다. 다만, 다른 법령에 따라 반입승인·수입승인
등을 받은 물품의 경우 그 승인서에 의하여 해당 물품이 관세의 면제를 받은
용도에 사용될 것임을 확인할 수 있거나 관할지 세관장이 이를 확인한 경우에
는 그러하지 아니하다.

(나) 면세대상 ③은 해당 기증사실을 증명하는 서류를 신청서에 첨부하여
제출하여야 하며, 해당 기증목적에 관하여 원자력안전위원회의 확인을 받아야
한다.

(다) 면세대상 ⑩은 감면을 받고자 하는 자의 주소·성명 및 상호, 사업의

---

⑧ 유럽공동시장 공인검사기관에서 발행하는 이·이·시(E.E.C)증표

⑨ 유럽공동체 공인검사기관에서 발행하는 이·시(E.C)증표

54) 「국민체육진흥법」에 따라 설립된 대한체육회 또는 대한장애인체육회가 수입하는 물품으로 한
다(시행규칙 제43조 제10항).

55) 「개별소비세법 시행령」 별표 1 제3호 가목 1) 가)에 따른 보석의 원석 및 나석으로 한다(시행
규칙 제43조 제11항).

종류(업종에 따라 감면하는 경우에는 구체적으로 기재하여야 한다), 품명·규격·수량·가격·용도와 설치 및 사용장소, 감면의 법적 근거, 운수기관명·조난장소 및 조난연월일을 신청서에 적고 주무부장관이 확인한 서류를 첨부하여 제출하여야 한다.

(라) 면세대상 ⑪은 감면을 받고자 하는 자의 주소·성명 및 상호, 사업의 종류(업종에 따라 감면하는 경우에는 구체적으로 기재하여야 한다), 품명·규격·수량·가격·용도와 설치 및 사용장소, 감면의 법적 근거, 사용계획·사용기간과 공사장의 명칭 및 소재지를 신청서에 적어 제출하여야 한다.

(마) 면세대상 ⑫는 해당 증표 공급국의 권한있는 기관과의 공급 및 관리에 관한 계약서 또는 이에 갈음할 서류를 신청서에 첨부하여 제출하여야 한다. 다만, 세관장이 필요 없다고 인정하는 경우에는 해당 계약서 등의 첨부를 생략할 수 있다.56)

(바) 면세대상 ⑬, ⑭는 감면을 받고자 하는 자의 주소·성명 및 상호, 사업의 종류(업종에 따라 감면하는 경우에는 구체적으로 기재하여야 한다), 품명·규격·수량·가격·용도와 설치 및 사용장소, 감면의 법적 근거, 수리선박명 또는 수리항공기명을 신청서에 적고, 해당 수리가 외국의 보험회사·가해자 또는 매도인의 부담으로 행하는 것임을 증명하는 서류와 수리인이 발급한 수리사실을 증명하는 서류를 첨부하여 제출하여야 한다.

5. 환경오염방지물품 등에 대한 감면세

(1) 의 의

환경오염의 방지를 위하여 오염물질이나 폐기물 등의 처리를 위한 물품으로서 국내에서 제작하기 곤란한 물품이 수입된 때 관세를 감면하는 제도이다(법 제95조).

(2) 대 상

다음의 어느 하나에 해당하는 물품으로서 국내에서 제작하기 곤란한 물품

---

56) (가)부터 (마)의 확인 및 증명은 세관장이 당해 물품의 수량 또는 가격을 참작하여 필요없다고 인정하는 때에는 이를 생략할 수 있다.

이 수입될 때에는 그 관세를 감면할 수 있다(법 제95조 제1항).

① 오염물질(소음 및 진동을 포함한다)의 배출 방지 또는 처리를 위하여 사용하는 기계·기구·시설·장비로서 기획재정부령으로 정하는 것

② 폐기물 처리(재활용을 포함한다)를 위하여 사용하는 기계·기구로서 기획재정부령으로 정하는 것

③ 기계·전자기술 또는 정보처리기술을 응용한 공장 자동화 기계·기구·설비(그 구성기기를 포함한다) 및 그 핵심부분품으로서 기획재정부령으로 정하는 것

(3) 감면기간과 감면율

기계·전자기술 또는 정보처리기술을 응용한 공장 자동화 기계·기구·설비(그 구성기기를 포함한다) 및 그 핵심부분품으로서 기획재정부령으로 정하는 것의 경우 다음의 구분에 따른 감면율을 적용한다(법 제95조 제2항, 시행규칙 제46조 제4항).

① 중소제조업체[57]가 수입신고하는 경우: 100분의 30(2022년 12월 31일까지 수입신고하는 경우에는 100분의 70)

② 조세특례제한법 시행령 제6조의4 제1항에 따른 중견기업으로서 한국표준산업분류표[58]상 제조업을 경영하는 업체가 2022년 12월 31일까지 수입신고하는 경우: 100분의 50

(4) 감면신청

관세감면대상물품으로 지정받으려는 자는 ① 신청인의 주소·성명 및 상호, ② 사업의 종류, ③ 관세율표 번호·품명·규격·수량·가격·용도 및 구조를 적은 신청서에 해당 물품의 상품목록 등 참고자료를 첨부하여 주무부장관을 거쳐 기획재정부장관에게 제출하여야 한다(시행규칙 제47조 제1항).

---

57) 중소기업기본법 제2조에 따른 중소기업자로서 한국표준산업분류표상 제조업을 영위하는 업체
58) 통계법 제22조에 따라 통계청장이 고시하는 산업에 관한 표준류

6. 재수출면세

(1) 의 의

우리나라에 일시 입국하는 자가 본인이 사용하고 재수출할 목적으로 직접 휴대하여 반입하거나 별도로 반입하는 신변용품 등은 1년의 범위 내에서 다시 수출하는 경우 그 관세를 면제할 수 있다(법 제97조, 시행규칙 제50조).

(2) 대 상

다음의 물품으로 1년의 범위에서 대통령령으로 정하는 기준에 따라 세관장이 정하는 기간59)에 다시 수출하는 물품.

① 수입물품의 포장용품. 다만, 관세청장이 지정하는 물품을 제외한다.

② 수출물품의 포장용품. 다만, 관세청장이 지정하는 물품을 제외한다.

③ 우리나라에 일시입국하는 자가 본인이 사용하고 재수출할 목적으로 몸에 직접 착용 또는 휴대하여 반입하거나 별도로 반입하는 물품. 다만, 관세청장이 지정하는 물품을 제외한다.

④ 우리나라에 일시입국하는 자가 본인이 사용하고 재수출할 목적으로 직접 휴대하여 반입하거나 별도로 반입하는 직업용품 및 「신문 등의 진흥에 관한 법률」 제28조에 따라 지사 또는 지국의 설치등록을 한 자가 취재용으로 반입하는 방송용의 녹화되지 아니한 비디오테이프

⑤ 관세청장이 정하는 시설에서 국제해운에 종사하는 외국선박의 승무원의 후생을 위하여 반입하는 물품과 그 승무원이 숙박기간 중 당해 시설에서 사용하기 위하여 선박에서 하역된 물품

⑥ 박람회·전시회·공진회·품평회나 그 밖에 이에 준하는 행사에 출품 또는 사용하기 위하여 그 주최자 또는 행사에 참가하는 자가 수입하는 물품 중 해당 행사의 성격·규모 등을 고려하여 세관장이 타당하다고 인정하는 물품

⑦ 국제적인 회의·회합 등에서 사용하기 위한 물품

⑧ 법 제90조 제1항 제2호에 따른 기관 및 「국방과학연구소법」에 따른 국

---

59) 다만, 세관장은 부득이한 사유가 있다고 인정될 때에는 1년의 범위에서 그 기간을 연장할 수 있다.

방과학연구소에서 학술연구 및 교육훈련을 목적으로 사용하기 위한 학
술연구용품

⑨ 법 제90조제1항제2호에 따른 기관 및 「국방과학연구소법」에 따른 국방
과학연구소에서 과학기술연구 및 교육훈련을 위한 과학장비용품

⑩ 주문수집을 위한 물품, 시험용 물품 및 제작용 견본품

⑪ 수리를 위한 물품[수리를 위하여 수입되는 물품과 수리 후 수출하는
물품이 영 제98조제1항에 따른 관세·통계통합품목분류표상 10단위의
품목번호가 일치할 것으로 인정되는 물품만 해당한다]

⑫ 수출물품 및 수입물품의 검사 또는 시험을 위한 기계·기구

⑬ 일시입국자가 입국할 때에 수송하여 온 본인이 사용할 승용자동차·이
륜자동차·캠핑카·캬라반·트레일러·선박 및 항공기와 관세청장이 정
하는 그 부분품 및 예비품

⑭ 관세청장이 정하는 수출입물품·반송물품 및 환적물품을 운송하기 위
한 차량

⑮ 이미 수입된 국제운송을 위한 컨테이너의 수리를 위한 부분품

⑯ 수출인쇄물 제작원고용 필름(빛에 노출되어 현상된 것에 한한다)

⑰ 광메모리매체 제조용으로 정보가 수록된 마스터테이프 및 니켈판(생산
제품을 수출할 목적으로 수입되는 것임을 당해 업무를 관장하는 중앙행정기관
의 장이 확인한 것에 한한다)

⑱ 항공기 및 그 부분품의 수리·검사 또는 시험을 위한 기계·기구

⑲ 항공 및 해상화물운송용 파렛트

⑳ 수출물품 규격확인용 물품

㉑ 항공기의 수리를 위하여 일시 사용되는 엔진 및 부분품

㉒ 산업기계의 수리용 또는 정비용의 것으로서 무상으로 수입되는 기계
또는 장비

㉓ 외국인투자기업이 자체상표제품을 생산하기 위하여 일시적으로 수입
하는 금형 및 그 부분품

(3) 재수출면세기간

세관장은 재수출면세기간을 정하고자 하는 때에는 다음의 기간을 재수출
면세기간으로 한다. 이 경우 재수출면세물품이 행정당국에 의하여 압류된 경

우에는 해당 압류기간은 재수출면세 기간에 산입하지 않는다(시행령 제115조 제1항).

① 일시 입국하는 자가 본인이 사용하고 재수출할 목적으로 직접 휴대하여 수입하거나 별도로 수입하는 신변용품·취재용품 및 이와 유사한 물품의 경우에는 입국후 처음 출국하는 날까지의 기간

② 박람회·전시회·품평회 기타 이에 준하는 행사에 출품 또는 사용하기 위하여 수입하는 물품은 박람회 등의 행사기간종료일에 당해 물품을 재수출하는데 필요한 기일을 더한 기간

③ 수리를 위한 물품 및 그 재료는 수리에 소요되는 것으로 인정되는 기간

④ 기타의 물품은 당해 물품의 반입계약에 관한 증빙서류에 의하여 확인되는 기간으로 하되, 반입계약에 관한 증빙서류에 의하여 확인할 수 없는 때에는 당해 물품의 성질·용도·수입자·내용연수 등을 고려하여 세관장이 정하는 기간

(4) 재수출

재수출면세 받은 물품을 당해 기간 내에 수출하고자 하는 자는 수출신고시에 당해 물품의 수입신고필증 또는 이에 대신할 세관의 증명서와 기타 참고서류를 제출하여야 한다(시행령 제116조 제1항).

세관장은 재수출면세 받은 물품이 수출된 때에는 세관에 제출된 수입신고필증 또는 이에 대신할 세관의 증명서에 수출된 사실을 기재하여 수출신고인에게 교부하여야 한다(동조 제2항).

(5) 재수출불이행 가산세

재수출면세 받은 물품을 재수출기간 내에 수출되지 아니한 경우에는 500만원을 넘지 아니하는 범위에서 해당 물품에 부과될 관세의 100분의 20에 상당하는 금액을 가산세로 징수한다(법 제97조 제4항).

(6) 사후관리

재수출면세물품은 재수출면세기간에 용도 외의 다른 용도로 사용되거나 양도될 수 없다. 다만, 대통령령으로 정하는 바에 따라 미리 세관장의 승인을 받았을 때에는 그러하지 아니하다(법 제97조 제2항).

재수출기간 내에 수출하지 아니한 자, 용도 외로 사용한 자 또는 양도를 한 자로부터 면제된 관세를 즉시 징수하며, 양도인으로부터 해당 관세를 징수할 수 없을 때에는 양수인으로부터 면제된 관세를 즉시 징수한다. 다만, 재해나 그 밖의 부득이한 사유로 멸실되었거나 미리 세관장의 승인을 받아 폐기하였을 때에는 그러하지 아니하다(법 제97조 제3항).

7. 재수출감면세

(1) 의 의

장기간에 걸쳐 사용할 수 있는 물품으로서 그 수입이 임대차계약에 의하거나 도급계약의 이행과 관련하여 국내에서 일시적으로 사용하기 위하여 수입하는 물품이 그 수입신고 수리일부터 2년(장기간의 사용이 부득이한 물품으로서 기획재정부령으로 정하는 것 중 수입하기 전에 세관장의 승인을 받은 것은 4년의 범위에서 대통령령으로 정하는 기준에 따라 세관장이 정하는 기간을 말한다) 이내에 재수출되는 것에 대하여는 그 관세를 경감할 수 있다. 다만, 외국과 체결한 조약·협정 등에 따라 수입되는 것에 대하여는 상호 조건에 따라 그 관세를 면제한다(법 제98조 제1항).

(2) 감면대상

재수출감면물품은 다음의 요건을 갖춘 물품으로서 국내제작이 곤란함을 당해 물품의 생산에 관한 업무를 관장하는 중앙행정기관의 장 또는 그 위임을 받은 자가 확인하고 추천하는 기관 또는 기업이 수입하는 물품에 한한다(시행규칙 제52조).

① 법인세법 시행규칙 제15조의 규정에 의한 내용연수가 5년(금형의 경우에는 2년) 이상인 물품
② 개당 또는 세트당 관세액이 500만원 이상인 물품

(3) 감면율

재수출 감면율은 다음의 구분에 따른다(법 제98조 제1항 각호).
① 재수출기간이 6개월 이내인 경우: 해당 물품에 대한 관세액의 100분의 85
② 재수출기간이 6개월 초과 1년 이내인 경우: 해당 물품에 대한 관세액의

100분의 70

③ 재수출기간이 1년 초과 2년 이내인 경우: 해당 물품에 대한 관세액의 100분의 55

④ 재수출기간이 2년 초과 3년 이내인 경우: 해당 물품에 대한 관세액의 100분의 40

⑤ 재수출기간이 3년 초과 4년 이내인 경우: 해당 물품에 대한 관세액의 100분의 30

재수출기간 내에 수출하지 아니한 자, 용도 외로 사용한 자 또는 양도를 한 자로부터 감면된 관세를 즉시 징수하며, 양도인으로부터 해당 관세를 징수할 수 없을 때에는 양수인으로부터 감면된 관세를 즉시 징수한다. 다만, 재해나 그 밖의 부득이한 사유로 멸실되었거나 미리 세관장의 승인을 받아 폐기하였을 때에는 그러하지 아니하다(법 제98조 제2항, 제97조 제3항). 재수출의무 불이행시 500만원을 넘지 아니하는 범위에서 해당 물품에 부과될 관세의 100분의 20에 상당하는 금액을 가산세로 징수한다(법 제98조 제2항, 제97조 제4항).

(4) 재수출기간

세관장은 4년의 범위 내에서 재수출 기간을 정하고자 하는 때에는 당해 물품의 반입계약에 관한 증빙서류에 의하여 확인되는 기간을 기준으로 하여야 한다. 다만, 그 증빙서류에 의하여 확인되는 기간을 기준으로 하기가 적당하지 아니하거나 증빙서류에 의하여 확인할 수 없는 때에는 당해 감면물품의 성질 · 용도 · 임대차기간 또는 도급기간 등을 고려하여 타당하다고 인정되는 기간을 기준으로 할 수 있다(시행령 제115조 제2항).

8. 다른 법령에 의한 감면

(1) 조세특례제한법

국가적 사업을 위한 관세 감경(제118조), 외국인투자촉진을 위한 관세 등의 면제(제121조의3), 제주국제자유도시 육성을 위한 조세특례(제121조의10 · 11 · 13), 해저광물자원개발을 위한 관세 면제(제140조)가 있다.

(2) 국제협정

한미행정협정, 「물품의 일시수입을 위한 일시수입 통관 증서에 관한 관세 협약(Customs Convention on the A.T.A. Carnet for Temporary Admission of Goods)」 등 이 있다.

(3) 자유무역협정

FTA특례법 제30조 제1항에서는 일시수입물품 등에 대한 관세의 면제에 대하여 규정하고 있다.

Ⅲ. 관세감면절차

1. 관세감면신청

관세감면을 받고자 하는 자는 신청서를 세관장에게 제출하여야 한다. 예 외적으로 관세법 제241조 제2항에 따라 수입신고가 생략되거나 간이한 신고절 차가 적용되는 물품으로서 외교관 면세대상물품(법 제88조), 국제평화 봉사활동 등 용품(법 제91조 제3호), 신체장애인용품(법 제91조 제4호), 정부용품 등 면세대 상물품(법 제92조), 소액물품 등의 면세(법 제94조), 여행자휴대품·이사물품 등 의 면세(법 제96조), 재수입면세(법 제99조) 대상물품인 경우에는 면세신청서를 제출하지 아니하여도 신고서와 물품의 확인만으로 관세를 감면할 수 있다(수입 고시 제72조 제1항).

2. 관세감면율

관세의 감면을 받기 위해서는 수입신고 수리 전에 감면신청서를 제출하는 사전신고가 원칙이다. 예외적으로 관세법규의 복잡성 등을 고려하여 납세자의 권익을 두텁게 보호하기 위하여 수입신고 이후에도 일정한 기한 내에 관세의 감면신청을 할 수 있도록 허용하고 있다.[60][61]

---

60) 부과징수의 경우 '해당 납부고지를 받은 날부터 5일 이내'에 감면신청서를 적법하게 제출할 수 있다(시행령 제112조 제2항 제1호).
61) 대법원 2018. 11. 29. 선고 2015두56120 판결.

Ⅳ. 관세감면의 사후관리

1. 사후관리 대상

(1) 조건부 감면세에 대한 사후관리

세율불균형물품 면세, 학술연구용품 감면세, 종교용품·자선용품·장애인 용품 등 면세, 특정물품 면세, 환경오염방지물품 감면세 규정에 따라 관세를 감면받은 물품(사후관리 대상 물품)은 수입신고 수리일부터 3년의 범위에서 대통령령이 정하는 기준에 따라 관세청장이 정하는 기간에는 그 감면받은 용도 외의 다른 용도로 사용하거나 양도(임대 포함)할 수 없다. 다만, 기획재정부령으로 정하는 물품과 대통령령으로 정하는 바에 따라 미리 세관장의 승인을 받은 물품의 경우에는 그러하지 아니하다(법 제102조 제1항).

조건부 감면 받은 물품을 사후관리기간에 감면받은 용도 외의 다른 용도로 사용하거나 감면받은 용도 외의 다른 용도로 사용하려는 자에게 양도한 경우 그 용도 외의 다른 용도로 사용한 자나 그 양도인(임대인 포함)으로부터 감면된 관세를 즉시 징수하며, 양도인으로부터 해당 관세를 징수할 수 없을 때에는 양수인(임차인 포함)으로부터 감면된 관세를 징수한다. 다만, 재해나 그 밖의 부득이한 사유로 멸실되었거나 미리 세관장의 승인을 받아 폐기하였을 때에는 그러하지 아니하다(법 제102조 제2항).

(2) 재수출면세·재수출감면세에 대한 사후관리

재수출면세 또는 재수출감면세 규정에 따라 관세를 감면받은 물품은 재수출기간에 그 용도 외의 다른 용도로 사용되거나 양도될 수 없다. 다만, 대통령령으로 정하는 바에 따라 미리 세관장의 승인을 받았을 때에는 그러하지 아니하다(법 제97조 제2항, 제98조 제2항).

재수출면세(감면) 규정에 따라 관세를 면제(감면) 받은 물품을 재수출기간 내에 수출하지 아니한 경우 또는 그 용도 외의 다른 용도로 사용하거나 해당 용도 외의 다른 용도로 사용하려는 자에게 양도한 경우에는 수출하지 아니한 자, 용도 외로 사용한 자 또는 양도를 한 자로부터 면제(감면)된 관세를 즉시 징수하며, 양도인으로부터 해당 관세를 징수할 수 없을 때에는 양수인으로부터 면제된 관세를 즉시 징수한다. 다만, 재해나 그 밖의 부득이한 사유로 멸실되었거나 미리 세관장의 승인을 받아 폐기하였을 때에는 그러하지 아니하다(법 제97조 제3항).

(3) 양수제한물품

외교관용 물품 면세 규정에 따라 관세를 면제받은 물품 중 자동차(삼륜자동차와 이륜자동차 포함), 선박, 피아노, 전자오르간 및 파이프오르간, 엽총은 수입신고 수리일부터 3년의 범위에서 대통령령으로 정하는 기준에 따라 관세청장이 정하는 기간(사후관리기간)에 그 용도 외의 다른 용도로 사용하기 위하여 양수할 수 없다. 다만, 대통령령으로 정하는 바에 따라 미리 세관장의 승인을 받았을 때에는 그러하지 아니하다(법 제88조 제2항, 시행규칙 제34조 제4항).

양수제한물품을 사후관리기간에 그 용도 외의 다른 용도로 사용하기 위하여 양수한 경우에는 그 양수자로부터 면제된 관세를 즉시 징수한다(법 제88조 제3항).

(4) 다른 법령 등에 따른 감면물품

관세법 외의 법령이나 조약·협정 등에 따라 관세가 감면된 물품을 그 수입신고 수리일부터 3년 내에 해당 법령이나 조약·협정 등에 규정된 용도 외의 다른 용도로 사용하거나 양도하려는 경우에는 세관장의 확인을 받아야 한다. 다만, 해당 법령이나 조약·협정 등에 다른 용도로 사용하거나 양도한 경우에 해당 관세의 징수를 면제하는 규정이 있을 때에는 그러하지 아니하다(법 제109조 제1항).

위와 같이 세관장의 확인을 받아야 하는 물품에 대하여는 해당 용도 외의 다른 용도로 사용한 자 또는 그 양도를 한 자로부터 감면된 관세를 즉시 징수하여야 하며, 양도인으로부터 해당 관세를 징수할 수 없을 때에는 그 양수인으로부터 감면된 관세를 즉시 징수한다. 다만, 그 물품이 재해나 그 밖의 부득이한 사유로 멸실되었거나 미리 세관장의 승인을 받아 그 물품을 폐기하였을 때에는 예외로 한다(동조 제2항).

2. 감면의 승계

(1) 감면승계 대상

1) 용도 외 사용물품의 관세 감면

법령, 조약, 협정 등에 따라 관세를 감면받은 물품을 감면받은 용도 외의 다른 용도로 사용하거나 감면받은 용도 외의 다른 용도로 사용하려는 자에게 양도하는 경우(해당 물품을 다른 용도로 사용하는 자나 해당 물품을 다른 용도로 사용하기 위하여 양수하는 자가 그 물품을 다른 용도로 사용하기 위하여 수입하는 경우에는 그 물품에 대하여 법령 또는 조약, 협정 등에 따라 관세를 감면받을 수 있는 경우로 한정한다)에는 대통령령으로 정하는 바에 따라 용도세율, 외교관물품 면세, 재수출면세, 재수출감면세, 관세감면물품의 사후관리, 다른 법령 등에 따른 감면물품 규정에 따라 징수하여야 하는 관세를 감면할 수 있다(법 제103조 제1항).

2) 중소기업에 대한 감면승계

학술연구용품, 특정물품, 환경오염방지물품, 재수출감면세 규정에 따라 감면받은 물품은 「대·중소기업 상생협력 촉진에 관한 법률」 제2조 제4호에 따른 수탁·위탁거래의 관계에 있는 기업에 양도할 수 있으며, 이 경우 재수출감면세 및 관세감면물품의 사후관리에 따라 징수할 관세를 감면할 수 있다(법 제103조 제2항).

(2) 감면승계의 제한

관세법 외의 법령, 조약, 협정 등에 따라 그 감면된 관세를 징수할 때에는 감면하지 않는다(법 제103조 제1·2항).

(3) 감면세액 차액 징수

관세를 감면하는 경우에 새로운 용도에 따라 감면되는 관세의 금액이 당초에 감면된 관세의 금액보다 적은 경우에는 그 차액에 해당하는 관세를 징수한다(시행령 제120조 제2항).

(4) 사후관리기간

관세를 감면받은 경우 그 사후관리기간은 당초의 수입신고 수리일부터 계산한다(법 제103조 제3항).

3. 사후관리의 면제

(1) 세관장 승인

용도세율 적용 물품, 외교관용 물품, 재수출면세·감면세 또는 사후관리대상(세율불균형물품, 학술연구용품, 종교·자선·장애인용품, 특정물품면세, 환경오염방지 물품등) 중 용도외사용 등에 세관장의 승인을 얻은 경우에는 용도 외의 다른 용도로 사용하기 위하여 양수할 수 있다(시행령 제109조 제1항).

세관장의 승인을 얻고자 하는 자는 다음의 사항을 기재한 신청서를 당해 물품의 소재지를 관할하는 세관장에게 제출하여야 한다. 다만, 재수출면세·감면세의 경우에는 당해 물품을 최초에 수입신고한 세관에서도 할 수 있다(시행령 제109조 제2항).

① 당해 물품의 품명·규격·수량·관세감면액 또는 적용된 용도세율·수입신고수리 연월일 및 수입신고번호
② 당해 물품의 통관세관명
③ 승인신청이유
④ 당해 물품의 양수인의 사업의 종류, 주소·상호 및 성명(법인인 경우에는 대표자의 성명)

(2) 멸실·폐기

용도세율, 재수출면세·감면세, 사후관리대상, 다른 법령에 의한 감면물품이 재해 기타 부득이한 사유로 인하여 멸실된 경우 멸실 후 지체 없이 다음의 사항을 기재한 신청서에 그 사실을 증빙할 수 있는 서류를 첨부하여 세관장에게 제출하여야 한다(시행령 제109조 제2·3항).

① 멸실된 물품의 품명·규격·수량·수입신고수리 연월일 및 수입신고번호
② 멸실연월일 및 멸실장소

③ 멸실된 물품의 통관세관명

용도세율, 재수출면세·감면세, 사후관리대상, 다른 법령에 의한 감면물품에 대하여 세관장의 승인을 얻어 물품을 폐기하고자 하는 자는 다음의 사항을 기재한 신청서를 세관장에게 제출하여야 한다.
  ① 당해 물품의 품명·규격·수량·수입신고수리 연월일 및 수입신고번호
  ② 당해 물품의 통관세관명
  ③ 폐기의 사유·방법 및 장소와 폐기예정연월일

4. 사후관리기간

사후관리기간이란 관세감면물품의 용도외 사용 금지기간 및 양수·양도의 금지기간을 말한다. 사후관리기간은 제4편 관세형법 각론, 제4절 사후관리의무 위반에 관한 죄에 설명하였다.

5. 사후관리 종결

용도세율을 적용받거나 관세를 감면받은 물품을 세관장의 승인을 받아 수출한 경우에는 이 법을 적용할 때 용도 외의 사용으로 보지 아니하고 사후관리를 종결한다. 다만, 용도세율을 적용받거나 관세를 감면받은 물품을 가공하거나 수리할 목적으로 수출한 후 다시 수입하거나 해외시험 및 연구를 목적으로 수출한 후 다시 수입하여 재수입면세 또는 해외임가공물품 감면을 받은 경우에는 사후관리를 계속한다(법 제108조 제4항).

제8절 분할납부

Ⅰ. 천재지변 등으로 인한 분할납부

1. 분할납부사유

분할납부사유는 다음과 같다(법 제10조, 시행령 제2조 제1항).

① 전쟁·화재 등 재해나 도난으로 인하여 재산에 심한 손실을 입은 경우

② 사업에 현저한 손실을 입은 경우

③ 사업이 중대한 위기에 처한 경우

④ 그 밖에 세관장이 ①부터 ③까지의 규정에 준하는 사유가 있다고 인정하는 경우

2. 분할납부 기간 및 분할납부 횟수

분할납부는 1년을 넘지 아니하는 기간으로 한다. 이 경우 세관장은 필요하다고 인정하는 경우에는 납부할 관세에 상당하는 담보를 제공하게 할 수 있다(법 제10조).

① 전쟁·화재 등 재해나 도난으로 인하여 재산에 심한 손실을 입은 경우 1년 이내에 6회로 한다. ② 사업에 현저한 손실을 입은 경우와 ③ 사업이 중대한 위기에 처한 경우에는 9개월 이내 4회로 한다. ④ 그 밖에 세관장이 ① 부터 ③까지의 규정에 준하는 사유가 있다고 인정하는 경우에는 6개월 이내에 3회로 한다(시행령 제2조 제2항, 납부기한의 연장 및 분할납부에 관한 고시 제2조 제1항).

3. 분할납부 신청 및 승인

납부기한을 연장받고자 하는 자는 다음의 사항을 기재한 신청서를 당해 납부기한이 종료되기 전에 세관장에게 제출하여야 세관장의 승인을 받아야 한다(시행령 제2조 제3항).

① 납세의무자의 성명·주소 및 상호
② 납부기한을 연장받고자 하는 세액 및 당해 물품의 신고일자·신고번호
　·품명·규격·수량 및 가격
③ 납부기한을 연장받고자 하는 사유 및 기간

　납부기한 연장(분할납부) 승인 신청서 서식은 다음과 같다(위 고시 별지 제1
호 서식).

[서식 15.]

| 처리기간 : |
| 5일 |

납부기한 연장(분할납부) 승인 신청서

지원분야	□ 납부기한연장 □ 분할납부						
지원대상	중소제조기업, 피해기업 등 지원대상 유형 작성						

신청인	상 호		대 표 자	
	주 소		전 화 번 호	
	사업자등록번호		통관고유부호	

신청내용						
신고일자	수입신고번호	규격	수량	가격	세액	고지번호

납부기한연장·분할납부 신청사유	* 별지에 작성 가능
연장받고자 하는 기간	년 월 일부터 년 월 일까지 (일간)

분납금액 및 납부기한			
횟수	세목	납부기한	금액
1회		. . .	
2회		. . .	
3회		. . .	
4회		. . .	
5회		. . .	
6회		. . .	

관세법 제10조·제107조 및 같은 법 시행령 제2조·제125조의 규정에 의하여 위와 같이 납부기한연장(분할납부)의 승인을 신청합니다. 20 년 월 일 신고인 (서명 또는 인) ○ ○ 세 관 장 귀 하	위와 같이 납부기한연장(분할납부)을 승인합니다. 20 년 월 일 ○ ○ 세 관 장 \[직인\] 귀 하

납부기한의 연장 또는 분할납부 승인을 받은 자가 최초 납부기한의 연장 또는 분할납부 사유가 해소되지 않아 납부기한을 재연장하거나 분할납부 횟수를 확대하고자 하는 경우에는 최초 연장기간 및 분할납부 횟수를 초과하지 않는 범위 내에서 납부기한이 종료되기 전까지 납부기한 재연장(분할납부 횟수 확대) 승인 신청서를 세관장에게 제출하여 세관장의 승인을 받아야 한다(분할납부 고시 제2조 제2·3항).

4. 부과고지

세관장은 분할납부신청 승인을 통해 납부기한을 연장한 때에는 법 제39조에 따른 납부고지를 해야 한다(시행령 제2조 제4항).

5. 납부기한연장 취소

세관장은 납부기한연장(분할납부)을 받은 납세의무자가 다음 어느 하나에 해당하게 된 때에는 납부기한연장을 취소할 수 있다(시행령 제2조 제6항).
① 관세를 지정한 납부기한 내에 납부하지 아니하는 때
② 재산상황의 호전 기타 상황의 변화로 인하여 납부기한연장을 할 필요가 없게 되었다고 인정되는 때
③ 파산선고, 법인의 해산 기타의 사유로 당해 관세의 전액을 징수하기 곤란하다고 인정되는 때

세관장은 납부기한연장(분할납부)을 취소한 때에는 15일 이내의 납부기한을 정하여 법 제39조에 따른 납부고지를 해야 한다(시행령 제2조 제7항).

Ⅱ. 특정수입물품의 분할납부

1. 의 의

시설기계류, 정부나 지방자치단체가 수입하는 물품, 학교나 직업훈련원에서 수입하는 물품 등 특정수입물품의 경우 세관장이 승인을 통해 5년의 범위

내에서 분할납부를 할 수 있도록 하는 제도이다(법 제107조 제2항).

2. 분할납부 승인대상

다음의 어느 하나에 해당하는 물품이 수입될 때에는 세관장은 기획재정부령으로 정하는 바에 따라 5년을 넘지 아니하는 기간을 정하여 관세의 분할납부를 승인할 수 있다.

① 시설기계류, 기초설비품, 건설용 재료 및 그 구조물과 공사용 장비로서 기획재정부장관이 고시하는 물품. 다만, 기획재정부령으로 정하는 업종에 소요되는 물품은 제외한다.

② 정부나 지방자치단체가 수입하는 물품으로서 기획재정부령으로 정하는 물품

③ 학교나 직업훈련원에서 수입하는 물품과 비영리법인이 공익사업을 위하여 수입하는 물품으로서 기획재정부령으로 정하는 물품

④ 의료기관 등 기획재정부령으로 정하는 사회복지기관 및 사회복지시설에서 수입하는 물품으로서 기획재정부장관이 고시하는 물품

⑤ 기획재정부령으로 정하는 기업부설연구소, 산업기술연구조합 및 비영리법인인 연구기관, 그 밖에 이와 유사한 연구기관에서 수입하는 기술개발연구용품 및 실험실습용품으로서 기획재정부장관이 고시하는 물품

⑥ 기획재정부령으로 정하는 중소제조업체가 직접 사용하려고 수입하는 물품. 다만, 기획재정부령으로 정하는 기준에 적합한 물품이어야 한다.

⑦ 기획재정부령으로 정하는 기업부설 직업훈련원에서 직업훈련에 직접 사용하려고 수입하는 교육용품 및 실험실습용품 중 국내에서 제작하기가 곤란한 물품으로서 기획재정부장관이 고시하는 물품

제9절   세액의 계산과 가산세

Ⅰ. 세액의 계산

1. 관세액의 계산

관세액은 종가세의 과세표준인 수입물품의 가격에 관세율을 곱하여 계산한다. 관세의 과세가격은 관세평가방법에 따라 결정하고, 외국통화로 표시된 가격을 내국통화로 환산하여야 한다. 이때의 과세환율은 수입신고를 한 날이 속하는 주의 전주(前週)의 기준환율 또는 재정환율을 평균하여 관세청장이 정하는 율로 한다(법 제18조). 따라서 관세액은 과세가격×과세환율×관세율이 된다.

2. 내국세의 계산

수입물품에 대한 부가가치세, 지방소비세, 담배소비세, 지방교육세, 개별소비세, 주세, 교육세, 교통·에너지·환경세 및 농어촌특별세 등 내국세는 세관장이 부과·징수한다(법 제4조 제1항).

주세는 주정, 탁주 및 맥주의 경우 수입신고하는 수량을, 그 외의 주류는 수입신고하는 때의 가격을 과세표준으로 한다. 주정, 탁주, 맥주의 세율은 1킬로리터당 5만 7천원(주정), 41,700원(탁주), 830,300원(맥주)이고, 증류주류는 72%이다(주세법 제7·8조).

교육세는 개별소비세액에 따라 납부하여야 할 개별소비세액에 세율 30%를, 주세법에 따라 납부하여야 할 주세액에 세율 10%를 곱하여 계산한다(교육세법 제5조 제1항).

농어촌특별세의 과세표준은 개별소비세법에 따라 납부하여야 할 개별소비세액이고 세율은 30% 또는 10%이다(농어촌특별세법 제5조 제1항).

개별소비세는 해당 관세를 징수할 때의 관세의 과세가격과 관세를 합한 금액 또는 수량에 개별소비세율을 곱하여 계산한다(개별소비세법 제8조 제1항).

수입물품에 부과되는 세액의 계산식은 다음과 같다.

구 분		세액 계산식
관 세		과세가격×관세율
내국세	개별소비세	(과세가격+관세)×개별소비세율
	주 세	(과세가격+관세)×주세율
	농어촌특별세	개별소비세액×농어촌특별세율
	교육세	개별소비세액×교육세율 주세액×교육세율
	부가가치세	(과세가격+관세+개별소비세+주세+농어촌 특별세+교육세)×부가가치세율 10%

Ⅱ. 가산세

1. 무신고가산세

세관장은 수입신고를 하지 아니하고 수입된 물품에 대하여 관세를 부과 · 징수할 때에는 다음의 금액을 합한 금액을 가산세로 징수한다. 다만, 천재지변 등 수입신고를 하지 아니하고 수입한 데에 정당한 사유가 있는 것으로 세관장이 인정하는 경우는 제외한다(법 제42조 제3항).

① 해당 관세액의 100분의 20(법 제269조의 밀수출입죄에 해당하여 처벌받거나 통고처분을 받은 경우에는 100분의 40)

② 다음의 금액을 합한 금액

㉮ 해당 관세액×수입된 날부터 납부일까지의 기간(납부고지일부터 납부고지서에 따른 납부기한까지의 기간은 제외한다)×1일 10만분의 22의 율

㉯ 해당 관세액 중 납부고지서에 따른 납부기한까지 납부하지 아니한 세액×100분의 3(관세를 납부고지서에 따른 납부기한까지 완납하지 아니한 경우에 한정한다)

제2장 / 관세채권의 성립

2. 납부불성실 가산세

(1) 법정납부기한

관세의 납부기한은 납세신고를 한 경우 납세신고 수리일부터 15일 이내, 경정에 따른 납부고지를 한 경우 납부고지를 받은 날부터 15일 이내, 수입신고 전 즉시반출신고를 한 경우 수입신고일부터 15일 이내이다(법 제9조 제1항).

(2) 보 정

납세의무자는 신고납부한 세액이 부족하다는 것을 알게 되거나 세액산출의 기초가 되는 과세가격 또는 품목분류 등에 오류가 있는 것을 알게 되었을 때에는 신고납부한 날부터 6개월 이내 해당 세액을 보정(補正)하여 줄 것을 세관장에게 신청할 수 있다(법 제38조의2 제1항).

세관장은 신청에 따라 세액을 보정한 결과 부족한 세액이 있을 때에는 제42조에도 불구하고 납부기한 다음 날부터 보정신청을 한 날까지의 기간과 금융회사의 정기예금에 대하여 적용하는 이자율을 고려하여 대통령령으로 정하는 이율에 따라 계산한 금액을 더하여 해당 부족세액을 징수하여야 한다. 다만, 다음의 어느 하나에 해당하는 경우에는 그러하지 아니하다(동조 제5항).
① 국가 또는 지방자치단체가 직접 수입하는 물품 등 대통령령으로 정하는 물품의 경우
② 신고납부한 세액의 부족 등에 대하여 납세의무자에게 대통령령으로 정하는 정당한 사유가 있는 경우

(3) 수정 · 경정

납세의무자는 신고납부한 세액 · 보정신청한 세액 및 수정신고한 세액이 부족한 경우로 보정기간이 지난 경우 수정신고를 할 수 있다. 이 경우 납세의무자는 수정신고한 날의 다음 날까지 해당 관세를 납부하여야 한다(법 제38조의3 제1항). 세관장은 납세의무자가 신고납부한 세액, 납세신고한 세액 또는 경정청구한 세액을 심사한 결과 과부족하다는 것을 알게 되었을 때에는 그 세액을 경정한다(동조 제6항).

(4) 가산세

법정납부기한까지 납부하지 아니한 관세액을 징수하거나 수정·경정에 따라 부족세액을 징수할 때에는 다음의 금액을 합한 금액을 가산세로 징수한다(법 제42조 제1항).

① 부족세액의 100분의 10

② 다음의 금액을 합한 금액

㉮ 미납부세액 또는 부족세액×법정납부기한의 다음 날부터 납부일까지의 기간(납부고지일부터 납부고지서에 따른 납부기한까지의 기간은 제외한다)×금융회사 등이 연체대출금에 대하여 적용하는 이자율 등을 고려하여 대통령령으로 정하는 이자율

㉯ 법정납부기한까지 납부하여야 할 세액 중 납부고지서에 따른 납부기한까지 납부하지 아니한 세액×100분의 3(관세를 납부고지서에 따른 납부기한까지 완납하지 아니한 경우에 한정한다)

(5) 허위·부정신고

납세자가 부정한 행위로 과소신고한 경우에는 위의 가산세 계산식에서 부족세액의 100분의 40에 상당하는 금액으로 가중한 금액을 가산세로 징수한다. 부정한 행위란 납세자가 관세의 과세표준 또는 세액계산의 기초가 되는 사실의 전부 또는 일부를 은폐하거나 가장하는 것에 기초하여 관세의 과세표준 또는 세액의 신고의무를 위반하는 것으로서 ① 이중송품장·이중계약서 등 허위증명 또는 허위문서의 작성이나 수취, ② 세액심사에 필요한 자료의 파기, ③ 관세부과의 근거가 되는 행위나 거래의 조작·은폐, ④ 그 밖에 관세를 포탈하거나 환급 또는 감면을 받기 위한 부정한 행위 등을 말한다(법 제42조 제2항, 시행령 제39조 제4항).

2021. 12. 21. 개정 관세법[62]은 종전에 납세의무자가 과소신고한 세액의 보정을 신청하면 가산세를 부과하지 아니하였던 것을 납세의무자가 과세표준 또는 세액 계산의 기초가 되는 사실을 은폐하거나 가장하는 등 부정한 행위로 과소신고한 후 세액의 보정을 신청하는 경우에는 법 제42조 제2항(허위·부정신

---

62) 법률 제18583호.

고)에 따른 가산세를 부과하도록 하였다(동조 제6항).

3. 수입신고 지연 가산세

수입하거나 반송하려는 물품을 지정장치장 또는 보세창고에 반입하거나 보세구역이 아닌 장소에 장치한 자는 그 반입일 또는 장치일부터 30일 이내에 수입신고를 하여야 한다(법 제241조 제3항). 관세청장은 신고지연 가산세 적용대상 보세구역[63]을 정하고 있는데, 이 보세구역에 반입된 물품에 대하여 위 기간 내에 수입 또는 반송의 신고를 하지 아니한 경우에는 해당 물품 과세가격의 100분의 2에 상당하는 금액의 범위에서 대통령령으로 정하는 금액을 가산세로 징수한다(동조 제4항). 가산세율은 해당 물품 과세가격의 1천분의 5부터 1천분의 20까지의 범위 내로 가산세액은 총 500만원을 초과할 수 없다(시행령 제247조 제1·2항). 과세가격에 일정비율을 가산하는 형태로 부과하므로 면세나 무세품의 경우에도 가산세의 부과가 가능하다. 보세건설장·보세전시장·세관검사장은 장치기능이 없어 수입신고 지연 가산세가 부과되지 않는다.

4. 재수출 불이행 가산세

재수출면세·감면세 적용을 받은 물품이 기간 내에 수출되지 아니한 경우에는 500만원을 넘지 아니하는 범위에서 해당 물품에 부과될 관세의 100분의 20에 상당하는 금액을 가산세로 징수한다(법 제97조 제4항, 제98조 제2항).

5. 미신고 휴대품·이사물품 등 가산세

(1) 여행자휴대품 미신고 가산세

여행자·승무원이 휴대품을 신고하지 아니하여 과세하는 경우 납부할 세액(관세, 내국세 포함)의 100분의 40에 상당하는 금액을 가산세로 징수한다. 같은 여행자나 승무원이 입국일을 기준으로 소급하여 2년 이내에 2회 이상 휴대품 미신고로 가산세를 징수하는 경우 납부할 세액의 60%에 상당하는 금액을 가산

---

63) 보세화물고시 별표 1. 예컨대, 인천공항세관 지정장치장, 인천공항 검역검사소 등이 있다.

세로 징수하도록 가중규정을 두고 있다(법 제241조 제5항, 시행령 제247조 제4항).

(2) 이사물품 미신고 가산세

우리나라로 거주를 이전하기 위하여 입국하는 자가 입국할 때에 수입하는 이사물품을 신고하지 아니하여 과세하는 경우 납부할 세액(관세, 내국세 포함)의 100분의 20에 상당하는 금액을 가산세로 징수한다(법 제241조 제5항).

6. 즉시반출신고 후 수입신고불이행 가산세

세관장은 즉시반출을 한 자가 기간 내에 수입신고를 하지 아니하는 경우에는 관세를 부과·징수한다. 이 경우 해당 물품에 대한 관세의 100분의 20에 상당하는 금액을 가산세로 징수한다(법 제253조 제4항).

7. 가산세 면제의 정당한 사유

보정이자, 가산세의 경우 신고납부한 세액의 부족 등에 대하여 납세의무자에게 대통령령으로 정하는 정당한 사유가 있는 경우 가산세를 징수하지 않는다(법 제38조의2 제5항 단서, 제42조 제3항 단서).

이때 대통령령으로 정하는 정당한 사유란 ① 천재지변 등으로 인한 기한연장 사유에 해당하는 경우, ② 법 해석에 관한 질의·회신 등에 따라 신고·납부했으나 이후 동일한 사안에 대해 다른 과세처분을 하는 경우, ③ 그 밖에 납세자가 의무를 이행하지 않은 정당한 사유가 있는 경우를 말한다(시행령 제32조의4 제6항).

판례에 의하면, 장기간 수입신고 수리되는 동안 과세관청이 이를 문제 삼지 않았다는 사정,[64] 세관공무원의 잘못된 구두 설명을 신뢰한 경우[65] 등은 정당한 사유로 인정되기 어렵다.

---

64) 대법원 2004. 6. 24. 선고 2002두10780 판결.
65) 대법원 1993. 11. 23. 선고 93누15939 판결.

제 **3** 장
관세채권의 확정

제 1 절 총 설

    납세의무가 성립하면 납세의무자는 신고확정의무가 생기고, 국가는 관세를 징수할 수 있는 상태가 된다. 과세요건이 충족되었다는 것만으로는 납세의무가 추상적으로 성립한 상태에 불과하므로 국가가 징수절차에 나아가기 위해서는 관세채무의 내용을 구체적으로 확인하는 확정절차를 밟아야 한다.[1] 이러한 확정절차는 납세의무자의 신고행위 또는 과세관청의 부과처분에 의해 이루어진다. 관세법은 납세의무자가 스스로 과세표준과 세액을 신고하는 신고납부방식을 원칙으로 하고 예외적인 경우 부과고지 방식에 따라 관세채무를 확정하도록 하고 있다.

제 2 절 신고납부

Ⅰ. 의 의

    납세의무자 자신이 과세표준과 세액을 가장 잘 알고 있으므로 조세민주주의 실현이나 과세행정의 능률을 위해서 신고납부의무를 원칙으로 하고 있다. 납세의무자가 납세신고를 하고 해당 세액을 납부한 때에 세액이 확정되고, 신

---

  1) 임승순, 115−116면.

고납부세액이 확정된 때에는 보정신청·수정신고 또는 경정청구를 하지 않고
는 신고납부세액을 정정할 수 없다.

Ⅱ. 절 차

1. 납세신고

(1) 의 의

물품을 수입하려는 자는 수입신고를 할 때에 세관장에게 관세의 납부에 관
한 신고를 하여야 한다(법 제38조 제1항). 납세신고의 대상은 원칙적으로 모든 수
입물품이다. 다만, 법 제39조에 따라 세관장이 부과고지하는 물품은 제외한다.

(2) 방 식

납세신고는 별도의 납세신고서를 제출하는 것이 아니라 수입신고서에 납
세신고할 내용을 기재하여 제출하는 것으로 갈음한다.

(3) 납세신고사항

납세신고사항은 다음과 같다(시행령 제32조 제1항).
① 당해 물품의 품목분류·세율과 품목분류마다 납부하여야 할 세액 및 그
합계액
② 관세법 기타 법률·조약에 의하여 관세의 감면을 받는 경우 그 감면액
과 법적근거
③ 특수관계에 해당하는지 여부와 그 내용

2. 세액심사

(1) 원 칙

세관장은 납세신고를 받으면 수입신고서에 기재된 사항과 이 법에 따른
확인사항 등을 심사하되, 신고한 세액에 대하여는 수입신고를 수리한 후에 심
사한다(법 제38조 제2항 본문). 이와 같이 사후세액심사제도를 원칙으로 하고 있

는 것은 신속통관을 위한 것이다.

(2) 사전세액심사제도

예외적으로 신고한 세액에 대하여 관세채권을 확보하기가 곤란하거나, 수입신고를 수리한 후 세액심사를 하는 것이 적당하지 아니하다고 인정하여 기획재정부령으로 정하는 물품의 경우 수입신고를 수리하기 전에 심사한다(법 제38조 제2항 단서).

수입신고 수리 전 세액심사 대상물품은 ① 법률 또는 조약에 의하여 관세 또는 내국세를 감면받고자 하는 물품, ② 분할납부하고자 하는 물품, ③ 관세를 체납하고 있는 자가 신고하는 물품, ④ 납세자의 성실성 등을 참작하여 관세청장이 정하는 기준에 해당하는 불성실신고인이 신고하는 물품, ⑤ 물품의 가격변동이 큰 물품 기타 수입신고 수리 후에 세액을 심사하는 것이 적합하지 아니하다고 인정하여 관세청장이 정하는 물품을 말한다(시행규칙 제8조).

(3) 자율심사

납세실적과 수입규모 등을 고려하여 관세청장이 정하는 요건을 갖춘 자가 신청할 때에는 납세신고한 세액을 자체적으로 심사(자율심사)하게 할 수 있다. 이 경우 해당 납세의무자는 자율심사한 결과를 세관장에게 제출하여야 한다(법 제38조 제3항). 관세청장이 정하는 요건을 갖춘 자란 수출입 안전관리 우수 공인업체(AEO[2] 공인업체)를 말한다(법 제255조의2, 납세고시 제47조 제1항).

3. 보정신청

납세의무자는 신고납부한 세액이 부족하다는 것을 알게 되거나 세액산출의 기초가 되는 과세가격 또는 품목분류 등에 오류가 있는 것을 알게 되었을 때에는 신고납부한 날부터 6개월 이내(보정기간)에 해당 세액을 보정(補正)하여 줄 것을 세관장에게 신청할 수 있다(법 제38조의2 제1항). 세관장으로부터 보정신청 통지를 받은 때에도 이와 같다(동조 제2항).

한편, 세관장은 신고납부한 세액이 부족하다는 것을 알게 되거나 세액산

---

2) Authorized Economic Operator.

출의 기초가 되는 과세가격 또는 품목분류 등에 오류가 있다는 것을 알게 되었을 때에는 대통령령으로 정하는 바에 따라 납세의무자에게 해당 보정기간에 보정신청을 하도록 통지할 수 있다. 이 경우 세액보정을 신청하려는 납세의무자는 대통령령으로 정하는 바에 따라 세관장에게 신청하여야 한다(동조 제2항).

납세의무자가 부족한 세액에 대한 세액의 보정을 신청한 경우에는 해당 보정신청한 날의 다음 날까지 부족한 세액을 납부하여야 한다(법 제38조의2 제4항).

세관장은 신청에 따라 세액을 보정한 결과 부족한 세액이 있을 때에는 납부기한 다음 날부터 보정신청을 한 날까지의 기간과 금융회사의 정기예금에 대하여 적용하는 이자율을 고려하여 대통령령으로 정하는 이율3)에 따라 계산한 금액을 더하여 해당 부족세액을 징수하여야 한다.

다만 국가 또는 지방자치단체가 직접 수입하는 물품과 국가 또는 지방자치단체에 기증되는 물품, 우편물(수입신고를 해야 하는 것 제외), 신고납부한 세액의 부족 등에 대하여 납세의무자에게 대통령령으로 정하는 정당한 사유가 있는 경우에는 예외로 한다(동조 제5항, 시행령 제32조의4 제5항).

4. 수정신고

신고납부한 날로부터 보정기간이 지난 후 신고납부한 세액에 부족이 있는 경우 수정신고를 할 수 있다(법 제38조의3 제1항). 수정신고는 수정신고 내용을 기재한 수입·납세신고정정신청서를 납세신고를 할 때의 세관장에게 제출하여야 한다(납세고시 제11조 제1항). 납세의무자가 수정신고를 하는 경우에 납부하여야 할 세액은 해당 부족세액과 다음의 금액을 합한 금액이다(동조 제2항).

① 부족 관세액을 징수하는 때의 가산세는 다음의 금액을 합한 금액
  ㉮ 해당 부족 관세액의 100분의 10
  ㉯ 해당 부족 관세액×당초 납부기한의 다음 날부터 수정신고일까지의 기간×10만분의 22의 율
② 부족 내국세액을 징수하는 때의 가산세는 국세기본법 제47조의2, 제47조의3 및 제47조의4까지에 따라 산출

---

3) 연 1천분의 29

5. 경정청구

(1) 원 칙

납세의무자는 신고납부한 세액, 보정신청한 세액 및 수정신고한 세액이 과다한 것을 알게 되었을 때에는 최초로 납세신고를 한 날부터 5년 이내에 신고한 세액의 경정을 세관장에게 청구할 수 있다(법 제38조의3 제2항). 세관장은 경정의 청구를 받은 날부터 2개월 이내에 세액을 경정하거나 경정하여야 할 이유가 없다는 뜻을 그 청구를 한 자에게 통지하여야 한다(동조 제4항).

(2) 후발적 경정청구

납세의무자는 최초의 신고 또는 경정에서 과세표준 및 세액의 계산근거가 된 거래 또는 행위 등이 그에 관한 소송에 대한 판결4)에 의하여 다른 것으로 확정되는 등 대통령령으로 정하는 사유가 발생하여 납부한 세액이 과다한 것을 알게 되었을 때에는 그 사유가 발생한 것을 안 날부터 2개월 이내에 대통령령으로 정하는 바에 따라 납부한 세액의 경정을 세관장에게 청구할 수 있다(법 제38조의3 제3항). 후발적 경정청구 사유는 다음과 같다(시행령 제34조 제2항).

① 최초의 신고 또는 경정에서 과세표준 및 세액의 계산근거가 된 거래 또는 행위 등이 그에 관한 소송에 대한 판결(판결과 같은 효력을 가지는 화해나 그 밖의 행위를 포함한다)에 의하여 다른 것으로 확정된 경우
② 최초의 신고 또는 경정을 할 때 장부 및 증거서류의 압수, 그 밖의 부득이한 사유로 과세표준 및 세액을 계산할 수 없었으나 그 후 해당 사유가 소멸한 경우
③ 법 제233조 제1항 후단에 따라 원산지증명서 등의 진위 여부 등을 회신 받은 세관장으로부터 그 회신 내용을 통보받은 경우

세관장은 경정의 청구를 받은 날부터 2개월 이내에 세액을 경정하거나 경정하여야 할 이유가 없다는 뜻을 그 청구를 한 자에게 통지하여야 한다(동조 제4항).

---

4) 판결과 같은 효력을 가지는 화해나 그 밖의 행위를 포함한다.

(3) 수입물품의 과세가격 조정에 따른 경정

관세의 납세의무자는 국조법 제7조 제1항에 따라 관할 지방국세청장 또는 세무서장이 해당 수입물품의 거래가격을 조정하여 과세표준 및 세액을 결정·경정 처분하거나 국세청장이 해당 수입물품의 거래가격과 관련하여 소급하여 적용하도록 사전승인을 함에 따라 그 거래가격과 이 법에 따라 신고납부·경정한 세액의 산정기준이 된 과세가격 간 차이가 발생한 경우 경정을 청구할 수 있다(법 제38조의4).

경정청구 기간은 그 결정·경정 처분 또는 사전승인이 있음을 안 날(처분 또는 사전승인의 통지를 받은 경우에는 그 받은 날)부터 3개월 또는 최초로 납세신고를 한 날부터 5년 내이다(법 제38조의4 제1항). 경정청구를 받은 세관장은 해당 수입물품의 거래가격 조정방법과 계산근거 등이 법 제30조부터 제35조까지의 규정에 적합하다고 인정하는 경우에는 세액을 경정할 수 있다(동조 제2항). 이때 관할 지방국세청장 또는 세무서장과 협의할 수 있다(동조 제6항). 세관장은 경정청구를 받은 날부터 2개월 내에 세액을 경정하거나 경정하여야 할 이유가 없다는 뜻을 청구인에게 통지하여야 한다(동조 제3항). 세관장의 통지에 이의가 있는 청구인은 그 통지를 받은 날(2개월 내에 통지를 받지 못한 경우에는 2개월이 지난 날)부터 30일 내에 기획재정부장관에게 국세의 정상가격과 관세의 과세가격 간의 조정을 신청할 수 있다(동조 제4항).

6. 경 정

세관장은 납세의무자가 신고납부한 세액, 납세신고한 세액 또는 경정청구한 세액을 심사한 결과 과부족하다는 것을 알게 되었을 때에는 대통령령으로 정하는 바에 따라 그 세액을 경정하여야 한다(법 제38조의3 제6항).

제3절 부과고지

Ⅰ. 의 의

물품의 성질상 신고납세제도를 적용할 수 없는 경우 예외적으로 부과고지
방식에 의해 납세의무가 확정된다. 부과고지 대상인 경우 납세의무자가 과세
가격 또는 납부세액을 신고하였다 하더라도 납세의무를 확정시키는 효과는 없
다. 다만, 과세관청의 부과처분에 필요한 근거자료나 참고자료를 제출하는 협
력의무 이행으로서의 의미가 있을 뿐이다.

Ⅱ. 절 차

1. 부과고지 대상

관세법 제39조 제1항은 부과고지 대상으로 ① 예외적으로 과세물건이 확
정되는 제16조 제1호부터 제6호까지 및 제8호부터 제11호까지에 해당되어 관
세를 징수하는 경우, ② 보세건설장에서 건설된 시설로서 수입신고가 수리되
기 전에 가동된 경우, ③ 보세구역에 반입된 물품이 수입신고가 수리되기 전에
반출된 경우, ④ 납세의무자가 관세청장이 정하는 사유[5]로 과세가격이나 관세
율 등을 결정하기 곤란하여 부과고지를 요청하는 경우, ⑤ 즉시반출 후 기한
내 수입신고를 하지 아니하여 관세를 징수하는 경우, ⑥ 그 밖에 납세신고가
부적당한 것으로서 기획재정부령으로 정하는 경우를 정하고 있다.

'납세신고가 부적당한 것으로서 기획재정부령으로 정하는 경우'와 관련하
여 관세법 시행규칙 제9조는 여행자 또는 승무원의 휴대품 및 별송품, 수출입
신고대상을 제외한 우편물, 법령의 규정에 의하여 세관장이 관세를 부과·징수

---

5) 중소기업기본법 제2조에 따른 중소기업에 해당되는 자가 화주직접신고를 하는 경우로서 다음
   의 어느 하나에 해당하는 경우를 말한다(납세고시 제13조 제2항).
   ① 법 제37조 제1항 각 호 외의 사항으로 과세가격 결정방법 사전심사 신청대상에는 해당되지
      아니하나 과세가격을 결정하는 것이 곤란하여 부과고지를 요청하는 경우
   ② 법 제83조에 따른 용도세율적용대상여부와 관련하여 관세율 등을 결정하기 곤란하여 부과
      고지를 요청한 경우

하는 물품, 납세신고가 부적당하다고 인정하여 관세청장이 지정하는 물품을 정하고 있고, 관세청장은 납세고시에 부과고지 대상에 대하여 다음과 같이 규정하고 있다(납세고시 제13조 제3항).

① 개인인 국내거주자가 수취하는 탁송품[6]
② 해체, 절단 또는 손상, 변질 등으로 물품의 성상이 변한 물품
③ 이사물품고시 적용대상 물품
④ 중고승용차 중 별표에 해당하는 물품

한편, 세관장은 과세표준, 세율, 관세의 감면 등에 관한 규정의 적용 착오 또는 그 밖의 사유로 이미 징수한 금액이 부족한 것을 알게 되었을 때에는 그 부족액을 징수한다(법 제39조 제2항). 세관장이 납세의무를 확정한다는 점에서 부족액의 징수도 부과고지 대상에 해당한다.

2. 납부고지와 송달

(1) 납부고지

세관장이 부과고지 방식으로 관세를 징수하려는 경우에는 대통령령으로 정하는 바에 따라 납세의무자에게 납부고지를 하여야 한다(법 제39조 제3항). 납부고지는 이미 성립한 관세채무의 내용을 세관장이 확인하여 납세의무자에게 통지하여 이행을 청구하는 행위로 이를 관세의 부과처분이라고도 한다.

납부고지는 세목, 세액, 납부장소 등을 기재한 납부고지서를 납세의무자에게 교부하는 방식으로 하는 것이 원칙이다. 다만, 여행자 휴대품 등의 경우 그 물품을 검사한 공무원이 검사장소에서 관세를 현장수납할 수 있는데(법 제43조), 이때에는 그 공무원으로 하여금 말로써 고지하게 할 수 있다(시행령 제36조).

(2) 송 달

납부고지서의 송달은 납세의무자에게 직접 발급하는 경우를 제외하고는 인편, 우편 또는 전자송달의 방법으로 한다(법 제11조 제1항). 종전에는 납세의무자의 주소, 거소, 영업소 또는 사무소가 모두 분명하지 아니하여 관세의 납

---

6) 다만, 특송고시의 간이신고 특송물품은 제외한다.

부고지서를 송달할 수 없을 때 납부고지사항을 공고한 날부터 14일이 지나면 납부고지서의 송달이 된 것으로 본다고 규정하고 있었으나, 2022. 12. 31. 개정 관세법[7]은 납세자의 권리를 보호하기 위하여 주소, 거소(居所), 영업소 또는 사무소가 국외에 있어 송달하기 곤란하거나 납세의무자가 송달장소에 없는 경우로서 등기우편이 수취인 부재로 반송되는 경우 등에도 공시송달을 할 수 있도록 하였다(동조 제2항).

등기우편으로 송달하였으나 수취인 부재로 반송되는 경우 등 대통령령으로 정하는 경우란 다음의 어느 하나에 해당하는 경우를 말한다.

① 서류를 등기우편으로 송달하였으나 수취인이 부재중(不在中)인 것으로 확인되어 반송됨으로써 납부기한까지 송달이 곤란하다고 인정되는 경우
② 세관공무원이 2회 이상 납세자를 방문[처음 방문한 날과 마지막 방문한 날 사이의 기간이 3일(기간을 계산할 때 공휴일, 대체공휴일, 토요일 및 일요일은 산입하지 않는다) 이상이어야 한다]해 서류를 교부하려고 하였으나 수취인이 부재중인 것으로 확인되어 납부기한까지 송달이 곤란하다고 인정되는 경우

한편, 2022. 12. 31. 개정 관세법[8]은 공시방법을 관세청 또는 세관 게시판 외에 국가관세종합정보망, 관보 또는 일간신문 등으로 다양화하였다(동조 제3항).

---

7) 법률 제19186호(시행 2023. 7. 1.)
8) 법률 제19186호(시행 2023. 7. 1.)

제 **4** 장

관세채권의 소멸과 불복절차

제 1 절   관세채권의 소멸

관세 또는 강제징수비를 납부하여야 하는 의무는 ① 관세를 납부하거나 관세에 충당한 때, ② 관세부과가 취소된 때, ③ 제척기간이 만료된 때, ④ 관세징수권의 소멸시효가 완성된 때에 소멸한다.

Ⅰ. 관세부과권의 제척기간

1. 원 칙

관세는 해당 관세를 부과할 수 있는 날부터 5년이 지나면 부과할 수 없다 (법 제21조 제1항 본문). 제척기간의 기산일은 수입신고한 날의 다음날로 하되(시행령 제6조 본문), 다음의 경우에는 예외로 한다(동조 단서).

① 법 제16조 제1호 내지 제11호(과세물건 확정시기의 예외)에 해당되는 경우에는 그 사실이 발생한 날의 다음날

② 의무불이행 등의 사유로 감면된 관세를 징수하는 경우에는 그 사유가 발생한 날의 다음

③ 보세건설장에 반입된 외국물품의 경우에는 다음의 날 중 먼저 도래한 날의 다음날

㉮ 보세건설장 건설공사완료보고를 한 날

㉯ 특허보세구역의 특허기간(특허기간을 연장한 경우에는 연장기간을 말한

　　다)이 완료되는 날

④ 과다환급 또는 부정환급 등의 사유로 관세를 징수하는 경우에는 환급
　　한 날의 다음날

⑤ 법 제28조에 따라 잠정가격을 신고한 후 확정된 가격을 신고한 경우에
　　는 확정된 가격을 신고한 날의 다음 날(다만, 법 제28조 제2항에 따른 기간
　　내에 확정된 가격을 신고하지 아니하는 경우에는 해당 기간의 만료일의 다음날)

2. 관세포탈의 경우

　　부정한 방법으로 관세를 포탈하였거나 환급 또는 감면받은 경우 관세 부
과의 제척기간은 10년이다(법 제21조 제1항 단서).

3. 예 외

　　다음의 어느 하나에 해당하는 경우에는 각 그 규정된 기간까지는 해당 결
정·판결·회신결과 또는 경정청구에 따라 경정이나 그 밖에 필요한 처분을 할
수 있다(법 제21조 제2항).

① 이의신청·심사청구 또는 심판청구에 대한 결정이 있은 경우, 감사원법
　　에 따른 심사청구에 대한 결정이 있은 경우, 행정소송법에 따른 소송에 대
　　한 판결이 있은 경우, 압수물품의 반환결정이 있은 경우: 그 결정·판결
　　이 확정된 날부터 1년

② 양허세율의 적용여부 및 세액 등을 확정하기 위하여 원산지증명서를
　　발급한 국가의 세관이나 그 밖에 발급권한이 있는 기관에 원산지증명
　　서 및 원산지증명서확인자료의 진위 여부, 정확성 등의 확인을 요청한
　　경우: 해당 요청에 따라 회신을 받은 날과 회신기간이 종료된 날 중 먼
　　저 도래하는 날부터 1년

③ 경정청구가 있는 경우 또는 수입물품의 과세가격 조정에 따른 조정 신
　　청에 대한 결정통지가 있는 경우: 경정청구일 또는 결정통지일로부터
　　2개월

II. 관세징수권의 소멸시효

1. 원 칙

관세의 징수권은 원칙적으로 5년 동안 행사하지 아니하면 소멸시효가 완성된다. 다만 내국세를 포함하여 5억원 이상인 관세의 소멸시효는 10년이다(법 제22조 제1항).

관세징수권을 행사할 수 있는 날인 기산일은 ① 신고납부하는 경우 수입 신고가 수리된 날부터 15일이 경과한 날의 다음날, ② 월별납부의 경우에는 그 납부기한이 경과한 날의 다음날, ③ 보정신청하는 경우 보정신청일의 다음날의 다음날, ④ 수정신고하는 경우 수정신고일의 다음날의 다음날, ⑤ 부과고지의 경우 납부고지를 받은 날부터 15일이 경과한 날의 다음날, ⑥ 수입신고전 즉시반출신고 후 납부하는 관세에 있어서는 수입신고한 날부터 15일이 경과한 날의 다음날, ⑦ 기타 법령에 의하여 납부고지하여 부과하는 관세에 있어서 납부기한을 정한 때에는 그 납부기한이 만료된 날의 다음날이다(법 제22조 제3항, 시행령 제7조 제1항).

2. 소멸시효 중단 · 정지사유

(1) 중단사유

관세징수권의 소멸시효 중단사유는 ① 납부고지, ② 경정처분, ③ 납세독촉, ④ 통고처분, ⑤ 고발, ⑥ 특가법 제16조에 따른 공소제기, ⑦ 교부청구, ⑧ 압류가 있다(법 제23조 제1항).

(2) 정지사유

관세징수권의 소멸시효는 관세의 분할납부기간, 징수유예기간, 압류 · 매각의 유예기간 또는 사해행위취소소송 기간 중에는 진행하지 아니한다(법 제23조 제3항). 다만, 사해행위취소소송으로 인한 시효정지의 효력은 소송이 각하, 기각 또는 취하된 경우에는 효력이 없다(동조 제4항).

3. 환급청구권의 소멸시효

납세자의 과오납금 또는 그 밖의 관세의 환급청구권은 그 권리를 행사할 수 있는 날부터 5년간 행사하지 아니하면 소멸시효가 완성된다(법 제22조 제2항).

관세환급청구권을 행사할 수 있는 날은 ① 경정으로 인한 환급의 경우에는 경정결정일, ② 착오납부 또는 이중납부로 인한 환급의 경우에는 그 납부일, ③ 계약과 상이한 물품 등에 대한 환급의 경우에는 당해 물품의 수출신고 수리일 또는 보세공장반입신고일, ④ 폐기, 멸실, 변질, 또는 손상된 물품에 대한 환급의 경우에는 해당 물품이 폐기, 멸실, 변질 또는 손상된 날, ⑤ 수입한 상태 그대로 수출되는 자가사용물품에 대한 환급의 경우에는 수출신고가 수리된 날,[1] ⑥ 법 제106조의2 제2항에 따라 국제무역선, 국제무역기 또는 보세판매장에서 구입한 후 환불한 물품에 대한 환급의 경우에는 해당 물품이 환불된 날, ⑦ 종합보세구역에서 물품을 판매하는 자가 법 제199조의2 및 이 영 제216조의5 제2항의 규정에 의하여 환급받고자 하는 경우에는 동 규정에 의한 환급에 필요한 서류의 제출일, ⑧ 수입신고 또는 입항전수입신고를 하고 관세를 납부한 후 신고가 취하 또는 각하된 경우에는 신고의 취하일 또는 각하일, ⑨ 적법하게 납부한 후 법률의 개정으로 인하여 환급하는 경우에는 그 법률의 시행일이다(법 제22조 제3항, 시행령 제7조 제2항).

환급청구권의 소멸시효는 환급청구권의 행사로 중단된다(법 제23조 제2항).

제 2 절   불복절차

과세 전 통지에 대하여 과세전적부심사를 거치는 경우 인용되면 과세되지 않고, 기각되면 과세처분이 이루어진다. 과세 전 통지가 없거나 과세전적부심사를 제기하지 않는 경우 곧바로 처분이 이루어진다. 이 처분에 대하여 심사청구 또는 심판청구는 필요적으로 거친 후 행정소송을 제기하여야 한다.

---

1) 다만, 수출신고가 생략되는 물품의 경우에는 운송수단에 적재된 날로 한다.

Ⅰ. 과세 전 불복절차

1. 과세 전 통지

세관장은 경정(법 제38조의3 제6항)이나 관세추징(법 제39조 제2항) 규정에 따라 납부세액이나 납부하여야 하는 세액에 미치지 못한 금액을 징수하려는 경우에는 미리 납세의무자에게 그 내용을 서면으로 통지하여야 한다. 다만, 관세포탈죄로 고발되어 포탈세액을 징수하는 경우 등[2])에는 통지를 생략할 수 있다 (법 118조 제1항).

2. 과세전적부심사

(1) 과세전적부심사 청구

납세의무자는 세관장의 통지를 받았을 때에는 그 통지를 받은 날부터 30일 이내에 기획재정부령으로 정하는 세관장[3])에게 통지 내용이 적법한지에 대한 심사를 청구할 수 있는데, 이를 과세전적부심사라 한다(법 제118조 제2항 본문, 시행규칙 제61조).

다만, 법령에 정한 관세청장의 유권해석을 변경하여야 하거나 새로운 해

---

2) 그 밖에 과세 전 통지 생략사유는 다음과 같다.
   ① 통지하려는 날부터 3개월 이내에 관세부과의 제척기간이 만료되는 경우, ② 납세의무자가 확정가격을 신고한 경우, ③ 수입신고 수리 전에 세액을 심사하는 경우로서 그 결과에 따라 부족세액을 징수하는 경우, 제93조 제3항에 따라 면제된 관세를 징수하거나 제102조 제2항에 따라 감면된 관세를 징수하는 경우, ④ 그 밖에 관세의 징수가 곤란하게 되는 등 사전통지가 적당하지 아니한 경우로서 대통령령으로 정하는 경우.

3) ① 인천세관장·평택세관장·김포공항세관장·인천공항국제우편세관장·수원세관장 및 안산세관장의 통지에 대한 과세전적부심사인 경우: 인천세관장
   ② 서울세관장·안양세관장·천안세관장·청주세관장·성남세관장 및 파주세관장의 통지에 대한 과세전적부심사인 경우: 서울세관장
   ③ 부산세관장·김해공항세관장·용당세관장·양산세관장·창원세관장·마산세관장·경남남부세관장 및 경남서부세관장의 통지에 대한 과세전적부심사인 경우: 부산세관장
   ④ 대구세관장·울산세관장·구미세관장·포항세관장·속초세관장 및 동해세관장의 통지에 대한 과세전적부심사인 경우: 대구세관장
   ⑤ 광주세관장·광양세관장·목포세관장·대전세관장·여수세관장·군산세관장·제주세관장 및 전주세관장의 통지에 대한 과세전적부심사인 경우: 광주세관장

석이 필요한 다음과 같은 경우에는 관세청장에게 이를 청구할 수 있다(동조 단서, 시행령 제143조 제1항).

① 관세청장의 훈령·예규·고시 등과 관련하여 새로운 해석이 필요한 경우
② 관세청장의 업무감사결과 또는 업무지시에 따라 세액을 경정하거나 부족한 세액을 징수하는 경우
③ 관세평가분류원장의 품목분류 및 유권해석에 따라 수출입물품에 적용할 세율이나 물품분류의 관세율표 번호가 변경되어 세액을 경정하거나 부족한 세액을 징수하는 경우
④ 동일 납세의무자가 동일한 사안에 대하여 둘 이상의 세관장에게 과세전적부심사를 청구하여야 하는 경우
⑤ 위 ①부터 ④까지의 규정에 해당하지 아니하는 경우로서 과세전적부심사 청구금액이 5억원 이상인 것

위와 같이 납세의무자가 관세청장에게 과세전적부심사를 청구한 경우 세관장은 그 청구 부분에 대하여 결정이 있을 때까지 경정을 유보(留保)해야 한다. 다만, 다음의 어느 하나에 해당하는 경우에는 그렇지 않다(시행령 제143조 제2항).

① 과세전적부심사를 청구한 날부터 법 제21조에 따른 관세부과의 제척기간 만료일까지 남은 기간이 3개월 이하인 경우
② 법 제118조 제1항 각 호의 어느 하나에 해당하는 경우
③ 납세의무자가 과세전적부심사를 청구한 이후 세관장에게 조기에 경정해 줄 것을 신청한 경우

(2) 과세전적부심사청구에 대한 결정

과세전적부심사를 청구 받은 세관장이나 관세청장은 그 청구를 받은 날부터 30일 이내에 관세심사위원회의 심사를 거쳐 결정을 하고, 그 결과를 청구인에게 통지하여야 한다(법 제118조 제3항).

다만, 과세전적부심사 청구기간이 지난 후 과세전적부심사청구가 제기된 경우 등 대통령령으로 정하는 사유에 해당하는 경우에는 해당 위원회의 심사를 거치지 아니하고 결정할 수 있다(동조 제3항 단서).

과세전적부심사 청구에 대한 결정은 불채택, 청구의 전부 또는 일부 채택,

심사하지 아니한다는 결정을 할 수 있다. 채택결정의 경우 구체적인 채택의 범위를 정하기 위하여 사실관계 확인 등 추가적으로 조사가 필요한 경우에는 세관장으로 하여금 이를 재조사하여 그 결과에 따라 당초 통지 내용을 수정하여 통지하도록 하는 재조사 결정을 할 수 있다(법 제118조 제4항).

Ⅱ. 행정심판·행정소송

1. 의 의

(1) 불복청구인과 대상

관세법이나 그 밖의 관세에 관한 법률 또는 조약에 따른 처분으로서 위법한 처분 또는 부당한 처분을 받거나 필요한 처분을 받지 못하여 권리나 이익을 침해당한 자는 그 처분의 취소 또는 변경을 청구하거나 필요한 처분을 청구할 수 있다(법 제119조 제1항 본문).

권리나 이익을 침해당한 제2차 납세의무자 등 대통령령으로 정하는 이해관계인[4]은 그 처분에 대하여 심사청구 또는 심판청구를 하여 그 처분의 취소 또는 변경이나 그 밖에 필요한 처분을 청구할 수 있다.

(2) 제외대상

① 관세법에 따른 통고처분, ② 감사원법에 따라 심사청구를 한 처분이나 그 심사청구에 대한 처분, ③ 관세법이나 그 밖의 관세에 관한 법률에 따른 과태료 부과처분에 대해서는 그러하지 아니하다(법 제119조 제1항 단서).

또한, ④ 이의신청, 심사청구 또는 심판청구에 대한 처분에 대해서는 이의신청, 심사청구 또는 심판청구를 제기할 수 없다. 심사청구가 이유 있다고 인정되는 경우 하는 재조사결정에 따른 처분청의 처분에 대해서는 이의신청을 할 수 없고, 다만 해당 재조사 결정을 한 재결청에 심사청구 또는 심판청구를 제기할 수 있다(동조 제3·4항).

---

4) ① 제2차 납세의무자로서 납부고지서를 받은 자, ② 법 제19조 제10항에 따라 물적 납세의무를 지는 자로서 납부고지서를 받은 자, ③ 납세보증인, ④ 그 밖에 기획재정부령으로 정하는 자(영 제145조 제3항).

(3) 행정심판 전치주의

관세처분의 취소를 구하는 행정소송은 일반의 행정소송에 적용되는 행정심판의 임의적 전치주의와는 달리 반드시 심사청구 또는 심판청구를 거쳐야 하는 필요적 전치주의가 적용된다(법 제120조 제2항). 이러한 전심절차로는 관세청장에 대한 심사청구, 조세심판원장에게 하는 심판청구, 감사원법에 따른 심사청구가 있어 그중 하나를 선택할 수 있다.

동일한 처분에 대하여는 심사청구와 심판청구를 중복하여 제기할 수 없다(법 제119조 제10항). 수입물품에 부과하는 내국세 등의 부과, 징수, 감면, 환급 등에 관한 세관장의 처분에 불복하는 자도 관세법에 의한 이의신청·심사청구 및 심판청구를 할 수 있다(법 제119조 제8항).

(4) 관세심사위원회

법 제118조 제2항에 따른 과세전적부심사, 제132조 제1항에 따른 이의신청, 제122조 제1항에 따른 심사청구의 사항을 심의하거나 심의·의결하기 위하여 세관 납세자보호위원회 및 관세청 납세자보호위원회에 각각 분과위원회로 관세심사위원회를 둔다. 이 경우 관세심사위원회의 심의 또는 심의·의결은 납세자보호위원회의 심의 또는 심의·의결로 본다(법 제118조의4 제9항).

(5) 대리인

이의신청인, 심사청구인 또는 심판청구인은 변호사나 관세사를 대리인으로 선임할 수 있다(법 제126조 제1항).

이의신청인, 심사청구인 또는 심판청구인은 신청 또는 청구의 대상이 대통령령으로 정하는 금액(3천만원) 미만인 경우에는 배우자, 4촌 이내의 혈족 또는 배우자의 4촌 이내의 혈족을 대리인으로 선임할 수 있다(동조 제2항, 시행령 제149조의2).

대리인은 본인을 위하여 청구에 관한 모든 행위를 할 수 있다. 다만, 청구의 취하는 특별한 위임을 받은 경우에만 할 수 있다(법 제126조 제4항).

대리인의 권한은 서면으로 증명하여야 하고(동조 제3항), 대리인을 해임하였을 때에는 그 뜻을 서면으로 해당 재결청에 신고하여야 한다(동조 제5항).

(6) 집행부정지원칙

이의신청·심사청구 또는 심판청구는 법령에 특별한 규정이 있는 경우를 제외하고는 해당 처분의 집행에 효력을 미치지 아니한다(법 제125조 제1항 본문).

다만, 해당 재결청이 처분의 집행 또는 절차의 속행 때문에 이의신청인, 심사청구인 또는 심판청구인에게 중대한 손해가 생기는 것을 예방할 긴급한 필요성이 있다고 인정할 때에는 처분의 집행 또는 절차 속행의 전부 또는 일부의 정지를 결정할 수 있다(법 제125조 제1항 단서).

(7) 정보통신망을 이용한 불복청구

이의신청인, 심사청구인 또는 심판청구인은 관세청장 또는 조세심판원장이 운영하는 정보통신망을 이용하여 이의신청서, 심사청구서 또는 심판청구서를 제출할 수 있다(법 제129조의2 제1항).

정보통신망을 이용하여 이의신청서, 심사청구서 또는 심판청구서를 제출하는 경우에는 관세청장 또는 조세심판원장에게 이의신청서, 심사청구서 또는 심판청구서가 전송된 때에 이 법에 따라 제출된 것으로 본다(동조 제2항).

2. 이의신청

심사청구 또는 심판청구에 앞서 이의신청을 할 수 있다(법 제119조 제2항). 이의신청은 필요적 절차는 아니다. 이의신청은 해당 처분을 하였거나 하였어야 할 세관장에게 한다(법 제132조 제1항). 이의신청을 받은 세관장은 관세심사위원회의 심의를 거쳐 결정하여야 한다(동조 제2항).

3. 심사청구

(1) 심사청구기간

심사청구는 해당 처분을 한 것을 안 날(처분하였다는 통지를 받았을 때에는 통지를 받은 날을 말한다)부터 90일 이내에 제기하여야 한다(법 제121조 제1항).

이의신청을 거친 후 심사청구를 하려는 경우에는 이의신청에 대한 결정을 통지받은 날부터 90일 이내에 하여야 한다. 다만, 이의신청 결정기간 내에 결정을 통지받지 못한 경우에는 결정을 통지받기 전이라도 그 결정기간이 지난 날부터 심사청구를 할 수 있다(동조 제2항).

우편으로 제출(「국세기본법」 제5조의2에서 정한 날을 기준으로 한다)한 심사청구서가 청구기간이 지나 세관장 또는 관세청장에게 도달한 경우에는 그 기간의 만료일에 청구된 것으로 본다(동조 제3항).

심사청구인이 천재지변 등의 사유(신고, 신청, 청구, 그 밖의 서류의 제출 및 통지에 관한 기한 연장 사유로 한정한다)로 90일 내에 심사청구를 할 수 없을 때에는 그 사유가 소멸한 날부터 14일 이내에 심사청구를 할 수 있다. 이 경우 심사청구인은 그 기간 내에 심사청구를 할 수 없었던 사유, 그 사유가 발생한 날과 소멸한 날, 그 밖에 필요한 사항을 적은 문서를 함께 제출하여야 한다(동조 제4항).

(2) 심사청구절차

심사청구는 대통령령으로 정하는 바에 따라 불복하는 사유를 심사청구서에 적어 해당 처분을 하였거나 하였어야 하는 세관장을 거쳐 관세청장에게 하여야 한다(법 제122조 제1항).

심사청구기간을 계산할 때에는 해당 심사청구서가 세관장에게 제출된 때에 심사청구가 된 것으로 본다. 해당 심사청구서가 해당 처분을 하였거나 하였어야 하는 세관장 외의 세관장[5]이나 관세청장에게 제출된 경우에도 또한 같다(동조 제2항).

해당 심사청구서를 제출받은 세관장은 이를 받은 날부터 7일 내에 그 심사청구서에 의견서를 첨부하여 관세청장에게 보내야 한다(동조 제3항). 관세청장은 세관장의 의견서를 받은 때에는 지체 없이 해당 의견서의 부본을 심사청구인에게 송부하여야 한다(동조 제4항).

심사청구인은 송부 받은 의견서에 대하여 반대되는 증거서류 또는 증거물을 관세청장에게 제출할 수 있다(동조 제5항).

---

5) 심사청구서가 법 제122조 제1항의 규정에 의한 세관장외의 세관장 또는 관세청장에게 제출된 때에는 당해 청구서를 관할세관장에게 지체없이 송부하고 그 뜻을 당해 청구인에게 통지하여야 한다(영 제145조 제4항).

(3) 심사청구서의 보정

관세청장은 심사청구의 내용이나 절차가 이 절에 적합하지 아니하지만 보정할 수 있다고 인정되는 경우에는 20일 이내의 기간을 정하여 해당 사항을 보정할 것을 요구할 수 있다. 다만, 보정할 사항이 경미한 경우에는 직권으로 보정할 수 있다(법 제123조 제1항). 보정요구를 받은 심사청구인은 보정할 사항을 서면으로 작성하여 관세청장에게 제출하거나, 관세청에 출석하여 보정할 사항을 말하고 그 말한 내용을 세관공무원이 기록한 서면에 서명 또는 날인함으로써 보정할 수 있다(동조 제2항). 보정기간은 제121조에 따른 심사청구기간에 산입하지 아니한다(동조 제3항).

(4) 결정절차

심사청구가 있으면 관세청장은 관세심사위원회의 의결에 따라 결정하여야 한다. 다만, 심사청구기간이 지난 후 심사청구가 제기된 경우 등 대통령령으로 정하는 사유에 해당하는 경우에는 그러하지 아니하다. 이때 대통령령으로 정하는 경미한 사항은 다음과 같다(시행령 제150조).

① 심사청구기간이 지난 경우
② 심사청구의 대상이 되는 처분이 존재하지 아니하는 경우
③ 해당 처분으로 권리 또는 이익을 침해당하지 아니한 자가 심사청구를 제기한 경우
④ 심사청구의 대상이 되지 아니하는 처분에 대하여 심사청구가 제기된 경우
⑤ 법 제123조 제1항에 따른 보정기간 내에 필요한 보정을 하지 아니한 경우
⑥ 심사청구의 대상이 되는 처분의 내용·쟁점·적용법령 등이 이미 관세심사위원회의 심의를 거쳐 결정된 사항과 동일한 경우
⑦ 그 밖에 신속히 결정하여 상급심에서 심의를 받도록 하는 것이 권리구제에 도움이 된다고 판단되는 경우

관세청장은 관세심사위원회의 의결이 법령에 명백히 위반된다고 판단하는 경우 구체적인 사유를 적어 서면으로 관세심사위원회에 한 차례에 한정하여 다시 심의할 것을 요청할 수 있다(법 제127조 제2항).

관세심사위원회의 회의는 공개하지 아니한다. 다만, 관세심사위원회의 위원장이 필요하다고 인정할 때에는 공개할 수 있다(동조 제3항).

(5) 결 정

심사청구에 대한 결정은 다음의 구분에 따른다(법 제128조 제1항).

1) 심사청구가 다음의 어느 하나에 해당하는 경우: 각하 결정

① 심판청구를 제기한 후 심사청구를 제기(같은 날 제기한 경우도 포함한다)한 경우
② 제121조에 따른 심사청구 기간이 지난 후에 심사청구를 제기한 경우
③ 제123조에 따른 보정기간 내에 필요한 보정을 하지 아니한 경우
④ 적법하지 아니한 심사청구를 제기한 경우
⑤ 가목부터 라목까지의 규정에 따른 경우와 유사한 경우로서 대통령령으로 정하는 경우

2) 심사청구가 이유 없다고 인정되는 경우: 기각 결정

3) 심사청구가 이유 있다고 인정되는 경우: 그 청구의 대상이 된 처분의 취소·경정 또는 필요한 처분의 결정. 이 경우 취소·경정 또는 필요한 처분을 하기 위하여 사실관계 확인 등 추가적으로 조사가 필요한 경우에는 처분청으로 하여금 이를 재조사하여 그 결과에 따라 취소·경정하거나 필요한 처분을 하도록 하는 재조사 결정을 할 수 있다.

(6) 불고불리·불이익변경 금지

관세청장은 심사청구에 따른 결정을 할 때 심사청구를 한 처분 외의 처분에 대해서는 그 처분의 전부 또는 일부를 취소 또는 변경하거나 새로운 처분의 결정을 하지 못한다(법 제128조의2 제1항).

관세청장은 심사청구에 따른 결정을 할 때 심사청구를 한 처분보다 청구인에게 불리한 결정을 하지 못한다(동조 제2항).

4. 감사원법에 의한 심사청구

감사원법에 의한 심사청구는 그 처분을 한 것을 안 날(처분의 통지를 받았을 때에는 그 통지를 받은 날을 말한다)부터 90일 이내에 하여야 한다(법 제119조 제5항). 심사청구를 거친 처분에 대한 행정소송은 그 심사청구에 대한 결정을 통지받은 날부터 90일 내에 처분청을 당사자로 하여 제기하여야 한다(동조 제6항). 이 기간은 불변기간이다(동조 제7항).

5. 심판청구

심판청구는 국무총리 소속의 조세심판원에 한다(법 제131조, 국세기본법 제67조 제1항). 심판청구는 해당 처분이 있음을 안 날(처분의 통지를 받은 때에는 그 받은 날)부터 90일 이내에 제기하여야 한다(국세기본법 제68조 제1항). 이의신청을 거친 후 심사청구를 하려면 이의신청에 대한 결정의 통지를 받은 날부터 90일 이내에 제기하여야 한다. 다만, 이의신청 결정기간 내에 결정의 통지를 받지 못한 경우에는 결정의 통지를 받기 전이라도 그 결정기간이 지난 날부터 심사청구를 할 수 있다(동조 제2항).

6. 행정소송

행정소송은 심사청구나 심판청구에 따른 결정을 통지받은 날부터 90일 이내에 제기하여야 한다. 다만, 심사청구나 심판청구의 결정기간 내에 결정을 통지받지 못한 경우에는 결정을 통지받기 전이라도 그 결정기간이 지난 날부터 행정소송을 제기할 수 있다(법 제120조 제3항). 위 기간은 불변기간이다(동조 제6항).

제 3 편

관세형법
총론

제1장

관세범죄와 죄형법정주의

관세법은 통관질서법, 조세법적 성격의 규정과 더불어 관세범죄에 대한 제재법적 성격의 규정을 함께 규정하고 있다. 이 책에서는 관세법 규정 중 관세범의 성립요건과 형벌에 관한 규정을 관세형법이라 한다. 관세형벌은 그 시대의 국가 경제정책, 수출입정책, 국민들의 수출입에 관한 질서의식 등을 고려하여 경제적·사회적 상황에 맞추어 국가재정권과 통관질서의 유지를 보호하기 위해 적절한 형벌의 종류와 범위가 정하여지는 과정을 거쳐 왔다.[1] 관세형법 총론에서는 관세범죄의 특징과 이러한 특징에 기인한 처벌에 관한 특별규정에 관하여 살펴보기로 한다.

제1절 관세범죄

I. 관세범의 의의

관세법은 관세의 부과·징수 및 수출입 물품의 통관을 적정하게 하고 관세수입을 확보함으로써 국민경제의 발전에 이바지하기 위하여 제정되었다. 관세형벌은 이러한 관세 징수의 확보와 통관의 적정을 기함을 궁극적인 목적으로 관세행정의 실효성을 확보하기 위하여 규정된 제재이다.[2]

관세범이란 관세법 규정 또는 관세법에 따른 명령을 위반하는 행위로 관세법에 따라 형사처벌되거나 통고처분되는 것을 말한다(법 제283조 제1항). 따라서 과태료가 부과되는 관세질서범과 구별된다(법 제277조).

---

1) 헌재 1998. 11. 26. 97헌바67.
2) 헌재 1996. 11. 28. 96헌가13.

　　범죄가 성립하기 위해서는 구성요건해당성뿐만 아니라 그러한 행위가 전체 법질서 차원에서 허용되지 않는 위법성이 인정되어야 한다. 구성요건에 해당하는 행위는 위법성조각사유가 없는 한 위법하다. 형법상 위법성조각사유는 정당행위, 정당방위, 긴급피난, 자구행위, 피해자의 승낙 등이 있다. 위법성조각사유가 있으면 구성요건해당성이 있더라도 위법성이 없어 죄가 되지 않는다. 관세범죄는 국가적 법익이나 사회적 법익을 보호하는 범죄로 형법상 위법성조각사유가 적용되는 경우는 많지 않다.

Ⅱ. 관세범의 특징

1. 행정(재정)범

　　관세범은 조세범 또는 재정범의 일종으로 행정범에 속한다. 사회적 윤리성을 강조하고 공공의 안녕질서를 보호하기 위하여 범인의 반사회적 악성을 처벌하는 자연범인 형사범과는 달리, 관세범은 관세의 징수를 확보하고 통관질서를 유지하는 데 방해가 되는 행위를 처벌하는 것으로 행정의 합목적성이 강조되는 특징을 지니고 있다.[3] 관세법은 필요적 몰수·추징절차와 같은 재정적인 규제수단을 통하여 강제력을 확보하고 있는데, 이러한 규제수단은 재정범으로서의 성격이 강한 관세범의 성격에 부합하고 정책적으로도 바람직하다.[4]

2. 영리범

　　관세범은 영리획득을 목적으로 장기적·연속적·반복적으로 이루어지는 경향이 있다. 따라서 국가경제에 미치는 영향이 크다. 관세범은 영리범이라는 특성을 지니고 있어 쉽게 근절되기 어려울 뿐만 아니라, 범행의 인지나 범인의 체포 등이 매우 어렵다. 따라서 관세법은 법정형을 중하게 정하는 등으로 법률의 위하적 효과로서 일반 예방적 효과를 제고하고 있다.[5]

---

3) 헌재 1996. 11. 28. 96헌가13.
4) 헌재 2010. 7. 29. 2008헌바145.
5) 헌재 1996. 11. 28. 96헌가13.

3. 전문성

관세범은 무역을 전제로 하므로 국내외의 사정과 법규, 국제상품 등에 관한 전문적인 지식을 요한다. 따라서 지능적이고 전문적인 성격이 강한 범죄이다. 특히 밀수범의 경우에는 일반적으로 자금·운반·보관·판매 등이 조직화되고 분업화되어 있는 등 범죄 단체화되어 있는 특징이 있다.[6]

제 2 절   죄형법정주의

Ⅰ. 법률주의

헌법 제12조 제1항의 죄형법정주의 원칙은 범죄와 형벌을 입법부가 제정한 형식적 의미의 법률로 규정하는 것을 그 핵심적 내용으로 한다. 이를 법률주의라 한다. 적법하게 체결되어 공포된 조약은 국내법과 같은 효력을 갖는 것이어서 여기서 말하는 형식적 의미의 법률에 포함된다. 따라서 조약에 의해 새로운 범죄를 구성하거나 범죄자에 대한 처벌이 가중되는 것은 국내법에 의하여 형사처벌을 가중한 것과 같아 죄형법정주의에 위배되지 않는다.[7]

죄형법정주의에서도 위임입법은 허용된다. 사회현상의 복잡·다양성 등으로 위임입법이 불가피하고, 헌법 제75조에서도 법률에서 구체적으로 범위를 정한 경우 위임입법이 가능하다고 규정하고 있다. 다만, 법률에 의한 처벌규정의 위임은 죄형법정주의와 적법절차를 규정한 헌법의 기본권보장 우위사상에 비추어 바람직하지 못한 것이므로 그 요건과 범위를 엄격하게 제한적으로 적용되어야 한다. 따라서 위임을 하는 경우에도 법률에서 범죄의 구성요건은 처벌대상행위가 어떠한 것일 것이라고 예측할 수 있을 정도로 구체적으로 정하여야 한다.[8]

---

6) 헌재 2019. 2. 28. 2016헌가13.
7) 헌재 1998. 11. 26. 97헌바65. 마라케쉬협정도 적법하게 체결되어 공포된 조약이므로 국내법과 같은 효력을 갖는 것이어서, 그로 인하여 새로운 범죄를 구성하거나 관세법위반자의 처벌이 가중된다고 하더라도 이것은 국내법에 의하여 형사처벌을 가중한 것과 같은 효력을 갖는 것이다(성낙인, 320면).
8) 헌재 2000. 1. 27. 98헌가9.

Ⅱ. 소급효금지의 원칙

1. 의 의

헌법 제13조는 형벌불소급원칙을 정하고 있는데, 이는 범죄의 성립과 처벌을 행위시의 법률에 의하게 함으로써 사후법률에 의한 처벌을 금지하여 국민의 법적안정성을 도모하려는 데 그 목적이 있다.9) 범죄의 성립과 처벌은 행위시의 법률에 의하는데(형법 제1조 제1항), 이는 죄형법정주의의 소급효금지원칙에 따른 것이다. 여기서 행위시란 범죄행위의 종료시를 의미한다.10)

포괄일죄로 되는 개개의 범죄행위가 법 개정의 전후에 걸쳐서 행하여진 경우에는 신·구법의 법정형에 대한 경중을 비교하여 볼 필요도 없이 범죄 실행 종료시의 법이라고 할 수 있는 신법을 적용하여 포괄일죄로 처단한다.11) 이때 '이 법 시행 전에 행한 종전의 법위반 행위는 종전의 규정에 따른다'는 개정법 부칙 규정이 적용될 수도 없다.12)

2. 구별되는 개념

개정된 신법의 적용이 유리한 경우 신법을 적용하는 것은 소급효금지원칙이 적용되지 않으므로 허용된다. 이러한 시혜적 소급입법을 할 것인지 여부는 입법재량의 문제이다.13)

판례의 변경은 법률의 변경이 아니라 법률조항의 내용을 확인하는 것에 지나지 않는다. 따라서 행위 당시 판례에 의하면 처벌대상이 되지 아니하는 것으로 해석되었던 행위를 판례의 변경에 따라 확인된 내용의 법률조항에 근거하여 처벌한다고 하여 형벌불소급의 원칙에 반한다고 할 수 없다.14)

---

9) 대법원 1995. 7. 28. 선고 93도1977 판결.
10) 대법원 1994. 5. 10. 선고 94도563 판결.
11) 대법원 1994. 10. 28. 선고 93도1166 판결.
12) 대법원 1998. 2. 24. 선고 97도183 판결.
13) 헌재 1998. 11. 26. 97헌바65.
14) 대법원 1999. 9. 17. 선고 97도3349, 대법원 1999. 7. 15. 선고 95도2870 판결.

Ⅲ. 명확성의 원칙

죄형법정주의의 원칙에서 파생되는 명확성의 원칙은 법률이 처벌하고자 하는 행위가 무엇이며 그에 대한 형벌이 어떠한 것인지를 누구나 예견할 수 있고, 그에 따라 자신의 행위를 결정할 수 있도록 구성요건을 명확하게 규정하는 것을 의미한다.15) 통상의 해석방법에 의하여 그 의미내용을 합리적으로 파악할 수 있는 것이라면, 처벌법규의 명확성의 원칙에 반한다거나 자의적으로 처벌 범위를 넓히는 해석이라고 할 수 없다.16)

"처벌법규의 구성요건이 명확하여야 한다고 하여 모든 구성요건을 단순한 서술적 개념으로 규정하여야 하는 것은 아니고, 다소 광범위하여 법관의 보충적인 해석을 필요로 하는 개념을 사용하였다고 하더라도 통상의 해석방법에 의하여 건전한 상식과 통상적인 법감정을 가진 사람이면 당해 처벌법규의 보호법익과 금지된 행위 및 처벌의 종류와 정도를 알 수 있도록 규정하였다면 처벌법규의 명확성에 배치되는 것이 아니다. 또한 어떠한 법규범이 명확한지 여부는 그 법규범이 수범자에게 법규의 의미내용을 알 수 있도록 공정한 고지를 하여 예측가능성을 주고 있는지 여부 및 그 법규범이 법을 해석·집행하는 기관에게 충분한 의미내용을 규율하여 자의적인 법해석이나 법집행이 배제되는지 여부, 다시 말하면 예측가능성 및 자의적 법집행 배제가 확보되는지 여부에 따라 이를 판단할 수 있다. 그런데 법규범의 의미내용은 그 문언뿐만 아니라 입법 목적이나 입법 취지, 입법 연혁, 그리고 법규범의 체계적 구조 등을 종합적으로 고려하는 해석방법에 의하여 구체화하게 되므로, 결국 법규범이 명확성 원칙에 위반되는지 여부는 위와 같은 해석방법에 의하여 그 의미내용을 합

---

15) 대법원 2006. 5. 11. 선고 2006도920 판결.
16) 대법원 2014. 1. 29. 선고 2013도12939 판결. 구 관세법 시행령 제246조 제1항 제5호가 '사업자등록번호·통관고유부호'를 물품 수입시 신고사항으로 정하고 있는 것은 대체로 수입신고명의 대여 등으로 인하여 물품의 수입신고명의인과 실제로 납세의무를 부담하는 이가 상이한 경우에 있어서 관세의 부과·징수 및 수입물품의 통관을 적정하게 하고 관세수입을 확보하려는 의도에서 형식상의 신고명의인과는 별도로 실제로 물품을 수입한 자, 즉 화주인 납세의무자에 관한 신고의무를 정하였다고 봄이 상당하다. 그리하여 위 시행령 규정은 이러한 납세의무자에 관한 신고의무를 전제로 그 납세의무자의 구체적인 특정을 위하여 그의 사업자등록번호 등을 신고하도록 정한 것으로 보아야 할 것이다. 그리고 이러한 해석은 통상의 해석방법에 의하여 그 의미내용을 합리적으로 파악할 수 있는 것으로서, 처벌법규의 명확성의 원칙에 반한다거나 자의적으로 처벌 범위를 넓히는 해석이라고 할 수 없다.

리적으로 파악할 수 있는 해석기준을 얻을 수 있는지 여부에 달려 있다."17)

Ⅳ. 유추해석금지

죄형법정주의는 국가형벌권의 자의적인 행사로부터 개인의 자유와 권리를 보호하기 위하여 죄와 형을 법률로 정할 것을 요구한다. 이로부터 파생된 유추해석금지의 원칙은 성문의 규정은 엄격히 해석되어야 한다는 전제 아래 피고인에게 불리하게 성문규정이 표현하는 본래의 의미와 다른 내용으로 유추해석하는 것을 금지한다.18)

제 3 절 관세형법의 적용범위

관세법에 특별한 규정이 있는 것을 제외하고는 관세범죄에도 형법이 적용된다(형법 제8조). 따라서 관세범죄에 대하여도 형법의 시간적 · 장소적 · 인적 적용범위에 관한 규정들이 그대로 적용된다.

Ⅰ. 시간적 적용범위

1. 행위시법주의

관세범죄의 성립과 처벌은 형법에 따라 원칙적으로 행위시의 법률에 의한다(형법 제1조 제1항). '행위시'라 함은 범죄행위의 종료시를 의미한다.19)

2. 행위시법주의의 예외

범죄 후 법률의 변경에 의하여 그 행위가 범죄를 구성하지 아니하거나 형이 구법보다 경한 때에는 신법에 의한다(형법 제1조 제2항). 여기서 법률은 총체

---

17) 대법원 2006. 5. 11. 선고 2006도920 판결.
18) 대법원 1992. 10. 13. 선고 92도1428 판결.
19) 대법원 1994. 5. 10. 선고 94도563 판결.

적 법률상태 또는 전체로서의 법률을 의미하므로 법률뿐만 아니라 명령도 포함하고, 반드시 형법의 변경을 요하는 것도 아니다.[20] 범죄 후 법률의 변경에 의하여 범죄를 구성하지 아니한 때에는 신법을 적용하여 면소 판결을 하여야 한다(형사소송법 제326조 제4호). 한편, 형의 경중은 형법 제50조에 의하여 결정된다. 형은 법정형을 의미하고,[21] 가중·감경한 형을 비교하여야 한다. 주형뿐만 아니라 부가형도 비교하여야 한다.[22]

한편, 재판확정 후 법률의 변경에 의하여 그 행위가 범죄를 구성하지 아니하는 때에는 형의 집행을 면제한다(형법 제1조 제3항).

Ⅱ. 장소적 적용범위

1. 속지주의 원칙

대한민국 영역 내에서 죄를 범한 내국인과 외국인에게 적용한다(형법 제2조). 형법 제2조의 범죄지에 해당하기 위해서는 범죄구성사실(행위와 결과)의 전부 또는 일부가 대한민국 영역 내에서 범하여지기만 하면 된다. 공범의 경우 정범의 행위지뿐 아니라 공범의 행위지도 범죄지로 볼 수 있고, 공모공동정범의 경우 공모지도 범죄지에 포함된다.[23]

2. 속인주의 등

형법은 대한민국 영역 외에서 죄를 범한 내국인에게 적용된다(형법 제3조). 내국인이란 범죄행위 시에 대한민국 국적을 가진 자를 말한다.[24]

형법은 보호주의에 의하여 대한민국영역 외에서 내란의 죄, 외환의 죄, 국기에 관한 죄, 통화에 관한 죄, 유가증권, 우표와 인지에 관한 죄, 문서에 관한 죄 중 제225조 내지 제230조, 인장에 관한 죄 중 제238조의 죄를 범한 외국인

20) 이재상 외, 형법총론, 41면.
21) 대법원 1992. 11. 13. 선고 92도2194 판결.
22) 이재상 외, 위의 책, 41면.
23) 대법원 1998. 11. 27. 선고 98도2734 판결.
24) 대법원 2001. 9. 25. 선고 99도3337 판결.

에게 적용한다(형법 제5조). 또한, 대한민국 영역 외에서 대한민국 또는 대한민국 국민에 대하여 제5조에 기재한 이외의 죄를 범한 외국인에게 적용한다. 단 행위지의 법률에 의하여 범죄를 구성하지 아니하거나 소추 또는 형의 집행을 면제할 경우에는 예외로 한다(형법 제6조).

제**2**장

관세범의 처벌에 관한 특별규정

제 1 절 총 설

형법상 형벌은 사형, 징역, 금고, 자격상실, 자격정지, 벌금, 구류, 과료, 몰수가 있다. 관세법상 형벌은 이 중 징역, 벌금, 몰수(추징)규정만 있다. 형법 총칙은 타 법령에 정한 죄에 적용하되 그 법령에 특별한 규정이 있는 때에는 예외로 하는데(형법 제8조), 관세법은 형법총칙 규정의 적용을 배제하는 특별한 규정을 두고 있다. 구 관세법은 형법총칙 적용배제 규정을 폭넓게 두고 있었으나,[1] 2010. 1. 1. 법률 제9910호로 개정된 관세법은 형사 미성년자에 대한 처벌규정 등 형법총칙의 배제규정을 일부 삭제하여 현재 벌금경합 제한가중규정 배제 규정만 남아 있다. 이는 관세범에 대하여도 책임원칙을 구현하도록 하기 위함이다. 이 밖에도 양벌규정, 징역과 벌금의 병과, 필요적 몰수·추징, 미수·예비죄의 특별규정 등이 있다.

---

1) 제278조 (「형법」규정의 배제) ① 이 법에 의한 벌칙에 위반되는 행위를 한 자에 대하여는 「형법」 제9조·제10조 제2항·제11조·제32조 제2항·제38조 제1항 제2호와 제53조의 규정을 적용하지 아니한다.
   ② 「형법」 제16조를 적용하는 경우에 있어서는 법률의 착오에 정당한 이유의 유무를 불문한다.
   ③ 제1항 및 제2항의 규정은 징역형에 처하는 때에는 예외로 한다.

제 2 절 벌금경합 제한가중규정 배제

> 제278조(「형법」 적용의 일부 배제) 이 법에 따른 벌칙에 위반되는 행위를 한 자에게는 「형법」 제38조 제1항 제2호 중 벌금경합에 관한 제한가중규정을 적용하지 아니한다.

I. 의 의

형법규정에 의하면 수개의 경합범을 동시에 판결할 때 각 죄에 정한 형이 사형 또는 무기징역이나 무기금고 이외의 동종의 형인 때에는 가장 중한 죄에 정한 장기 또는 다액에 그 2분의 1까지 가중하되 각 죄에 정한 형의 장기 또는 다액을 합산한 형기 또는 액수를 초과할 수 없다(형법 제38조 제1항 제2호).

그런데 관세법의 벌칙규정을 보면, 관세범의 경우 일반 형사범과는 달리 범행의 동기나 행위의 태양 등이 비교적 정형화되어 있어 벌금형의 법정형의 범위가 대부분 포탈세액이나 물품원가를 기준으로 하고 있다. 따라서 개별 포탈세액이나 물품원가는 적지만 수차례에 걸쳐 범행을 저지른 경우 형법상의 경합범가중 규정을 그대로 적용하면 벌금형을 선고할 수 있는 범위가 너무 좁아지는 불합리한 경우가 발생할 수 있다. 특히 국제적·조직적·지능적으로, 또한 반복적·계속적으로 행해지는 관세범의 특성에 비추어 볼 때, 경합범가중 규정을 그대로 적용할 경우 벌금형이 지나치게 낮아져서 벌금형의 형벌로서의 위하력이 상실되는 결과가 될 수도 있다. 한편, 벌금형의 범위가 지나치게 낮아지는 결과 법관이 벌금형의 선고보다 징역형의 선고에 주력하게 될 우려도 있다. 관세법에서 벌금경합에 관한 제한가중규정을 배제하는 것은 관세범의 특성을 고려하는 한편 관세징수의 확보와 통관질서의 유지를 위해 관세범을 엄벌하고자 하는 입법자의 정당한 입법목적에 따른 것이다.[2]

---

2) 헌재 2008. 2. 28. 2005헌바88.

Ⅱ. 내 용

형법 제37조 전단의 경합범 관계에 있는 관세법위반의 수개의 죄에 대하여 벌금형에 처할 때 그 각 죄마다 따로 벌금형을 양정하여야 하고, 관세법위반죄와 관세법위반의 죄 이외의 죄가 형법 제37조 전단의 경합범 관계에 있는 때에도 관세법위반죄에 대하여는 마찬가지이다.[3] 실무상 수개의 관세법위반 행위를 한 관세범에 대하여 벌금형에 처할 때 각 관세범죄에 대하여 벌금액수를 정하고 이를 합산하여 주문의 벌금형을 정하고, 이 벌금형이 각 죄에 정한 벌금 다액을 합산한 액수를 초과하더라도 무방한 것으로 본다.[4]

제 3 절　징역과 벌금의 병과

Ⅰ. 징역과 벌금

징역은 형무소 내에 구치하여 정역에 복무하게 하는 것이다(형법 제67조). 무기징역은 종신형이지만 20년이 경과한 후에는 가석방이 가능하다(형법 제72조 제1항). 유기징역은 1개월 이상 30년 이하이고 형을 가중하는 때 50년까지로 한다(형법 제42조).

벌금은 5만원 이상으로 하되, 감경하는 경우에는 5만원 미만으로 할 수 있다(형법 제45조). 상한에는 제한이 없는데, 이를 총액벌금형제도라 한다. 벌금은 판결확정일로부터 30일내에 납입하여야 한다. 벌금을 납입하지 아니한 자는 1일 이상 3년 이하, 과료를 납입하지 아니한 자는 1일 이상 30일 미만의 기간 노역장에 유치하여 작업에 복무하게 한다(형법 제69조). 벌금을 선고할 때에는 납입하지 아니하는 경우의 유치기간을 정하여 동시에 선고하여야 한다. 선고하는 벌금이 1억원 이상 5억원 미만인 경우에는 300일 이상, 5억원 이상 50억원 미만인 경우에는 500일 이상, 50억원 이상인 경우에는 1,000일 이상의 유치기간을 정하여야 한다(형법 제70조).

---

3) 대법원 2005. 11. 10. 선고 2005도6228 판결.
4) 송관호, 21면.

Ⅱ. 집행유예·선고유예

1. 집행유예

(1) 의 의

집행유예란 법원이 형을 선고함에 있어서 그 정상에 참작할 사유가 있는 때에 일정한 기간 동안 형의 집행을 유예하고 그 유예기간을 경과한 때에는 형의 선고의 효력을 잃게 하는 제도를 말한다(형법 제62조 제1항). 형을 병과할 경우에는 그 형의 일부에 대하여 집행을 유예할 수 있다(형법 제62조 제2항).

(2) 요 건

① 3년 이하의 징역이나 금고 또는 500만원 이하의 벌금의 형을 선고할 경우로서 ② 범인의 연령, 성행, 지능과 환경, 피해자에 대한 관계, 범행의 동기, 수단과 결과, 범행 후의 정황 등 정상에 참작할 만한 사유가 있는 때, ③ 금고 이상의 형을 선고한 판결이 확정된 때부터 그 집행을 종료하거나 면제된 후 3년까지의 기간에 범한 죄에 대하여 형을 선고하는 경우가 아니라면, 1년 이상 5년 이하의 기간 형의 집행을 유예할 수 있다.

(3) 효 과

집행유예의 선고를 받은 후 그 선고의 실효 또는 취소됨이 없이 유예기간을 경과한 때에는 형의 선고를 효력을 잃는다(형법 제65조). 형의 선고가 효력을 잃는 것은 형의 선고가 없었던 상태로 돌아간다는 의미이지만, 형의 선고가 있었다는 기왕의 사실까지 없어지는 것은 아니다.5)

(4) 실 효

집행유예 선고를 받은 자가 유예기간 중 고의로 범한 죄로 금고 이상의 실형을 선고받아 그 판결이 확정된 때에는 종전의 범죄에 대한 집행유예의 선고는 그 효력을 잃는다(형법 제63조).

---

5) 대법원 2003. 12. 26. 선고 2003도3768 판결.

2. 선고유예

(1) 의 의

선고유예란 정상 참작사유가 현저한 범인에 대하여 일정한 기간 동안 선고를 유예하고 형의 선고유예를 받은 날로부터 2년을 경과한 때 면소된 것으로 간주하는 제도이다(형법 제59조 제1항, 제60조). 형을 병과할 경우에도 형의 전부 또는 일부에 대하여 그 선고를 유예할 수 있다(형법 제59조 제2항).

(2) 요 건

① 1년 이하의 징역이나 금고, 자격정지 또는 벌금의 형을 선고할 경우로서 ② 개전의 정상이 현저한 때 ③ 자격정지 이상의 형을 받은 전과가 없다면, 그 선고를 유예할 수 있다.

대법원은 개전의 정상이 현저한 때란, 반성의 정도를 포함하여 널리 형법 제51조가 규정하는 양형의 조건을 종합적으로 참작하여 볼 때 형을 선고하지 않더라도 피고인이 다시 범행을 저지르지 않으리라는 사정이 현저하게 기대되는 경우를 가리킨다고 보아 피고인이 부인하는 경우에도 선고유예를 할 수 있다고 하였다.[6]

확정판결에 의하여 벌금형 이하의 전과가 있었던 경우에는 형의 선고유예가 가능하다. 형의 선고유예 판결이 확정되어 그 유예기간 중에 있는 사람이 죄를 범한 경우 확정된 선고유예 판결은 유죄의 확정판결을 받았다는 전과에는 해당하나 형을 받은 전과에는 해당하지 않으므로 선고유예가 가능하다.[7] 그러나 집행유예를 선고를 받고 그 유예기간을 무사히 경과하였다고 하더라도 형의 선고가 있었다는 기왕의 사실 자체까지 없어지는 것은 아니므로 선고유예를 할 수 없다.[8]

(3) 효 과

형의 선고유예를 받은 날로부터 2년을 경과한 때에는 면소된 것으로 간주한다(형법 제60조).

---

6) 대법원 2003. 2. 20. 선고 2001도6138 전원합의체 판결.
7) 신동운, 874-875면.
8) 대법원 2003. 12. 26. 선고 2003도3768 판결.

(4) 실 효

형의 선고유예를 받은 자에 대하여 유예기간 중 자격정지 이상의 형에 처한 판결이 확정된 때에는 법원은 유예한 형을 선고한다(형법 제61조 제1항).

Ⅲ. 관세법상 병과규정

관세법은 징역형과 벌금형의 임의적 병과규정을 두고 있다. 관세법 제264조의9(비밀유지의무위반), 제269조부터 제271조까지(금지품수출입, 밀수출입, 관세포탈등, 가격조작) 및 제274조(밀수품취득)의 죄를 저지른 자(미수·예비범 포함)는 정상(情狀)에 따라 징역과 벌금을 병과할 수 있다(법 제275조).

Ⅳ. 특가법상 병과규정

특가법은 징역형과 벌금형의 필요적 병과규정을 두고 있다. 이는 관세포탈행위의 반사회성, 반윤리성에 터잡아 거액의 관세포탈자에 대하여 경제적인 불이익을 가하고, 아울러 그가 부정하게 취한 이득을 박탈함으로써 관세징수 및 수출입통관의 적절한 관리를 확립하고, 건전한 경제질서의 유지와 국가의 재정수입 확보에 기여하고자 하는 입법목적에서 비롯된 것이다.[9]

특가법에 따라 가중처벌되는 관세범은 다음과 같은 벌금을 병과한다(특가법 제6조 제6항).

① 법 제269조 제1항(금지품수출입죄)은 물품가액의 2배 이상 10배 이하
② 법 제269조 제2항(밀수입죄)은 수입한 물품 원가의 2배
③ 법 제269조 제3항(밀수출죄)은 수출하거나 반송한 물품의 원가
④ 법 제270조 제1항 제1호, 제4항, 제5항(관세포탈죄, 부정감면, 부정환급죄)은 포탈·면탈하거나 감면·환급받은 세액의 2배 이상 10배 이하
⑤ 법 제270조 제1항 제2호, 제2항(부정수입죄)은 수입한 물품의 원가

---

9) 헌재 2008. 2. 28. 2005헌바88. 조세포탈범에 대한 벌금의 필요적 병과 여부는 원칙적으로 입법정책의 문제이다.

제4절 필요적 몰수·추징

제282조(몰수·추징) ① 제269조 제1항(제271조 제3항에 따라 그 죄를 범할 목적으로 예비를 한 자를 포함한다)의 경우에는 그 물품을 몰수한다.

② 제269조 제2항(제271조 제3항에 따라 그 죄를 범할 목적으로 예비를 한 자를 포함한다. 이하 이 조에서 같다), 제269조 제3항(제271조 제3항에 따라 그 죄를 범할 목적으로 예비를 한 자를 포함한다. 이하 이 조에서 같다) 또는 제274조 제1항 제1호(같은 조 제3항에 따라 그 죄를 범할 목적으로 예비를 한 자를 포함한다. 이하 이 조에서 같다)의 경우에는 범인이 소유하거나 점유하는 그 물품을 몰수한다. 다만, 제269조 제2항 또는 제3항의 경우로서 다음 각 호의 어느 하나에 해당하는 물품은 몰수하지 아니할 수 있다.

  1. 제154조의 보세구역에 제157조에 따라 신고를 한 후 반입한 외국물품
  2. 제156조에 따라 세관장의 허가를 받아 보세구역이 아닌 장소에 장치한 외국물품
  3. 「폐기물관리법」 제2조 제1호부터 제5호까지의 규정에 따른 폐기물
  4. 그 밖에 몰수의 실익이 없는 물품으로서 대통령령으로 정하는 물품

③ 제1항과 제2항에 따라 몰수할 물품의 전부 또는 일부를 몰수할 수 없을 때에는 그 몰수할 수 없는 물품의 범칙 당시의 국내도매가격에 상당한 금액을 범인으로부터 추징한다. 다만, 제274조 제1항 제1호 중 제269조 제2항의 물품을 감정한 자는 제외한다.

④ 제279조의 개인 및 법인은 제1항부터 제3항까지의 규정을 적용할 때에는 이를 범인으로 본다.

제272조(밀수 전용 운반기구의 몰수) 제269조의 죄에 전용(專用)되는 선박·자동차나 그 밖의 운반기구는 그 소유자가 범죄에 사용된다는 정황을 알고 있고, 다음 각 호의 어느 하나에 해당하는 경우에는 몰수한다.

  1. 범죄물품을 적재하거나 적재하려고 한 경우
  2. 검거를 기피하기 위하여 권한 있는 공무원의 정지명령을 받고도 정지하지 아니하거나 적재된 범죄물품을 해상에서 투기·파괴 또는 훼손한 경우
  3. 범죄물품을 해상에서 인수 또는 취득하거나 인수 또는 취득하려고 한 경우
  4. 범죄물품을 운반한 경우

제273조(범죄에 사용된 물품의 몰수 등) ① 제269조에 사용하기 위하여 특수한 가공을 한 물품은 누구의 소유이든지 몰수하거나 그 효용을 소멸시킨다.

② 제269조에 해당되는 물품이 다른 물품 중에 포함되어 있는 경우 그 물품이 범인의 소유일 때에는 그 다른 물품도 몰수할 수 있다.

I. 의 의

몰수는 범죄로 인한 이득의 금지를 목적으로 범죄행위와 관련된 재산을 박탈하는 재산형이다. 추징은 몰수가 불능한 때 몰수에 갈음하여 그 가액의 납부를 명령하는 사법행정처분이다. 형법 제41조는 형벌의 종류로 추징을 명시하고 있지 않으나 몰수에 대신하는 처분이므로 몰수형에 준하여 취급되어야 한다.[10] 형법상의 몰수·추징은 범죄행위로 인한 이득의 박탈을 주목적으로 하여 임의적 몰수를 원칙으로 하지만(형법 제48조), 관세법상의 몰수·추징은 원칙 규정인 형법총칙의 몰수 또는 추징에 대한 특별규정으로서 필요적인 몰수 또는 추징에 관한 규정으로, 관세법위반으로 인한 범칙물품에 대한 범인의 소유 또는 점유를 배제함으로써 그 불법이익을 박탈케 하는 징벌적 성격을 띠고 있는 동시에 위 사범단속의 엄중과 예방의 철저를 기하고자 하는 형사정책적 목적이 있다.[11]

한편, 몰수는 물건을 대상으로 한 것이므로 몰수대상 물건을 이용하여 형성한 재산에 대해서는 몰수할 수 없다. 범죄인이 범죄로 인해 생겨난 과실을 향유할 수 없도록 이러한 수익들마저 몰수하는 것을 불법수익몰수제도라고 한다. 현재 뇌물범죄, 마약범죄, 공무원범죄 등에 이 제도가 도입되어 있고, 모든 범죄에 대해 이러한 제도를 도입하여야 한다는 견해가 있다.[12]

II. 형법상 몰수·추징

관세법에 특별한 규정이 없는 경우 형법상 몰수·추징 규정이 적용되므로 형법상 몰수·추징에 관하여 본다.

1. 임의적 몰수 대상

형법은 범인 이외의 자의 소유에 속하지 아니하거나 범죄 후 범인 이외의 자가 정을 알면서 취득한 물건에 대하여 전부 또는 일부를 임의적으로 몰수할

---

10) 신동운, 846면.
11) 대법원 1976. 6. 22. 선고 73도2625 전원합의체 판결.
12) 오영근, 514면.

수 있다고 규정하고 있다(형법 제48조 제1항).

형법은 몰수의 대상으로 ① 범죄행위에 제공하였거나 제공하려고 한 물건,[13] ② 범죄행위로 인하여 생하였거나 이로 인하여 취득한 물건, ③ 전2호의 대가를 규정하고 있다(형법 제48조 제1항 각호). 몰수의 대상은 범죄행위와 관련된 것이어야 한다. 몰수의 대상은 반드시 압수되어 있는 물건에 제한되는 것이 아니므로 피고인에게 환부한 물건도 몰수할 수 있다.[14]

2. 공범에 대한 추징

형법상 추징은 부정한 이득의 박탈이 주목적이다. 따라서 범인이 수인인 경우 실제로 이익을 취한 자로부터 추징하고, 수인이 공동하여 이익을 분배한 경우에는 각자로부터 실제로 분배받은 금품만을 개별적으로 몰수하거나 그 가액을 추징하여야 한다. 다만, 분배액이 분명하지 않은 때에는 균분하여 추징한다.[15]

Ⅲ. 관세법상 몰수 · 추징

1. 의 의

관세법이 정하는 몰수와 추징은 관세법의 입법목적과 그 취지에 따라 범죄공용물품의 훼기 혹은 그 징벌적 목적의 달성 등의 이유로 단순히 범죄행위에 제공하거나 제공하려 한 물건, 범죄행위로 인하여 생하였거나 이로 인하여 취득한 물건, 기타 이들의 대가로 취득한 물건을 범인 또는 범죄 후 그 정을 알고 취득한 범인 이외의 자로부터 하는 몰수 또는 이득의 박탈만을 목적으로 하는 추징 등 형법상의 몰수, 추징 등과는 구별된다.[16]

관세범죄에 있어 필요적 몰수 · 추징은 모든 관세사범에 부과되는 것이 아니라 신고 자체가 이루어지지 아니하거나 다른 물품으로 신고한 경우와 그 관련되는 범죄에 한하여 적용된다. 이는 신고를 토대로 이루어지는 현행 통관절

---

13) 허위신고죄의 대상이 된 물건은 범죄행위에 제공된 물건이라고 할 수 없으므로 몰수할 수 없다(대법원 1974. 6. 11. 선고 74도352 판결).
14) 대법원 2003. 5. 30. 선고 2003도705 판결, 대법원 1977. 5. 24. 선고 76도4001 판결.
15) 대법원 1993. 10. 12. 선고 93도2056 판결.
16) 대법원 1983. 9. 27. 선고 83도1911 판결.

차에 있어서는 올바른 신고행위가 수출입에 있어 가장 기본이 되는 요소이므로, 신고 자체가 이루어지지 않거나 다른 물품으로 신고된 경우 및 이와 관련되는 범죄의 경우 해당 물품을 필요적으로 몰수·추징함으로써 일반예방적인 차원에서 밀수출입죄를 엄하게 징벌하여 수출입 신고를 확보하려는 데에 그 목적이 있다.[17] 헌법재판소는 주형의 구체적인 양형과정에서 필요적 몰수·추징의 부가형을 참작하여 구체적 형평성을 기할 수 있으므로 일률적으로 필요적 몰수·추징을 규정하고 있다고 하여 법관의 양형 판단권을 지나치게 제한한다고 볼 수 없다고 하였다.[18]

2. 몰수의 요건

(1) 필요적 몰수대상

1) 금지품수출입죄를 범한 경우

수출입금지품을 밀수출입한 경우 범인의 소유 또는 점유 여부와 불문하고 필요적으로 몰수한다(법 제282조 제1항, 제269조 제1항).

2) 밀수출입죄·밀수품취득죄를 범한 경우

밀수출입죄를 범한 자(법 제269조 제2항·제3항), 밀수품취득죄를 범한 자(법 제274조 제1항 제1호)의 경우에는 범인이 소유하거나 점유하는 물품을 몰수한다(법 제282조 제2항). 범인이 점유하는 물품은 누구의 소유에 속함을 불구하고 소유자가 선의였든가 악의였든가를 가리지 않고 그 사실에 관하여 재판을 받는 범인에 대한 관계에서 몰수한다.[19]

피고인 이외의 제3자의 소유에 속하는 물건의 경우, 몰수를 선고한 판결의 효력은 원칙적으로 몰수의 원인이 된 사실에 관하여 유죄의 판결을 받은 피고인에 대한 관계에서 그 물건을 소지하지 못하게 하는 데 그치고, 그 사건에서 재판을 받지 아니한 제3자의 소유권에 어떤 영향을 미치는 것은 아니다.[20]

---

17) 헌재 2012. 4. 24. 2010헌바363.
18) 헌재 2013. 10. 24. 2012헌바85.
19) 대법원 2004. 3. 26. 선고 2003도8014 판결.
20) 대법원 2017. 9. 29.자 2017모236 결정. 피의자들이 밀수출하기 위해 허위의 수출신고 후 선적하려다 미수에 그친 수출물품으로서 갑 주식회사 소유의 렌트차량인 자동차를 세관의 특별사법경찰관이 압수수색검증영장에 기해 압수하였는데, 갑 회사와 밀수출범죄 사이에 아무런 관련성

3) 밀수 전용 운반기구

법 제269조의 죄에 전용(專用)되는 선박·자동차나 그 밖의 운반기구는 그 소유자가 범죄에 사용된다는 정황을 알고 있고, 다음 중 어느 하나에 해당하는 경우에는 몰수한다(법 제272조).

① 범죄물품을 적재하거나 적재하려고 한 경우
② 검거를 기피하기 위하여 권한 있는 공무원의 정지명령을 받고도 정지하지 아니하거나 적재된 범죄물품을 해상에서 투기·파괴 또는 훼손한 경우
③ 범죄물품을 해상에서 인수 또는 취득하거나 인수 또는 취득하려고 한 경우
④ 범죄물품을 운반한 경우

운반기구가 누구의 소유에 속하는가 하는 것은 그 공부상의 명의 여하에 불구하고 권리의 실질적인 귀속관계에 따라 판단하여야 한다.21)

4) 범죄에 사용된 물품의 몰수

금지품수출입죄나 밀수출입죄에 사용하기 위하여 특수한 가공을 한 물품은 누구의 소유이든지 몰수하거나 그 효용을 소멸시킨다(법 제273조 제1항).

금지품수출입죄나 밀수출입죄에 해당되는 물품이 다른 물품 중에 포함되어 있는 경우 그 물품이 범인의 소유일 때에는 그 다른 물품도 몰수할 수 있다 (동조 제2항).

(2) 임의적 몰수 대상

2004년 헌법재판소는 세관장의 허가를 얻어 보세구역이 아닌 곳에 장치한 외국물품을 수입신고 없이 국내에 수입한 경우에 범인이 소유 또는 점유하고 있는 물품을 필요적으로 몰수하도록 하는 것은 과잉금지에 반한다는 이유로 위헌결정을 하였다. 이에 따라 2004. 10. 5. 개정 관세법22)은 제282조 제2항 단서 규정을 신설하여 보세구역에 반입신고를 한 후 반입하거나 세관장의 허가

이 발견되지 않음에도 검사가 갑 회사의 압수물 가환부 청구를 거부하자 갑 회사가 준항고를 제기하여 원심에서 준항고가 인용된 사안에서, 검사에게 갑 회사의 가환부 청구를 거부할 수 있는 특별한 사정이 있는 경우라고 보기 어렵다는 이유로 원심이 준항고를 받아들인 것은 결론 적으로 정당하다고 한 사례.

21) 대법원 1999. 12. 10. 선고 99도3478 판결.
22) 법률 제7222호.

를 받아 보세구역이 아닌 장소에 장치한 물품을 수입신고 없이 국내에 수입한 경우 임의적 몰수하도록 하여 사례별로 여러 사정을 고려하여 몰수여부를 판단하도록 하였다(법 제282조 제2항 제1·2호).[23]

2019. 12. 31. 개정된 관세법[24]은 밀수출죄를 범한 경우도 임의적 몰수·추징 대상에 포함시켰다. 또한 폐기물이나 몰수의 실익이 없는 범칙물품의 처리비용을 국가가 부담하는 불합리함을 개선하기 위하여 폐기물 등의 밀수출입 범칙물품을 임의적 몰수 대상으로 전환하였다(법 제282조 제2항 제3·4호).

한편, 몰수하여야 할 압수물이 멸실, 파손 또는 부패의 염려가 있거나 보관하기에 불편하여 이를 형사소송법 제132조에 따라 매각하여 그 대가를 보관하는 경우에는 그 대가보관금은 몰수 대상인 압수물과 동일시할 수 있다.[25]

3. 추징의 요건

(1) 몰수할 수 없을 때

몰수할 물품의 전부 또는 일부를 몰수할 수 없을 때란 소비·양도·분실·폐기 등으로 사실상·법률상 몰수할 수 없는 경우를 말한다. 따라서 밀수품 등을 판매하여 범인에게 이익이 귀속된 경우뿐만 아니라 폐기하는 등으로 범인에게 이익이 귀속되지 않는 경우도 포함된다.[26] 판례에 의하면, 밀수입되던 녹용이 중국연안에서 연안경비정에 의하여 탈취된 경우,[27] 몰수대상이 수리부분으로 선박 등의 구성부분이어서 그 부분만을 따로 떼어낼 수 없는 경우도 몰수할 수 없는 때에 해당한다.[28] 우리나라와의 공조법 등이 맺어지지 않고 있어 우리나라의 재판권을 행사할 수 없는 경우 장애로 몰수할 물품을 몰수할 수 없는 때에 해당된다.[29]

---

23) 통관우체국을 경유한 경우와 구별된다. 통관우체국을 경유하였다고 하여 이로써 수입신고를 대체한 것으로 볼 수 없어 정상적인 수입신고 없이 우편물통관절차를 거친 행위는 무신고 수입행위에 해당하고, 이는 통관질서의 적정을 해하였다는 점에서 다른 무신고 수입행위와 다를 바 없으므로, 통관우체국을 경유하였는지를 불문하고 무신고 수입행위에 대하여 필요적으로 몰수·추징하도록 규정한 것이 과도한 제한이라고 할 수 없다(헌재 2019. 11. 28. 2018헌바105).

24) 법률 제16838호.

25) 대법원 1996. 11. 12. 선고 96도2477 판결.

26) 대법원 2007. 12. 28. 선고 2007도8401 판결.

27) 대법원 1991. 12. 13. 선고 91도2274 판결.

28) 대법원 1992. 4. 10. 선고 91도1738 판결.

29) 대법원 1976. 6. 22. 선고 73도2625 전원합의체 판결. 범행 당시 일본당국에 의하여 압수되었

(2) 추징의 예외

2008년 헌법재판소는 관세법상 미신고 수입물품을 감정한 자에 대해 그 물품을 몰수할 수 없는 때에 물품의 범칙 당시의 국내도매가격에 상당한 금액을 추징하도록 규정한 것은 헌법상 과잉금지의 원칙에 위반하여 위헌이라고 결정하였다.30) 이에 따라 관세장물을 감정한 자의 경우 필요적 추징 대상에서 제외되었다(법 제282조 제3항 단서).

(3) 범칙 당시의 국내도매가격

관세법은 형법상 추징과 달리 추징가액의 산정기준시기를 '범칙 당시'로 정하고 있다. 국내도매가격이란 도매업자가 수입물품을 무역업자로부터 매수하여 국내도매시장에서 공정한 거래방법에 의하여 공개적으로 판매하는 가격으로서(시행령 제266조), 물품의 도착가격에 관세 등 모든 세금과 통관절차비용, 기업의 적정이윤까지 포함한 국내도매물가시세인 가격을 의미한다.31) 대법원은 국내도매가격의 산정방식의 하나인 '시가역산율표'에 의한 산정도 수입항 도착가격이나 감정가격을 기초로 관세 등의 제세금과 통관절차비용 및 기업의 적정이윤까지 포함하여 산정하는 것인 이상, 이러한 방식에 의하여 산정한 국내도매가격이 실제의 가격과 차이가 있다는 달리 유력한 자료가 없는 한, 시가역산율표에 의한 국내도매가격의 산정도 허용된다고 하였다.32)

시가역산율이란 국내도매가격에서 이윤, 판매비용, 수입제세와 수입관련 비용을 공제하여 과세가격을 산정하기 위한 비율을 말한다. 시가역산율의 예시는 다음과 같다(관세평가고시 별표 3, 4). 예를 들면, 수입(과세)가격이 3,000만원인 시계의 경우 관세는 8%, 개별소비세는 20%이다. 시가역산율표 1.에서 이에 해당하는 시가역산율은 0.531이다. 수입(과세)가격 3,000만원에 시가역산율 0.531로 나누면 약 5,700만원이 추징액이 된다. 시가역산율표 2.는 부가가치세가 면제되는 미가공식료품 등의 경우 적용하게 된다.

다가 피고인이 위임한 공소외인에게 환부된 범칙물품으로서 몰수할 물품인 일본국산 백금괴 15개를 몰수할 수 없게 되었으므로 추징하여야 한다고 한 사례.

30) 헌재 2008. 10. 30. 2008헌바11.

31) 대법원 2011. 7. 14. 선고 2010도1441 판결.

32) 대법원 2011. 7. 14. 선고 2010도1441 판결.

시가역산율표 1.[33]

개별 소비 세(S)	교육 세(E)	관세(C)																	
		0	1	2	3	4	5	6	7	8	9	10	13	15	18	20	25	30	50
0	0	673	668	664	659	654	649	645	640	636	631	627	614	606	594	587	568	551	491
*5	10	647	642	637	633	628	624	619	615	610	606	602	589	582	570	563	545	528	470
7	30	631	626	621	617	612	608	603	599	595	591	586	574	567	555	548	530	514	458
10	30	614	610	605	600	596	592	587	583	579	575	571	559	551	540	533	516	500	445
10.5	30	612	607	602	598	593	589	585	580	576	572	568	556	549	538	530	513	497	442
14	30	593	589	584	580	576	571	567	563	559	555	551	539	532	521	514	497	482	428
15	30	588	584	579	575	571	567	562	558	554	550	546	535	527	516	510	493	478	424
20	30	565	560	556	552	548	543	539	535	531	527	524	513	505	495	488	472	457	406
21	30	560	556	551	547	543	539	535	531	527	523	519	508	501	491	484	468	453	402
25	30	543	538	534	530	526	522	518	514	510	507	503	492	485	475	469	453	439	389
30	30	522	518	514	510	506	502	499	495	491	487	484	473	467	457	450	435	421	373
*30	10	541	537	533	529	525	521	517	513	509	505	501	491	484	474	467	452	437	388
*35	10	524	520	516	512	508	504	500	496	493	489	485	475	468	458	452	437	423	374
*40	10	508	504	500	496	492	488	484	481	477	474	470	460	453	444	437	423	409	362
*45	10	493	489	485	481	477	474	470	466	463	459	456	446	439	430	424	410	396	351
*50	10	478	475	471	467	463	460	456	453	449	446	442	433	426	417	411	397	384	340
*70	10	429	425	422	418	415	412	408	405	402	399	396	387	381	373	367	355	343	303
*80	30	380	377	374	371	368	365	362	359	356	353	350	342	337	330	325	313	303	267
*100	30	343	340	337	334	332	329	326	323	321	318	316	308	304	297	292	282	272	239
*130	30	299	296	294	291	289	286	284	282	279	277	275	268	264	258	254	245	236	207

---

33) 종가세 물품으로 개별소비세의 기준가격이 없고, 국내도매가격에 부가가치세가 포함되어 있는 경우의 시가역산율표.

시가역산율표 2.[34)]

개별 소비 세(S)	교육 세(E)	관세(C)																	
		0	1	2	3	4	5	6	7	8	9	10	13	15	18	20	25	30	50
0	0	741	735	730	725	719	714	709	704	699	694	690	676	667	654	645	625	606	541
*5	10	712	706	701	696	691	686	681	676	671	667	662	648	640	627	619	599	581	517
7	30	694	689	684	679	674	669	664	659	654	650	645	632	623	611	603	584	566	503
10	30	676	671	666	661	656	651	646	641	637	632	628	615	606	594	586	567	550	489
10.5	30	673	668	663	658	653	648	643	639	634	629	625	612	604	591	583	565	547	487
14	30	653	648	643	638	633	628	624	619	615	610	606	593	585	573	565	547	530	471
15	30	647	642	637	633	628	623	619	614	610	605	601	588	580	568	561	542	525	467
20	30	621	616	612	607	602	598	593	589	585	580	576	564	556	544	537	519	503	446
21	30	616	611	607	602	597	593	588	584	580	576	571	559	551	540	533	515	499	443
25	30	597	592	588	583	579	574	570	566	561	557	553	541	534	523	515	498	483	428
30	30	575	570	566	561	557	553	548	544	540	536	532	521	513	502	496	479	464	411
*30	10	595	591	586	581	577	573	568	564	560	556	552	540	532	521	514	497	481	426
*35	10	576	572	567	563	559	554	550	546	542	538	534	522	515	504	497	480	465	412
*40	10	559	554	550	545	541	537	533	529	525	521	517	506	499	488	481	465	450	398
*45	10	542	538	533	529	525	521	517	513	509	505	501	490	483	473	466	451	436	386
*50	10	526	522	518	514	510	506	502	498	494	490	487	476	469	459	452	437	423	374
*70	10	472	468	464	460	456	453	449	446	442	439	435	426	419	410	404	390	377	333
*80	30	418	415	411	408	405	401	398	395	392	389	386	377	371	363	357	345	333	293
*100	30	377	374	371	368	365	362	359	356	353	350	347	339	334	326	322	310	299	263
*130	30	329	326	323	320	318	315	312	310	307	305	302	295	290	284	279	269	260	228

---

34) 종가세 물품으로 개별소비세의 기준가격이 없고, 국내도매가격에 부가가치세가 포함되어 있지
않은 경우의 시가역산율표.

4. 공범에 대한 몰수·추징 등

관세법상 몰수·추징하는 범인의 범위에는 공동정범뿐만 아니라 종범 또는 교사범도 포함된다.[35] 밀수품이 전전 양도된 경우 그에 관여된 어느 범인으로부터 몰수 판결이 확정되었다면 그 판결의 확정과 동시에 그 범칙물품은 국고귀속이 되는 것이므로 다른 범인과의 관계에 있어서도 실질상 몰수한 것과 같다.[36]

관세법상 추징은 일반 형사법에서의 추징과는 달리 징벌적 성격을 띠고 있다. 따라서 여러 사람이 공모하여 밀수입행위를 하거나 그 밀수품을 취득, 양여, 감정한 경우에는 범칙자의 1인이 그 물품을 소유하거나 점유하였다면 그 물품의 범칙 당시의 국내도매가격 상당의 가액 전액을 그 물품의 소유 또는 점유사실의 유무를 불문하고 범칙자 전원으로부터 각각 추징할 수 있고, 다만 그 공범자 또는 범칙자 중 어떤 자가 그 가액의 전액을 납부한 때에는 다른 공범자에 대하여 그 추징의 집행이 면제될 뿐이다.[37] 전액납부가 되지 못한 때에는 각 공범자는 추징의 집행에서 면제되지 않고,[38] 범칙자 1인에 대하여 먼저 추징을 선고한 판결이 확정된 경우라 할지라도 그 후 다른 범칙자에 대한 재판에서 다시 추징을 선고할 수 있다.[39]

한편 추징은 몰수 대상물의 전부 또는 일부가 몰수하기 불능인 때에 몰수에 갈음하여 그 가액 상당의 납부를 명하는 부수처분이므로, 몰수가 가능하여 공범자 중 1인의 피고인에 대하여 몰수를 선고하는 이상, 그 피고인은 물론 다른 공범자에 대하여도 추징을 선고할 수는 없다.[40]

5. 양벌규정에 의한 법인 등에 대한 몰수·추징

관세법 제282조 제4항은 양벌규정에 의해 영업주인 개인 및 법인은 관세법상 몰수·추징 규정을 적용할 때 범인으로 본다는 간주규정을 두고 있다. 따

---

35) 대법원 1985. 6. 25. 선고 85도652 판결.
36) 대법원 1980. 8. 26. 선고 80도620 판결.
37) 대법원 2008. 1. 17. 선고 2006도455 판결.
38) 대법원 2008. 1. 17. 선고 2006도455 판결.
39) 대법원 1976. 11. 23. 선고 76도3045 판결.
40) 대법원 2013. 2. 14. 선고 2012도14083 판결.

라서 법인이 양벌규정으로 처벌받는 경우 법인으로부터 몰수·추징하게 된다. 이는 통관질서의 확립과 실질적인 이익을 보유하고 있는 법인 등으로부터 이익을 박탈하고, 관세범의 징벌 및 일반예방적 효과 등을 위한 것이다.[41] 대법원도 법인에게 형사책임을 문책하여 처벌하는 이상 관세법의 위 간주규정에 따라 그 법인에게 부가형인 몰수나 추징도 과하여야 한다고 하였다.[42]

6. 몰수·추징의 선고

몰수·추징은 원칙적으로 다른 형에 부가하여 과하는 부가형이어서 주형을 선고유예하는 경우에 몰수나 추징의 선고유예도 가능하나, 주형의 선고유예를 하지 않으면서 몰수와 추징에 대하여만 선고를 유예할 수는 없다.[43] 반면에, 주형을 선고유예하면서 몰수의 요건이 있는 때 몰수만 선고할 수도 있다.[44]

7. 예비·미수죄의 경우

2019. 12. 31. 개정 관세법은 밀수행위를 억제하고 밀수품의 국내 유통을 사전적으로 차단하고자 하는 목적에서 금지품수출입죄, 밀수출입죄, 밀수품취득죄의 예비범에 대하여도 관세법상 몰수·추징 적용대상에 포함하였다(법 제282조 제1항·제2항).

8. 수입의 의제

관세법에 따라 몰수되거나 몰수에 갈음하여 추징된 물품은 적법하게 수입된 것으로 보고 관세 등을 따로 징수하지 아니한다(법 제240조 제1항).

---

41) 헌재 2010. 5. 27. 2009헌가28 전원재판부 결정.
42) 대법원 1980. 12. 9. 선고 80도584 판결.
43) 대법원 1988. 6. 21. 선고 88도551 판결.
44) 대법원 1973. 12. 11. 선고 73도1133 전원합의체 판결. 월남 파견 군인이 월남에서 쓰던 물품을 신고 없이 국내로 가지고 들어와 관세법위반으로 기소된 사건에서, 항소심은 징역 1년의 선고를 유예하면서 부가형으로 해당 물품의 몰수를 선고하였다. 대법원은 주형이 선고될 때에만 몰수를 선고할 수 있다고 판단한 종전 판례를 폐기하고 주형을 선고유예하면서 몰수의 요건이 있는 때 몰수만 선고할 수도 있다고 하였다.

Ⅳ. 자유무역지역법상 몰수·추징

1. 문제의 제기

관세법은 보세구역에 반입한 외국물품을 이후 수입신고 없이 반출한 경우에 임의적으로 몰수·추징하도록 하고 있다. 이는 보세구역에 반입된 물품은 수입신고 없이 반출된다고 하더라도 관세의 징수를 확보할 수 있기 때문이다. 그렇다면 자유무역지역을 통하여 반입된 물품도 관세당국이 해당 물품을 충분히 파악할 수 있어 신고 없이 반출되더라도 관세의 징수를 확보할 수 있으므로 이 경우에도 임의적으로 몰수·추징할 수 있도록 하여야 하는 것이 아닌지, 특히 특송특관의 경우에 문제된다.

2. 헌법재판소 결정

헌법재판소는 자유무역지역과 보세구역은 제도의 목적이나 구체적인 운영 방식, 지정 주체, 관세청의 행정력이 미치는 정도 등에 있어 같다고 볼 수 없다는 점을 이유로 자유무역지역법 조항에서 무신고 반출행위에 대하여 필요적 몰수·추징의 예외를 규정하지 않고 있다 하더라도 책임과 형벌 간의 비례원칙에 위반된다 할 수 없다고 하였다.[45]

3. 검 토

헌법재판소 결정 이후 세관[46] 또는 법원은 자유무역지역을 경유한 경우 자유무역지역법의 필요적 몰수·추징 규정에 따라 처벌하고 있다. 그러나 일반 국민은 어느 특송업체를 선택하는 경우 자유무역지역 내 특송업체 창고를 경유하는지 알기 어렵다. 더구나 통상 구매자가 아니라 해외 판매자가 특송업체를 선택하여 물품을 보내기 때문에 구매자는 특송업체 선택에 전혀 관여하지 않는 경우가 대부분이다. 이와 같이 행위자가 자유무역지역 내 창고를 경유하

---

45) 헌재 2019. 11. 28. 2018헌바105.
46) 통고처분하는 경우를 말한다.

여 세관의 관리를 회피하려는 의사가 있었는지와 상관없이 거래 상대방이 어느 특송업체를 선택하였는지라는 우연한 사정에 따라 필요적 몰수·추징이라는 과중한 제재가 이루어진다는 점에서 자유무역지역법에서 의도하는 밀수예방의 형사정책적인 효과를 거두는 데에 실효적인 수단이라고 보기 어렵다.

또한, 자유무역지역 내의 특송업체 창고를 경유하는 경우에도 엄격한 요건 하에 특송물품에 대한 감시·단속에 지장이 없다고 인정하는 경우에만 자체시설 통관이 가능하고(법 제254조의2 제6항 단서), 특송업체가 세관에 통관목록을 제출하며, 세관공무원이 해당 창고에 상주하며 감시와 검사 등 관리가 동일하게 이루어진다. 즉, 자유무역지역 내 창고를 통해 통관된 물품의 경우에도 세관에서 확인하여 관세의 징수를 확보하는 방법에 전혀 차이가 없다는 점 등에 비추어 보면, 보세구역을 경유한 경우와 자유무역지역을 경유하는 경우에 있어서 관세청의 행정력이 미치는 정도가 다르다고 할 수 없다.

따라서 자유무역지역법도 관세법과 체계를 일치시키고, 사례별로 여러 사정을 고려하여 몰수·추징 여부를 판단할 수 있도록 임의적 몰수·추징 규정으로 변경할 필요가 있다.

제 5 절   미수죄의 특별규정

I. 의 의

범죄의 실행에 착수하여 행위를 종료하지 못하였거나 결과가 발생하지 아니한 때에는 미수범으로 처벌한다(형법 제25조 제1항). 형법은 미수범을 처벌할 죄는 각 본조에 정하도록 하고 있으므로 미수죄에 대한 처벌규정이 있어야 처벌된다(형법 제29조). 처벌되는 경우라도 미수범의 형은 기수범보다 감경할 수 있다(형법 제25조 제2항).

미수의 종류로는 장애미수, 중지미수, 불능미수가 있다. 중지미수의 경우 범인이 자의로 실행에 착수한 행위를 중지하거나 그 행위로 인한 결과의 발생을 방지한 때에는 형을 감경 또는 면제한다(형법 제26조). 불능미수의 경우 결과의 발생이 불가능하더라도 위험성이 있는 때에는 처벌한다(형법 제27조).

Ⅱ. 구성요건 등

미수죄도 주관적 구성요건으로 고의가 있어야 성립한다. 미수죄의 고의도 기수의 고의여야 한다. 미수죄는 행위실현의 의사를 전제로 하므로 과실범의 미수는 있을 수 없다.

객관적 구성요건으로 실행의 착수가 있어야 한다. 실행의 착수는 구성요건에 해당하는 행위 또는 직접 구성요건의 실현을 위한 행위가 개시되면 인정된다.[47] 예컨대 관세법상 밀수입죄의 경우 해상에서 물품을 본선으로부터 전마선에 옮겨 실을 때에 실행의 착수가 있고, 물품을 양륙한 때 기수가 되며, 물품을 본선으로부터 전마선에 옮겨 싣기 이전의 행위는 예비행위에 불과하다.[48]

공동정범의 경우 한 사람이 공동의 행위계획에 따라 실행에 착수하면 모든 공동정범에 대하여 실행의 착수가 인정된다. 교사범과 종범의 경우 정범의 실행행위가 있는 때에 실행의 착수가 인정된다. 간접정범의 경우 이용자가 피이용자를 이용하기 시작한 때 실행의 착수를 인정하는 것이 통설이다.[49]

Ⅲ. 관세법상 미수죄

법 제268조의2(전자문서 위조·변조죄), 제269조(금지품수출입죄, 밀수출입죄), 제270조(관세포탈죄)의 미수범은 본죄에 준하여 처벌한다(법 제271조 제2항). 법 제274조(밀수품취득죄 등)의 미수범도 본죄에 준하여 처벌한다(법 제274조 제2항). 따라서 형법과 달리 미수감경을 하지 않으므로 범죄의 완성 여부가 크게 중요하지 않게 된다.

---

47) 이재상 외, 형법총론, 394 – 395면.
48) 대법원 2000. 4. 25. 선고 99도5479 판결.
49) 이재상 외, 형법총론, 397면.

제6절 예비죄의 특별규정

Ⅰ. 의 의

형법 제28조는 "범죄의 음모 또는 예비행위가 실행의 착수에 이르지 아니한 때에는 법률에 특별한 규정이 없는 한 벌하지 아니한다."라고 규정하여 원칙적으로 예비행위를 처벌하지 않는다. 예비행위란 아직 실행의 착수조차 이르지 아니한 준비단계로서, 이미 실질적인 법익에 대한 침해 또는 위험한 상태의 초래라는 결과가 발생한 기수와는 그 행위태양이 다르고 그에 따른 법익침해가능성과 위험성도 다르다. 다만 예비행위라도 범죄의 완성에 상당하는 실질적인 위험성을 가지는 경우에는 예외적으로 특별한 규정을 두어 처벌할 수 있으나, 형법은 예비행위를 처벌하는 경우에도 본범에 대한 처벌조항과는 별도로 보다 가벼운 처벌조항을 두고 있다. 이는 예비행위가 법익침해의 결과 또는 위험을 초래한 기수와는 형사상 책임이 동일할 수 없고, 그 가벌성도 달리 평가되기 때문이다.

관세포탈죄를 비롯한 관세범은 국가경제에 미치는 영향이 크고, 조직성·전문성·지능성·국제성을 갖춘 영리범이라는 특성을 갖고 있으며, 기수와 미수, 미수와 예비가 그 법익침해 가능성이나 위험성에 있어서 크게 차이가 없는 점 등에 비추어 관세법의 입법목적 달성 및 질서유지와 공공복리를 위하여 그 예비행위를 벌하는 규정을 두고 있다.[50]

Ⅱ. 구성요건 등

예비죄가 성립하기 위해서도 주관적 구성요건으로 고의가 있어야 한다. 여기서 고의란 준비행위에 대한 고의를 의미한다. 또한 기본범죄를 범할 목적이 있어야 한다. 한편, 예비죄도 고의범이므로 과실에 의한 예비죄나 과실범의 예비죄는 성립할 여지가 없다.

객관적 구성요건으로 외부적 준비행위가 있어야 한다. 단순한 범죄계획이

---

50) 대법원 1999. 4. 9. 선고 99도424 판결.

나 의사표시 등은 예비행위라고 할 수 없다. 예비행위의 수단이나 방법에는 제한이 없다. 외부적 준비행위는 각 범죄유형에 상응하여 객관적으로 그 실현에 중요한 의의를 가지거나 직접 작용한다고 인정되는 정도의 준비가 갖추어지면 성립된다. 예컨대, 적법한 통관절차를 거치지 아니한 채 국내에 밀반입할 목적으로 물품을 운송수단 등에 은닉한 경우 외부적 준비행위에 해당되어 밀수입의 예비죄가 성립한다.[51]

기본범죄가 실행의 착수에 이르지 아니한 예비죄의 공범이 가능한가에 대해 견해의 대립이 있다. 통설과 판례는 예비죄 자체의 실행행위가 인정되므로 예비죄의 공동정범의 성립을 긍정하고 있다.[52] 형법은 예비죄의 교사범을 예비에 준하여 처벌하는 특별규정을 두고 있다(형법 제31조 제2항). 예비죄의 종범이 가능한가에 대하여 판례는 예비의 종범을 처벌하는 경우 처벌이 부당하게 확대될 염려가 있다는 이유 등으로 부정설의 입장에 있다.[53]

Ⅲ. 관세법상 예비죄

1. 연 혁

1949. 11. 23. 법률 제67호로 제정된 관세법은 예비죄에 대한 처벌규정을 두지 않고 미수죄만 처벌하고 있었고, 법정형에서도 재산상의 부당이득 박탈을 주목적으로 하여 벌금형 및 과료형만을 규정하고 있었다. 그러나 밀수범행

---

51) 대법원 1999. 4. 9. 선고 99도424 판결.
52) 이재상 외, 형법총론, 443면.
53) 대법원 1976. 5. 25. 선고 75도1549 판결. 형법 제32조 제1항의 타인의 범죄를 방조한 자는 종범으로 처벌한다는 규정의 타인의 범죄란 정범이 범죄를 실현하기 위하여 착수한 경우를 말하는 것이라고 할 것이므로 종범이 처벌되기 위하여는 정범의 실행의 착수가 있는 경우에만 가능하고 정범이 실행의 착수에 이르지 아니한 예비의 단계에 그친 경우에는 이에 가공하는 행위가 예비의 공동정범이 되는 경우를 제외하고는 이를 종범으로 처벌할 수 없다고 할 것이다. 왜냐하면 범죄의 구성요건 개념상 예비죄의 실행행위는 무정형 무한정한 행위이고 종범의 행위도 무정형 무한정한 것이고 형법 제28조에 의하면 범죄의 음모 또는 예비행위가 실행의 착수에 이르지 아니한 때에는 법률에 특별한 규정이 없는 한 벌하지 아니한다고 규정하여 예비죄의 처벌이 가져올 범죄의 구성요건을 부당하게 유추 내지 확장해석하는 것을 금지하고 있기 때문에 형법각칙의 예비죄를 처단하는 규정을 바로 독립된 구성요건 개념에 포함시킬 수는 없다고 하는 것이 죄형법정주의의 원칙에도 합당하는 해석이라 할 것이기 때문이다. 따라서 형법전체의 정신에 비추어 예비의 단계에 있어서는 그 종범의 성립을 부정하고 있다고 보는 것이 타당한 해석이라고 할 것이다.

이 격증하고, 그 범죄수법이 더욱 대담해지면서 지능화됨과 동시에 폭력을 수반하는 등 국가재정을 혼란하게 하고 국민경제의 안정적인 발전을 저해함에 따라 1951. 12. 6. 법률 제229호로 관세법을 개정하여 자유형이 추가되었고, 다시 1961. 4. 10. 법률 제600호 개정으로 예비죄를 본죄와 동일하게 처벌하는 조항이 신설되어 2010. 1. 1. 개정될 때까지 위 조항이 유지되었다.

2010. 1. 1. 법률 제9910호로 개정된 관세법은 형법상 책임주의 원칙을 구현하기 위하여 일부 형법총칙 배제규정을 삭제하면서, 동시에 종전의 제271조 제2항에서 '제268조의2·제269조 및 제270조의 죄를 범할 목적으로 그 예비를 한 자와 미수범은 본죄에 준하여 처벌한다'고 규정하였던 것을 '제268조의2·제269조 및 제270조의 미수범은 본죄에 준하여 처벌한다'로 개정하여 미수범만을 본죄에 준하여 처벌하는 것으로 한정하고, 제3항으로 '제268조의2, 제269조 및 제270조의 죄를 범할 목적으로 그 예비를 한 자는 본죄의 2분의 1을 감경하여 처벌한다'는 규정을 신설함으로써 예비죄에 대해서는 본죄의 2분의 1을 감경하는 규정을 마련하였다.

2010. 12. 30. 법률 제10424호로 개정된 관세법 제274조는 밀수품취득죄의 예비죄를 처벌하는 경우에도 본죄의 2분의 1을 감경하도록 하였다.

2. 처벌규정

관세법 제268조의2(전자문서 위조·변조죄), 제269조(금지품수출입죄, 밀수출입죄), 제270조(관세포탈죄)의 죄, 제274조(밀수품취득죄)의 죄를 저지를 목적으로 그 예비를 한 자는 모두 본죄의 2분의 1을 감경하여 처벌한다(법 제271조 제2항, 제274조 제3항).

제 7 절 방조범의 특별규정

Ⅰ. 의 의

타인의 범죄를 방조한 자는 종범으로 처벌한다(형법 제32조 제1항). 방조란 정범에 의한 구성요건의 실행을 가능하게 하거나 용이하게 하는 것을 말한다.

공동정범이 공동의사에 기한 기능적 행위지배가 있음에 반해 방조범은 행위지배가 없다는 점에서 구별된다.

Ⅱ. 구성요건 등

종범의 성립요건은 종범의 방조행위와 정범의 실행행위를 요한다. 형법상 방조행위는 정범이 범행을 한다는 정을 알면서 그 실행행위를 용이하게 하는 직접·간접의 행위를 말하므로, 방조범은 정범의 실행을 방조한다는 이른바 방조의 고의와 정범의 행위가 구성요건에 해당하는 행위인 점에 대한 정범의 고의가 있어야 한다. 이와 같은 고의는 내심적 사실이므로 피고인이 이를 부정하는 경우에는 사물의 성질상 고의와 상당한 관련성이 있는 간접사실을 증명하는 방법에 의하여 입증할 수밖에 없고, 이때 무엇이 상당한 관련성이 있는 간접사실에 해당할 것인가는 정상적인 경험칙에 바탕을 두고 치밀한 관찰력이나 분석력에 의하여 사실의 연결상태를 합리적으로 판단하여야 한다. 또한 방조범에 있어서 정범의 고의는 정범에 의하여 실현되는 범죄의 구체적 내용을 인식할 것을 요하는 것은 아니고 미필적 인식 또는 예견으로 족하다.[54)55)]

Ⅲ. 관세법상 방조죄

형법 제32조 제2항은 '종범의 형은 정범의 형보다 감경한다'고 규정하고 있다. 관세법은 종범의 처벌에 관하여 특별한 규정을 두고 있다. 그 정황을 알면서 제269조(밀수출입죄) 및 제270조(관세포탈죄 등)에 따른 행위를 방조한 자는 정범(正犯)에 준하여 처벌한다(법 제271조 제1항). 특가법에 따라 가중처벌하는 경우에도 이와 같다(특가법 제7조). 따라서 이 경우 형법 제32조 제2항에 의한

---

54) 대법원 2005. 4. 29. 선고 2003도6056 판결. 부정환급죄의 정범이 설립한 위장수출회사의 직원인 피고인이 미필적으로나마 정범의 범행을 인식 또는 예견하고 그 실행행위를 용이하게 하였다고 볼 여지가 있다고 한 사례.

55) 대법원 2005. 4. 29. 선고 2003도6056 판결. 금괴를 부가가치세 영세율이 적용되는 수출원자재 명목으로 구입한 후 실제로는 시중에 판매처분하고 허위로 수출신고를 하여 이를 근거로 관세를 부정환급 받은 정범의 범행에 대하여, 정범이 설립한 위장수출회사의 직원인 피고인이 미필적으로나마 정범의 범행을 인식 또는 예견하고 그 실행행위를 용이하게 하였다고 볼 여지가 있다고 본 사례.

종범감경을 하지 아니한다.[56]

제 8 절   특가법에 의한 가중처벌

제6조(관세법 위반행위의 가중처벌) ① 관세법 제269조 제1항에 규정된 죄를 범한 사람은 다음 각 호의 구분에 따라 가중처벌한다.

　1. 수출 또는 수입한 물품의 가액(이하 이 조에서 "물품가액"이라 한다)이 1억원 이상인 경우에는 무기 또는 7년 이상의 징역에 처한다.

　2. 물품가액이 3천만원 이상 1억원 미만인 경우에는 3년 이상의 유기징역에 처한다.

② 관세법 제269조 제2항에 규정된 죄를 범한 사람은 다음 각 호의 구분에 따라 가중처벌한다.

　1. 수입한 물품의 원가가 5억원 이상인 경우에는 무기 또는 5년 이상의 징역에 처한다.

　2. 수입한 물품의 원가가 2억원 이상 5억원 미만인 경우에는 3년 이상의 유기징역에 처한다.

③ 관세법 제269조 제3항에 규정된 죄를 범한 사람이 수출하거나 반송한 물품의 원가가 5억원 이상인 경우에는 1년 이상의 유기징역에 처한다.

④ 관세법 제270조 제1항 제1호 또는 같은 조 제4항·제5항에 규정된 죄를 범한 사람은 다음 각 호의 구분에 따라 가중처벌한다.

　1. 포탈(逋脫)·면탈(免脫)하거나 감면(減免)·환급받은 세액이 2억원 이상인 경우에는 무기 또는 5년 이상의 징역에 처한다.

　2. 포탈·면탈하거나 감면·환급받은 세액이 5천만원 이상 2억원 미만인 경우에는 3년 이상의 유기징역에 처한다.

⑤ 관세법 제270조 제1항 제2호 또는 같은 조 제2항에 규정된 죄를 범한 사람은 다음 각 호의 구분에 따라 가중처벌한다.

　1. 수입한 물품의 원가가 5억원 이상인 경우에는 3년 이상의 유기징역에 처한다.

　2. 수입한 물품의 원가가 2억원 이상 5억원 미만인 경우에는 1년 이상의 유기징역에 처한다.

⑥ 제1항부터 제5항까지의 경우에는 다음 각 호의 구분에 따른 벌금을 병과한다.

　1. 제1항의 경우: 물품가액의 2배 이상 10배 이하

　2. 제2항의 경우: 수입한 물품 원가의 2배

　3. 제3항의 경우: 수출하거나 반송한 물품의 원가

　4. 제4항의 경우: 포탈·면탈하거나 감면·환급받은 세액의 2배 이상 10배 이하

　5. 제5항의 경우: 수입한 물품의 원가

⑦ 관세법 제271조에 규정된 죄를 범한 사람은 제1항부터 제6항까지의 예에 따른 그 정범(正犯) 또는 본죄(本罪)에 준하여 처벌한다.

⑧ 단체 또는 집단을 구성하거나 상습적으로 관세법 제269조부터 제271조까지 또는 제274조에 규정된 죄를 범한 사람은 무기 또는 10년 이상의 징역에 처한다.

---

56) 대법원 1985. 8. 13. 선고 85도1278 판결.

Ⅰ. 의 의

특가법은 일정한 요건에 해당하는 관세범죄에 대하여 물품가액 또는 관세
포탈금액의 2배에서 10배에 이르는 중한 벌금형을 규정하고, 징역형과 벌금형
을 필요적으로 병과하도록 하는 등 관세법위반자가 범죄로부터 부당한 이득을
취득하거나 보유하는 것을 방지하기 위한 여러 조치들을 둠으로써 관세범의
영리성에 대한 대응책을 마련하고 있다.

또한 조직적·상습적으로 관세법을 위반한 자에 대해서는 특가법 제6조
제8항에서 "단체 또는 집단을 구성하거나 상습적으로 관세법 제269조부터 제
271조까지 또는 제274조에 규정된 죄를 범한 사람은 무기 또는 10년 이상의 징
역에 처한다"는 가중처벌조항을 두고 있다. 이에 더하여 관세법위반사범을 단
속할 권한이 있는 공무원에게는 해상에서 관세법 제269조 또는 제270조에 규
정된 죄를 범한 사람이 정지명령을 받고 도피하는 경우에 이를 제지하기 위하
여 필요하다고 인정되는 상당한 이유가 있을 때에는 총기를 사용할 수 있는 권
한을 부여함으로써 관세범의 조직성·전문성·국제성·상습성에 대응하고 처벌
의 확실성을 도모할 수 있는 제도를 마련하고 있다(특가법 제7조).

Ⅱ. 가중처벌되는 관세범

1. 금지품수출입죄 · 밀수출입죄

수입신고는 통관절차의 핵심적인 요소로서 수입신고가 이루어지지 않을
경우 해당 물품의 국내반입을 파악할 방법이 없고, 통관절차의 진행도 불가능
하기 때문에 이를 게을리 하는 경우 형사범으로 다루고, 밀수의 규모가 클 때
에는 특정범죄로 가중처벌하고 있다.[57] 금지품수출입죄는 물품가액 1억원 이
상인 경우, 밀수입죄는 물품원가 2억원 이상인 경우, 밀수출(반송)죄는 물품원
가 5억원 이상인 경우 가중처벌한다.

---

57) 헌재 2012. 2. 23. 2010헌바479.

2. 관세포탈죄 · 부정수입죄

관세포탈죄, 부정감면죄, 부정환급죄 부정수입죄에 대하여도 가중처벌하고 있다. 포탈·면탈하거나 감면·환급받은 세액이 5천만원 이상인 경우, 부정수입죄는 수입 물품원가가 2억원 이상인 경우 가중처벌한다.

반면에 법정형이 비교적 가벼운 부정수출죄, 가격조작죄, 허위신고죄 등에 대해서는 가중처벌 규정을 두고 있지 아니하다.

Ⅲ. 징역형과 벌금형의 필요적 병과

특가법은 징역형과 벌금형을 필요적으로 병과하도록 하고 있다. 밀수출입이나 관세포탈자에 대하여 경제적 불이익을 가하고, 아울러 부정하게 취한 이득을 박탈함으로써 관세징수 및 수출입통관의 적절한 관리를 확립하고 건전한 경제 질서의 유지와 국가의 재정수입 확보에 기여하고자 하는 데에 입법목적이 있다. 따라서 농산물 등 고관세율이 적용되는 물품에 있어서 관세포탈의 경우 죄질이 더 무거운 밀수입의 경우보다 더 많은 벌금형이 병과되는 결과가 된다 하더라도 고관세율이 적용되는 물품은 국내산업의 특별한 보호를 위한 것이어서 징벌의 필요가 높다는 점 등에 비추어 보면 형벌체계상 균형을 잃은 것이라거나 과잉처벌에 해당한다고 볼 수 없다.[58]

Ⅳ. 교사 · 방조범, 예비 · 미수범

특가법에 따라 가중처벌되는 법 제269조(금지품수출입죄, 밀수출입죄) 및 제270조(관세포탈죄등)에 따른 행위에 따른 행위를 교사하거나 방조한 자(법 제271조 제1항)는 그 정범에 준하여, 법 제268조의2(전자문서 위조·변조죄 등), 제269조(금지품수출입죄, 밀수출입죄) 및 제270조(관세포탈죄등)의 예비·미수범은 본죄에 준하여 처벌한다(특가법 제6조 제7항).

관세범에 있어서 수입신고 이전 단계인 예비나 수입신고 후 수입 이전 단계인 미수, 수입 이후 단계인 기수가 모두 일련의 절차로서 연속선상에 있는

---

58) 헌재 2008. 2. 28 2005헌바88.

행위이기는 하나, 실행의 착수에 이르지 아니한 준비단계인 예비행위와 실행의 착수에 이른 미수는 '수입신고' 등의 구체적인 행위의 존부로 구별되고, '수입'이라는 실질적인 법익에 대한 침해 또는 위험한 상태의 초래라는 결과가 발생한 기수와도 준별된다. 즉 미수·기수와 행위태양이 다르며 법익침해가능성과 위험성도 다르므로 이에 따른 불법성과 책임의 정도 역시 다르게 평가되어야 한다. 이에 따라 헌법재판소는 특가법에 의해 가중처벌되는 밀수입의 예비행위에 대하여 본죄에 준하여 처벌하는 것은 불법성과 책임의 정도에 비추어 지나치게 과중한 형벌을 규정하여 책임과 형벌의 비례성 원칙에 위반된다고 하였다.[59]

V. 상습범의 가중처벌

단체 또는 집단을 구성하거나 상습적으로 관세법 제269조부터 제271조까지 또는 제274에 규정된 죄(금지품수출입죄, 밀수출입죄, 관세포탈죄등, 밀수품의 취득죄등)를 범한 사람은 무기 또는 10년 이상의 징역에 처한다(특가법 제6조 제8항). 이 경우는 금액에 관계없이 특가법이 적용된다. 상습범은 동종의 범행을 반복 수행하는 것이 그 습벽의 발현일 것을 요한다.[60]

제 9 절 양벌규정

제279조(양벌 규정) ① 법인의 대표자나 법인 또는 개인의 대리인, 사용인, 그 밖의 종업원이 그 법인 또는 개인의 업무에 관하여 제11장에서 규정한 벌칙(제277조의 과태료는 제외한다)에 해당하는 위반행위를 하면 그 행위자를 벌하는 외에 그 법인 또는 개인에게도 해당 조문의 벌금형을 과(科)한다. 다만, 법인 또는 개인이 그 위반행위를 방지하기 위하여 해당 업무에 관하여 상당한 주의와 감독을 게을리하지 아니한 경우에는 그러하지 아니하다.
② 제1항에서 개인은 다음 각 호의 어느 하나에 해당하는 사람으로 한정한다.
  1. 특허보세구역 또는 종합보세사업장의 운영인
  2. 수출(「수출용원재료에 대한 관세 등 환급에 관한 특례법」 제4조에 따른 수출등을 포함한

---

59) 헌재 2019. 2. 28. 2016헌가13.
60) 대법원 1980. 3. 11. 선고 80도217 판결.

다)·수입 또는 운송을 업으로 하는 사람
3. 관세사
4. 개항 안에서 물품 및 용역의 공급을 업으로 하는 사람
5. 제327조의2제1항에 따른 국가관세종합정보망 운영사업자 및 제327조의3제3항에 따른 전
자문서중계사업자

Ⅰ. 의 의

관세법은 법인 대표나 법인·개인의 대리인·사용인·종업원 등이 그 법인·개
인의 업무에 관하여 관세법의 벌칙에 해당하는 위반행위를 하는 경우 행위자
를 벌하는 외에 그 법인·개인에게도 벌금형을 부과하도록 하고 있다. 법인 등
업무주의 처벌을 통하여 벌칙 본조의 실효성을 확보하고자 하는 데에 그 취지
가 있다.

Ⅱ. 구성요건

1. 주 체

법인은 업종은 제한이 없다. 개인은 범칙위반행위자 외에 업무주인 개인으
로서 특허보세구역 또는 종합보세사업장의 운영인,[61] 수출(환특법 수출 포함)·
수입·운송을 업으로 하는 자, 관세사, 개항 안에서 물품 및 용역의 공급을 업
으로 하는 사람, 국가관세종합정보망 운영사업자, 전자문서중계사업자가 해
당된다.

2. 행 위

관세법 제11장(벌칙규정)의 위반행위에만 적용된다. 따라서 과태료 제재시
에는 적용되지 않는다. 양벌규정의 취지가 법인 등 업무주의 처벌을 통하여 벌

---

61) 특허보세구역 운영인은 자연인만을 의미하고 법인은 여기에 해당하지 않는다(대법원 1997. 9.
30. 선고 96도2159 판결).

칙 본조의 실효성을 확보하는 데 있는 것이므로, 여기에서 말하는 '법인의 사용인'에는 법인과 정식 고용계약이 체결되어 근무하는 자뿐만 아니라 그 법인의 업무를 직접 또는 간접으로 수행하면서 법인의 통제·감독 하에 있는 자도 포함된다.[62] 다만, 범칙행위를 한 자가 법인의 임원, 직원, 사용인의 어느 하나에 해당되어야 한다.

3. 업무관련성

범칙행위가 '법인의 업무에 관하여' 행한 것이어야 한다.[63] 법인의 업무에 관하여 행한 것으로 보기 위하여는 객관적으로 법인의 업무를 위하여 하는 것으로 인정할 수 있는 행위가 있어야 하고, 주관적으로 피용자 등이 법인의 업무를 위하여 한다는 의사를 가지고 행위함을 요한다. 대법원은 이러한 요건은 법인의 적법한 업무의 범위, 피용자 등이 행한 범법행위의 동기와 사후처리, 피용자 등의 범법행위에 대한 법인의 인식 여부 또는 관여 정도, 피용자 등이 범법행위에 사용한 자금의 출처와 그로 인한 손익의 귀속 여하 등 여러 사정에 따라 판단되어야 한다고 하였다.[64]

Ⅲ. 처벌 등

1. 처 벌

해당 조문의 벌금형을 과한다. 양벌규정의 법인·개인은 몰수·추징시 범인으로 보기 때문에 법인 등에 대하여도 몰수·추징이 선고될 수 있다(법 제282조 제4항).

2. 면 책

법인이나 개인이 위반행위 방지를 위해 상당한 주의·감독을 한 경우 면책

---

62) 대법원 2004. 3. 12. 선고 2002도2298 판결, 대법원 2006. 2. 24. 선고 2003도4966 판결 등.
63) 대법원 1997. 9. 30. 선고 96도2159 판결.
64) 대법원 1997. 2. 14. 선고 96도2699 판결.

된다. 이는 법인이 상당한 주의·감독을 한 경우에도 처벌되는 것은 책임주의에 반하기 때문이다. 따라서 이 규정에 따라 면책받기 위해서는 영업주가 자신의 직원 또는 임원의 위반행위를 방지하는 방도가 없었음을 증명하여야 한다.[65] 대법원은 구체적 사안에서 양벌규정의 대상인 법인 또는 개인이 상당한 주의 또는 관리감독 의무를 게을리 하였는지 여부는 당해 위반행위와 관련된 모든 사정, 즉 당해 법률의 입법취지, 처벌조항 위반으로 예상되는 법익 침해의 정도, 그 위반행위에 관하여 양벌규정을 마련한 취지는 물론 위반행위의 구체적인 모습, 그로 인하여 야기된 실제 피해 결과와 피해의 정도, 법인의 영업 규모 및 행위자에 대한 감독가능성 또는 구체적인 지휘감독 관계, 법인이 위반행위 방지를 위하여 실제 행한 조치 등을 종합하여 판단하여야 한다고 하였다.[66] 법인의 사용자가 법인의 대표자 등에게 알리지 않은 채 위반행위를 혼자 범하였다는 사실만으로는 면책사유에 해당되지 않는다.[67]

3. 자수감경

법인의 직원 또는 사용인이 위반행위를 하여 양벌규정에 의하여 법인이 처벌을 받는 경우 법인에게 자수감경에 관한 형법 제52조 제1항을 적용하기 위해서는 법인의 이사 기타 대표자가 수사책임이 있는 관서에 자수한 경우에 한하고, 그 위반행위를 한 직원 또는 사용인이 자수한 것만으로는 위 규정에 의하여 형을 감경할 수 없다.[68]

---

65) 대법원 1995. 7. 25. 선고 95도391 판결.
66) 대법원 2010. 4. 15. 선고 2009도9624 판결.
67) 대법원 1980. 3. 11. 선고 80도138 판결, 대법원 1995. 7. 25. 선고 95도391 판결.
68) 대법원 1995. 7. 25. 선고 95도391 판결.

제 4 편

관세형법
각론

제 1 장

전자통관시스템에 관한 죄

1996. 12. 30. 개정 관세법은 14개 조항의 복잡한 형량구조를 밀수출입죄, 부정수출입죄, 밀수품취득죄, 허위신고죄, 과태료의 5종류로 간소화하여 관세벌칙의 형량을 조정하고, 경미한 관세법위반행위에 대해서는 벌금형을 과태료로 전환하였다. 이후 수차례 개정을 거쳐 현재 관세법위반행위에 대한 제제규정은 늘었으나 이를 크게 전자통관시스템에 관한 죄, 밀수출입에 관한 죄, 관세포탈에 관한 죄, 부정수출입에 관한 죄, 허위신고에 관한 죄, 그리고 과태료 규정으로 구분할 수 있다.

제1절 총 설

I. 국가관세종합정보망의 연혁

관세청은 1974년부터 1993년까지는 파일전송방식으로 통계체계를 구축하였고(1세대), 1994년 EDI 방식의 수출 통관시스템을 시작으로 업무의 전산화를 이루었다(2세대). EDI란 전자자료 교환방식(Electronic Data Interchange)으로 납세의무자와 세관당국간 정보의 교환을 전자방식으로 교환하는 것을 말한다. EDI 전산망으로 서류 없는 통관(paperless, P/L)이 가능하게 되었다. 이후 2004년부터 EDI 방식에 유선인터넷방식을 추가하여 혼용하여 사용하는 과정을 거쳐(3세대), 2016. 4. 16. 현재와 같은 전자통관시스템를 개통하여 업무의 고도화를 이루게 되었다(4세대).[1]

---

1) 관세청 홈페이지(https://www.customs.go.kr) 2014. 7. 8.자 보도자료.

국가관세종합정보망이란 관세청이 전자통관의 편의를 증진하고, 외국세관 과의 세관정보 교환을 통하여 수출입의 원활화와 교역안전을 도모하기 위하여 구축·운영하는 전산처리설비와 데이터베이스를 의미한다(법 제327조). 관세청 은 국가관세종합정보망을 통하여 수출입신고 등 전자서비스를 처리하거나 정 보를 제공받을 수 있는 인터넷 사이트(unipass.customs.go.kr)를 운영하고 있다(국 종망고시 제2조 제2호). 이에 따라 현재 공공기관, 수출입업체, 운송업자 등은 인 터넷 통관포탈인 유니패스를 통하여 수출입신고, 화물관리, 세금납부 등 세관 업무를 전자적으로 처리하고 있다.

Ⅱ. 전자서비스의 종류

국가관세종합정보망을 통한 전자서비스의 종류는 다음과 같다(국종망고시 제3조 제1항).

① 수출입신고, 환급신청, 입출항 보고, 적하목록 제출, 화물 반출입 신고 등 관세법에 따른 신고·신청·보고·제출 등

② 관련 법령에 따른 허가·승인 또는 그 밖의 조건의 구비가 필요한 물품 의 증명 및 확인신청

③ 각종 신고·신청·증명 등의 처리결과 조회와 전송

④ 세관장의 승인·허가·수리 등의 교부·통지·통고 등

⑤ 정부보관금, 각종 세금의 납부고지서 전자송달과 납부

⑥ 신고필증, 수입세금계산서 등 증명서 발급 서비스

⑦ 화물진행정보, 관세행정 사전안내, Open API 등 정보제공 서비스

⑧ 체화물품 전자입찰

⑨ 전자신고 등 및 전자송달을 중계하는 업무

⑩ 전자신고 등 및 전자송달 관련 전자문서표준 관리

⑪ 외국세관과의 세관정보 교환

⑫ 관세행정 관련 전자문서 보관

⑬ 그 밖에 관세행정과 관련한 전자적 업무처리 및 정보제공

Ⅲ. 국가관세종합정보망 운영사업자

국가관세종합정보망 운영사업자란 국가관세종합정보망을 효율적으로 운영하기 위하여 대통령령으로 정하는 기준과 절차에 따라 국가관세종합정보망의 전부 또는 일부를 운영하는 자로 관세청장이 지정한 자를 말한다(법 제327조의2 제1항).

Ⅳ. 전자문서중계사업자

전자문서중계사업자란 전기통신사업법상의 전기통신사업자[2]로서 전자신고등 및 전자송달을 중계하는 업무를 수행하기 위하여 관세청장이 지정한 자를 말한다(법 제327조의3 제1항). 현재 한국무역정보통신(KTNET)과 케이씨넷(KCNET)이 전자문서중계사업자로 지정되어 있다.

관세청은 전자문서 중계사업에 관한 중요사항을 심의·결정하기 위하여 전자문서중계사업심의원회를 두고 있다(국종망고시 제22조).

제 2 절   전자문서 위·변조죄 및 동행사죄

제268조의2(전자문서 위조·변조죄 등) ① 제327조의4 제1항을 위반하여 국가관세종합정보망이나 전자문서중계사업자의 전산처리설비에 기록된 전자문서 등 관련 정보를 위조 또는 변조하거나 위조 또는 변조된 정보를 행사한 자는 1년 이상 10년 이하의 징역 또는 1억원 이하의 벌금에 처한다.

Ⅰ. 구성요건

본죄는 국가관세종합정보망이나 전자문서중계사업자의 전산처리설비에 기록된 전자문서 등 관련 정보를 위조 또는 변조하거나 위조 또는 변조된 정보를

---

2) 전기통신사업법 제2조 제8호에 의하면, '전기통신사업자'란 전기통신사업법에 따라 등록 또는 신고(신고가 면제된 경우를 포함한다)를 하고 전기통신역무를 제공하는 자를 말한다.

행사함으로써 성립한다(법 제268조의2 제1항).

1. 주체 및 객체

본죄의 주체는 제한이 없다. 객체는 전자문서중계사업자의 전산처리설비에 기록된 전자문서 등 관련 정보로, 전자문서중계사업자가 전자신고 등과 전자송달을 중계하는 업무를 수행할 목적으로 구축하여 설치·운영하는 '전산처리설비에 기록된' 전자문서 등 관련 정보만을 의미한다. 따라서 관세사무소 컴퓨터에 저장된 수입신고필증 파일은 '전자문서중계사업자의 전산처리설비에 기록된 전자문서 등 관련 정보'에 해당한다고 보기 어려워 본죄의 객체가 되지 않는다.[3]

"이 사건 각 수입신고는 피고인 1로부터 위임을 받은 사설업체인 ○○관세사무소가 자체 컴퓨터를 이용하여 전자문서중계사업자인 공소외 1 주식회사의 전산망에 접속하여 해당 사항을 입력하는 전자신고의 방식으로 수입신고를 하고, 위 전산망을 통하여 수입신고를 접수한 세관이 전자문서의 형태로 된 수입신고필증을 다시 전산망을 통하여 전자송달하여 ○○관세사무소의 컴퓨터에 수입신고필증이 입력되는 방식으로 진행된 점, ○○관세사무소는 수출입 관련 전자신고업무의 편의를 위하여 사기업인 공소외 2 주식회사가 개발한 통관업무용 프로그램(UNI-PASS)을 자체 컴퓨터에 설치, 사용하였는데, 위 프로그램은 전자송달되어 자신의 사무소 컴퓨터에 저장되어 있는 수입신고필증 파일을 불러내 그 내용을 수정할 수 있는 기능도 갖추고 있는 점, 그러나 위 프로그램은 개별 관세사무소에서 사용하는 사설 프로그램으로서 전자문서중계사업자인 공소외 1 주식회사의 전산처리설비와는 무관하며 그 일부를 구성하지도 않는 점, 이 사건에서 피고인 1의 요구를 받은 ○○관세사무소 직원 공소외 3은 전자문서중계사업자인 공소외 1 주식회사의 전산망에 접속하지 않고 위 프로그램을 이용하여 자체 컴퓨터에 보관되어 있던 수입신고필증 파일을 불러내 과세가격, 관세액 등의 사항을 수정, 입력한 후 그 내용을 출력하여 피고인 1에게 주었을 뿐, 공소외 1 주식회사의 전산처리설비에 기록된 수입신고필증의 내용을 직접 수정한 것은 아닌 점 등에 비추어 볼 때, ○○관세사무소 컴퓨터에 저장

---

3) 대법원 2012. 7. 12. 선고 2010도5835 판결. 전자문서 변조죄의 성립을 부정한 사례.

된 것으로서 피고인 1 등에 의하여 그 내용이 수정된 이 사건 수입신고필증 파일들은 전자문서중계사업자의 전산처리설비에 기록된 전자문서 등 관련 정보에 해당한다고 보기 어렵다."

2. 행 위

본죄의 행위는 전자문서 등 관련정보를 위조 또는 변조하거나 위조 또는 변조된 정보를 행사하는 것이다. 위조란 전자문서 등 관련정보를 작성·입력할 권한을 갖기 위한 세관장의 승인 없이 전자문서 등 관련정보를 작성·입력하는 경우는 물론 세관장의 승인을 받았더라도 그 승인의 범위를 넘어 허위 내용의 전자문서 등 관련정보를 작성·입력한 경우를 말한다. 변조란 권한 없이 기존 내용에 변경을 가하여 허위내용의 정보를 작성·입력하는 행위를 말한다. 위조 또는 변조된 정보의 행사란 위조 또는 변조된 정보를 진정한 것으로 사용하는 것을 말한다. 행사죄는 위조 또는 변조된 정보라는 것을 알고 행사해야 하는 고의범이다.

Ⅱ. 처 벌

본죄를 범한 자는 1년 이상 10년 이하의 징역 또는 1억원 이하의 벌금에 처한다(법 제268조의2 제1항, 제327조의4 제1항).

미수범은 본죄에 준하여 처벌한다(법 제271조 제2항). 본죄는 예비죄 처벌규정이 있어 예비범도 처벌하되, 본죄의 2분의 1을 감경한다(동조 제3항).

제3절 무자격 국가관세종합정보망 운영죄 등

제268조의2(전자문서 위조·변조죄 등) ② 다음 각 호의 어느 하나에 해당하는 자는 5년 이하의 징역 또는 5천만원 이하의 벌금에 처한다.
1. 제327조의2 제1항에 따른 지정을 받지 아니하고 국가관세종합정보망을 운영하거나 제327조의3 제1항을 위반하여 관세청장의 지정을 받지 아니하고 전자문서중계업무를 행한 자

Ⅰ. 구성요건

본죄는 관세청장의 지정을 받지 아니하고 국가관세종합정보망을 운영하거나 전자문서중계업무를 행함으로써 성립한다(법 제268조의2 제2항 제1호).

Ⅱ. 처 벌

본죄를 범한 자는 5년 이하의 징역 또는 5천만원 이하의 벌금에 처한다(법 제268조의2 제2항 제1호).

미수범은 본죄에 준하여 처벌한다(법 제271조 제2항). 본죄는 예비죄 처벌규정이 있어 예비범도 처벌하되, 본죄의 2분의 1을 감경한다(동조 제3항).

제 4 절   전자문서 등 훼손·비밀침해죄

제268조의2(전자문서 위조·변조죄 등) ② 다음 각 호의 어느 하나에 해당하는 자는 5년 이하의 징역 또는 5천만원 이하의 벌금에 처한다.
  2. 제327조의4 제2항을 위반하여 국가관세종합정보망 또는 전자문서중계사업자의 전산처리설비에 기록된 전자문서 등 관련 정보를 훼손하거나 그 비밀을 침해한 자

Ⅰ. 구성요건

본죄는 국가관세종합정보망 또는 전자문서중계사업자의 전산처리설비에 기록된 전자문서 등 관련 정보를 훼손하거나 그 비밀을 침해함으로써 성립한다(법 제268조의2 제2항 제2호).

Ⅱ. 처 벌

본죄를 범한 자는 5년 이하의 징역 또는 5천만원 이하의 벌금에 처한다(법 제268조의2 제2항 제2호).

미수범은 본죄에 준하여 처벌한다(법 제271조 제2항). 본죄는 예비죄 처벌규정이 있어 예비범도 처벌하되, 본죄의 2분의 1을 감경한다(동조 제3항).

제 5 절　업무상 비밀누설·도용죄

제268조의2(전자문서 위조·변조죄 등) ② 다음 각 호의 어느 하나에 해당하는 자는 5년 이하의 징역 또는 5천만원 이하의 벌금에 처한다.
　3. 제327조의4 제3항을 위반하여 업무상 알게 된 전자문서 등 관련 정보에 관한 비밀을 누설하거나 도용한 국가관세종합정보망 운영사업자 또는 전자문서중계사업자의 임직원 또는 임직원이었던 사람

Ⅰ. 구성요건

본죄는 국가관세종합정보망 운영사업자 또는 전자문서중계사업자의 임직원이거나 임직원이었던 자가 업무상 알게 된 전자문서상의 비밀과 관련 정보에 관한 비밀을 누설하거나 도용함으로써 성립한다(법 제268조의2 제2항 제3호).

본죄의 주체는 국가관세종합정보망 운영사업자 또는 전자문서중계사업자의 임직원이거나 임직원이었던 자로 국한된다. 객체는 전자문서등 관련 정보에 관한 비밀이다. 실행행위는 누설 또는 도용이다. 누설이란 비밀을 모르고 있는 제3자에게 알리는 일체의 행위를 말한다. 이미 알고 있는 사람에게 알리는 것은 누설에 해당하지 않는다.[4] 도용이란 권한 없이 사용하는 것을 말한다.

Ⅱ. 처벌 등

5년 이하의 징역 또는 5천만원 이하의 벌금에 처한다(법 제268조의2 제2항 제3호, 제327조의4 제3항).

---

4) 임웅, 형법각론, 866면.

미수범은 본죄에 준하여 처벌한다(법 제271조 제2항). 본죄는 예비죄 처벌규정이 있어 예비범도 처벌하되, 본죄의 2분의 1을 감경한다(동조 제3항).

관세법은 개인정보보호를 위해 본죄의 행위를 한 자에 대하여 형사처벌 외에도 지정취소 또는 영업정지처분을 받도록 하고 있다(법 제327조의2 제4항 제5호).

제 2 장

밀수출입에 관한 죄

제1절 총 설

관세행정에 있어 법이 정한 통관절차는 수출입물품에 대한 관세·내국세 등 제세의 적정한 부과·징수를 통하여 재정수입을 확보하는 것 외에도 국가정책상 필요한 각종의 규제사항에 대한 실효성을 확보하는 데 있어서 매우 유용하다. 즉, 수입신고를 통하여 관세법 기타 수출입 관련 법령에 규정된 허가·승인·추천·표시·증명 기타 조건의 구비 여부를 확인할 수 있고(법 제226조 제1항, 제2항), 수출입에 관련된 무역통계는 정치·경제·행정적인 각종 정책수립에 중요한 기초자료가 되며, 국제기구나 외국과의 통상에도 중요한 기초자료로 활용된다.[1]

이처럼 통관절차가 중요한 역할을 하므로, 관세법은 수출입신고의무를 지우고 이를 위반한 경우 금지품수출입죄, 밀수출입죄 등으로 엄격히 처벌하도록 하고 있다. 특히 밀수입죄는 관세법상 가장 기본적이고도 핵심적인 요소를 결하여 통관질서의 적정이라는 보호법익을 침해한다는 점에서 죄질이 무겁고 비난가능성이 크다는 점을 고려하여 관세포탈죄보다 중한 형으로 처벌하도록 규정하고 있다.[2] 관세수입의 감소가 발생하지 않은 경우 동일한 법정형이 적

---

1) 헌재 2008. 12. 26. 2005헌바30.
2) 헌재 2013. 10. 24. 2012헌바85. 무신고수입행위에 대한 처벌조항은 5년 이하의 징역 또는 일정 금액 이하의 벌금에 처할 수 있도록 그 폭을 넓게 규정하여, 법관이 구체적인 사안에 따라, 특히 관세포탈까지 나아가지 아니한 경우 등에는 양형재량을 통하여 적정을 기하는 등 행위의 개별성에 맞추어 책임에 알맞은 형을 선고할 수 있으므로, 지나치게 과중한 형벌을 규정하고 있다고 할 수 없다.

용된다는 점에서 과중하다고 볼 수 있으나, 헌법재판소는 관세법상 밀수입죄에서 법정형을 5년 이하의 징역형 또는 일정 금액 이하의 벌금형에 처할 수 있도록 그 폭을 넓게 규정하고 있어 법관이 관세포탈이 없는 경우 등 구체적 사건의 내용에 따라 양형재량권을 행사할 수 있으므로 헌법에 위배되지 않는다고 하였다.3)

제 2 절 금지품수출입죄

> **제269조(밀수출입죄)** ① 제234조 각 호의 물품을 수출하거나 수입한 자는 7년 이하의 징역 또는 7천만원 이하의 벌금에 처한다.
>
> **제234조(수출입의 금지)** 다음 각 호의 어느 하나에 해당하는 물품은 수출하거나 수입할 수 없다.
>   1. 헌법질서를 문란하게 하거나 공공의 안녕질서 또는 풍속을 해치는 서적·간행물·도화, 영화·음반·비디오물·조각물 또는 그 밖에 이에 준하는 물품
>   2. 정부의 기밀을 누설하거나 첩보활동에 사용되는 물품
>   3. 화폐·채권이나 그 밖의 유가증권의 위조품·변조품 또는 모조품

I. 의 의

법 제234조는 헌법질서를 문란하게 하거나 공공의 안녕질서 또는 풍속을 해치는 물품, 국가안보 관련 물품, 화폐·채권·유가증권의 위·변조품 등의 수출입을 금지하고 있다. 관세법은 수출입금지품을 수출입하는 경우 형사처벌하는 한편, 행정적으로는 통관을 보류하여(법 제237조 제3호) 수출입금지품의 유통으로 인한 공공의 안녕질서의 침해 등으로부터 국가안보와 공공의 안정을 보호하고 있다.

---

3) 헌재 2012. 4. 24. 2010헌바363.

Ⅱ. 구성요건

1. 주체 및 객체 등

본죄의 주체는 제한이 없다. 본죄의 객체는 법 제234조 각 호에 규정된 수출입금지품이다. 이를 절대적 수출입금지품이라 하는데, 헌법질서를 문란하게 하거나 공공의 안녕질서 또는 풍속을 해치는 서적·간행물·도화, 영화·음반·비디오물·조각물 또는 그 밖에 이에 준하는 물품(제1호), 정부의 기밀을 누설하거나 첩보활동에 사용되는 물품(제2호), 화폐·채권이나 그 밖의 유가증권의 위조품·변조품 또는 모조품(제3호)이 있다. '물품'과 관련하여서는 유체물 형태로 반입되는 경우 본죄로 처벌할 수 있으나 전자적 형태의 무체물로 반입될 경우 처벌 근거가 없으므로 전자적 무체물을 포함하도록 개정하여야 한다는 논의가 있다.4)

대법원은 현재 통용되지 않는 스위스 화폐의 진폐(眞幣)가 국내은행에서도 신권과 마찬가지로 환전할 수 있다 하더라도 이는 지급수단이 아니라 은행이 매도가격과 매수가격의 차액 상당의 이득을 얻기 위하여 하는 외국환매매거래의 대상으로서 상품과 유사한 것에 불과하다 할 것이므로 이를 가리켜 국내에서 '유통하는' 화폐라고 볼 수 없다고 보고 수출입이 금지되는 물품으로 정한 '화폐위조품'에 해당한다고 하였다.5)

유가증권이란 반드시 유통성을 가질 필요는 없고, 일반인이 진정한 것으로 오신할 정도의 형식과 외관을 갖추고 있으면 된다.6) 대법원은 일본국 대장대신이 발행한 잔고확인증에 대하여 이부국고채권으로 교환할 수 있는 재산상의 권리가 화체되어 있고 또 이를 특정은행에 제시하여 그 권리를 행사하는 것으로 볼 수 있다는 이유로 관세법 제234조 제3호의 채권 기타 유가증권의 위조품에 해당한다고 하였다.7)

---

4) 윤동호, '사이버공간에서 관세법의 금지품수출입죄의 해석과 정책', 법조, 2009. 12.
5) 대법원 2003. 1. 10. 선고 2002도3340 판결.
6) 대법원 2001. 8. 24. 선고 2001도2832 판결.
7) 대법원 2007. 7. 13. 선고 2007도3394 판결.

2. 풍속을 해치는 물품의 의미

수출입금지품에 대하여 규정하고 있는 관세법 제234조와 관련하여 실무에서 문제되는 것은 '풍속을 해치는 물품'에 대한 것이다. 대법원은 관세법 제234조 제1호가 규정하는 '풍속을 해치는'이라고 함은 특별한 사정이 없는 한 성풍속을 해치는 '음란성'을 의미하는 것으로 해석함이 상당하고,[8] 여기서 '음란'이라 함은 사회통념상 일반 보통인의 성욕을 자극하여 성적 흥분을 유발하고 정상적인 성적 수치심을 해하여 성적 도의관념에 반하는 것으로서, 표현물을 전체적으로 관찰·평가해 볼 때 단순히 저속하다거나 문란한 느낌을 준다는 정도를 넘어서서 존중·보호되어야 할 인격을 갖춘 존재인 사람의 존엄성과 가치를 심각하게 훼손·왜곡하였다고 평가할 수 있을 정도로 노골적인 방법에 의하여 성적 부위나 행위를 적나라하게 표현 또는 묘사한 것이어야 한다고 하였다.[9]

또한 대법원은 '음란'이라는 개념은 사회와 시대적 변화에 따라 변동하는 상대적이고도 유동적인 것이고, 음란성에 관한 논의는 자연스럽게 형성·발전되어 온 사회 일반의 성적 도덕관념이나 윤리관념 및 문화적 사조와 직결되고 아울러 개인의 사생활이나 행복추구권 및 다양성과도 깊이 연관되는 문제로서 국가 형벌권이 지나치게 적극적으로 개입하기에 적절한 분야가 아니라고 하였다.[10]

문제되는 것은 '사람의 전신형상과 흡사한 물건(이하 '리얼돌'이라 한다)'이 풍속을 해치는 물품에 해당하는지 여부이다. 세관에서는 풍속을 해치는 물품

---

8) 대법원 2004. 2. 26. 선고 2002도7166 판결.

9) 대법원 2009. 6. 23. 선고 2008두23689 판결 등 참조.

10) 대법원 2009. 2. 26. 선고 2006도3119 판결. 같은 견해로 헌재 2013. 8. 29. 2011헌바176의 보충의견에 의하면, 성기구는 일반적인 성적인 표현물과는 달리 성기관과의 직접적인 접촉을 통한 성적 만족감 충족이라는 목적을 위해 제작·사용되는 도구로서, 그것은 단순한 성적 만족이나 쾌락을 위한 경우뿐만 아니라 그 사용자가 육체적·심리적 성기능 장애를 가지고 있는 경우나 일시적 혹은 상시적으로 성행위 상대가 없는 경우에도 중요한 역할을 한다. 특히 성기구는 인간이 은밀하게 행하기 마련인 성적 행위에 사용된다는 점에서 매우 사적인 공간에서 이용되는데, 이러한 사적이고도 은밀한 영역에서의 개인적 활동에는 국가가 되도록 간섭하지 않는 것이 개별적 인격체로서의 인간의 존엄성과 자유를 실현하는 길이 된다. 따라서 음란한 물건의 판매가 개인적인 영역에 머무르지 않고 건전한 성풍속이라는 사회의 성도덕 관념과 연관되어 있다는 점에서 원칙적으로 그것을 규제할 필요성이 인정된다 하더라도, 성기구의 위와 같은 특성을 고려한다면 성기구를 일반적인 성적 표현물인 음란물과 동일하게 취급하여 규제하는 것은 자제할 필요가 있다고 하였다.

에 해당한다고 보아 관세법 제237조 제3호에 따라 수입통관을 보류하고 있다. 서울고등법원 2019. 1. 31 선고 2018누65134 판결에서는 리얼돌을 전체적으로 관찰할 때 노골적인 방법에 의하여 구체적이고 적나라하게 표현되었다고 보기 어렵고, 성기구라는 이유만으로 풍속을 해치는 것이라 판단하지 않고 있으며, 청소년과 달리 성인의 사적이고 은밀한 사용을 본래 목적으로 한 성기구의 수입 자체를 금지할 법적 근거를 찾아보기 어렵다는 이유 등으로 세관장의 통관 보류처분을 취소하였다.[11] 이후 리얼돌의 모양이나 특징이 다소 다르지만 다른 하급심 판례에서도 이와 비슷한 이유로 리얼돌이 사람의 존엄성과 가치를 심각하게 훼손·왜곡하였다고 단정할 수 없다는 이유 등으로 관세법 제234조 제1호의 수출입금지품에 해당하지 않는다고 보았다.[12]

다만, 리얼돌의 모양이나 형태가 갈수록 진화하고 있고, 아동형상 리얼돌, 특정 인물 형상 맞춤형 주문제작 리얼돌 등의 사회적 부작용에 대한 우려가 있어 이에 대한 추가 입법 논의가 있는 상황이다.

최근 대법원은 16세 미만 미성년자의 외관을 사실적으로 본뜬 리얼돌의 경우 그 물품 자체가 성행위를 표현하지는 않더라도 직접 성행위의 대상으로 사용되는 실물이라는 점에서 필름 등 영상 형태의 아동·청소년성착취물과 비교하여 그 위험성과 폐해를 낮게 평가할 수 없다는 등의 이유로 '풍속을 해치는 물품'에 해당할 여지가 있다고 하였다.[13]

한편, 세관에서는 리얼돌을 관세법 제234조의 풍속을 해치는 물품으로 보아 통관을 보류하면서도 금지품수출입죄로 범칙조사하지는 않고 있다.

3. 수출입의 의미

본죄의 행위는 수출입금지품을 수출 또는 수입하는 것이다. 반송은 포함되지 않는다.

---

11) 대법원 2019. 6. 13. 선고 2019두35503 상고기각판결로 확정되었다.

12) 서울행정법원 2021. 1. 14. 선고 2020구합69878 판결, 인천지방법원 2020. 8. 27. 선고 2020구합50410 판결, 인천지방법원 2020. 11. 26. 선고 2020구합54726 판결 등.

13) 대법원 2021. 11. 25. 선고 2021두46414 판결. 사람의 신체 외관을 사실적으로 본떠 만들어진 성행위 도구가 16세 미만 미성년자의 신체 외관을 하였는지 여부는 구체적인 사안에서 당해 물품이 나타내고 있는 인물의 외관과 신체에 대한 묘사 등 여러 사정을 종합적으로 고려하여 개별적으로 판단하여야 한다.

'수입'이란 원칙적으로 외국물품을 우리나라에 반입하는 것을 말하고 '반입'이란 물품이 사실상 관세법에 의한 구속에서 해제되어 내국물품이 되거나 자유유통 상태에 들어가는 것을 의미한다.[14]. 따라서 우리나라와 다른 나라를 왕래하는 특수성이 있는 선박의 경우 우리나라의 영역에 들어온 것만으로는 수입되었다고 볼 수 없고, 외국의 선박을 편의치적의 방법에 의하여 사실상 소유권 내지 처분권을 취득한 후 국내에 반입하여 사용한 행위는 본죄의 수입에 해당한다.[15]

Ⅲ. 다른 범죄와의 관계

1. 밀수출입죄와의 관계

수출입금지품은 수출입신고의무가 있는 것이 아니므로 신고하지 않고 수출입하거나 다른 물품으로 신고하여 수출입하는 경우 본죄가 성립할 뿐 밀수출입죄는 성립하지 않는다. 다만, 반송의 경우 본죄의 행위에 해당하지 않으므로 수출입금지품을 반송한 경우 밀반송죄가 성립할 수 있다.

2. 형법상 위조·변조통화 수출입죄 등과의 관계

형법 제244조의 음란물건 수출입죄, 형법 제207조 제4항의 위(변)조 통화 수출입죄 및 형법 제217조의 위(변)조 유가증권 수출입죄가 성립하는 경우 본죄와 상상적 경합 관계에 있다.[16]

---

14) 대법원 2000. 5. 12. 선고 2000도354 판결. 구 관세법 제2조 제1항 제1호는 외국으로부터 우리나라에 도착된 물품을 우리나라에 인취하는 것을 관세의 부과대상이 되는 수입의 한 가지 형태로 규정하고 있고, 여기서 우리나라에 인취한다고 함은 물품이 사실상 관세법에 의한 구속에서 해제되어 내국물품이 되거나 자유유통 상태에 들어가는 것을 의미한다.

15) 대법원 2000. 5. 12. 선고 2000도354 판결. 선박의 사실상 소유자 또는 처분권자를 피고인 회사로 단정할 수 없고, 수리를 하여 예인선이 선박을 여수항에 입항시킨 것일 뿐 피고인들이 선박을 다시 수리하여 이를 국내에서 사용할 목적으로 입항하였다고 보기 어렵다는 이유로 밀수입미수죄에 해당하지 않는다.

16) 인천지방검찰청, 14면.

Ⅳ. 처 벌

1. 법정형·양벌규정

본죄를 범한 자는 7년 이하 징역 또는 7천만원 이하 벌금에 처한다(법 제 269조 제1항). 정상에 따라 징역과 벌금을 병과할 수 있다(법 제275조). 양벌규정 에 따라 행위자를 벌하는 외에 법인 등에게도 벌금형을 부과한다(법 제279조 제 1항).

2. 몰수·추징

수출입금지품을 수출입한 경우 범인의 소유 또는 점유 여부와 관계없이 해당 물품을 필요적으로 몰수하고, 몰수할 물품의 전부 또는 일부를 몰수할 수 없을 때에는 그 몰수할 수 없는 물품의 범칙 당시의 국내도매가격에 상당한 금 액을 범인으로부터 추징한다(법 제282조 제1항, 3항). 양벌규정에 따라 처벌되는 업무주인 법인 등으로부터도 몰수 또는 추징한다(법 제282조 제4항).

3. 특가법의 가중처벌

특가법에 따라 수출 또는 수입한 물품의 가액이 3천만원 이상 1억원 미만인 경우 3년 이상의 유기징역으로, 물품가액이 1억원 이상인 경우에는 무기 또는 7 년 이상의 징역으로 가중처벌한다. 이 경우 물품가액의 2배 이상 10배 이하의 벌 금을 병과한다(특가법 제6조 제1항·제6항). 단체 또는 집단을 구성하거나 상습적 으로 본죄를 범한 사람은 무기 또는 10년 이상의 징역에 처한다(동조 제8항).

Ⅴ. 실행의 착수 및 예비·미수죄 등

본죄의 기수시기는 수출의 경우 외국으로 향하는 국제무역선(기)에 선(기) 적한 때, 수입의 경우 보세구역을 경유하는 경우 보세구역으로부터 반입한 때, 보세구역을 경유하지 않은 경우에는 양륙, 하선(기) 등 사실상 우리나라 영역

내에 반입한 때이다.[17]

본죄의 미수범은 본죄에 준하여 처벌하고 미수감경 등은 하지 않는다(동조 제2항). 예비범은 본죄의 2분의 1을 감경하여 처벌한다(동조 제3항).

본죄의 행위를 교사하거나 방조한 자는 정범(正犯)에 준하여 처벌한다(법 제271조 제1항).

제 3 절   밀수입죄

> **제269조(밀수출입죄)** ② 다음 각 호의 어느 하나에 해당하는 자는 5년 이하의 징역 또는 관세액의 10배와 물품원가 중 높은 금액 이하에 상당하는 벌금에 처한다.
> 1. 제241조 제1항·제2항 또는 제244조 제1항에 따른 신고를 하지 아니하고 물품을 수입한 자. 다만, 제253조 제1항에 따른 반출신고를 한 자는 제외한다.
> 2. 제241조 제1항·제2항 또는 제244조 제1항에 따른 신고를 하였으나 해당 수입물품과 다른 물품으로 신고하여 수입한 자

I. 의 의

수입신고는 통관질서를 확립하기 위하여 마련된 통관절차의 핵심적 요소이다. 세관에서는 수입신고를 통하여 관세법 기타 수출입 관련 법령에 규정된 허가·승인·표시 또는 그 밖의 조건의 구비 여부를 확인할 수 있다. 수입관련 무역통계는 정치·경제·행정적인 각종 정책수립에 중요한 자료가 되며, 국제기구나 외국과의 통상에도 중요한 기초자료로 활용된다. 따라서 유세품뿐만 아니라 관세가 부과되지 않는 무세품이라 하더라도 적법한 수입신고절차를 거칠 것이 요청된다.[18]

수입신고를 하지 않고 물품을 수입하면 통관당국은 해당 물품의 반입 여부를 파악할 방법이 없고 통관절차의 진행 자체도 불가능하게 되므로 적정한 통관질서의 확립을 위하여 본죄로 처벌하는 것이다.[19] 따라서 무신고수입행위

---

17) 대법원 1960. 2. 17. 선고 4292형상834 판결.
18) 헌재 2013. 10. 24. 2012헌바85.
19) 헌재 2013. 10. 24. 2012헌바85.

를 처벌하는 주된 입법목적은 수입물품에 대한 적정한 통관절차의 이행을 확보하는 데에 있는 것이고, 관세수입의 확보는 그 부수적인 목적에 불과하다.[20]

II. 구성요건

1. 고 의

신고 없이 수입됨을 미필적으로나마 인식하였다면 고의가 인정된다. 세관에 반입보고를 마쳤다고 하더라도 보세장치장에 입고하지 아니한 채 수입신고 없이 무단반출해 간 경우 행위자가 수입신고를 하지 아니하고 보세구역에서 물품을 무단반출한다는 인식이 있는 이상 무신고수입의 고의가 있다고 보아야 하고, 이후에 통관절차를 이행 또는 보완할 의사가 있었다거나 실제 통관절차를 이행하였는지 여부는 본죄의 성립에 영향을 미치지 않는다.[21]

상용물품이면서 고가인 물품을 수입하면서 수출자에게 실제구입가격보다 낮은 가격으로 송품장을 작성하여 주도록 요구하거나 송품장에 '견품'으로 기재해 달라고 요구하여 간이통관절차를 거쳐 통관한 경우 정상적인 수입통관절차를 거치지 아니함을 인식하고 있었다고 볼 수 있다.[22] 여행자휴대품의 경우 신고서에 고의로 신고대상물품을 기재하지 아니한 것 자체로 본죄의 범의를 발현하는 하나의 징표로 볼 수 있을 것이고,[23] 이후 세관직원의 질문에 사실과 다른 물품으로 허위 대답을 하였다면 본죄의 고의를 확정적으로 나타낸 것으로 볼 수 있을 것이다.[24]

반면에, 관세율표상 별도로 품목분류가 되어 있지 아니하거나 품명의 정확한 의미에 대하여 전문가들 사이에서조차 의견의 차이가 있다면 그 기재내용이 반드시 허위라고 단정할 수 없어 허위신고수입의 고의를 인정하기 어렵다고 보아야 한다.[25]

---

20) 대법원 2005. 12. 23. 선고 2005도6484 판결 참조.
21) 대법원 1996. 7. 26. 선고 95도2141 판결.
22) 광주지방법원 2008. 2. 19. 선고 2007노2604 판결, 대법원 2008. 6. 26. 선고 2008도2269 판결.
23) 대법원 1991. 2. 8. 선고 90도2418 판결.
24) 대법원 1990. 9. 28. 선고 90도683 판결.
25) 대법원 1991. 6. 28. 선고 91도914 판결. 피고인이 관세율표상 별도로 품목분류가 되어 있지 아니한 기타 어류로서 수산청장의 추천을 받아야 수입할 수 있게 되어 있는 검정통삼치(영어명이

2. 주 체

본죄의 주체에는 제한이 없어 관세의 납세의무자여야 성립하는 관세포탈죄와 구별된다. 허위신고수입의 경우 신고서의 형식적인 기재내용이 아니라 수입행위를 한 실질적인 수입자가 본죄의 주체가 된다.[26]

"이 사건 물품의 수입화주는 신고서상 공소외 주식회사로 되어 있으나, 위회사는 모두 사실상 피고인이 경영하고 있는 회사들이며, 이 사건 물품의 실제수요자도 그 실질적인 경영주가 피고인인 점, 또한 이 사건 수입행위는 피고인이 자신의 계산으로 한 것이어서 무신고 수입행위로 말미암아 실질적으로 이득을 보는 자도 피고인이라는 점 등에 비추어 이 사건 수입행위를 한 실질적인 수입자는 피고인이므로 그가 무신고수입죄의 주체가 된다."

3. 객 체

(1) 관세 부과 여부

본죄의 보호법익은 통관질서의 확립에 있으므로, 그 객체는 관세가 부과되는 물품에 한정되지 않는다. 따라서 면세품이나 관세가 부과되지 않는 물품에 해당한다 하더라도 적법한 수입신고 절차를 거치지 않는 경우에는 무신고수입으로 인한 본죄에 해당된다.[27] 수입물품에 대한 신고가 이루어지지 않으면 해당 물품의 국내반입을 파악할 방법이 없고 그로 인하여 국내의 유통질서를 왜곡시키는 등 통관질서 및 국민경제질서의 적정을 심히 해할 수 있는데, 이러한 결과는 수입물품이 유세품인지 무세품인지 여부에 따라 달라지는 것이 아니기 때문이다. 헌법재판소는 통관질서의 적정을 해하였다는 점에서 유세품에 대한 무신고수입행위나 무세품에 대한 무신고수입행위는 죄질과 비난가능

Sneok, Snake Mackerel 또는 Baracouta)를 수입하면서 세관에 제출한 수입신고서의 그 수입품명란에 영문으로 "FROZEN SPANISH MACKEREL(BARACOUTA)"라고 기재하고, 그 난 위에 한글로 "냉동삼치"라고 부기하였다면, 피고인에게 관세률표상 수입자동승인품목으로 품목분류된 "삼치"를 수입하는 것처럼 그 수입물품명을 허위로 기재하여 수입신고를 하는 방법으로 검정통삼치를 무면허수입하려고 하였다는 점에 관한 범의를 인정하기는 어렵다고 한 사례.

26) 대법원 2003. 11. 28. 선고 2003도3956 판결.

27) 대법원 2002. 12. 6. 선고 2000도3581 판결. 관세율 영(0)에 해당하는 도자기 등 골동품을 수입신고 없이 통관하여 수입한 경우 무신고수입에 의한 관세법위반죄로 판단한 사례.

성의 정도가 다르지 아니하므로, 유세품인지 무세품인지 여부를 따지지 아니하고 동일한 법정형으로 규정해 놓은 것에 합리적인 이유가 있다고 하였다.[28]

(2) 수입신고 생략물품의 경우

수입신고 생략물품은 본죄의 객체가 되지 않는다. 또한, ① 선박용품[29]·항공기용품[30] 또는 차량용품[31]을 운송수단 안에서 그 용도에 따라 소비하거나 사용하는 경우, ② 선박용품·항공기용품 또는 차량용품을 세관장이 정하는 지정보세구역에서 「출입국관리법」에 따라 출국심사를 마치거나 우리나라에 입국하지 아니하고 우리나라를 경유하여 제3국으로 출발하려는 자에게 제공하여 그 용도에 따라 소비하거나 사용하는 경우, ③ 여행자가 휴대품을 운송수단 또는 관세통로에서 소비하거나 사용하는 경우, ④ 법에서 인정하는 바에 따라 소비하거나 사용하는 경우 등 수입으로 보지 아니하는 소비 또는 사용에 해당하는 경우 수입신고 대상이 아니므로 본죄의 객체에 해당되지 않는다(법 제239조).

(3) 수입의제물품

수입이 의제되는 외국물품인 ① 체신관서가 수취인에게 내준 우편물, ② 관세법에 따라 매각 또는 몰수된 물품, ③ 통고처분으로 납부된 물품, ④ 국고귀속물품, ⑤ 관세법위반으로 몰수에 갈음하여 추징된 물품도 본죄의 객체에 해당되지 않는다(법 제240조 제1항).

4. 수입의 의미

수입의 의미는 금지품수출입죄에서와 같다. 보세구역을 경유하는 화물인 경우 보세구역으로부터 국내로 반입한 때 기수가 되고, 보세구역을 경유하지 않은 경우 해상에서 물품을 본선에서 전마선으로 옮겨 실을 때에 실행의 착수

---

28) 헌재 2013. 10. 24. 2012헌바85.

29) 선박용품이란 음료, 식품, 연료, 소모품, 밧줄, 수리용 예비부분품 및 부속품, 집기, 그 밖에 이와 유사한 물품으로서 해당 선박에서만 사용되는 것을 말한다(법 제2조 제10호).

30) 항공기용품이란 선박용품에 준하는 물품으로서 해당 항공기에서만 사용되는 것을 말한다(법 제2조 제11호).

31) 차량용품이란 선박용품에 준하는 물품으로서 해당 차량에서만 사용되는 것을 말한다(법 제2조 제12호).

가 있고, 물품을 양륙한 때 기수가 된다.[32]

5. 무신고수입과 적법한 수입신고 여부

(1) 신고를 하지 않은 경우

법 제241조 제1항·제2항 또는 제244조 제1항에 따른 신고를 하지 않은 경우를 말한다. 다만, 법 제253조 제1항에 따라 세관장에게 수입신고 전 즉시반출신고를 한 경우 본죄에 해당하지 않는다. 수입신고 생략물품이 아님에도 수입신고 생략물품인 것처럼 위장하여 수입한 경우도 본죄에 해당한다.

(2) 적법한 수입신고 절차가 아닌 경우

신고를 하였거나 간이한 통관절차를 거쳤더라도 적법한 수입신고 절차가 아니라면 수입신고를 하지 않은 것이므로 본죄에 해당한다. 예컨대, 상용물품의 경우 법 제241조 제2항에서 규정하고 있는 간이통관절차의 대상 물품에 해당하지 않으므로 법 제241조 제1항의 일반수입신고를 해야 한다. 따라서 상용물품을 수입하면서 일반수입신고를 하지 아니하고 여행자휴대품신고서를 제출하는 방법의 간이수입신고(일명 '보따리상')를 하였다면 적법한 수입신고가 아니므로 본죄에 해당된다.

또한, 상용물품을 수입하면서 수출자에게 실제구입가격보다 낮은 가격으로 송품장을 작성하여 주도록 요구하거나 송품장에 '견품'으로 기재해 달라고 요구하는 등으로 우편물·특송품의 수입신고의제 또는 목록통관이라는 간이수입신고를 이용하여 면세통관하였다면 적법한 수입신고 절차를 거치지 않았으므로 본죄에 해당한다.[33]

관세법 제240조의5의 상호주의에 따른 통관절차 간소화 대상이 아님에도 이를 이용하여 정식 수입신고를 하지 않았다면 본죄에 해당한다. 우리나라와 무역협정 등을 체결한 국가에서 직업용구나 전시회등 행사에서 전시 또는 사용될 물품, 상품견본 등을 일시수입하는 경우 일시수입통관증서에 의한 간이한 통관절차를 적용받을 수 있는데(시행령 제245조의4, 까르네고시 제2·3조), 처음

---

32) 대법원 2000. 4. 25. 선고 99도5479 판결.
33) 대법원 2008. 6. 26. 선고 2008도2269 판결, 대법원 2005. 3. 25. 선고 2004도8786 판결.

부터 일시수입통관증서에서 지정된 목적 이외에 사용할 의사로 수입하면서 간이통관절차를 거친 것이라면 본죄에 해당한다.[34]

6. 일부만 신고하는 경우

수입되는 물품의 일부만 신고한 경우 신고하지 않은 부분에 대하여는 본죄가 성립한다. 예컨대, 세관검사를 회피할 의도로 컨테이너 운송의 경우 안쪽에 고가의 밀수품을 은닉하고 바깥쪽에 저가의 정상화물을 적재하며 그 정상화물에 대하여만 수입신고하는 일명 커튼치기, 심지박기 수법의 경우 신고하지 않은 물품에 대하여 본죄가 성립한다.

7. 허위신고 수입과 동일성 인정기준

(1) 의 의

수입신고한 물품과 동일성이 인정되지 아니한 다른 물품을 수입한 경우 실제 수입한 물품은 수입신고가 전혀 이루어지지 않았기 때문에 국내 반입 여부를 파악하여 관세법과 기타 수출입 관련 법령에 규정된 허가·승인·표시 기타 조건의 구비 여부를 확인하거나, 수입규제물품의 수입을 통제하며, 수입과 관련된 적정한 통계자료를 확보하여 통관질서를 확립하는 것이 불가능하다.[35] 또한, 이 경우 수입신고의 효력이 실제로 수입된 물품에 미치지 아니한다고 볼 수 있으므로 수입신고를 하지 아니한 것과 동일하게 처벌하는 것이다.[36]

(2) 동일성 인정 기준

본죄의 성립여부는 동일성 인정 여부에 의해 결정된다. '당해 수입물품과 다른 물품'이란 수입신고서에 의하여 신고한 바로 그 물품 이외의 모든 물품을

---

34) 대법원 1997. 9. 26. 선고 97도1267 판결. A.T.A.(Admission Temporaire – Temporary Admission) 까르네란 물품의 일시수입을 위한 일시수입 통관 증서에 관한 관세협약(Customs Convention on the A.T.A. Carnet for Temporary Admission of Goods)」에 규정된 일시수입통관증서를 말한다.

35) 헌재 2012. 4. 24. 2010헌바363.

36) 대법원 2003. 11. 28. 선고 2003도3956 판결.

의미하는 것이 아니라 수입신고한 물품 또는 그와 동일성이 인정되는 물품을 제외한 모든 물품을 말하고, 동종의 물품이라고 하더라도 수입신고수리의 요건이 다르면 동일한 물품이라고 할 수 없다. 관세·통계통합품목분류표상 10단위 품목번호가 같은 물품은 동종의 물품으로 보아야 한다.[37]

"실제로는 음향기기인 콘솔시스템과 녹음시스템을 부분품으로 분할하여 수입하면서 수입신고서에는 음향기기와는 전혀 다른 품명과 품목분류번호로 신고한 경우, 전체적으로 보아 실제로 수입된 물품은 음향기기의 완제품으로 보아야 하는 것으로서 수입신고된 물품과의 사이에는 서로 동일성이 없어 이 사건 수입신고의 효력은 실제로 수입된 물품에 미치지 아니하므로 피고인의 위와 같은 행위는 관세법상 무신고수입죄를 구성하는 것이며, 이는 수입한 물품 중의 일부가 신고한 물품과 일치되거나 신고한 물품과 수입한 물품에 대한 관세율이 같다고 하더라도 마찬가지이다."[38]

"수입신고서에 '청콩', '카오피콩'을 수입하는 것으로 신고하고 실제로는 '콩나물콩'을 수입한 사안에서, '청콩', '카오피콩'과 '콩나물콩'은 동종의 물품으로 관세액도 동일하지만, 수입 당시 '콩나물콩'은 '청콩'이나 '카오피콩'과 달리 사전세액심사 대상물품이었으므로 수입신고수리의 요건이 달라 양자를 동일성이 인정되는 물품이라고 할 수 없다."[39]

'검은색 콩나물 콩'을 수입하면서 '황백색 콩나물 콩'에 대한 양허관세적용추천서와 '콩나물 콩'에 대한 수입신고서를 제출한 경우 '검은색 콩나물 콩'과 '콩나물 콩'은 동종의 물품으로서 수입신고수리의 요건이 동일한 물품에 해당하여 밀수입죄에 해당하지 않는다.[40]

(3) 수량에 차이가 있는 경우

동일한 품명에 해당하는 물품이라도 실제 수입수량과 신고서에 기재된 수량의 차이가 현저하면 동일성이 인정되지 않는다. 실제 수입물품이 신고서에 기재한 수량의 물품보다 현저하게 많다면 그 신고를 해당 물품에 대한 수입의

---

37) 대법원 2011. 11. 10. 선고 2009도12443 판결.
38) 대법원 2003. 11. 28. 선고 2003도3956 판결.
39) 대법원 2011. 11. 10. 선고 2009도12443 판결.
40) 부산지방법원 2017. 7. 7. 선고 2016노3607 판결. 다만, 예비적 공소사실인 관세포탈죄를 인정하였다.

의사표시로 보기 어렵기` 때문이다.[41]

"수입신고는 세관장에게 하는 수입의 의사표시이므로, 농어를 수입함에 있어 실제로 수입하는 물량 중 일부만을 수입하는 것으로 신고하고 나머지 물량에 대하여는 수입신고를 하지 않을 의사로 각종서류를 신고한 물량에 맞추어 허위로 작성, 통관절차를 밟는 방법으로 수입신고한 물량에 비하여 현저하게 많은 물량의 농어를 수입하였다면, 수입신고를 하지 않고 수입한 물량의 농어는 수입신고한 물량의 농어와 동일성을 인정할 수 없어 이에 대하여는 관세법 제179조 제2항 제1호 소정의 밀수입죄가 성립한다."

서로 다른 시기에 수회에 걸쳐 이루어진 무신고수입행위는 그 행위의 태양, 수법, 품목 등이 동일하다 하더라도 원칙적으로 별도로 각각 1개의 무신고수입죄에 해당하므로, 실제수입 물량이 수입신고한 물량에 비하여 현저하게 많은지 여부를 각 행위별로 판단하여야 한다.[42]

Ⅲ. 전자상거래와 밀수입죄

1. 전자상거래의 의의 및 통관방법

(1) 의 의

일반적으로 전자상거래란 인터넷쇼핑몰 등에서 주문, 택배 수령하는 방식으로 이루어지는 거래방식을 말한다.[43] 신속배송 및 간편한 화물추적을 위해 특송업체 또는 우편(EMS)을 주로 이용하는 특징이 있다.

전자상거래의 거래유형은 ① 해외 쇼핑몰에서 직접 주문 결제하고 직접 배송 받는 직접배송방식, ② 해외 쇼핑몰에서 직접 주문 결제 및 배송대행지 입력, 배송대행업체가 현지 물류창고에서 주문물품을 대신 수령한 후 배송대행 서비스를 이용하여 제품을 배송 받는 배송대행방식, ② 대행업체에 물품가

---

41) 대법원 2000. 2. 8. 선고 99도4864 판결.

42) 대법원 2006. 4. 27. 선고 2005도6405 판결. 수입신고 물량과 실제수입 물량의 차이가 그리 현저하지 않다고 보이는 경우에는 수입신고를 초과하여 실제 수입한 물량과 실제 수입한 물량의 의무와 수입신고한 물량의 의류 사이에 동일성이 인정되지 않는다고 할 수 없을 것이다.

43) 전자상거래등에서의 소비자보호에 관한 법률 제2조 제5호에 의한 전자거래 방법으로 행하는 거래행위를 말한다고 규정하고 있다.

격, 물류비, 수수료 등을 지불하고 구매부터 배송까지 모든 절차 위임하는 구매대행방식 등이 있다.

(2) 통관방법

1) 종 류

수입통관절차는 운송방법에 따라 달라진다. 특송업체가 운송 반입한 경우 특송통관 절차를, 우체국을 통해 반입된 경우 우편통관절차를, 일반 운송업체가 운송 반입한 경우 일반수입통관절차가 적용된다. 전자상거래 물품은 주로 특송통관되는 경우가 많은데, 그 통관방법으로는 특송업체가 세관에 통관목록을 제출하는 목록통관방식, 특송업체의 전속 관세사가 간이신고 또는 수입신고를 하는 방식이 있다. 특송물품 통관 절차 등에 대하여는 제1편 제2장 제6절 Ⅱ. 특송물품 통관에서 설명하였다. 이하에서는 밀수입죄와 관련하여 주로 문제되는 내용에 대하여 보다 자세히 설명하기로 한다.

2) 목록통관

목록통관은 개인이 자가사용 목적으로 물품가격 미화 150불 이하(미국에서 수입되는 물품은 200불 이하)의 물품을 수입하는 경우 적용이 가능하다. 이 경우는 특송업체가 세관에 통관목록을 제출함으로써 수입신고가 생략되고 관세 및 부가가치세가 부과되지 않는다.

3) 수입신고

목록통관 배제대상물품 등 목록통관이 가능한 요건에 해당되지 않는 경우에는 수입신고하고 관세 등을 납부하여야 한다. 다만, 수입신고 대상인 경우에도 개인이 자가사용 목적으로 수입하는 경우로 물품가격이 미화 150불 이하인 경우 감면신청을 통해 소액면세규정을 적용받을 수 있다.

2. 목록통관 기준금액

목록통관 기준금액은 '물품가격'이다. 과세가격과 달리 우리나라로 배송되는 운임과 보험료는 제외된다. 따라서 물품가격이 미화 150불이라면 우리나라로 배송되는 운임과 보험료를 합산하였을 때 미화 150불을 초과하더라도 목록 통관이 가능하다.

3. 목록통관 배제대상물품

① 의약품, ② 한약재, ③ 야생동물 관련 제품, ④ 농림축수산물 등 검역대상물품, ⑤ 건강기능식품, ⑥ 지식재산권 위반 의심물품, ⑦ 식품류·주류·담배류, ⑧ 화장품(기능성화장품, 태반함유화장품, 스테로이드제 함유 화장품 및 성분미상 등 유해화장품에 한함), ⑨ 적재화물목록 정정에 따라 선하증권 또는 항공화물운송장 내용이 추가된 물품, ⑩ 통관목록 중 품명·규격·수량·가격·물품수신인 성명·물품수신인 식별부호·거래코드·공급망 정보·물품수신인 주소·물품수신인 전화번호 등이 부정확하게 기재된 물품, ⑪ 전파법 시행령 제77조의2 제1항에 따른 방송통신기자재 등으로서 같은 영 별표 6의2 제1호 자목에 해당하는 물품, ⑫ 그 밖에 법령에 따라 통관이 제한되는 물품 등 목록통관이 타당하지 않다고 세관장이 인정하는 물품은 목록통관이 배제된다(특송고시 별표 1). 이 경우에는 원칙에 따라 일반수입신고를 해야 한다.

목록통관 배제대상 물품으로 자주 문제되는 사례는 다음과 같다.[44]

[목록통관 배제대상 물품 예시]

번 호	구 분	예 시(빈번 반입품)
1	의약품	파스, 반창고, 거즈·붕대, 항생물질 의약품, 아스피린제제, 소화제, 두통약, 해열제, 감기약, 발모제 등
2	의료기기	임신테스터기, 주사기, 전자체온계, 혈압측정기, 혈당측정기, 콘택트렌즈, 문신용기기, 코세정기, 귀세정기, 콘돔 등
3	한약재	인삼, 홍삼, 상황버섯, 녹용 등
4	야생동물 관련 제품	'멸종 위기에 처한 야생 동·식물의 국제거래에 관한 협약(CITES)'에 따라 국제거래가 규제된 물품 (예) 상아제품, 악어가죽 제품, 뱀피 제품 등
5	농림축수산물 등 검역대상물품	커피(원두 등), 차, 견과류, 씨앗, 원목, 조제분유, 고양이·개 사료, 햄류, 치즈류 등

44) 알아두면 유익한 해외직구 통관 길라잡이, 3면, 관세청 특수통관과, 2020.

6	건강기능식품	비타민 제품, 오메가3 제품, 프로폴리스 제품, 글루코사민 제품, 엽산 제품, 로열젤리 등
7	지식재산권 위반 의심물품	가품 가방·신발·의류·악세사리 등
8	식품류· 주류·담배	비스킷·베이커리, 조제커피·차, 조제과실·견과류, 설탕과자, 초콜릿 식품, 소스·혼합조미료·담배·주류 등
9	화장품(기능성화장품(미백·주름개선·자외선 차단 등), 태반화장품, 스테로이드제 함유 화장품 및 성분 미상 등 유해화장품에 한함)	
10	적하목록 정정에 따라 선하증권 또는 항공화물운송장 내용이 추가로 제출된 물품	
11	통관목록 중 품명·규격·수량·가격·물품수신인주소지·물품수신인 전화번호 등이 부정 확하게 기재된 물품	
12	기타 세관장 확인대상물품	총포·도검·화약류, 마약류 등

4. 자가사용 인정기준

(1) 의 의

물품가격이 미화 150달러 이하의 물품으로서 자가사용물품으로 인정되는 것은 소액물품면세대상으로 관세가 면제되고 간이한 방법으로 수입신고할 수 있다(법 제241조 제2항, 제94조 제4호, 시행규칙 제45조 제2항 제1호). 자가사용 인정 기준에 따라 면세통관 범위인 경우 요건확인이 면제된다(시행규칙 제45조 제2항 제1호, 수입고시 제67조 별표 11). 주의해야 할 것은 자가사용 인정기준에 해당하 더라도 목록통관 배제대상물품(예컨대 의약품)인 경우 목록통관할 수 없다는 것 이다. 목록통관 대상이 아님에도 목록통관하면 밀수입죄가 성립할 수 있다. 또 한, 자가사용 인정기준을 초과함에도 요건을 갖추지 않고 일반수입신고하는 경우 부정수입죄에 해당할 수 있다. 의약품, 건강기능식품, 화장품의 통관방법 은 제5편 제3장 제3·5·6절의 각 통관방법에서 설명하였다. 그 밖에 자주 문제 되는 물품의 통관방법은 다음과 같다.[45]

---

45) 알아두면 유익한 해외직구 통관 길라잡이, 관세청 특수통관과, 2020. 참조.

(2) 분 유

분유는 검역대상물품으로 목록통관에서 제외되고 일반수입신고를 통해 통관하여야 한다. 분유의 자가사용 인정기준은 5kg 이하이고, 물품가격이 미화 150불 이하인 때에만 관세와 부가가치세가 면제된다.

(3) 담 배

담배는 물품가격 미화 150불 이하로 궐련 200개비, 엽궐련 50개비, 전자담배 니코틴 용액 20ml 이하인 경우 관세와 부가가치세가 면제된다. 다만, 개별소비세와 담배소비세 등 지방세를 납부하여야 하고, 일반수입신고로 통관하여야 한다.

(4) 주 류

주류는 물품가격 미화 150불 이하로 1L 이하(1병)인 경우 관세와 부가가치세가 면제된다. 다만, 주류는 주세 납부대상으로 물품가격과 관계 없이 일반수입신고로 통관하여야 한다.

자가사용 인정기준은 다음과 같다(수입고시 제67조 별표 11).

[자가사용 인정기준]

종 류	품 명	자가사용인정기준 (면세통관범위)	비 고
농림수 축산물	참기름, 참깨, 꿀, 고사리, 버섯, 더덕 호두 잣 소, 돼지고기 육포 수산물 기타	각 5kg 5kg 1kg 각 10kg 5kg 각 5kg 각 5kg	ㅇ 면세통관범위 초과의 경우에는 요건확인대상 (식물방역법, 가축전염병예방법, 수산동물질병 관리법 대상은 면세통관범위 이내의 물품도 반 드시 요건확인을 받아야 함)
한약재	인삼(수삼, 백삼, 홍삼 등) 상황버섯 녹용 기타 한약재	합 300g 300g 검역후 150g 각 3kg	ㅇ 녹용은 검역후 500g(면세범위 포함)까지 과세 통관 ㅇ 면세통관범위 초과의 경우에는 요건확인대상
뱀, 뱀술, 호골주 등 혐오식품			ㅇ CITES규제대상
VIAGRA 등 오·남용우려의약품			ㅇ 국내의사 처방전에 정해진 수량만 통관
건강기능식품		총 6병	ㅇ 면세통관범위인 경우 요건확인 면제. 다만, 다음의 물품은 요건확인대상 –CITES규제물품(예:사향 등) 성분이 함유된 물품 –식품의약품안전처장의 수입불허 또는 유해 통 보를 받은 품목이거나 외포장상 성분표시가 불 명확한 물품 –에페드린, 놀에페드린, 슈도에페드린, 에르고 타민, 에르고메트린 함유 단일완제의약품 ㅇ 면세통관범위를 초과한 경우에는 요건확인대 상. 다만, 환자가 질병치료를 위해 수입하는 건 강기능식품은 국내의사의 소견서 등에 의거 타 당한 범위내에서 요건확인 면제
의약품		총 6병(6병 초과의 경우 의약품 용법 상 3개월 복용량)	
생약(한약) 제제	모발재생제 제조환 다편환, 인삼봉황 소염제 구심환 소갈환 활락환, 삼편환 백봉환, 우황청심환	100ml×2병 8g入×20병 10T×3갑 50T×3병 400T×3병 30T×3병 10알 30알	
	十全大補湯,蛇粉,鹿胎屬,秋風透骨丸,朱砂,虎 骨,雜骨,熊膽,熊膽粉,雜膽,海狗腎,鹿腎,麝香, 男寶,女寶,春寶,靑春寶,强力春寶 등 성분미상 보신제		ㅇ 약사법 대상
마약류	芬氣拉明片, 鹽酸安非拉同片, 히로뽕, 阿片, 大麻草 등		ㅇ 마약류관리에관한법률 대상
야생동물 관련제품	호피, 야생동물가죽 및 박제품		ㅇ CITES규제대상
기호물품	주류 궐련 엽궐련 전자담배 기타담배 향수	1병(1ℓ 이하) 200개비 50개비 니코틴용액 20ml 궐련형 200개비 기타유형 110g 250g 60ml	ㅇ 물품가격 미화 150달러 초과의 경우에는 과세 대상 ㅇ 주류는 주세 및 교육세 과세 ㅇ 향수의 부피 또는 중량 표시단위가 다른 경우 (예: 60mg, 2oz 등) ml로 환산한 용량이 60ml 이하이면 자가사용 인정
기 타	ㅇ 기타 자가사용물품의 인정은 세관장이 판단하여 통관허용 ㅇ 세관장확인대상물품의 경우 각 법령의 규정에 따름		

5. 합산과세

(1) 합산과세 기준

다음 중 어느 하나에 해당하는 경우로서 각 물품의 물품가격을 합산한 금액이 자가사용 기준을 초과하는 때에는 관세면제 대상에서 제외하고 합산하여 과세한다(시행규칙 제45조 제2항 제1호 단서, 수입고시 제68조).

① 하나의 선하증권(B/L)이나 항공화물운송장(AWB)으로 반입된 과세대상물품을 면세범위 내로 분할하여 수입통관하는 경우, ② 같은 해외공급자로부터 같은 날짜에 구매한 과세대상물품을 면세범위 내로 분할 반입하여 수입통관하는 경우

(2) 합산과세와 밀수입죄

합산과세 기준을 초과한 때, 특송물품으로 반입되는 경우 미화 150불 초과의 물품은 목록통관을 배제하고 일반수입신고하여야 한다. 우편물로 반입된 경우 미화 1,000불 이하의 물품은 우편물목록 등에 따라 과세처리하고, 미화 1,000불 초과의 물품은 일반수입신고하여야 한다(수입고시 제69조 제1항).

합산과세하여 일반수입신고하여야 함에도 목록통관한 경우 밀수입죄가 성립할 수 있다. 세관장은 전산자료 등을 사후 분석하여 상용물품으로 인정되거나 과세대상물품을 분할하여 부당하게 면세통관한 것으로 확인된 경우에는 제68조의 기준에 따라 관세 등을 추징하거나 조사의뢰해야 한다(동조 제4항).

6. 구매대행과 밀수입죄

(1) 구매대행업

구매대행업자란 ① 자가사용물품을 수입하려는 화주의 위임에 따라 해외판매자로부터 해당 수입물품의 구매를 대행하는 것, ② 사이버몰 등을 통하여 해외로부터 구매 가능한 물품의 정보를 제공하고 해당 물품을 자가사용물품으로 수입하려는 화주의 요청에 따라 그 물품을 구매해서 판매하는 것 중 하나를 업으로 하는 자를 말한다(법 제19조 제5항 제1호 다목).

(2) 수입대행형 거래인 경우

국내구매자가 수입대행을 요청하면 구매대행업자가 해외판매자에게 물품 구입을 요청하고, 이를 국내구매자에게 배송하여주는 형태를 말한다. 국내구매자의 자가사용물품 수입을 대행하여주는 형태의 거래이므로 수입화주는 국내구매자이다. 대법원은 실질에 있어 국내 소비자가 화주라면 중간에 구매대행업자 등이 국내 소비자의 편의나 해외 판매자의 판매촉진·반품 등과 관련하여 일부 보조적 행위를 하였더라도 납세의무자는 국내 소비자라고 하였다.46) 이러한 논리는 관세포탈죄에서와 동일하다.

법원은 ① 국내 소비자가 주문을 하면 해외 판매자에게 해당 물품을 주문하고, 국내 소비자 명의로 수입통관절차를 거쳐 해외 판매자로부터 국내 소비자에게 직접 배송되도록 하고, ② 구매대행업자는 구매대행에 따른 수수료나 책임 외에 수입거래로 인한 다른 형태의 손익이나 거래책임은 부담하지 않았으며, ③ 국내 소비자들에게 만약 적발되어 관세가 부과될 경우 국내 소비자의 부담임을 명시적으로 안내하고 통관절차에서 적발된 소비자가 직접 관세를 납부하기도 한 사례에서, 이때의 구매대행업자의 행위는 국내 소비자의 해외 판매상품 구입 편의를 위한 보조적 행위에 가깝다고 보았다. 따라서 구매대행업자와 국내 소비자 사이에 실질적으로 거래가 존재한다거나, 수입 당시 수입 물품의 소유자가 피고인이라고 볼만한 사정이 없는 한 물품을 수입한 실제 소유자로서 수입신고 의무자는 국내 소비자들이 되고, 구매대행업자는 밀수입죄의 주체인 수입신고의무자에 해당한다고 볼 수 없다고 하였다.47)

(3) 수입쇼핑몰형 거래인 경우

구매대행업자가 해외판매자로부터 물품을 구입하여 재고를 쌓아두고서 국내구매자가 주문하면 이를 판매하는 경우 구매대행업자가 수입화주라고 할 것이다. 또한, 구매대행업자가 자가사용 목적임을 전제로 자신의 통관고유부호를 이용하여 목록통관한 후 그 물품을 판매한 경우도 구매대행업자가 수입화

---

46) 대법원 2015. 11. 27. 선고 2014두2270 판결. 제3장 제1절 Ⅲ. 전자상거래와 관세포탈에 해당 판례에 대하여 자세히 설명하였다.

47) 인천지방법원 2021. 10. 28. 선고 2020노4676 판결(대법원 2022. 2. 11. 선고 2021도15538 판결로 확정).

주라고 할 것이어서 밀수입죄가 성립할 수 있다.

(4) 수량·가격 등에 대한 허위정보를 준 경우

구매대행을 통하여 국내구매자가 물품을 구매하는 경우 해외판매자 또는 특송업체에 수입신고에 필요한 수량, 가격 등의 정보를 제공하는 것은 구매대행업자이다. 이때 구매대행업자가 고의적으로 수량이나 가격 등 정보를 실제보다 낮게 줌으로써 목록통관 대상이 아닌 물품을 목록통관이 되게 하는 경우 밀수입죄가 성립할 수 있다.[48]

대법원은 판매 목적으로 고가이면서도 소중량인 선박부품을 수입하면서 정식의 일반수입신고를 하지 아니하고, 수출자에게 실제구입가격보다 낮은 가격으로 송품장을 작성하여 주도록 요구하거나 송품장에 '견품'으로 기재해 달라고 요구하는 등의 부정한 방법을 이용하여 간이통관절차에 해당하는 물품으로 가장하여, 우편물·특송품의 수입신고의제 또는 목록통관이라는 간이수입신고를 이용하여 면세통관한 경우, 이러한 수입행위는 적법한 수입신고 절차 없이 통관한 경우에 해당하여 관세법 제269조 제2항 제1호 소정의 밀수입죄를 구성한다고 판시하였다.[49]

7. 해외직구와 밀수입죄

(1) 해외직구의 의의

해외 쇼핑몰에서 직접 주문 결제하고 직접 배송 받거나 해외 쇼핑몰에서 직접 주문 결제 및 배송대행지 입력, 배송대행업체가 현지 물류창고에서 주문 물품을 대신 수령한 후 배송대행 서비스를 이용하여 제품을 배송 받는 형태를 통칭하여 일반적으로 '해외직구'라 한다.

(2) 개인통관 고유부호

해외직구 물품의 통관을 위하여는 개인통관 고유부호를 발급받아야 한다. 개인통관 고유부호는 세관에서 주민등록번호를 대신하여 개인 확인을 위한 고

---

48) 서울중앙지방법원 2017. 5. 19. 선고 2016노3909 판결.
49) 대법원 2008. 6. 26. 선고 2008도2269 판결.

유부호로 사용하는 정보이다. 개인통관 고유부호는 유니패스에서 성명, 핸드폰 번호 등 정보를 입력하여 발급받을 수 있다. 세관에서는 해외직구물품에 대하여 목록통관 기준 및 자가사용 기준에 해당하는지 여부와 관련하여 개인통관 고유부호를 하나의 기준으로 판단한다.

(3) 밀수입죄에 해당하는 경우

해외직구와 관련하여 밀수입죄 등이 문제되는 경우는 주로 다음과 같다.

1) 판매 목적인 경우

판매 목적인 경우 자가사용 목적이 아니므로 일반수입신고를 해야 한다. 그럼에도 이러한 물품을 목록통관하였다면 밀수입죄에 해당한다. 목록통관 후 판매한 경우를 보면, 대부분 세관의 감시를 회피하기 위해 본인 명의 외에 친척이나 지인등 타인명의 개인통관 고유부호를 사용한 경우가 많다. 이러한 경우 밀수입죄의 고의가 인정되기 쉽다.

2) 목록통관 대상이 아닌 경우

목록통관 대상이 아님에도 목록통관하였다면 신고 없이 수입한 경우로 밀수입죄에 해당한다. 목록통관 배제대상물품으로 일반수입신고를 하여야 하는 세관장확인대상물품인 경우임에도 목록통관한 경우도 이와 같다.

3) 합산과세 대상인 경우

합산과세 기준에 해당함에도 목록통관한 경우 밀수입죄가 성립할 수 있다. 세관에서는 전산자료 등을 사후 분석하여 과세대상물품을 분할하여 부당하게 면세통관한 것으로 확인된 경우에는 합산과세 기준에 따라 관세 등을 추징하거나 범칙조사한다(수입고시 제69조 제4항).

(4) 관세포탈죄 등에 해당하는 경우

일반수입신고를 한 경우로서 세액결정에 영향을 미칠 의도로 물품가격을 낮게 신고하여 관세를 적게 납부하였다면 관세포탈죄가 성립한다.

(5) 부정감면죄에 해당하는 경우

소액면세규정을 적용받아 일반수입신고를 한 경우로서, 추후 해당 물품을 판매하였다면 부정감면죄에 해당한다.

Ⅳ. 죄수 및 다른 범죄와의 관계

1. 죄 수

(1) 의 의

무신고수입죄는 적정한 통관질서의 확보와 수입물품에 대한 정당한 관세의 확보를 그 보호법익으로 하는 것이므로, 물품을 신고하지 아니하고 수입하는 경우에는 그 수입시마다 보호법익이 침해되어 별도로 구성요건이 충족되는 것이어서 각각의 수입시마다 1개의 죄가 성립한다.[50] 따라서 수개의 무신고수입행위를 경합범으로 기소하는 경우에는 각 행위마다 그 일시와 장소 및 방법을 명시하여 사실을 특정할 수 있도록 공소사실을 기재하여야 한다.[51]

(2) 불가벌적 사후행위

불가벌적 사후행위란 범죄에 의하여 획득한 위법한 이익을 사용하거나 처분하는 사후적 행위가 구성요건에 해당하더라도 새로운 법익의 침해를 수반하지 않아 별개의 범죄를 구성하지 아니하는 경우를 말한다. 무신고수입죄를 범한 본범이 그 물품에 대한 취득, 양여 등의 행위를 하는 경우 밀수입행위에 의하여 이미 침해된 적정한 통관절차의 이행과 관세수입의 확보라는 보호법익 외에 새로운 법익의 침해를 수반한다고 보기 어려우므로 불가벌적 사후행위로 별개의 범죄를 구성하지 않는다.[52]

---

50) 대법원 2000. 5. 26. 선고 2000도1338 판결 등.
51) 대법원 2007. 1. 11. 선고 2004도3870 판결.
52) 대법원 2008. 1. 17. 선고 2006도455 판결.

(3) 포괄일죄

포괄일죄란 수개의 행위가 포괄하여 하나의 구성요건에 해당하여 일죄를 구성하는 경우를 말한다. 수개의 범죄행위를 포괄하여 하나의 죄로 인정하기 위해서는 범의의 단일성 외에도 각 범죄행위 사이에 시간적·장소적 연관성이 있고 범행의 방법 간에도 동일성이 인정되는 등 수개의 범죄행위를 하나의 범죄로 평가할 수 있는 경우에 해당하여야 한다.53)

동일한 기회를 이용하여 단일한 의사로 다량의 물품에 대한 밀수입의 예비를 하고 그 물품 중 일부만 양륙에 착수하거나 일부만 양륙을 완료한 경우 포괄하여 1개의 밀수입죄만 성립한다.54) 포괄일죄는 실체법상 일죄로 하나의 죄로 처벌된다. 따라서 포괄일죄로 되는 개개의 범죄행위가 법 개정 전후에 걸쳐서 행하여진 경우에는 신·구법의 법정형에 대한 경중을 비교할 필요도 없이 범죄 실행 종료시의 법인 신법을 적용한다.55) 포괄일죄의 중간에 다른 종류의 죄의 확정판결이 끼어 있는 경우에도 그 죄는 2죄로 분리되지 않고 확정판결 후인 최종의 범죄 행위시에 완성된다.56) 포괄일죄가 되는 범행의 중간에 동종의 죄에 대한 확정판결이 있을 때에는 포괄일죄는 확정판결 전후의 죄로 분리된다.57)

2. 관세포탈죄와의 관계

1996. 12. 30. 관세법이 법률 제5194호로 개정되기 전에는 수입신고를 하지 아니하고 물품을 수입한 자를 처벌하는 밀수입죄의 법정형이 관세포탈죄의 법정형보다 낮게 규정되어 있었다. 이에 따라 수입신고를 하지 아니하고 유세품을 수입한 경우 밀수입죄를 적용하기보다는 관세포탈죄를 적용하여 처벌하였고, 수입신고를 하지 아니하고 무세품을 수입한 경우에는 밀수입죄를 적용하여 처벌하였다. 이후 수출입면허제에서 수출입신고제로 변경되면서 수출입 물품에 대한 성실한 신고를 확보할 필요가 생겼고, 1996. 12. 30. 관세법을 개

---

53) 대법원 2005. 9. 15. 선고 2005도1952 판결.
54) 대법원 2000. 4. 25. 선고 99도5479 판결.
55) 대법원 1998. 2. 24. 선고 97도183 판결.
56) 대법원 2001. 8. 21. 선고 2001도3312 판결.
57) 대법원 2000. 2. 11. 선고 99도3312 판결.

정하면서 유세·무세품을 불문하고 무신고수입행위에 대하여 관세포탈죄보다 높은 법정형을 규정하고, 관세포탈죄의 필요적 몰수·추징규정은 삭제하였다. 또한 관세포탈죄의 구성요건으로 '수입신고를 한 자'가 관세를 포탈할 것을 요구하여 수입신고를 하지 않은 자가 관세를 포탈하였더라도 본죄만 성립하고 관세포탈죄는 성립하지 않게 되었다.[58]

3. 허위신고죄와의 관계

품명·규격·수량 등을 허위로 신고하여 동일성이 인정되지 않는 경우 본죄만 성립한다. 동일성이 인정되는 경우로서 법정신고사항을 허위로 신고하였다면 허위신고죄가 성립한다.

4. 외국환거래법위반죄와의 관계

종전에는 외국환거래법에 금괴 등 귀금속의 수출입 통관에 관하여 규율하고 있었고, 대법원은 귀금속 등의 수출입 및 통관에 관한 한 외국환거래법은 관세법의 특별법이라고 보아 통관에 필요한 절차를 거치지 않고 귀금속 등을 수출입한 행위에 대해서 외국환거래법에 의하여만 처벌할 수 있을 뿐 관세법이나 특가법으로 처벌할 수 없다는 입장이었다.[59] 그러나 이후 외국환거래법 개정으로 귀금속을 제외하여 현재는 금괴 등 귀금속 밀수입의 경우 본죄만 성립한다.

5. 다른 법률위반과의 관계

수출입신고를 하지 않고 수입된 물품에 대하여 대외무역법, 개별법령(식품위생법등) 등에서 수출입제한이나 요건이 필요한 것일 경우 본죄와 그와 같은 개별법령 위반죄의 실체적 경합범이 된다. 위조물품을 밀수입한 경우 본죄와 상표법위반죄의 실체적 경합범이 된다.

한편, 실무상 마약류 밀수의 경우 마약류관리법위반죄로만 기소하여 처벌

---

58) 헌재 2013. 10. 24. 2012헌바85.
59) 대법원 2005. 12. 23. 선고 2005도6484 판결.

하고 있다.

6. 마약류관리법위반

세관에서는 마약류관리법위반에 관하여도 수사권이 있고, 마약사범 적발은 수출입 통관 과정에서 이루어지는 경우가 빈번하므로 특히 수출입과 관련된 마약류관리법위반에 관하여 살펴보기로 한다.

(1) 마약류의 종류

'마약류'란 마약·향정신성의약품 및 대마를 말한다(마약류관리법 제2조 제1호).

1) 마 약

마약이란 다음의 어느 하나에 해당하는 것을 말한다.

① 양귀비: 양귀비과(科)의 파파베르 솜니페룸 엘(Papaver somniferum L.), 파파베르 세티게룸 디시(Papaver setigerum DC.) 또는 파파베르 브락테아툼(Papaver bracteatum)

② 아편: 양귀비의 액즙(液汁)이 응결(凝結)된 것과 이를 가공한 것. 다만, 의약품으로 가공한 것은 제외한다.

③ 코카 잎[엽]: 코카 관목[(灌木): 에리드록시론속(屬)의 모든 식물을 말한다]의 잎. 다만, 엑고닌·코카인 및 엑고닌 알칼로이드 성분이 모두 제거된 잎은 제외한다.

④ 양귀비, 아편 또는 코카 잎에서 추출되는 모든 알카로이드 및 그와 동일한 화학적 합성품으로서 대통령령으로 정하는 것

⑤ ①부터 ④까지에 규정된 것 외에 그와 동일하게 남용되거나 해독(害毒) 작용을 일으킬 우려가 있는 화학적 합성품으로서 대통령령으로 정하는 것

⑥ ①부터 ⑤까지에 열거된 것을 함유하는 혼합물질 또는 혼합제제. 다만, 다른 약물이나 물질과 혼합되어 가목부터 마목까지에 열거된 것으로 다시 제조하거나 제제(製劑)할 수 없고, 그것에 의하여 신체적 또는 정신적 의존성을 일으키지 아니하는 것으로서 총리령으로 정하는 것[이하 '한외마약'(限外麻藥)이라 한다]은 제외한다.

2) 향정신성의약품

향정신성의약품이란 인간의 중추신경계에 작용하는 것으로서 이를 오용하거나 남용할 경우 인체에 심각한 위해가 있다고 인정되는 다음의 어느 하나에 해당하는 것으로서 대통령령으로 정하는 것을 말한다.

① 오용하거나 남용할 우려가 심하고 의료용으로 쓰이지 아니하며 안전성이 결여되어 있는 것으로서 이를 오용하거나 남용할 경우 심한 신체적 또는 정신적 의존성을 일으키는 약물 또는 이를 함유하는 물질

② 오용하거나 남용할 우려가 심하고 매우 제한된 의료용으로만 쓰이는 것으로서 이를 오용하거나 남용할 경우 심한 신체적 또는 정신적 의존성을 일으키는 약물 또는 이를 함유하는 물질

③ ①, ②에 규정된 것보다 오용하거나 남용할 우려가 상대적으로 적고 의료용으로 쓰이는 것으로서 이를 오용하거나 남용할 경우 그리 심하지 아니한 신체적 의존성을 일으키거나 심한 정신적 의존성을 일으키는 약물 또는 이를 함유하는 물질

④ ③에 규정된 것보다 오용하거나 남용할 우려가 상대적으로 적고 의료용으로 쓰이는 것으로서 이를 오용하거나 남용할 경우 ③에 규정된 것보다 신체적 또는 정신적 의존성을 일으킬 우려가 적은 약물 또는 이를 함유하는 물질

⑤ ①부터 ④까지에 열거된 것을 함유하는 혼합물질 또는 혼합제제. 다만, 다른 약물 또는 물질과 혼합되어 ①부터 ④까지에 열거된 것으로 다시 제조하거나 제제할 수 없고, 그것에 의하여 신체적 또는 정신적 의존성을 일으키지 아니하는 것으로서 총리령으로 정하는 것은 제외한다.

3) 대 마

대마란 다음의 어느 하나에 해당하는 것을 말한다. 다만, 대마초[칸나비스 사티바 엘(Cannabis sativa L)]의 종자(種子)·뿌리 및 성숙한 대마초의 줄기와 그 제품은 제외한다.

① 대마초와 그 수지(樹脂)

② 대마초 또는 그 수지를 원료로 하여 제조된 모든 제품

③ ① 또는 ②에 규정된 것과 동일한 화학적 합성품으로서 대통령령으로

정하는 것

④ ①부터 ③까지에 규정된 것을 함유하는 혼합물질 또는 혼합제제

(2) 일반행위의 금지

누구든지 ① 마약의 원료가 되는 식물을 재배하거나 그 성분을 함유하는 원료·종자·종묘(種苗)를 소지, 소유, 관리, 수출입, 수수, 매매 또는 매매의 알선을 하거나 그 성분을 추출하는 행위, ② 헤로인, 그 염류(鹽類) 또는 이를 함유하는 것을 소지, 소유, 관리, 수입, 제조, 매매, 매매의 알선, 수수, 운반, 사용, 투약하거나 투약하기 위하여 제공하는 행위, ③ 마약 또는 향정신성의약품을 제조할 목적으로 원료물질을 제조, 수출입, 매매, 매매의 알선, 수수, 소지, 소유 또는 사용하는 행위, ④ 향정신성의약품 또는 이를 함유하는 향정신성의약품을 소지, 소유, 사용, 관리, 수출입, 제조, 매매, 매매의 알선 또는 수수하는 행위, ⑤ 향정신성의약품의 원료가 되는 식물 또는 버섯류에서 그 성분을 추출하거나 그 식물 또는 버섯류를 수출입하는 행위, ⑥ 대마를 수출입·제조·매매하거나 매매를 알선하는 행위 등을 하여서는 아니 된다(동법 제3조).

(3) 마약류취급자 아닌 자의 마약류 취급 금지

1) 마약류취급자

마약류취급자란 ① 마약류, 수출입업자, 마약류제조업자, 마약류원료사용자, 대마재배자, 마약류도매업자, 마약류관리자, 마약류취급학술연구자 등에 해당하는 자로서 마약류관리법에 따라 허가 또는 지정을 받은 자와 ② 약사법에 따라 등록한 약국개설자로서 마약류취급의료업자의 처방전에 따라 마약 또는 향정신성의약품을 조제하여 판매하는 것을 업으로 하는 마약류소매업자, ③ 의료기관에서 의료에 종사하는 의사·치과의사·한의사 또는 수의사법에 따라 동물 진료에 종사하는 수의사로서 의료나 동물 진료를 목적으로 마약 또는 향정신성의약품을 투약하거나 투약하기 위하여 제공하거나 마약 또는 향정신성의약품을 기재한 처방전을 발급하는 마약류취급의료업자를 말한다(동법 제2조 제5호).

2) 마약류 취급 금지

마약류취급자가 아니면 다음의 어느 하나에 해당하는 행위를 하여서는 아니 된다(동법 제4조 제1항).

① 마약 또는 향정신성의약품을 소지, 소유, 사용, 운반, 관리, 수입, 수출, 제조, 조제, 투약, 수수, 매매, 매매의 알선 또는 제공하는 행위
② 대마를 재배·소지·소유·수수·운반·보관 또는 사용하는 행위
③ 마약 또는 향정신성의약품을 기재한 처방전을 발급하는 행위
④ 한외마약을 제조하는 행위

3) 마약류 등 취급제한

마약류취급자는 그 업무 외의 목적을 위하여 마약 또는 향정신성의약품을 소지, 소유, 사용, 운반, 관리, 수입, 수출하는 행위 등을 하여서는 아니 된다(동법 제5조 제1항). 식품의약품안전처장은 공익을 위하여 필요하다고 인정하는 때에는 ① 국내의 수요량 및 보유량을 고려하여 마약 또는 향정신성의약품을 제조·수입 또는 수출할 필요가 없다고 인정하는 경우, ② 이미 제조 또는 수입된 품종 또는 품목의 마약 또는 향정신성의약품과 동일한 품종 또는 품목의 마약 또는 향정신성의약품을 국내의 수급여건 등을 고려하여 다른 제조업자 또는 수입업자가 제조 또는 수입할 필요가 없다고 인정하는 경우, ③ 마약류 품목허가증에 기재된 용량 이상의 마약 또는 향정신성의약품을 남용하였다고 인정하는 경우, ④ 마약 또는 향정신성의약품에 대한 신체적·정신적 의존성을 야기하게 할 염려가 있을 정도로 마약 또는 향정신성의약품을 장기 또는 계속 투약하거나 투약하기 위하여 제공하는 경우 등에 마약류(대마 제외) 또는 임시마약류의 수입·수출·제조·판매 또는 사용을 금지 또는 제한하거나 그 밖의 필요한 조치를 할 수 있다(동조 제3항).

(4) 임시마약류

1) 의 의

2011. 6. 7. 법률 제10786호로 개정된 마약류관리법은 종전의 마약류 관리제도가 신종 마약류로 인한 폐해 발생 시에 이를 마약류로 등록하기 위한 지정

절차가 복잡하고 신체적·정신적 의존성 및 그 오남용의 위해성을 규명하여 이를 마약류로 지정하기까지 상당 기간이 소요되어 신종 마약류가 이미 유통이 확산된 다음에 단속 근거가 마련되는 문제점이 있으므로, 마약류 대용으로서 그 오남용으로 인한 보건상 위해가 우려되는 물질에 대하여는 그 정신적·신체적 의존성 등이 규명되기 이전이라도 이를 신속히 차단하여 국민 보건상의 안전을 강화할 수 있도록 하는 임시마약류 지정 제도를 신설하였다. 이에 따라 식품의약품안전처장은 약사법에 따라 의약품 품목허가를 받거나 품목신고를 한 의약품 및 승인을 받은 임상시험용 의약품이 아니면서 마약류가 아닌 물질·약물·제제·제품 등 중 오용 또는 남용으로 인한 보건상의 위해가 우려되어 긴급히 마약류에 준하여 취급·관리할 필요가 있다고 인정하는 물질 등을 임시마약류로 지정할 수 있는데, 이때는 임시마약, 임시향정신성의약품 또는 임시대마로 구분하여 지정하여야 하고 지정사유와 지정 기간 등을 공고하여야 한다(동법 제5조의2 제1항·제2항).

2) 금지되는 행위

임시마약류로 지정되면 누구든지 이를 재배·소지·소유·사용·운반·관리·수입·수출·제조·조제·투약·매매·매매의 알선·수수·보관 또는 제공하거나 이를 기재한 처방전을 발급하는 행위가 금지되고(동법 제5조의2 제4항), 나아가 그 취급 및 처분 등에 관하여는 마약류에 대한 규정 중 일반 행위 금지규정인 제3조가 준용되며, 아울러 식품의약품안전처장의 수입·판매·사용 등에 대한 금지·제한, 출입·검사·수거 및 압류 등의 처분 권한을 정한 제5조 제3항, 제41조 및 제47조가 준용된다(동조 제5항).

(5) 수출입의 허가 등

마약류수출입업자가 아니면 마약 또는 향정신성의약품을 수출입하지 못한다(동법 제18조 제1항). 마약류수출입업자가 마약 또는 향정신성의약품을 수출입하려면 품목마다 식품의약품안전처장의 허가를 받고, 수출입할 때마다 식품의약품안전처장의 승인을 받아야 한다(동조 제2항).

(6) 마약류관리법위반

1) 구성요건 및 처벌규정

일반행위의 금지규정에 위반하여 마약을 수출입한 자는 무기 또는 5년 이상의 징역에 처한다(동법 제58조 제1항). 대마 및 1군 임시마약류를 수출입한 자도 이와 같다(동항 제5호, 제8호). 마약류취급자가 아닌 자가 향정신성의약품 또는 그 물질을 함유하는 향정신성의약품을 수출입한 경우 10년 이하의 징역 또는 1억원 이하의 벌금에 처한다(동법 제60조 제1항 제3호). 2군 임시마약류를 수출입한 자도 이와 같다(동항 제6호).

2) 수입의 의미

마약류의 '수입'은 그 목적이나 의도에 관계없이 마약류를 국외로부터 우리나라의 영토 내로 양륙하는 등으로 반입하는 행위를 뜻한다.[60] 여기서 '수입'이라 함은 향정신성의약품을 외국 등의 지역으로부터 운반하여 그것을 우리나라의 영토 내로 반입할 때까지의 모든 행위를 가리키는 것은 아니고, 그 최종 단계인 영토 내의 반입행위만을 가리키는 것으로 해석된다. 따라서 행위자가 해당 마약류를 국외에서 유상으로 '구매' 또는 '구입'하지 않았더라도, 그 마약류를 국외로부터 우리나라의 영토에 반입하는 행위를 한 이상 '수입'의 구성요건은 충족된다.[61]

3) 몰수 · 추징

마약류관리법위반죄에 제공한 마약류 · 임시마약류 및 시설 · 장비 · 자금 또는 운반 수단과 그로 인한 수익금은 몰수한다. 다만, 이를 몰수할 수 없는 경우에는 그 가액(價額)을 추징한다(동법 제67조).

4) 양벌규정

법인의 대표자나 법인 또는 개인의 대리인, 사용인, 그 밖의 종업원이 그 법인 또는 개인의 마약류 업무에 관하여 이 법에 규정된 죄를 범하면 그 행위

---

60) 대법원 1998. 11. 27. 선고 98도2734 판결.
61) 서울고등법원 2018. 11. 27. 선고 2018노1617 판결.

자를 벌하는 외에 그 법인 또는 개인에게도 1억원(대마의 경우에는 5천만원) 이하
의 벌금형을 과(科)한다. 다만, 법인 또는 개인이 그 위반행위를 방지하기 위하
여 해당 업무에 관하여 상당한 주의와 감독을 게을리하지 아니한 경우에는 그
러하지 아니하다(동법 제68조).

V. 처 벌

1. 법정형·양벌규정

본죄를 범한 자는 5년 이하의 징역 또는 관세액의 10배와 물품원가 중 높
은 금액 이하에 상당하는 벌금에 처한다(법 제269조 제2항). 정상에 따라 징역과
벌금을 병과할 수 있다(법 제275조). '물품원가'라 함은 수입의 경우에는 수입지
의 도착가격(이른바 CIF 가격)을 말한다. 여기에 관세 등 제세 기타 과징금·비용
및 이윤 등이 첨가된 국내도매가격 또는 시가와 구별된다.[62]

양벌규정에 따라 행위자를 벌하는 외에 법인 등에게도 벌금형을 부과한다
(법 제279조 제1항).

2. 몰수·추징

(1) 몰 수

범인(예비범 포함)이 소유하거나 점유하는 물품을 몰수한다(법 제282조 제2항
본문). 보세구역에 반입신고를 한 후 반입한 외국물품, 세관장의 허가를 받아
보세구역이 아닌 장소에 장치한 외국물품, 폐기물, 그 밖에 몰수의 실익이 없
는 물품으로서 대통령령으로 정하는 물품은 몰수하지 아니할 수 있다(동항 단
서). 양벌규정에 따라 처벌되는 법인 등을 범인으로 보고 몰수 또는 추징할 수
있다(법 제282조 제4항).

본죄에 사용하기 위하여 특수한 가공을 한 물품은 누구의 소유이든지 몰
수하거나 그 효용을 소멸시킨다. 본죄 해당 물품이 다른 물품 중에 포함되어
있는 경우 그 물품이 범인의 소유일 때에는 그 다른 물품도 몰수할 수 있다(법

---

62) 대법원 1983. 12. 13. 선고 83도2193 전원합의체 판결.

제273조).

(2) 추 징

몰수할 물품의 전부 또는 일부를 몰수할 수 없을 때에는 그 몰수할 수 없는 물품의 범칙 당시 국내도매가격에 상당한 금액을 범인으로부터 추징한다(법 제282조 제3항). 여기서 '국내도매가격'은 도매업자가 수입물품을 무역업자로부터 매수하여 국내도매시장에서 공정한 거래방법에 의하여 공개적으로 판매하는 가격으로서(관세법 시행령 제266조), 물품의 도착원가에 관세 등의 제세금과 통관절차비용, 기업의 적정이윤까지 포함한 국내 도매물가시세인 가격을 뜻한다.[63]

3. 특가법의 가중처벌

수입한 물품의 원가가 2억원 이상 5억원 미만인 경우 3년 이상의 유기징역에 처하고, 5억원 이상인 경우에는 무기 또는 5년 이상의 징역에 처하고(특가법 제6조 제2항), 수입한 물품원가의 2배의 벌금을 병과한다(동조 제6항 제2호). 수입시마다 1개의 죄가 성립하므로 특가법 적용 여부도 각 수입신고행위마다 특가법 적용대상이 되는 기준에 해당하는지 따져야 한다.

Ⅵ. 예비·미수죄

수입품을 보세구역에 반입한 자가 반입 당시부터 밀수의 의사를 가졌다하더라도 보세구역에 반입한 사실만으로는 실행의 착수가 있다고 할 수 없고,[64] 수입물품을 보세구역 안에서 보세창고에 예치시키기 전후에 면세통관시켜 줄 세관원을 물색하였다는 사실만으로는 본죄의 실행의 착수에 나아간 것이라고는 볼 수 없다.[65] 이 경우 예비죄가 성립할 수 있다.

본죄의 미수범은 본죄에 준하여 처벌하고 미수감경 등은 하지 않는다(법 제271조 제2항). 본죄는 예비죄 처벌규정이 있어 예비범을 처벌하되, 본죄의 2분

---

63) 대법원 2017. 9. 21. 선고 2017도8611 판결.
64) 대법원 1982. 6. 22. 선고 82도898 판결.
65) 대법원 1982. 6. 22. 선고 82도898 판결.

의 1을 감경하여 처벌한다(동조 제3항).

VII. 공 범

1. 공동정범

공동정범은 2인 이상이 공동하여 죄를 범하는 것을 말한다. 형법 제30조는 '2인 이상이 공동하여 죄를 범한 때에는 각자를 그 죄의 정범으로 처벌한다'고 규정하고 있다. 여기서 죄는 고의행위이고 과실행위이고 간에 그 행위를 공동으로 할 의사이면 족하다. 따라서 2인 이상이 어떠한 과실행위를 서로의 의사연락 아래 범죄되는 결과를 발생케 한 것이라면 과실범의 공동정범이 성립한다.[66] 공동정범은 2인 이상이 범죄의 일부를 행하였음에도 공동성에 기하여 범죄 전체를 귀속시킨다는 데에 의의가 있다.

공동정범이 성립하기 위해서는 주관적 요건으로서 공동가공의 의사와 객관적 요건으로서 공동의사에 기한 기능적 행위지배를 통한 범죄의 실행사실이 필요하다. 공동가공의 의사는 타인의 범행을 인식하면서도 이를 제지하지 아니하고 용인하는 것만으로는 부족하고 공동의 의사로 특정한 범죄행위를 하기 위하여 일체가 되어 서로 다른 사람의 행위를 이용하여 자기의 의사를 실행에 옮기는 것을 내용으로 하는 것이어야 한다.[67] 공동의사는 묵시적·암묵적이어도 무방하고, 공동의사의 성립이 반드시 사전에 있어야 하는 것은 아니다.[68] 판례는 공동의 의사가 행위 도중 성립한 경우 후행자에게는 그 가담 이후의 행위에 관하여만 공동정범의 성립을 인정하고 있다.[69]

공모공동정범에서 공모자 중의 1인이 다른 공모자가 실행행위에 이르기 전에 그 공모관계에서 이탈한 때에는 그 이후의 다른 공모자의 행위에 관하여는 공동정범으로서의 책임은 지지 않으나, 공모관계에서의 이탈은 공모자가 공모에 의하여 담당한 기능적 행위지배를 해소하는 것이 필요하므로 공모자가 공모에 주도적으로 참여하여 다른 공모자의 실행에 영향을 미친 때에는 범행

---

66) 대법원 1962. 6. 14. 선고 62도57 판결.
67) 대법원 2003. 3. 28. 선고 2002도7477 판결 등 참조.
68) 대법원 2004. 10. 28. 선고 2004도4437 판결.
69) 대법원 1982. 6. 8. 선고 82도884 판결.

을 저지하기 위하여 적극적으로 노력하는 등 실행에 미친 영향력을 제거하지 아니하는 한 공모관계에서 이탈하였다고 할 수 없다.[70]

공동의 실행행위는 역할분담에 의한 기능적 행위지배가 있었다면 인정된다. 따라서 반드시 구성요건에 해당하는 행위일 필요는 없고 전체 계획에 의하여 결과를 실현하는 데 불가결한 요건이 되는 기능을 분담하였다면 인정된다.

공동정범에 있어서 범죄행위를 공모한 후 그 실행행위에 직접 가담하지 아니하더라도 다른 공모자가 분담 실행한 행위에 대하여 공동정범의 죄책을 면할 수 없다.[71]

2. 간접정범

간접정범이란 타인을 도구로 이용하여 범죄를 실행하는 자를 말한다. 형법 제34조 제1항은 "어느 행위로 인하여 처벌되지 아니하는 자 또는 과실범으로 처벌되는 자를 교사 또는 방조하여 범죄행위의 결과를 발생하게 한 자는 교사 또는 방조의 예에 의하여 처벌한다"고 규정하고 있다. 어느 행위로 인하여 처벌되지 아니하는 자란 범죄의 성립요건인 구성요건해당성, 위법성, 책임이 없어 범죄가 성립하지 않는 경우를 말한다. 예컨대, 사정을 전혀 모르는 친구의 가방에 천만원 상당의 시계를 넣어 신고 없이 입국하게 한 경우 밀수입죄의 간접정범에 해당한다.

3. 교사 · 방조범

(1) 교사범

교사범이란 타인으로 하여금 범죄를 결의하여 실행하게 하는 자를 말한다. 교사범은 타인을 교사하여 죄를 범하는 가담형식으로 스스로 행위지배에 관여하지 않는다는 점에서 실행행위를 분담하고 기능적으로 행위지배를 하는 공동정범과 구별된다.

---

70) 대법원 2015. 2. 16. 선고 2014도14843 판결 등.
71) 대법원 2008. 4. 24. 선고 2007도11258 판결.

(2) 성립요건

1) 교사자의 교사행위

교사범의 성립요건은 교사자의 교사행위와 정범의 실행행위가 있어야 한다. 교사행위란 타인에게 범죄의 결의를 갖게 하는 것을 말한다. 피교사자의 결의보다 중한 범죄를 실행하게 한 때에는 전체 범죄에 대한 교사범이 성립하나, 피교사자의 결의보다 경미한 죄를 범하도록 한 때에는 경미한 죄의 방조범이 될 수 있을 뿐 교사는 성립할 수 없다. 교사자의 고의는 정범에게 범죄의 결의를 갖게 하는 교사의 고의와 정범에 의하여 범죄를 실행할 정범의 고의를 의미한다. 이때 고의는 미필적 고의로도 족하다. 교사자가 단순히 미수에 그치게 할 의사였다면 고의가 있다고 할 수 없다. 따라서 미수의 교사는 처벌할 수 없다.

2) 피교사자의 실행행위

피교사자는 교사에 의해 범죄실행의 결의를 하여야 한다. 피교사자가 범죄실행을 승낙하지 아니한 때에는 교사자는 예비·음모에 준하여 처벌된다(형법 제31조 제3항). 교사행위와 피교사자의 결의 사이에는 인과관계가 있어야 한다. 과실범에 대한 교사는 있을 수 없으나, 과실범으로 처벌되는 자를 이용한 행위는 간접정범으로 처벌된다(형법 제34조 제1항). 교사범도 공범이므로 정범의 실행행위가 있어야 성립할 수 있다. 정범의 실행행위는 구성요건해당성, 위법성이 있어야 하나 유책할 필요는 없다.

(3) 방조범

제3편 제2장 제7절 방조범의 특별규정에서 설명하였다.

(4) 처 벌

그 정황을 알면서 본죄의 행위를 교사하거나 방조한 자는 정범(正犯)에 준하여 처벌한다(법 제271조 제1항).

제 4 절 밀수출죄

> **제269조(밀수출입죄)** ③ 다음 각 호의 어느 하나에 해당하는 자는 3년 이하의 징역 또는 물품원
> 가 이하에 상당하는 벌금에 처한다.
>   1. 제241조 제1항 및 제2항에 따른 신고를 하지 아니하고 물품을 수출하거나 반송한 자
>   2. 제241조 제1항 및 제2항에 따른 신고를 하였으나 해당 수출물품 또는 반송물품과 다른
>   물품으로 신고하여 수출하거나 반송한 자

Ⅰ. 의의 및 입법목적

수출에 대하여는 관세가 부과되지 않는다. 그럼에도 관세법에서는 물품을
수출하고자 할 때 당해 물품의 품명·규격·수량 및 가격 등을 세관장에게 신
고하도록 규정하고 있다(법 제241조 제1항). 그 취지는 관세법과 기타 수출입 관
련 법령에 규정된 허가·승인·표시 기타 조건의 구비 여부를 확인하고(법 제
226조 제1, 2항), 수출과 관련된 적정한 통계자료를 확보하고자 하는 데 있다.[72]

Ⅱ. 구성요건

1. 내국물품

관세법 제241조 제1항 중 수출신고의무의 대상은 '내국물품'을 외국으로
반출하는 경우이므로, '내국물품'에 해당하지 않은 경우 수출신고의무의 대상
이 아니다. 관세법 제2조 제5호에서는 각 목에 해당되는 경우를 '내국물품'이라

---

72) 대법원 2006. 1. 27. 선고 2004도1564 판결. 수출 통계를 위한 품목 분류는 기획재정부 장관이
   고시한 10단계 분류체계인 '관세·통계통합품목분류표'에 따르고 있고, 법 제226조 제2항 및
   관세법 시행령 제233조의 규정에 의하여 통관시 세관장이 확인하여야 할 수출입 물품 및 그
   확인방법을 정하기 위하여 관세청장이 고시한 "관세법 제226조의 규정에 의한 세관장확인물
   품 및 확인방법 지정 고시" 제3조 제1항 및 [별표 1, 2] 또한 위 관세·통계통합품목분류표의
   10단위까지 세분한 항목에 따라 통관시 세관장이 확인하여야 할 수출입 물품 및 확인사항을
   정하고 있다.

고 정의하고 있는데, 가목에서는 '우리나라에 있는 물품으로서 외국물품이 아닌 것'이라고 정하고 있는바 여기서 '우리나라에 있는 물품'은 그 문언에 따라 우리나라에 위치한 물품이라고 해석된다.[73]

2. 수출의 의미

수출의 의미는 금지품수출입죄에서와 같다. 내국물품을 국외로 반출하기 위한 행위에 근접·밀착하는 행위가 행하여진 때, 즉 외국으로 향하는 국제무역선(기)에 선(기)적한 때 실행의 착수가 있다고 볼 수 있다. 여행자휴대품의 경우 기탁화물로 부치거나 휴대용 가방을 보안검색대에 올려놓거나 이를 휴대하고 통과하는 때에 실행의 착수가 있다.[74] 내국물품을 외국으로 반출한 때 기수가 된다.

3. 무신고수출

물품을 수출하면서 화주 또는 관세사 등이 수출신고를 전혀 하지 아니한 경우를 의미한다. 수출신고를 하였으나 수출신고서에 수출물품의 품명·규격·수량 및 가격과 수출화주 등을 허위로 기재한 경우까지 포함하는 것은 아니다. 따라서 물품을 수출하는 사람이 화주 또는 관세사 등의 명의로 수출신고를 하였다면 수출신고를 하지 않고 물품을 수출하였다고 할 수는 없으므로 본죄는 성립하지 않는다.[75]

---

73) 수원지방법원 2021. 1. 11. 선고 2020노1236 판결(대법원 2021. 4. 29. 선고 2021도1239 판결로 확정). 그 밖에 나목 내지 마목에서는 우리나라에 위치하지 않거나 도착 이전의 물품이라도 내국물품에 해당되는 경우를 규정하고 있으며 외국에서 운항 중인 선박에 대한 별도의 규정을 두고 있지 않다. 법원은 수입신고 이후 우리나라와 외국의 항구를 오가며 운항하다가 부산항을 출항한 후 우리나라 항구에 입항하지 않고 외국의 항구에 기항하던 중 홍콩 회사에 매각·인도하면서 수출신고를 하지 않아 밀수출죄로 기소된 사례에서, 우리나라 선박이 외국에 기항해 있더라도 우리나라 선박의 지위를 상실하는 것은 아니지만, 선박이 통상적인 물품과 달리 그 등록된 국적을 기준으로 '우리나라에 있는 물품'에 해당된다고 해석해야 할 별다른 근거가 없다고 보아 밀수출죄에 대하여 무죄를 선고하였다.

74) 대법원 2001. 7. 27. 선고 2000도4298 판결.

75) 대법원 2015. 10. 15. 선고 2014도15287 판결, 대법원 2015. 10. 15 선고 2014도17084 판결. 수출신고서의 필요적 기재사항을 허위로 신고한 경우에는 관세법 제276조 제1항 제4호에서 정한 허위신고죄 등이 성립할 뿐이다.

4. 허위신고 수출

당해 수출물품과 '다른 물품'이라 함은 수출신고서에 의하여 신고한 바로 그 물품 이외의 모든 물품을 의미하는 것이 아니고, 수출신고한 물품 또는 그와 동일성이 인정되는 물품을 제외한 모든 물품을 의미하는 것으로 보아야 한다.[76]

"수출신고서에 의하여 신고한 물품과 실제 통관하여 수출한 물품 간에 동일성이 인정되는지는 양자의 관세·통계통합품목분류표상 10단위 분류코드가 같은지 다른지를 기준으로 결정한다. 따라서 관세·통계통합품목분류표상 10단위 분류코드가 같다면, 제조회사, 물품의 종류 또는 규격 등에 차이가 있다고 하더라도 동일성이 부인되지 않는다."

Ⅲ. 죄수 및 다른 범죄와의 관계

죄수 및 다른 범죄와의 관계는 밀수입죄에서와 같다.

Ⅳ. 처 벌

1. 법정형·양벌규정

본죄를 범한 자는 3년 이하의 징역 또는 물품원가 이하에 상당하는 벌금에 처한다(법 제269조 제3항). 정상에 따라 징역과 벌금을 병과할 수 있다(법 제275조). 양벌규정에 따라 행위자를 벌하는 외에 법인 등에게도 벌금형을 부과한다(법 제279조 제1항).

2. 몰수·추징

관세법 시행령 제266조는 관세법 제282조 제3항의 '국내도매가격'은 도매업자가 수입물품을 무역업자로부터 매수하여 국내도매시장에서 공정한 거래방법에 의하여 공개적으로 판매하는 가격이라고 규정하고 있으나, 밀수출의 경

---

76) 대법원 2006. 1. 27. 선고 2004도1564 판결.

우 국내도매가격에 관하여는 규정하고 있지 않다.

시행령 제266조의 취지 및 수입물품에 대한 국내도매가격의 의미[77]를 고려해 보면, 수출물품에 대한 국내도매가격이라 함은 수출업자가 물품을 수출하기 위하여 국내도매시장에서 공정한 거래방법에 의하여 공개적으로 매수하는 가격으로서, 물품의 수출가격에서 제세금과 통관절차비용, 기업의 적정이윤을 공제한 가격을 뜻한다고 봄이 상당하다.[78]

3. 특가법의 가중처벌

수출물품의 원가가 5억원 이상인 경우에는 1년 이상의 유기징역에 처한다(특가법 제6조 제1항). 또한 수출물품의 원가에 해당하는 벌금을 병과한다(동조 제6항).

V. 예비·미수죄 및 공범

1. 예비·미수죄

본죄의 미수범은 본죄에 준하여 처벌하고 미수감경 등은 하지 않는다(법 제271조 제2항). 본죄는 예비죄 처벌규정이 있고, 예비범은 본죄의 2분의 1을 감경하여 처벌한다(동조 제3항).

2. 공동정범·간접정범

공동정범과 간접정범에 대한 설명은 밀수입죄에서와 같다. 예컨대, 포워더에게 그 명의로 수출통관을 의뢰하면서 세제라고 알려줘 세제로 신고하게 하였으나 실제 내용물은 화장품이었던 경우 수출통관을 의뢰한 자는 밀수출죄의 간접정범에 해당한다. 이때 포워더는 밀수출죄의 고의가 없어 밀수출죄의 공범이 되지는 않으나 화주를 허위로 기재한 행위에 대해서 허위신고죄가 성립

---

77) 물품의 도착원가에 관세 등의 제세금과 통관절차비용, 기업의 적정이윤까지 포함한 국내 도매 물가시세인 가격을 뜻한다(대법원 2017. 9. 21. 선고 2017도8611 판결).

78) 서울중앙지방법원 2021. 11. 19. 선고 2021노490 판결(대법원 2022. 5. 26. 선고 2021도16239 판결로 확정).

할 수 있다.

3. 교사 · 방조범

교사 · 방조범에 대한 설명은 밀수입죄에서와 같다.

그 정황을 알면서 본죄의 행위를 교사하거나 방조한 자는 정범(正犯)에 준하여 처벌한다(법 제271조 제1항).

제5절   밀반송죄

> **제269조(밀수출입죄)** ③ 다음 각 호의 어느 하나에 해당하는 자는 3년 이하의 징역 또는 물품원가 이하에 상당하는 벌금에 처한다.
> 1. 제241조 제1항 및 제2항에 따른 신고를 하지 아니하고 물품을 수출하거나 반송한 자
> 2. 제241조 제1항 및 제2항에 따른 신고를 하였으나 해당 수출물품 또는 반송물품과 다른 물품으로 신고하여 수출하거나 반송한 자

Ⅰ. 의 의

관세법은 통관을 화물의 이동경로에 따라 크게 수입통관, 수출통관 및 반송통관 등 세 가지로만 분류하는 전제에서 통관제도에 대하여 규율하고 있는데, 관세법 제241조 제1항이 물품을 수출·수입 또는 '반송'하고자 할 때 세관장에게 신고하도록 규정한 취지는 통관절차에서 관세법과 기타 수출입 관련 법령에 규정된 조건의 구비 여부를 확인하고자 하는 데 있다. 한편 관세법 제269조에서 무신고 수출입 및 '반송' 행위를 처벌하는 주된 취지는 수출입 및 반송 물품에 대한 적정한 통관절차의 이행을 확보하는 데에 있고, 관세수입의 확보는 부수적인 목적에 불과하다.[79]

관세법상 반송신고는 당해 물품이 관세법에 규정된 장치장소, 즉 보세구역에 있는 경우에 한하여 할 수 있고(법 제243조 제2항), 반송신고를 받은 세관공무원은 신고된 물품과 현품이 일치하는지 여부를 확인하기 위하여 관세법이

---

79) 대법원 2020. 1. 30. 선고 2019도11489 판결.

정하고 있는 장치장소인 보세구역에서 반송신고물품을 검사할 수 있으며(법 제
246조 제1항), 반송신고를 한 자는 반송신고가 관세법의 규정에 따라 적법하고
정당하게 이루어져 신고를 수리한다는 신고필증을 교부받은 후에 비로소 관세
법에 규정된 장치장소인 보세구역으로부터 신고된 물품을 반출할 수 있다(법
제248조 제1·3항). 이와 같이 관세법은 반송통관에 대하여도 밀수출입죄와 같이
통관절차의 적정을 기하기 위한 관리를 하도록 하고 있고, 신고의무 위반시 본
죄로 처벌하고 있다.

　　다만, 반송은 수입과 달리 외국물품이 국내 보세구역을 통과할 뿐이고 국
내로 반입되는 것이 아니어서 국내 통관절차의 적정성을 해하는 정도가 훨씬
낮고, 국내의 관세수입과 관련이 없다. 이러한 이유로 관세법은 밀반송의 법정
형을 밀수입죄보다 낮게 규정하고 있다. 법원은 밀반송죄의 경우 밀수출죄의
법정형과는 동일하지만 통관절차의 적정성을 해하는 정도가 더 낮다고 보아
이를 양형에서 고려하고 있는 것으로 보인다.[80]

II. 구성요건

1. 무신고반송

　　외국으로부터 국내에 도착한 외국물품이 수입통관절차를 거치지 아니하
고 다시 외국으로 반출되는 경우에는 관세법 제241조 제2항에 해당하는 등 특
별한 사정이 없는 한 반송신고의 대상이 되므로, 이러한 신고 없이 해당 물품
을 '반송'하는 행위는 관세법 제269조 제3항 제1호에 해당한다.[81]

　　주로 문제되는 것은 시세차익을 목적으로 금괴 등을 홍콩에서 우리나라
보세구역인 환승구역에 반입하여 일본으로 반출하는 경우이다. 위 금괴 등은
외국으로부터 국내에 도착한 외국물품으로써 수입통관절차를 거치지 아니하고
다시 외국으로 반출되었고, 관세법 제241조 제2항이 정한 신고 예외사항에 해
당하지 않으며, 출국지를 우리나라로 변경할 목적으로 국내에 도착한 외국물
품은 개정 교토협약에 따라 반송신고 등 통관절차가 면제되는 환적물품에 해
당하지 않으므로,[82] 무신고반송죄에 해당한다.

---

80) 부산고등법원 2019. 7. 24. 선고 2019노56 판결 등.
81) 대법원 2020. 1. 30. 선고 2019도11489 판결.

2. 허위신고 반송

물품을 반송하고자 할 때에는 반송신고 당시 보세구역에 장치되어 있는 물품의 품명·규격·수량 및 가격 등을 현상 그대로 신고하여야 한다. 따라서 보세구역에 장치된 당해 물품 또는 그와 동일성이 인정되는 물품이 아닌 물품을 반송신고한 다음 당해 물품을 반송하는 행위는 본죄에 해당한다.[83]

"보세구역에 장치되어 있던 물품은 mtbe이었으므로, 비록 그 mtbe가 보세구역에서 반출된 후 선박에서 다른 물품과 혼합되어 오민(motor gasoline)으로 제조된다 하더라도, 피고인들이 반송신고한 'motor gasoline'과 mtbe가 상호 동일성이 인정되지 않는 이상 그 mtbe를 'motor gasoline'으로 반송신고한 다음 이를 반송한 행위는 '당해 반송물품과 다른 물품으로 신고하여 반송'한 행위에 해당한다 할 것이다."

Ⅲ. 책임조각사유

기대가능성이란 행위자에게 책임능력이 있고 위법성의 인식이 있는 경우 구체적 사정에서 위법행위가 아니라 적법행위로 나아갈 수 있었는지를 따져보는 것으로, 기대가능성이 없다면 책임이 조각된다. 법원은 환승구역 밀반송죄와 관련하여, 환승구역에 반송신고창구가 마련되어 있지 않더라도 관세청 운영의 전자시스템인 유니패스를 이용하여 반송신고 할 수 있다는 등의 이유로 반송신고의 기대가능성이 없다고 보기 어렵다고 하였다.[84]

---

82) 대법원 2020. 1. 30. 선고 2019도11489 판결. 우리나라가 가입하여 2006. 2. 3.부터 국내에서 발효된 '세관절차의 간소화 및 조화에 관한 국제협약 개정 의정서'(이하 '개정 교토협약'이라고 한다)의 특별부속서 E(운송) 제2장(환적)의 이행지침에서는, 환적물품에 대하여 통관절차가 면제되는 취지로 규정하면서, 환적의 필수적인 특성으로 해당 물품은 오직 해당 관세영역으로부터 반출을 위하여 다른 운송수단으로 옮겨 실을 목적으로만 그 관세영역에 도착할 것 등을 규정하고 있다.

83) 대법원 2006. 5. 25 선고 2004도1133 판결.

84) 대법원 2008. 10. 23. 선고 2005도10101 판결, 부산고등법원 2019. 7. 24. 선고 2019노56 판결.

Ⅳ. 처벌 등

공범 및 예비·미수죄, 처벌규정은 밀수출죄에서와 같다.

제6절 밀수품 취득죄

제274조(밀수품의 취득죄 등) ① 다음 각 호의 어느 하나에 해당되는 물품을 취득·양도·운반·보관 또는 알선하거나 감정한 자는 3년 이하의 징역 또는 물품원가 이하에 상당하는 벌금에 처한다.
  1. 제269조에 해당되는 물품
  2. 제270조 제1항 제3호, 같은 조 제2항 및 제3항에 해당되는 물품
② 제1항에 규정된 죄의 미수범은 본죄에 준하여 처벌한다.
③ 제1항에 규정된 죄를 저지를 목적으로 그 예비를 한 자는 본죄의 2분의 1을 감경하여 처벌한다.

Ⅰ. 의 의

본죄는 무신고 수입행위를 조장·유발하거나 이를 용이하게 하는 밀수품의 취득, 양여 등의 행위를 처벌함으로써 본범인 무신고 밀수입범의 발생을 억제하고, 궁극적으로는 관세법이 무신고 수입행위를 금지함으로써 달성하고자 하는 수입 물품에 대한 적정한 통관절차의 이행과 이를 통한 관세수입의 확보목적을 실현하고자 하는 데에 의의가 있다.[85][86] 본죄는 국가의 관세부과권의 법익 및 밀수 근절을 통한 국가경제상의 이익을 보호법익으로 한다.

Ⅱ. 구성요건

1. 주 체

금지품수출입죄, 밀수출입죄, 부정수출입죄의 본범을 제외한 모든 자가 주

---

85) 대법원 1982. 12. 28. 선고 81도1875 판결.
86) 대법원 2008. 1. 17. 선고 2006도455 판결.

체가 된다. 신고 없이 물품을 수입한 본범이 그 물품에 대한 취득, 양여 등의 행위를 하는 경우 밀수입행위에 의하여 이미 침해되어 버린 것으로 평가되는 적정한 통관절차의 이행과 관세수입의 확보라는 보호법익 외에 새로운 법익의 침해를 수반한다고 보기 어려우므로, 이는 새로운 법익의 침해를 수반하지 않는 이른바 불가벌적 사후행위로서 별개의 범죄를 구성하지 않는다.[87] 다만, 본범의 교사범이나 방조범은 본죄의 주체가 될 수 있다.

2. 객 체

법 제269조에 해당하는 물품으로 수출입금지품, 밀수출입(반송)물품, 부정수출입물품이 객체가 된다. 판례는 본범에 대한 공소시효가 완성된 경우 관세장물성이 상실되었다고 보아 본죄의 성립을 부정한다.[88]

3. 행 위

① 취득이란 밀수품 등에 대한 점유를 이전받음으로써 소유권에 기한 사실상 처분권을 획득하는 것을 말한다. 유상이냐 무상이냐를 묻지 않는다. 밀수품 등을 취득할 때 밀수품인 사실을 알지 못한 때에는 고의가 없어 본죄가 성립하지 않는다. 취득시에는 밀수품인 사실을 몰랐다가 보관 중에 알게 되었다면 밀수품보관죄만 성립한다.

② 양도란 밀수품을 제3자에게 넘기는 것으로 유상인가 무상인가를 불문한다. 양도의 상대방이 밀수품임을 알았는가 여부는 문제되지 않는다. 만일 밀수품임을 고지하지 않고 타인에게 유상으로 양도하였다면 묵시적 기망행위로서 밀수품양도죄 외에 사기죄가 성립한다.

③ 운반이란 밀수품 등을 장소적으로 이전하는 것을 의미하며 운반의 방법, 유상·무상을 불문한다. 운반행위를 개시하면 본죄는 기수가 된다. 정을 모르는 제3자로 하여금 밀수품 등을 운반하게 한 자는 본죄의 간접정범이 된다.

④ 보관이란 위탁을 받아 밀수품 등을 자기의 점유 하에 두는 행위를 말

---

87) 대법원 2008. 1. 17. 선고 2006도455 판결.
88) 대법원 1981. 9. 22. 선고 81도1295 판결.

한다. 유상·무상을 불문한다. 보관은 점유의 취득은 있으나 사실상 처분권의 취득이 없다는 점에서 취득죄와 구별된다.

⑤ 알선이란 밀수품 등의 취득·양도·운반·보관을 매개하거나 주선하는 것을 의미한다. 유상·무상을 불문한다.[89]

⑥ 감정이란 전문적 지식이나 특정한 장비의 유무에 관계없이 물품(밀수품)의 진부와 품질을 판단하는 것을 의미하고, 감정행위의 주체도 감정을 업으로 하는 자 또는 감정을 할 수 있는 자격이 부여된 자 여부를 불문하고 밀수품의 감정행위를 하는 사람 모두를 의미한다.[90]

4. 고 의

행위의 객체인 밀수품 등이라는 것에 대한 고의가 있어야 한다. 미필적 고의로 족하다.

Ⅲ. 죄수 및 다른 범죄와의 관계

1. 죄 수

밀수품의 취득·보관죄는 각 취득행위 또는 보관행위마다 1개의 죄가 성립한다. 수개의 밀수품 취득·보관행위를 경합범으로 기소하는 경우에는 각 행위마다 그 일시와 장소 및 방법을 명시하여 사실을 특정할 수 있도록 공소사실을 기재하여야 한다.[91]

신고 없이 물품을 수입한 본범이 그 물품에 대한 취득, 양여 등의 행위를 하는 경우 밀수입행위에 의하여 이미 침해되어 버린 것으로 평가되는 적정한 통관절차의 이행과 관세수입의 확보라는 보호법익 외에 새로운 법익의 침해를 수반한다고 보기 어려우므로, 이는 새로운 법익의 침해를 수반하지 않는 이른바 불가벌적 사후행위로서 별개의 범죄를 구성하지 않는다.[92]

---

89) 임웅, 형법각론, 529 – 532면.
90) 헌재 1998. 3. 26. 97헌마194.
91) 대법원 1999. 1. 26. 선고 98도1480 판결, 대법원 2007. 1. 11. 선고 2004도3870 판결.
92) 대법원 2008. 1. 17. 선고 2006도455 판결.

2. 다른 범죄와의 관계

밀수품의 취득행위는 그것이 강도 등 범죄행위에 의하여 이루어진 것이건, 그렇지 않은 것이건을 가릴 것 없이 본죄에 해당된다. 밀수품의 취득이 강도 등 범죄행위에 의하여 취득된 경우 강도죄와 상상적 경합관계에 있다.[93]

Ⅳ. 처 벌

1. 법정형 · 양벌규정

본죄를 범한 자는 3년 이하의 징역 또는 물품원가 이하에 상당하는 벌금에 처한다(법 제274조 제1항). 정상에 따라 징역과 벌금을 병과할 수 있다(법 제275조). 양벌규정에 따라 행위자를 벌하는 외에 법인 등에게도 해당 조문의 벌금형을 부과한다(법 제279조 제1항).

2. 몰수 · 추징

본죄의 객체 중 법 제269조의 밀수출입죄(금지품수출입죄 포함)에 해당하는 경우는 범인이 소유하거나 점유하는 그 물품을 몰수하고, 몰수할 수 없을 때에는 그 몰수할 수 없는 물품의 범칙 당시의 국내도매가격에 상당한 금액을 범인으로부터 추징한다(법 제282조 제2항, 제3항 본문).

헌법재판소는 신고의 적정한 이행을 위해 미신고 수입단계뿐만 아니라 유통단계에서도 범칙 물품을 몰수할 필요성이 있으므로 감정단계에서도 범칙 물품을 반드시 몰수할 필요성이 있다고 할 것이나, 무신고 수입물품을 감정한 자는 범죄행위로 감정수수료 소정의 이득을 얻을 뿐임에도 필요적으로 추징까지 하는 것은 과잉금지의 원칙에 위반된다고 하였다.[94] 이러한 헌법재판소 결정을 반영하여 관세법은 무신고수입물품을 감정한 자를 필요적 추징 대상에서 제외하였다(법 제282조 제3항 단서).

---

93) 대법원 1982. 12. 28. 선고 81도1875 판결.
94) 헌재 2008. 10. 30. 2008헌바11 전원재판부 결정.

3. 특가법에 의한 가중처벌

금지품수출입죄, 밀수출입죄, 관세포탈죄는 일정 금액 기준을 넘는 경우 특가법에 따라 가중처벌되나 본죄의 경우 이러한 규정은 두고 있지 않다. 다만, 단체 또는 집단을 구성하거나 상습적으로 본죄를 범한 사람은 특가법이 적용되어 무기 또는 10년 이상의 징역에 처한다(특가법 제6조 제8항).

V. 예비 · 미수죄

본죄의 미수범은 본죄에 준하여 처벌한다(법 제274조 제2항). 본죄를 저지를 목적으로 그 예비를 한 자는 본죄의 2분의 1을 감경하여 처벌한다(동조 제3항).

제3장

관세포탈에 관한 죄

제1절 총설

관세포탈이란 수입물품에 대하여 정당하게 납부하여야 할 관세액의 전부 또는 일부를 납부하지 않아 관세수입의 감소를 초래하는 것을 말한다. 관세수입의 감소는 직접적으로 세액결정에 영향을 미치기 위하여 거짓 신고하여 관세액의 전부 또는 일부를 납부하지 않는 협의의 관세포탈과 부정한 방법으로 관세를 감면받거나 환급대상이 아님에도 환급받는 경우가 있다. 따라서 협의의 관세포탈죄, 부정감면죄, 부정환급죄는 관세포탈에 대한 죄라 할 수 있다. 이 밖에 강제징수면탈죄, 압류보관물 은닉죄, 타인에 대한 명의대여죄, 과세자료 비밀유지의무 위반죄 등은 관세포탈죄와 관련된 죄이므로 같은 장에서 다루기로 한다.

관세제도는 세수증대는 물론 국내 산업의 보호육성을 주된 정책목표로 하고 있는데 관세포탈은 이러한 관세제도의 기능을 무력화시킨다. 따라서 관세포탈죄에 대한 죄는 수입물품에 대한 정당한 관세의 확보를 보호법익으로 한다.[1] 본죄는 관세의 부과·징수권을 실질적으로 침해하여 관세수입의 감소라는 결과가 생기는 결과범에 해당한다.

---

1) 대법원 2000. 11. 10. 선고 99도782 판결.

제 2 절 관세포탈죄

제270조(관세포탈죄 등) ① 제241조 제1항·제2항 또는 제244조 제1항에 따른 수입신고를 한 자 (제19조 제5항 제1호 다목에 따른 구매대행업자를 포함한다) 중 다음 각 호의 어느 하나에 해당하는 자는 3년 이하의 징역 또는 포탈한 관세액의 5배와 물품원가 중 높은 금액 이하에 상당하는 벌금에 처한다. 이 경우 제1호의 물품원가는 전체 물품 중 포탈한 세액의 전체 세액에 대한 비율에 해당하는 물품만의 원가로 한다.

1. 세액결정에 영향을 미치기 위하여 과세가격 또는 관세율 등을 거짓으로 신고하거나 신고하지 아니하고 수입한 자(제19조 제5항 제1호 다목에 따른 구매대행업자를 포함한다)
2. 세액결정에 영향을 미치기 위하여 거짓으로 서류를 갖추어 제86조 제1항·제3항에 따른 사전심사·재심사 및 제87조 제3항에 따른 재심사를 신청한 자

I. 의의 및 연혁

관세는 재정수입 확보 외에도 국내산업보호 등 여러 정책적 목적을 위해 기능하는데, 관세를 포탈함으로써 이러한 기능을 할 수 없게 되므로 관세법은 관세포탈죄에 대하여 밀수입죄 다음으로 중하게 처벌하고 있다.

종전에는 관세포탈죄에 대하여 '사위 기타 부정한 방법으로 관세의 전부 또는 일부를 포탈한 자는 1년 이상 10년 이하의 징역 또는 그 포탈한 세액의 2배 이상 10배 이하에 상당한 벌금에 처한다'고 규정하고 있었다. 관세수입의 감소라는 결과가 발생한 관세포탈죄를 밀수입죄보다 중하게 처벌하여 관세포탈죄와 밀수입죄가 상상적 경합관계에 놓일 때 법정형이 중한 관세포탈죄로 처벌하였다.

1996. 12. 30. 개정된 관세법[2]은 관세도 내국세와 같은 조세포탈이라는 측면에서 내국세포탈범에 대한 처벌기준과 형평을 도모하면서 벌금의 수준은 물가상승을 고려해 현실화하였다. 이로 인해 밀수입죄가 더 중하게 처벌되게 되었다. 또한, 관세포탈죄의 주체를 수입신고를 한 자로 한정하여 관세포탈죄와 밀수입죄는 구성요건이 달라 구별되게 되었다.

---

2) 법률 제5194호.

1998. 12. 28. 개정 관세법에서는 관세포탈죄의 몰수·추징규정을 삭제하였다. 이로써 관세포탈범에 대하여도 해당 물품을 몰수하는 대신 일반과세원칙에 따라 포탈세액을 추징하게 되었다. 관세포탈죄의 주체 및 포탈세액을 추징할 관세의 납세의무자가 누구인지와 관련하여 실질과세원칙의 적용여부와 적용범위에 관한 문제들이 생겼다. 세관에서는 대부분의 수입신고를 전자신고만으로 수리하는 관세행정 실무상 실질 납세의무자 여부를 가리기 위한 별도의 심사절차를 수행하게 되면 그만큼 수입통관이 지체되므로 수입신고인을 기준으로 형식적으로 판단하여야 한다는 입장이었다. 이에 반해 명의대여자에 불과하다고 주장하는 수입신고인은 실질과세원칙에 따라 실제 물품의 소유자를 납세의무자로 보아야 한다고 주장하였다. 이러한 논란은 포탈세액에 대한 불복절차인 행정소송과 관세포탈범에 대한 형사소송에서 공통적으로 문제되었다. 관세법에 실질과세원칙에 대한 규정이 없다는 이유로 적용여부에 대한 논란이 있었으나 대법원은 관세법에도 실질과세원칙이 당연히 적용됨을 전제로 수출자와의 교섭, 신용장의 개설, 대금의 결제 등 수입절차의 관여 방법, 수입화물의 국내에서의 처분·판매의 방법의 실태, 당해 수입으로 인한 이익의 귀속관계 등의 사정을 종합하여 납세의무자인지 여부에 대하여 판단하였다. 최근에는 오히려 과세관청에서 자력이 없는 수입신고인 대신 물품의 수입으로 인한 경제적 이익이 귀속되는 자를 납세의무자로 보아야 한다고 주장하고 있다.

한편, 최근 전자상거래 규모가 커지면서 구매대행업자에 대해 규제할 필요성이 대두되었다. 관세포탈죄는 납세의무자만이 주체가 될 수 있는 신분범이어서 종전에는 구매대행업자에 대하여 관세포탈죄로 처벌할 수 없었다. 2019. 12. 31. 개정된 관세법[3]은 화주로부터 해당 물품에 대하여 납부할 관세 등에 상당하는 금액을 수령하고, 수입신고인 등에게 과세가격 등의 정보를 거짓으로 제공한 구매대행업자는 수입신고하는 때의 화주와 연대하여 관세 등을 납부할 의무를 지도록 하고, 이에 해당하는 구매대행업자에 대해서는 관세포탈죄로 처벌하도록 하였다(법 제19조 제5항 제1호 다목, 제270조 제1항).

---

3) 법률 제16838호.

Ⅱ. 구성요건

1. 주 체

(1) 신분범

법문상 본죄의 주체는 법 제241조 제1항·제2항 또는 제244조 제1항에 따른 수입신고를 한 자이다. 물품을 수입하고자 하는 사람은 수입신고 외에 납세신고(법 제38조)를 하여야 하는데, 납세신고는 수입신고서에 관세의 납부에 관한 사항을 기재하여 함께 제출하도록 되어 있어서(시행령 제32조), 납세신고와 수입신고는 하나의 서면으로 한꺼번에 이루어지게 된다. 본죄가 납세의무 있는 관세를 포탈하는 경우 처벌한다는 점에서 본죄의 주체인 수입신고를 한 자는 납세신고를 한 자를 말한다고 볼 수 있다. 따라서 수입신고인과 납세의무자가 다른 수입대행의 경우 등에는 납세의무자가 본죄의 주체가 되고, 납세의무가 없는 수입신고인에 불과한 자는 본죄의 주체가 될 수 없다.4) 납세의무자의 신분이 없는 자는 신분자의 범죄에 가공한 경우에 한하여 관세포탈죄의 공범으로 처벌할 수 있을 뿐이다.

(2) 실질과세원칙과 납세의무자

관세법상 납세의무자인 '그 물품을 수입한 화주'라 함은 그 물품을 수입한 실제 소유자를 의미하고, 이는 실질과세원칙에 따라 판단하여야 한다.5) 따라서 사업자등록명의를 대여하여 준 형식상 수입신고명의인은 실질과세원칙상 물품을 수입한 화주에 해당하지 않아 본죄의 주체가 되지 않는다. 다만, 관세포탈행위에 가담한 경우 공범으로 처벌될 수 있다.

---

4) 대법원 1996. 5. 28. 선고 96도756 판결. 수입통관업무를 대행하여 주는 관세사 사무소의 직원은 관세를 납부할 의무가 있는 자가 아닐 뿐 아니라 그의 행위가 관세납세의무자의 관세포탈 범행에 가공한 경우도 아니므로 관세포탈죄로 처벌할 수 없다.

5) 대법원 2003. 4. 11. 선고 2002두8442 판결. 물품을 수입한 실제 소유자인지 여부는 구체적으로 수출자와의 교섭, 신용장의 개설, 대금의 결제 등 수입절차의 관여 방법, 수입화물의 국내에서의 처분·판매의 방법의 실태, 당해 수입으로 인한 이익의 귀속관계 등의 사정을 종합하여 판단하여야 하며, 이와 같이 해석하는 것이 관세법에도 적용되는 실질과세 원칙에 부합하는 것이라고 할 것이다.

(3) 양벌규정의 수범자 확대기능

납세의무자가 법인인 경우라도 형사책임은 행위자가 부담하는 것이 원칙이므로 법인의 대표자 등 행위자가 본죄의 주체가 된다.[6] 그 근거에 대하여 판례는 양벌규정을 들고 있다. 양벌규정은 업무주가 아니면서 당해 업무를 실제로 집행하는 자가 있는 때에 벌칙규정의 실효성을 확보하기 위하여 적용대상자를 당해 업무를 실제로 집행하는 자에게까지 확장하는 역할을 한다.[7] 위반행위를 한 행위자와 납세의무자인 '법인 또는 개인' 쌍방을 모두 처벌하는 근거가 되는 것이다.[8]

(4) 연대납세의무자 등

1) 연대납세의무자

연대납세의무자가 되는 자는 포탈행위를 한 연대납세의무자 각자가 포탈한 세액 전체에 대하여 납세의무자로서 본죄의 주체가 될 수 있다(법 제19조 제5항, 제7항).

2017. 12. 19. 개정된 관세법[9]은 수입신고인이 수입신고를 하면서 그 물품을 수입한 화주가 아닌 자를 납세의무자로 신고하여 수입신고인 또는 납세의무자로 신고된 자가 관세포탈 또는 부정감면의 범죄를 범하여 유죄의 확정판결을 받은 경우 그 수입신고인 및 납세의무자로 신고된 자는 납세의무자인 화주와 연대하여 관세 등을 납부할 의무를 지도록 하였다.[10] 구매대행업자에 관

---

6) 대법원 2006. 6. 29. 선고 2004도817 판결. 조세범처벌법 제9조 제1항 소정의 조세포탈범의 범죄주체는 국세기본법 제2조 제9호 소정의 납세의무자와 조세범처벌법 제3조 소정의 법인의 대표자, 법인 또는 개인의 대리인, 사용인, 기타의 종업원 등의 법정책임자라 할 것이다.

7) 대법원 1999. 7. 15. 선고 95도2870 전원합의체 판결. 양벌규정은 업무주가 아니면서 당해 업무를 실제로 집행하는 자가 있는 때에 위 벌칙규정의 실효성을 확보하기 위하여 그 적용대상자를 당해 업무를 실제로 집행하는 자에게까지 확장함으로써 그러한 자가 당해 업무집행과 관련하여 위 벌칙규정의 위반행위를 한 경우 위 양벌규정에 의하여 처벌할 수 있도록 한 행위자의 처벌규정임과 동시에 그 위반행위의 이익귀속주체인 업무주에 대한 처벌규정이라고 할 것이다.

8) 대법원 2007. 11. 15. 선고 2007도5976 판결.

9) 법률 제15218호.

10) 다만, 관세포탈 또는 부정감면으로 얻은 이득이 없는 수입신고인 또는 납세의무자로 신고된 자는 제외한다.

하여는 이 절 Ⅲ. 전자상거래와 관세포탈에서 자세히 설명하였다.

2) 제2차 납세의무자 · 보증인

제2차 납세의무자(법 제19조 제8항, 제9항)나 보증인(법 제19조 제3항)은 관세포탈죄의 기수시기인 수입신고시 이후 주된 납세의무자의 체납 및 무자력을 요건으로 의무를 부담할 뿐이므로 관세포탈죄의 주체가 될 수 없다.

2. 관세포탈행위

(1) 세액결정에 영향을 미치기 위하여 과세가격 · 관세율 등을 거짓신고 · 미신고

1) 세액결정에 영향을 미치는 행위

세액결정에 영향을 미치는 행위란 관세의 부과징수를 어렵게 하여 국가의 재정수입을 감소시키는 행위를 말한다. 따라서 관세가 부과되는 유세품인 경우만 본죄의 대상이 되고, 무세품(관세율 0%), 면세물품, 수출물품, 반송물품 등 관세가 부과되지 않는 경우에는 본죄의 대상이 되지 않는다. 이러한 물품에 부가가치세등 내국세가 부과되더라도 본죄의 객체가 되지 않는다. 다만, 내국세 포탈의 경우 조세범처벌법위반이 될 수 있다.

유세품인 경우에도 과세가격 · 관세율 등을 거짓신고하거나 미신고하여 세액이 증가하는 경우에는 본죄가 성립하지 않는다. 세액결정에 영향을 미치는 행위는 적극적 행위(작위)뿐만 아니라 소극적 행위(부작위)도 포함한다.[11] 부작위범도 작위범과 마찬가지로 구성요건해당성, 위법성, 책임의 요건을 갖추어야 범죄가 성립한다. 구성요건으로 작위로 나아가야 할 구성요건적 상황이 존재하여야 하고, 부작위 행위가 있어야 한다. 부진정부작위범의 특유한 구성요건으로는 부작위와 결과와의 인과관계 및 객관적 귀속관계가 인정되어야 한다. 또한 부진정부작위범이 성립하기 위하여는 부작위가 작위에 의한 구성요건 실현과 동등하게 평가될 수 있어야 한다.[12]

---

11) 대법원 1990. 5. 8. 선고 90도422 판결.
12) 이재상 외, 형법총론, 131－149면.

2) 저가신고 · 고가신고

관세액은 수입물품의 가격 또는 수량에 세율을 곱하여 과세가격에 세율을 곱하여 결정되므로 일반적으로 관세수입을 감소시키는 행위란 과세가격을 저가신고 하는 경우를 말한다. 다만, 덤핑방지관세는 정상가격 이하로 수입(덤핑)되는 경우 부과되므로 덤핑방지관세 부과대상인 경우 그 부과를 회피하기 위해 실제지급금액과 달리 정상가격 이상으로 고가신고한 경우 본죄가 성립한다.

3) 과세가격 결정 원칙 위반

과세가격의 저가신고는 단순히 상업송장의 가격이나 단가를 낮게 신고하는 경우뿐만 아니라 관세법 제30조의 과세가격 결정 원칙에 위반되는 경우를 포함한다. 관세법 제30조에 의하면, 수입물품의 과세가격은 우리나라에 수출하기 위하여 판매되는 물품에 대하여 구매자가 실제로 지급하였거나 지급하여야 할 가격(이하 '실제지급가격'이라 한다)에 가산·조정을 거쳐 결정한다.

① 실제지급가격

실제지급가격이란 해당 수입물품의 대가로서 구매자가 지급하였거나 지급하여야 할 총금액을 말하며, 구매자가 해당 수입물품의 대가와 판매자의 채무를 상계(相計)하는 금액, 구매자가 판매자의 채무를 변제하는 금액, 그 밖의 간접적인 지급액을 포함한다(법 제30조 제2항). 따라서 상계 또는 변제를 이유로 해당 수입물품의 대가로 직접 지급하지 아니한 금액을 과세가격에 포함시키지 않는 경우 본죄가 성립할 수 있다. 다만, 당해 수입물품의 대가로 볼 수 있어야 하므로 대가관계 등을 인정할 수 없는 각종 비용 중 명백히 구분할 수 있는 금액 등은 실제지급가격에 포함될 수 없다.[13]

② 가산요소

가산요소인 수수료, 생산지원비용, 권리사용료, 수입항까지의 운임·보험료 등(법 제30조 제1항 각호[14])을 누락시키거나 저가신고 하는 경우에도 본죄가 성립

---

13) 대법원 2007. 6. 14. 선고 2007두6267 판결.
14) 1. 구매자가 부담하는 수수료와 중개료. 다만, 구매수수료는 제외한다.
    2. 해당 수입물품과 동일체로 취급되는 용기의 비용과 해당 수입물품의 포장에 드는 노무비와

한다. 빈번히 문제되는 경우는 운임·보험료를 누락한 경우이다. 수입업자가 실제로는 자신이 운임을 실질적으로 부담하면서도 세액 결정에 영향을 미치기 위하여 수출업자가 그 운임을 부담하는 것처럼 수입가격을 신고한 경우 그 운임 상당액에 대한 관세포탈죄가 성립한다.[15] 그러나 수출업자를 위하여 수업입자가 운임을 대신 지급한 것이라면 관세를 포탈한 것이라고 할 수 없을 것이다.[16]

"검사는 법관으로 하여금 합리적인 의심을 할 여지가 없을 정도의 확신을 생기게 하는 증명력을 가진 엄격한 증거에 의하여 공소사실을 입증하여야 한다. 피고인이 수입업자로서 수입신고를 함에 있어 수입가격을 본선인도가격(FOB)이 아니라 수출업자가 운임을 부담하는 운임포함가격(CFR)으로 신고하였으나 그 운임을 피고인이 지급한 사실이 인정되는 경우에, 피고인이 수출업자를 위하여 그 운임을 대신 지급한 것에 불과하다는 점을 제대로 입증하지 못한다면 일응 피고인이 그 운임의 부담자이고, 따라서 피고인이 운임 상당액을 누락하고 수입가격을 신고하여 관세를 포탈한 것이라고 추단할 수 있겠지만, 그렇지 아니하고 수출업자를 위하여 피고인이 그 운임을 대신 지급한 것이라는 점에 부합하는 자료가 있다면 특단의 사정이 없는 한 함부로 피고인이 운임 상당액을 누락하고 수입가격을 신고하여 관세를 포탈한 것이라고 인정할 수는 없다."

③ 공제요소

구매자가 지급하였거나 지급하여야 할 총금액에서 다음의 어느 하나에 해

자재비로서 구매자가 부담하는 비용
3. 구매자가 해당 수입물품의 생산 및 수출거래를 위하여 대통령령으로 정하는 물품 및 용역을 무료 또는 인하된 가격으로 직접 또는 간접으로 공급한 경우에는 그 물품 및 용역의 가격 또는 인하차액을 해당 수입물품의 총생산량 등 대통령령으로 정하는 요소를 고려하여 적절히 배분한 금액
4. 특허권, 실용신안권, 디자인권, 상표권 및 이와 유사한 권리를 사용하는 대가로 지급하는 것으로서 대통령령으로 정하는 바에 따라 산출된 금액
5. 해당 수입물품을 수입한 후 전매·처분 또는 사용하여 생긴 수익금액 중 판매자에게 직접 또는 간접으로 귀속되는 금액
6. 수입항(輸入港)까지의 운임·보험료와 그 밖에 운송과 관련되는 비용으로서 대통령령으로 정하는 바에 따라 결정된 금액. 다만, 기획재정부령으로 정하는 수입물품의 경우에는 이의 전부 또는 일부를 제외할 수 있다.

15) 대법원 2005. 7. 15 선고 2005도2520 판결.
16) 대법원 2002. 5. 10. 선고 2000도1773 판결.

당하는 금액을 명백히 구분할 수 있을 때에는 그 금액을 뺀 금액을 말한다(법 제30조 제2항 단서).

⑦ 수입 후에 하는 해당 수입물품의 건설, 설치, 조립, 정비, 유지 또는 해당 수입물품에 관한 기술지원에 필요한 비용

④ 수입항에 도착한 후 해당 수입물품을 운송하는 데에 필요한 운임·보험료와 그 밖에 운송과 관련되는 비용

⑤ 우리나라에서 해당 수입물품에 부과된 관세 등의 세금과 그 밖의 공과금

⑥ 연불조건(延拂條件)의 수입인 경우에는 해당 수입물품에 대한 연불이자

4) 관세율 등 허위신고

관세는 품목분류에 따라 세율이 정해져 있다. 따라서 낮은 세율의 적용을 받기 위해 품목분류번호를 허위기재하는 경우, 자유무역협정에 따른 특혜세율의 적용대상이 아님에도 그 적용을 받기 위해 원산지나 품목분호를 허위기재하는 경우, 할당관세 등 용도세율 적용대상물품으로 허위신고 하는 경우 등은 세액의 감소를 초래하므로 본죄가 성립한다.

대법원은 양허관세율이 적용되는 수입권의 대상이 황백색 콩나물 콩으로 제한된다는 사정을 알면서도 관세를 포탈할 의도로 '검은색 콩나물 콩'의 수입신고서에 추천서를 첨부하여 저율의 양허관세로 거짓 신고한 경우 관세포탈죄를 인정하였다.[17] 반면에 곡분제조업자가 뻥튀기용 옥수수(백옥)를 할당관세의 적용을 받는 '가공용 옥수수'로 신고·수입한 후 자신이 운영하는 회사의 시설로 정선·석발·가수·건조의 작업을 거쳐 뻥튀기 원재료를 만들어 뻥튀기 제조업체들에 공급한 사례, 농림부 소관 품목에 대한 할당관세 추천요령에서 정한 '가공용 옥수수'를 그 신고한 용도대로 사용하였다고 보아 관세포탈죄를 구성하지 않는다고 하였다.[18]

이외에도 수량이나 중량을 실제보다 적게 신고하거나 신고하지 아니하는 행위, 단가 등 그 밖의 사항의 허위신고나 미신고가 세액감소를 초래한다면 본죄에 해당한다.

---

17) 부산지방법원 2016. 9. 8. 선고 2015고단8098 판결, 대법원 2018. 12. 27. 선고 2017도11361 상고기각판결.
18) 대법원 2007. 11. 29. 선고 2007도4811 판결.

5) 할당관세와 관세포탈죄

관세법 제71조 제3항은 관세를 부과하여야 하는 대상 물품, 수량, 세율, 적용기간 등은 대통령령으로 정한다고 규정하고 있다. 그 위임에 따라 시행령 제92조 제3항은 일정수량의 할당은 당해 수량의 범위 안에서 주무부장관 또는 그 위임을 받은 자의 추천으로 행한다고 규정하고 있으며, 동조 제4항은 주무부장관 또는 그 위임을 받은 자의 추천을 받은 자는 해당 추천서를 수입신고 수리 전까지 세관장에게 제출해야 한다. 다만, 해당 물품이 보세구역에서 반출되지 않은 경우에는 수입신고 수리일부터 15일이 되는 날까지 제출할 수 있다고 규정하고 있다.

수입업자가 추천기관으로부터 해당 물품에 정하여진 일정 수량 범위 안에서 할당관세 적용 '추천'을 받아 그 추천서를 수입신고 수리 전까지 세관장에게 제출하여야 할당관세를 적용받을 수 있으므로, 이러한 추천기관의 추천은 할당관세를 적용받기 위하여 필수적으로 갖추어야 할 절차적 요건이라 할 수 있고, 수입업자는 할당관세 적용을 통해 관세를 감면받으려면 정당한 절차를 거쳐 적법하게 추천기관의 추천을 받아야 한다. 따라서 수입업자가 추천기관에 추천을 신청하면서 추천기관 등이 요구하는 추천 자격에 관하여 허위의 소명자료를 제출함으로써 추천기관을 기망하여 추천을 받은 경우에는 부정한 방법으로 추천을 받은 것으로서 적법한 추천 절차를 거쳐 할당관세를 적용받았다 할 수 없으므로, 관세법 제270조 제4항에서 정한 관세포탈 행위에 해당하며, 세관장은 이처럼 부정한 방법으로 추천을 받아 관세를 감면받은 자에 대하여 관세경정부과처분을 할 수 있다.

그러므로 수입업체가 추천기관에 관련 자료를 첨부하여 할당관세 적용 추천을 신청하고, 추천기관이 일정한 심사를 거쳐 추천요건이 충족되었다고 판단하여 추천서를 작성·교부하는 방식으로 추천행위를 한다고 하더라도, 그 추천은 수입신고를 하면서 관세를 신고·납부하거나 관세부과처분을 받게 될 때 할당관세를 적용받을 수 있을지에 관하여 1차적으로 심사·확인한 것에 불과하고, 그 할당관세 적용에 관한 종국적인 결정은 세관장 등에 의해서 관세경정부과처분의 형태로 이루어지는 것이므로, 추천기관의 '추천'은 할당관세의 적용을 확정하거나 세관장 등의 결정을 구속하는 효력이 있는 처분에 해당한다고 볼 수 없다.[19]

---

19) 대법원 2017. 9. 21. 선고 2016두34417 판결.

(2) 거짓서류로 품목분류 사전(재)심사, 변경된 품목분류 재심사 신청

1) 신청서류

품목분류 사전심사제도에 대한 내용은 제2편 제2장 제5절 Ⅲ. 품목분류사전심사에서 설명하였다.

신청서류로는 ① 물품의 품명·규격·제조과정·원산지·용도·통관예정세관 및 신청사유 등을 기재한 신청서, ② 신청대상물품의 견본, ③ 그 밖의 설명자료가 있다(법 제86조 제1항, 시행령 제106조 제1항).

2) 거짓서류를 제출하거나 허위사실을 기재하는 행위

법 제241조 제1항에 따라 수출입신고가 된 물품이 품목분류 심사(재심사)에 따라 통지한 물품과 같을 때에는 세관장은 그 통지 내용에 따라 품목분류를 적용하여야 한다(법 제86조 제5항). 세관장이 품목분류사전심사 결과에 구속된다는 점을 이용하여 낮은 세율이 적용되는 품목분류번호에 분류되도록 거짓서류를 제출하거나 허위사실을 기재하는 행위를 말한다.

3. 포탈세액의 확정

(1) 원 칙

관세포탈죄는 포탈세액이 구체적으로 계산되어 확정될 수 있어야 한다. 수입물품의 수입신고를 하면서 과세가격 또는 관세율 등을 허위로 신고하는 경우에는 각각의 허위 수입신고시마다 1개의 죄가 성립하므로 각각의 관세포탈죄별로 포탈세액을 산출하는 과세가격 등과 같은 요소들에 대하여 엄격한 증명이 필요하다. 포탈세액이 일정액 이상 고액에 해당하는 경우 가중처벌을 하기 위한 특가법위반(관세)죄의 경우 포탈세액이 일정액 이상이라는 점 역시 범죄구성요건의 하나이므로 저가신고하였다는 이유로 관세포탈죄로 기소된 사건의 경우 실제단가가 증명되어야 한다.[20]

---

20) 서울고등법원 2014. 11. 6. 선고 2014노38 판결(대법원 2016. 10. 27. 선고 2014도16271 판결로 확정).

(2) 관세평가방법의 허용

장부 기타 증빙서류를 허위작성하거나 이를 은닉하는 등의 방법으로 실제 거래가격을 줄이거나 신고하지 아니함으로써 관세를 포탈한 경우, 포탈세액의 계산기초가 되는 당해 수입물품의 대가로서 구매자가 실제 지급하였거나 지급하여야 할 가격을 인정할 확실한 증거를 요한다고 고집할 수는 없다. 대법원은 이러한 경우에는 관세법 제31조 내지 제35조를 순차적으로 적용하여 포탈세액을 추정하는 방법도 허용한다. 다만, 그 추정계산의 기초가 되는 거래가격 또는 비용의 증명책임은 검사에게 있다.[21] 따라서 비록 수입신고한 과세가격이 허위라는 점이 인정된다고 하더라도 더 나아가 실제 과세가격에 대한 증명이 없는 이상 이를 관세포탈죄로 처벌할 수는 없다.[22]

4. 관세포탈과 인과관계

관세포탈은 결과범으로, 행위와 결과 사이에 인과관계가 있어야 성립한다. 이는 거동범과 구별되는데, 거동범은 행위 자체로 범죄가 성립하므로 인과관계가 필요하지 않다. 관세포탈의 인과관계란 허위신고·미신고에 의해 관세포탈의 결과가 발생하였다는 것을 말한다. 판례는 경험칙상 어떤 행위로부터 그러한 결과가 발생하는 것이 상당하다고 인정될 때 행위와 결과 사이에 인과관계가 있다고 보는 상당인과관계설을 취하고 있다.[23]

5. 고 의

관세포탈범은 고의범이나 목적범은 아니다. 따라서 관세를 회피하거나 포탈할 목적까지 가질 것을 요하는 것이 아니다. 관세포탈죄의 범의가 있다고 함은 납세의무를 지는 사람이 자기의 행위가 관세포탈행위에 해당하는 것을 인식하고 그 행위로 인하여 관세포탈의 결과가 발생한다는 사실을 인식하면서 부정행위를 감행하거나 하려고 하는 것이다.[24] 관세담보가 제공되어 있어 종

---

21) 대법원 2016. 10. 27. 선고 2014도16271 판결.
22) 광주지방법원 2017. 7. 4. 선고 2017노441 판결.
23) 대법원 2001. 6. 1. 선고 99도5086 판결, 대법원 2002. 10. 11. 선고 2002도4315 판결.
24) 대법원 2006. 6. 29. 선고 2004도817 판결. 조세포탈범에 대한 판례이나 관세포탈범에 대하여

국적으로는 관세포탈이 불가능하다거나 사후에 통관절차를 보완할 의사였다고 하더라도 본죄의 성립에 영향을 미치지 않는다.[25]

실제 거래가격을 조작하기 위하여 다른 품목에 대한 관세를 초과 납부하였다 하더라도 그 초과 납부한 관세에 상응한 액만큼 포탈한 세액이 줄어드는 것으로 볼 수는 없으므로 관세포탈죄의 고의가 인정된다.[26]

Ⅲ. 전자상거래와 관세포탈

1. 논의의 과정

전자상거래의 경우 납세의무자 판단에 대하여는 종래 구매대행업자와 관련하여 주로 문제되었다. 즉, 구매대행업자가 개입된 경우 과세물품이 수취인별로 분산되어 편법적으로 개인별 소액면세를 받게 되거나 수입요건확인이 면제되어 국민보건 저해물품의 수입이 제한 없이 이루어졌다. 이러한 이유로 관세의 납세의무자에 대한 논의과정에서 전자상거래의 경우 구매대행업자를 납세의무자로 명확히 규정하여야 한다는 논의가 있었다.[27]

전자상거래물품 등의 특별통관 절차에 관한 고시에서는 전자상거래 거래유형과 각 수입화주를 규정하고 있었으나,[28] 관세청은 전자상거래업체의 영업

도 동일하게 적용될 것이다.

25) 대법원 1987. 7. 21. 선고 86도221 판결. 보세장치장에 반입되는 물품의 수량이 세관에 신고되어 특별관리를 받으며 미리 관세담보가 제공되어 있어 종국적으로는 관세포탈이 불가능하다거나 무단반출행위가 사업상의 사정으로 인하여 사후에 통관절차를 보완할 의사로서 행하여졌다고 하더라도 이로써 관세포탈의 범의를 부인할 수는 없다.

26) 대법원 1996. 5. 28. 선고 96도757 판결.

27) 관세청 연구용역, "관세포탈시 등 납세의무자 확정 및 채권확보 방안 연구", 2012.

28) 2014. 6. 16. 관세청 고시 제2014-77호로 개정되기 전의 것, 제1-3조는 전자상거래에 의한 거래 유형을 크게 4가지(㉮ 국내구매자가 해외 판매자의 사이버몰 등으로부터 직접 물품을 구매하여 수입하는 거래, ㉯ 국내구매자가 해외 판매자의 사이버몰 등으로부터 직접 구매한 물품을 국제배송 또는 결제 등 제공하는 서비스가 특정된 전자상거래업체의 서비스를 이용하여 수입하는 거래, ㉰ 전자상거래업체가 사이버몰에 공시한 수입대행내용에 근거하여 국내구매자와 수입대행계약(약관계약)을 체결하고 해외 판매자의 사이버몰 등으로부터 물품을 수입하면서 수입대행에 따른 수수료나 책임 외에 수입거래로 인한 다른 형태의 손익이나 거래책임은 부담하지 않은 거래, ㉱ 전자상거래업체가 자기의 책임과 계산에 의거 상품정보와 가격 등을 사이버몰에 공시하고 국내구매자의 구매요청을 받아 해외 판매자로부터 물품을 수입하면서 수입거래로 인한 손익의 위험을 부담하는 등 당해물품의 수입화주에 해당하는 거래)로 구별하고 있었으며, 위 고시 제2-2조에서는 위 ㉮ 내지 ㉰의 거래유형에 해당하는 물품의 경우에는 국

유형 변화에 대한 탄력적 대응을 이유로 이 규정을 삭제하였다. 구매대행업자
등이 편법적으로 소액면세 규정을 적용받고자 여러 유형의 행위를 시도하는데
반해 종전 고시 규정에 따르면 수입화주의 범위가 좁게 해석되어 이들을 처벌
하는 데에 불리하다고 판단한 것으로 보인다.

2. 판 례

대법원은 실질에 있어 국내 소비자가 화주라면 중간에 구매대행업자등이
국내 소비자의 편의나 해외 판매자의 판매촉진·반품 등과 관련하여 일부 보조
적 행위를 하였더라도 납세의무자는 국내 소비자라고 하였다.

"국내 소비자가 해외 판매자에게서 물품을 직접 주문하여 국내 소비자 명
의로 배송이 이루어지고 그 명의로 수입 통관절차를 거친 경우에는 국내 소비
자의 편의나 해외 판매자의 판매촉진·반품 등과 관련하여 일부 보조적 행위를
한 국내사업자가 따로 있더라도 특별한 사정이 없는 한 물품을 수입한 실제 소
유자는 국내사업자가 아니라 국내 소비자이고, 다만 국내 소비자가 해외 판매
자로부터 직접 수입하는 것과 같은 거래의 외관을 취하였다고 하더라도 그 실
질에서는 국내사업자가 해외 판매자로부터 직접 수입하여 다시 국내 소비자에
게 판매하는 거래에 해당하는 경우라면 그 물품을 수입한 실제 소유자를 국내
사업자로 볼 수 있다"고 판시한 바 있다.[29)]

3. 개정법

세관에서는 구매대행업자가 저가신고한 경우 대법원 판례에 따라 구매대
행업자는 납세의무자로 볼 수 없어 물품을 구매한 국내 소비자에게 부족세액
을 추징하였고, 이에 따라 관련 민원이 증가하였다. 이에 관세법은 구매자로부
터 관세를 선납 받은 해외직구 구매대행업자가 물품가격을 저가로 신고하고
관세를 일부만 납부하여 편취하는 것을 방지하기 위한 목적에서 개정하기에
이르렀다.[30)] 이에 따라 구매대행업자가 화주로부터 수입물품에 대하여 납부할

내구매자를, 위 ⓐ의 거래유형에 해당하는 물품인 경우에는 전자상거래업체를 수입화주가 된
다고 규정하고 있었다.

29) 대법원 2015. 11. 27. 선고 2014두2270 판결.

관세 등에 상당하는 금액을 수령하고, 수입신고인 등에게 과세가격 등의 정보를 거짓으로 제공한 경우 구매대행업자와 수입신고하는 때의 화주는 연대납세의무자가 되고, 구매대행업자도 관세포탈죄의 주체가 된다(법 제270조 제1항, 제19조 제5항 제1호 다목).

4. 실무상 제문제

종래 수입의 형태가 수입업자가 물품을 수입하여 국내에 판매하는 식이었다면, 현재는 국내 소비자가 전자상거래로 직접 해외거래처로부터 물품을 구매하는 형태로 빠른 속도로 변화하고 있다. 구매대행업의 형태도 국내 사업자로서 국내 구매자의 전자상거래를 대행해주는 것에서 더 나아가 해외법인을 설립하여 국내 구매자로부터 직접 주문을 받아 판매하는, 실질상 구매대행이 아닌 판매자의 형태로 진화하고 있다. 구매대행업자가 아닌 판매자가 과세가격 등 정보를 거짓으로 제공하더라도 개정법에 의해 처벌할 수 없을 것이다. 개정법은 구매대행업자를 납세의무자로 보는 요건을 엄격하게 규정하고 있어 관세포탈죄로 처벌하기 위한 요건의 충족과 관련하여 논란이 있을 것으로 보인다. 전자상거래의 특성상 수입물품의 화주는 국내 구매자이지만 실질적으로 수입신고에 관여하는 것은 해외 판매자 또는 구매대행업자라는 점에서 전자상거래에 한해 관세의 납세의무자 및 관세포탈죄의 주체에 관하여 별도로 규정하는 등 전면적 재개정이 필요할 것으로 생각된다.

Ⅳ. 죄수 및 다른 범죄와의 관계

1. 죄 수

관세포탈의 죄수는 위반사실의 구성요건 충족횟수를 기준으로 한다. 관세포탈죄는 수입물품에 대한 정당한 관세의 확보를 그 보호법익으로 하는 것이므로, 수입물품의 수입신고를 하면서 과세가격 또는 관세율 등을 허위로 신고하여 수입하는 경우에는 그 수입신고시마다 당해 수입물품에 대한 정당한

---

30) 법률 제16838호(2020. 4. 1. 시행).

관세의 확보라는 법익이 침해되어 별도로 구성요건이 충족된다. 따라서 각각의 허위 수입신고시마다 1개의 죄가 성립하고,31) 각각의 관세포탈죄별로 포탈세액을 산출하는 과세가격 등과 같은 요소들에 대하여 엄격한 증명이 필요하다.32)

수회에 걸쳐 이루어진 관세포탈행위에 대하여 특가법의 적용대상이 되는지 결정함에 있어서도 각 포탈세액을 포괄하여 합산할 것이 아니라 각 수입신고시마다 포탈세액이 특가법 위반죄의 적용기준 금액을 넘었는지 여부를 따져 판단하여야 한다.33)

2. 다른 범죄와의 관계

(1) 허위신고죄와의 관계

세액결정에 영향을 미치기 위하여 '가격'을 허위로 신고한 경우 본죄만 성립한다. '가격'을 허위로 신고한 경우로서 본죄가 성립하지 않는 경우 가격조작죄가 성립하는 경우 외에는 허위신고죄가 성립할 수 있다.

(2) 밀수입죄와의 관계

관세포탈죄는 수입신고를 전제로 하므로 신고하지 아니하고 수입한 경우 밀수입죄만 성립하고, 관세포탈죄는 따로 성립하지 않는다. 또한, 해당 물품과 다른 물품으로 신고한 경우로서 동일성이 인정되지 않는 경우 밀수입죄만 성립하고 본죄는 성립하지 않는다.

구매대행업자가 수입신고인 등에게 과세가격 등의 정보를 거짓으로 제공하여 목록통관 대상이 아님에도 일반수입신고하지 않고 목록통관하여 관세를 포탈하는 경우 밀수입죄가 성립한다. 관세포탈죄는 구매대행업자가 수입신고

---

31) 대법원 2000. 11. 10. 선고 99도782 판결. 관세는 수입신고를 할 때의 물품의 성질과 그 수량에 의하여 관세를 부과하고(법 제17조), 물품을 수입하고자 하는 자는 수입신고를 할 때에 관세관장에게 납세신고를 하여야 하고, 세관장은 납세신고를 받은 때에는 수입신고서상의 기재사항 등을 심사하도록 규정하고 있으므로(법 제38조), 납세의무자가 수입물품의 수입신고를 할 때마다 1개의 납세의무가 확정된다.

32) 서울고등법원 2014. 11. 6. 선고 2014노38 판결, 대법원 2016. 10. 27. 선고 2014도16271 상고기각판결.

33) 대법원 2000. 11. 10. 선고 99도782 판결.

는 적법하게 하면서 단지 과세가격 등의 정보를 거짓으로 제공하여 관세를 포탈한 경우라는 점에서 이와 구별된다.

(3) 외국환거래법위반죄와의 관계

물품을 수입하면서 과세가격을 실제거래가격보다 낮게 신고하고 그 차액에 해당하는 금액을 소위 환치기 등의 수법으로 지급하는 경우 외국환거래법위반죄가 성립하고, 본죄와 실체적 경합범 관계에 있다.

V. 처벌 및 부족세액의 징수

1. 법정형·양벌규정

본죄를 범한 자는 3년 이하의 징역 또는 포탈한 관세액의 5배와 물품원가 중 높은 금액 이하에 상당하는 벌금에 처한다(법 제270조 제1항). 정상에 따라 징역과 벌금을 병과할 수 있다(법 제275조). 양벌규정에 따라 행위자를 벌하는 외에 법인 등에게도 해당 조문의 벌금형을 부과한다(법 제279조 제1항). 필요적 몰수·추징 규정은 적용되지 않는다.

2. 부족세액의 징수

구 관세법에서는 관세포탈죄의 경우 당해 물품을 몰수하였으나, 1998. 12. 28. 개정된 관세법[34]은 관세포탈죄의 몰수규정을 삭제하고 일반과세원칙에 따라 과세하도록 함으로써 국민의 부담을 경감하도록 하였다. 따라서 세관에서는 본죄의 주체인 행위자를 관세포탈죄로 고발하는 동시에 납세의무자에게 세액 등을 기재한 납부고지서를 교부하여 포탈세액을 징수한다(법 제39조 제2항·제3항, 시행령 제36조). 이 경우에는 과세 전 통지 및 이에 다른 과세전적부심사를 생략할 수 있다(법 제118조 제1항 제5호). 납부고지를 받은 납세의무자는 행정심판전치주의에 따라 심사청구 또는 심판청구를 거친 후 행정소송으로 해당 처분에 불복할 수 있다. 이에 대한 자세한 내용은 제2편 제4장 제2절 불복절차

---

34) 법률 제5583호.

에서 설명하였다.

3. 특가법의 가중처벌

수입시마다 1개의 죄가 성립하므로 특가법 적용 여부도 각 수입신고행위
마다 특가법 적용대상이 되는 기준에 해당하는지 따져야 한다.

과세가격 또는 관세율 등을 거짓신고하거나 신고하지 않고 수입하는 경우
(법 제270조 제1항 제1호)로서 포탈세액이 2억원 이상인 경우에는 무기 또는 5년
이상의 징역에, 포탈세액이 5천만원 이상 2억원 미만인 경우에는 3년 이상의
유기징역에 처한다(특가법 제6조 제4항). 아울러 포탈세액의 2배 이상 10배 이하
의 벌금을 병과한다(동조 제6항 제4호).

거짓서류를 갖추어 품목분류 사전심사, 재심사를 신청하는 경우(법 제270조
제1항 제2호)로서 수입한 물품의 원가가 5억원 이상인 경우에는 3년 이상의 유
기징역에, 수입한 물품의 원가가 2억원 이상 5억원 미만인 경우에는 1년 이상
의 유기징역에 처한다(특가법 제6조 제5항). 아울러 포탈세액의 2배 이상 10배
이하의 벌금을 병과한다(동조 제6항 제4호).

특가법이 적용되는 관세포탈죄의 경우 교사·방조범, 미수·예비범에 대하
여도 특가법이 적용된다(동조 제7항). 단체 또는 집단을 구성하거나 상습범인
경우 금액과 상관없이 특가법이 적용된다(동조 제8항).

관세포탈죄는 범죄수익법상 중대범죄에 해당되지 않으나 특가법이 적용
되는 경우 범죄수익법상 중대범죄에 해당된다. 범죄수익에서 유래한 재산 등
을 몰수·추징할 수 있다(범죄수익법 제8조).

Ⅵ. 예비 · 미수죄 및 공범

1. 실행의 착수와 예비 · 미수죄

수입신고를 한 때 또는 허위의 서류를 갖추어 품목분류 사전심사 신청을
한 때 실행의 착수가 있고, 수입통관된 때 기수가 된다.[35] 관세를 포탈할 목적

---

35) 대법원 1976. 11. 23. 선고 75도363 판결. 그 후 물품의 처분여부는 본죄의 성립에 영향이 없다.

으로 수입할 물품의 수량과 가격이 낮게 기재된 계약서를 첨부하여 수입예정 물량 전부에 대한 과세가격 사전심사[36]를 신청함으로써 과세가격을 허위로 신고하고 이에 따른 과세가격 사전심사서를 미리 받아 두는 행위는 관세포탈죄의 실현을 위한 외부적인 준비행위에 해당한다.[37]

관세포탈죄의 미수범은 본죄에 준하여 처벌한다(법 제271조 제2항). 관세포탈죄의 예비죄를 처벌하는 규정이 있고, 본죄의 1분의 1을 감경하여 처벌한다(법 제271조 제3항). 종래 관세포탈죄의 예비죄는 본죄에 준하여 처벌한다고 규정하고 있었으나 책임주의를 고려하여 개정되었다.

2. 공동정범

형법 제33조는 '신분관계로 인하여 성립될 범죄에 가공한 행위는 신분관계가 없는 경우에도 전3조의 규정을 적용한다'고 규정하고 있다. 비신분자는 단독으로 진정신분범의 정범이 될 수 없으나 신분자와 공동하여 신분범을 범할 수 있다. 신분범인 관세포탈죄의 경우 납세의무자의 신분이 있어야 정범이 될 수 있으나 비신분자도 형법 제33조에 따라 신분자인 납세의무자와 공동정범이 될 수 있다. 그 밖에 공동정범에 대한 설명은 밀수입죄에서와 같다.

3. 간접정범

진정신분범에서 신분이나 목적범에서 목적은 구성요건요소이므로 신분이나 목적이 없는 행위는 구성요건해당성이 없다. 관세포탈죄와 같은 신분범인 경우 간접정범이 성립하기 위하여는 행위자가 납세의무자로 확정되어야 한다.[38] 따라서 행위자가 납세의무자인 수입물품의 화주가 그 정을 모르는 사람에게 관세감면 대상이 아님에도 관세감면 대상인 것처럼 속여 그로 하여금 수

---

36) 납세신고를 하여야 할 자가 과세가격 결정과 관련하여 의문이 있을 때에는 가격신고를 하기 전에 대통령령으로 정하는 바에 따라 관세청장에게 미리 심사하여 줄 것을 신청할 수 있고(법 제37조 제1항), 세관장은 관세의 납세의무자가 제2항 또는 제3항에 따라 통보된 과세가격의 결정방법에 따라 납세신고를 한 경우 대통령령으로 정하는 요건을 갖추었을 때에는 그 결정방법에 따라 과세가격을 결정하여야 하기 때문이다(법 제37조 제4항).

37) 대법원 1999. 4. 9. 선고 99도424 판결. 따라서 관세포탈예비죄가 성립한다.

38) 대법원 1984. 3. 13. 선고 83도3152 판결.

입신고를 하게 한 경우 그 화주의 행위는 범죄사실의 인식 없는 타인을 이용하여 관세포탈의 범죄를 실행하게 한 경우로 간접정범에 해당한다.[39]

반대로, 형법 제34조 제1항의 간접정범은 단독정범의 일종이므로 특별한 처벌 규정이 없는 한 신분이 없는 자가 신분이 있는 자를 이용하여 신분범의 간접정범이 될 수 없다.[40] 따라서 신분범인 관세포탈죄의 경우 납세의무자가 아닌 자는 그 정을 모르는 자를 이용하여 저가신고 등을 하게 한다고 하더라도 관세포탈죄의 간접정범이 될 수 없다.

4. 교사 · 방조범

교사·방조범에 대한 설명은 밀수입죄에서와 같다.

본죄의 행위를 교사하거나 방조한 자는 정범(正犯)에 준하여 처벌한다(법 제271조 제1항).

제 3 절 부정감면죄

제270조(관세포탈죄 등) ④ 부정한 방법으로 관세를 감면받거나 관세를 감면받은 물품에 대한 관세의 징수를 면탈한 자는 3년 이하의 징역에 처하거나, 감면받거나 면탈한 관세액의 5배 이하에 상당하는 벌금에 처한다.

I. 관세감면제도

제2편 제2장 제7절 관세감면제도에서 설명하였다.

---

39) 대법원 1972. 1. 31. 선고 71도2188 판결.
40) 서울서부지법 2007. 5. 29. 선고 2007노470 판결.

II. 구성요건

1. 주 체

관세감면이란 성립·확정된 납세의무를 일정한 목적을 위해 감면하는 제도이므로 관세포탈죄와 마찬가지로 그 주체는 납세의무자이다.

2. 행 위

(1) 부정한 방법으로 관세의 감면을 받은 행위

부정한 방법이란 결과적으로 관세감면을 가능하게 하는 행위로서 사회통념상 부정으로 인정되는 모든 행위를 말하며 적극적 행위뿐만 아니라 소극적 행위를 포함한다.[41] 감면요건에 해당하는 특정물품이나 특정용도 등을 허위로 신고하는 경우를 예로 들 수 있다. 이사물품이 아님에도 이사물품 등의 감면세의 적용을 받기 위해 이사물품으로 수입신고한 경우,[42] 자선용품 면세 적용을 받기 위해 구호단체가 수입하는 것처럼 가장하는 행위,[43] 판매할 목적으로 외국판매업자로부터 인터넷을 통해 구매한 물품을 수입신고하면서 마치 소액물품 면세대상에 해당하는 자가사용물품인 것처럼 신고한 경우를 예로 들 수 있다.[44]

처음부터 오직 관세의 면제를 받아 해당 물품을 지정된 목적 이외에 사용할 의사로 가장하여 수입신고하였다면, 종국적인 관세면제는 추후에 결정된다고 하더라도 부정한 방법으로 관세의 감면을 받은 경우에 해당한다.[45]

이밖에 환특법상 관세의 상계 등 다른 법령의 제도가 실질상 관세의 감면

---

41) 대법원 2000. 2. 8. 선고 99도3190 판결.

42) 대법원 1983. 7. 26. 선고 83도1360 판결.

43) 대법원 1976. 11. 23. 선고 75도363 판결.

44) 서울남부지방법원 2019. 8. 28. 선고 2019고정684 판결, 울산지방법원 2019. 3. 22. 선고 2017고정1276 판결, 청주지방법원 2019. 1. 15. 선고 2018고정741 판결 등. 이때 목록통관하였다면 밀수입죄에 해당한다.

45) 대법원 1970. 5. 12. 선고 70도628 판결. 처음부터 오직 관세의 면제를 받아 그 물건을 지정된 목적 이외에 사용할 의사로서 나이론사를 수출용 원자재로 사용할 것처럼 가장하고 당국에 수입신고를 하여 그 수입면허를 얻어서 이 물건을 들여다가 시중에 매각처분하였다면 비록 그것이 담보제공을 하게 되고 또 수입 후 소정의 기간안에 그 원자재를 원료로 하여 제품을 생산하여 수출되었을 때 비로소 그 종국적인 관세면제가 된다 할지언정 이러한 사정에 관계없이 사위 기타 부정한 방법으로 관세의 면제를 받은 경우에 해당한다.

에 해당하는 경우 그 제도의 적용대상이 아님에도 적용대상인 것처럼 가장하는 행위는 본죄에 해당한다.[46)]

(2) 관세감면 물품에 대한 관세징수 면탈행위

조건부 감면세의 경우 사후관리기간에 감면받은 용도 외의 다른 용도로 사용하거나 다른 용도로 사용하려는 자에게 양도한 경우 용도 외의 다른 용도로 사용한 자나 그 양도인(임대인 포함)으로부터 감면된 관세를 즉시 징수하는데(법 제102조 제1항·제2항), 이 경우 관세징수를 면탈하는 행위 등을 말한다.

3. 고 의

부정한 방법으로 관세의 감면을 받는다는 사실 또는 관세감면 물품에 대한 관세징수 면탈에 해당한다는 사실을 인식하면서 그것을 용인하는 의사가 있어야 한다.[47)] 이는 미필적 고의로도 족하다.

특정물품이나 특정용도 등 관세감면의 요건에 대한 고의는 간접적인 사실로 인정될 수 있다. 판례는 소액물품 면세의 경우 피고인의 직업, 수입한 물품의 종류, 규모, 가액 및 횟수 등에 비추어 자가사용 목적이 아니라 판매할 목적으로 수입한 것이라고 인정하였다.[48)]

Ⅲ. 죄수 및 다른 범죄와의 관계

1. 죄 수

부정감면의 구성요건 충족시, 즉 부정감면 신청시마다 1개의 부정감면죄가 성립한다.

---

46) 대법원 1995. 7. 25. 선고 95도391 판결. 환특법 제2조 제6항 소정의 관세의 '상계'는 관세의 면제에 해당하고, 부정한 방법으로 관세의 상계를 받은 행위가 부정감면죄에 해당한다고 한 사례.

47) 대법원 1984. 11. 27. 선고 84도2100 판결.

48) 인천지방법원 2018. 9. 21. 선고 2017노3035 판결.

2. 밀수출입죄와의 관계

소액물품 면세대상인 특송물품은 목록통관할 수 있는데, 상용물품을 소액물품 면세대상인 것처럼 하여 목록통관한 경우 법조경합 관계에 있는 밀수입죄만 성립한다. 상용물품을 일반수입신고하면서 소액면세제도의 적용을 받은 경우 본죄에 해당한다.

3. 허위신고죄와의 관계

사후관리기간 내 세관장의 승인 없이 관세를 감면받은 물품을 용도외 사용하거나 양도한 경우 법 제276조 제3항 제3호의 허위신고죄가 성립한다. 만약 처음부터 용도외 사용이나 양도의 고의를 가지고 감면받았다면 본죄가 성립하고 허위신고죄는 불가벌적 사후행위로 별도로 성립하지 않는다.[49]

Ⅳ. 처벌 및 부족세액의 징수

1. 법정형 · 양벌규정

본죄를 범한 자는 3년 이하의 징역에 처하거나, 감면받거나 면탈한 관세액의 5배 이하에 상당하는 벌금에 처한다(법 제270조 제4항). 정상에 따라 징역과 벌금을 병과할 수 있다(법 제275조). 양벌규정에 따라 행위자를 벌하는 외에 법인 등에게도 해당 조문의 벌금형을 부과한다(법 제279조 제1항). 필요적 몰수·추징 규정은 적용되지 않는다.

2. 부족세액의 징수

관세포탈죄와 동일하게 부정감면죄의 경우에도 고발과 동시에 감면받거나 면탈하여 부족한 세액에 대한 납부고지를 한다(법 제39조 제2·3항, 시행령 제36조). 이 경우에는 과세 전 통지 및 이에 따른 과세전적부심사를 생략할 수 있

---

49) 각 행위가 별도로 이루어졌고, 보호법익도 다르므로 별죄가 성립한다는 견해에 인천지방검찰청, 53면.

다(법 제118조 제1항 제5호). 납부고지를 받은 납세의무자는 행정심판전치주의에 따라 심사청구 또는 심판청구를 거친 후 행정소송으로 해당 처분에 불복할 수 있다. 이에 대한 자세한 내용은 제2편 제4장 제2절 불복절차에서 설명하였다.

3. 예비 · 미수죄

부정감면죄의 실행의 착수시기는 감면신청을 한 때이다. 따라서 감면신청을 하였으나 적발되어 관세감면이 이루어지지 않은 경우 본죄의 미수범으로 처벌한다. 미수범은 본죄에 준하여 처벌하므로(법 제271조 제2항), 본죄와 구별 실익은 크지 않으나 양형에 있어 고려대상이 될 것이다. 한편, 부정감면죄의 예비범은 본죄의 2분의 1을 감경하여 처벌한다(법 제271조 제3항).

4. 특가법의 가중처벌

감면세액이나 면탈세액이 5천만원 이상 2억원 미만인 경우에는 3년 이상의 유기징역에, 감면세액이나 면탈세액이 2억원 이상인 경우에는 무기 또는 5년 이상의 징역에 처한다(특가법 제6조 제4항). 아울러 감면받거나 면탈한 세액의 2배 이상 10배 이하의 벌금을 필요적으로 병과한다(동조 제6항). 단체 또는 집단을 구성하거나 상습범인 경우 금액과 상관없이 특가법이 적용된다(동조 제8항).

제 4 절   부정환급죄

제270조(관세포탈죄 등) ⑤ 부정한 방법으로 관세를 환급받은 자는 3년 이하의 징역 또는 환급받은 세액의 5배 이하에 상당하는 벌금에 처한다. 이 경우 세관장은 부정한 방법으로 환급받은 세액을 즉시 징수한다.

환특법

제23조(벌칙) ① 거짓이나 그 밖의 부정한 방법으로 관세등을 환급받은 자는 3년 이하의 징역 또는 환급받은 세액의 5배 이하에 상응하는 벌금에 처한다.

② 다음 각 호의 어느 하나에 해당하는 자는 3년 이하의 징역 또는 2천만원 이하의 벌금에 처한다.

1. 제10조 제1항에 따른 소요량계산서를 거짓으로 작성한 자

2. 거짓이나 그 밖의 부정한 방법으로 제12조 제1항 또는 제2항에 따라 세관장 또는 관세사로부터 기초원재료납세증명서 또는 수입세액분할증명서를 발급받은 자

3. 제12조 제2항에 따라 기초원재료납세증명서 또는 수입세액분할증명서를 발급하는 자로서 기초원재료납세증명서 또는 수입세액분할증명서를 거짓으로 발급한 자

③ 정당한 사유 없이 제20조 제1항을 위반한 자는 2천만원 이하의 벌금에 처한다.

④ 정당한 사유 없이 제20조 제3항에 따라 관세청장이나 세관장이 요청한 서류나 그 밖의 관계자료를 제출하지 아니한 자는 1천만원 이하의 벌금에 처한다.

⑤ 세관장은 제1항이나 제2항에 해당하는 자에 대하여는 그가 환급받은 관세등을 즉시 징수한다.

Ⅰ. 관세환급제도

관세환급이란 물품을 수입할 때 납부하였던 관세를 일정한 요건 하에서 되돌려 주는 것을 말한다. 관세법과 환특법에 별개의 제도로 규정되어 있다. 관세법상 관세환급은 대체로 수입시 잘못 납부된 관세를 반환하거나 소비세인 관세의 취지에 부합하지 않아 관세를 되돌려 주는 제도이다. 과오납금의 환급(법 제46조), 계약 내용과 다른 물품 등에 대한 관세 환급(법 제106조), 수입한 상태 그대로 수출되는 자가사용물품에 대한 관세환급(법 제106조의2) 등이 있다.

환특법의 관세환급은 수출용원재료를 수입하는 때에 납부하였거나 납부할 관세 등을 수출자 또는 수출물품 생산자에게 되돌려주는 것을 말한다. 환특법은 수출물품제조용 수입원재료에 대한 관세·내국소비세 등의 사전면세 및 사후관리에 따른 번잡한 절차를 간소화하고 국산원자재의 사용과 개발을 촉진

함으로써 능률적인 수출지원을 도모하고자 수출물품제조용 수입원재료에 대하여 관세법·내국소비세법 등에 대한 특례를 설정하기 위해 제정되었다.[50] 이후 1984. 8. 7. 전부 개정되어 1985. 1. 1. 시행된 환특법[51]은 관세 등의 환급절차를 개선하여 환급에 소요되는 기간을 단축하고 환급에 필요한 첨부 서류를 간소화하여 인력과 비용을 절감함으로써 수출업체의 자금부담을 경감할 수 있도록 개정되었다. 일반적으로 관세환급이라 하면 환특법상 관세환급을 뜻하는 경우가 많다.

부정한 방법으로 관세환급을 받는 경우 '관세의 부과·징수 및 수출입물품 통관의 적정, 관세수입의 확보', '관세 등의 적정한 환급'이라는 관세법 및 환특법의 취지와 목적이 훼손된다. 따라서 본죄는 관세법상 관세환급 또는 환특법상 지속적인 수출증대를 위해 간소화된 환급절차를 악용하여 부정하게 관세환급을 받는 행위를 처벌하여 관세수입의 확보를 도모하는 데에 그 의의가 있다.

1. 관세법상 환급제도

(1) 과오납환급

1) 의 의

관세·가산세 또는 강제징수비의 과오납금 또는 법에 따라 환급하여야 할 환급세액을 환급하는 제도이다(법 제46조 제1항). 과납금이란 신고 또는 부과처분이 당연무효는 아니나 후에 경정, 판결, 취소 등으로 관세채무의 전부 또는 일부가 소멸한 경우 그 소멸한 금액을, 오납금이란 납부 또는 징수의 기초가 된 신고나 부과처분이 존재하지 않거나 관세채무를 초과하여 납부한 세금액을 말한다. 환급신청권자는 원칙적으로 납세의무자이고, 납세의무자로부터 환급신청권을 양도받은 자가 있는 경우 양수인이 될 수 있다(동조 제3항).

2) 환급요건

과오납환급은 다음 중 어느 하나의 요건을 갖추어야 한다(납세고시 제24조).
① 법 제38조의3 제6항에 따라 세관장이 경정하여 납세의무자에게 경정통

---

50) 제정이유 참조.
51) 법률 제3747호.

지서를 교부한 경우(과납의 경우), ② 신고인등의 착오로 납세신고한 세액 또는 부과고지한 세액과 다르게 과다납부하였거나 이중납부한 경우(오납의 경우), ③ 법 제38조의3 제6항에 따른 세관장의 경정처분을 취소하는 결정에 따라 다시 경정 후 납세의무자에게 경정통지서를 교부한 경우, ④ 법 제46조 제1항 후단에 따라 세관장이 과오납금을 확인한 경우, ⑤ 신고납부한 수입신고건의 신고취하승인서 또는 신고각하 통지서를 교부한 경우, ⑥ 납부한 수정신고 또는 보정신청 건이 각하된 경우

과오납금의 환급청구권은 ①, ③의 경우 경정결정일, ②의 경우 그 세액의 납부일, ⑤, ⑥의 경우 신고취하일 또는 각하일부터 5년간 행사하지 아니하면 그 소멸시효가 완성된다(법 제22조 제2·3항, 시행령 제7조 제2항, 납세고시 제25조).

3) 환급결정

세관장은 납세의무자가 환급을 청구할 때에는 지체 없이 관세환급금으로 결정하고 30일 이내에 환급하여야 하며, 세관장이 확인한 관세환급금은 납세의무자가 환급을 청구하지 아니하더라도 환급하여야 한다(법 제46조 제1항). 세관장은 관세환급금을 환급하는 경우에 환급받을 자가 세관에 납부하여야 하는 관세와 그 밖의 세금, 가산세 또는 강제징수비가 있을 때에는 환급하여야 하는 금액에서 이를 충당할 수 있다(동조 제2항).

4) 관세환급가산금

세관장은 관세환급금을 환급하거나 충당할 때에는 대통령령으로 정하는 관세환급가산금 기산일부터 환급결정 또는 충당결정을 하는 날까지의 기간과 대통령령으로 정하는 이율에 따라 계산한 금액을 관세환급금에 더하여야 한다(법 제48조).

(2) 계약내용 상이물품 등의 환급

1) 계약내용 상이(위약)환급

수입신고가 수리된 물품이 계약 내용과 다르고 수입신고 당시의 성질이나 형태가 변경되지 아니한 경우로서 다음의 어느 하나에 해당하는 경우에는 그 관세를 환급한다(법 제106조 제1항).

① 외국으로부터 수입된 물품은 보세구역 또는 「자유무역지역의 지정 및

운영에 관한 법률」에 따른 자유무역지역 중 관세청장이 수출물품을 일정기간 보관하기 위하여 필요하다고 인정하여 고시하는 장소에 해당 물품을 반입하였다가 다시 수출한 경우

② 보세공장에서 생산된 물품은 수입신고 수리일부터 1년 이내에 보세공장에 해당 물품을 다시 반입한 경우

세관장이 환급세액을 산출하는 데에 지장이 없다고 인정하여 승인한 경우에는 그 수입물품의 일부를 수출하였을 때에도 그 관세를 환급할 수 있다(동조 제2항).

계약내용 상이 수출물품 등에 대한 환급청구권은 해당 물품의 수출신고수리일 또는 보세공장 반입신고일부터 5년간 행사하지 아니하면 소멸시효가 완성된다(법 제22조 제2항·제3항, 시행령 제7조 제2항, 납세고시 제29조).

2) 수출에 갈음한 폐기물품 환급

수입신고가 수리된 물품이 계약 내용과 다르고 수입신고 당시의 성질이나 형태가 변경되지 아니한 경우로서 수입물품의 수출을 갈음하여 이를 폐기하는 것이 부득이한 경우, 그 물품을 수입신고 수리일부터 1년 내에 보세구역에 반입하여 미리 세관장의 승인을 받아 폐기하였을 때에는 그 관세를 환급한다(법 제106조 제3항). 이때 환급액은 폐기된 물품은 이미 납부한 관세 전액을, 폐기 잔존물은 잔존물에 부과될 관세액을 공제한 금액으로 한다(시행령 제122조 제3항).

수출을 갈음한 폐기물품에 대한 환급청구권은 수입물품을 미리 세관장의 승인을 받아 폐기한 날부터 5년간 행사하지 아니하면 소멸시효가 완성된다(법 제22조 제2·3항, 시행령 제7조 제2항, 납세고시 제33조).

3) 재해로 인한 멸실, 변질 또는 손상물품 환급

수입신고가 수리된 물품이 수입신고 수리 후에도 지정보세구역에 계속 장치되어 있는 중에 재해로 멸실되거나 변질 또는 손상되어 그 가치가 떨어졌을 때에는 관세의 전부 또는 일부를 환급한다(법 제106조 제4항).[52] 재해로 인한 멸실·변질 또는 손상물품 환급청구권은 수입신고 수리된 물품이 멸실·변질 또는 손상된 날부터 5년간 행사하지 아니하면 소멸시효가 완성한다(납세고시 제37조).

---

52) 수입신고 수리 전 보세구역에서 물품이 손상된 경우 손상감세 대상이다(법 제100조).

한편, 입항전 수입신고 수리 후 보세구역 등으로부터 반출되지 아니한 물품이 재해로 멸실되거나 변질 또는 손상되어 그 가치가 떨어졌을 때에는 지정 보세구역에 장치되었는지 여부에 관계 없이 관세를 환급한다(법 제244조 제5항). 환급금은 ① 멸실된 물품의 경우 이미 납부한 관세 전액이고, ② 변질·손상 물품의 경우 ⓐ 변질·손상·사용으로 인한 가치 감소에 따르는 가격 저하분에 상응하는 관세액과 ⓑ 관세액에서 변질·손상·사용 후 잔존물의 성질·수량에 의해 산출한 관세액을 공제한 차액이다(시행령 제118조 제1항).

(3) 수입한 상태 그대로 수출하는 자가사용물품의 환급

수입신고가 수리된 개인의 자가사용물품이 수입한 상태 그대로 수출되는 경우[53]로서 다음의 어느 하나에 해당하는 경우에는 수입할 때 납부한 관세를 환급한다(법 제106조의2 제1항, 납세고시 제39조의2).

① 수입신고 수리일부터 6개월 이내에 보세구역 또는 「자유무역지역의 지정 및 운영에 관한 법률」에 따른 자유무역지역 중 관세청장이 수출물품을 일정기간 보관하기 위하여 필요하다고 인정하여 고시하는 장소에 반입하였다가 다시 수출하는 경우

② 보세구역에 반입하지는 않았으나 수출신고를 하면서 세관장에게 현품 확인을 받고 다시 수출하는 경우

③ 수출신고가 생략되는 탁송품 또는 우편물로서 수출신고가격이 200만원 이하인 물품을 수입신고 수리일부터 6개월 이내에 수출한 후 관세청장이 정하는 바에 따라 세관장의 확인을 받은 경우

한편, 여행자가 자진신고한 물품이 ① 국제무역선 또는 국제무역기 안에서 구입한 물품이 환불된 경우이거나 ② 보세판매장에서 구입한 물품이 환불된 경우 자진신고할 때 납부한 관세를 환급한다(법 제106조의2 제2항).

환급액은 물품을 전부 수출하는 경우에는 이미 납부한 관세 및 내국세 등 전액을, 물품의 일부를 수출하는 경우 이미 납부한 관세 및 내국세 등 중 그 일부 물품에 해당하는 세액으로 한다(납세고시 제39조의5).

환급청구권의 소멸시효는 수출신고가 수리된 날(수출신고가 생략되는 물품은

---

53) ① 해당 물품이 수입신고 당시의 성질 또는 형태가 변경되지 아니한 상태로 수출될 것, ② 해당 물품이 국내에서 사용된 사실이 없다고 세관장이 인정할 것을 요한다(시행령 제124조의2).

운송수단에 적재된 날)부터 5년이다(법 제22조 제2·3항, 시행령 제7조 제2항, 납세고시 제39조의3).

한편, 여행자가 보세판매장에서 구입한 물품으로서 자진신고한 물품이 보세판매장에 환불되는 경우에는 자진신고할 때 납부한 관세를 환급한다(법 제106조의2 제2항).

(4) 종합보세구역의 판매물품에 대한 환급

제1편 제2장 제2절 Ⅳ. 5. 종합보세구역 판매물품에 대한 관세 등의 환급에서 설명하였다.

2. 환특법상 환급제도

환특법은 수출 지원을 하기 위하여 수출용원재료에 대하여 수입시 납부한 관세 등을 환급하는 제도를 두고 있다. 이는 수출용 원재료(原材料)에 관한 관세 등의 환급과 관련하여 관세법, 임시수입부가세법, 개별소비세법, 주세법, 교통·에너지·환경세법, 농어촌특별세법, 교육세법, 국세기본법 및 국세징수법에 대한 특례규정이라고 할 수 있다(동법 제1조). 환특법은 관세뿐만 아니라 임시수입부가세, 개별소비세, 주세, 교통·에너지·환경세, 농어촌특별세 및 교육세를 '관세등'이라고 하고, 이를 환급하도록 규정하고 있다.

(1) 환급요건

수출용원재료를 수출이행기간 내에 수출할 것을 요한다.

1) 수출용원재료

관세등의 환급대상인 수출용원재료란, 수출물품을 생산한 경우에는 ① 해당 수출물품에 물리적 또는 화학적으로 결합되는 물품, ② 해당 수출물품을 생산하는 공정에 투입되어 소모되는 물품,[54] ③ 해당 수출물품의 포장용품 중 하나로 소요량을 객관적으로 계산할 수 있는 것을 말하고, 수입한 상태 그대로 수출한 경우에는 해당 수출물품을 말한다(환특법 제3조 제1항).

---

54) 다만, 수출물품 생산용 기계·기구 등의 작동 및 유지를 위한 물품 등 수출물품의 생산에 간접적으로 투입되어 소모되는 물품은 제외한다.

국내에서 생산된 원재료와 수입된 원재료가 동일한 질(質)과 특성을 갖고 있어 상호 대체 사용이 가능하여 수출물품의 생산과정에서 이를 구분하지 아니하고 사용되는 경우에는 수출용원재료가 사용된 것으로 본다(동조 제2항).

2) 환급대상 수출

수출용원재료에 대한 관세등을 환급받을 수 있는 수출 등은 ① 관세법에 따라 수출신고가 수리된 수출, ② 우리나라 안에서 외화를 획득하는 판매 또는 공사 중 기획재정부령으로 정하는 것,[55] ③ 보세구역 중 기획재정부령으로 정하는 구역 또는 자유무역지역의 입주기업체에 대한 공급 등을 말한다(동법 제4조).

3) 수출이행기간

세관장은 물품이 수출 등에 제공된 경우에는 수출신고 수리일부터 소급하여 2년 이내에 수입된 해당 물품의 수출용원재료에 대한 관세등을 환급한다(환특법 제9조 제1항, 동법 시행령 제9조 제1항). 다만, 수출 등에 제공되는 데에 장기간이 소요되는 물품으로서 대외무역법 제32조 제1항에 따른 플랜트수출에 제공되는 물품에 대하여 무역 상대국의 전쟁·사변, 천재지변 또는 중대한 정치적·경제적 위기로 인하여 불가피한 수출 등의 지연사유가 있는 경우에는 소급하여 3년 이내에 수입된 해당 물품의 수출용원재료에 대한 관세등을 환급한다(환특법 제9조 제1항 단서, 동법 시행령 제9조의2).

---

55) 환특법 시행규칙 제2조(환급대상 수출등) ① 환특법 제4조 제1호 단서에서 "기획재정부령으로 정하는 수출"이란 다음 각 호의 수출을 말한다.
　1. 외국에서 개최되는 박람회·전시회·견본시장·영화제 등에 출품하기 위하여 무상으로 반출하는 물품의 수출. 다만, 외국에서 외화를 받고 판매된 경우에 한한다.
　2. 해외에서 투자·건설·용역·산업설비수출 기타 이에 준하는 사업에 종사하고 있는 우리나라의 국민(법인을 포함한다)에게 무상으로 송부하기 위하여 반출하는 기계·시설자재 및 근로자용 생활필수품 기타 그 사업과 관련하여 사용하는 물품으로서 주무부장관이 지정한 기관의 장이 확인한 물품의 수출
　3. 수출된 물품이 계약조건과 서로 달라서 반품된 물품에 대체하기 위한 물품의 수출
　4. 해외구매자와의 수출계약을 위하여 무상으로 송부하는 견본용 물품의 수출
　5. 외국으로부터 가공임 또는 수리비를 받고 국내에서 가공 또는 수리를 할 목적으로 수입된 원재료로 가공하거나 수리한 물품의 수출 또는 당해 원재료 중 가공하거나 수리하는데 사용되지 아니한 물품의 반환을 위한 수출
　5의2. 외국에서 위탁가공할 목적으로 반출하는 물품의 수출
　6. 위탁판매를 위하여 무상으로 반출하는 물품의 수출(외국에서 외화를 받고 판매된 경우에 한한다)

수출용원재료가 내국신용장 등에 의하여 거래되고 그 거래가 직전의 내국신용장 등에 의한 거래56)가 있은 날부터 1년 내에 이루어진 경우에는 해당 수출용원재료가 수입된 날부터 내국신용장 등에 의한 최후의 거래가 있은 날까지의 기간은 환급대상기간에 산입하지 아니한다. 다만, 수출용원재료가 수입된 상태 그대로 거래된 경우에는 예외로 한다(환특법 제9조 제2항).

(2) 환급의 종류

1) 개별환급

수출물품에 대한 원재료의 소요량을 계산하여 그 원재료 수입시 납부한 관세를 되돌려주는 방식이다. 환급신청자는 소요량계산서에 의할지 아니면 소요량고시에 따를지 선택할 수 있다(환특법 제10조 제2항). 소요량계산서란 수출물품에 대한 원재료의 소요량을 계산한 서류를 말한다. 소요량계산서를 작성하고자 하는 자는 수출물품명, 소요량 산정방법, 소요량 산정의 기준이 되는 기간 및 적용기간, 수출물품의 제조공정 및 공정설명서, 기타 소요량계산과 관련된 사항으로서 소요량고시에 정한 사항을 관할지세관장에게 신고하고 그 신고된 바에 따라 소요량을 계산하여야 한다(동법 시행령 제11조 제1항). 소요량고시란 관세청장이 소요량 계산업무의 간소화 등을 위하여 수출물품별 평균 소요량 등을 기준으로 한 표준 소요량을 정하여 공고한 것을 말한다.

개별환급제도는 원재료 수입시 납부한 세액을 정확하게 환급하는 장점은 있으나 구비서류 및 환급금 산출절차가 복잡한 단점이 있다. 이를 보완하기 위해 세관장은 수출용원재료에 대한 관세등의 환급업무를 간소화하기 위하여 평균세액증명서를 발급할 수 있다(환특법 제12·13조). 평균세액증명서(평세증)란 매월 수입 또는 구매한 수출용원재료의 품목번호57)별 물량과 1단위당 평균세액을 증명한 서류를 말한다(수출용원재료고시 제2조 제1호). 따라서 평세증에 의하면 환급신청시 수출원재료의 규격등을 생략할 수 있다.

---

56) 직전의 내국신용장등에 의한 거래가 없는 경우에는 수입을 말한다.
57) 관세법 시행령 제98조 제1항에 따른 관세·통계통합품목분류표상 HSK 10단위를 말한다.

2) 정액환급

환급 절차의 간소화를 위해 정액환급율표에 정해진 금액을 해당 물품을 생산하는 데 드는 수출용원재료를 수입한 때에 납부하는 관세등으로 보아 환급하는 제도이다(환특법 제13조 제2항). 그 종류로는 특수공정물품 정액환급과 간이정액환급이 있다. 특수공정물품 정액환급이란 단일 수출용원재료에 의하여 둘 이상의 제품이 동시에 생산되는 등 생산공정이 특수한 수출물품에 대한 것이고, 간이정액환급이란 중소기업 수출물품에 대한 관세등의 환급 절차를 간소화하기 위한 것이다.

관세청장은 수출물품의 품목번호를 기준으로 수출용원재료에 대한 관세 등의 평균 환급액 또는 평균 납부세액 등을 기초로 수출물품별로 정액환급률 표를 정하여 고시하고 있다(환특법 제13조 제1항, 동법 시행령 제14조 제1항). 관세청장이 특수공정물품 정액환급률표를 정할 때에는 최근 6월 이상 기간 동안의 수입 또는 내국신용장등에 의하여 매입한 원재료에 대한 관세등의 평균환급액 또는 평균납부세액을 기초로 하여야 한다(동법 시행령 제15조 제1항). 중소기업의 수출물품에 적용하는 간이정액환급률표를 정할 때에는 최근 6월 이상 기간동 안의 수출물품의 품목번호별 평균환급액 또는 평균납부세액등을 기초로 하여 적정한 환급액을 정하여야 한다(동법 시행령 제16조 제1항). 간이정액환급률표를 적용할 수 있는 중소기업자는 ① 환급신청일이 속하는 연도의 직전 2년간 매년도 환급실적(기초원재료납세증명서 발급실적 포함)이 6억원 이하일 것, ② 환급신청일이 속하는 연도의 1월 1일부터 환급신청일까지의 환급실적(해당 환급신청일에 기초원재료납세증명서의 발급을 신청한 금액과 환급을 신청한 금액을 포함)이 6억원 이하일 것이라는 요건을 모두 갖춘 자를 말한다(동법 시행규칙 제12조).

현재 간이정액환급률표만 고시되어 시행되고 있는데, HSK10단위 기준으로 수출금액(FOB) 1만원당 환급액을 정하고 있다. 그 중 일부는 다음과 같다.[58]

---

58) 관세청 고시 제2022-63호(2023. 1. 1. 시행)

[간이정액환급률표]

HSK	세번명	수출금액(FOB) 1만원당 환급액[59]
0202.20-1000	갈비	10
0202.30-0000	뼈 없는 것	90
0303.23-0000	틸라피아[오레오크로미스(Oreochromis)속]	10
0303.24-0000	메기[판가시우스(pangasius)종·실루러스(Silurus)종·클라리아스(Clarias)종·익타루러스(Ictalurus)속]	10
0303.25-0000	잉어[사이프리너스(Cyprinus)종·카라시우스(Carassius)종···· (이하생략)	10
0303.29-0000	기타	10
0303.42-0000	황다랑어[터너스 알바카레스(Thunnus albacares)]	30
0303.44-0000	눈다랑어[터너스 오베서스(Thunnus obesus)]	50
0303.54-0000	고등어[스콤버 스콤브루스(Scomber scombrus)·스콤버 오스트랄라시쿠스 ··· (이하생략)	10
0303.56-0000	날쌔기[라키센트론 카나둠(rachycentron canadum)]	10
0303.57-0000	황새치[자이피어스 글래디어스(Xiphias gladius)]	140
0303.59-2000	꽁치[콜로라비스 사이라(Cololabis saira)]	10
0303.59-9000	기타 (이하생략)	10

3) 국내거래와 양도세액증명서류

수출용원재료를 수입한 자가 직접 수출하는 경우 관세의 납세의무자와 환급신청인이 동일하다. 그런데 수출용원재료의 수입자와 수출자가 다른 경우에는 수입시 관세를 납부한 자는 수입시 납부한 세액을 환급자로부터 돌려받아야 한다. 이를 위해서는 수입된 원재료가 국내에서 수출품제조용으로 거래되었음을 증명하여야 하는데, 외국환은행에서 발급하는 내국신용장과 구매확인서가 주로 이용된다. 또한 납부세액을 증명하는 서류가 필요하다. 이는 국내거래형태에 따라 다른데, 수출용원재료에 대하여 국내에서 제조단계를 거치는 경우 기초원재료납세증명서, 원상태 그대로 국내거래하는 경우 분할증명서가 있다.

세관장은 수출용원재료에 대한 관세등의 환급업무를 간소화하기 위하여 기초원재료납세증명서, 수입세액분할증명서 등을 발급할 수 있다(환특법 제12·

---

59) 단위 원.

13조). 평균세액증명서(평세증)란 매월 수입 또는 구매한 수출용원재료의 품목
번호[60]별 물량과 1단위당 평균세액을 증명한 서류를 말한다(수출용원재료고시
제2조 제1호). 기초원재료납세증명서(기납증)란 내국신용장등에 의하여 공급된
수출용원재료의 납부세액을 증명한 서류이다(동조 제2호). 수입세액분할증명서
(분증)이란 수입 또는 구매한 상태 그대로 공급된 물품에 대한 납부세액을 증
명하기 위하여 수입신고필증·평세증·기납증을 분할하여 증명한 서류를 말한
다(동조 제3호).

Ⅱ. 구성요건

1. 주 체

본죄의 주체는 납세의무자이다. 과오납금 환급의 경우 환급청구권의 양도
가 인정되므로(법 제46조 제3항), 이 경우 관세환급을 신청한 자가 본죄의 주체
가 될 수 있을 것이다.

2. 행 위

환급사유가 없거나 환급요건에 해당하지 않음에도 사회통념상 부정으로
인정되는 적극적·소극적 행위를 포함한 모든 행위로 관세를 환급받은 행위를
말한다. 환급사유가 없음에도 신청서를 거짓으로 작성하거나 수입한 물품과
다른 물품, 즉 고가의 신품 대신 동종의 중고품이나 저가물품을 수출하고 관세
환급을 받는 경우를 예로 들 수 있다.

환특법은 환급을 위한 서류인 소요량계산서를 거짓으로 작성하거나, 거
짓이나 그 밖의 부정한 방법으로 기초원재료납세증명서 또는 수입세액분할증
명서를 발급받은 행위에 대하여도 처벌하는 규정을 두고 있다(환특법 제23조 제
2항).

---

60) 관세법 시행령 제98조 제1항에 따른 관세·통계통합품목분류표상 HSK 10단위를 말한다.

3. 고 의

부정한 방법으로 관세의 환급을 받는다는 사실을 인식하면서 그것을 용인하는 의사가 있어야 하고,[61] 이는 미필적 고의로도 족하다.

Ⅲ. 죄수 및 다른 범죄와의 관계

1. 죄 수

관세의 환급신청을 하여 관세의 환급결정을 받을 때마다 적법한 통관절차에 의한 관세의 확보라는 법익이 침해되고 1죄가 성립한다.[62] 관세부정환급죄가 수출신고, 환급신청, 환급결정, 환급금의 지급 등의 절차를 거쳐 이루어지므로 일정기간 동안 수차례의 관세부정환급행위가 있는 경우에도 범죄행위자는 새로운 시기와 수단, 방법을 택하여 다시 관세부정환급행위를 하는 것이어서 그 때마다 범의가 갱신된다. 따라서 원칙적으로 수회에 걸쳐서 이루어진 관세부정환급죄는 행위의 태양, 수법, 품목 등이 동일하다 하더라도 원칙적으로 별도로 각각 1죄를 구성한다.[63] 이에 반해 같은 달에 날짜를 달리하여 여러 차례 수출신고한 물품에 대하여 일괄하여 한꺼번에 관세의 환급신청을 하여 환급결정을 받은 경우에는 수출신고별로 별도의 죄가 성립하는 것이 아니고 1회의 관세환급결정에 따라 단순일죄가 성립한다.[64]

2. 특가법의 가중처벌

대법원은 부정한 방법으로 관세를 환급받은 행위가 환특법 제23조에 해당하는 경우, 부정한 방법으로 환급받은 관세액에 따라 가중 처벌하는 특가법 제

---

[61] 대법원 2002. 7. 23. 선고 2000도1094 판결.

[62] 대법원 2002. 7. 23. 선고 2000도1094 판결.

[63] 대법원 2002. 7. 23. 선고 2000도1094 판결. 서로 다른 시기에 수회에 걸쳐 이루어진 환특법 시행령 제16조에서 정한 간이정액환급절차에 의한 관세부정환급행위는 그 행위의 태양, 수법, 품목 등이 동일하다 하더라도 원칙적으로 별도로 각각 1개의 관세부정환급죄를 구성한다.

[64] 대법원 2005. 1. 14. 선고 2004도7028 판결. 포괄일죄로 보아 특가법위반으로 본 원심을 파기하였다.

6조 제4항의 적용이 배제되는 것은 아니라고 하였다.[65]

"환특법은 수출용원재료를 수입한 경우 능률적인 수출지원 등을 위하여 수입업자가 납부한 관세등의 환급을 위한 근거와 그 요건 및 절차를 규정한 것에 불과하므로, 환특법 제23조에 위와 같은 수출용원재료에 관한 관세 등을 부정한 방법으로 환급받은 행위를 처벌하는 규정이 신설되었다고 하여 관세법 제270조 제5항이 당연히 실효되었다고는 할 수 없고, 따라서 관세법 제270조 제5항에 규정된 죄를 범한 자에 대하여 그 환급세액에 따라 가중 처벌하는 특가법 제6조 제4항의 규정의 적용이 배제되는 것이라고 볼 수 없다."

특가법에 따라 환급세액이 5천만원 이상 2억원 미만인 경우에는 3년 이상의 유기징역에, 감면 세액이나 면탈세액이 2억원 이상인 경우에는 무기 또는 5년 이상의 징역에 처한다(특가법 제6조 제4항). 아울러 감면받거나 면탈한 세액의 2배 이상 10배 이하의 벌금을 필요적으로 병과한다(동조 제6항). 단체 또는 집단을 구성하거나 상습범인 경우 금액과 상관없이 특가법이 적용된다(동조 제8항).

Ⅳ. 처벌 및 부족세액의 징수

1. 법정형 · 양벌규정

거짓이나 그밖의 부정한 방법으로 관세등을 환급받은 자는 3년 이하의 징역 또는 환급받은 세액의 5배 이하에 상당하는 벌금에 처한다(법 제270조 제5항, 환특법 제23조 제1항). 소요량계산서를 거짓으로 작성한 자, 거짓이나 그 밖의 부정한 방법으로 기초원재료납세증명서 또는 수입세액분할증명서를 발급받은 자 등은 3년 이하의 징역 또는 2천만원 이하의 벌금에 처한다(환특법 제23조 제2항).

정상에 따라 징역과 벌금을 병과할 수 있다(법 제275조, 환특법 제23조의3). 양벌규정에 따라 행위자를 벌하는 외에 법인 등에게도 해당 조문의 벌금형을 부과한다(법 제279조 제1항, 환특법 제23조의5). 이외에 환특법도 형법의 벌금경합에 관한 제한가중규정을 적용하지 아니한다는 규정을 두고 있다(환특법 제23조의4).

---

65) 대법원 2003. 12. 26. 선고 2002도4550 판결. 수출용원자재에 관한 관세를 부정한 방법으로 환급받은 경우 특가법 제6조 제4항, 관세법 제270조 제5항의 관세부정환급으로 의율하여 처단한 원심의 조치는 정당하다고 한 사례.

2. 부족세액의 징수

부정환급죄로 처벌하는 경우 세관장은 환급받은 자로부터 부정한 방법으로 환급받은 세액을 즉시 징수한다(법 제270조 제5항 후문, 환특법 제23조 제5항). 이 경우에는 처분의 사전 통지 및 이에 따른 과세전적부심사를 생략할 수 있다(법 제118조 제1항 제5호). 납부고지를 받은 자는 심사청구 또는 심판청구를 거친 후 행정소송으로 해당 처분에 불복할 수 있다. 이에 대한 자세한 내용은 제2편 제4장 제2절 불복절차에서 설명하였다.

3. 예비·미수죄 등

부정환급죄의 실행의 착수시기는 환급신청을 한 때이고, 기수는 관세환급을 받은 때로 보아야 할 것이다. 따라서 환급신청을 하였으나 적발되어 관세환급이 이루어지지 않은 경우 본죄의 미수범으로 처벌된다. 미수범은 본죄에 준하여 처벌하므로(법 제271조 제2항, 환특법 제23조의2 제2항), 본죄와 구별실익은 크지 않으나 양형에 있어 고려대상이 될 것이다. 한편, 부정환급죄의 예비범은 본죄의 2분의 1을 감경하여 처벌한다(법 제271조 제3항, 환특법 제23조의2 제3항).

본죄의 교사·방조범은 정범에 준하여 처벌한다(환특법 제23조의2 제1항).

제 5 절   강제징수면탈죄 등

2010. 1. 1. 법률 제9910호로 개정된 관세법은 체납세액의 면탈과 관세회피 등을 방지하기 위하여 재산은닉 및 명의대여행위 등에 대하여 처벌하는 규정을 신설하였다(제275조의2, 제275조의3). 강제징수면탈죄 등과 명의대여죄는 관세포탈 등을 방지하여 관세채권의 확보를 기한다는 점에서 그 보호법익이 같다.

Ⅰ. 강제징수면탈죄

> **제275조의2(강제징수면탈죄 등)** ① 납세의무자 또는 납세의무자의 재산을 점유하는 자가 강제징수를 면탈할 목적 또는 면탈하게 할 목적으로 그 재산을 은닉·탈루하거나 거짓 계약을 하였을 때에는 3년 이하의 징역 또는 3천만원 이하의 벌금에 처한다.
> ③ 제1항과 제2항의 사정을 알고도 이를 방조하거나 거짓 계약을 승낙한 자는 2년 이하의 징역 또는 2천만원 이하의 벌금에 처한다.

1. 의 의

강제징수란 납세의무자가 독촉장에 지정된 기한까지 관세 등을 완납하지 아니한 경우 재산의 압류, 압류재산의 매각·추심 및 청산에 이르는 일련의 절차를 말한다. 본죄의 보호법익은 관세징수권의 확보이다. 관세의 강제징수에 관하여는 관세법에 따로 정한 경우를 제외하고는 국세징수법의 예에 따른다(법 제26조 제1항).[66] 국세징수법은 체납자의 재산에 대한 압류, 압류한 재산의 매각, 매각대금의 배분을 위한 청산 등 강제징수 절차에 대하여 규정하고 있다. 2020. 12. 29. 전부 개정된 국세징수법[67]은 종전에 체납처분이라는 용어를 사용하던 것을 그 본질적 부분인 강제성을 드러내는 표현인 강제징수로 변경하였다. 이에 따라 관세법도 종전에 체납처분면탈죄로 규정하던 것에서 강제징수면탈죄로 개정되었다.

2. 구성요건

(1) 주 체

본죄의 주체는 납세의무자 또는 납세의무자의 재산을 점유하는 자이다. 제3자는 공범으로 처벌된다. 강제징수의 기본이 되는 납세의무는 확정되어야 한다.[68]

---

66) 이하 관세법의 준용규정은 생략하고 국세징수법 규정을 바로 기재한다.
67) 법률 제17758호.
68) 대법원 2012. 8. 30. 선고 2011도2252 판결.

(2) 객 체

강제징수의 대상이 될 수 있는 것이어야 한다.[69] 동산·부동산뿐만 아니라 재산적 가치가 있는 특허 내지 실용신안 등을 받을 수 있는 권리도 포함된다.[70] 장래의 권리라도 납세의무자의 장래청구권이 충분하게 표시되었거나 결정된 법률관계가 존재한다면 재산에 해당하는 것으로 보아야 한다.[71]

(3) 강제징수를 받을 객관적 상태

본죄가 성립하기 위하여는 강제집행을 받을 객관적 상태가 존재해야 한다.[72] 강제집행면탈죄의 경우 채권자가 이행청구의 소 또는 그 보전을 위한 가압류, 가처분신청을 제기하거나 제기할 태세를 보인 경우를 말하는바,[73] 본죄의 경우에도 독촉장의 발급 등에 이르러야 할 것이다.

(4) 행 위

납세의무자의 재산을 은닉·탈루하거나 거짓 계약 체결하는 행위를 말한다. 은닉이란 강제징수 대상이 되는 재산의 발견을 불가능하게 하거나 곤란하게 하는 것을 말한다. 재산의 소재를 불명하게 하는 경우뿐만 아니라 재산의 소유관계를 불명하게 하는 것도 포함된다.[74] 강제징수를 면탈할 목적으로 관세 등을 체납한 상태에서 A법인이 납세의무자인 것처럼 물품을 수입하면서 세관에서 적발될 위기에 놓이자 제3자가 A법인에 수입 관련 업무를 위탁한 것처럼 허위의 수입대행계약서를 작성하여 제출한 경우 수입물품의 소유관계를 불명하게 한 것으로 볼 수 있다.[75]

재산의 탈루란 납세의무자의 재산을 숨기거나 빼냄으로써 강제징수 대상이 되는 재산에서 제외시키는 것을 말한다. 거짓계약이란 강제징수 대상이 되는 재산에 대하여 허위양도하거나 허위의 채무부담, 이중계약서의 작성 등 사

---

69) 대법원 2008. 9. 11. 선고 2006도8721 판결.
70) 대법원 2001. 11. 27. 선고 2001도4759 판결.
71) 대법원 2011. 7. 28. 선고 2011도6115 판결.
72) 대법원 1974. 10. 8. 선고 74도1798 판결.
73) 대법원 1999. 2. 9. 선고 96도3141 판결.
74) 대법원 2003. 10. 9. 선고 2003도3387 판결.
75) 부산지방법원 2013. 6. 13. 선고 2012고단10316 판결.

실과 다른 외관을 만드는 것을 말한다.

(5) 고의 및 강제징수면탈 목적

본죄의 고의는 재산을 은닉·탈루하거나 거짓 계약 체결하여 강제징수를 면한다는 인식·인용으로 미필적 고의로 족하다. 본죄는 고의 외에 강제징수를 면탈할 목적이 있어야 한다. 목적의 달성 여부는 본죄의 성립에 영향이 없다.

3. 처벌 등

본죄를 범한 자는 3년 이하의 징역 또는 3천만원 이하의 벌금에 처한다. 양벌규정에 따라 행위자를 벌하는 외에 법인 등에게도 해당 조문의 벌금형을 부과한다(법 제279조 제1항).

방조범은 형법 제33조에 따라 공범으로 처벌할 수 있으나 본죄는 특별한 규정을 두고 있다. 즉, 강제징수 면탈의 사정을 알고도 이를 방조하거나 거짓 계약을 승낙한 자는 2년 이하의 징역 또는 2천만원 이하의 벌금에 처한다(법 제275조의2 제3항). 거짓 계약의 상대방은 필요적 공범 중 대향범으로 원칙상 처벌할 수 없으나, 처벌규정을 별도로 두어 처벌할 수 있도록 한 것이다.

참고로, 민사집행법의 적용대상인 강제집행 또는 가압류·가처분 등의 집행을 면할 목적으로 재산을 은닉, 손괴, 허위양도 또는 허위채무를 부담하여 채권자를 해한 경우 형법 제327조의 강제집행면탈죄로, 국세징수법에 의한 강제처분을 면탈할 목적으로 재산을 은닉하는 등의 행위는 조세범처벌법 제7조의 체납처분면탈죄로 처벌된다.[76)]

4. 통관보류 · 포상금 제도

국세징수법 및 지방세징수법에 따라 세관장에게 강제징수 또는 체납처분이 위탁된 해당 체납자가 수입하는 경우 통관이 보류될 수 있다(법 제237조 제1항). 그 밖에 고액·상습체납자 명단공개(법 제116조의2), 5천만원 이상의 관세 체납자에 대한 출국금지 또는 출국정지(출입국관리법 제4조, 제29조), 체납자의

---

76) 대법원 2012. 4. 26. 선고 2010도5693 판결.

은닉재산을 신고한 사람에 대한 포상금 지급제도(법 제324조)가 있다.

5. 사해행위취소소송

체납자가 강제징수를 면하기 위하여 재산양도 등 법률행위를 한 경우 민법 제406조 및 제407조를 준용하여 체납자 또는 그 양수인을 상대로 사해행위취소소송을 법원에 제기할 수 있다(체납훈령 제18조). 관세징수권의 소멸시효는 사해행위취소소송 기간 중에는 진행하지 아니한다(법 제23조 제3항).

Ⅱ. 압류(압수)보관물 은닉죄 등

> **제275조의2(강제징수면탈죄 등)** ② 제303조 제2항에 따른 압수물건의 보관자 또는 국세징수법 제48조에 따른 압류물건의 보관자가 그 보관한 물건을 은닉·탈루, 손괴 또는 소비하였을 때에도 3년 이하의 징역 또는 3천만원 이하의 벌금에 처한다.
> ③ 제1항과 제2항의 사정을 알고도 이를 방조하거나 거짓 계약을 승낙한 자는 2년 이하의 징역 또는 2천만원 이하의 벌금에 처한다.

1. 의 의

압류물건은 강제징수의 집행과 관련되므로 관세포탈에 관한 죄에 해당되나 압수물건은 관세범 조사와 관련하여 범죄사실을 증명하거나 몰수의 대상으로 관세포탈죄에 국한되지 않는다. 다만 같은 조항에 규정되어 있으므로 이 장에서 설명한다. 본죄는 압류물건이나 압수물건을 원상 그대로 보관하여야 함에도 이를 은닉·탈루, 손괴 또는 소비하였을 경우 성립한다. 본죄는 국가적 기능으로서 압수·압류의 기능을 보호법익으로 한다.

2. 구성요건

(1) 주 체

관세에 대한 강제징수의 집행으로 동산 또는 유가증권의 압류는 세관공무원이 이를 점유함으로써 하므로(국세징수법 제38조), 압류물건의 보관자가 본죄의 주체가 된다. 압수물품은 세관 압수창고에 보관하는 것이 원칙이나(압수훈령 제10조), 세관공무원은 편의에 따라 소지자나 시·군·읍·면사무소에 보관시킬 수 있다(법 제303조 제2항). 이때의 압수물품의 소지자나 시·군·읍·면사무소가 본죄의 주체가 된다.

(2) 객 체

강제징수를 집행하는 세관공무원이 압류하여 점유하고 있는 동산 또는 유가증권 또는 세관 압수창고나 시·군·읍·면사무소에 보관된 압수물이 본죄의 객체가 된다.

(3) 행 위

은닉이란 압수(압류)물품의 보관자가 그 보관하는 물건의 발견을 불가능하게 하거나 곤란하게 하는 것을 말하고, 탈루란 재산을 숨기거나 빠뜨리는 행위를 말한다.

손괴는 압수(압류)물건에 직접 유형력을 행사하여 그 이용가능성을 침해하는 것을 말한다. 물건 자체가 반드시 소멸될 것을 요하지 않으며 그 물건이 가지고 있는 원래의 목적에 사용할 수 없게 되는 것이면 족하고, 반드시 영구적으로 본래의 목적에 사용할 수 없게 할 것을 요하지 않고 일시적이라도 무방하다.[77]

소비란 압수(압류)물건을 그 용도대로 사용, 수익하고 소모하는 것을 말한다.

3. 처벌 등

본죄의 법정형 및 방조범 처벌은 강제징수면탈죄에서와 같다.

본죄의 주체인 압수물건 보관자가 타인의 재물을 보관하는 자의 지위에 있으면서 보관하고 있는 압수물건을 영득할 의사로 은닉, 탈루하거나 임의로 소비한 경우 업무상횡령죄와 본죄의 상상적 경합범이 성립한다. 또한 압수물건 보관자가 그 물건을 손괴한 경우 형법상 재물손괴죄와 본죄의 상상적 경합

---

77) 이재상 외, 형법각론, 463면.

범이 성립한다.[78]

Ⅲ. 명의대여행위죄

> **제275조의3(명의대여행위죄 등)** 관세(세관장이 징수하는 내국세등을 포함한다)의 회피 또는 강제
> 집행의 면탈을 목적으로 하거나 재산상 이득을 취할 목적으로 다음 각 호의 행위를 한 자는 1년
> 이하의 징역 또는 1천만원 이하의 벌금에 처한다.
>   1. 타인에게 자신의 명의를 사용하여 제38조에 따른 납세신고를 하도록 허락한 자
>   2. 타인의 명의를 사용하여 제38조에 따른 납세신고를 한 자

1. 의 의

종전에 관세(세관장이 징수하는 내국세등 포함)의 회피나 강제집행의 면탈을
목적으로 타인에게 자신의 명의를 대여한 자를 처벌하도록 하여 타인의 명의
를 이용하여 하는 관세포탈행위를 억제하려 하였다. 2022. 12. 31. 개정 관세
법[79]은 종전 타인에 대한 명의대여자만을 처벌하던 것에서 타인의 명의를 사
용하여 제38조에 따른 납세신고를 한 자까지 처벌하는 것으로 추가하면서 재
산상 이득을 취할 목적도 포함하였다.

실무상 관세포탈죄 범행을 용이하게 하기 위하여 명의를 대여해주고 실행
행위를 분담한 경우 관세포탈죄의 공범으로 처벌하고 있으므로, 관세포탈죄의
실행행위를 분담하지 않고 명의대여를 한 자에 대하여 본죄로 처벌할 수 있을
것이다.

2. 구성요건

타인에게 자신의 명의를 사용하여 납세신고를 하도록 허락한 자에는 제한
이 없으므로 자신의 명의를 타인에게 사용하게 한 자라면 누구든지 본죄의 주
체가 될 수 있다. 본죄의 주체인 명의대여자는 실질과세원칙에 따라 납세의무

제3장/ 관세포탈에 관한 죄

자가 되지는 않고,[80] 명의차용인이 실질적인 납세의무자로 관세채무를 부담하는 수입화주 또는 관세포탈죄의 주체가 된다. 또한, 타인의 명의를 사용하여 납세신고를 한 자가 본죄의 주체가 된다.

본죄의 행위는 타인에게 자신의 명의를 사용하여 납세신고를 할 것을 허락한 행위이다.

본죄는 고의범으로, 자신의 명의로 납세신고를 한다는 사실을 인식하면서 자신의 명의를 사용할 것을 허락(용인)한 경우 성립한다.

본죄는 고의 외에 관세 등의 회피 또는 강제집행의 면탈, 재산상 이득을 취할 목적이 있어야 한다. 따라서 관세 등의 회피 목적이 없는 납세신고인 경우 본죄로 처벌할 수 없다. 목적의 달성 여부는 불문한다.

3. 처 벌

본죄를 범한 자는 1년 이하의 징역 또는 1천만원 이하의 벌금에 처한다(법 제275조의3). 양벌규정에 따라 행위자를 벌하는 외에 법인 등에게도 해당 조문의 벌금형을 부과한다(법 제279조 제1항). 본죄는 미수범 처벌규정이 없다.

Ⅳ. 과세자료 비밀유지의무 위반죄

제264조의8(비밀유지의무) ① 관세청 및 세관 소속 공무원은 제264조, 제264조의2부터 제264조의5까지의 규정에 따라 제출받은 과세자료를 타인에게 제공 또는 누설하거나 목적 외의 용도로 사용하여서는 아니 된다. 다만, 제116조 제1항 단서 및 같은 조 제2항에 따라 제공하는 경우에는 그러하지 아니하다.
③ 제1항 단서에 따라 과세자료를 제공받은 자는 이를 타인에게 제공 또는 누설하거나 목적 외의 용도로 사용하여서는 아니 된다.
제264조의9(과세자료 비밀유지의무 위반에 대한 처벌) ① 제264조의8 제1항 또는 제3항을 위반하여 과세자료를 타인에게 제공 또는 누설하거나 목적 외의 용도로 사용한 자는 3년 이하의 징역 또는 1천만원 이하의 벌금에 처한다.
② 제1항에 따른 징역과 벌금은 병과할 수 있다.

---

80) 대법원 2003. 4. 11. 선고 2002두8442 판결.

1. 의 의

관세법은 2000. 12. 제264조를 신설하여 국가기관 등에 대하여 관세의 부과·징수와 통관에 직접적으로 필요한 자료를 요청하여 국가기관 등으로부터 과세자료를 확보할 수 있는 법적 근거를 마련하였다. 그 후 제264조의2부터 제264조의7을 신설하여 과세자료 제출기관의 범위, 과세자료의 범위, 제출방법, 과세자료 수집에 대한 협조, 과세자료의 관리 및 활용, 과세자료 제출기관의 책임을 구체화하였다. 이에 따라 확보한 자료가 경쟁 기업 등 제3자에 유출될 경우 해당 개인이나 기업에 큰 손해가 발생할 수 있으므로, 관세법은 이를 방지하기 위해 세관공무원에게 비밀유지의무를 지우고 이를 위반한 경우 처벌규정을 두고 있다.[81]

(1) 과세자료의 요청

관세청장은 국가기관 및 지방자치단체 등 관계 기관 등에 대하여 관세의 부과·징수 및 통관에 관계되는 자료 또는 통계를 요청할 수 있다(법 제264조).

(2) 과세자료제출기관

과세자료제출기관으로는 ① 국가재정법 제6조에 따른 중앙관서(중앙관서의 업무를 위임받거나 위탁받은 기관 포함)와 그 하급행정기관 및 보조기관, ② 지방자치단체(지방자치단체의 업무를 위임받거나 위탁받은 기관과 지방자치단체조합 포함), ③ 공공기관, 정부의 출연·보조를 받는 기관이나 단체, 지방공기업법에 따른 지방공사·지방공단 및 지방자치단체의 출연·보조를 받는 기관이나 단체, ④ 민법 외의 다른 법률에 따라 설립되거나 국가 또는 지방자치단체의 지원을 받는 기관이나 단체로서 그 업무에 관하여 ①, ②의 기관으로부터 감독 또는 감사·검사를 받는 기관이나 단체, 그 밖에 공익 목적으로 설립된 기관이나 단체 중 대통령령으로 정하는 기관이나 단체, ⑤ 여신전문금융업법에 따른 신용카드업자와 여신전문금융업협회, ⑥ 「금융실명거래 및 비밀보장에 관한 법률」 제2조 제1호에 따른 금융회사 등이 있다(법 제264조의2).

---

81) 관세국경관리연수원, 99면.

(3) 과세자료의 범위

과세자료제출기관이 제출하여야 하는 과세자료는 다음의 어느 하나에 해당하는 자료로서 관세의 부과·징수와 통관에 직접적으로 필요한 자료로 한다(법 제264조의3).

① 수입하는 물품에 대하여 관세 또는 내국세등을 감면받거나 낮은 세율을 적용받을 수 있도록 허가, 승인, 추천 등을 한 경우 그에 관한 자료

② 과세자료제출기관이 법률에 따라 신고·제출받거나 작성하여 보유하고 있는 자료(각종 보조금·보험급여·보험금 등의 지급 현황에 관한 자료 포함) 중 제27조, 제38조, 제241조에 따른 신고내용의 확인 또는 제96조에 따른 감면 여부의 확인을 위하여 필요한 자료

③ 법 제226조에 따라 허가·승인·표시 또는 그 밖의 조건을 증명할 필요가 있는 물품에 대하여 과세자료제출기관이 허가 등을 갖추었음을 확인하여 준 경우 그에 관한 자료

④ 관세법에 따라 체납된 관세 등의 징수를 위하여 필요한 자료

⑤ 중앙관서 중 중앙행정기관 외의 기관이 보유하고 있는 자료로서 관세청장이 관세의 부과·징수와 통관에 필요한 최소한의 범위에서 해당 기관의 장과 미리 협의하여 정하는 자료

⑥ 거주자의 여신전문금융업법에 따른 신용카드등의 대외지급(물품구매 내역에 한정) 및 외국에서의 외국통화 인출 실적

(4) 과세자료의 제출

과세자료제출기관의 장은 분기별로 분기만료일이 속하는 달의 다음 달 말일까지 대통령령으로 정하는 바에 따라 관세청장 또는 세관장에게 과세자료를 제출하여야 한다(법 제264조의4). 관세청장 또는 세관장으로부터 과세자료의 제출을 요청받은 기관 등의 장은 다른 법령에 특별한 제한이 있는 경우 등 정당한 사유가 없으면 이에 협조하여야 한다(법 제264조의5 제2항).

2. 구성요건

관세청 및 세관 소속 공무원은 국가기관 등으로부터 제출받은 과세자료를

타인에게 제공 또는 누설하거나 목적 외의 용도로 사용하여서는 아니 된다. 다만, 국가기관이 관세에 관한 쟁송이나 관세범에 대한 소추를 목적으로 과세정보를 요구하거나 법원의 명령에 의한 경우, 세관공무원 상호간·통계청장의 요구·다른 법률에 따라 과세정보를 요구하는 경우에는 예외로 한다(법 제264조의8 제1항, 제116조 제1항 단서). 본죄는 과세자료를 타인에게 제공 또는 누설하거나 목적 외의 용도로 사용하거나 과세자료를 제공할 수 있는 예외에 해당되지 않음에도 이를 타인에게 제공 또는 누설하거나 목적 외의 용도로 사용함으로써 성립한다(법 제264조의9 제1항).

3. 처 벌

본죄를 범한 자는 3년 이하의 징역 또는 1천만원 이하의 벌금에 처한다(법 제264조의9 제1항). 이때 징역과 벌금은 병과할 수 있다(동조 제2항).

제4장

부정수출입에 관한 죄

제1절 총 설

수출입을 할 때 대외무역법 등에 따라 수출입이 제한되거나 수출입조건을 규정하고 있는 다른 법령(이하 '개별 법령'이라 한다)에서 국민건강 등 행정목적 달성을 위해 허가, 승인, 표시 또는 그 밖의 조건(이하 '구비조건'이라 한다)을 갖출 것을 요구하는 경우가 있다. 이러한 개별 법령의 수출입 관련 의무 위반에 대하여는 국경을 관리하는 세관에서 단속하고 적발하여 국민보건등 위해물품의 국내유통을 방지하는 등 개별 법령의 입법목적을 달성하도록 하는 것이 가장 효율적이다. 따라서 관세법은 세관장 확인이 필요한 수출입물품에 대하여는 세관장확인고시에 미리 공고하고(법 제226조 제2항), 수출입을 하고자 하는 자로 하여금 세관장에게 그 구비조건을 갖춘 것임을 증명하여 통관하도록 의무를 지우며(법 제226조 제1항), 그 의무 위반시 부정수출입죄로 처벌하도록 하고 있다. 부정수출입에 대한 죄의 보호법익은 통관질서의 적정이다.

개별 법령과 관세법상 의무는 별개의 의무로 모두 준수하여야 하는데, 개별 법령의 내용이 전문적이고 기술적인 분야에 대한 것이거나 개별 법령의 규제가 세관장확인대상에 규정되어 있지 않은 경우 등의 이유로 적발될 때까지 해당 수입물품이 규제대상인지조차 모르는 경우가 많다. 실제로 적발 사례 중 상당수가 규제를 회피하기 위해 거짓서류를 제출하는 경우보다 규제 자체를 몰라 개별 법령에서 요구하는 구비조건을 형식적으로 갖추지 않거나 세관장에 대한 수출입신고 외에 필요한 신고 등을 누락한 경우가 적지 않다. 이에 이 장에서는 실무상 자주 문제되는 수출입규제에 대하여 먼저 설명하여 수출입업자가 수출입신고 전 관련 법위반이 되지 않도록 점검할 수 있도록 하고, 이어서 부정수출입죄에 대하여 설명하기로 한다.

제 2 절 수출입규제

Ⅰ. 대외무역법

1. 의 의

대외무역법은 무역에 관한 일반법으로, 물품에 대한 매매계약이 체결된 후 대금결제가 이루어질 때까지의 수출입절차 전체를 관리대상으로 하고 있다. 따라서 수출입절차 전체 중 통관절차와 관세의 부과 및 징수에 관한 사항을 관리하는 관세법과 구별된다.[1] 대외무역법은 수출입거래와 관련하여 무역에 관한 제한 등 특별조치, 수출입승인 등 수출입제한, 전략물자 수출입제한 등의 규제를 하고 있고, 이를 위반하는 경우 형사처벌하도록 하고 있다.

2. 무역에 관한 제한 등 특별조치위반

제5조(무역에 관한 제한 등 특별 조치) 산업통상자원부장관은 다음 각 호의 어느 하나에 해당하는 경우에는 대통령령으로 정하는 바에 따라 물품등의 수출과 수입을 제한하거나 금지할 수 있다.
  1. 우리나라 또는 우리나라의 무역 상대국(이하 "교역상대국"이라 한다)에 전쟁·사변 또는 천재지변이 있을 경우
  2. 교역상대국이 조약과 일반적으로 승인된 국제법규에서 정한 우리나라의 권익을 인정하지 아니할 경우
  3. 교역상대국이 우리나라의 무역에 대하여 부당하거나 차별적인 부담 또는 제한을 가할 경우
  4. 헌법에 따라 체결·공포된 무역에 관한 조약과 일반적으로 승인된 국제법규에서 정한 국제평화와 안전유지 등의 의무를 이행하기 위하여 필요할 경우
  4의2. 국제평화와 안전유지를 위한 국제공조에 따른 교역여건의 급변으로 교역상대국과의 무역에 관한 중대한 차질이 생기거나 생길 우려가 있는 경우

---

[1] 여성구, 26-31면.

5. 인간의 생명·건강 및 안전, 동물과 식물의 생명 및 건강, 환경보전 또는 국내 자원보호를
   위하여 필요할 경우

(1) 물품 등의 범위

대외무역법상 무역의 범위는 관세법보다 넓다. 대외무역법은 물품 외에
용역, 전자적 형태의 무체물(無體物)의 수출입에 대하여도 규율하고 있다(대외무
역법 제2조 제1호). 이때 ① 물품이란 외국환거래법의 지급수단·증권·채권을 화
체한 서류를 제외한 동산을 말하고(대외무역법 제2조 제2호), ② 용역이란 경영상
담업, 법무 관련 서비스업, 회계 및 세무 관련 서비스업, 엔지니어링 서비스업,
디자인, 컴퓨터시스템 설계 및 자문업, 문화산업진흥기본법에 따른 문화산업에
해당하는 업종, 운수업, 관광사업, 지식기반요역 등 수출유명산업으로 산업통
상자원부장관이 정하여 고시하는 업종을 영위하는 자가 제공하는 용역과 국내
의 법령 또는 대한민국이 당사자인 조약에 따라 보호되는 특허권·실용신안권
·디자인권·상표권·저작권·저작인접권·프로그램저작권·반도체집적회로의
배치설계권의 양도(讓渡), 전용실시권(專用實施權)의 설정 또는 통상실시권(通常
實施權)의 허락을 말한다(대외무역법 시행령 제3조). 그리고 ③ 전자적 형태의 무
체물이란 소프트웨어, 부호·문자·음성·음향·이미지·영상 등을 디지털 방식
으로 제작하거나 처리한 자료 또는 정보 등으로서 산업통상자원부장관이 정하
여 고시하는 것, 이것들의 집합체와 그 밖에 이와 유사한 전자적 형태의 무체
물로서 산업통상자원부장관이 정하여 고시하는 것을 말한다(동법 시행령 제4조).

(2) 수출입의 개념

대외무역법상 수출이란 ① 매매, 교환, 임대차, 사용대차(使用貸借), 증여
등을 원인으로 국내에서 외국으로 물품이 이동하는 것[우리나라의 선박으로
외국에서 채취한 광물(鑛物) 또는 포획한 수산물을 외국에 매도(賣渡)하는 것을
포함한다], ② 관세법 제196조에 따른 보세판매장에서 외국인에게 국내에서 생
산(제조·가공·조립·수리·재생 또는 개조하는 것)된 물품을 매도하는 것, ③ 유상
(有償)으로 외국에서 외국으로 물품을 인도(引渡)하는 것으로서 산업통상자원부
장관이 정하여 고시하는 기준에 해당하는 것, ④ 외국환거래법상 거주자가 비
거주자에게 산업통상자원부장관이 정하여 고시하는 방법으로 용역을 제공하는

것, ⑤ 거주자가 비거주자에게 정보통신망을 통한 전송과 그 밖에 산업통상자원부장관이 정하여 고시하는 방법으로 전자적 형태의 무체물(無體物)을 인도하는 것을 말한다(동법 시행령 제2조 제3호).

그리고 수입이란 ① 매매, 교환, 임대차, 사용대차, 증여 등을 원인으로 외국으로부터 국내로 물품이 이동하는 것, ② 유상으로 외국에서 외국으로 물품을 인수하는 것으로서 산업통상자원부장관이 정하여 고시하는 기준에 해당하는 것, ③ 비거주자가 거주자에게 산업통상자원부장관이 정하여 고시하는 방법으로 용역을 제공하는 것, ④ 비거주자가 거주자에게 정보통신망을 통한 전송과 그 밖에 산업통상자원부장관이 정하여 고시하는 방법으로 전자적 형태의 무체물을 인도하는 것을 말한다(동법 시행령 제2조 제4호).

(3) 무역에 관한 제한 등 특별조치

산업통상자원부장관은 ① 우리나라 또는 우리나라의 무역 상대국(교역상대국)에 전쟁·사변 또는 천재지변이 있을 경우, ② 교역상대국이 조약과 일반적으로 승인된 국제법규에서 정한 우리나라의 권익을 인정하지 아니할 경우, ③ 교역상대국이 우리나라의 무역에 대하여 부당하거나 차별적인 부담 또는 제한을 가할 경우, ④ 헌법에 따라 체결·공포된 무역에 관한 조약과 일반적으로 승인된 국제법규에서 정한 국제평화와 안전유지 등의 의무를 이행하기 위하여 필요할 경우, ⑤ 국제평화와 안전유지를 위한 국제공조에 따른 교역여건의 급변으로 교역상대국과의 무역에 관한 중대한 차질이 생기거나 생길 우려가 있는 경우, ⑥ 인간의 생명·건강 및 안전, 동물과 식물의 생명 및 건강, 환경보전 또는 국내 자원보호를 위하여 필요할 경우에는 물품 등의 수출과 수입을 제한하거나 금지할 수 있다(법 제5조). 산업통상자원부장관은 이에 따른 특별조치를 하려는 경우에는 그 특별조치의 내용을 공고하여야 하는바(동법 시행령 제6조 제7항), 산업통상자원부 고시인 「국제평화 및 안전유지 등 의무이행을 위한 무역에 관한 특별조치 고시(이하, '특별조치고시'라 한다)」에 국제평화와 안전유지 등의 의무이행을 위한 수출·수입에 관한 특별조치에 대한 사항을 규정하고 있다.

(4) 수출입공고 등과의 관계

특별조치고시에서 정한 수출입 제한 내용과 대외무역법 제11조의 규정에 의한 수출입공고와 제26조의 규정에 의한 전략물자 수출입고시의 제한 내용이 동시에 적용될 경우에는 특별조치고시와 수출입공고 및 전략물자 수출입고시 등의 제한내용이 모두 충족되어야만 수출 또는 수입할 수 있다(특별조치고시 제 3조 제1항). 다만, 특별조치고시에 의한 금지대상인 경우를 제외하고, 방위사업 법, 수출입공고 및 전략물자 수출입고시에 의하여 수출허가를 받은 경우에는 특별조치고시에 의하여 수출허가를 받은 것으로 간주할 수 있다. 다만, UN안 보리 제재위원회의 사전 승인 또는 위원회에 대한 사전 통보 등이 필요한 경우 에는 허가기관에서 사전에 조치한 경우에 한한다(동 고시 제3조 제2항).

(5) 킴벌리 프로세스 관련 다이아몬드 원석 무역에 관한 특별조치

'킴벌리 프로세스(Kimberley Process)'란 WTO에 가입한 우리나라, 미국 등을 비롯한 특별조치고시 별표 1의 국가들로 구성되어 다이아몬드원석의 수출입에 관한 사항을 협의·조정하는 국제적인 협의체를 말한다(특별조치고시 제2조 제2 호). 킴벌리 프로세스 회원국에 해당하지 않는 국가에 대한 다이아몬드 원석의 수출·수입을 금지한다(동 고시 제6조 제1항). 회원국으로 다이아몬드 원석을 수 출하고자 하는 자는 산업통상자원부장관에게 수출허가를 받아야 한다(동조 제2 항). 회원국으로부터 다이아몬드 원석을 수입하는 경우에는 상대 회원국에서 발행한 킴벌리 프로세스 증명서가 수입하는 다이아몬드 원석과 함께 동봉되지 않으면 수입할 수 없다[2](동조 제3항).

세관장은 다이아몬드 원석의 수출 통관 시에 증명서의 유무 및 수출물품 과 증명서의 기재내용이 일치하는지를 확인하고, 증명서가 없거나 수출물품과 증명서의 기재내용이 일치하지 않는 경우에는 수출물품을 통관시켜서는 아니 된다(동 고시 제15조 제1·2항). 또한, 세관장은 수입물품에 상대 회원국이 발급한 증명서가 동봉되지 않았거나 수입물품과 상대회원국이 발급한 증명서의 기재 내용이 일치하지 않는 경우에는 수입물품을 통관시켜서는 아니 된다(동조 제4 항). 세관장은 다이아몬드 원석을 통관시킨 경우 통관일로부터 7일 이내에 상 대 회원국에서 발행한 증명서 원본을 관세청장을 경유하여 산업통상자원부장 관에게 송부하여야 한다(동조 제5항).

---

2) 다만, 중계무역 또는 환적 등을 목적으로 다이아몬드 원석을 수입하여 관세법 제154조의 규정에 의한 보세구역 및 동법 제156조의 규정에 의한 보세구역외 장치의 허가를 받은 장소 이외의 국내에 반입하지 아니하고 다시 수출하는 경우에는 그러하지 아니하다.

다이아몬드 원석을 수출·수입하는 무역거래자는 상대 회원국 무역거래자의 상호 및 주소, 수출·수입하는 다이아몬드 원석의 가격 및 수량, 수출하는 경우 증명서, 수입한 다이아몬드 원석을 국내 유통할 경우 거래자 상호, 주소, 거래량 및 거래금액에 관한 자료를 5년간 보관하여야 한다(동 고시 제17조 제1항).

(6) 북한에 대한 무역에 관한 특별조치

북한을 도착항으로 하는 것을 목적으로 하는 제3국으로의 수출, 북한을 원산지 또는 선적항으로 하는 제3국으로부터의 수입의 경우 모든 무기 및 관련물품, 핵공급그룹(NSG), 미사일기술통제체제(MTCR), 오스트레일리아그룹(AG)에서 지정한 전략물자, 핵 또는 미사일 개발에 사용 가능한 물품등은 수출·수입 및 제공 또는 이전할 수 없다. 또한, 보석제품이나 이동수단, 고급시계 등은 수출할 수 없고, 석탄·철·철광석 등은 수입할 수 없다. 다만 남한과 북한의 교역·협력사업 및 통신역무의 제공 등 남한과 북한간의 상호교류와 협력을 목적으로 하는 행위에 관하여는 남북교류협력에 관한 법률을 적용한다(특별조치고시 제48·49조).

특별조치고시에서는 그 밖에 이라크, 소말리아, 콩고민주공화국, 수단공화국, 레바논, 리비아, 시리아, 중앙아프리카공화국, 예멘 등에 대하여 무기, 탄약, 군용차량 및 장비, 준 군용장비 및 군용관련 부품의 수출을 금지하고, 일정한 경우 수출허가사항으로 규정하고 있으며, 도난이 의심되는 예술품·수집품과 골동품이 수입을 금지하는 규정을 두고 있다.

(7) 처 벌

무역에 관한 특별조치에 따른 수출 또는 수입의 제한이나 금지조치를 위반한 자에 대하여는 5년 이하의 징역 또는 수출·수입·경유·환적·중개하는 물품등의 가격의 3배에 해당하는 금액 이하의 벌금에 처한다(대외무역법 제53조 제2항 제1호). 양벌규정이 있어 그 행위자를 벌하는 외에 그 법인 등에게도 해당 조문의 벌금형을 과(科)한다(동법 제57조).

3. 수출입공고와 무승인수출입죄

제11조(수출입의 제한 등) ① 산업통상자원부장관은 다음 각 호의 어느 하나에 해당하는 이행 등을 위하여 필요하다고 인정하여 지정·고시하는 물품등의 수출 또는 수입을 제한하거나 금지할 수 있다.

1. 헌법에 따라 체결·공포된 조약과 일반적으로 승인된 국제법규에 따른 의무의 이행
2. 생물자원의 보호
3. 교역상대국과의 경제협력 증진
4. 국방상 원활한 물자 수급
5. 과학기술의 발전
6. 그 밖에 통상·산업정책에 필요한 사항으로서 대통령령으로 정하는 사항

(1) 의 의

산업통상자원부장관은 헌법에 따라 체결·공포된 조약과 일반적으로 승인된 국제법규에 따른 의무의 이행, 생물자원의 보호, 교역상대국과의 경제협력 증진, 국방상 원활한 물자 수급, 과학기술의 발전, 그 밖에 통상·산업정책상 필요 등의 이유로 항공 관련 품목의 안전관리에 관한 사항의 이행 등을 위하여 필요하다고 인정하여 지정·고시한 물품 등의 수출입을 제한하거나 금지할 수 있다(대외무역법 제11조 제1항). 이에 따라 산업통상자원부 고시인 '수출입공고'에 수출입금지품목 및 수출입제한품목을 규정하고 있다. 그 중 일부는 다음과 같다(수출입공고 별표 1-3).

[수출금지품목]

H S	품 목	수 출 요 령
0208	기타의 육과 식용설육(신선·냉장 또는 냉동한 것에 한한다)	
40	고래·돌고래·쇠돌고래(고래목의 포유동물), 매너티·듀공(바다소목의 포유동물), 물개·바다사자·바다코끼리(기각아목의 포유동물)의 것	다음의 것은 수출할 수 없음. ① 고래고기
0210	육과 식용설육(염장·염수장·건조 또는 훈제한 것에 한한다) 및 육 또는 설육의 식용의 분과 조분	
9	기타(육 또는 설육의 분과 조분을 포함한다)	
92	고래·돌고래·쇠돌고래(고래목의 포유동물), 매너티·듀공(바다소목의 포유동물), 물개·바다사자·바다코끼리(기각아목의 포유동물)의 것	다음의 것은 수출할 수 없음. ① 고래고기
2516	화강암. 반암. 현무암. 사암과 기타 석비용 또는 건축용의 암석	
1	화강암	
11.0000	조상의 것 또는 거칠게 다듬은 것	
12	톱질 또는 기타의 방법으로 단순히 절단하여 직사각형(정사각형을 포함한다) 모양의 블록상 또는 슬랩상으로 한 것.	다음의 것은 수출할 수 없음. ① 자연석
20	사 암	
4301	생모피(모피사용에 적합한 머리부분·꼬리부분·발부분 및 기타 조각 또는 절단품을 포함하며, 제4101호, 제4102호 또는 제4103호에 해당하는 원피를 제외한다)	
80	기타의 모피(전신의 것에 한하며 머리부분·꼬리부분·발부분의 유무를 불문한다)	다음의 것은 수출할 수 없음. ① 개의 생모피
90.0000	머리부분·꼬리부분·발부분 및 기타의 조각 또는 절단품으로서 모피제품으로 사용에 적합한 것 (이하생략)	

[수출제한품목]

H S	품 목	수 출 요 령
2505	천연모래(착색된 것인지의 여부를 불문하며, 제26류의 금속을 함유하는 모래를 제외한다)	
10.0000	규 사	다음의 것은 한국골재협회의 승인을 받아 수출할 수 있음. ① 규산분(SiO_2)이 90% 이하의 것
90	기 타	
2517	자갈·왕자갈·쇄석(콘크리트용·도로 포장용·철도용 또는 기타 밸러스트용에 일반적으로 사용되는 것에 한한다). 싱글과 플린트(열처리한 것인지의 여부를 불문한다), 슬랙·드로스 또는 이와 유사한 산업폐기물의 매카담(이호의 앞부분에 열거한 물품들과 혼합한 것인지의 여부를 불문한다), 타르매카담 및 제2515호 또는 제2516호의 암석을 입상·파편상·분상으로 한 것(열처리한 것인지의 여부를 불문한다.	
10	자갈·왕자갈·쇄석·싱글과 플린트	1. 다음의 것은 승인없이 수출할 수 있음. ① 구석, 싱글과 플린트 2. 기타의 것은 한국골재협회의 승인을 받아 수출할 수 있음.
41.0000	대리석의 것	
7206	잉곳(ingot)이나 그 밖의 일차제품(primary form) 형태인 철과 비합금강(제7203호의 철은 제외한다)	
10.0000	잉곳(ingot)	미국으로 수출하는 다음의 것에 대한 수출승인에 관한 권한을 대외무역법 시행령 제91조 제7항 제1호에 따라 한국철강협회장에게 위탁한다.
90.0000	기 타	
7207	철이나 비합금강의 반제품	
11	횡단면이 직사각형(정사각형을 포함한다)인 것(폭이 두께의 두 배 미만인 것으로 한정한다)	
12	그 밖의 횡단면이 직사각형(정사각형은 제외한다)인 것	미국으로 수출하는 다음의 것에 대한 수출승인에 관한 권한을 대외무역법 시행령 제91조 제7항 제1호에 따라 한국철강협회장에게 위탁한다.
19.0000	기타	
20	탄소의 함유량이 전 중량의 100분의 0.25 이상인 것	
	(이하생략)	

[수입제한품목]

H S	품 목	수 입 요 령
3920.99.1000	플라스틱제의 기타 판, 쉬트, 필름, 박 또는 스트립(셀룰라가 아닌 것으로서 기타 재료로 보강, 적층, 지지 또는 이와 유사하게 결합되지 아니한 것) 중 항공기용의 것	한국항공우주산업진흥협회의 승인을 받아 수입할 수 있음
4011.30.0000	고무제의 공기타이어(신품)중 항공기용의 것	
4012.13.0000	고무제의 공기타이어(재생품)중 항공기용의 것	
4012.20.1000	고무제의 공기타이어(중고품)중 항공기용의 것	
4012.90.1000	고무제의 공기타이어 (기타)중 항공기용의 것	
4013.90.1000	고무제의 인너튜브중 항공기용의 것	
4016.99.1010	가황고무제품(경질고무제품 제외)중 기구, 비행선, 비행기계류, 그라인더, 연, 로토슈트의 부품	
7007.11.1000	강화안전유리 중 차량, 항공기, 우주선 또는 선박에 사용하기 적합한 크기 및 모양의 것 (두께 8mm 이하)	
7007.11.2000	강화안전유리 중 차량, 항공기, 우주선 또는 선박에 사용하기 적합한 크기 및 모양의 것 (두께 8mm 초과)	
7007.21.1000	합판안전유리 중 차량, 항공기, 우주선 또는 선박에 사용하기 적합한 크기 및 모양의 것 (두께 12mm 이하)	
7007.21.2000	합판안전유리 중 차량, 항공기, 우주선 또는 선박에 사용하기 적합한 크기 및 모양의 것 (두께 12mm 초과)	
8407.10.0000	불꽃점화식의 왕복식 또는 로터리식의 피스톤식 내연기관 중 항공기용의 것	
8409.10.0000	불꽃점화식의 왕복식 또는 로터리식의 피스톤식 내연기관 부분품 중 항공기용의 것 (이하생략)	

(2) 수출입승인

수출입금지품목 및 수출입제한품목을 수출입하려는 자는 산업통상자원부
장관의 승인을 받아야 하고(대외무역법 제11조 제2항 본문), 승인을 받은 자가 승
인받은 사항 중 물품 등의 수량·가격, 수출 또는 수입의 당사자에 관한 사항을
변경하려면 변경승인을 받아야 한다(동조 제5항). 수출입승인의 유효기간은 원
칙적으로 1년이나 예외적으로 1년 미만으로 하거나 최장 2년의 범위에서 정할
수 있다(동법 시행령 제18조 제2항).

(3) 수출입승인 면제물품

1) 의 의

긴급히 처리하여야 하는 물품등과 그 밖에 수출 또는 수입 절차를 간소화
하기 위한 물품등의 수출 또는 수입은 수출입승인을 면제할 수 있다(대외무역법
제11조 제2항 단서). 수출입승인 면제물품은 산업통상자원부 고시인 대외무역관
리규정 별표 3(수출승인의 면제), 별표4(수입승인의 면제)에 규정하고 있다(동법 시
행령 제19조).

2) 수출승인 면제물품

수출승인의 면제물품으로는 일시적으로 출국하는 자 또는 일시적으로 입
국하여 다시 출국하는 자가 출국할 때에 휴대하여 반출하는 물품 또는 별송으
로 반출하는 물품으로서 출국의 목적·여행의 기간·출국자의 직업 그 밖의 사
유에 의하여 세관장이 타당하다고 인정하는 물품, 반출하는 상품의 견품 및 광
고용 물품으로서 세관장이 타당하다고 인정하는 물품,[3] 무상으로 반입하여 다
시 무상으로 반출하는 물품으로서 항공기 또는 선박 등의 물품, 외국에서 물품
을 보세구역에 무상으로 반입하여 가공을 하지 아니하고 다시 무상으로 반출
하는 물품, 우리나라 재외공관 또는 외교사절 등에 송부하기 위하여 반출하는
공용물품, 무상으로 송부하기 위하여 반출하는 기록문서와 그 밖의 서류 등이
있다(대외무역관리규정 별표 3).

---

3) 유상으로 반출하는 경우 미화 5만 달러 상당액(신고가격 기준)이하의 물품.

3) 수입승인 면제물품

수입승인의 면제물품으로는 일시적으로 입국하는 자 또는 일시적으로 출국하여 다시 입국하는 자(선박 또는 항공기에 승무하여 입국하는 승무원을 제외한다)가 입국할 때에 휴대하여 반입하는 물품이나 별송으로 반입하는 물품으로서 그 입국의 목적·체류의 기간·입국자의 직업 등의 사유에 의하여 세관장이 타당하다고 인정하는 물품, 조난선박의 수리 또는 구호에 필요한 비용과 해당 선박이 항해를 계속하는 데에 필요한 비용을 조달하기 위하여 매각하는 그 선박의 적재물품으로서 세관장이 부득이하다고 인정하여 반입하는 물품, 반입하는 상품의 견품 또는 광고용 물품으로서 세관장이 타당하다고 인정하는 물품,[4] 무상으로 반출할 예정으로 무상으로 반입하는 물품 중 항공기 또는 선박 등의 물품, 외국인투자촉진법에 따라 외국인투자의 인가를 받은 기업체가 관세법에 따른 보세공장에서 가공할 것을 목적으로 무상 또는 계정 간의 이체방식에 의하여 유상으로 수입하는 원료 및 동 시설보완용 부분품, 소모성 기자재 또는 시설재, 국가원수에게 반입되는 물품, 무상으로 반입하는 간행물, 기록문서와 그 밖의 서류 등이 있다(대외무역관리규정 별표 4).

(3) 통합공고와의 관계

수출입공고에 따른 수출 또는 수입승인에도 불구하고 대외무역법 제12조의 규정에 의한 통합공고상에 수출 및 수입하고자 하는 물품의 수출·수입요령을 정한 것이 있는 경우에는 동 요령의 요건을 충족하여야 한다(수출입공고 제2조).

(4) 무승인수출입죄

대외무역법 제11조 제1항은 수출입 제한 사항을 정하면서 동조 제2항에서 수출입제한물품등을 수출입하려는 자에 대하여 산업통상자원부장관 승인을 받도록 하고, 동조 제5항에서 승인받은 사항 중 중요사항 변경시 산업통상자원부장관에 변경승인 의무를, 경미한 사항 변경시 신고의무를 규정하고 있다.

이러한 수출입승인 또는 변경승인을 받지 아니하고 수출 또는 수입승인

---

4) 유상으로 반입하는 경우 미화 5만 달러 상당액(과세가격 기준)이하의 물품.

대상물품 등을 수출하거나 수입한 자는 3년 이하의 징역 또는 3천만원 이하의 벌금에 처한다(대외무역법 제54조 제2호). 거짓이나 그 밖의 부정한 방법으로 수출입승인 또는 변경승인을 받거나 그 승인 또는 변경승인을 면제받고 물품등을 수출하거나 수입한 자의 경우에도 이와 같다(동조 제3호). 정상적인 절차에 의하여서는 수입승인 또는 변경승인을 얻을 수 없는 경우임에도 불구하고 위계 기타 사회통념상 부정이라고 인정되는 행위로 승인을 얻은 자를 말한다.[5] 양벌규정이 있어 그 행위자를 벌하는 외에 그 법인 등에게도 해당 조문의 벌금형을 과(科)한다(동법 제57조).

4. 통합공고

(1) 의 의

마약류관리법이나 약사법 같은 개별법령에서는 마약이나 의약품 등 특정물품에 대한 수출입요령이 규정되어 있다. 산업통상자원부 고시인 통합공고에서는 수출입 요건확인 및 통관 업무의 간소화와 무역질서 유지를 위하여 다른 법령이 정한 물품의 수출입의 요건 및 절차에 관한 사항을 조정하고 이를 통합 규정하고 있다(대외무역법 제12조). 통합공고는 그 대외무역법의 규정을 보충하는 기능을 가지면서 그와 결합하여 대외적인 구속력이 있는 법규명령으로서의 효력을 가진다.

품목별 수출입요령은 통합공고 별표 1(수출요령), 별표 2(수입요령)에서 세번별로 수출입요령에 대하여 규정하고 있다. 따라서 수출입하려고 하는 물품의 세번으로 수출입요령을 검색할 수 있다.

별표 1, 2에서 요건확인품목으로 게기되지 아니한 물품 또는 대상품목의 지정이 용도기준으로 된 경우에 당해 용도 이외의 물품은 제8조에 별도로 정한 물품, 대외무역관리규정 및 수출입공고 등에서 다른 규정이 없는 한 요건확인의 절차를 거치지 아니한다. 다만, 요건확인 대상물품의 지정이 용도기준인지 여부가 불명확한 경우에는 산업통상자원부장관이 주무부처의 장 및 관세청장과 협의하여 결정한다(통합공고 제6조 제1항). 수출요령과 수입요령은 다음과 같다.

---

5) 대법원 1993. 6. 22. 선고 91도3346 판결.

[수출요령]

세 번	품 명	수 출 요 령	관련법령
010121	번식용의 것	1.통합공고 별표5에 게기된 품목의 것으로서 야생생물보호및관리에관한법률에 의거 적법하게 포획한 것(인공사육 및 수출된 것 포함)은 시장·군수·구청장의 허가를 받아 수출할 수 있음. 2.별표6에 게기된 국제적 멸종위기종 및 그 가공품은 CITES협약 및 통합공고제103조의 규정에 부합되는 경우에 한하여 유역환경청장 또는 지방환경청장의 허가를 받아 수출할 수 있음.	야생생물보호및관리에관한법률
010129	기타	1.통합공고 별표5에 게기된 품목의 것으로서 야생생물보호및관리에관한법률에 의거 적법하게 포획한 것(인공사육 및 수출된 것 포함)은 시장·군수·구청장의 허가를 받아 수출할 수 있음. 2.별표6에 게기된 국제적 멸종위기종 및 그 가공품은 CITES협약 및 통합공고제103조의 규정에 부합되는 경우에 한하여 유역환경청장 또는 지방환경청장의 허가를 받아 수출할 수 있음.	야생생물보호및관리에관한법률
010129	기타	3. 가축전염병예방법에 의거 지정검역물은 농림축산검역본부장의 검역을 받아 수출할 수 있음	가축전염병예방법
010130	당나귀	1.통합공고 별표5에 게기된 품목의 것으로서 야생생물보호및관리에관한법률에 의거 적법하게 포획한 것(인공사육 및 수출된 것 포함)은 시장·군수·구청장의 허가를 받아 수출할 수 있음. 2.별표6에 게기된 국제적 멸종위기종 및 그 가공품은 CITES협약 및 통합공고제103조의 규정에 부합되는 경우에 한하여 유역환경청장 또는 지방환경청장의 허가를 받아 수출할 수 있음. (이하생략)	야생생물보호및관리에관한법률

[수입요령]

세 번	품 명	수 입 요 령	관련법령
0101211000	농가사육용	통합공고 별표5에 게기된 품목의 것으로서 야생생물보호및관리에관한법률에 의거 적법하게 포획한 것(인공사육 및 수입된	야생생물보호및관리에관한

		것 포함)은 시장·군수·구청장의 허가를 받아 수입할 수 있음.	법률
0101211000	농가사육용	별표 6에 게기된 국제적 멸종위기종 및 그 가공품은 CITES협약 및 통합공고 제103조의 규정에 부합되는 경우에 한하여 유역환경청장 또는 지방환경청장의 허가를 받아 수입 또는 반입할 수 있음.	야생생물 보호및관리에관한법률
0101211000	농가사육용	농림축산검역본부장에게 신고하고 검역을 받아야 한다.(가축전염병예방법 제32조의 규정에 의한 수입금지지역에서 생산 또는 발송되었거나 그 지역을 경유한 지정검역물은 수입할 수 없음)	가축전염병예방법
0101219000	기타	통합공고 별표5에 게기된 품목의 것으로서 야생생물보호및관리에관한법률에 의거 적법하게 포획한 것(인공사육 및 수입된 것 포함)은 시장·군수·구청장의 허가를 받아 수입할 수 있음	야생생물 보호및관리에관한법률
0101219000	기타	별표 6에 게기된 국제적 멸종위기종 및 그 가공품은 CITES협약 및 통합공고 제103조의 규정에 부합되는 경우에 한하여 유역환경청장 또는 지방환경청장의 허가를 받아 수입 또는 반입할 수 있음	야생생물 보호및관리에관한법률
0101219000	기타	농림축산검역본부장에게 신고하고 검역을 받아야 한다.(가축전염병예방법 제32조의 규정에 의한 수입금지지역에서 생산 또는 발송되었거나 그 지역을 경유한 지정검역물은 수입할 수 없음) (이하생략)	가축전염병예방법

(2) 별도규정 품목

통합공고 제8조 각호에서 규정한 마약 및 향정신성의약품, 대마, 원료물질, 식품류, 관세법 제234조의 수출입금지물품, 보호문화재, 방산물자등, 농약 또는 원제, 화학물질, 건강기능식품, 식품검역대상물품 중 일정 물품에 대하여는 별표 1, 2의 수출입요령에 게기되지 않은 경우일지라도 해당 호에서 정한 요건을 갖추어 수출입하여야 한다(통합공고 제8조).

(3) 수출입공고 등과의 관계

통합공고에서 정한 요건확인의 내용과 수출입공고 등과 전략물자 수출입공고의 제한내용이 동시에 적용될 경우에는 통합공고에서 정한 요건확인의 내용과 수출입공고 등의 제한내용이 모두 충족되어야만 수출 또는 수입할 수 있다(통합공고 제7조 제1항).

1개의 요건확인품목에 대해 2개 이상의 법령이 관련되어 별표 1, 2의 수출입요령에서 2개 이상의 요건확인을 받을 것을 규정하고 있는 경우에는 당해 요건확인 품목에 대한 해당 법령의 적용대상 물품이나 고시대상 품목의 분류가 용도기준으로 된 물품 이외에는 당해 물품에 부과된 2개 이상의 요건을 이 고시가 정한 요건확인기관에서 확인받아야 한다(동조 제2항).

5. 전략물자 수출입고시

(1) 의 의

전략물자란 핵미사일 등 대량살상 무기, 재래식 무기, 미사일 및 그 제조·개발에 이용 가능한 물품, 소프트웨어, 기술 등을 말하고, 군용품목(Munition List Items)과 이중용도품목(Dual Use Items)[6]으로 나뉜다. 우리나라는 미국, 영국 등 다른 국가들과 함께 전략물자 국제수출 통제체제 원칙[7]인 바세나르 체제 등에 가입하여 전략물자에 대한 수출통제 및 국가 간 정보공유를 해오고 있고, 국제평화 및 안전유지와 국가안보를 위하여 핵미사일 등 대량살상무기 제조 등에 전용될 수 있어 수출허가 등 제한이 필요한 전략물자를 산업통상자원부고시인 전략물자고시에 지정고시하고, 다양한 물품을 전략물자로 분류하여 수출허가 대상으로 삼는 등 국제적 유통을 통제하고 있다(대외무역법 제19조 제1·2항). 이를 통해 무분별한 교역의 확대로 인한 국가안보의 손상가능성을 최소화하고, 통제국가에 의한 무역보복을 방지함으로써 관련 국내기업이 해외시장을 상실

---

6) 민간용으로 만들었거나 개발되었지만, 군사용으로도 쓸 수 있는 품목을 말한다. 군용품목뿐만 아니라 이중용도품목 역시 적성국가로 이전되는 경우 세계평화와 국제안보에 위협이 될 수 있기 때문에 전략물자로 지정하고 있다.

7) 바세나르체제(WA), 핵공급국그룹(NSG), 미사일기술통제체제(MTCR), 오스트레일리아그룹(AG), 화학무기의 개발·생산·비축·사용 금지 및 폐기에 관한 협약(CWC), 세균무기(생물무기) 및 독소무기의 개발·생산·비축 금지 및 폐기에 관한 협약(BWC), 무기거래조약(ATT)을 말한다.

하는 것을 방지할 수 있다.[8]

전략물자에 대하여는 전략물자고시 별표 2(이중용도품목) 및 별표 3(군용물자품목)에 규정되어 있다(동 고시 제2조 제1호). 전략물자고시가 형벌법규의 구성요건을 보충하는 요소로 작용할 때에는 죄형법정주의가 요구하는 형벌법규의 명확성 원칙에 위반되지 않아야 한다.[9]

(2) 전략물자 해당여부 판정

전략물자는 별표 2(이중용도품목), 별표 2의2(상황허가 대상품목) 및 별표 3(군용물자품목)에서 규정하는 물품 등을 말한다(전략물자고시 제12조 제1항). 무역거래자가 자체적으로 판단하는 자가판정과 판정기관에 의한 전문판정으로 구분된다(동조 제2항).

1) 사전판정

물품 등의 무역거래자는 산업통상자원부장관이나 관계 행정기관의 장에게 수출하려는 물품 등이 전략물자 또는 상황허가 대상인 물품 등에 해당하는지에 대한 판정을 신청할 수 있다. 산업통상자원부장관이나 관계 행정기관의 장은 전문판정기관인 전략물자관리원장 또는 한국원자력통제기술원에 전략물자 판정업무를 위임·위탁하고 있다(대외무역법 제20조 제2항, 동법 시행령 제37조). 판정의 유효기간은 2년이다(동법 시행령 제36조 제3항).

2) 자가판정

물품 등의 무역거래자는 산업통상자원부장관이 고시하는 교육을 이수한 경우에는 기술[10]이나 그 밖에 산업통상자원부장관이 자가판정 대상이 아닌 것으로 고시하는 물품 등에 해당하지 않는 물품 등이 전략물자 또는 상황허가 대

---

8) 최승환, 전략물자수출통제와 남북경협, 국제거래법학회, 2005. 2면. 전략물자수출통제제도는 남북경협의 성공적 추진을 저해하는 요인으로 이용될 수 있는바, 위 논문에서는 남북경협 활성화를 위한 전략물자수출통제제도의 운용방안에 관하여 설명하고 있다.

9) 대법원 2010. 12. 23. 선고 2008도4233 판결. 구 전략물자수출입공고 제48조의 '국제평화와 지역안전을 저해할 우려가 있는 지역' 부분은 형벌법규의 명확성 원칙에 반하여 무효이므로, 피고인들이 수출허가를 받지 아니하고 미얀마에 전략물자를 수출하였다고 하더라도 이를 구 대외무역법 제54조 제2호 위반죄로 처벌할 수는 없다고 본 사례.

10) 제25조에 따른 자율준수무역거래자 중 산업통상자원부장관이 고시하는 무역거래자가 기술을 수출하는 경우는 제외한다.

상인 물품 등에 해당하는지에 대한 판정을 자체적으로 판단하는 자가판정으로
할 수 있다. 이 경우 물품 등의 무역거래자는 판정대상 물품의 성능과 용도 등
산업통상자원부장관이 고시하는 정보를 전략물자 수출입관리 정보시스템에 등
록하여야 한다(대외무역법 제20조 제3항).

3) 전문판정

기술[11]이나 별표 2의 제10부에 해당되는 물품 등은 전문판정만을 유효한
것으로 본다(대외무역법 제20조 제3항).

(3) 수출허가

전략물자의 수출통제수단으로 전략물자 수출허가가 있다. 전략물자 수출
허가에는 개별수출허가, 사용자포괄수출허가, 품목포괄수출허가 등이 있다. 개
별수출허가란 허가기관의 장이 전략물자의 개별 수출허가신청 건에 대하여 해
당 품목과 수량, 최종사용자와 사용용도를 확인하여 허가하는 것을 말한다(전
략물자고시 제19조). 사용자포괄수출허가란 허가기관의 장이 자율준수무역거래
자로 지정된 수출자에게 별표 8에 속하는 품목(기술 제외)을 그 구매자, 목적지
국가, 최종 물품수신인을 지정하여 일정한 기간 동안 수출하도록 허가하는 것
으로서, 그 기간 동안 해당 품목의 수출여부 및 수출수량은 수출자가 최종사용
자의 사용용도를 고려하여 자율적으로 결정할 수 있는 것을 말한다(동 고시 제
28조). 품목포괄수출허가란 허가기관의 장이 자율준수무역거래자에게 별표 8에
속하는 품목을 특정한 구매자, 최종목적지국가, 최종 물품수신인, 최종사용자,
최종사용용도에 따라 일정한 기간 동안 수출하도록 허가하는 것으로서, 그 기
간 동안 수출자가 대상 품목 및 그 수출여부와 수출량을 자율적으로 결정할 수
있는 것을 말한다(동 고시 제34조).

전략물자 수출허가를 신청할 수 있는 자는 ① 해당 전략물자 등을 소유하
고 수출을 스스로 통제·주관하는 자, ② 외국에 소재한 위와 같은 자로부터 해
당 전략물자 등의 수출을 포괄위임을 받은 자, ③ 위수탁가공무역 수출을 하는
자이다(동 고시 제18조의2).

---

11) 제72조에 따라 AA등급 또는 AAA등급으로 지정된 자율준수무역거래자가 제5조 제1항 제1호
    에 따라 산업통상자원부장관이 허가하는 품목에 대해 수행한 자가판정은 그러하지 아니하다.

6. 무허가 전략물자 수출죄

(1) 구성요건

본죄는 전략물자 등의 국제적 확산을 꾀할 목적으로 수출허가를 받지 아니하고 전략물자를 수출한 자에 대하여 성립한다. 목적이 없는 경우에도 처벌하나 목적범의 경우보다 법정형이 낮게 규정되어 있다. 본죄의 수출에는 기술이 국내에서 국외로의 이전하거나 국내 또는 국외에서 대한민국 국민(국내법에 따라 설립된 법인을 포함한다)으로부터 외국인(외국의 법률에 따라 설립된 법인을 포함한다)에게 이전하는 경우를 포함한다(대외무역법 제19조 제2항). 이때 기술이전은 전화, 팩스, 이메일 등 정보통신망을 통한 이전, 지시, 교육, 훈련, 실연(實演) 등 구두나 행위를 통한 이전, 종이, 필름, 자기디스크, 광디스크, 반도체메모리 등 기록매체나 컴퓨터 등 정보처리장치를 통해 이전하는 경우를 말한다(동법 시행령 제32조의3).

본죄가 성립하는 경우에 관하여 보면, 예컨대 바세나르 체제 등에 가입하지 않은 중국, 홍콩 등 국가에 수출하기 위하여는 구매자, 최종 물품수신인, 신청품목의 기술적 특성 및 최종 사용용도, 사용 장소 등을 밝혀 전략물자가 핵미사일 등 대량살상무기의 제조·개발·사용에 전용되거나 적성국가에서 유통될 가능성이 있는지 사전에 심사받아야 한다. 아날로그 신호를 디지털 신호로 변환하는 기능을 가지는 반도체 제품인 IC칩은 수출입고시 별표 2 이중용도품목 목록 중 '2A001.a.5.'에 해당하여 수출허가 대상인 전략물자로 지정·고시되어 있다. 이러한 IC칩이 홍콩 등 다른 국가에서 우리나라보다 더 높게 거래된다는 점을 이용하여 산업통상자원부 장관의 수출허가를 받지 아니한 채 마치 전략물자가 아닌 것처럼 수출한 경우 본죄가 성립한다.[12]

(2) 타죄와의 관계

본죄는 관세법위반(부정수출)죄와 동시에 성립하는 경우가 많다. 전략물자 수출허가 대상인 전략물자를 전략물자가 아닌 것처럼 수출신고를 한 경우 본죄와 관세법위반(부정수출)죄가 성립하고 실체적 경합범 관계에 있다.[13]

---

12) 서울중앙지방법원 2018. 12. 20. 선고 2018고단4522 판결, 서울중앙지방법원 2018. 9. 21. 선고 2018고합432, 2018고합608(병합) 판결.

13) 서울중앙지방법원 2018. 12. 20. 선고 2018고단4522 판결, 서울중앙지방법원 2018. 9. 21. 선

(3) 처 벌

전략물자 등의 국제적 확산을 꾀할 목적으로 본죄를 범한 경우 7년 이하의 징역 또는 수출·경유·환적·중개하는 물품 등의 가격의 5배에 해당하는 금액 이하의 벌금에 처한다(대외무역법 제53조 제1항 제1호). 그러한 목적이 없는 경우에는 5년 이하의 징역 또는 수출·수입·경유·환적·중개하는 물품 등의 가격의 3배에 해당하는 금액 이하의 벌금에 처한다. 양벌규정이 있어 그 행위자를 벌하는 외에 그 법인 등에게도 해당 조문의 벌금형을 과한다(대외무역법 제57조).

Ⅱ. 개별 법령

1. 화학물질관리법

(1) 의 의

화학물질관리법은 유독물질, 허가물질, 제한물질, 금지물질을 수출입하는 경우 구비조건을 정하고 이에 위반할 경우 형사처벌하도록 하고 있다.

(2) 유독물질 등

유독물질이란 유해성(有害性)이 있는 화학물질로서 대통령령으로 정하는 기준에 따라 환경부장관이 정하여 고시한 것을 말한다(화학물질관리법 제2조 제2호). 허가물질이란 위해성(危害性)이 있다고 우려되는 화학물질로서 환경부장관의 허가를 받아 제조, 수입, 사용하도록 환경부장관이 관계 중앙행정기관의 장과의 협의와 화학물질등록평가법 제7조에 따른 화학물질평가위원회의 심의를 거쳐 고시한 것을 말한다(동조 제3호).

제한물질이란 특정 용도로 사용되는 경우 위해성이 크다고 인정되는 화학물질로서 그 용도로의 제조, 수입, 판매, 보관·저장, 운반 또는 사용을 금지하기 위하여 환경부장관이 관계 중앙행정기관의 장과의 협의와 화학물질등록평가법 제7조에 따른 화학물질평가위원회의 심의를 거쳐 고시한 것을 말한다(동

고 2018고합432, 2018고합608(병합) 판결.

조 제4호).

금지물질이란 위해성이 크다고 인정되는 화학물질로서 모든 용도로의 제조, 수입, 판매, 보관·저장, 운반 또는 사용을 금지하기 위하여 환경부장관이 관계 중앙행정기관의 장과의 협의와 화학물질등록평가법 제7조에 따른 화학물질평가위원회의 심의를 거쳐 고시한 것을 말한다(동조 제5호).

(3) 수입조건

허가물질을 제조·수입·사용하려는 자는 미리 환경부장관의 허가를 받아야 한다(화학물질관리법 제19조 제1항). 제한물질을 수입하려는 자는 해당 제한물질의 용도가 명확하고 적정한 관리가 가능한 경우에 한정하여 환경부령으로 정하는 바에 따라 환경부장관의 허가를 받아야 한다(동법 제20조 제1항). 유독물질을 수입하려는 자는 환경부령으로 정하는 바에 따라 유독물질의 종류와 용도 등을 환경부장관에게 신고하여야 한다(동조 제2항).

(4) 수출승인

제한물질(취급이 제한된 용도에 한정) 또는 금지물질을 수출하려는 자는 수출통보서에 포함되어야 하는 정보에 관한 자료를 갖추어 환경부령으로 정하는 바에 따라 매년 환경부장관의 승인을 받아야 한다. 환경부령으로 정하는 중요한 사항이 변경되는 경우에도 또한 같다(동법 제21조 제1항).

(5) 처 벌

허가를 받지 아니하거나 거짓으로 허가를 받고 허가물질을 제조·수입·사용한 자는 5년 이하의 징역 또는 1억원 이하의 벌금에 처한다(화학물질관리법 제58조 제3호). 제한물질의 수입허가를 받지 아니하거나 거짓으로 수입허가를 받고 수입한 자는 3년 이하의 징역 또는 5천만원 이하의 벌금에 처한다(동법 제59조 제5호). 유독물질 수입신고를 하지 아니하거나 거짓으로 신고하고 수입한 자와 제한물질의 수출승인을 받지 아니하거나 거짓으로 승인을 받고 수출한 자는 1년 이하의 징역 또는 3천만원 이하의 벌금에 처한다(동법 제61조 제2·3호). 금지물질의 제조·수입·판매 허가를 받지 아니하거나 거짓으로 허가를 받은 자, 금지물질 변경허가를 받지 아니하거나 거짓으로 변경허가를 받고 금지물질을 수입한 자, 제한물질·금지물질의 수출에 대한 변경승인을 받지 아니하거나 거짓으로 변경승인을 받아 수출한 자는 6개월 이하의 징역 또는 500만원 이하의 벌금에 처한다(동법 제62조 제1-3호).

2. 폐기물이동법

(1) 의 의

폐기물이동법은 수출입규제폐기물의 수출입에 대하여 허가사항으로 정하고 이를 위반한 경우 형사처벌하도록 하고 있다.

(2) 폐기물

폐기물이란 수출입규제폐기물과 수출입관리폐기물로 나뉜다. 수출입규제폐기물이란 「유해폐기물의 국가 간 이동 및 그 처리의 통제에 관한 바젤협약」(이하 '협약'이라 한다) 부속서 등에 규정된 폐기물 및 협약 제11조에 따른 양자간·다자간 또는 지역적 협정에서 수출·수입 및 국내 경유(이하 '수출입등'이라 한다)의 규제가 필요한 것으로 정하는 물질로서 대통령령으로 정하는 물질을 말한다.

수출입관리폐기물이란 폐기물관리법 제2조 제1호의 폐기물 중 수출입규제폐기물 외의 폐기물로서 수출·수입의 관리가 필요하여 대통령령으로 정하는 물질을 말한다(폐기물이동법 제2조 제1호).

(3) 수출입규제폐기물의 수출허가

수출입규제폐기물을 수출하려는 자는 대통령령으로 정하는 바에 따라 환경부장관의 허가를 받아야 한다. 허가받은 사항을 변경하려는 경우에도 이와 같다(폐기물이동법 제6조 제1항).

환경부장관은 수출입규제폐기물의 수출허가 신청 또는 변경허가 신청을 받은 경우에는 ① 국내에서 해당 폐기물을 환경적으로 건전하고 적정하게 처리하기 위하여 필요한 기술과 시설을 가지고 있지 아니한 경우 또는 ② 해당 폐기물이 수입국의 재활용을 위한 산업의 원료로 필요한 경우에 해당하는 경우에만 이를 허가할 수 있다(동조 제2항).

환경부장관은 수출허가를 하려는 경우에는 수출하려는 수출입규제폐기물의 수입국 및 경유국의 동의를 받아야 한다(동조 제3항).

(4) 수출입규제폐기물의 수입허가

수출입규제폐기물을 수입하려는 자는 대통령령으로 정하는 바에 따라 환경부장관의 허가를 받아야 한다. 허가받은 사항을 변경하려는 경우에도 이와 같다(폐기물이동법 제10조 제1항).

환경부장관은 수출입규제폐기물의 수입허가 신청 또는 변경허가 신청을 받은 경우에는 ① 해당 폐기물을 환경적으로 건전하고 적정하게 처리하기 위하여 필요한 기술과 시설을 가지고 있는 경우 또는 ② 해당 폐기물이 재활용을 위한 산업의 원료로 사용되는 경우에만 이를 허가할 수 있다(동조 제2항).

환경부장관은 수입허가를 할 때 수출국의 주무관청으로부터 해당 폐기물의 수입 동의 요청이 없는 경우에는 수입을 허가하여서는 아니 된다. 다만, 수출국의 법령에 따라 국가 간 이동 통제 대상 폐기물로 규정되지 아니한 경우에는 그러하지 아니하다(동조 제3항).

(5) 폐기물이동법위반

수출입규제폐기물의 수출허가 및 수입허가를 받지 아니하거나 거짓으로 허가를 받고 폐기물을 수출하거나 수입한 자는 5년 이하의 징역 또는 5천만원 이하의 벌금에 처한다(폐기물이동법 제28조 제1호). 수출입규제폐기물의 수출입허가 취소 사유에 해당되어 그 허가가 취소된 이후에 폐기물을 수출하거나 수입한 자도 이와 같다(동조 제1의2호).

다른 자에게 자기의 명의나 상호를 사용하여 수출입규제폐기물을 수출 또는 수입하게 하거나 수출입규제폐기물 수출허가서·수입허가서 또는 그 변경허가서를 빌려준 자에 대하여는 3년 이하의 징역 또는 3천만원 이하의 벌금에 처한다(동법 제29조 제1호).

수출입관리폐기물 수출입신고의무를 위반하여 신고를 하지 아니하거나 거짓으로 신고한 자에 대하여는 2년 이하의 징역 또는 2천만원 이하의 벌금에 처한다(동법 제29조의2 제1호).

양벌규정이 있어 법인의 대표자나 법인 또는 개인의 대리인, 사용인, 그 밖의 종업원이 그 법인 또는 개인의 업무에 관하여 위반행위를 하면 그 행위자를 벌하는 외에 그 법인 또는 개인에게도 해당 조문의 벌금형을 과한다. 다만,

법인 또는 개인이 그 위반행위를 방지하기 위하여 해당 업무에 관하여 상당한 주의와 감독을 게을리하지 아니한 경우에는 그러하지 아니하다(동법 제31조).

3. 총포화약법

(1) 의의 및 용어의 정의

① 총포란 권총, 소총, 기관총, 포, 엽총, 금속성 탄알이나 가스 등을 쏠 수 있는 장약총포(裝藥銃砲), 공기총(가스를 이용하는 것을 포함한다) 및 총포신·기관부 등 그 부품(이하 '부품'이라 한다)으로서 대통령령으로 정하는 것을 말한다(총포화약법 제2조 제1항). ② 도검이란 칼날의 길이가 15센티미터 이상인 칼·검·창·치도(雉刀)·비수 등으로서 성질상 흉기로 쓰이는 것과 칼날의 길이가 15센티미터 미만이라 할지라도 흉기로 사용될 위험성이 뚜렷한 것 중에서 대통령령으로 정하는 것을 말한다(동조 제2항). ③ 화약류란 화약, 폭약 및 화공품(火工品: 화약 및 폭약을 써서 만든 공작물을 말한다)을 말한다(동조 제3항). ④ 분사기란 사람의 활동을 일시적으로 곤란하게 하는 최루(催淚) 또는 질식 등을 유발하는 작용제를 분사할 수 있는 기기를(동조 제4항), ⑤ 전자충격기란 사람의 활동을 일시적으로 곤란하게 하거나 인명(人命)에 위해(危害)를 주는 전류를 방류할 수 있는 기기를(동조 제5항), ⑥ 석궁이란 활과 총의 원리를 이용하여 화살 등의 물체를 발사하여 인명에 위해를 줄 수 있는 것으로 대통령령으로 정하는 것을 말한다(동조 제6항).

(2) 수출입 허가

1) 총포·화약류

총포·화약류를 수출 또는 수입하려는 자는 수출 또는 수입하려는 때마다 관련 증명서류 등을 경찰청장에게 제출하고 경찰청장의 허가를 받아야 한다. 이 경우 경찰청장은 수출 허가를 하기 전에 수입국이 수입 허가 등을 하였는지 여부 및 경유국이 동의하였는지 여부 등을 확인하여야 한다(총포화약법 제9조 제1항).

2) 도검·분사기·전자충격기·석궁

도검·분사기·전자충격기·석궁을 수출 또는 수입하려는 자는 행정안전부령으로 정하는 바에 따라 수출 또는 수입하려는 때마다 주된 사업장의 소재지를 관할하는 시·도경찰청장의 허가를 받아야 한다(총포화약법 제9조 제2항).

3) 허가의 요건

총포·화약류 또는 도검·분사기·전자충격기·석궁의 수출입허가를 받기 위하여는 제조업자·판매업자 또는 임대업자여야 한다. 다만, 국가기관 또는 지방자치단체가 사용하려는 것으로서 직접 경찰청장의 승인을 받은 경우에는 그 국가기관 또는 지방자치단체는 총포·도검·화약류·분사기·전자충격기·석궁을 수출 또는 수입할 수 있다(총포화약법 제9조 제3항).

4) 수출입의 제한

경찰청장 또는 시·도경찰청장은 공공의 안전유지를 위하여 필요하다고 인정되는 경우에는 총포·도검·화약류·분사기·전자충격기·석궁의 수출 또는 수입을 제한하거나 허가하지 아니할 수 있다. 다만, 식별표지가 없는 총포는 수입 또는 수출을 허가할 수 없다(총포화약법 제9조 제4항).

5) 신고사항

화약류를 수입한 자는 지체 없이 행정안전부령으로 정하는 바에 따라 수입지를 관할하는 경찰서장에게 신고하여야 한다(총포화약법 제9조 제5항).

(3) 총포화약법위반

총포 중 권총·소총·기관총·포·엽총·공기총의 수출입에 관하여 경찰청장의 허가를 받지 아니한 경우 3년 이상 15년 이하의 징역 또는 3천만원 이상 1억원 이하의 벌금에 처한다(총포화약법 제70조 제1항 제2호). 권총·소총·기관총·포·엽총·공기총을 제외한 총포 및 화약류의 수출입에 관하여 경찰청장의 허가를 받지 아니한 경우 10년 이하의 징역 또는 5천만원 이하의 벌금에 처한다(동법 제70조의2 제2호).

도검·분사기·전자충격기·석궁의 수출입에 관하여 시·도경찰청장의 허가를 받지 아니한 경우 5년 이하의 징역 또는 1천만원 이하의 벌금에 처한다(동법 제71조 제1호).

양벌규정이 있어 법인의 대표자나 법인 또는 개인의 대리인, 사용인, 그 밖의 종업원이 그 법인 또는 개인의 업무에 관하여 총포화약법 위반행위를 하면 그 행위자를 벌하는 외에 영업주인 법인 등에게도 해당 조문의 벌금형을 과한다. 다만, 법인 또는 개인이 그 위반행위를 방지하기 위하여 해당 업무에 관하여 상당한 주의와 감독을 게을리하지 아니한 경우에는 그러하지 아니하다(동법 제76조).

4. 기 타

식물방역법, 야생생물보호및관리법, 수산생물질병관리법, 가축전염병예방법, 통신비밀보호법 등에서도 수출입 조건을 규정하고 위반시 형사처벌하는 규정을 두고 있다. 이 밖에 약사법, 수입식품법 등은 제5편 제3장 국민보건과 관련된 죄에서, 상표법 등은 제5편 제2장 지식재산권에 관한 죄에서 다루기로 한다.

Ⅲ. 세관장확인대상

1. 의 의

수출입을 할 때 법령에서 정하는 바에 따라 구비조건을 갖출 필요가 있는 물품은 세관장에게 그 조건을 갖춘 것임을 증명하여야 한다(법 제226조 제1항). '세관장확인'이란 세관장이 수출입신고자료의 심사과정에서 수출입요건 구비 여부를 확인하는 것을 말한다. 통관단계에서 이러한 증명을 하지 못하면 통관 보류사유가 된다. 관세청장은 통관을 위해 구비조건이 필요한 물품에 대하여 주무부장관의 요청을 받아 세관공무원에 의하여 확인이 가능한 사항인지 여부, 물품의 특성 기타 수출입물품의 통관여건 등을 고려하여 세관장의 확인대상물품, 확인방법, 확인절차, 그밖에 확인에 필요한 사항을 '관세법 제226조에 따른 세관장확인물품 및 확인방법 지정고시(이하 '세관장확인고시'라 한다)'에 공고하고 있다(법 제226조 제2항, 시행령 제233조).

2. 요건신청절차

요건확인기관이란 관련 법령에 따라 수출입물품에 대한 허가·승인·표시나 그 밖의 조건을 확인·증명하는 수출입 관련 기관을 말한다. 요건신청이란 수출입시 허가·승인 등의 증명이 필요한 물품을 수출입하려는 자가 요건확인기관의 장에게 허가·승인 그밖의 조건을 구비하기 위하여 신청하는 것을 말한다.

수출입시 허가·승인 등의 증명이 필요한 물품을 수출입하려는 자는 요건신청을 통관포털을 이용하여 요건확인기관의 장에게 할 수 있다. 신청방법은 유니패스에서 전자제출하거나 서면에 의한 직접 신청방식이 있다.

3. 요건확인생략

대외무역법 시행령 제19조에 따른 수출입승인면제물품, 통합공고 제12조(요건면제) 제1항 각호에 해당되어 요건면제확인서를 제출한 물품, 수출입 안전관리 우수 공인업체·자율확인우수기업 등이 수출입신고하는 물품은 세관장확인을 생략한다(세관장확인고시 제7조 제2항).

4. 세관장확인대상 수출물품

요건확인이 필요한 세관장확인대상 수출물품은 다음과 같다(세관장확인고시 별표 1).

대상법령 및 물품의 범위	구비요건
(1) 「마약류 관리에 관한 법률」 해당물품	○ 식품의약품안전처장의 수출승인(요건확인)서
(2) 「폐기물의 국가간 이동 및 그 처리에 관한 법률」 해당물품	○ 유역(지방)환경청장의 폐기물 수출허가(신고)확인서
(3) 「외국환거래법」 해당물품	○ 세관장의 지급수단등의 수출신고필증 ○ 한국은행총재 또는 외국환은행장의 지급등의 방법(변경)신고서 또는 외국환신고(확인)필증

대상법령 및 물품의 범위	구비요건
(4) 「총포·도검·화약류 등의 안전관리에 관한 법률」 해당물품 　(가) 권총·소총·기관총·포, 화약·폭약 　(나) 그외의 총 및 그 부분품, 도검, 화공품, 분사기, 전자충격기, 석궁	○ 경찰청장의 수출허가증 ○ 지방경찰청장의 수출허가증
(5) 「야생생물 보호 및 관리에 관한 법률」 해당물품 　멸종위기에 처한 야생동·식물(국제적 멸종위기종 포함)	○ 유역(지방)환경청장의 멸종위기 야생동·식물(국제적 멸종위기종) 수출허가서
(6) 「문화재보호법」 해당물품	○ 문화재청장의 문화재 국외반출 허가서 또는 비문화재확인서
(7) 「남북교류협력에 관한 법률」 해당물품	○ 통일부장관의 반출승인서
(8) 「원자력안전법」 해당물품 　(가) 핵물질 　(나) 방사성동위원소 및 방사선발생장치	○ 원자력안전위원회의 수출요건확인서 ○ 한국원자력안전재단의 수출요건확인서
(9) 「가축전염병 예방법」 해당물품	○ 농림축산검역본부장의 검역증명서
(10) 「농업생명자원의 보존·관리 및 이용에 관한 법률」 해당물품 중 인삼종자	○ 농촌진흥청장의 수출승인서
(11) 「방위사업법」 해당물품 중 군용 총포, 도검, 화약류	○ 방위사업청장의 수출허가서
(12) 생물다양성 보전 및 이용에 관한 법률」 해당물품 　(가) 국외반출승인대상 생물자원	○ 유역(지방)환경청장의 생물자원 국외반출 승인서
(13) 「생활주변방사선 안전관리법」 해당물품 　(가) 원료물질·공정부산물	○ 원자력안전위원회의 수출신고 적합 통보서

5. 세관장확인대상 수입물품

　요건확인이 필요한 세관장확인대상 수입물품은 다음과 같다(세관장확인고시 별표 2).

대상법령 및 물품의 범위	구비요건
(1) 「약사법」 해당물품 중 의약품(첨단바이오의약품 포함) 및 한약재 　(가) 의약품 및 의약외품 　(나) 자가 치료용 의약품 등(자가치료용, 구호용 등 의약품 등 안전에 관한 규칙 제57	○ 한국의약품수출입협회장의 표준통관예정보고서 ○ 수입요건확인 면제 추천서

조 제6호에 따라 식품의약품안전처장이 정하는 품목에 한함) (다) 한약재 (라) 동물용 의약품	ㅇ 식품의약품안전평가원장 또는 식품의약품안전처장이 지정한 한약재품질검사기관장의 검사필증이나 검체수거증 또는 수입승인(요건확인)서 ㅇ 한국동물약품협회장의 표준통관예정보고서
(2) 「마약류 관리에 관한 법률」 해당물품	ㅇ 식품의약품안전처장의 수입승인(요건확인)서
(3) 「수입식품안전관리 특별법」 해당물품 중 식품 및 식품첨가물, 식품용 기구 및 용기·포장, 수산물, 건강기능식품, 축산물	ㅇ 지방식품의약품안전청장의 수입식품등의 수입신고확인증
(4) 「식물방역법」 해당물품 중 식물, 종자, 원목, 원석, 가공목재	ㅇ 농림축산검역본부장의 수입식물검역증명서, 가공품목확인서 또는 금지품제외확인서
(5) 「사료관리법」 해당물품	ㅇ 농림축산식품부장관이 지정한 신고단체의 장(농협중앙회장, 한국사료협회장, 한국단미사료협회장)의 사료수입신고필증
(6) 「가축전염병 예방법」 해당물품	ㅇ 농림축산검역본부장의 동물검역증명서
(7) 「전기용품 및 생활용품 안전 관리법」 해당물품 (가)안전인증대상 제품 (나)안전확인대상 제품 (다) 공급자 적합성 확인대상 제품	ㅇ 안전인증기관의 장의 안전인증서 ㅇ 안전인증기관의 장의 안전확인신고 증명서 ㅇ공급자 적합성 확인신고 확인증명서(단,전기용품은 제품안전협회장의 공급자 적합성확인신고서)
(8) 「폐기물의 국가간 이동 및 그 처리에 관한 법률」 해당물품	ㅇ 유역(지방)환경청장의 폐기물 수입허가(신고)확인서
(9) 「오존층 보호를 위한 특정물질의 제조규제 등에 관한 법률」 해당물품 중 수입금지물질, 국제협약에 의한 수입쿼터 관리품목	ㅇ 한국석유화학협회장의 수입확인서
(10) 「외국환거래법」 해당물품	ㅇ 세관장의 지급수단등의 수입신고필증 ㅇ 한국은행총재 또는 외국환은행장의 지급등의 방법(변경)신고서
(11) 「방위사업법」 해당물품 중 군용 총포, 도검, 화약류	ㅇ 방위사업청장의 수입허가서
(12) 「화학물질관리법」 해당물품 (가) 금지물질 (나) 제한물질 (다) 유독물질	ㅇ 유역(지방)환경청장의 금지물질 수입(변경)허가증 ㅇ 유역(지방)환경청장의 제한물질 수입(변경)허가증 ㅇ 유역(지방)환경청장의 유독물질 수입(변경)신고증

대상법령 및 물품의 범위	구비요건
(13) 「석면안전관리법」 해당물품	○ 유역(지방)환경청장의 석면함유가능물질 수입승인서
(14) 「원자력안전법」 해당물품 (가) 핵물질 (나) 방사성동위원소 및 방사선발생장치	○ 원자력안전위원회의 수입요건확인서 ○ 한국원자력안전재단의 수입요건확인서
(15) 「총포·도검·화약류 등의 안전관리에 관한 법률」 해당물품 (가) 권총·소총·기관총·포, 화약·폭약 (나) 그외의 총 및 그 부분품, 도검, 화공품, 분사기, 전자충격기, 석궁	○ 경찰청장의 수입허가증 ○ 지방경찰청장의 수입허가증
(16) 「야생생물 보호 및 관리에 관한 법률」 해당물품(다만, 쉽게 식별할 수 없는 가공품은 제외) (가) 야생동물 (나) 멸종위기에 처한 야생동식물(국제적 멸종위기종 포함)	○ 시장·군수·구청장의 야생동물 수입허가증 ○ 유역(지방)환경청장의 멸종위기 야생동·식물(국제적 멸종위기종) 수입허가서
(17) 「남북교류협력에 관한 법률」 해당물품	○ 통일부장관의 반입승인서
(18) 「비료관리법」 해당물품 중 위해성검사대상 물품	○ 국립농업과학원장의 중금속 검사합격(면제)증명서
(19) 「먹는물관리법」 해당물품 중 먹는 샘물, 수처리제	○ 시·도지사의 수입신고필증
(20) 「종자산업법」 해당물품 (가) 식량작물종자 (나) 채소종자 (다) 버섯종균 (라) 약용종자 (마) 목초·사료작물종자 또는 녹비종자	○ 농업기술실용화재단 이사장의 수입요건확인서 ○ 한국종자협회장의 수입요건확인서 ○ 한국종균생산협회장 또는 산림청장의 수입요건확인서 ○ 한국생약협회장 또는 산림청장의 수입요건확인서 ○ 농업협동조합중앙회장의 수입요건확인서
(21) 「화장품법」 해당물품	○ 한국의약품수출입협회장의 표준통관예정보고서
(22) 「의료기기법」 해당물품 (가) 의료기기 (나) 시험용 의료기기 등(시험용, 자가사용용, 구호용 등 의료기기법 시행규칙 제32조 제2항에 따라 식품의약품안전처장이 정하는 품목에 한함) (다) 동물용 의료기기	○ 한국의료기기산업협회장의 표준통관예정보고서 ○ 한국의료기기안전정보원의 장 또는 한국의료기기산업협회장의 의료기기 요건면제확인 추천서 ○ 한국동물약품협회장의 표준통관 예정보고서
(23) 「인체조직안전 및 관리 등에 관한 법률」 해당물품	○ 한국의약품수출입협회장의 표준통관예정보고서

대상법령 및 물품의 범위	구비요건
(24) 「통신비밀보호법」 해당물품 중 감청설비	○ 과기정통부장관의 감청설비 인가서
(25) 「산업안전보건법」 해당물품 　　(가) 석면함유제품	○ 지방고용노동관서장의 제조금지물질 수입승인서 또는 한국산업안전보건공단이사장의 확인서
(나) 제조등 금지물질	○ 지방고용노동관서장의 제조금지물질 수입승인서
(다) 안전인증대상제품	○ 안전인증기관의 안전인증확인서 또는 서면심사결과 적합확인서
(라) 자율안전확인 대상물품	○ 자율안전확인기관의 자율안전확인신고증명서
(26) 「화학무기·생물무기의 금지와 특정화학물질·생물작용제 등의 제조·수출입 규제 등에 관한 법률」 해당물품 중 생물작용제, 독소	○ 산업통상자원부장관의 수입허가서
(27) 「수산생물질병 관리법」 해당물품	○ 국립수산물품질관리원장의 수입검역증명서
(28) 「전파법」 해당물품 　　(가) 적합성평가대상 또는 적합성평가시험 신청기자재 　　(나) 적합성평가면제 대상 기자재	○ 국립전파연구원장의 적합성 평가확인 또는 사전통관확인서 ○ 국립전파연구원장의 적합성 평가 면제확인서 (다만, 면제확인이 생략된 경우는 제외)
(29) 「감염병의 예방 및 관리에 관한 법률」 해당물품 중 고위험병원체	○ 보건복지부 장관의 고위험병원체 반입허가 및 인수신고확인서
(30) 「고압가스 안전관리법」 해당물품 중 고압가스용기	○ 한국가스안전공사의 용기검사신청확인서
(31) 「어린이제품 안전 특별법」 해당물품	○ 안전인증기관 또는 안전확인신고기관의 공산품 동일모델 확인서 ○ 안전인증기관 또는 안전확인신고기관의 공산품 시료확인 및 사전통관 확인서
(32) 「계량에 관한 법률」 해당물품	○ 형식승인기관의 형식승인확인서
(33) 「위생용품 관리법」 해당물품	○ 지방식품의약품안전청장의 위생용품의 수입신고 확인증
(34) 「농약관리법」 해당물품	○ 농촌진흥청장의 농약품목등록증 또는 농약수입허가증
(35) 「목재의 지속가능한 이용에 관한 법률」 해당물품	○ 산림청장이 지정한 목재 규격·품질 검사기관의 목재제품 규격·품질검사결과 통지서 ○ 산림청장이 지정한 검사기관의 수입신고확인증

대상법령 및 물품의 범위	구비요건
(36) 「생물다양성 보전 및 이용에 관한 법률」 해당 물품 　(가) 생태계교란 생물	○ 유역(지방)환경청장의 생태계교란 생물 수입 허가서
(37) 「생활주변방사선 안전관리법」 해당물품 　(가) 원료물질·공정부산물	○ 원자력안전위원회의 수입신고 적합 통보서
(38) 「생활화학제품 및 살생물제의 안전관리에 관 한 법률」 해당물품 　(가) 안전확인대상생활화학제품	○ 한국환경산업기술원장의 안전기준 적합확인 신고증명서 또는 국립환경과학원장의 안전확 인대상생활화학제품 승인통지서
(39) 「액화석유가스의 안전관리 및 사업법」 해당물품 　(가) 이동식부탄연소기·이동식프로판연소기	○ 한국가스안전공사의 수입가스용품 요건승인서
(40) 「에너지이용 합리화법」 해당물품 　(가) 삼상유도전동기	○ 한국에너지공단이사장의 효율관리기자재 수 입 요건 확인서 또는 효율관리기자재 사전통 관 확인서

제 3 절　부정수출입죄

제270조(관세포탈죄 등) ① 제241조 제1항·제2항 또는 제244조 제1항에 따른 수입신고를 한 자 (제19조 제5항 제1호 다목에 따른 구매대행업자를 포함한다) 중 다음 각 호의 어느 하나에 해당하는 자는 3년 이하의 징역 또는 포탈한 관세액의 5배와 물품원가 중 높은 금액 이하에 상당하는 벌금에 처한다. 이 경우 제1호의 물품원가는 전체 물품 중 포탈한 세액의 전체 세액에 대한 비율에 해당하는 물품만의 원가로 한다.

　3. 법령에 따라 수입이 제한된 사항을 회피할 목적으로 부분품으로 수입하거나 주요 특성을 갖춘 미완성·불완전한 물품이나 완제품을 부분품으로 분할하여 수입한 자

② 제241조 제1항·제2항 또는 제244조 제1항에 따른 수입신고를 한 자 중 법령에 따라 수입에 필요한 허가·승인·추천·증명 또는 그 밖의 조건을 갖추지 아니하거나 부정한 방법으로 갖추어 수입한 자는 3년 이하의 징역 또는 3천만원 이하의 벌금에 처한다.

③ 제241조 제1항 및 제2항에 따른 수출신고를 한 자 중 법령에 따라 수출에 필요한 허가·승인·추천·증명 또는 그 밖의 조건을 갖추지 아니하거나 부정한 방법으로 갖추어 수출한 자는 1년 이하의 징역 또는 2천만원 이하의 벌금에 처한다.

Ⅰ. 의 의

부정수출입죄는 법령에 따른 수출입의 제한이나 필요한 구비조건 등을 위반하여 수출입함으로써 성립하는 범죄이다. 일반적으로 부정수입죄란 관세법 제270조 제2항을 말하나, 관세법 제270조 제1항 제3호의 수입제한 완제품 분할수입죄도 부정수입죄의 성질을 가지고 있다. 수입제한 완제품 분할수입죄는 관세포탈죄와 함께 규정하고 있으나, 그 성질 및 법령 체계상 관세법 제270조 제2항 등에 함께 규정하거나 별도로 독립하여 규정하는 등으로 관세포탈죄와 구별할 필요가 있다. 그 법정형도 관세포탈죄보다 완화하여 성질이 동일한 일반적인 부정수입죄와 동일하게 처벌하는 것으로 개정하는 것이 바람직하다.

Ⅱ. 구성요건

수출입의 의미는 제4편 제2장 제2절 금지품수출입죄에서와 같다.

1. 주 체

본죄의 주체는 수출입신고를 한 자이다. 신고대상임에도 신고를 하지 않고 수출입하는 경우 밀수출입죄가 성립한다. 다만, 법 제241조 제2항에 따른 수출입신고 생략물품을 수입하는 자는 본죄의 주체가 될 수 있다.

2. 행 위

(1) 법령에 따라 수출입에 필요한 구비조건을 갖추지 아니하거나 부정한 방법으로 갖추어 수출입하는 행위(법 제270조 제2·3항)

1) 법령의 의미

여기서 '법령'이란 수출입 조건을 규정한 모든 개별 법령을 말한다. 대외무역법령 및 대외무역법을 보충하는 기능을 가지면서 그와 결합하여 대외적인 구속력 있는 법규명령으로서의 효력을 가지는 수출입공고나 통합공고 등도 법령의 범위에 포함된다.[14]

---

14) 대법원 2007. 5. 31. 선고 2005도1074 판결.

다른 개별 법령에 수출입조건에 대하여 규정하고 있으나 세관장확인물품 지정고시에 규정하고 있지 않은 경우 본죄로 처벌할 수 있는지 문제된다. 대법원은 "세관장확인물품 지정고시는 허가·승인·표시 기타 조건의 구비를 요하는 물품에 대하여 주무부장관의 확인 요청이 있는지 여부, 세관공무원에 의하여 확인이 가능한 사항인지 여부, 물품의 특성 기타 수출입 물품의 통관여건 등을 고려하여 그 확인대상 물품 및 확인방법이 정해지는 것이므로, 위 고시에 규정하고 있지 않다고 하더라도 다른 법령에 규정하고 있다면 본죄로 처벌할 수 있다"고 하였다.[15]

2) 구비조건을 구비하지 아니하는 행위 또는 부정한 방법으로 구비하는 행위

부정한 방법으로 구비하는 행위란, 정상적인 절차에 의하여 수입승인 또는 그 변경승인을 얻을 수 없는 경우임에도 불구하고 위계 기타 사회통념상 부정이라고 인정되는 행위로써 수출입승인을 얻은 자를 의미하고, 그와 같은 사위 기타 부정한 방법으로 수출입승인을 얻고 나아가 이를 세관장에게 신고하여 세관장의 수출입신고필증을 받은 경우를 말한다.[16][17]

▶◁ **부정수입죄를 인정한 판례**

• 주류를 수입하면서 구 대외무역법(1996. 12. 30. 법률 제5211호로 전문 개정되기 전의 것) 제18조 제2항에 의한 통합공고(1995. 1. 16. 통상산업부고시 제1995-4호) [별표 Ⅱ] 품목별수입요령에 의한 제한조건인 주류수입업 면허를 사위 기타 부정한 방법으로 구비하여 수입승인을 받아 이를 세관장에게 신고하여 수입한 경우[18]

• 하수도법 제33조 제1항, 동법 시행령 제23조에 따라 수입 금지 품목인 주방용 오물 분쇄기를 수입한 사례[19]

• 자동차수입자가 자동차의 배출가스 또는 소음 관련 중요한 사항이 변경되었음에도 위와 같이 변경인증을 받지 않고 수입한 경우 대기환경보전법위반 및 소음진동관리법위반, 관세법위반

---

15) 통합공고에 "자동차관리법 제13조의 규정에 의하여 등록을 말소한 것에 한하여 수출할 수 있다."고 규정하고 있었으나 세관장확인물품 지정고시에 이러한 규정이 없다고 하더라도 본죄로 처벌할 수 있다(대법원 2007. 5. 31. 선고 2005도1074 판결).

16) 대법원 2001. 1. 19. 선고 99도2488 판결.

17) 대법원 1989. 3. 28. 선고 89도149 판결. 생사의 수입승인을 얻는데 필요한 한국섬유직물수출조합 이사장 명의의 외화획득용 원료수입추천서를 위조하는 등의 부정한 방법으로 외국환은행장의 수입승인을 얻어 가지고 세관장에게 수입신고할 때 이를 함께 제출하여 수입면허를 받은 경우가 있다.

(부정수입죄)에 해당한다고 한 사례[20]
- 의료기기인 의료용마스크(AEROSOL MASK)를 수입신고하면서 한국의료기기산업협회장으로부터 표준통관예정보고접수필증을 발급받지 아니한 채 수입신고한 사례[21]
- 보건용 마스크를 수입하면서 약사법 및 의약품 등의 안전에 관한 규칙에 따라 미리 식품의약품안전처장의 수입품목허가를 받고 통관하기 전 표준통관예정보고 절차를 거치고 통관하여야 함에도 이와 같은 절차를 이행하지 아니한 채 수입하여 관세법위반(부정수입죄), 특가법위반(관세), 약사법위반에 해당한다고 한 사례[22]

▶ **부정수출죄를 인정한 판례**
- 전략물자를 수출하면서 산업통상부 장관으로부터 수출허가를 받지 아니한 채 수출함과 동시에 마치 전략물자가 아닌 것처럼 세관장에게 수출신고하고 법령에 따라 수출에 필요한 허가를 갖추지 아니한 채 수출한 경우 대외무역법위반죄와 본죄가 성립한다고 한 사례[23]
- 폐기물이동법에 따른 수출입관리폐기물에 해당하여 수출시 환경부장관에게 신고한 후 신고확인을 받고 수출하여야 함에도 신고 없이 수출요건이 없는 세번으로 수출신고한 경우[24]

(2) 수입제한 완제품을 분할 수입하는 행위(법 제270조 제1항 제3호)

수입제한품목은 수출입공고에 관세·통계통합품목분류표(HSK)에 따라 규정되어 있고, 각 품목별 수입요령에 따라 승인을 받아야 수출입할 수 있다. 이러한 수입제한품목에 해당함에도 승인 없이 그 제한된 사항을 회피하기 위하여 부분품으로 수입하거나 완제품을 분할하여 수입하는 경우 등을 말한다.

3. 고 의

거짓이나 부정한 방법을 갖추어 수출입한 사실 및 법을 위반한다는 고의가 있어야 한다. 구성요건적 고의 인식의 대상은 구비조건을 갖추지 아니한 채 물품을 수입한다는 것이므로, 그와 같은 행위가 법령에 의해 처벌대상에 해당하지 않는다고 그릇 인식하였다는 것은 구성요건적 고의를 조각하는 사유가

---

18) 대법원 2001. 1. 19. 선고 99도2488 판결.
19) 광주지방법원 2020. 7. 9. 선고 2019고단5645 판결.
20) 서울중앙지방법원 2019. 4. 26. 선고 2019노111 판결.
21) 서울중앙지방법원 2019. 9. 18. 2019고정1187 판결.
22) 수원지방법원 2020. 5. 7. 선고 2019고합609 판결.
23) 서울중앙지방법원 2018. 9. 21. 선고 2018고합432 판결.
24) 수원지방법원 성남지원 2020. 6. 5. 선고 2020고정156 판결.

아니라 위법성의 인식에 관한 사유라고 보아야 한다.

한편, 수출입 관련 제한규정을 두고 있는 개별 법령은 일정한 행정목적을 위해 특정물품의 수출입을 제한하는 규정을 두고 이를 위반할 때 행정제재와 형사제재규정을 두는 방식을 취하는 경우가 많다. 형벌법규의 적용대상이 행정법규가 규정한 사항을 내용으로 하고 있는 경우 그 행정법규의 규정을 해석하는 경우에도 죄형법정주의의 원칙에 따라 형벌법규의 해석은 엄격하여야 하고 명문규정의 의미를 피고인에게 불리한 방향으로 지나치게 확장해석하거나 유추해석 할 수 없다.[25]

또한, 행정법규 위반에 대하여 가하는 제재조치는 행정목적의 달성을 위하여 행정법규 위반이라는 객관적 사실에 착안하여 가하는 제재이므로 의무 해태를 탓할 수 없는 정당한 사유가 있는 경우 등의 특별한 사정이 없는 한 위반자에게 고의나 과실이 없다고 하더라도 부과될 수 있다. 그러나 행정상 제재와 달리 행정상 의무 위반에 대한 행정형벌에서는 형법의 원칙에 따라 고의가 있어야 처벌할 수 있고, 과실범은 법률에 특별한 규정이 있는 경우에 한하여 처벌되며 죄형법정주의에 따른 형벌법규의 성질상 과실범을 처벌하는 특별규정은 그 명문에 의하여 명백·명료하여야 한다.[26]

4. 책임조각사유

행위가 법령에 의해 처벌대상에 해당하지 않는다고 그릇 인식하였다는 것은 위법성의 인식에 관한 사유로서 형법 제16조에 따라 그와 같은 오인에 정당한 이유가 있는지 여부에 따라 벌하지 않을 수 있을 뿐이다. 판례는 정당한 이유가 있는지의 여부는 행위자에게 자기 행위의 위법의 가능성에 대해 심사숙고하거나 조회할 수 있는 계기가 있어 자신의 지적 능력을 다하여 이를 회피하기 위한 진지한 노력을 다하였더라면 스스로의 행위에 대하여 위법성을 인식할 수 있는 가능성이 있었음에도 이를 다하지 못한 결과 자기 행위의 위법성을 인식하지 못한 것인지의 여부에 따라 판단한다. 이러한 위법성의 인식에 필요한 노력의 정도는 구체적인 행위정황과 행위자 개인의 인식능력 그리고 행위

---

25) 대법원 1990. 11. 27. 선고 90도1516 전원합의체 판결, 대법원 2007. 6. 29. 선고 2006도4582 판결 등 참조.
26) 대법원 1983. 12. 13. 선고 83도2467 판결 참조.

자가 속한 사회집단에 따라 달리 평가한다.[27)]

　　대외무역법 및 개별 법령에서 규정한 수입 구비조건을 알지 못했다는 것은 법률의 부지에 해당하고, 법률의 부지는 그 범죄의 성립에 영향이 없다.[28)] 따라서, 세관장확인고시에서 정한 세관장 확인물품에 해당하지 않는다 하더라도 대외무역 관련 업무에 종사하는 사람인 경우 대외무역 관련 법령 등을 종합하여 구비조건 및 구비조건 없이 수입하는 경우 처벌대상이 된다는 사실을 예측할 수 있으므로 위법성을 인식하지 못한 데에 정당한 이유가 있다고 볼 수 없다.[29)] 반면에, 판례는 법률전문가나 처벌받지 않는다는 자문을 받거나[30)] 담당공무원으로부터 허용되는 행위라는 회신을 받고 행위를 한 경우[31)] 등에서 정당한 이유를 인정하였다.

Ⅲ. 처벌 및 양벌규정

　　일반적인 부정수입죄의 경우 3년 이하의 징역 또는 3천만원 이하의 벌금에 처한다(법 제270조 제2항). 부분품으로 위장 수입하는 경우 3년 이하의 징역 또는 물품원가 이하의 벌금에 처한다(법 제270조 제1항 제3호). 부정수출죄의 경우 1년 이하의 징역 또는 2천만원 이하의 벌금에 처한다(법 제270조 제3항). 부정수출입죄 모두 정상에 따라 징역과 벌금을 병과할 수 있고(법 제275조), 양벌규정에 따라 행위자를 벌하는 외에 법인 등에게도 해당 조문의 벌금형을 부과한다(법 제279조 제1항). 부정수출입죄는 필요적 몰수·추징 대상이 아니다.

---

27) 대법원 2017. 11. 29. 선고 2015도18253 판결.

28) 서울중앙지방법원 2019. 4. 26. 선고 2019노166 판결. 자동차를 수입하기 전에 배출가스 인증을 받아야 하는 것으로 규정한 대기환경보전법 및 대외무역법 등 관계 법령을 알지 못했다는 주장은 법률의 부지에 해당한다.

29) 서울중앙지방법원 2019. 4. 26. 선고 2019노166 판결.

30) 변호사에게 문의하여 신고하지 않은 경우 벌할 수 없다고 본 사례(대법원 1976. 1. 13. 선고 74도3680 판결). 변리사로부터 타인의 등록상표가 효력이 없다는 자문과 감정을 받고 유사한 상표를 사용한 경우 정당한 이유를 인정하지 않은 사례(대법원 1995. 7. 28. 선고 95도702 판결).

31) 대법원 1995. 7. 11. 선고 94도1814 판결. 허가를 담당하는 공무원이 허가를 요하지 않는 것으로 잘못 알려주어 이를 믿었기 때문에 허가를 받지 아니한 것이라면 허가를 받지 않더라도 죄가 되지 않는 것으로 착오를 일으킨 데 대하여 정당한 이유가 있다고 한 사례.

Ⅳ. 특가법에 따른 가중처벌

특가법은 수입에 필요한 조건을 구비하지 않거나 부정한 방법으로 갖추어 수입하는 행위(법 제270조 제2항)에 대하여만 가중처벌하는 규정을 두고 있다(특가법 제6조 제5항). 이때 부정수입죄의 수입한 물품의 원가가 2억원 이상 5억원 미만인 경우에는 1년 이상의 유기징역에, 수입한 물품의 원가가 5억원 이상인 경우에는 3년 이상의 유기징역에 처하고(특가법 제6조 제5항), 수입한 물품의 원가에 해당하는 벌금을 병과한다(특가법 제6조 제6항 제5호).

단체 또는 집단을 구성하거나 상습적으로 부정수출입죄를 범한 사람은 금액과 상관없이 특가법이 적용되어 무기 또는 10년 이상의 징역에 처한다(특가법 제6조 제8항). 특가법 적용시에는 고발이 없어도 공소를 제기할 수 있다(특가법 제16조).

Ⅴ. 실행의 착수 및 예비 · 미수죄 등

본죄의 실행의 착수 시기는 수입에 필요한 조건을 갖추지 아니하거나 부정한 방법으로 갖추어 세관장에 대하여 수출입신고한 때이다.[32] 따라서 수입신고를 마쳤다면 본죄의 실행행위에 착수하였다고 보아야 하고, 자유무역지역 내지 보세구역에 반입 · 장치된 상태에서 적발되어 그 구역 밖으로 반출되지 않았다고 하더라도 본죄의 미수죄에 해당한다.[33]

미수범은 본죄에 준하여, 예비범은 본죄의 2분의 1을 감경하여 처벌한다(법 제271조 제2항 · 3항).

교사범, 방조범은 정범에 준하여 처벌한다(법 제271조 제1항).

---

32) 대법원 1991. 9. 13. 선고 91도1471 판결.
33) 서울중앙지방법원 2019. 4. 26. 선고 2019노166 판결.

제4절 죄수 및 다른 범죄와의 관계

I. 죄수 및 밀수출입죄와의 관계

1. 죄 수

부정수출입죄의 경우 수출입신고시마다 당해 수입물품에 대한 통관질서의 확보라는 법익이 침해되어 별도로 구성요건이 충족되는 것이므로 각각의 수출입신고시마다 1개의 죄가 성립한다. 따라서 서로 다른 시기에 수회에 걸쳐 이루어진 부정수입행위는 그 행위의 태양, 수법, 품목 등이 동일하다 하더라도 원칙적으로 별도로 각각 1개의 부정수입죄를 구성한다. 이는 밀수입죄 및 관세포탈죄와 동일하다.[34]

2. 밀수출입죄와의 관계

수출입신고의 여부, 신고한 물품의 동일성 여부에 따라 밀수출입죄와 구별된다. 밀수출입죄는 신고가 없거나 신고한 물품과 동일성이 없는 물품을 반입한 경우 성립하는 반면, 부정수출입죄는 신고한 물품과 동일한 물품을 반입하였으나 법령에 정한 구비조건을 구비하지 못한 경우 성립한다.[35]

---

34) 대법원 2001. 5. 15. 선고 99도1046 판결.

35) 관세법 제181조는 '제137조의 면허를 받지 아니하고 물품을 수출·수입 또는 반송하는 것'을 무면허수출입죄의 구성요건으로 규정하고 있는데, 관세법 제137조 제1항 소정의 수출입면허는 수출입신고가 있는 경우에 세관장이 수출입신고자에 대하여 보세구역에 반입한 물품에 대한 일반적 수출입금지를 해제하는 대물적 허가의 성질을 띤 처분으로서, 그 면허의 대상은 수출입신고서에 기재된 물품 또는 이와 동일성이 인정되는 물품이므로, 위 제181조 소정의 무면허수출입죄가 성립되기 위하여는 수출입신고자가 실제로 보세구역에 반입한 물품과 동일성이 없는 다른 물품을 수출입신고서에 허위 기재하여 그 신고대로 면허를 받고 그 반입 물품을 통관한 경우에 성립되는 것이고, 수입신고서에 기재한 물품과 보세구역에 반입한 물품이 동일하고 다만 법령이 정한 허가·승인·추천·원산지증명 기타 조건을 사위 기타 부정한 방법으로 구비하여 수출입면허를 받은 경우에는 그 수입면허가 당연무효로 되지 않는 한 관세법 제181조의2 제1호 소정의 부정수출입죄를 구성할 뿐이라고 할 것이다(대법원 1995. 12. 26. 선고 95도2172 판결).

3. 대외무역법 등 개별 법령위반죄와의 관계

대외무역법 등 개별 법령은 구비조건 등 수출입 관련 의무 위반시 벌칙규정을 두고 있는데, 규율하는 관할 관청이 다를 뿐 아니라 그 입법목적이나 보호법익에 있어서도 서로의 차이가 있어 독립된 별개의 구성요건으로 정하고 있으므로 개별 법령 위반죄는 본죄와 별도로 성립하고 실체적 경합범의 관계에 있다.[36] 따라서 예컨대, 부정한 방법으로 산업통상자원부장관의 수입 승인을 얻고 나아가 세관에 수입신고를 한 경우에는 대외무역법 제54조 제3호 해당죄 외에 별도로 관세법위반(부정수입)죄가 성립하고 두 죄는 실체적 경합범의 관계에 있다.[37]

---

36) 대법원 1991. 9. 13. 선고 91도1471 판결.
37) 대법원 1993. 6. 22. 선고 91도3346 판결.

제 **5** 장

허위신고에 관한 죄

제 1 절 총 설

법 제276조는 '허위신고죄 등'이라는 표제 하에 세액 결정에 영향을 미치지 아니하는 부수적인 신고사항 등을 허위로 신고한 이에 대하여 허위신고죄로 처벌하고, 보세구역, 운송, 통관 등과 관련하여 관세법령이 정하는 의무위반에 대하여 벌금형만으로 처벌하도록 규정하고 있다.[1]

법 제276조는 입법목적에 따라 징역형을 추가하거나 과태료로 처벌수준을 완화하는 과정을 거쳐 왔다. 2013. 8. 13. 법률 제12027호로 개정되기 전 관세법 제276조 제1항은 제241조 제1항·제2항 또는 제244조 제1항에 따른 신고를 할 때 물품의 가격을 허위로 신고한 자는 물품원가 또는 5천만원 중 높은 금액 이하의 벌금에 처한다고 규정하고 있었다. 개정 관세법은 가격신고죄를 신설하면서 징역형을 추가하였고, 가격 허위신고 행위를 처벌하도록 하고 있는 제276조 제1항을 삭제하였다. 이 책에서는 가격조작죄도 신고의무위반에 대한 제재라는 점에서 허위신고에 관한 죄의 일종으로 보아 이 장에서 다룬다.

1998. 12. 28. 개정법[2]은 단순한 보고불이행 등의 경우 벌칙으로 처벌하던 것을 과태료로 전환하였고, 2010. 1. 1. 개정법[3]도 일부 수입신고 및 보고의무위반 등 행정질서벌 성격의 경미한 위반행위에 대하여 형사처벌에서 과태료로 전환하였다.

---

1) 대법원 2014. 1. 29. 선고 2013도12939 판결.
2) 법률 제5583호.
3) 법률 제9910호.

제 2 절   가격조작죄

> **제270조의2(가격조작죄)** 다음 각 호의 신청 또는 신고를 할 때 부당하게 재물이나 재산상 이득을 취득하거나 제3자로 하여금 이를 취득하게 할 목적으로 물품의 가격을 조작하여 신청 또는 신고한 자는 2년 이하의 징역 또는 물품원가와 5천만원 중 높은 금액 이하의 벌금에 처한다.
>   1. 제38조의2 제1항·제2항에 따른 보정신청
>   2. 제38조의3 제1항에 따른 수정신고
>   3. 제241조 제1항·제2항에 따른 신고
>   4. 제244조 제1항에 따른 신고

Ⅰ. 의의 및 연혁

종래 수출입 물품 가격을 허위신고하는 경우 법 제276조 제1항의 허위신고죄로 처벌하였다. 허위신고죄의 법정형은 물품원가 또는 2천만원 중 높은 금액 이하의 벌금으로 상대적으로 낮게 규정되어 있다. 이에 따라 납품가격 조작, 부(富)의 해외이전 방지 등을 위해 수출입 물품 가격을 허위신고 하는 경우 처벌 수준을 강화할 필요가 있었다.

2013. 1. 1. 개정된 관세법[4]은 물품원가 또는 5천만원 중 높은 금액 이하의 벌금으로 법정형을 상향하였다. 이후 2013. 8. 13. 개정된 관세법[5]은 수출입 신고를 할 때 부당하게 재물이나 재산상 이득을 취득하거나 제3자로 하여금 이를 취득하게 할 목적으로 물품의 가격을 조작하여 신고한 자에게는 2년 이하의 징역 또는 물품원가와 5천만원 중 높은 금액 이하의 벌금에 처하도록 하고(법 제270조의2), 가격 허위신고 행위를 처벌하도록 하고 있는 제276조 제1항을 삭제하였다.

이후 2014. 1. 1. 개정된 관세법[6]은 보정신청, 수정신고를 할 때의 부당이득 취득 목적의 가격조작행위도 본죄의 처벌범위에 포함하였다.

본죄 신설 이전에는 고가신고 방식의 가격조작은 단순 허위신고로 처벌되

---

4) 법률 제11602호.
5) 법률 제12027호.
6) 법률 제12159호.

어 처벌수준이 미미하였고 대외무역법에 따른 수출입 가격조작죄(대외무역법 제53조 제2항)는 외화도피 목적인 경우에만 적용이 가능하여 공공재원 편취, 내국세 탈세, 국가예산의 편취 등 목적으로 수출입 가격조작이 이루어진 경우 처벌의 공백이 있었다. 본죄의 신설로 수출입가격조작을 이용한 새로운 범죄가 발생하였을 때 관련 법률에 처벌규정이 없더라도 본죄로 처벌할 수 있게 되었다는 데에 의의가 있다.[7]

Ⅱ. 구성요건

1. 고 의

가격조작죄가 종래에 허위신고죄에 따라 처벌되는 행위 중에서 부당하게 재물이나 재산상 이득을 취득할 목적으로 물품의 가격을 조작하여 신고하는 행위를 가중하여 처벌하기 위해 신설된 규정으로서 목적범의 형식을 취하고 있다는 점을 고려하면, 물품의 가격을 허위로 기재하여 신고한 행위를 가격조작죄로 처벌하기 위해서는, 신고자가 단순히 신고서에 기재한 물품의 가격이 허위의 가격이라는 점을 인식하는 것을 넘어서, 신고서에 기재한 물품의 가격이 실제 물품 가격보다 높거나 낮은 가격이고 그와 같은 가격의 차액이 발생함에 따라 신고자가 어떠한 이득을 취득할 수 있을 것이라는 점까지 아울러 인식하고 있었음이 인정되어야 한다.[8]

2. 목 적

가격조작죄는 고의 외에 초과주관적 위법요소로서 '부당하게 재물이나 재산상 이득을 취득하거나 제3자로 하여금 이를 취득하게 할 목적'을 범죄성립요건으로 하는 목적범이다. 목적에 대하여는 적극적 의욕이나 확정적 인식임을 요하지 아니하고 미필적 인식이 있으면 족하다고 할 것이나, 그 목적이 있었는

---

7) 한국법제연구원, 수출입 관련 범죄에 대한 수사기능 강화 방안 연구, 2012; 최민영, 관세법상 가격조작죄(제270조의2)의 형법적 정당성 검토, 경북대학교 법학연구원 법학논고 제50집, 2015, 161면.

8) 광주지방법원 2017. 7. 4. 선고 2017노441 판결.

지 여부는 피고인의 직업, 경력, 행위의 동기 및 경위와 수단·방법 등 여러 사정을 종합하여 사회통념에 비추어 합리적으로 판단하여야 한다.9)

3. 주 체

본죄의 주체는 수출입신고를 한 자이거나 보정신청, 수정신고를 하는 자이다.

4. '물품의 가격'의 의미10)

가격조작죄로 처벌하기 위해서는 실지거래가격 및 신고된 가격이 실지거래가격보다 높거나 낮은 가격임이 입증되어야 한다.11) 따라서 가격조작죄의 구성요건 중 수출입거래시 물품의 가격의 의미가 무엇인지 문제된다. 수입신고와 수출신고를 나누어 살펴보기로 한다.

먼저 수입신고의 경우 물품의 가격이란 다음과 같은 이유로 실제지급가격에 가산요소를 더한 '과세가격'을 의미하는 것으로 해석하는 것이 상당하다.

① 가격조작죄를 규정하고 있는 관세법 제270조의2 제1항은 단순히 '물품의 가격'이라고 규정하고 있는 것이 아니라 동법 제241조 제1·2항에 따른 신고를 할 때라는 전제조건을 규정하고 있다. 관세법 제241조 제1·2항은 "물품을 수입·수출 또는 반송하려면 해당 물품의 품명·규격·수량 및 가격과 그 밖에 대통령령으로 정하는 사항을 신고하여야 한다"라고 규정하고 있고, 동 규정의 가격이란 실제지급가격 및 가산요소 등을 조정한 총 과세가격을 의미한다. 판례는 조작된 가격과 대비되는 개념으로 '실지거래가격' 또는 '실제물품가격'이라는 표현을 쓰는데 이는 총 과세가격을 가리키는 것이거나 해당 사안에서 실제지급가격만 조작하고 가산요소는 조작하지 않은 이유인 것으로 보인다.

② 관세법 제38조의2 제1·2항에 따른 보정신청, 제38조의3 제1항에 따른 수정신고는 신고납부한 세액이 부족한 경우 납부세액의 증액을 전제로 하고 있고, 납부세액은 실제지급가격에 가산요소를 더한 총 과세가격을 기준으로 결정한다.

---

9) 인천지방법원 2017. 11. 9. 선고 2017고단5064 판결.
10) 안성훈·배상균·김민정, 무역환경 변화에 대응한 수출입거래 악용 가격조작범죄 단속 실효성 제고방안 연구, 관세청 연구용역보고서, 2021. 288-292면 참조.
11) 광주지방법원 2017. 7. 4. 선고 2017노441 판결.

납부세액의 증액이 가산요소를 포함한다는 점에 비추어 보면 보정신청이나 수정신고시 물품의 가격이라는 법문에 따르더라도 가산요소를 포함한 것으로 해석된다.

③ 가격조작죄는 '이득'을 구성요건으로 하는데, 관세율이 0%인 경우 수입시 부가가치세의 부담을 줄여 이득을 남길 목적으로 가격을 조작하는 경우 이때 얻은 이득인 부가가치세의 계산식은 (과세가격＋관세＋개별소비세＋주세＋농어촌특별세＋교육세)×부가가치세율 10%로, 이때에도 관세의 과세가격이 기준이 된다. 하급심 판례 중에서도 가산요소인 생산지원비용과 관련하여 고의로 금형비를 누락하여 수입물품의 실제가격보다 낮게 수입물품가격을 조작한 경우 가격조작죄가 성립한다고 하였다.12)

④ 수입신고서상 가산요소를 가산하지 않은 실제지급가격만을 가격조작죄의 물품의 가격으로 본다면 가산요소의 조작으로 그에 연동되는 과세가격을 낮추거나 높여 부당한 이득을 얻는 경우 처벌되지 않는 불합리가 발생한다. 하급심에서도 '과세가격'을 허위로 신고하여 부가가치세를 탈루하려는 목적으로 베트남산 의류를 수입신고하면서 임가공비를 실제임가공비보다 허위로 저가신고한 사례에서 가격조작죄의 성립을 인정하였다.13)

한편, 수출물품은 관세의 과세대상이 아니어서 관세법은 수출가격에 관한 기준을 정하고 있지 않으나, 수출물품의 대가로서 수출자가 받는 총금액을 물품가격으로 보는 것이 타당할 것이다. 수출물품의 경우 신고가격은 FOB 기준의 원화 가격을 말한다. 결제금액이 CIF로 결제금액에 운임·보험료 등이 포함된 경우 수출자는 그 운임·보험료 등을 공제한 금액을 신고하여야 한다. 예컨대 결제금액이 CIF 10,000원인 경우로서 운임이 1,000원, 보험료가 500원이라면 수출물품가격은 8,500원이 된다(수출고시 제11조 제1호, 별표 수출신고서 작성요령 참조). 수출자가 운임·보험료 등을 공제하지 아니하고 신고함으로써 수출가격을 고가조작하는 경우가 있을 수 있으므로 관세법에 수출물품가격의 의미에 관한 규정을 보완할 필요가 있다.

---

12) 부산지방법원 2016. 5. 11. 선고 2016고정1003 판결.
13) 서울중앙지방법원 2017. 7. 18. 선고 2017고정433 판결.

5. 가격조작행위

'부당하게 재물이나 재산상 이득을 취득하거나 제3자로 하여금 이를 취득하게 할 목적'으로 물품의 가격을 조작하여 신고하는 행위를 처벌하도록 하고 있는 문언이나 일반적인 허위신고의 경우와는 별도로 위 부당한 재물이나 재산상 이익 취득의 목적 하에 물품의 가격을 허위로 신고하는 행위에 관한 처벌규정을 따로 두어 무겁게 처벌하고자 하는 입법취지, 관세포탈을 직접 초래하는 별도의 규정(관세법 제270조)을 따로 두고 있는 점 등에 비추어 보면, 여기서 말하는 '부당하게 재물이나 재산상 이득을 취득하거나 제3자로 하여금 이를 취득하게 할 목적으로 물품의 가격을 조작하여 신고하는 행위'란 널리 수출입물품의 가격을 조작함으로써 그 조작된 신고가격을 이용하여 재산의 국외도피 및 역외탈세를 하거나 매출 과다계상으로 주가를 조작하거나, 가격조작으로 인한 차액을 이용하여 비자금을 조성·착복하거나 또는 수출입물품에 대하여 지원되는 정부예산이나 공공기금, 수출채권에 대하여 이루어지는 금융기관 대출금 등의 금원을 편취하는 등 부당한 재물이나 재산상 이득의 취득을 목적으로 하는 것으로 그로 인하여 수출입물품가격 신고제도의 적정한 운영을 해하고 그에 관한 일반 공중의 신뢰를 침해하는 행위를 의미한다고 봄이 상당하다.[14]

6. 가격조작죄 유형

다음과 같이 수출가격을 고가조작하는 경우, 수출가격을 저가조작하는 경우, 수입가격을 고가조작하는 경우, 수입가격을 저가조작하는 경우가 있다.

(1) 수출가격 고가조작

투자금 회수 방지등을 위하여 수출실적을 조작하기로 마음먹고 가치가 미미한 물건을 수출하면서 고가의 카메라등을 수출하는 것처럼 가격을 고가로 조작하여 수출한 사례[15]

수출대금 채권을 금융기관에 매각하거나 이를 담보로 대출을 받을 목적으로, 시가가 1개당 30달러 이하에 불과한 물품을 마치 1개당 200,000달러인 것

---

14) 서울고등법원 2016. 5. 17. 선고 2015노3023 판결.
15) 부산지방법원 2019. 6. 27. 선고 2019노1072 판결.

처럼 가격을 부풀려 수출한 사례[16]

(2) 수출가격 저가조작

법인세 세원노출을 피하기 위하고자 수출신고서 등에 자신의 명의가 드러나지 않도록 수출화주를 허위로 신고하고 수출물품의 가격을 임의로 저가로 조작하여 신고하게 한 사례[17]

(3) 수입가격 저가조작

관세가 없는 베트남산 의류를 수입하면서 수입가격을 저가로 신고하여 부가가치세를 적게 낸 사례[18]

중국산 미용마사지기를 수입통관하면서 수입시 과세되는 부가가치세를 아껴 재산상 이득을 취할 목적으로 고의로 금형비를 누락하여 동 물품의 실제가격보다 낮게 수입물품가격을 조작한 사례[19]

(4) 수입가격 고가조작

매입가격을 임의로 높여 내국세 부담을 줄이기 위해 관세율이 0%인 수입품목인 커넥터의 일부에 대해 실제 구매가격보다 높게 조작하여 신고한 사례[20]

Ⅲ. 죄수 및 다른 범죄와의 관계

1. 죄 수

수출입신고시마다 적정한 통관질서의 확보와 수출입물품가격 신고제도의 적정한 운영 등의 보호법익이 침해되어 별도로 구성요건이 충족되는 것이어서 각각의 수출입시마다 1개의 죄가 성립한다.

---

16) 서울중앙지방법원 2016. 4. 21. 선고 2015고합577 판결, 서울고등법원 2016. 10. 20. 선고 2016노1171 판결, 대법원 2017. 1. 12. 선고 2016도18100 판결로 확정되었다.
17) 서울동부지방법원 2016. 12. 15. 선고 2016노808 판결.
18) 서울중앙지방법원 2017. 11. 3. 선고 2017노2869 판결.
19) 부산지방법원 2016. 5. 11. 선고 2016고정1003 판결.
20) 인천지방법원 2015. 12. 17. 선고 2015고정3341 판결.

2. 대외무역법상 가격조작죄와의 관계

대외무역법은 무역거래자가 외화도피의 목적으로 물품 등의 수출 또는 수입 가격을 조작하는 경우 5년 이하의 징역 또는 수출입물품 등 가격의 3배에 해당하는 금액 이하의 벌금에 처하도록 하고 있다(대외무역법 제53조 제2항 제9호, 제43조). 여기서 무역거래자란 수출 또는 수입을 하는 자, 외국의 수입자 또는 수출자에게서 위임을 받은 자 및 수출과 수입을 위임하는 자 등 물품등의 수출행위와 수입행위의 전부 또는 일부를 위임하거나 행하는 자를 말한다(대외무역법 제2조 제3호). 수출입신고자가 외화도피 목적으로 가격조작하는 행위는 대외무역법상 가격조작죄와 본죄가 동시에 성립하나, 수출입신고인이 아닌 무역거래자가 외화도피목적으로 가격조작한 경우 대외무역법상 가격조작죄만 성립한다.[21]

3. 재산국외도피죄 등과의 관계

수출입가격 조작으로 역외탈세한 경우 조세범처벌법위반죄, 재산국외도피의 경우 특정경제범죄법위반죄,[22] 주가조작의 경우 자본시장과 금융투자업에 관한 법률위반죄, 의료용품이나 방위산업물품의 가격조작을 통해 정부예산이나 건강보험금을 편취한 경우 방어사업법위반죄, 건강보험법위반죄가 성립하고 각 본죄와 실체적 경합 관계에 있다. 수출가격조작을 위해 수출자의 물품구매서를 위조하였다면 사문서위조 및 동행사죄가 성립하고 본죄와 실체적 경합 관계에 있다.[23]

수입신고인이나 수입품에 대한 국세의 납세의무자 그 신고대리인과 공모하거나 대리인을 교사하여 수출입신고 또는 보정신청, 수정신고시 허위신청하는 경우에는 수입신고인이나 납세의무자에게 본죄와 조세범처벌법위반의 공범 또는 교사범이 성립할 수 있다.[24] 다만, 조세범처벌법은 관세를 적용대상에서

---

21) 대법원 2012. 9. 27. 선고 2010도16946 판결. 무역거래자가 외화도피 목적으로 수입가격을 조작하여 은행을 기망하여 신용장을 개설하게 한 후 신용장대금을 편취한 사례.
22) 서울중앙지방법원 2016. 4. 21. 선고 2015고합577 판결.
23) 부산지방법원 2019. 6. 27. 선고 2019노1072 판결.
24) 인천지방검찰청, 68면.

제외하고 있으므로(동법 제2조), 관세를 제외한 나머지 국세를 경감받기 위하여 수입가격을 저가조작하는 경우로 한정되며 수입가격의 고가조작이나 수출가격의 조작의 경우에는 적용되지 않을 것이다.[25]

4. 허위신고죄와의 관계

부당하게 이득을 취할 목적으로 '가격'을 조작하여 신고한 경우 허위신고죄와 가격조작죄는 법조경합 관계로 가격조작죄만 성립한다. 가격을 조작하여 수출신고함과 동시에 품명·규격 등도 허위로 기재하여 수출신고하였다면 허위신고죄가 별도로 성립하고 양죄는 상상적 경합 관계에 있다.[26]

Ⅳ. 처 벌

2년 이하의 징역 또는 물품원가와 5천만원 중 높은 금액 이하의 벌금에 처한다(법 제270조의2). 양벌규정이 적용되므로 행위자 외에 법인 등에도 벌금형을 과한다(법 제279조 제1항). 본죄는 필요적 몰수·추징 및 특가법 적용대상이 아니다.

제 3 절   허위신고죄

> **제276조(허위신고죄 등)** ① 삭제
> ② 다음 각 호의 어느 하나에 해당하는 자는 물품원가 또는 2천만원 중 높은 금액 이하의 벌금에 처한다.
>   1. 제198조 제1항에 따른 종합보세사업장의 설치·운영에 관한 신고를 하지 아니하고 종합보세기능을 수행한 자
>   2. 제204조 제2항에 따른 세관장의 중지조치 또는 같은 조 제3항에 따른 세관장의 폐쇄 명령을 위반하여 종합보세기능을 수행한 자
>   3. 제238조에 따른 보세구역 반입명령에 대하여 반입대상 물품의 전부 또는 일부를 반입하지

---

25) 송관호, 167면.
26) 부산지방법원 2019. 6. 27. 선고 2019노1072 판결.

아니한 자

4. 제241조 제1항·제2항 또는 제244조 제1항에 따른 신고를 할 때 제241조 제1항에 따른 사항을 신고하지 아니하거나 허위신고를 한 자(제275조의3 제2호에 해당하는 자는 제외한다)

4의2. 제38조의2 제1항 및 제2항, 제38조의3 제1항에 따른 보정신청 또는 수정신고를 할 때 제241조 제1항에 따른 사항을 허위로 신청하거나 신고한 자

5. 제248조 제3항을 위반한 자

③ 다음 각 호의 어느 하나에 해당되는 자는 2천만원 이하의 벌금에 처한다. 다만, 과실로 제2호, 제3호 또는 제4호에 해당하게 된 경우에는 300만원 이하의 벌금에 처한다.

1. 부정한 방법으로 적재화물목록을 작성하였거나 제출한 자

2. 제12조(제277조 제6항 제2호에 해당하는 경우는 제외한다), 제98조 제2항, 제109조 제1항(제277조 제5항 제3호에 해당하는 경우는 제외한다), 제134조 제1항(제146조 제1항에서 준용하는 경우를 포함한다), 제136조 제2항, 제148조 제1항, 제149조, 제222조 제1항(제146조 제1항에서 준용하는 경우를 포함한다) 또는 제225조 제1항 전단을 위반한 자

3. 제83조 제2항, 제88조 제2항, 제97조 제2항 및 제102조 제1항을 위반한 자. 다만, 제277조 제5항 제3호에 해당하는 자는 제외한다.

3의2. 제174조 제1항에 따른 특허보세구역의 설치·운영에 관한 특허를 받지 아니하고 특허보세구역을 운영한 자

4. 제227조에 따른 세관장의 의무 이행 요구를 이행하지 아니한 자

5. 제38조 제3항 후단에 따른 자율심사 결과를 거짓으로 작성하여 제출한 자

6. 제178조 제2항 제1호·제5호 및 제224조 제1항 제1호에 해당하는 자

④ 다음 각 호의 어느 하나에 해당하는 자는 1천만원 이하의 벌금에 처한다. 다만, 과실로 제2호부터 제4호까지의 규정에 해당하게 된 경우에는 200만원 이하의 벌금에 처한다.

1. 세관공무원의 질문에 대하여 거짓의 진술을 하거나 그 직무의 집행을 거부 또는 기피한 자

2. 제135조 제1항(제146조 제1항에서 준용하는 경우를 포함한다)에 따른 입항보고를 거짓으로 하거나 제136조 제1항(제146조 제1항에서 준용하는 경우를 포함한다)에 따른 출항허가를 거짓으로 받은 자

3. 제135조 제1항(제146조 제1항에서 준용하는 경우를 포함하며, 제277조 제5항 제4호에 해당하는 자는 제외한다), 제136조 제1항(제146조 제1항에서 준용하는 경우를 포함한다), 제137조의2 제1항 각 호 외의 부분 후단(제277조 제5항 제4호에 해당하는 자는 제외한다), 제140조 제1항·제4항·제6항(제146조 제1항에서 준용하는 경우를 포함한다), 제142조 제1항(제146조 제1항에서 준용하는 경우를 포함한다), 제144조(제146조 제1항에서 준용하는 경우를 포함한다), 제150조, 제151조, 제213조 제2항 또는 제223조의2를 위반한 자

4. 제200조 제3항, 제203조 제1항 또는 제262조에 따른 관세청장 또는 세관장의 조치를 위반하거나 검사를 거부·방해 또는 기피한 자

5. 부정한 방법으로 제248조 제1항 단서에 따른 신고필증을 발급받은 자

6. 제263조를 위반하여 서류의 제출·보고 또는 그 밖에 필요한 사항에 관한 명령을 이행하지

아니하거나 거짓의 보고를 한 자

　7. 제265조에 따른 세관장 또는 세관공무원의 조치를 거부 또는 방해한 자

　8. 제266조 제1항에 따른 세관공무원의 장부 또는 자료의 제시요구 또는 제출요구를 거부한 자

⑤ 제165조 제3항을 위반한 자는 500만원 이하의 벌금에 처한다.

Ⅰ. 의 의

　관세법은 수입신고를 하지 아니하고 물품을 수입한 자 등을 밀수입죄(제 269조)로, 수입신고를 한 경우에도 과세가격·관세율 등 세액 결정에 영향을 미치는 사항을 허위로 신고한 자 등을 관세포탈죄(제270조)로 각 처벌하는 규정을 두면서 그에 대하여 징역형 또는 벌금형에 처하도록 정하고 있다. 이와 별도로 세액 결정에 영향을 미치지 아니하는 부수적인 신고사항 등을 허위로 신고한 이에 대하여 본죄로 벌금형만으로 처벌하도록 정하고 있다.[27] 허위신고행위는 해당 물품의 국내 반입을 위한 통관절차가 진행된다는 점에서 허가 등을 확인하거나 수입규제물품의 수입을 통제할 수 있어서 통관절차의 이행확보라는 법익의 침해정도의 면에서 밀수입행위보다 그 불법의 정도가 훨씬 경미하기 때문이다.[28]

Ⅱ. 객관적 구성요건

1. 주 체

법 제241조 제1항·제2항 또는 제244조 제1항에 따른 신고를 하는 자이다.

2. 행 위

(1) 수출입신고서 법정사항 미신고·허위신고(제276조 제2항 제4호)

법 제241조 제1항에 따른 법정신고사항을 신고하지 아니하거나 허위로 신

---

27) 대법원 2014. 1. 29. 선고 2013도12939 판결.

28) 헌재 2012. 4. 24. 2010헌바363.

고하는 행위를 말한다.

1) 수출입신고서 법정사항

법 제241조 제1항은 해당 물품의 품명·규격·수량 및 가격과 그 밖에 대통령령으로 정하는 사항을 신고사항으로 규정하고 있다. 그 위임에 따라 관세법 시행령 제246조 제1항에서는 포장의 종류·번호 및 개수(제1호), 목적지·원산지 및 선적지(제2호), 원산지표시 대상물품인 경우에는 표시유무·방법 및 형태(제3호), 상표(제4호), 납세의무자 또는 화주의 상호(개인의 경우 성명을 말한다)·사업자등록번호·통관고유부호와 해외공급자부호 또는 해외구매자부호(제5호), 물품의 장치장소(제6호), 그밖에 기획재정부령으로 정하는 참고사항(제7호)을 신고사항으로 정하고 있다. 기획재정부령으로 정하는 참고사항이란 ① 물품의 모델 및 중량, ② 품목분류표의 품목 번호, ③ 법 제226조에 따른 허가·승인·표시 또는 그 밖의 조건을 갖춘 것임을 증명하기 위하여 발급된 서류의 명칭을 말한다(시행규칙 제77조의6 제1항).

2) 물품의 가격의 의미

물품의 '가격'은 '과세가격'이 아니라 과세가격(법 제30조)을 결정하는 기초가 되는 실지거래가격, 즉 '구매자가 실제로 지급하였거나 지급하여야 할 가격'을 의미하고, 과세가격을 결정할 때 가산·조정하는 운임, 보험료 등은 포함되지 않는다. 납세신고와 수입신고는 하나의 서면으로 한꺼번에 이루어지게 되지만, 납세신고는 관세수입의 확보를 위한 것이므로 수입신고와는 목적이 다르므로 수입신고서에 기재된 사항이 수입신고 사항인지 납세신고 사항인지 분명하게 가려서 판단하여야 하기 때문이다. 따라서 수입신고를 하면서 수입물품의 구입가격을 사실대로 신고하였다면, 과세가격의 결정에 가산·조정하는 요소인 운임 등에 관하여 사실과 달리 신고한 부분이 있더라도 본죄로 처벌할 수 없다.29)

---

29) 대법원 2016. 7. 14. 선고 2013도8382 판결. 사전세액심사 대상에 해당하는 수입 생강의 수입신고가격이 담보기준가격에 미치지 못할 경우에는 사전세액심사대상으로 선정될 것을 우려하여 신속하게 통관할 의도로 운송선사로부터 실제와 다른 운임송장(INVOICE)을 추가로 발급받아 실제보다 높은 운임을 허위로 신고한 사례.

3) 사업자등록번호 · 통관고유부호의 의미

관세법 시행령 제246조 제1항 제5호는 '사업자등록번호 · 통관고유부호'를 신고사항으로 정하면서, 그 사업자등록번호 등이 누구의 것인지를 명시하고 있지는 않고 있다. 대법원은 화주인 납세의무자의 구체적인 특정을 위하여 그의 사업자등록번호 등을 신고하도록 정한 것으로 해석하였다.[30] 이에 따라 수입신고명의의 대여 등으로 인하여 실제 납세의무자가 아닌 자를 납세의무자로 신고하였다면 본죄에 해당하는 것으로 보았다. 대법원은 동일한 논리로 '사업자등록번호 · 통관고유부호'는 수출화주에 대한 신고의무를 정한 것이라고 해석하여 수출화주를 허위신고한 경우도 본죄에 해당한다고 보았다.[31] 2015. 2. 6. 개정된 관세법 시행령[32]은 '납세의무자 또는 화주의 상호(개인의 경우 성명을 말한다)'를 신고사항에 추가하였다.

4) 원산지

대외무역관리규정에 의하여 물품에의 '원산지 표시'가 면제되는 경우 원산지에 대한 신고의무가 있는지 문제된다. 관세법은 제241조 제1항에서 '물품의' 원산지를 '세관장에게' '신고'할 것을 규정하나 대외무역관리규정은 제75조에서 '물품에' 원산지를 '표시'하여야 한다고 규정하고 있어 관세법과 대외무역관리규

---

30) 대법원 2014. 1. 29. 선고 2013도12939 판결. 관세법 시행령 제246조 제1항 제5호가 '사업자등록번호 · 통관고유부호'를 물품 수입시의 신고사항으로 정하고 있는 것은 대체로 이 사건과 같이 수입신고명의의 대여 등으로 인하여 물품의 수입신고명의인과 실제로 납세의무를 부담하는 이가 상이한 경우에 있어서 관세의 부과 · 징수 및 수입물품의 통관을 적정하게 하고 관세수입을 확보하려는 의도에서 형식상의 신고명의인과는 별도로 실제로 물품을 수입한 자, 즉 화주인 납세의무자에 관한 신고의무를 정하였다고 봄이 상당하다.

31) 대법원 2015. 10. 15. 선고 2014도15287 판결. 구 관세법이 수출물품의 통관에 관하여 화주의 특정을 필요로 하는 여러 규정(제160조, 제172조, 제214조 등)을 두고 있는 사정 등에 비추어 보면, 위 시행령 규정이 사업자등록번호 등을 물품 수출 시의 신고사항으로 정하고 있는 것은 구 관세법 제242조에 따른 관세사 · 관세법인 · 통관취급법인이나 수출물품 제조 · 공급자의 명의에 의한 신고 등으로 물품의 수출신고명의인과 화주가 다른 경우에 수출물품의 통관을 적정하게 하려는 등의 의도에서 신고명의인과는 별도로 화주에 관한 신고의무를 정한 것이다. 그리하여 위 시행령 규정은 수출 화주에 관한 신고의무를 전제로 화주의 구체적인 특정을 위하여 그의 사업자등록번호 등을 신고하도록 정한 것이다. 그리고 관세청의 '수출통관 사무처리에 관한 고시'(2011. 12. 20. 관세청고시 제2011－50호로 개정된 것) 제7조 제6항 및 [별표] '수출신고서 작성요령'에서 화주의 상호 · 주소 등과 함께 사업자등록번호 및 통관고유부호를 기재하도록 정하고 있는 것도 이러한 취지에 따른 것이다.

32) 대통령령 제26089호.

정은 행위의 태양이 명확하게 구분되고, 그 목적도 다르므로 대외무역관리규정에 의하여 물품에의 '원산지 표시'가 면제되는 경우라도 관세법상의 세관장에게의 '원산지 신고' 의무까지 면제된다고 보기는 어렵다고 보아야 할 것이다.[33]

"수입 단계에서 제시된 미완성 물품이 완성된 물품 자체는 아니라 하더라도 이미 그 완성된 물품의 '본질적 특성'을 지닌 물품으로 평가되는 경우에는 완성된 물품과 동일한 호에 분류하여야 할 것이지만, 제시된 미완성 물품이 아직 완성된 물품의 본질적 특성을 갖추지 못한 상태에서 수입 후 국내에서의 가공과정을 통하여 그 물품의 세번과 상이한 세번인 완성된 물품이 생산되는 경우, 즉 '실질적 변형'을 일으키는 제조공정에 투입되는 부품으로서 실수요자가 직접 수입하는 경우에는, 그 미완성 물품은 완성된 물품이 아닌 부분품의 호에 분류되어야 하며 관련 규정에 따라 (원산지표시 대상물품인 경우라 하더라도 그) 원산지 표시를 하지 아니할 수 있다."[34]

(2) 허위의 보정신청 · 수정신고(제276조 제2항 제4의2호)

법 제38조의2 제1항 및 제2항, 제38조의3 제1항에 따른 보정신청 또는 수정신고를 할 때 법 제241조 제1항에 따른 사항을 허위로 신청하거나 신고한 행위를 말한다.

Ⅲ. 다른 범죄와의 관계

1. 관세포탈죄 · 가격조작죄와의 관계

관세법은 세액 결정에 영향을 미치는 사항을 허위로 수입신고한 행위 등을 '관세포탈죄 등'으로(법 제270조), 부당하게 재산상 이득을 취하거나 제3자로 하여금 이를 취득하게 할 목적으로 물품의 '가격'을 조작하는 경우 가격조작죄로(법 제270조의2), 그 이외에 세액 결정에 영향을 미치지 아니하는 부수적인 신고사항 등을 허위로 신고한 행위 등에 대하여는 본죄로 처벌하고 있다(법 제276조). 이러한 관세법의 입법체계는 세액 결정에 영향을 주는 주요 사항에 대한 허위신고행위가 아니더라도 관세법령이 정하는 신고사항에 대한 신고의무를

---

33) 광주고등법원 2017. 1. 12. 선고 2016노232 판결.
34) 대법원 2014. 2. 13. 선고 2011도10727 판결.

위반한 행위에 대하여는 이를 처벌의 대상으로 삼겠다는 의도에서 나온 것으로 이해되므로,[35) 무관세 물품이어서 세액 결정에 영향을 주지 않았다거나 관세포탈의 고의가 없는 경우 본죄가 성립한다고 보아야 한다.

2. 밀수출입죄와의 관계

품명·규격·수량과 관련하여, 수출입·반송 신고 시 당해 물품과 다른 물품으로 허위신고하여 그 동일성이 없다고 인정되어 법 제269조의 밀수출입죄에 해당하는 경우에는 본죄는 성립하지 않는다고 보아야 한다.

물품을 수출하는 사람이 화주 또는 관세사 등의 명의로 수출신고를 하였다면, 수출신고를 하지 않고 물품을 수출하였다고 할 수는 없으므로 밀수출입죄는 성립하지 아니하고, 다만 화주의 사업자등록번호 등을 허위로 신고한 경우에는 본죄가 성립한다.[36)

Ⅳ. 처 벌

본죄를 범한 자는 물품원가 또는 2천만원 중 높은 금액 이하의 벌금에 처한다(법 제276조 제2항 제4호). 양벌규정이 적용되므로 행위자 외에 법인 등에도 벌금형을 과한다(법 제279조 제1항). 본죄는 필요적 몰수·추징 및 특가법 적용대상이 아니다.

제 4 절   보세구역에 관한 죄

Ⅰ. 신고수리 전 물품반출

원칙적으로 수출입(반송)신고·입항전수입신고 수리 전에는 운송수단, 관세통로, 하역통로 또는 이 법에 따른 장치 장소로부터 신고된 물품을 반출하여

---

35) 대법원 2014. 1. 29. 선고 2013도12939 판결.
36) 대법원 2015. 10. 15. 선고 2014도15287 판결.

서는 아니 된다(법 제248조 제3항). 통관절차에 대하여는 제1편 제2장 수출입통관절차에 자세히 설명하였다. 본죄는 신고수리 전 반출금지의무를 위반함으로써 성립하고, 법정형은 물품원가 또는 2천만원 중 높은 금액 이하의 벌금이다(법 제276조 제2항 제5호).

Ⅱ. 보세구역 반입명령위반

1. 보세구역 반입명령 대상

관세청장이나 세관장으로부터 보세구역 반입명령을 받은 자는 해당 물품을 지정받은 보세구역으로 반입하여야 한다(법 제238조 제2항). 반입명령 대상은 수출신고가 수리되어 외국으로 반출되기 전에 있는 물품이거나 수입신고가 수리되어 반출된 물품으로서 관세법상 의무사항을 위반하거나 국민보건 등을 해칠 우려가 있는 물품을 말한다(법 제238조 제1항). 구체적으로 ① 수입 후 특정한 용도로 사용하여야 하는 등의 의무가 부가되어 있는 물품에 대하여 세관장의 의무 이행요구를 이행하지 아니한 경우, ② 원산지 표시가 적법하게 표시되지 아니하였거나 수출입신고 수리 당시와 다르게 표시되어 있는 경우, ③ 품질 등 허위·오인 표시물품, 지식재산권을 침해한 경우 보세구역반입명령 대상이 된다(시행령 제245조 제1항).

2. 보세구역 반입명령 절차

관세청장 또는 세관장이 반입명령을 하는 경우에는 반입대상물품, 반입할 보세구역, 반입사유와 반입기한을 기재한 명령서를 화주 또는 수출입신고자에게 송달한다(시행령 제245조 제2항). 관세청장 또는 세관장은 명령서를 받을 자의 주소 또는 거소가 불분명한 때에는 관세청 또는 세관의 게시판 및 기타 적당한 장소에 반입명령사항을 공시할 수 있다. 이 경우 공시한 날부터 2주일이 경과한 때에는 명령서를 받을 자에게 반입명령서가 송달된 것으로 본다(시행령 제245조 제3항).

반입명령서를 받은 자는 관세청장 또는 세관장이 정한 기한 내에 명령서에 기재된 물품을 지정받은 보세구역에 반입하여야 한다. 다만, 반입기한 내에 반입하기 곤란한 사유가 있는 경우에는 관세청장 또는 세관장의 승인을 얻어 반입기한을 연장할 수 있다(시행령 제245조 제4항).

3. 처 벌

본죄는 보세구역 반입명령을 받은 자가 반입대상 물품의 전부 또는 일부를 반입하지 아니함으로써 성립한다. 법정형은 물품원가 또는 2천만원 중 높은 금액 이하의 벌금이다(법 제276조 제2항 제3호). 양벌규정이 적용되므로 행위자 외에 법인 등에도 벌금형을 과한다(법 제279조 제1항). 본죄는 필요적 몰수·추징 및 특가법 적용대상이 아니다.

Ⅲ. 특허보세구역 관련

1. 무특허 특허보세구역 운영

특허보세구역을 설치·운영하려는 자, 기존의 특허를 갱신하려는 자는 세관장의 특허를 받아야 한다(법 제174조 제1항). 본죄는 특허보세구역의 설치·운영에 관한 특허를 받지 아니하고 특허보세구역을 운영함으로써 성립하고, 법정형은 2천만원 이하의 벌금이다(법 제276조 제3항 제3의2호). 양벌규정이 적용되므로 행위자 외에 법인 등에도 벌금형을 과한다(법 제279조 제1항). 본죄는 필요적 몰수·추징 및 특가법 적용대상이 아니다.

2. 부정 특허보세구역 설영특허 등

본죄는 특허보세구역의 운영인이 거짓이나 그 밖의 부정한 방법으로 특허를 받은 경우 또는 다른 사람에게 명의를 대여한 경우 성립한다. 본죄를 범한 자는 2천만원 이하의 벌금에 처한다(법 제276조 제3항 제6호). 이 경우 세관장은 그 특허를 취소하여야 한다(법 제178조 제2항 제1·5호). 양벌규정이 적용되므로 행위자 외에 법인 등에도 벌금형을 과한다(법 제279조 제1항). 본죄는 필요적 몰수·추징 및 특가법 적용대상이 아니다.

Ⅳ. 종합보세구역 관련

1. 무신고 종합보세사업장 설치·운영

종합보세구역에서 종합보세기능을 수행하려는 자는 그 기능을 정하여 세관장에게 종합보세사업장의 설치·운영에 관한 신고를 하여야 한다(법 제198조 제1항). 본죄는 이러한 신고를 하지 아니하고 종합보세기능을 수행한 경우 성립한다. 본죄를 범한 자는 물품원가 또는 2천만원 중 높은 금액 이하의 벌금에 처한다(법 제276조 제2항 제1호).

특허보세구역 운영인의 결격사유에 해당하는 자는 종합보세구역 설치·운영신고를 할 수 없다(법 제198조 제2항). 본죄는 운영인의 결격사유에 해당하는 자가 종합보세사업장의 설치·운영신고를 하지 아니하고 종합보세기능을 수행한 경우 성립할 수 있다. 운영인의 결격사유란 ① 미성년자, 피성년후견인과 피한정후견인, ② 파산선고를 받고 복권되지 아니한 자, ③ 관세법 위반으로 징역형의 실형을 선고받고 그 집행이 끝나거나 면제된 후 2년이 지나지 아니한 자, ④ 관세법 위반으로 징역형의 집행유예를 선고받고 그 유예기간 중에 있는 자, ⑤ 특허보세구역 설치·운영에 관한 특허가 취소된 후 2년이 지나지 아니한 자, ⑥ 밀수출입(반송)죄·관세포탈죄·부정감면죄·부정환급죄·부정수출입죄·가격조작죄(예비·미수포함)·밀수품취득죄·강제징수면탈죄·타인에 대한 명의대여죄로 벌금형 또는 통고처분을 받은 자로서 그 벌금형을 선고받거나 통고처분을 이행한 후 2년이 지나지 아니한 자[37], ⑦ 앞의 ①~⑥에 해당하는 자를 임원[38]으로 하는 법인에 해당하는 경우를 말한다(법 제175조).

2. 종합보세구역 중지조치 또는 폐쇄명령 위반

세관장은 종합보세사업장의 운영인이 법 제202조 제1항에 따른 설비의 유지의무[39]를 위반한 경우(제1호), 운영인이 수행하는 종합보세기능과 관련하여

---

37) 다만, 제279조에 따라 처벌된 개인 또는 법인은 제외한다.

38) 해당 보세구역의 운영업무를 직접 담당하거나 이를 감독하는 자로 한정한다.

39) 법 제202조 제1항의 규정에 의하여 종합보세구역의 운영인이 유지하여야 하는 시설 및 장비 등의 설비는 다음의 설비로 한다(법 제217조 제1항).

반입·반출되는 물량이 감소하는 경우(제2호), 1년 동안 계속하여 외국물품의 반입·반출 실적이 없는 경우(제3호) 중 어느 하나에 해당하는 경우에는 6개월의 범위에서 운영인의 종합보세기능의 수행을 중지시킬 수 있다(법 제204조 제2항).

세관장은 종합보세사업장의 운영인이 거짓이나 그 밖의 부정한 방법으로 종합보세사업장의 설치·운영에 관한 신고를 한 경우(제1호), 운영인의 결격사유에 해당하게 된 경우(제2호),[40] 다른 사람에게 자신의 성명·상호를 사용하여 종합보세사업장을 운영하게 한 경우(제3호) 중 어느 하나에 해당하는 경우에는 그 종합보세사업장의 폐쇄를 명한다(법 제204조 제3항).

본죄는 세관장의 중지조치 또는 폐쇄명령을 위반하여 종합보세기능을 수행한 경우 성립한다. 본죄를 범한 자는 물품원가 또는 2천만원 중 높은 금액 이하의 벌금에 처한다(법 제276조 제2항 제2호). 양벌규정이 적용되므로 행위자 외에 법인 등에도 벌금형을 과한다(법 제279조 제1항). 본죄는 필요적 몰수·추징 및 특가법 적용대상이 아니다.

V. 보세운송업자 등 관련

1. 무등록 보세운송업 등

보세운송업자, 화물운송주선업자, 국제무역선·국제무역기 또는 국경출입차량에 물품을 하역하는 것을 업으로 하는 자, 국제무역선·국제무역기 또는 국경출입차량에 선박용품·항공기용품 등을 공급하는 것을 업으로 하는 자, 개항 안에 있는 보세구역에서 물품이나 용역을 제공하는 것을 업으로 하는 자는 관세청장이나 세관장에게 등록하여야 한다(법 제222조 제1항).

보세화물을 취급하는 선박회사 또는 항공사(업무대행자 포함)는 운영인의 결격사유에 해당하지 않아야 하고, 해운법·항공사업법 등 관련 법령에 따른 등록을 하고 세관장에게 신고하여야 한다(법 제225조 제1항, 시행령 제232조 제1항).

---

① 제조·가공·전시·판매·건설 및 장치 기타 보세작업에 필요한 기계시설 및 기구
② 반입·반출물품의 관리 및 세관의 업무검사에 필요한 전산설비
③ 소방·전기 및 위험물관리 등에 관한 법령에서 정하는 시설 및 장비
④ 보세화물의 분실과 도난방지를 위한 시설
40) 다만, 피성년후견인과 피한정후견인 또는 파산선고를 받고 복권되지 아니한 자를 임원으로 하는 법인이 3개월 이내에 해당 임원을 변경한 경우에는 그러하지 아니하다.

본죄는 위와 같은 의무 위반시 성립한다. 본죄를 범한 자는 2천만원 이하의 벌금에 처한다. 다만, 과실인 경우에는 300만원 이하의 벌금에 처한다(법 제276조 제3항 제2호). 양벌규정이 적용되므로 행위자 외에 법인등에도 벌금형을 과한다(법 제279조 제1항). 본죄는 필요적 몰수·추징 및 특가법 적용대상이 아니다.

2. 보세운송업 부정등록

본죄는 보세운송업자가 거짓이나 그 밖의 부정한 방법으로 등록함으로써 성립한다. 본죄를 범한 자는 2천만원 이하의 벌금에 처한다(법 제276조 제3항 제6호). 양벌규정이 적용되므로 행위자 외에 법인 등에도 벌금형을 과한다(법 제279조 제1항). 본죄는 필요적 몰수·추징 및 특가법 적용대상이 아니다. 세관장은 이 경우 행정처분으로 등록을 취소하여야 한다(법 제224조 제1항 제1호).

제 5 절   사후관리의무위반에 관한 죄

용도세율, 외교관용 면세, 재수출면세, 재수출감면세, 관세감면물품, 다른 법령에 따른 감면물품의 경우 사후관리를 하여야 하는 물품에 대한 용도외 사용금지기간 및 양도·양수금지기간은 관세청 고시인 사후관리고시41)에서 정하고 있다(법 제102조, 제108조, 제109조). 사후관리물품에 대한 용도 외 사용금지기간 및 양도·양수 등 금지기간은 다음과 같다(사후관리고시 별표 2).

[사후관리물품 용도외 사용(양도) 금지기간 등]

일련번호	품 명	용도외 사용 금지기간 및 양도 금지기간	비 고
1	관세법 제83조 제1항 해당물품(용도세율) 가. 부분품 및 원재료	3월 다만, ① 특정용도 사용 후 사실상 소모되는 물품은 반입사실 확인일, ② 3월 이상 해당 용	

---

41) 관세청 고시 제2020-62호.

일련 번호	품 명	용도외 사용 금지기간 및 양도 금지기간	비 고
	나. 기계 · 기구 · 시설용품 (1) 내용연수 5년 이상 (2) 내용연수 4년 (3) 내용연수 3년 이하 다. 상기 가, 나 이외의 물품 ※ 사후관리 비대상: ① 제84류 내지 제97류에 해당하는 물품 중 수입신고수리시 품목당 과세가격 1,000만원 미만인 것, ② 고시 제10조에 해당하는 전용(확인) 물품 ③ 사후관리에관한고시 별표 1의 나 물품	도 불사용시는 전부사용일 3년 2년 1년 1년	
2	관세법 제88조 제2항 해당물품(외교관용물품중 양수제한물품) ※ 사후관리 비대상: 법 제88조 제1항의 물품	3년	
3	관세법 제89조 제1항 제2호 해당물품 (반도체제조용장비 제조 또는 수리용 원재료 및 부분품) ※ 사후관리 비대상: 제84류 내지 제97류에 해당하는 물품 중 수입신고수리시 품목당 과세가격 1,000만원 미만인 원재료, 부분품 및 견본품 ※ 사후관리 면제대상: 법 제89조 제1항 제1호의 물품	3월 다만, ① 특정용도 사용 후 사실상 소모되는 물품은 반입사실 확인일, ② 3월 이상 해당 용도 불사용시는 전부사용일	
4	관세법 제90조 제1항 해당물품(학술연구용품) 가. 부분품, 원재료 및 견본품 ※ (1) 사후관리 비대상: ① 제84류 내지 제97류에 해당하는 물품 중 수입신고수리시 품목당 과세가격 1,000만원 미만인 원재료, 부분품 및 견본품, (2) 사후관리 면제 신청 가능 ② 제1류 내지 제83류에 해당하는 물품 중 수입신고수리시 품목당 과세가격 2,000만원 미만인 원재료, 부분품 및 견본품 또는 제84류 내지 제97류에 해당하는 물품 중 수입신고수리시 품목당 과세가격 1,000만원 이상 2,000만원 미만인 원재료, 부분품 및 견본품으로서 3월 이내 사용될 것으로 인정되는 경우	3월 다만, ① 특정용도 사용 후 사실상 소모되는 물품은 반입사실 확인일, ② 3월 이상 해당 용도 불사용시는 전부사용일	

일련 번호	품 명	용도외 사용 금지기간 및 양도 금지기간	비 고
	나. 제2호 해당물품(시약류 제외) 다. 제3호 및 제4호 해당물품 (1) 내용연수 4년 이상 (2) 내용연수 3년 이하 ※ 사후관리 비대상: 법 제90조 제1항 제1 　호의 물품	1년 2년 1년 또는 설치완료 확인일	
5	관세법 제91조 해당물품(종교·자선·장애 인용품) 가. 제1호 및 제2호 해당물품 (1) 내용연수 5년 이상 (2) 내용연수 4년 (3) 내용연수 3년 이하 ※ 사후관리 비대상: 법 제91조 제3호 내지 　제5호의 물품	 3년 2년 1년 또는 설치완료 확인일	
6	관세법 제93조 해당물품(특정물품) 가. 제2호 해당물품 나. 제15호의 기계기구 등 (1) 내용연수 5년 이상 (2) 내용연수 4년 (3) 내용연수 3년 이하 (4) 부분품 다. 제18호 해당물품 ※ 사후관리 비대상: 법 제93조 제1호, 제3 　호 내지 제14호 및 제16호 내지 제17호	행사종료일 3년 2년 1년 또는 설치완료 확인일 3월 다만, ① 특정용도 사용 후 사실상 소모되는 물품은 반입사 실 확인일, ② 3월 이상 해당 용 도 불사용시는 전부사용일 수입신고수리일	
7	관세법 제95조 제1항 해당물품(환경오염방 지물품 등) 가. 제1호 및 제2호 해당물품 나. 제3호 해당물품 ※ 사후관리 면제대상: 법 제95조 제1항 제 　1호의 물품 중 자동차의 부분품	 1년 6개월	
8	관세법 제107조 제2항 해당물품(분할납부 물품)	분할납부 최종납부일	
9	조세특례제한법 제118조 제1항 해당물품 가. 제3호, 제14호, 제17호, 제19호, 제20호,		

일련 번호	품 명	용도외 사용 금지기간 및 양도 금지기간	비 고
	제21호 및 제22호 해당물품 (1) 제3호의 물품 중 부분품 및 부속품 등 소모성 기자재 (2) 상기 (1)이외의 물품	3월 다만, ① 특정용도 사용 후 사실상 소모되는 물품은 반입사실 확인일, ② 3월 이상 해당 용도 불사용시는 전부사용일 3년	
10	조세특례제한법 제118조의2 제1항 해당 물품	3년	
11	1. 조세특례제한법 제121조의3 제1항 해당 물품 가. 제1호 해당물품 나. 제2호 해당물품 2. 조세특례제한법 제121조의3 제2항 해당 물품	 3년 3년 3년	
12	조세특례제한법 제121조의10 제1항 해당 물품	3년	
13	조세특례제한법 제121조의11 제1항 해당 물품	3년	
14	1. 관세법 제97조 재수출면세물품(다만, 사후관리자료는 인계·인수하지 않음) 2. 관세법 제98조 재수출감면세 물품	재수출이행기간지정일 재수출이행기간지정일	
15	자유무역지역의 지정 및 운영에 관한 법률 제46조 제1항 해당물품	자유무역예정지역 반입사실 확인일	
16	기타 관세법 제109조의 규정에 의하여 용도 외 사용등의 경우 세관장 확인이 필요한 물품(다만, 사후관리자료는 인계·인수하지 않음) (예) 해저광물자원개발법 관세감면물품 등	3년	

Ⅰ. 용도세율

1. 용도세율

용도세율이란 법 별표 관세율표, 제50조 제4항(잠정세율), 제65조(긴급관세),

제67조의2(특정국물품 긴급관세), 제68조(농림축산물에 대한 특별긴급관세), 제70조(조정관세), 제71조(할당관세), 제72조(계절관세), 제73조(국제협력관세), 제76조(일반특혜관세) 등에서 용도에 따라 세율을 다르게 정하는 물품 중 세율이 낮은 용도에 사용하는 경우 적용되는 세율을 말한다. 용도세율을 적용받고자 하는 경우, 물품의 성질과 형태가 그 용도 외의 다른 용도에 사용할 수 없는 경우를 제외하고, 세관장의 승인을 받아야 한다(법 제83조 제1항). 용도세율이 적용된 물품은 그 수입신고의 수리일부터 3년의 범위에서 관세청장이 정하는 사후관리기간 내에는 해당 용도 외의 다른 용도에 사용하거나 양도할 수 없다. 다만, 미리 세관장의 승인을 받은 경우, 물품의 성질과 형태가 그 용도 외의 다른 용도에 사용할 수 없는 경우는 예외로 한다(법 제83조 제2항).

2. 사후관리의무위반

본죄는 미리 세관장의 승인을 받은 경우이거나 물품의 성질과 형태가 그 용도 외의 다른 용도에 사용할 수 없는 경우가 아님에도 사후관기기간 내에 해당 용도 외의 다른 용도에 사용하거나 양도함으로써 성립한다. 해당 용도 외에 다른 용도로 사용하였는지는 용도세율의 목적 및 취지와 함께 당해 물품의 성질과 용도 및 유통과정 등을 종합적으로 고려하여 탄력적으로 해석하여야 하므로, 반드시 일정한 물리적·화학적 변화를 거치는 과정만이 이에 해당한다고 그 의미를 엄격히 제한할 것은 아니다.[42)

본죄를 범한 자는 2천만원 이하의 벌금에 처한다. 다만, 과실인 경우에는 300만원 이하의 벌금에 처한다(법 제276조 제3항 제3호). 양벌규정이 적용되므로 행위자 외에 법인 등에도 벌금형을 과한다(법 제279조 제1항). 본죄는 필요적 몰수·추징 및 특가법 적용대상이 아니다.

3. 관세의 징수

사후관리기간 내에 해당 용도 외의 다른 용도에 사용하거나 그 용도 외의 다른 용도에 사용하려는 자에게 양도한 경우에는 해당 물품을 특정용도 외에

---

42) 대법원 2007. 11. 29. 선고 2007도4811 판결. 관세포탈죄에서 자세히 설명하였다.

사용한 자 또는 그 양도인으로부터 해당 물품을 특정용도에 사용할 것을 요건으로 하지 아니하는 세율에 따라 계산한 관세액과 해당 용도세율에 따라 계산한 관세액의 차액에 상당하는 관세를 즉시 징수하며, 양도인으로부터 해당 관세를 징수할 수 없을 때에는 그 양수인으로부터 즉시 징수한다. 다만, 재해나 그 밖의 부득이한 사유로 멸실되었거나 미리 세관장의 승인을 받아 폐기한 경우에는 그러하지 아니하다(법 제83조 제3항).

Ⅱ. 재수출면세

재수출면세로 관세를 면제받은 물품은 재수출기간에 용도 외의 다른 용도로 사용되거나 양도될 수 없다. 다만, 대통령령으로 정하는 바에 따라 미리 세관장의 승인을 받았을 때에는 예외로 한다(법 제97조 제2항). 본죄는 미리 세관장의 승인을 받은 경우가 아님에도 재수출면세를 적용받은 물품을 재수출기간 내에 수출하지 아니하거나, 용도외 사용하거나 양도함으로써 성립한다. 본죄를 범한 자는 2천만원 이하의 벌금에 처한다. 다만, 과실인 경우에는 300만원 이하의 벌금에 처한다(법 제276조 제3항 제3호). 양벌규정이 적용되므로 행위자 외에 법인등에도 벌금형을 과한다(법 제279조 제1항). 본죄는 필요적 몰수·추징 및 특가법 적용대상이 아니다.

Ⅲ. 재수출감면세

재수출감면 받은 물품은 미리 세관장의 승인을 받은 경우를 제외하고 재수출기간에 용도 외의 다른 용도로 사용되거나 양도될 수 없다(법 제98조 제2항, 제97조 제2항). 본죄는 미리 세관장의 승인을 받은 경우가 아님에도 재수출감면세를 적용받은 물품을 재수출기간 내에 수출하지 아니하거나, 용도외 사용 또는 양도함으로써 성립한다. 본죄를 범한 자는 2천만원 이하의 벌금에 처한다. 다만, 과실인 경우에는 300만원 이하의 벌금에 처한다(법 제276조 제3항 제2호). 양벌규정이 적용되므로 행위자 외에 법인 등에도 벌금형을 과한다(법 제279조 제1항). 본죄는 필요적 몰수·추징 및 특가법 적용대상이 아니다.

Ⅳ. 외교관용물품

외교관용물품으로 관세를 면제받은 물품 중 기획재정부령으로 정하는 물품[43]은 수입신고 수리일부터 3년의 범위에서 대통령령으로 정하는 기준에 따라 관세청장이 정하는 기간에 해당 용도 외의 다른 용도로 사용하기 위하여 양수할 수 없다. 다만, 대통령령으로 정하는 바에 따라 미리 세관장의 승인을 받았을 때에는 그러하지 아니하다(법 제88조 제2항).

본죄는 외교관용면세물품을 다른 용도로 사용하기 위하여 양수함으로써 성립한다. 이와 같이 양도인인 외교관에 대하여 처벌규정을 두고 있지 아니한 이상 양수인의 용도외 사용죄의 공범으로 처벌할 수 없다. 양도·양수와 같이 2인 이상의 서로 대향된 행위의 존재를 필요로 하는 관계에 있어서는 공범에 관한 형법총칙 규정의 적용이 있을 수 없고 따라서 상대방의 범행에 대하여 공범관계도 성립되지 않기 때문이다.[44]

본죄를 범한 자는 2천만원 이하의 벌금에 처한다. 다만, 과실인 경우에는 300만원 이하의 벌금에 처한다(법 제276조 제3항 제3호). 양벌규정이 적용되므로 행위자 외에 법인 등에도 벌금형을 과한다(법 제279조 제1항). 본죄는 필요적 몰수·추징 및 특가법 적용대상이 아니다.

Ⅴ. 관세감면물품

1. 의의·종류

세율불균형물품면세(제89조), 학술연구용품감면세(제90조), 종교용품등면세(제91조), 특정물품면세(제93조), 환경오염방지물품감면세(제95조) 규정에 따라 관세를 감면받은 물품은 수입신고 수리일부터 3년의 범위에서 대통령령으로 정하는 기준에 따라 관세청장이 정하는 기간에는 그 감면받은 용도 외의 다른 용도로 사용하거나 양도(임대 포함)할 수 없다. 다만, 기획재정부령으로 정하는 물품과 대통령령으로 정하는 바에 따라 미리 세관장의 승인을 받은 물품의 경

---

43) 양수가 제한되는 물품은 자동차(삼륜자동차와 이륜자동차를 포함한다), 선박, 피아노, 전자오르간 및 파이프오르간, 엽총을 말한다(시행규칙 제34조 제4항).
44) 대법원 1988. 4. 25. 선고 87도2451 판결.

우에는 그러하지 아니하다(법 제102조 제1항).

사후관리기간 내 관세를 감면받은 물품을 감면받은 용도 외의 다른 용도로 사용한 경우이거나 다른 용도로 사용하려는 자에게 양도한 경우 그 용도 외의 다른 용도로 사용한 자나 그 양도인(임대인 포함)으로부터 감면된 관세를 즉시 징수하며, 양도인으로부터 해당 관세를 징수할 수 없을 때에는 양수인(임차인 포함)으로부터 감면된 관세를 징수한다. 다만, 재해나 그 밖의 부득이한 사유로 멸실되었거나 미리 세관장의 승인을 받아 폐기하였을 때에는 그러하지 아니하다(동조 제2항).

2. 사후관리의무위반

본죄는 사후관리기간 내 세관장의 승인 없이 관세를 감면받은 물품을 용도외 사용하거나 양도함으로써 성립한다. 본죄를 범한 자는 2천만원 이하의 벌금에 처한다. 다만, 과실인 경우에는 300만원 이하의 벌금에 처한다(법 제276조 제3항 제3호). 양벌규정이 적용되므로 행위자 외에 법인 등에도 벌금형을 과한다(법 제279조 제1항). 본죄는 필요적 몰수·추징 및 특가법 적용대상이 아니다.

VI. 다른 법령에 의한 감면물품

관세법 외의 법령이나 조약·협정 등에 따라 관세가 감면된 물품을 그 수입신고 수리일부터 3년 내에 해당 법령이나 조약·협정 등에 규정된 용도 외의 다른 용도로 사용하거나 양도하려는 경우에는 세관장의 확인을 받아야 한다. 다만, 해당 법령이나 조약·협정 등에 다른 용도로 사용하거나 양도한 경우에 해당 관세의 징수를 면제하는 규정이 있을 때에는 그러하지 아니하다(법 제109조 제1항). 다른 법령에 의한 감면물품의 예에 관하여는 제3장 제3절 I. 관세감면제도에서 설명하였다.

본죄는 사후관리기간 내 세관장의 확인 없이 관세를 감면받은 물품을 용도외 사용하거나 양도함으로써 성립한다. 본죄를 범한 자는 2천만원 이하의 벌금에 처한다. 다만, 과실인 경우에는 300만원 이하의 벌금에 처한다(법 제276조 제3항 제3호). 양벌규정이 적용되므로 행위자 외에 법인 등에도 벌금형을 과한다(법 제279조 제1항). 본죄는 필요적 몰수·추징 및 특가법 적용대상이 아니다.

Ⅶ. 과실범

과실이란 정상의 주의를 태만함으로 인하여 죄의 성립요소인 사실을 인식하지 못한 행위를 말한다. 과실범은 법률에 특별한 규정이 있는 경우에 한하여 처벌된다(형법 제13조). 관세법은 허위신고죄를 규정한 제276조 제3항 제2호부터 제4호, 제276조 제4항 제2호부터 제4호에서 과실범 처벌규정을 두고 있다. 과실범은 주의의무위반, 결과발생 및 결과에 대한 인과관계를 구성요건으로 한다. 주의의무란 예견의무와 결과회피의무로 구성된다. 주의의무위반은 행위자가 속한 사회집단의 일반인의 주의능력을 표준으로 한다. 과실범은 결과범이므로 결과가 발생하여야 하고, 과실행위와 결과 사이에 인과관계와 객관적 귀속이 인정되어야 한다. 이하 과실범에 관하여는 이와 같다.

제6절   입출항 절차상 의무위반에 관한 죄

Ⅰ. 국제항운항 등 의무위반

국제무역선이나 국제무역기는 개항이 아닌 지역에 대한 출입의 허가를 받은 경우를 제외하고는 개항에 한정하여 운항할 수 있다(법 제134조 제1항). 또한, 국경을 출입하는 차량은 관세통로를 경유하여야 하며, 통관역이나 통관장에 정차하여야 한다(법 제148조 제1항). 국경출입차량이 통관역이나 통관장에 도착하면 통관역장이나 도로차량45)의 운전자는 차량용품목록·여객명부·승무원명부 및 승무원 휴대품목록과 관세청장이 정하는 적하목록을 첨부하여 지체 없이 세관장에게 도착보고를 하여야 하며, 최종 출발지의 출발허가서 또는 이를 갈음하는 서류를 제시하여야 한다(법 제149조 제1항).

본죄는 이러한 의무를 위반한 경우 성립한다. 본죄를 범한 자는 2천만원 이하의 벌금에 처한다. 다만, 과실인 경우에는 300만원 이하의 벌금에 처한다(법 제276조 제3항 제2호). 양벌규정이 적용되므로 행위자 외에 법인 등에도 벌금형을 과한다(법 제279조 제1항). 본죄는 필요적 몰수·추징 및 특가법 적용대상이

---

45) 선박·철도차량 또는 항공기가 아닌 운송수단을 말한다.

아니다.

II. 입출항 절차상 의무 위반

1. 적재화물목록 부정 작성 · 제출

본죄는 부정한 방법으로 적재화물목록을 작성하였거나 제출함으로써 성립한다. 본죄의 주체는 적재화물목록 제출의무자로 국제무역선(기)을 운항하는 선박회사 및 항공사이다(입출항고시 제2조 제2·3항). 본죄를 범한 자는 2천만원 이하의 벌금에 처한다(법 제276조 제3항 제1호). 양벌규정이 적용되므로 행위자 외에 법인등에도 벌금형을 과한다(법 제279조 제1항). 본죄는 필요적 몰수·추징 및 특가법 적용대상이 아니다.

2. 출항시 적재화물목록 제출의무 위반

선장이나 기장은 출항허가를 받으려면 그 개항에서 적재한 물품의 목록을 제출하여야 한다. 다만, 세관장이 출항절차를 신속하게 진행하기 위하여 필요하다고 인정하여 출항허가 후 7일의 범위에서 따로 기간을 정하는 경우에는 그 기간 내에 그 목록을 제출할 수 있다(법 제136조 제2항). 본죄는 이러한 의무를 위반한 경우 성립한다. 본죄를 범한 자는 2천만원 이하의 벌금에 처한다. 다만, 과실인 경우에는 300만원 이하의 벌금에 처한다(법 제276조 제3항 제2호). 양벌규정이 적용되므로 행위자 외에 법인 등에도 벌금형을 과한다(법 제279조 제1항). 본죄는 필요적 몰수·추징 및 특가법 적용대상이 아니다.

3. 허위 입항보고 · 출항허가

국제무역선이나 국제무역기가 개항에 입항하였을 때에는 선장이나 기장은 선박용품·항공기용품의 목록, 여객명부, 승무원명부, 승무원 휴대품목록과 적재화물목록을 첨부하여 세관장에게 입항보고를 하여야 한다(법 제135조 제1항). 국제무역선이나 국제무역기가 개항을 출항하려면 선장이나 기장은 출항하기 전에 세관장에게 출항허가를 받아야 한다(법 제136조 제1항). 이러한 입항보고나 출항허가를 거짓으로 받은 경우 본죄가 성립한다. 본죄를 범한 자는 1천만원 이하의 벌금에 처한다. 다만, 과실인 경우에는 200만원 이하의 벌금에 처한다(법 제276조 제4항 제2호). 양벌규정이 적용되므로 행위자 외에 법인 등에도 벌금형을 과한다(법 제279조 제1항). 본죄는 필요적 몰수·추징 및 특가법 적용대상이 아니다.

4. 승객예약자료 열람·제출의무위반

세관장은 수출입금지품·마약등 검사 업무를 수행하기 위하여 필요한 경우 입항하거나 출항하는 선박 또는 항공기가 소속된 선박회사 또는 항공사가 운영하는 예약정보시스템의 승객예약자료(승객예약자료)를 정보통신망을 통하여 열람하거나 제출하여 줄 것을 선박회사 또는 항공사에 요청할 수 있다. 이 경우 해당 선박회사 또는 항공사는 이에 따라야 한다(법 제137조의2). 본죄는 선박회사나 항공사가 세관장의 승객예약자료 열람 또는 제출요청을 따르지 않는 경우 성립한다. 본죄를 범한 자는 1천만원 이하의 벌금에 처한다. 다만, 과실인 경우에는 200만원 이하의 벌금에 처한다(법 제276조 제4항 제2호). 양벌규정이 적용되므로 행위자 외에 법인 등에도 벌금형을 과한다(법 제279조 제1항). 본죄는 필요적 몰수·추징 및 특가법 적용대상이 아니다.

5. 하역·환적·적재 등 절차위반

본죄는 하역·환적·적재 등 절차위반의 경우 성립한다. 즉, 세관장의 허가 없이 입항절차를 마치지 않고 물품을 하역하거나 환적한 자(법 제140조 제1항), 신고·확인 없이 국제무역선이나 국제무역기에 물품을 하역한 자(법 제140조 제4항), 세관장의 허가 없이 국제무역선이나 국제무역기에 내국물품 적재 또는 국내운항선이나 국내운항기에 외국물품 적재한 자(법 제140조 제6항), 세관장에 신고 없이 외국물품을 운송수단으로부터 일시적으로 육지에 내려 놓거나(법 제141조 제1호), 외국물품을 적재한 운송수단에서 다른 운송수단으로 물품을 환적 또는 복합환적하거나 사람을 이동시킨 자(법 제141조 제3호), 세관장의 허가 없이 국제무역선이 개항의 바깥에서 물품을 하역하거나 환적하도록 한 자(법 제142조 제1항), 세관장의 승인 없이 국제무역선 또는 국제무역기를 국내운항선 또는 국내운항기로 전환하거나, 국내운항선 또는 국내운항기를 국제무역선 또는 국제무역기로 전환한 자(법 제144조), 국경출입차량의 출발절차 의무 위반(법 제150조, 제151조), 보세운송신고 없이 외국물품 운송(법 제213조 제2항)한 자(법 제276조 제4항 제3호), 법 제262조의 관세청장 또는 세관장의 운송수단 출발 중지 또는 정지 조치를 위반함으로써 성립한다(법 제276조 제4항 제4호).

본죄를 범한 자는 1천만원 이하의 벌금에 처한다. 다만, 과실인 경우에는 200만원 이하의 벌금에 처한다(법 제276조 제4항). 양벌규정이 적용되므로 행위자 외에 법인 등에도 벌금형을 과한다(법 제279조 제1항). 본죄는 필요적 몰수·추징 및 특가법 적용대상이 아니다.

6. 입항시 적재화물목록 제출의무위반

세관장은 신속한 입항 및 통관절차의 이행과 효율적인 감시·단속을 위하여 필요할 때에는 입항하는 해당 선박 또는 항공기가 소속된 선박회사 또는 항공사(탁송품 운송업자)로 하여금 여객명부·적재화물목록 등을 입항하기 전에 제출하게 할 수 있다(법 제135조 제2항). 본죄는 이러한 여객명부·적재화물목록 제출의무를 위반한 경우 성립한다. 본죄를 범한 자는 1천만원 이하의 벌금에 처한다. 다만, 과실인 경우에는 200만원 이하의 벌금에 처한다(법 제276조 제4항 제4호). 양벌규정이 적용되므로 행위자 외에 법인 등에도 벌금형을 과한다(법 제279조 제1항). 본죄는 필요적 몰수·추징 및 특가법 적용대상이 아니다.

제 7 절 협력의무위반에 관한 죄

I. 신고서류 보관의무 위반

가격신고, 납세신고, 수출입신고, 반송신고, 보세화물반출입신고, 보세운송신고를 하거나 적재화물목록을 제출한 자는 신고 또는 제출한 자료를 신고 또는 제출한 날부터 5년의 범위에서 대통령령으로 정하는 기간 동안 보관하여야 한다(법 제12조). 보관기간은 수입의 경우 신고수리일부터 5년, 수출의 경우 신고수리일부터 3년, 보세화물반출입이나 적재화물목록·보세운송에 관한 자료는 당해 신고에 대한 수리일부터 2년이다(시행령 제3조 제1항). 이러한 자료는 마이크로필름·광디스크 등 자료전달 및 보관 매체에 의해 보관할 수 있다(동조 제2항). 본죄는 이러한 보관의무를 위반한 경우 성립한다. 본죄를 범한 자는 2천만원 이하의 벌금에 처한다. 다만, 과실에 의한 경우에는 300만원 이하의 벌금에 처한다(법 제276조 제3항 제2호). 양벌규정이 적용되므로 행위자 외에 법인 등에도 벌금형을 과한다(법 제279조 제1항). 본죄는 필요적 몰수·추징 및 특가법 적용대상이 아니다.

참고로, 신고필증 보관의무를 위반한 경우 100만원 이하의 과태료에 처한다(법 제277조 제5항 제2호).

Ⅱ. 거짓진술 · 직무집행거부 등

본죄는 세관공무원의 질문에 대하여 거짓의 진술을 하거나 그 직무의 집행을 거부 또는 기피함으로써 성립한다. 본죄를 범한 자는 1천만원 이하의 벌금에 처한다(법 제276조 제4항 제1호). 양벌규정이 적용되므로 행위자 외에 법인 등에도 벌금형을 과한다(법 제279조 제1항). 본죄는 필요적 몰수·추징 및 특가법 적용대상이 아니다.

한편, 관세범에 관하여 관세법상 특별규정을 제외하고는 형사소송법이 준용된다(법 제319조). 따라서 관세범의 조사와 처분에 관련된 세관공무원이 사법경찰관리의 직무 수행 과정에서 하는 질문에 대하여 거짓 진술을 한 경우에는 헌법상 형사상 자기에게 불리한 진술을 강요당하지 않을 권리와 형사소송법상 진술거부권의 법리에 따라 본죄로 처벌할 수 없다.[46]

Ⅲ. 신고필증 부정발급

국가관세종합정보망의 전산처리설비를 이용하여 신고를 수리하는 경우 관세청장이 정하는 바에 따라 신고인이 직접 전산처리설비를 이용하여 신고필증을 발급받을 수 있다(법 제248조 제1항 단서). 본죄는 부정한 방법으로 신고필증을 발급받음으로써 성립한다. 본죄를 범한 자는 1천만원 이하의 벌금에 처한

---

46) 인천지방검찰청, 108면.

다(법 제276조 제4항 5호). 양벌규정이 적용되므로 행위자 외에 법인 등에도 벌금형을 과한다(법 제279조 제1항). 본죄는 필요적 몰수·추징 및 특가법 적용대상이 아니다.

Ⅳ. 서류제출 등 불이행

관세청장이나 세관장은 관세법(환특법 포함) 또는 관세법에 따른 명령을 집행하기 위하여 필요하다고 인정될 때에는 물품·운송수단 또는 장치 장소에 관한 서류의 제출·보고 또는 그 밖에 필요한 사항을 명하거나, 세관공무원으로 하여금 수출입자·판매자 또는 그 밖의 관계자에 대하여 관계 자료를 조사하게 할 수 있다(법 제263조). 본죄는 서류의 제출·보고 또는 그 밖에 필요한 사항에 관한 명령을 이행하지 아니하거나 거짓의 보고를 함으로써 성립한다. 본죄를 범한 자는 1천만원 이하의 벌금에 처한다(법 제276조 제4항 6호). 양벌규정이 적용되므로 행위자 외에 법인 등에도 벌금형을 과한다(법 제279조 제1항). 본죄는 필요적 몰수·추징 및 특가법 적용대상이 아니다.

Ⅴ. 검사 등 거부·방해

세관공무원은 관세법 또는 관세법상 명령을 위반한 행위를 방지하기 위하여 필요하다고 인정될 때에는 물품, 운송수단, 장치 장소 및 관계 장부·서류를 검사 또는 봉쇄하거나 그 밖에 필요한 조치를 할 수 있다(법 제265조). 본죄는 세관공무원의 물품 또는 운송수단 등에 대한 검사 또는 조치를 거부 또는 방해함으로써 성립한다. 본죄를 범한 자는 1천만원 이하의 벌금에 처한다(법 제276조 제4항 7호). 양벌규정이 적용되므로 행위자 외에 법인 등에도 벌금형을 과한다(법 제279조 제1항). 본죄는 필요적 몰수·추징 및 특가법 적용대상이 아니다.

Ⅵ. 자료제출 의무위반 등

세관공무원은 직무를 집행하기 위하여 필요하다고 인정될 때에는 수출입업자·판매업자 또는 그 밖의 관계자에 대하여 질문하거나 문서화·전산화된 장부, 서류 등 관계 자료 또는 물품을 조사하거나, 그 제시 또는 제출을 요구할 수 있다(법 제266조 제1항). 이에 따른 세관공무원의 장부 또는 자료의 제시요구 또는 제출요구를 거부한 경우 본죄가 성립한다. 본죄를 범한 자는 1천만원 이하의 벌금에 처한다(법 제276조 제4항 8호). 양벌규정이 적용되므로 행위자 외에 법인 등에도 벌금형을 과한다(법 제279조 제1항). 본죄는 필요적 몰수·추징 및 특가법 적용대상이 아니다.

제8절 과태료

제277조(과태료) ① 제37조의4 제1항 및 제2항에 따라 과세가격결정자료등의 제출을 요구받은 특수관계에 있는 자로서 제10조에서 정하는 정당한 사유 없이 제37조의4 제4항 각 호의 어느 하나에 해당하는 행위를 한 자에게는 1억원 이하의 과태료를 부과한다. 이 경우 제276조는 적용되지 아니한다.

② 제37조의4 제7항을 위반한 자에게는 2억원 이하의 과태료를 부과한다. 이 경우 제276조는 적용되지 아니한다.

③ 다음 각 호의 어느 하나에 해당하는 자에게는 1천만원 이하의 과태료를 부과한다.

  1. 제139조(제146조 제1항에서 준용하는 경우를 포함한다), 제143조 제1항(제146조 제1항에서 준용하는 경우를 포함한다), 제152조 제1항, 제155조 제1항, 제156조 제1항, 제159조 제2항, 제160조 제1항, 제161조 제1항, 제186조 제1항(제205조에서 준용하는 경우를 포함한다), 제192조(제205조에서 준용하는 경우를 포함한다), 제200조 제1항, 제201조 제1항·제3항, 제219조 제2항 또는 제266조 제2항을 위반한 자

  2. 제187조 제1항(제89조 제5항에서 준용하는 경우를 포함한다) 또는 제195조 제1항에 따른 허가를 받지 아니하거나 제202조 제2항에 따른 신고를 하지 아니하고 보세공장·보세건설장·종합보세구역 또는 지정공장 외의 장소에서 작업을 한 자

④ 다음 각 호의 어느 하나에 해당하는 자에게는 500만원 이하의 과태료를 부과한다.

  1. 제240조의2 제1항을 위반하여 유통이력을 신고하지 아니하거나 거짓으로 신고한 자

  2. 제240조의2 제2항을 위반하여 장부기록 자료를 보관하지 아니한 자

  3. 제243조 제4항을 위반하여 관세청장이 정하는 장소에 반입하지 아니하고 제241조 제1항에 따른 수출의 신고를 한 자

⑤ 다음 각 호의 어느 하나에 해당하는 자에게는 200만원 이하의 과태료를 부과한다.

  1. 특허보세구역의 특허사항을 위반한 운영인

  2. 제38조 제3항, 제83조 제1항, 제107조 제3항, 제135조 제2항(제146조 제1항에서 준용하는 경우를 포함한다), 제136조 제3항(제146조 제1항에서 준용하는 경우를 포함한다), 제140조 제5항, 제141조 제1호·제3호(제146조 제1항에서 준용하는 경우를 포함한다), 제157조 제1항, 제158조 제2항·제6항, 제172조 제3항, 제194조(제205조에서 준용하는 경우를 포

함한다), 제196조의2 제5항, 제198조 제3항, 제199조 제1항, 제202조 제1항, 제214조, 제
215조(제219조 제4항 및 제221조 제2항에서 준용하는 경우를 포함한다), 제216조 제2항
(제219조 제4항 및 제221조 제2항에서 준용하는 경우를 포함한다), 제221조 제1항, 제222
조 제3항, 제225조 제1항 후단 또는 제251조 제1항을 위반한 자

3. 제83조 제2항, 제88조 제2항, 제97조 제2항, 제102조 제1항 및 제109조 제1항을 위반한
자 중 해당 물품을 직접 수입한 경우 관세를 감면받을 수 있고 수입자와 동일한 용도에
사용하려는 자에게 양도한 자

4. 제135조 제1항 또는 제137조의2 제1항 각 호 외의 부분 후단을 위반한 자 중 과실로 여객
명부 또는 승객예약자료를 제출하지 아니한 자

5. 제159조 제6항, 제180조 제3항(제205조에서 준용하는 경우를 포함한다), 제196조 제4항,
제216조 제1항(제219조 제4항 및 제221조 제2항에서 준용하는 경우를 포함한다), 제222
조 제4항, 제225조 제2항, 제228조 또는 제266조 제3항에 따른 관세청장 또는 세관장의
조치를 위반한 자

6. 제321조 제2항 제2호를 위반하여 운송수단에서 물품을 취급한 자

7. 보세구역에 물품을 반입하지 아니하고 거짓으로 제157조 제1항에 따른 반입신고를 한 자

⑥ 다음 각 호의 어느 하나에 해당하는 자에게는 100만원 이하의 과태료를 부과한다.

1. 적재물품과 일치하지 아니하는 적재화물목록을 작성하였거나 제출한 자. 다만, 다음 각
목의 어느 하나에 해당하는 자가 투입 및 봉인한 것이어서 적재화물목록을 제출한 자가
해당 적재물품의 내용을 확인하는 것이 불가능한 경우에는 해당 적재화물목록을 제출한
자는 제외한다.

가. 제276조 제3항 제1호에 해당하는 자
나. 적재물품을 수출한 자
다. 다른 선박회사·항공사 및 화물운송주선업자

2. 제12조를 위반하여 신고필증을 보관하지 아니한 자

3. 제28조 제2항에 따른 신고를 하지 아니한 자

4. 제107조 제4항, 제108조 제2항, 제138조 제2항·제4항, 제141조 제2호, 제157조의2, 제
162조, 제179조 제2항, 제182조 제1항(제205조에서 준용하는 경우를 포함한다), 제183조
제2항·제3항, 제184조(제205조에서 준용하는 경우를 포함한다), 제185조 제2항(제205조
에서 준용하는 경우를 포함한다), 제245조 제3항 또는 제254조의2 제2항 및 제3항을 위반
한 자

5. 제160조 제4항(제207조 제2항에서 준용하는 경우를 포함한다)에 따른 세관장의 명령을
이행하지 아니한 자

6. 제177조 제2항(제205조에서 준용하는 경우를 포함한다), 제180조 제4항(제205조에서 준
용하는 경우를 포함한다) 또는 제249조 각 호 외의 부분 단서에 따른 세관장의 명령이나
보완조치를 이행하지 아니한 자

7. 제180조 제1항(제205조에서 준용하는 경우를 포함한다)·제2항(제89조 제5항에서 준용하
는 경우를 포함한다), 제193조(제205조에서 준용하는 경우를 포함한다) 또는 제203조 제2

항에 따른 세관장의 감독·검사·보고지시 등을 따르지 아니한 자

⑦ 제1항부터 제6항까지의 규정에 따른 과태료는 대통령령으로 정하는 바에 따라 세관장이 부과·징수한다.

제277조의3(비밀유지 의무 위반에 대한 과태료) ① 관세청장은 제116조 제1항 또는 제6항을 위반하여 과세정보를 타인에게 제공 또는 누설하거나 그 목적 외의 용도로 사용한 자에게 2천만원 이하의 과태료를 부과·징수한다. 다만, 「형법」 등 다른 법률에 따라 형사처벌을 받은 경우에는 과태료를 부과하지 아니하고, 과태료를 부과한 후 형사처벌을 받은 경우에는 과태료 부과를 취소한다.

② 제1항 본문에 따른 과태료의 부과기준은 대통령령으로 정한다.

I. 의 의

행정벌에는 행정형벌과 행정질서벌이 있다. 행정형벌이란 형법상의 형벌을 과하는 행정벌을 말하고, 행정질서벌은 과태료가 과하여지는 행정벌을 말한다. 일반적으로 행정형벌은 행정목적을 직접적으로 침해하는 행위에 대하여 과하여지고, 행정질서벌은 정보제공적 신고의무 위반과 같이 행정목적을 간접적으로 침해하는 행위에 대하여 과하여진다. 법규위반이 비교적 경미한 경우 전과자의 양산을 막기 위해 행정질서벌인 과태료를 부과하는 것이다. 행정질서벌인 과태료는 형벌이 아니므로 형법총칙이 적용되지 않는다.[47]

관세법은 일부 수입신고 및 보고의무 위반 등 행정질서벌 성격의 경미한 위반행위에 대하여 형사처벌에서 과태료로 전환하는 등 책임주의 원칙을 구현하고 있다.[48] 즉, 법 제277조(통관절차상 의무위반 등), 제277조의2(관세청장 또는 세관장은 세관공무원에게 금품을 공여한 자에 대한 과태료)에서 과태료 부과대상에 관하여 규정하고 있다. 과태료의 징수시효, 제척기간 등 부과징수에 관하여는 질서위반행위규제법과 관세법에 따른 관세 부과징수의 예를 따른다. 다만, 관세법이 질서위반행위규제법과 상충되는 때에는 질서위반행위규제법을 우선하여 적용한다(과태료훈령 제14조). 질서위반행위규제법에 따라 질서위반행위의 성립을 위하여 고의·과실이 필요하다(질서위반행위규제법 제7조).

---

47) 박균성, 행정법론(상), 523면.
48) 법률 제9910호.

Ⅱ. 과태료 부과대상

1. 1억원 이하의 과태료 부과대상

세관장은 제38조 제2항에 따른 세액심사시 특수관계에 있는 자가 수입하는 물품의 과세가격의 적정성을 심사하기 위하여 해당 특수관계자에게 과세가격결정자료(전산화된 자료 포함)를 제출할 것을 요구할 수 있다(법 제37조의4 제1항). 이에 따라 자료제출을 요구받은 특수관계에 있는 자로서 천재지변 등 정당한 사유 없이 제37조의4 제3항에서 정한 기한(60일)까지 해당 자료를 제출하지 아니하거나 거짓의 자료를 제출하는 자에게는 1억원 이하의 과태료를 부과한다. 이 경우 제276조(허위신고죄)는 적용되지 아니한다(법 제277조 제1항).

2. 2억원 이하의 과태료 부과대상

세관장은 특수관계자로 과세가격결정자료 등의 제출을 요구받은 자가 제277조 제1항에 따라 과태료를 부과받고도 자료를 제출하지 아니하거나 거짓의 자료를 시정하여 제출하지 아니하는 경우에는 미제출된 자료를 제출하도록 요구하거나 거짓의 자료를 시정하여 제출하도록 요구할 수 있다(법 제37조의4 제6항). 이에 따라 자료제출을 요구받은 자는 그 요구를 받은 날부터 30일 이내에 그 요구에 따른 자료를 제출하여야 한다(동조 제7항).

법 제37조의4 제7항을 위반한 자에게는 2억원 이하의 과태료를 부과한다. 이 경우 제276조는 적용되지 아니한다(법 제277조 제2항).

3. 2천만원 이하의 과태료 부과대상

관세청장은 제116조 제1항 또는 제6항을 위반하여 과세정보를 타인에게 제공 또는 누설하거나 그 목적 외의 용도로 사용한 자에게 2천만원 이하의 과태료를 부과·징수한다. 다만, 형법 등 다른 법률에 따라 형사처벌을 받은 경우에는 과태료를 부과하지 아니하고, 과태료를 부과한 후 형사처벌을 받은 경우에는 과태료 부과를 취소한다(법 제277조의3 제1항).

4. 1천만원 이하의 과태료 부과대상

다음의 어느 하나에 해당하는 자에게는 1천만원 이하의 과태료를 부과한다(법 제277조 제3항).

(1) 외국기착시 세관장 보고 등 의무 위반

① 국내운항선(기)의 재해 기타 부득이한 사유로 외국기착시 세관장 보고 및 적재물품 목록 제출의무를 위반한 자(법 제139조)

② 선(기)용품·판매물품의 하역·환적시 세관장 허가 및 허가받은 대로 하역·환적의무를 위반한 자(법 제143조 제1항)

③ 국경출입도로차량의 경우 국경출입증명서류를 세관장으로부터 발급의무를 위반한 자(법 제152조 제1항)

④ 외국물품·내국운송신고대상 내국물품의 보세구역 외 장치 금지의무를 위반한 자(법 제155조 제1항)

⑤ 크기·무게 과다 등 보세구역 장치 곤란하거나 부적당한 경우 보세구역 외 장치 허가의무를 위반한 자(법 제156조 제1항)

⑥ 보세구역 장치물품 원형변경·해체·절단시 세관장 작업허가의무를 위반한 자(법 제159조 제2항)

⑦ 부패·손상, 기타 사유로 보세구역 장치물품 폐기시 세관장의 폐기승인의무를 위반한 자(법 제160조 제1항)

⑧ 보세구역 장치 외국물품의 전부·일부 견본품 반출시 세관장 허가의무를 위반한 자(법 제161조 제1항)

⑨ 보세공장 반입물품 세관장 사용신고, 물품검사 의무를 위반한 자(법 제186조 제1항)

⑩ 보세건설장 반입물품 사용전 수입신고, 물품검사의무를 위반한 자(법 제192조)

⑪ 종합보세구역 사용·소비물품의 수입통관 후 소비·사용의무를 위반한 자(법 제200조 제1항)

⑫ 종합보세구역 반입물품의 종합보세기능별 구분 관리 및 종합보세구역 반입물품 이동·사용·처분시 기록의무를 위반한 자(법 제201조 제1·3항)

⑬ 조난 외국물품의 운송시 세관장승인의무를 위반한 자(법 제219조 제2항)

⑭ 수입물품 상설영업장의 세금계산서 · 수입사실증명자료 영업장 비치의
무를 위반한 자(법 제266조 제2항)

(2) 법 제187조 제1항(보세공장 외 작업허가) 또는 법 제195조 제1항(보세건설장
외 작업허가)에 따른 허가를 받지 아니하거나 보세공장 · 보세건설장 · 종합
보세구역 · 지정공장 외의 장소에서 무신고 작업을 한 자(법 제187조 제1항,
제195조 제1항, 제202조 제2항).

5. 500만원 이하의 과태료 부과대상

다음의 어느 하나에 해당하는 자에게는 500만원 이하의 과태료를 부과한
다(법 제277조 제4항).

① 법 제240조의2 제1항(통관 후 유통이력 신고)을 위반하여 유통이력을 신
고하지 아니하거나 거짓으로 신고한 자

② 유통이력 신고의무자로서 법 제240조의2 제2항의 신고물품 장부 기록,
자료 보관의무를 위반한 자

③ 법 제243조 제4항을 위반하여 고세율원재료 수출물품등 부정환급 우려
물품등을 관세청장 지정장소에 반입하지 아니하고 수출신고를 한 자

6. 200만원 이하의 과태료 부과대상

다음의 어느 하나에 해당하는 자에게는 200만원 이하의 과태료를 부과한
다(법 제277조 제5항).

(1) 특허보세구역의 특허사항을 위반한 운영인

(2) 다음의 규정을 위반한 자

① 신고세액 자율심사업체로 심사결과 세관장 제출의무(법 제38조 제3항)[49]

② 용도세율 세관장 승인의무(법 제83조 제1항)

---

49) 허위자료제출시 2천만원 이하의 벌금에 처한다(법 제276조 제3항 제5호).

③ 분할납부 승인물품의 용도 변경, 양도시 세관장 승인의무(법 제107조 제3항)

④ 입항시 선박회사 또는 항공사의 여객명부·적재화물목록 제출의무(법 제135조 제2항)

⑤ 선박회사 또는 항공사의 출항허가 신청 전 적재화물목록 제출의무 위반(법 제136조 제3항)

⑥ 국제무역선(기) 물품의 하역 장소, 통로, 기간 제한의무(법 제140조 제5항)

⑦ 외국물품 일시양륙 등의 세관장 신고의무(법 제141조 제1·3호)

⑧ 보세구역 물품 반출입시 세관장 신고의무(법 제157조 제1항)

⑨ 보세구역장치물품 보수작업시 세관장 승인의무, 수입될 물품의 보수작업 재료로 외국물품 사용금지의무(법 제158조 제2·6항)

⑩ 지정장치장 화물관리에 필요한 비용의 요율의 세관장 승인의무(법 제172조 제3항)

⑪ 보세건설장의 건설된 시설의 수입신고수리전 가동 불가의무(법 제194조)

⑫ 시내보세판매장 운영인의 인도제한 명단의 사람에게 물품 판매시 관세청장 지정방법 인도의무

⑬ 종합보세사업장 운영인의 종합보세기능 변경시 세관장 신고의무(법 제198조 제3항)

⑭ 종합보세구역 물품의 반출입시 세관장 신고의무(법 제199조 제1항)

⑮ 종합보세사업장 운영인의 종합보세기능 수행에 필요한 시설, 장비 등 유지의무(법 제202조 제1항)

⑯ 보세운송 신고·승인 신청시 화주, 관세사등, 보세운송업자 명의 신고의무(법 제214조)

⑰ 보세운송 완료시 도착보고의무(법 제215조)

⑱ 보세운송 지정기난 내 종료의무(법 제216조 제2항)

⑲ 내국물품을 국제무역선(기)로 관세영역 내 다른 장소로 운송시 세관장 신고의무(법 제221조 제1항)

⑳ 보세운송업자등의 영업보고, 서류제출명령의무(법 제222조 제3항)

㉑ 보세화물 취급 선박회사, 항공사의 세관장 신고의무자(법 제225조 제1항 후단)

㉒ 수출신고 수리물품 수리일부터 30일 내 적재의무자(법 제251조 제1항)

(3) 용도세율적용물품(제83조 제2항), 외교관용 면세물품(제88조 제2항), 재수출면세물품(제97조 제2항), 관세감면물품(제102조 제1항)의 세관장 승인 없이 용도외 사용금지 규정 및 타법령 등의 감면물품을 수입신고수리일부터 3년내 용도외사용금지(제109조 제1항) 규정을 위반한 자 중 해당 물품을 직접 수입한 경우 관세를 감면받을 수 있고 수입자와 동일한 용도에 사용하려는 자에게 양도한 자50)

(4) 다음 규정의 위반자 중 과실로 여객명부 또는 승객예약자료를 제출하지 아니한 자

① 입항보고시 서류제출, 입항전 여객명부·적재화물목록 제출 요청의무 (법 제135조 제1항)
② 승객계약자료 열람허용, 제출 요청의무(법 제137조의2 제1항 후단)

(5) 다음 규정에 따른 관세청장 및 세관장의 조치를 위반한 자

① 보세구역 장치물품에 대한 세관장의 원형변경·해체·절단 작업 명령 (법 제159조 제6항)
② 특허보세구역 운영에 필요한 시설·기계·기구 설치 명령(법 제180조 제3항)
③ 보세판매장 판매물품의 종류·수량·장치장소에 대한 세관장의 제한(법 제196조 제4항)
④ 세관장의 보세운송통로 제한(법 제216조 제1항)
⑤ 보세운송업자의 등록 및 보고(법 제222조 제4항)
⑥ 보세화물 취급 선박회사, 항공사에 대한 세관장의 업무보고 명령(법 제225조 제2항)
⑦ 수입물품에 대한 세관장의 통관표지 첨부 명령(법 제228조)
⑧ 외국물품을 판매하는 상설영업장 판매자, 관계인에 대한 영업보고 명령(법 제266조 제3항)

(6) 운송수단의 물품취급시간을 위반하여 운송수단에서 물품을 취급한 자(법 제321조 제2항 제2호)

---

50) 승인 없이 용도외 사용 및 양도하는 경우 2천만원 이하의 벌금(과실범은 300만원)에 처한다 (법 제276조 제3항 제3호).

7. 100만원 이하의 과태료 부과대상

다음의 어느 하나에 해당하는 자에게는 100만원 이하의 과태료를 부과한다(법 제277조 제6항).

(1) 적재물품과 불일치하는 적재화물목록을 작성하였거나 제출한 자[51]

(2) 신고필증을 보관하지 아니한 자(법 제12조)[52]

(3) 잠정가격신고에 따른 기간(2년, 최대 4년) 내에 확정가격신고를 불이행한 자

(4) 다음의 규정을 위반한 자

① 분할납부 승인을 받은 법인의 합병·분할합병·해산·파산선고시 신고의무(법 제107조 제4항)

② 용도세율적용, 감면, 분할납부 승인을 받은 자의 조건이행 확인서류 제출의무(법 제108조 제2항)

③ 재해 기타 부득이한 사유 발생시 면책을 위한 사유신고의무, 재해 등 부득이한 사유 종료시 세관장에 경과보고의무(법 제138조 제2·4항)

④ 여객·승무원·운전자가 아닌 자의 승선시 세관장 신고 및 세관공무원의 확인의무(법 제141조 제2호)

⑤ 보세구역 반입 후 수입신고수리된 물품의 수입신고수리일부터 15일 내 반출의무(법 제157조의2)

⑥ 보세구역 외 장치물품 취급자, 보세구역 출입자에 대한 물품·감시 관련 명령·지휘(법 제162조)

⑦ 특허보세구역 운영인의 폐업·해산·사망시 세관장 보고의무(법 제179조 제2항)

⑧ 특허보세구역 특허의 효력상실시 외국물품 반출(법 제182조 제1항)

⑨ 보세창고 내 내국물품 장치시 세관장 신고의무, 보세창고에 1년 이상 계속하여 내국물품만 장치시 세관장 승인(법 제183조 제2·3항)

---

51) 적재화물목록 부정 작성·제출자, 적재물품 수출자, 타 선사·항공사·화물운송주선업자가 투입·봉인한 것으로 적재화물목록 제출자가 해당 적재물품의 내용확인이 불가능한 경우는 제외한다.

52) 신고필증 외의 서류 보관의무를 불이행한 경우 2천만원 이하의 벌금에 처한다(법 제276조 제3항 제2호).

⑩ 내국물품 장치기간 경과시 기간 종료 후 10일 내 반출의무(법 제184조)

⑪ 보세공장에서 내국물품만으로 제조·가공시 세관장 허가(법 제185조 제2항)

⑫ 수입·수출·반송 신고서류의 제출생략, 수입신고 수리 후 제출하는 경우 세관장은 필요하다고 인정하는 경우 신고인에 대하여 자료제출 명령(법 제245조 제3항)

⑬ 탁송품운송업자의 사실과 다른 통관목록 제출 금지, 통관목록의 주소지·배송지 불일치시 배송일의 익월 15일까지 실제 배송지 제출의무(법 제254조의2 제2·3항)

(5) 다음의 규정에 따른 세관장의 명령 불이행

① 보세구역 장치물품에 대한 세관장의 반송·폐기 명령(법 제160조 제4항)

② 유치·예치물품에 대한 반송·폐기 명령(법 제207조 제2항)

(6) 다음의 규정에 따른 세관장의 명령·보완조치 불이행

① 특허보세구역 장치물품에 대한 장치기간 내 반출명령(법 제177조 제2항)

② 특허보세구역 설치목적 부합하지 않는 반입물품 반출명령(법 제180조 제4항)

③ 수출·수입·반송에 관한 신고서의 기재사항·제출서류 불비시 보완요청(법 제249조)

(7) 다음의 규정에 따른 세관장의 감독·검사·보고지시 등에 불응

① 세관장의 특허보세구역 운영인에 대한 감독(법 제180조 제1항), 특허보세구역 운영인에 대한 보고명령, 운영상황 검사(동조 제2항)

② 보세건설장 반입물품 장치장소 제한, 사용상황 보고(법 제193조)

③ 종합보세구역 반출입상황, 사용·처분 관련 장부·기록의 검사·조사, 업무실적 보고(법 제203조 제2항)

8. 세관공무원에게 금품을 공여한 자에 대한 과태료

관세청장 또는 세관장은 세관공무원에게 금품을 공여한 자에 대해서는 대통령령으로 정하는 바에 따라 그 금품 상당액의 2배 이상 5배 내의 과태료를 부과·징수한다. 다만, 형법 등 다른 법률에 따라 형사처벌을 받은 경우에는 과태료를 부과하지 아니하고, 과태료를 부과한 후 형사처벌을 받은 경우에는 과태료 부과를 취소한다(법 제277조의2 제5항).

Ⅲ. 과태료 부과절차

1. 의견제출

세관장은 과태료를 부과하고자 하는 때에는 미리 당사자에게 과태료 부과의 원인이 되는 사실, 과태료 금액 및 적용 법령 등을 통지하고, 15일의 기간을 정하여 의견을 제출할 기회를 주어야 한다. 이 경우 지정된 기일까지 의견 제출이 없는 경우에는 의견이 없는 것으로 본다(질서위반행위규제법 제16조 제1항, 동법 시행령 제3조 제1항, 과태료훈령 제9조 제2항). 당사자는 의견 제출 기한 이내에 서면(전자문서 포함)으로 세관에 의견을 진술하거나 필요한 자료를 제출할 수 있다(질서위반행위규제법 제16조 제2항). 세관장은 당사자가 제출한 의견에 상당한 이유가 있는 경우에는 과태료를 부과하지 아니하거나 통지한 내용을 변경할 수 있다(동조 제3항).

2. 과태료 부과처분

세관장은 의견제출 절차를 마친 후에 질서위반행위, 과태료 금액, 그 밖에 대통령령으로 정하는 사항을 명시하여 서면(당사자가 동의하는 경우에는 전자문서를 포함)으로 과태료를 부과하여야 한다(질서위반행위규제법 제17조). 과태료의 납부기한은 납부고지서를 받은 날부터 30일로 한다(과태료훈령 제10조 제3항).

세관장은 당사자가 의견제출 기한 이내에 과태료를 자진하여 납부하고자 하는 경우에는 대통령령으로 정하는 바에 따라 과태료를 감경할 수 있다(질서위반행위규제법 제18조 제1항). 당사자가 이에 따라 감경된 과태료를 납부한 경우에는 해당 질서위반행위에 대한 과태료 부과 및 징수절차는 종료한다(동조 제2항).

3. 형벌과 과태료의 병과 가능성

행정형벌과 행정질서벌은 모두 행정벌이므로 동일 법규 위반행위에 대하여 양자를 병과할 수 없다는 견해가 있으나,[53] 판례는 행정형벌과 행정질서벌은 그 목적이나 성질이 다르다고 볼 것이므로 과태료 부과처분 후에 행정형벌을 과하여도 일사부재리의 원칙에 반하지 않는다고 하였다.

"행정법상의 질서벌인 과태료의 부과처분과 형사처벌은 그 성질이나 목적을 달리하는 별개의 것이므로 행정법상의 질서벌인 과태료를 납부한 후에 형사처벌을 한다고 하여 이를 일사부재리의 원칙에 반하는 것이라고 할 수는 없다"[54]

4. 제척기간

세관장은 질서위반행위가 종료된 날부터 5년이 경과한 경우에는 해당 질서위반행위에 대하여 과태료를 부과할 수 없다(질서위반행위규제법 제19조 제1항). 다만, 재판이나 약식재판에 따른 법원의 결정이 있는 경우에는 그 결정이 확정된 날부터 1년이 경과하기 전까지는 과태료를 정정부과 하는 등 해당 결정에 따라 필요한 처분을 할 수 있다(동조 제2항).

5. 소멸시효

과태료는 세관장의 과태료 부과처분이나 법원의 과태료 재판이 확정된 후 5년간 징수하지 아니하거나 집행하지 아니하면 시효로 인하여 소멸한다(질서위반행위규제법 제15조 제1항). 소멸시효의 중단·정지 등에 관하여는 국세기본법 제28조를 준용한다(동조 제2항).

Ⅳ. 과태료 부과기준

1. 부과기준

위반행위별 과태료는 관세법 시행령 별표 5의 부과기준을 적용하여 부과한다. 수개의 동일한 질서위반행위가 일시에 적발된 경우에는 같은 위반차수로 본다(과태료훈령 제5조 제2항). 법인의 질서위반행위에 대한 과태료 부과는 법

---

53) 박균성, 행정법론(상), 524면.
54) 대법원 1996. 4. 12. 선고 96도158 판결.

인을 기준으로 위반차수를 확인하여 적용한다(동조 제3항). 세관장은 수개의 동일한 질서위반행위에 대한 과태료는 각각 부과한다(동 훈령 제6조 제1항).

2. 감 경

세관장은 사전통지 및 의견 제출 결과 과태료 부과대상자에 대하여 다음의 어느 하나에 해당하는 경우 과태료를 감경할 수 있다. 다만, 과태료를 체납하고 있는 자에게는 감경을 모두 적용하지 아니하며, 법 제277조의2를 위반한 과태료 부과대상자(세관공무원에게 금품을 공여한 자)에 대하여는 ①·②의 감경을 적용하지 아니한다(과태료훈령 제8조 제1항).

① 수출입 안전관리 우수업체(AEO: Authorized Economic Operator)로 공인받은 경우에는 다음 각 목의 감경기준을 적용하여 감경
㉮ A등급: 100분의 20
㉯ AA등급: 100분의 30
㉰ AAA등급: 100분의 50
② 중소기업법 제2조에 따른 중소기업에 해당되는 경우에는 부과되는 과태료의 100분의 20 범위
③ 질서위반행위규제법 제10조 제2항 및 같은 법 시행령 제2조의2 제1항 각 호의 어느 하나에 해당하는 경우에는 부과되는 과태료의 100분의 50 범위
④ 법에 따른 행정조사 등의 결과, 동일 업체가 반복적으로 동일한 질서위반행위를 한 경우로서 위반행위의 정도, 동기 및 그 결과 등을 고려하여 줄일 필요가 있다고 인정되는 경우에는 100분의 75의 범위

과태료 감경시 그 사유가 2개 이상 해당되는 경우 감경률의 합은 100분의 75를 초과할 수 없다. 다만, 과태료 부과대상자가 의견진술 기간 이내에 과태료를 자진하여 납부하는 경우에는 과태료 금액에 감경률을 적용하여 부과할 과태료 금액의 100분의 20의 범위에서 추가 감경할 수 있다(과태료훈령 제8조 제2항).

V. 가산금 징수 및 체납처분

세관장은 당사자가 납부기한까지 과태료를 납부하지 아니한 때에는 납부기한을 경과한 날부터 체납된 과태료에 대하여 100분의 3에 상당하는 가산금을 징수한다(질서위반행위규제법 제24조 제1항).

체납된 과태료를 납부하지 아니한 때에는 납부기한이 경과한 날부터 매 1개월이 경과할 때마다 체납된 과태료의 1천분의 12에 상당하는 가산금(중가산금)을 제1항에 따른 가산금에 가산하여 징수한다. 이 경우 중가산금을 가산하여 징수하는 기간은 60개월을 초과하지 못한다(동조 제2항).

세관장은 당사자가 기한 이내에 이의를 제기하지 아니하고 가산금을 납부하지 아니한 때에는 국세 또는 지방세 체납처분의 예에 따라 징수한다(동조 제3항).

VI. 불복절차

세관장의 과태료 처분에 불복하는 당사자는 과태료 부과 통지를 받은 날부터 60일 이내에 이의제기를 할 수 있다(질서위반행위규제법 제20조 제1항). 이의제기가 있는 경우에는 세관장의 과태료 부과처분은 그 효력을 상실한다(동조 제2항).

세관장은 당사자의 이의제기에 이유가 있어 과태료를 부과할 필요가 없는 것으로 인정되는 경우 외에는 이의제기를 받은 날부터 14일 이내에 이에 대한 의견 및 증빙서류를 첨부하여 과태료 처분대상자의 주소지를 관할하는 지방법원에 통보하여야 한다(질서위반행위규제법 제21조 제1항).

과태료 부과처분은 행정소송 대상인 행정처분이 아니고(법 제119조 제1항 제3호), 질서위반행위규제법은 비송사건절차법을 준용하고 있어 과태료 재판에 관하여는 비송사건절차법이 적용된다(질서위반행위규제법 제28조).

VII. 질서위반행위의 재판

1. 관 할

과태료 사건은 다른 법령에 특별한 규정이 있는 경우를 제외하고는 당사자의 주소지의 지방법원 또는 그 지원의 관할로 한다(질서위반행위규제법 제25조).

2. 재 판

질서위반행위규제법은 과태료의 부과대상이 질서위반행위에 대하여도 책임주의 원칙을 채택하여 제7조에서 "고의 또는 과실이 없는 질서위반행위는 과태료를 부과하지 아니한다"고 규정하고 있으므로 질서위반행위를 한 자가 자신의 책임 없는 사유로 위반행위에 이르렀다고 주장하는 경우 법원으로서는 그 내용을 살펴 행위자에게 고의·과실이 있는지 따져보아야 한다.[55]

법원이 비송사건절차법에 따라 과태료 재판을 함에 있어서는 세관장이 부과한 과태료처분에 대한 당부를 심판하는 행정소송절차가 아니므로 행정관청 내부의 부과기준에 기속됨이 없이 관계 법령에서 규정하는 과태료 상한의 범위 내에서 그 동기·위반의 정도·결과 등 여러 인자를 고려하여 재량으로 그 액수를 정할 수 있다.[56]

---

55) 대법원 2011. 7. 14. 선고 2011마364 판결.
56) 대법원 1998. 12. 23. 선고 98마2866. 따라서 항고법원이 정한 과태료 액수가 법이 정한 범위 내에서 이루어진 이상 그것이 현저히 부당하게 재량권 남용에 해당되지 않는 한 그 액수가 많다고 다투는 것은 적법한 재항고이유가 될 수 없다.

제 5 편

광의의
관세형법

제 1 장

원산지에 관한 죄

이 책에서는 관세법 외에 세관에 수사권이 있는 법률을 광의의 관세형법이라 한다. 광의의 관세형법 위반에 해당하는 경우에도 세관조사를 받게 된다. 다만, 광의의 관세형법에는 관세법의 고발전치주의, 통고처분 규정이 적용되지 않는다. 따라서 광의의 관세형법 위반으로 세관조사를 받은 경우에는 통고처분으로 종결될 수 없고 검찰에 사건이 송치된다. 관세법위반과 광의의 관세형법이 모두 조사대상인 경우 관세법위반에 대하여는 통고처분하고 나머지만 검찰에 송치하는 것이 아니라 해당 사건 전부를 송치하고 있다. 이때 광의의 관세형법에는 고발전치주의가 적용되지 않으므로 관세법위반에 대하여만 세관장의 고발장이 첨부되게 된다.

제 1 절 총 설

원산지란 최종적으로 생산된 물품의 국적을 의미한다. 원산지규정은 관세상의 특혜를 부여하는 특혜 원산지규정과 반덤핑관세 등의 부과 등 무역관리·규제와 소비자 보호를 위한 비특혜 원산지규정으로 구분할 수 있다. 전자에는 관세법, FTA특례법, 남북교류협력에 관한 법률 등이 있다. 후자에는 대외무역법, 농산물의 원산지표시에 관한 법률, 표시·광고의 공정화에 관한 법률, 불공정무역행위조사 및 산업피해구제에 관한 법률, 축산물가공처리법, 가축전염예방법, 식품위생법, 소비자기본법, 부정경쟁방지 및 영업비밀보호에 관한 법률, 품질경영 및 공산품안전관리법 등이 있다.

산업통상자원부가 주무부처인 대외무역법은 일반 수출입 물품의 원산지표시·판정 및 확인에 관한 기본법으로, 대외무역관리규정을 통해 원산지표시

대상물품, 원산지표시 및 판정의 세부기준 등을 정하고 있다. 관세법에서는 수입물품의 관세 부과·징수 및 특혜관세 부여를 위한 원산지결정(판정) 및 확인, 원산지 허위표시물품등의 통관 제한 등에 관하여 규정하고 있다. 또한 '원산지제도 운영에 관한 고시'에서 대외무역법령의 원산지표시 관련사항과 관세법령의 특혜관세 적용을 위한 원산지결정과 관련한 필요 세부사항을 규정하고 있다.

FTA특례법은 자유무역협정 대상물품의 우회수입방지를 위한 구체적인 원산지 결정기준 및 원산지증명과 협정관세 적용신청 절차와 관련된 규정을 두고 있다.

남북교류협력에 관한 법률에서는 남북 사이에 거래되는 교역 물품에 관한 원산지확인, 통관관리 등에 관하여 규정하고 있다. 2010. 2. 4. 법률 제100222호로 제정되어 2010. 8. 5. 시행된 농수산물의 원산지표시에 관한 법률(이하 '원산지표시법'이라 한다)은 생산자와 소비자의 보호를 목적으로 농산물 및 수산물이나그 가공품에 대하여 적정하고 합리적인 원산지표시를 하도록 규정하고 있다. 주무부처는 농림축산식품부와 해양수산부이고, 농수산물품질관리원에 단속권한을 위임하고 있다.

원산지에 관한 죄로 세관조사 및 형사처벌 되는 것은 주로 대외무역법위반의 경우이다. 실무상 대외무역법위반으로 처벌되는 사례들을 보면 원산지 규정이 여러 법령에 규정되어 있어 혼란을 겪거나 각 규정의 원산지 판정기준이 다름에도 이를 오인한 경우가 많다. 이하에서는 관세법을 기본으로 대외무역법, FTA특례법의 원산지확인 또는 판정기준, 원산지증명서, 각 형사처벌 규정을 한데 모아 정리함으로써 수출입업자가 수입통관단계, 유통단계, 수출단계별로 원산지에 관한 각 개별 법령의 내용과 의무사항을 점검할 수 있도록 하였다.

제 2 절 관세법상 원산지규정

Ⅰ. 원산지 확인 기준

수출물품에 대한 원산지 결정기준이 수입국의 원산지 결정기준과 다른 경우에는 수입국의 원산지 결정기준을 따를 수 있다.

1. 완전생산기준

당해 국가의 영역에서 생산된 광산물과 식물성 생산물, 산 동물과 이들로 부터 채취한 물품 등은 해당 물품의 전부를 생산·가공·제조한 나라를 원산지로 한다(법 제229조 제1항 제1호, 시행규칙 제74조 제1항).

2. 실질적 변형기준

(1) 세번변경기준

해당 물품이 2개국 이상에 걸쳐 생산·가공 또는 제조된 경우에는 그 물품의 본질적 특성을 부여하기에 충분한 정도의 실질적인 생산·가공·제조 과정이 최종적으로 수행된 나라를 원산지로 한다(법 제229조 제1항 제2호). 즉, 당해 물품의 생산과정에 사용되는 물품의 품목분류표상 6단위 품목번호와 다른 6단위 품목번호의 물품을 최종적으로 생산한 국가를 원산지로 한다(시행규칙 제74조 제2항).

다만, ① 운송 또는 보세구역 장치 중에 있는 물품의 보존을 위하여 필요한 작업, ② 판매를 위한 물품의 포장개선 또는 상표표시 등 상품성 향상을 위한 개수작업, ③ 단순한 선별·구분·절단 또는 세척작업, ④ 재포장 또는 단순한 조립작업, ⑤ 물품의 특성이 변하지 아니하는 범위 안에서의 원산지가 다른 물품과의 혼합작업, ⑥ 가축의 도축작업이 수행된 국가는 원산지로 인정하지 아니한다(시행규칙 제74조 제4항).

(2) 부가가치·가공공정기준

관세청장은 세번변경기준의 6단위 품목번호의 변경만으로 법 제229조 제1항 제2호의 규정에 의한 본질적 특성을 부여하기에 충분한 정도의 실질적인 생산과정을 거친 것으로 인정하기 곤란한 품목에 대하여는 주요공정·부가가치 등을 고려하여 품목별로 원산지기준을 따로 정할 수 있다(시행규칙 제74조 제3·5항).

3. 특수물품의 원산지결정기준

촬영된 영화용 필름, 부속품·예비부분품 및 공구와 포장용품은 별도의 원산지 결정기준이 적용된다. 촬영된 영화용 필름은 그 제작자가 속하는 국가, ② 기계·기구·장치 또는 차량에 사용되는 부속품·예비부분품 및 공구로서 기계·기구·장치 또는 차량과 함께 수입되어 동시에 판매되고 그 종류 및 수량으로 보아 통상 부속품·예비부분품 및 공구라고 인정되는 물품은 당해 기계·기구 또는 차량의 원산지, ③ 포장용품은 그 내용물품의 원산지를 원산지로 한다. 다만, 품목분류표상 포장용품과 내용품을 각각 별개의 품목번호로 하고 있는 경우에는 그러하지 아니한다(시행규칙 제75조).

4. 직접운송원칙

법 제229조에 따라 원산지를 결정할 때 해당 물품이 원산지가 아닌 국가를 경유하지 아니하고 직접 우리나라에 운송·반입된 물품인 경우에만 그 원산지로 인정한다. 다만, 다음의 어느 하나에 해당하는 물품인 경우에는 우리나라에 직접 반입한 것으로 본다(시행규칙 제76조).

① 다음의 요건을 모두 충족하는 물품일 것

㉮ 지리적 또는 운송상의 이유로 단순 경유한 것

㉯ 원산지가 아닌 국가에서 관세당국의 통제하에 보세구역에 장치된 것

㉰ 원산지가 아닌 국가에서 하역, 재선적 또는 그 밖에 정상 상태를 유지하기 위하여 요구되는 작업 외의 추가적인 작업을 하지 아니한 것

② 박람회·전시회 및 그 밖에 이에 준하는 행사에 전시하기 위하여 원산지가 아닌 국가로 수출되어 해당 국가 관세당국의 통제 하에 전시목적에 사용된 후 우리나라로 수출된 물품일 것

Ⅱ. 원산지증명서(CO)

1. 원산지증명서의 요건과 종류

원산지증명서의 기재사항은 해당 수입물품의 품명, 수량, 생산지, 수출자 등 관세청장이 정하는 사항이다. 유효기간은 제출일부터 소급하여 1년[1] 이내에 발행된 것이어야 한다(시행령 제236조 제4항).

원산지증명서는 발급주체에 따라 기관발급 원산지증명서, 자율발급 원산지증명서, 연결원산지증명서가 있다. 기관발급 원산지증명서란 원산지국가의 세관 기타 발급권한이 있는 기관 또는 상공회의소가 당해 물품에 대하여 원산지국가(지역을 포함한다)를 확인 또는 발행한 것을 말한다. 자율발급 원산지증명서란 관세청장이 정한 물품의 경우에는 당해 물품의 상업송장 또는 관련서류에 생산자·공급자·수출자 또는 권한있는 자가 원산지국가를 기재한 것을 말한다. 연결원산지증명서란 원산지국가에서 바로 수입되지 아니하고 제3국을 경유하여 수입된 물품에 대하여 그 제3국의 세관 기타 발급권한이 있는 기관 또는 상공회의소가 확인 또는 발행한 경우 원산지국가에서 당해 물품에 대하여 발행된 원산지증명서를 기초로 하여 원산지국가(지역을 포함한다)를 확인 또는 발행한 것을 말한다(시행령 제236조 제3항).

2. 원산지증명서 제출 대상

법·조약·협정 등에 의하여 다른 국가의 생산물품에 적용되는 세율보다 낮은 세율을 적용받고자 하는 경우 특혜용 원산지증명서를 제출하여야 하고(법 제232조 제1항, 시행령 제236조 제1항 제1호), 관세율의 적용 기타의 사유로 인하여 원산지확인이 필요하다고 관세청장이 지정한 물품을 수입하는 자는 일반용 원산지증명서를 제출하여야 한다(시행령 제236조 제1항 제2호).

---

1) 다음의 구분에 따른 기간은 제외한다.
   ① 원산지증명서 발행 후 1년 이내에 해당 물품이 수입항에 도착하였으나 수입신고는 1년을 경과하는 경우: 물품이 수입항에 도착한 날의 다음 날부터 해당 물품의 수입신고를 한 날까지의 기간
   ② 천재지변, 그 밖에 이에 준하는 사유로 원산지증명서 발행 후 1년이 경과한 이후에 수입항에 도착한 경우: 해당 사유가 발생한 날의 다음 날부터 소멸된 날까지의 기간

(1) 특혜용 원산지증명서

특혜관세란 원산지가 확인된 수입물품에 대하여 법 또는 조약·협정 등에 따라 세율을 인하하여 부과하는 관세를 말한다(원산지증명고시 제2조 제2호). 특혜 관세로는 「유엔무역개발회의 개발도상국 간 특혜무역제도에 관한 협정(GSTP)」 에 따른 양허관세, 「세계무역기구협정 개발도상국 간의 무역협상에 관한 의정 서(TNDC)」에 따른 양허관세, 「아시아·태평양 무역협정(APTA)」에 따른 특혜관 세, 최빈개발도상국에 대한 특혜관세(법 제76조), 「남북교류협력에 관한 법률」 제26조 제2항 단서에 따라 원산지가 북한인 반입물품 등이 있다.

특혜관세를 적용받으려고 하는 자는 해당 물품을 수입신고 하는 때에 원 산지증명서를 제출해야 한다(원산지증명고시 제5조 제1항).

(2) 일반 원산지증명서

세관장은 다음과 같이 관세율의 적용 기타의 사유로 인하여 원산지확인이 필요하다고 관세청장이 지정한 물품을 수입하는 자에게 원산지증명서를 제출 하도록 할 수 있다(시행령 제236조 제1항 제2호).

① 덤핑방지관세(법 제51조), 상계관세(법 제57조), 보복관세(법 제63조), 긴급 관세(법 제65조, 제67조의2) 등이 적용되는 국가의 인접국에서 수입되거 나 적용대상국 생산물품 중 동 관세 비적용 신청물품 또는 낮은 세율 적용신청 물품으로서 우회수입 등의 가능성이 있어 세관장이 이를 확 인할 필요가 있다고 인정하는 물품.

② 대외무역법·식품위생법·검역법 등에 따라 원산지를 확인하는 품목

(3) 원산지증명서 제출 면제

원산지증명서 등의 제출을 면제할 수 있는 물품은 다음과 같다(법 제232조 제1항 단서, 시행령 제236조 제2항, 원산지증명고시 제10조).

① 세관장이 물품의 종류·성질·형상 또는 그 상표·생산국명·제조자 등 에 의하여 원산지를 확인할 수 있는 물품

② 우편물(법 제258조 제2항의 규정에 해당하는 것을 제외한다)

③ 과세가격(종량세의 경우에는 이를 법 제15조의 규정에 준하여 산출한 가격을 말한다)이 15만원 이하인 물품

④ 개인에게 무상으로 송부된 탁송품·별송품 또는 여행자의 휴대품

⑤ 기타 관세청장이 관계행정기관의 장과 협의하여 정하는 물품으로 다음 각 호의 어느 하나에 해당하는 물품

㉮ 수입된 물품의 하자보수용(유상수리를 제외한다) 물품

㉯ 개인이 자가소비용으로 수입하는 물품

㉰ 국내 제조회사에서 반복적으로 수입하는 물품으로서 이미 원산지가 확인되어 원산지증명서 제출이 필요 없다고 세관장이 인정하는 물품

㉱ 원산지사전확인을 받은 날부터 3년 이내에 반입하는 물품(원산지사전확인 내용과 변동이 없는 경우로 한정한다)

3. 원산지증명서 제출 시기

원산지증명서는 수입신고 시에 세관장에게 제출하여야 한다(관세법 시행령 제236조 제1항). 다만, 특혜용 원산지증명서에 한해 수입신고 전에 원산지증명서를 발급받았으나 분실 등의 사유로 수입신고 시에 원산지증명서를 제출하지 못한 경우에는 원산지증명서 유효기간 내에 해당 원산지증명서 또는 그 부본을 제출할 수 있다(동항 단서).

4. 원산지증명서 등 확인요청

(1) 원산지증명서 등 확인요청

세관장은 원산지증명서를 발급한 국가의 세관이나 그 밖에 발급권한이 있는 기관(외국세관 등)에 제출된 원산지증명서 및 원산지증명서 확인자료의 진위 여부, 정확성 등의 확인을 요청할 수 있다. 이 경우 세관장의 확인요청은 해당 물품의 수입신고가 수리된 이후에 하여야 하며, 세관장은 확인을 요청한 사실 및 회신 내용과 그에 따른 결정 내용을 수입자에게 통보하여야 한다(법 제233조 제1항).

(2) 특혜관세 적용배제

세관장은 확인을 요청한 사항에 대하여 조약 또는 협정에서 다르게 규정

한 경우를 제외하고 ① 외국세관 등이 기획재정부령으로 정한 기간2) 이내에 그 결과를 회신하지 아니하거나 ② 세관장에게 신고한 원산지가 실제 원산지와 다른 것으로 확인된 경우, ③ 외국세관 등의 회신내용에 원산지증명서 및 원산지증명서 확인자료를 확인하는 데 필요한 정보가 포함되지 아니한 경우 일반특혜관세·국제협력관세 또는 편익관세를 적용하지 아니할 수 있다. 이 경우 세관장은 경정 또는 부과고지에 따라 납부하여야 할 세액 또는 납부하여야 할 세액과 납부한 세액의 차액을 부과·징수하여야 한다(법 제233조 제2항).

5. 원산지증명서 발급

(1) 신청자 · 발급자

법·조약·협정 등에 따라 관세를 양허받을 수 있는 물품의 수출자가 원산지증명서의 발급을 요청하는 경우에는 세관장이나 그 밖에 원산지증명서를 발급할 권한이 있는 기관은 그 수출자에게 원산지증명서를 발급하여야 한다(법 제232조의2 제1항). 원산지증명서 발급기관은 세관, 상공회의소·대한상공회의소, 마산·군산자유무역지역관리원이 있다(원산지증명고시 제15조).

(2) 원산지조사

세관장은 원산지증명서가 발급된 물품을 수입하는 국가의 권한 있는 기관으로부터 원산지증명서 및 원산지증명서 확인자료의 진위 여부, 정확성 등의 확인을 요청받은 경우 등 필요하다고 인정되는 경우에는 원산지증명서를 발급받은 자, 원산지증명서를 발급한 자, 수출물품의 생산자 또는 수출자를 대상으로 서면조사 또는 현지조사를 할 수 있다(법 제233조 제3항, 시행령 제236조의8 제1항). 조사의 통지는 조사시작 7일 전까지 서면으로 통지하여야 한다(시행령 동조 제2항). 연기신청, 조사결과 통지는 관세조사(기업심사) 관련 규정을 준용한다(동조 제3항).

---

2) 회신기간은 아시아·태평양 무역협정에 따른 국제협정관세의 경우 확인을 요청한 날부터 4개월, 최빈개발도상국에 대한 일반특혜관세의 경우 확인을 요청한 날부터 6개월이다(시행규칙 제88조의2).

Ⅲ. 원산지 사전확인 제도

1. 의 의

법 제232조의 규정에 의하여 원산지 확인이 필요한 물품을 수입하는 자는 관세청장에게 수입신고를 하기 전에 당해 물품의 수입신고를 하기 전에 미리 확인 또는 심사(이하 '사전확인'이라 한다)를 신청할 수 있다. 원산지 확인기준 충족여부 등을 미리 점검하는 기회를 가짐으로써 통관제한이나 사후 추징 등을 방지하기 위한 제도이다.

사전확인대상은 ① 법 제229조의 규정에 따른 원산지 확인기준의 충족여부, ② 조약 또는 협정 등의 체결로 인하여 관련법령에서 특정물품에 대한 원산지 확인기준을 달리 정하고 있는 경우에 당해 법령에 따른 원산지 확인기준의 충족여부, ③ 위 원산지 확인기준의 충족여부를 결정하기 위한 기초가 되는 사항으로서 관세청장이 정하는 사항, ④ 그 밖에 관세청장이 원산지에 따른 관세의 적용과 관련하여 필요하다고 정하는 사항이다(시행령 제236조의2 제1항).

2. 사전확인 절차

사전확인의 신청을 받은 경우 관세청장은 60일 이내에 이를 확인하여 그 결과를 기재한 서류(사전확인서)를 신청인에게 교부하여야 한다. 다만, 제출자료의 미비 등으로 인하여 사전확인이 곤란한 경우에는 그 사유를 신청인에게 통지하여야 한다(시행령 제236조의2 제2항).

세관장은 수입신고된 물품 및 원산지증명서의 내용이 사전확인서상의 내용과 동일하다고 인정되는 때에는 특별한 사유가 없는 한 사전확인서의 내용에 따라 관세의 경감 등을 적용하여야 한다(시행령 제236조의2 제3항).

관세청장은 사전확인서의 근거가 되는 사실관계 또는 상황이 변경된 경우에는 사전확인서의 내용을 변경할 수 있다. 이 경우 관세청장은 신청인에게 그 변경내용을 통지하여야 한다. 사전확인서의 내용을 변경한 경우에는 그 변경일후에 수입신고되는 물품에 대하여 변경된 내용을 적용한다. 다만, 사전확인서의 내용변경이 자료제출누락 또는 허위자료제출 등 신청인의 귀책사유로 인한 때에는 당해 사전확인과 관련하여 그 변경일전에 수입신고된 물품에 대하여도 소급하여 변경된 내용을 적용한다(시행령 제236조의3).

사전확인의 결과를 통지받은 자(사전확인서의 내용변경 통지를 받은 자 포함)는 그 통지내용에 이의를 제기하려는 경우 그 결과를 통지받은 날부터 30일 이내에 이의제기할 수 있다. 관세청장은 이의제기를 받은 때에는 이를 심사하여 30일 이내에 그 결정 내용을 신청인에게 알려야 한다(시행령 제236조의2 제4·5·6항).

제 3 절 대외무역법상 원산지규정

대외무역법 제3장의2는 '원산지의 표시 등'이란 제목 하에 수입물품을 중심으로 원산지표시, 원산지판정, 원산지확인·증명, 위반시 벌칙 규정을 두고 있다. 수출물품은 수입물품의 규정을 준용하고 있다. 대외무역법은 수입물품을 단순 가공처리한 자에 대해서도 당초의 원산지를 표시하도록 의무를 부과하고(대외무역법 제33조 제2항), 수입물품에 대한 소비자의 알 권리를 보장하기 위하여 원산지 표시 의무 위반자에 대한 벌칙을 강화하는 방향으로 개정되어 왔다.[3]

I. 대외무역법상 원산지 판정기준

1. 수입물품

(1) 완전생산기준

수입물품의 전부가 하나의 국가에서 채취되거나 생산된 물품(이하 '완전생산물품'이라 한다)인 경우에는 그 국가를 그 물품의 원산지로 한다(대외무역법 제34조 제2항, 동법 시행령 제61조 제1항 제1호).

---

3) 법률 제10231호(2010. 10. 6. 시행).

(2) 실질적 변형기준

수입물품의 생산·제조·가공 과정에 둘 이상의 국가가 관련된 경우에는 최종적으로 실질적 변형을 가하여 그 물품에 본질적 특성을 부여하는 활동(이하 '실질적 변형'이라 한다)을 한 국가를 그 물품의 원산지로 한다(대외무역법 시행령 제61조 제1항 제2호). 실질적 변형이란 해당국에서의 제조·가공과정을 통하여 원재료의 세번과 상이한 세번(HS 6단위 기준)의 제품을 생산하는 것을 말한다(대외무역관리규정 제85조 제2항).

(3) 특정수입물품의 원산지

산업통상자원부장관이 대외무역관리규정 별표 9에서 별도로 정하는 물품에 대하여는 실질적 변형기준이 아니라 부가가치, 주요 부품 또는 주요 공정 등이 해당 물품의 원산지 판정기준이 된다(대외무역관리규정 제85조 제4항).

(4) 단순한 가공활동

수입물품의 생산·제조·가공 과정에 둘 이상의 국가가 관련된 경우 단순한 가공활동을 하는 국가를 원산지로 하지 아니한다(대외무역법 시행령 제61조 제1항 제3호). 다음의 어느 하나를 '단순한 가공활동'으로 본다(대외무역관리규정 제86조 제8항).

① 운송 또는 보관 목적으로 물품을 양호한 상태로 보존하기 위해 행하는 가공활동
② 선적 또는 운송을 용이하게 하기 위한 가공활동
③ 판매목적으로 물품의 포장 등과 관련된 활동
④ 제조·가공결과 HS 6단위가 변경되는 경우라도 다음의 어느 하나에 해당되는 가공과 이들이 결합되는 가공은 단순한 가공활동의 범위에 포함된다.
  ㉮ 통풍
  ㉯ 건조 또는 단순가열(볶거나 굽는 것을 포함한다)
  ㉰ 냉동, 냉장
  ㉱ 손상부위의 제거, 이물질 제거, 세척
  ㉲ 기름칠, 녹방지 또는 보호를 위한 도색, 도장

ⓑ 거르기 또는 선별(sifting or screening)

ⓢ 정리(sorting), 분류 또는 등급선정(classifying, or grading)

ⓞ 시험 또는 측정

ⓩ 표시나 라벨의 수정 또는 선명화

ⓒ 가수, 희석, 흡습, 가염, 가당, 전리(ionizing)

ⓚ 각피(husking), 탈각(shelling or unshelling), 씨제거 및 신선 또는 냉장 육류의 냉동, 단순 절단 및 단순 혼합

ⓣ 별표 9에서 정한 HS 01류의 가축을 수입하여 해당국에서 도축하는 경우 같은 별표에서 정한 품목별 사육기간 미만의 기간 동안 해당 국에서 사육한 가축의 도축(slaughtering)

ⓟ 펴기(spreading out), 압착(crushing)

ⓗ ㉮부터 ㉥까지의 규정에 준하는 가공으로서 산업통상자원부장관이 별도로 판정하는 단순한 가공활동

2. 수입원료를 사용한 국내생산물품

(1) 적용대상

수입원료를 사용한 국내생산물품 등의 원산지 판정기준 적용 대상물품은 별표 8에 의한 수입 물품 원산지표시대상물품 중 국내수입 후 단순한 가공활 동을 한 물품과 1류~24류(농수산물·식품), 30류(의료용품), 33류(향료·화장품), 48 류(지와 판지), 49류(서적·신문·인쇄물), 50류~58류(섬유), 70류(유리), 72류(철강), 87류(8701~8708의 일반차량), 89류(선박)에 해당되지 않는 물품이다(대외무역법 제 35조, 대외무역관리규정 제86조 제1항).

(2) 판정기준

다음의 어느 하나에 해당하는 경우 우리나라를 원산지로 하는 물품으로 본다(대외무역법 제35조, 대외무역관리규정 제86조 제2항).

① 우리나라에서 제조·가공과정을 통해 수입원료의 세번과 상이한 세번 (HS 6단위 기준)의 물품(세번 HS 4단위에 해당하는 물품의 세번이 HS 6단위에 서 전혀 분류되지 아니한 물품을 포함한다)을 생산하고, 해당 물품의 총 제

조원가 중 수입원료의 수입가격(CIF가격 기준)을 공제한 금액이 총 제조
원가의 51퍼센트 이상인 경우

② 우리나라에서 제85조 제8항의 단순한 가공활동이 아닌 제조·가공과정
을 통해 제1호의 세번 변경이 안된 물품을 최종적으로 생산하고, 해당
물품의 총 제조원가 중 수입원료의 수입가격(CIF가격 기준)을 공제한 금
액이 총 제조원가의 85퍼센트 이상인 경우

3. 수출물품

수출물품에 대한 원산지 판정은 수입물품에 대한 원산지 판정기준을 준용
하여 판정하되, 그 물품에 대한 원산지 판정기준이 수입국의 원산지 판정기준
과 다른 경우에는 수입국의 원산지 판정기준에 따라 원산지를 판정할 수 있다
(대외무역법 제34조 제2항, 동법 시행령 제61조 제3항, 대외무역관리규정 제85조 제2항).
따라서 상대 수입국의 원산지 판정기준을 우선하여 적용하고 수입국의 기준이
없는 경우에는 제조·가공결과 HS 6단위가 변경되는 경우 국산으로 판정할 수
있다.

Ⅱ. 원산지 표시제도

1. 의 의

원산지표시는 공정한 거래 질서의 확립과 생산자 및 소비자 보호를 위하
여 필요하다(대외무역법 제33조). 원산지표시 단속 관련 법령은 여러 법령에 분
산되어 있다. 대외무역법은 소관부처가 산업통상자원부로 수출입물품 원산지
제도 전반에 대하여 규정하고 있다. 산업통상자원부장관은 원산지 표시방법에
관한 세부적인 사항을 정하는 권한, 원산지 표시방법의 확인 및 이의제기에 대
한 처리 권한 등을 관세청장에게 위탁하고 있고, 원산지표시확인에 관한 권한
은 세관장에게 위탁하고 있다(대외무역법 시행령 91조 제4항 제2호, 제6항 제2·3호).

대외무역법 등 관련 법령에서 원산지표시대상물품에 원산지표시의무를
부과하고 있는 것은 각 원산지별 상품의 가격경쟁 등을 보장하고 그에 따르는
공정한 거래질서를 확립하며, 소비자에게 정확한 상품정보를 제공하여 구매과

정에서 발생할 수 있는 소비자의 피해를 방지하고자 함에 그 목적이 있다.[4]

2. 원산지표시 대상물품

산업통상자원부장관은 해당 물품을 관장하는 관계 행정기관의 장과 미리 협의하여 원산지를 표시하여야 할 물품을 공고하여야 하는바, 대외무역관리규정 별표 8에 원산지표시대상물품을 HS류별 4단위 품목코드로 정하고 있다(대외무역관리규정 제75조).[5] 현재 HS 4단위 기준 1,244개 물품의 52.7%인 656개를 규정하고 있다. 원산지표시대상물품을 수출하거나 수입하려는 자는 그 물품 등에 원산지를 표시하여야 한다(대외무역법 제33조 제1항, 동법 시행령 제55조 제1항).

3. 원산지표시의무 면제

원산지표시대상인 수입물품이 다음의 어느 하나에 해당되는 경우에는 원산지를 표시하지 아니할 수 있다(대외무역관리규정 제82조).

① 외화획득용 원료 및 시설기재로 수입되는 물품

외화획득용 원료란 외화획득에 제공되는 물품 등을 생산(제조, 가공, 조립, 수리, 재생 또는 개조하는 것을 말한다)하는 데에 필요한 원자재, 부자재, 부분품 및 구성품을 말한다(대외무역법 시행령 제2조 제6호). 외화획득용 원료 및 시설기재로 수입되는 물품의 수입통관시 원산지표시 면제 등 우대조치를 부여하여 그 조달을 원활하게 하여 외화획득의 이행을 촉진하기 위한 것이다. 다만, 현재 외화획득용 원료 수입승인제도를 이용하는 사례가 없어 외화획득용 원료 제도는 사문화된 상태라고 볼 수 있다.[6]

② 개인에게 무상 송부된 탁송품, 별송품 또는 여행자 휴대품

③ 수입 후 실질적 변형을 일으키는 제조공정에 투입되는 부품 및 원재료로서 실수요자가 직접 수입하는 경우(실수요자를 위하여 수입을 대행하는

---

4) 서울중앙지방법원 2007. 2. 7. 선고 2006노2899 판결.
5) 예컨대, 14류는 원산지표시대상이 아니고, 41류의 경우 4114, 4115호만이 원산지표시대상이다.
6) 송관호, 원산지표시의무가 면제되는 외화획득용원료와 원산지표시대상인 수입원료의 개념 기준, 동아대학교 법학연구소, 2020.

경우를 포함한다)

④ 판매 또는 임대목적에 제공되지 않는 물품으로서 실수요자가 직접 수입하는 경우. 다만, 해당 물품 중 제조용 시설 및 기자재(부분품 및 예비용 부품을 포함한다)는 실수요자를 위하여 수입을 대행하는 경우까지도 인정할 수 있다.

⑤ 연구개발용품으로서 실수요자가 수입하는 경우(실수요자를 위하여 수입을 대행하는 경우를 포함한다)

⑥ 견본품(진열·판매용이 아닌 것에 한함) 및 수입된 물품의 하자보수용 물품(수입된 물품의 자체 결함에 따른 하자를 보수하기 위해 직접 수입하는 경우에 한함)

⑦ 보세운송, 환적 등에 의하여 우리나라를 단순히 경유하는 통과 화물

⑧ 재수출조건부 면세 대상 물품 등 일시 수입 물품

⑨ 우리나라에서 수출된 후 재수입되는 물품

⑩ 외교관 면세 대상 물품

⑪ 개인이 자가소비용으로 수입하는 물품으로서 세관장이 타당하다고 인정하는 물품

⑫ 그 밖에 관세청장이 산업통상자원부장관과 협의하여 타당하다고 인정하는 물품

4. 원산지 표시방법

관세청장은 대외무역법 제33조, 동법 시행령 제56조 제3항 단서의 위임에 따라 「원산지표시제도운영에 관한 고시(이하 '원산지표시고시'라 한다)」에 물품의 특성을 감안한 세부적인 표시방법을 정하고 있다(대외무역관리규정 제81조). 이에 따라 세관에서는 원산지 표시방법에 관하여 위 고시에 따라 표시방법의 적정성 등에 대해 판단하고 있다.

(1) 원칙: 현품 표시

원산지표시대상물품은 원칙적으로 해당 물품에 원산지를 표시하여야 한다(대외무역법 제33조 제1항, 동법 시행령 제56조 제1항). 원산지 표시는 "원산지: 국명" 또는 "국명 산(産)", "Made in 국명" 또는 "Product of 국명", "Made by 물품 제

조자의 회사명, 주소, 국명", "Country of Origin: 국명"과 같은 방식으로 한글·한문 또는 영문으로 표시할 수 있다. 원산지는 최종 구매자가 쉽게 판독할 수 있는 활자체에 의해, 식별하기 쉬운 위치에, 표시된 원산지가 쉽게 지워지거나 떨어지지 아니하는 방법으로 표시하여야 한다(대외무역법 시행령 제56조 제1항, 대외무역관리규정 제76조 제1항).

수입물품의 원산지는 제조단계에서 인쇄(printing), 등사(stenciling), 낙인(branding), 주조(molding), 식각(etching), 박음질(stitching) 또는 이와 유사한 방식으로 원산지를 표시하는 것을 원칙으로 한다.

다만, 물품의 특성상 위와 같은 방식으로 표시하는 것이 부적합 또는 곤란하거나 물품을 훼손할 우려가 있는 경우에는 날인(stamping), 라벨(label), 스티커(sticker), 꼬리표(tag)를 사용하여 표시할 수 있다(대외무역관리규정 제76조 제5항). 예외적인 원산지표시 방법이 허용될 수 있는 경우는 다음과 같다(원산지표시고시 별표 1).

---

1. 원칙적인 방식에 의한 표시가 부적합한 경우
   - 가는 대나무 가지나 등나무 줄기 등을 가공하지 않고 그대로 엮어서 만든 바구니
     〈견고한 스티커, 꼬리표 표시 인정〉

2. 원칙적인 방식으로 표시하면 물품을 훼손할 우려가 있는 경우
   - 표시공간이 없거나 가는 그물망 형태의 초소형 목걸이·귀걸이 등 정밀세공 장식품
     〈양면접착식 스티커, 꼬리표 표시 인정〉
   - 모든 면을 인쇄하여 사용하는 어린이용 목각완구로서 세트포장 판매되는 경우
     〈박스표시와 동시 현품상 라미네이팅 스티커 인정〉
   - 로봇 등의 조립완구로서 세트 포장으로만 판매하는 경우
     〈박스상에 원산지표시 인정〉

3. 예외적 방식으로도 원칙적인 방식과 같은 정도로 견고하게 표시할 수 있는 경우
   - 표면처리가 되지 않은 목제품
     〈잉크가 스며들도록 한 스탬프 날인 인정〉

4. 예외적인 표시방식이 이미 건전한 상거래관행으로 일반화되어 있는 경우
   - 컴퓨터, 전화기, 계산기, TV 등 가전제품
     〈윗면을 코팅 처리한 스티커표시 인정〉
   - 의류 등 섬유제품·가방·신발
     〈천으로 재봉된 라벨표시 인정〉
   - 비누, 칫솔, 칼날면도기, 건전지 등 밀봉 포장·봉인하여 판매하여야 상품 가치가 유지되는 물품으로 세관장이 인정하는 경우
     〈포장상에 원산지표시 인정〉

(2) 예외 1: 포장·용기 표시

원산지표시대상물품이 다음의 어느 하나에 해당되는 경우 예외적으로 해당 물품에 원산지를 표시하지 않고 해당 물품의 최소포장, 용기 등에 수입 물품의 원산지를 표시할 수 있다(대외무역관리규정 제75조 제2항).

① 해당 물품에 원산지를 표시하는 것이 불가능한 경우

② 원산지 표시로 인하여 해당 물품이 크게 훼손되는 경우(예: 당구 공, 콘택즈렌즈, 포장하지 않은 집적회로 등)

③ 원산지 표시로 인하여 해당 물품의 가치가 실질적으로 저하되는 경우

④ 원산지 표시의 비용이 해당 물품의 수입을 막을 정도로 과도한 경우(예: 물품값보다 표시비용이 더 많이 드는 경우 등)

⑤ 상거래 관행상 최종구매자에게 포장, 용기에 봉인되어 판매되는 물품 또는 봉인되지는 않았으나 포장, 용기를 뜯지 않고 판매되는 물품(예: 비누, 칫솔, VIDEO TAPE 등)

⑥ 실질적 변형을 일으키는 제조공정에 투입되는 부품 및 원재료를 수입 후 실수요자에게 직접 공급하는 경우

⑦ 물품의 외관상 원산지의 오인 가능성이 적은 경우(예: 두리안, 오렌지, 바나나와 같은 과일·채소 등)

⑧ 관세청장이 산업통상자원부장관과 협의하여 타당하다고 인정하는 물품

(3) 예외 2: 단순 조립물품 등

수입 물품의 크기가 작아 원칙적인 방법으로 해당 물품의 원산지를 표시할 수 없을 경우에는 국명만을 표시할 수 있다(대외무역관리규정 제76조의2 제1항). 수출국에서의 주요 부분품의 단순 결합물품, 원재료의 단순 혼합물품, 중고물품으로 원산지를 특정하기 어려운 물품은 다음과 같이 원산지를 표시할 수 있다(대외무역관리규정 제76조의2 제3항).

① 단순 조립물품: "Organized in 국명(부분품별 원산지 나열)"

② 단순 혼합물품: "Mixed in 국명(원재료별 원산지 나열)"

③ 중고물품: "Imported from 국명"

(4) 단순 가공 물품의 경우

수입된 원산지표시대상물품에 대하여 대통령령으로 정하는 단순한 가공활동을 거침으로써 해당 물품 등의 원산지 표시를 손상하거나 변형한 자는 그 단순 가공한 물품 등에 당초의 원산지를 표시하여야 한다(대외무역법 제33조 제2항).

(5) 수입원료를 사용한 국내생산물품의 경우

수입원료를 사용한 국내생산물품 중 원산지 판정 기준을 충족하지 아니한 물품의 원산지 표시는 다음의 방법에 따라 표시할 수 있다(대외무역관리규정 제86조 제5항).

① 우리나라를 "가공국" 또는 "조립국" 등으로 표시하되 원료 또는 부품의 원산지를 동일한 크기와 방법으로 병행하여 표시

② 원료나 부품이 1개국의 생산품인 경우에는 "원료(또는 부품)의 원산지: 국명"을 표시

③ 원료나 부품이 2개국 이상(우리나라를 포함한다)에서 생산된 경우에는 완성품의 제조원가의 재료비에서 차지하는 구성비율이 높은 순으로 2개 이상의 원산지를 각각의 구성비율과 함께 표시(예: "원료 (또는 부품)의 원산지: 국명(○%), 국명(○%)")

(6) 수입세트물품의 원산지 표시

수입세트물품의 경우 해당 세트물품을 구성하는 개별 물품들의 원산지가 동일하고 최종 구매자에게 세트물품으로 판매되는 경우에는 개별 물품에 원산지를 표시하지 아니하고 그 물품의 포장·용기에 원산지를 표시할 수 있다(대외무역관리규정 제79조 제1항). 수입세트물품을 구성하는 개별 물품들의 원산지가 2개국 이상인 경우에는 개별 물품에 각각의 원산지를 표시하고, 해당 세트물품의 포장·용기에는 개별 물품들의 원산지를 모두 나열·표시하여야 한다(동조 제2항).[7]

---

7) 예: Made in China, Taiwan, ⋯⋯

수입세트물품에 해당되는 원산지 표시대상은 다음과 같다(원산지표시고시 별표2의2).

· 구급상자와 구급대
· 치과용 왁스 또는 치과용 인상 재료 중 세트의 것
· 남자 또는 소년용의 앙상블
· 여자 또는 소녀용의 앙상블
· HS 6308 중 러그, 테피스트리, 자수한 테이블보 또는 서비에트용 직물 및 실로 구성된 세트
· HS 8202 내지 8205에 해당하는 둘 이상의 공구가 소매용으로 세트가 되어 있는 것
· HS 8214.20 중 매니큐어 또는 페디큐어 세트
· 스푼·포크·국자·스킴머·케이크 서버·생선용 칼·버터용 칼·설탕집게 및 이와 유사한 부엌
  또는 식탁용품이 조합된 세트
· 마이크로폰·스피커 복합 세트
· 음향증폭세트
· HS 9017 중 제도세트(Drawing Set)
· HS 9503 중 세트 제품
· HS 9605에 해당하는 개인용의 여행세트

---

(7) 물품별 적정 원산지표시 방법

원산지표시고시 별표 2에서는 물품별 적정 원산지표시 방법을 정하고 있다(이 책 부록 1 참조).

제 4 절 대외무역법위반(원산지표시위반)죄

제53조의2(벌칙) 다음 각 호의 어느 하나에 해당하는 자는 5년 이하의 징역 또는 1억원 이하의 벌금에 처한다. 이 경우 징역과 벌금은 병과(倂科)할 수 있다.
  2. 제33조제4항 각 호(제35조 제3항에서 준용하는 경우를 포함한다)를 위반한 무역거래자 또는 물품등의 판매업자
  3. 제33조의2 제1항에 따른 시정조치 명령을 위반한 자

I. 구성요건 등

1. 원산지 허위표시

(1) 주 체

무역거래자 또는 물품 등의 판매업자가 본죄의 주체가 된다. 무역거래자란 수출 또는 수입을 하는 자, 외국의 수입자 또는 수출자로부터 위임을 받은 자 및 수출과 수입을 위임하는 자 등 물품 등의 수출행위와 수입행위의 전부 또는 일부를 위임하거나 행하는 자를 말한다(대외무역법 제2조 제3호).

(2) 객 체

수출 또는 수입물품등 및 수입원료를 사용하여 국내에서 생산되어 국내에서 유통되거나 판매되는 물품등(이하 '국내생산물품등'이라 한다)이 본죄의 객체가 된다.

국내생산물품등과 관련하여 물품생산과정에서 실질적 변형을 가해 물품에 본질적 특성을 부여한 경우에만 국산으로 표기할 수 있도록 정하고 있었음에도 관련 위반 사례가 빈번히 발생하였다. 이에 대한 단속 근거가 부재하여 위반행위들이 사실상 방치되고 있다는 지적에 따라 2022. 6. 10. 개정 대외무역법8)은 국내생산물품등의 원산지 표시 위반행위에 대한 단속 근거를 마련하고(동법 제35조 제3항), 국내생산물품등에 대해서도 원산지증명서를 발급받을 수 있도록 하며(동법 제37조), 원산지 허위표시 등 관련 위반행위에 대한 벌칙규정을 정비(동법 제53조의2 제2호)함으로써 국내생산물품등에 대한 유통질서 수립 계기를 마련하였다.9)

(3) 행 위

원산지를 거짓으로 표시하거나 원산지를 오인(誤認)하게 하는 표시를 하는 행위를 말한다.

원산지 거짓 표시란 중국산 물품의 원산지를 국산으로 허위표시하는 경우

---

8) 법률 제18885호(2022. 12. 11. 시행).
9) 제·개정 이유.

처럼 원산지가 아닌 국가명[10]을 대외무역관리규정 제76조에 따른 원산지표시의 일반원칙에 따라 수출입물품 등에 표시하는 행위를 말한다(원산지표시고시 제2조 제1호).

원산지 오인 표시란 현품 또는 포장에 표시된 언어, 문자, 상표, 표장 등을 표시하면서 일반적인 주의에 비추어 원산지를 오인하게 표시하는 행위를 말한다(동조 제2호). 원산지 오인 우려 물품은 ① 주문자 상표부착(OEM)방식에 의해 생산된 수입 물품의 원산지와 주문자가 위치한 국명이 상이하여 최종구매자가 해당 물품의 원산지를 오인할 우려가 있는 물품 또는 ② 물품 또는 포장·용기에 현저하게 표시되어 있는 상호·상표·지역 ·국가 또는 언어명이 수입 물품의 원산지와 상이하여 최종구매자가 해당 물품의 원산지를 오인할 우려가 있는 물품을 말한다(대외무역관리규정 제77조 제1항). 이러한 원산지 오인 우려 물품은 해당 물품 또는 포장·용기의 전면에 제76조에 따라 원산지를 표시하여야 하며, 물품의 특성상 전후면의 구별이 어렵거나 전면에 표시하기 어려운 경우 등에는 원산지 오인을 초래하는 표시와 가까운 곳에 표시하여야 한다(동조 제2항).

따라서 운송수단뿐만 아니라 포장의 성격을 겸비하고 있고, 구매자가 제품을 납품받을 때 처음 보는 외관에 해당하는 마대자루에 원산지 표시가 전혀 없이 한국어로 상호 등이 표시된 경우 통상적인 구매자가 일반적인 주의에 비추어 원산지를 한국이라고 오인할 가능성이 있다면 원산지오인표시에 해당한다. 또한 그러한 표시 내용 자체로 원산지가 압인되지 아니한 제품에 관하여 원산지 오인의 가능성이 발생한 이상 대리점에서 배포하는 제품설명서에 원산지에 관한 설명이 있고, 실제 구매자들이 원산지를 고려하지 않고 주문하였다는 사정만으로 원산지 오인 가능성이 사라진다고 볼 수 없다.[11]

대외무역법 제34조 제1항은 "산업통상자원부장관은 필요하다고 인정하면 수출 또는 수입물품등의 원산지를 판정할 수 있다."고 규정하고 있으며, 같은 조 제2항은 "원산지 판정의 기준은 대통령령으로 정하는 바에 따라 산업통상자원부장관이 공고한다."고 규정하고 있다. 이에 따라 수입 물품에 대한 원산지 판정의 기준을 정하고 있는 대외무역법 시행령 제61조 제1항은 "수입 물품의 생산·제조·가공 과정에 둘 이상의 국가가 관련된 경우에는 최종적으로 실질적 변형을 가하여 그 물품에 본질적 특성을 부여하는 활동(이하 '실질적 변형'

---

10) 지역명을 포함한다.
11) 인천지방법원 2019. 1. 11. 선고 2018노1294 판결.

이라 한다)을 한 국가를 그 물품의 원산지로 할 것(제2호)"과 "수입물품의 생산
·제조·가공 과정에 둘 이상의 국가가 관련된 경우 단순한 가공활동을 하는
국가를 원산지로 하지 아니할 것"이라는 기준을 제시하고 있으며, 대외무역법
제34조 제2항의 위임을 받은 대외무역관리규정 제85조 제2항은 "실질적 변형"
이란 "해당국에서의 제조·가공과정을 통하여 원재료의 세번과 상이한 세번(HS
6단위 기준)의 제품을 생산하는 것"을 의미한다고 규정하고 있다. 따라서 수입
원료를 사용하여 국내에서 단순 조립 등 가공만 하고서 이를 국산으로 표시한
경우 등도 본죄의 행위에 해당되나, 수입한 물품과 HS 6단위 기준 세번이 다른
별개의 물품을 생산한 행위는 본죄에 해당하지 아니한다.[12]

2. 원산지 손상·훼손행위

(1) 주 체

무역거래자 또는 물품 등의 판매업자가 본죄의 주체가 된다. 무역거래자
란 수출 또는 수입을 하는 자, 외국의 수입자 또는 수출자로부터 위임을 받은
자 및 수출과 수입을 위임하는 자 등 물품 등의 수출행위와 수입행위의 전부
또는 일부를 위임하거나 행하는 자를 말한다(대외무역법 제2조 제3호).

(2) 객 체

2022. 6. 10. 개정 대외무역법[13]은 원산지의 표시를 손상하거나 변경하는
행위(제2호)를 금지하는 대상물품은 수입물품등에 한정한다고 규정하였다(대외
무역법 제33조 제4항).

판례는 원산지 표시의무가 면제되는 경우 그 수입물품에 남아있는 원산지
표시를 손상하였다고 하여 본죄의 행위에 해당한다고 볼 수 없다고 하였다.[14]
외국에서 생산된 부품 또는 원재료가 국내에 수입된 후 실질적 변형을 일으키

---

12) 대법원 2007. 10. 25. 선고 2005도6388 판결 참조.
13) 법률 제18885호(2022. 12. 11. 시행).
14) 수원지방법원 2013. 6. 27. 선고 2013노1650 판결(확정). 다만, 본 판례 사안의 수입물품은 수
   출입공고상 수입승인대상물품이 아니고, 수입승인기관의 장으로부터 외화획득용원료 수입승인
   을 받은 바 없으므로 수입자인 피고인이 이를 가공, 조립하여 납품물품을 만들어 외화획득을
   하였다고 하여도 원산지표시의무가 면제되는 외화획득용 원료에 해당하지 않는다는 견해에 송
   관호, 앞의 논문, 57-58면.

는 제조공정에 투입되어 완성된 물품의 원산지는 대한민국으로 변경된 경우, 그 부품 또는 원재료(반제품)에 행해진 원산지표시가 남아 있다고 하더라도 그 표시는 대외무역법 제33조 제4항 제2호에서 정하는 '원산지의 표시'에 해당하지 않으므로 이를 손상한다고 하여도 본죄가 성립하지 아니한다.[15]

(3) 행 위

원산지의 표시를 손상하거나 변경하는 경우는 원산지판정 및 표시 원칙에 따라 적정하게 표시된 원산지를 손상 또는 변경하는 경우로, 예를 들어 인도네시아산 커피 제품의 'Product of Indonesia' 원산지표시를 스티커 등으로 가리는 행위, 중국산 제품의 'Made in China' 표시를 훼손하거나 덧붙여서 'Made in Taiwan'으로 변경하는 행위 등을 말한다(원산지표시고시 별표 8).

3. 원산지 미표시

(1) 주 체

종전에는 본죄의 주체는 무역거래자에 한정되는 것으로 규정하고 있었다. 따라서 무역거래자가 아닌 국내판매업자 등은 원산지표시대상물품에 대하여 원산지 표시를 하지 아니하더라도 본죄가 성립하지 않는 것으로 해석되었다. 2022. 6. 10. 개정 대외무역법[16]은 본죄의 주체에 무역거래자 외에 물품등의 판매업자를 추가하였다(대외무역법 제53조의2 제2호, 제33조 제4항).

(2) 객 체

2022. 6. 10. 개정 대외무역법[17]은 원산지표시를 하지 아니하는 행위를 금지하는 대상물품은 수입물품등에 한정한다고 규정하였다(대외무역법 제33조 제4항). 따라서 본죄의 객체는 원산지표시대상물품인 수입물품등을 말한다.

---

15) 대법원 2007. 12. 27. 선고 2007도1650 판결.
16) 법률 제18885호(2022. 12. 11. 시행).
17) 법률 제18885호(2022. 12. 11. 시행).

(3) 행 위

원산지표시대상물품에 대하여 원산지 표시를 하지 아니하는 행위를 말한다. 원산지 미표시는 부적정표시와 구별된다.

대외무역관리규정 및 원산지표시고시에 의하면, 원산지표시는 원칙적으로 현물 자체에 주조, 식각, 낙인, 박음질 또는 이와 유사한 방법으로 이루어질 것을 요구하고 있고(제5조), 예외적인 경우 해당 물품에 원산지를 표시하지 않고 해당 물품의 최소포장, 용기 등에 수입 물품의 원산지를 표시할 수 있다(대외무역관리규정 제75조 제2항).

'원산지 부적정표시'란 원산지의 표시위치, 표시의 견고성, 활자의 크기·색상·선명도·글씨체·국가명의 약어표시 등을 부적정하게 하여 구매자가 원산지를 식별하기가 용이하지 않도록 하는 행위를 말하고, '원산지 미표시'란 원산지표시 대상물품에 원산지를 표시하지 아니하였거나, 전시 및 판매 시 구매자에게 보이지 않는 겉포장에만 표시하는 행위를 말한다.

'부적정표시물품'이란 위 고시 규정에 따른 적정 원산지표시방법대로 원산지표시를 하기는 하였으나 그 이행의 방법이 부적절한 경우를 의미하는 반면, 위 고시 규정에 따른 적정 원산지표시방법대로 원산지표시를 하지 않은 경우에는 위 고시 규정에서 달리 정하고 있는 경우를 제외하고는 '미표시물품'에 해당한다고 볼 것이다.

따라서 예외적인 원산지표시가 허용되는 물품이 아닌 경우인데 현품에 원산지표시를 하지 아니하고 제품의 개별포장박스에만 원산지표시를 한 행위는 원산지표시대상물품에 대하여 원산지표시를 하지 아니하는 행위에 해당한다.[18]

4. 시정조치명령위반

세관장은[19] 대외무역법 제33조 제2항부터 제4항까지의 규정(단순가공물품 원산지표시, 원산지허위표시, 손상·변경, 미표시)을 위반한 자에게 판매중지, 원상

---

18) 대법원 2011. 2. 24. 선고 2010도15724 판결.

19) 산업통상자원부장관은 시정조치명령의 권한을 세관장에게 위탁하고 있다(대외무역법 시행령 제91조 제4항 제4호).

복구, 원산지 표시 등 대통령령으로 정하는 시정조치를 명할 수 있다(대외무역법 제33조의2 제1항). 이러한 시정조치 명령을 받고 이를 위반한 경우 본죄에 해당한다.

5. 사기죄와의 관계

중국으로부터 저가의 제품을 수입한 후 중국산 원산지 표시를 손상·변경하고 국내에서 직접 생산한 제품인 것처럼 판매하여 판매대금을 편취한 경우 사기죄가 성립하고, 본죄와 실체적 경합범 관계에 있다.[20]

6. 처 벌

본죄를 범한 자는 5년 이하의 징역 또는 1억원 이하의 벌금에 처한다. 이 경우 징역과 벌금은 병과(倂科)할 수 있다(대외무역법 제53조의2). 법인의 대표자나 법인 또는 개인의 대리인, 사용인, 그 밖의 종업원이 그 법인 또는 개인의 업무에 관하여 위반행위를 하면 그 행위자를 벌하는 외에 그 법인 또는 개인에게도 해당 조문의 벌금형을 과한다. 다만, 법인 또는 개인이 그 위반행위를 방지하기 위하여 해당 업무에 관하여 상당한 주의와 감독을 게을리하지 아니한 경우에는 그러하지 아니하다(대외무역법 제57조).

Ⅱ. 농수산물원산지표시법과의 관계

제14조(벌칙) ① 제6조 제1항 또는 제2항을 위반한 자는 7년 이하의 징역이나 1억원 이하의 벌금에 처하거나 이를 병과(倂科)할 수 있다.
② 제1항의 죄로 형을 선고받고 그 형이 확정된 후 5년 이내에 다시 제6조 제1항 또는 제2항을 위반한 자는 1년 이상 10년 이하의 징역 또는 500만원 이상 1억5천만원 이하의 벌금에 처하거나 이를 병과할 수 있다.
제17조(양벌규정) 법인의 대표자나 법인 또는 개인의 대리인, 사용인, 그 밖의 종업원이 그 법인 또는 개인의 업무에 관하여 제14조 또는 제16조에 해당하는 위반행위를 하면 그 행위자를 벌하

---

20) 부산고등법원 2021. 1. 13. 선고 2020노361 판결(대법원 2021. 4. 29. 선고 2021도1449 판결로 확정).

는 외에 그 법인이나 개인에게도 해당 조문의 벌금형을 과(科)한다. 다만, 법인 또는 개인이 그 위반행위를 방지하기 위하여 해당 업무에 관하여 상당한 주의와 감독을 게을리하지 아니한 경우에는 그러하지 아니하다.

1. 의 의

농수산물원산지표시법(이하 '원산지표시법'이라 한다)의 소관부처는 농수산식품부로, 지방자치단체와 농수산물품질관리원에 단속권한을 위임하고 있다. 농수산물, 농수산물 가공품(국내에서 가공한 가공품 제외), 농수산물 가공품(국내에서 가공한 가공품 한정)의 원료를 수입하는 자는 대외무역법 제33조에 따른 원산지표시대상물품인 경우 원산지를 표시하여야 한다(원산지표시법 제5조 제1항). 농수산물 또는 그 가공품의 원산지표시에 대하여는 농수산물원산지표시법이 다른 법률에 우선하여 적용된다(원산지표시법 제3조).

2. 처 벌

(1) 금지되는 행위

누구든지 ① 원산지표시를 거짓으로 하거나 이를 혼동하게 할 우려가 있는 표시를 하는 행위, ② 원산지표시를 혼동하게 할 목적으로 그 표시를 손상·변경하는 행위, ③ 원산지를 위장하여 판매하거나, 원산지표시를 한 농수산물이나 그 가공품에 다른 농수산물이나 가공품을 혼합하여 판매하거나 판매할 목적으로 보관이나 진열하는 행위를 하여서는 아니 된다(동법 제6조 제1항).

(2) 처 벌

본죄를 범한 자는 7년 이하의 징역이나 1억원 이하의 벌금에 처하거나 이를 병과할 수 있다(동법 제14조 제1항). 동법은 가중처벌규정을 두고 있다. 본죄로 형을 선고받고 그 형이 확정된 후 5년 이내에 다시 본죄를 범한 자는 1년 이상 10년 이하의 징역 또는 500만원 이상 1억 5천만원 이하의 벌금에 처하거나 이를 병과할 수 있다(동조 제2항). 양벌규정이 있어 행위자 외에 법인 등도 처벌된다(동법 제17조).

Ⅲ. 불공정무역조사법과의 관계

제4조(불공정무역행위의 금지) ① 누구든지 다음 각 호의 어느 하나에 해당하는 행위(이하 "불공정무역행위"라 한다)를 하여서는 아니 된다.
  2. 다음 각 목의 어느 하나에 해당하는 물품등을 수출하거나 수입하는 행위
    가. 원산지를 거짓으로 표시하거나 원산지를 오인(誤認)하게 하는 표시를 한 물품등
    나. 원산지 표시를 손상하거나 변경한 물품등
    다. 원산지 표시를 하지 아니한 원산지 표시 대상 물품

1. 의 의

세관에서는 「불공정무역행위조사 및 산업피해구제에 관한 법률」(이하 '불공정무역조사법'이라 한다) 제4조 제1항 제2호에 관하여 수사권이 있다. 대외무역법은 무역에 관한 일반법으로 공정한 거래질서 확립과 국내 생산자 또는 소비자를 보호하기 위해 원산지표시위반에 대해 단속하는데 반해, 불공정무역조사법은 원산지표시 위반 물품 등의 수출입으로 인한 불공정무역행위를 근절하는 데에 목적이 있다. 따라서 대외무역법과 불공정무역조사법에서 처벌하는 원산지표시위반의 행위태양은 동일하나 원산지표시 위반행위가 불공정무역행위에 해당될 경우 대외무역법에 우선하여 불공정무역조사법을 적용하여야 한다는 견해가 있다.[21] 그러나 실무상 원산지표시 위반 물품 등의 수출입한 자에 대하여 대부분 대외무역법위반으로 처벌하고 있다. 두 법의 법정형등이 동일하여 어느 법을 적용하든 처벌에 차이는 없으나 동일한 내용의 법조문을 두 개의 법에 각각 규정하는 것은 국민에 혼란을 가져올 우려가 있으므로 이를 정리할 필요가 있다.[22]

2. 금지되는 행위

누구든지 ① 원산지를 거짓으로 표시하거나 원산지를 오인(誤認)하게 하는 표시를 한 물품 등, 원산지표시를 손상하거나 변경한 물품 등, 원산지표시를

---

21) 박광서, 대외무역법 원산지표시위반 관련 벌칙에 관한 연구, 한국무역상무학회지 제47권, 2010.
22) 위 논문, 395면.

하지 아니한 원산지표시 대상 물품 등을 수출하거나 수입하는 행위(불공정무역행위)를 하여서는 아니 된다(불공정무역조사법 제4조 제1항 제2호).

3. 처 벌

본죄를 범한 자는 5년 이하의 징역 또는 1억원 이하의 벌금에 처한다. 이 경우 징역과 벌금은 병과할 수 있다(동법 제40조 제1항 제1호). 양벌규정에 따라 행위자 외에 법인 등에 대하여도 벌금형을 부과한다(동법 제41조 제1항).

Ⅳ. 남북교류협력법과의 관계

1. 의 의

남북교류협력에 관한 법률(이하 '남북교류협력법'이라 한다)에 의하면 원산지가 북한인 물품 등의 확인에 필요한 사항은 통일부장관이 관계 행정기관의 장과 협의하여 정한다고 하고 있다(동법 제26조 제2항 단서, 동법 시행령 제41조 제2항). 이에 따라 남한과 북한 사이에 거래되는 물품에 대한 원산지 확인 방법 및 절차 등은 통일부 고시인 「남북 교역물품의 원산지확인에 관한 고시」(이하 '남북물품고시'라 한다)에 따른다.[23] 남북교류협력법은 교역에 관하여 이 법에 특별히 규정되지 아니한 사항에 대하여는 대통령령으로 정하는 바에 따라 대외무역법 등 무역에 관한 법률을 준용한다고 규정하고 있다(동법 제26조 제1항). 따라서 원산지표시 위반 등의 경우 대외무역법 원산지표시위반죄로 처벌될 수 있고, 원산지 판정기준 등에 관하여 남북교류협력법령에 규정되지 않은 사항에 대하여는 대외무역법령이 적용될 수 있다.

2. 원산지 판정기준

남한 또는 북한에서 반출되는 물품의 전부를 생산·가공·제조한 곳을 원산지로 한다. 당해 물품이 2개국 이상에 걸쳐 생산·가공 또는 제조된 경우에

---

23) 류수현, 원산지의 판단기준, 관세판례해설, 한국관세무역연구원, 2006, 233-250면.

는 그 물품의 본질적 특성을 부여하기에 충분한 정도의 실질적인 생산·가공 또는 제조과정(실질적 변형)이 최종적으로 남한 또는 북한에서 수행된 경우 그 최종 수행지인 남한 또는 북한을 원산지로 인정한다(남북물품고시 제5조 제1항). 다만, 다음 중 어느 한 기준에 해당되는 물품은 위 판정기준에 의한 원산지로 인정하지 아니한다(동조 제2항).

① 제3국에서 생산되어 남한 또는 북한을 단순 경유한 물품
② 남한 또는 북한에서 단순포장, 상표부착, 물품분류, 절단, 세척 또는 단순한 조립작업만을 거친 물품
③ 남한 또는 북한에서 운송 또는 보관에 필요한 작업만을 거친 물품
④ 남한 또는 북한에서 물품의 특성이 변하지 않는 범위 안에서 원산지가 다른 물품과의 혼합작업만을 거친 물품
⑤ 남한 또는 북한에서 도축작업만을 거친 쇠고기·돼지고기 등 육류제품
⑥ 남한 또는 북한에서 건조, 냉장, 냉동, 제분, 염장, 단순가열(볶거나 굽는 것 포함), 껍질 및 씨 제거작업만을 거친 물품
⑦ 기타 남한과 북한이 협의하여 정하는 물품

실질적 변형이라 함은 당해 국에서 제조, 가공과정을 통하여 원재료의 세번과 상이한 세번(HS 6단위 기준)의 제품을 생산하는 것을 말한다(남북교류협력법 제26조 제1항, 대외무역법 시행령 제61조 제1항 제2호, 대외무역관리규정 제85조 제2항). 따라서 당초 중국에서 제조되어 북한으로 보내진 물품에 대하여 북한에서 HS 6단위 세번의 변경을 가져오는 실질적 변형이 이루어졌고 그 가공이 단순가공에 해당하지 않는다면, 그 물품의 원산지는 북한이라고 볼 것이다.[24]

---

24) 당초 중국에서 제조되어 북한으로 보내진 이 사건 미완성 면타올은 위 분류에 의하면 테리타올지 직물로서 세번 HS5802에 해당하고 북한에서 이 사건 미완성 면타올에 테두리 봉제작업을 함으로써 세번 HS6302에 해당하는 완제품이 된 결과, 세번의 변경을 가져오는 실질적 변형이 북한에서 이루어졌다고 판단하는 한편, 이러한 북한에서의 테두리 봉제작업은 위 산업자원부고시 대외무역관리규정 제6-3-1조 제7항 소정의 최소가공에도 해당하지 아니한다고 보아, 위 면타올의 원산지는 북한이라 할 것이다(대법원 2002. 7. 26. 선고 2001도4245 판결).

3. 원산지증명서

(1) 원산지증명서 발급기관

남한은 세관(출장소 포함)과 대한상공회의소(지방상공회의소 포함), 북한은 조선민족경제협력연합회가 원산지증명서 발급기관이다(남북물품고시 제3조 제1항). 원산지증명서 발급기관은 원산지증명서 양식, 인장 등을 통일부장관이 정하는 절차에 따라 북한에 통보하며, 통보한 내용이 변경된 경우 변경사항을 북한에 즉시 통보한다(동 고시 제3조 제2항). 원산지증명서 발급기관은 원산지증명서 발급신청자료 또는 그 사본을 5년간 보관한다(동 고시 제3조 제3항).

(2) 원산지증명서

원산지증명서에는 송하인, 물품수신인, 생산자, 생산장소, 운송수단, 품명, 포장의 수 및 종류, 수량, 중량, 발급장소, 발급일자, 발급번호, 발급기관 및 발급기관의 인장 등을 기재하여야 한다(남북물품고시 제4조 제1항). 원산지증명서의 유효기간은 발급일부터 1년간으로 한다(동조 제2항). 원산지증명서는 한글 또는 한글과 영문을 함께 표기한다(동조 제3항).

(3) 원산지 확인절차

관세청장은 원산지증명서의 진위여부에 의심이 있는 경우 ① 원산지증명서의 진위여부에 대하여 의심을 갖게 된 사유와 확인이 필요한 사항, ② 원산지증명서의 원본 또는 사본, ③ 기타 송품장 등 원산지확인에 필요한 서류를 구비하여 남북한간 합의한 절차에 따라 북한의 원산지확인기관에 확인을 요청할 수 있다(남북물품고시 제6조 제1항). 관세청장이 원산지증명서의 확인을 북한에 요청할 때는 사전에, 북한측에서 요청을 받은 때는 즉시 통일부장관에게 통보하여야 한다(남북물품고시 제4조 제2항). 관세청장은 원산지 확인을 위하여 필요한 경우 통일부장관과 협의하여 북한의 원산지확인기관에 대하여 현지방문에 따른 제반조치 및 편의제공을 요청하여 확인할 수 있다(동 고시 제4조 제4항).

북한의 원산지확인기관이 관세청장이 원산지확인을 요청한 물품에 대해 특별한 사유 없이 그 결과를 정한 통보기간 이내에 통보하지 아니하거나 북한이 원산지가 아니라고 통보해 온 경우이거나, 관세청장이 남한의 반입자 또는 북한 현지의 반출자 또는 생산자등을 대상으로 원산지를 확인한 결과 원산지

가 북한이 아닌 것으로 결정한 경우 북한을 원산지로 인정하지 아니할 수 있다
(동 고시 제7조).

4. 원산지표시

북한으로부터 물품을 반입하는 자는 반입물품에 대한 원산지 표시 여부를
자율적으로 정할 수 있다. 다만, 관세청장이 통일부장관과 협의하여 원산지 표
시 대상으로 정한 물품 또는 동 고시의 원산지확인기준에 의해 원산지가 제3
국인 물품인 경우에는 당해 물품의 원산지 표시를 하여야 한다(남북물품고시 제
8조 제1항). 이때 반입물품의 원산지가 북한인 경우에는 Made in DPRK 또는 북
한산으로 표시하고, 반입물품의 원산지가 국내산으로 인정되는 경우에는 Made
in Korea 또는 한국산으로 표시하며, 원산지가 제3국인 경우에는 제3국산으로
표시한다(동 고시 제8조 제2항).

Ⅴ. 원산지표시의무위반에 대한 행정제재

원산지표시의무위반에 대하여 통관단계에서는 통관을 제한하고, 환적시
유치를, 유통된 경우 보세구역반입명령으로 제재하게 된다.

1. 통관제한

세관장은 원산지 허위표시,[25] 원산지 오인표시,[26] 원산지 부적정표시,[27]
원산지 미표시,[28] 원산지표시 손상·변경[29] 물품의 통관을 허용하여서는 아니

---

25) '원산지 허위표시'란 원산지가 아닌 국가명(지역명을 포함한다)을 대외무역관리규정 제76조에
   따른 원산지표시의 일반원칙에 따라 수출입물품 등에 표시하는 행위를 말한다.
26) '원산지 오인표시'란 현품 또는 포장에 표시된 언어, 문자, 상표, 표장 등을 표시하면서 일반적
   인 주의에 비추어 원산지를 오인하게 표시하는 행위를 말한다.
27) '원산지 부적정표시'란 원산지의 표시위치, 표시의 견고성, 활자의 크기·색상·선명도·글씨체·국
   가명의 약어표시 등을 부적정하게 하여 구매자가 원산지를 식별하기가 용이하지 않도록 하는
   행위를 말한다.
28) '원산지 미표시'란 원산지표시 대상물품에 원산지를 표시하지 아니하였거나, 전시 및 판매시
   구매자에게 보여지지 않는 겉포장에만 표시하는 행위를 말한다.
29) '원산지표시 손상·변경'이란 원산지표시 일반원칙에 따라 적정하게 표시한 원산지를 손상·제거
   하거나 종전의 표시내용과 다른 내용으로 변경하는 행위를 말한다.

된다(관세법 제230조, 원산지표시고시 제13조 제1항). 세관장은 표시위반물품을 수입한 자가 수입신고 후 적발된 때에는 법령에서 정하는 원산지표시방법에 따라 이를 보완·정정하도록 한 뒤 통관을 허용할 수 있다. 다만, 허위표시 등 고의가 있다고 판단되는 경우는 통관을 허용하지 않고 고발(송치) 의뢰할 수 있다(동 고시 제13조 제2·3항).

2. 환적물품 유치·고발(송치) 의뢰

세관장은 일시적으로 육지에 내려지거나 다른 운송수단으로 환적 또는 복합환적되는 외국물품 중 원산지를 우리나라로 허위 표시한 물품은 유치하고(관세법 제231조 제1항), 대외무역법 제38조 등의 위반혐의로 고발(송치)의뢰하여야 한다(원산지표시고시 제14조 제1항). 고발(송치)·조사종결 또는 조사부서의 통관허용요구가 있는 경우에는 환적물품 유치 및 수정명령서를 화주 또는 운송인에게 교부하고 원산지표시가 시정된 뒤 선적을 허용한다(동 고시 제14조 제2항).

3. 수입통관 후 보세구역반입명령

세관장은 원산지표시대상물품이 수입신고 수리 후 3개월 이내에 원산지표시규정을 위반한 것으로 확인되거나 단순가공을 거치거나 다른 물품과 결합되는 물품등으로 원산지표시 의무가 부여된 물품이 수입신고수리 후 해당 의무를 불이행한 때에 해당되는 것을 안 때에는 보세구역 반입 및 시정조치명령서를 발급하여 시정하도록 조치한다. 수입신고 수리 후 3개월 경과시에는 자체 보관창고에서 시정하도록 할 수 있다(원산지표시고시 제15조).

4. 시정조치

세관장은[30] 단순가공물품 원산지표시, 원산지허위표시, 손상·변경, 미표시한 자에게 ① 원산지표시의 원상 복구, 정정, 말소 또는 원산지표시명령을 하거나 ② 위반물품의 거래 또는 판매 행위의 중지를 할 수 있다(대외무역법 제

---

[30] 산업통상자원부장관은 시정조치 명령의 권한을 세관장에게 위탁하고 있다(대외무역법 시행령 제91조 제4항 제4호).

33조의2 제1항, 동법 시행령 제58조 제1항). 시정조치 명령은 위반행위의 내용, 시정조치 명령의 사유 및 내용, 시정기한을 명시한 서면으로 해야 한다(동법 시행령 제58조 제2항). 정당한 이유 없이 시정조치하지 않을 경우 형사처벌될 수 있다(대외무역법 제53조의2).

5. 과징금

(1) 의 의

과징금은 행정상 의무위반에 대하여 행정청이 그 의무자에게 부과·징수하는 금전적 제재를 말한다. 과징금 제도는 주로 경제법상 의무위반행위로 인한 불법적인 이익을 박탈하기 위하여 그 이익에 따라 과하여지는 일종의 행정제재금의 성격을 가진다.[31]

(2) 부과대상

세관장은[32] 대외무역법 제33조 제2항부터 제4항까지의 규정(단순가공물품 원산지표시, 원산지허위표시, 손상·변경, 미표시)을 위반한 자에게 3억원 이하의 과징금을 부과할 수 있다. 다만, 원산지표시위반물품을 국내에서 거래하는 행위는 제외한다(대외무역법 제33조의2 제2항).

위반행위는 통관 단계와 통관 이후 단계로 나눌 수 있다. 통관단계 위반행위로는 무역거래자 등이 원산지를 거짓으로 표시하는 행위(대외무역법 제33조 제4항 제1호), 무역거래자 등이 원산지표시를 손상하거나 변경하는 행위(동항 제2호), 무역거래자 등이 원산지를 오인하게 하는 표시를 하는 행위(동항 제1호), 원산지표시방법위반(동법 제33조 제3항), 무역거래자가 원산지미표시(동조 제4항 제3호)하는 경우가 있다.

통관 이후 위반행위로는 무역거래자 등이 원산지를 거짓으로 표시하는 행위(동법 제33조 제4항 제1호), 무역거래자 등이 원산지표시를 손상하거나 변경하는 행위(동항 제2호), 무역거래자 등이 원산지를 오인하게 하는 표시를 하는 행

---

31) 김동희, 행정법Ⅰ, 494면.
32) 산업통상자원부장관은 과징금 부과권한을 세관장에게 위탁하고 있다(대외무역법 시행령 제91조 제4항 제4의2).

위(동항 제1호), 수입후 단순가공한 물품에 당초 수입시 원산지를 표시하지 않는 행위(동법 제33조 제2항), 원산지표시방법위반(동법 제33조 제3항), 무역거래자가 원산지미표시(동법 제33조 제4항 제3호)하는 경우가 있다. 이 경우 1차 위반시 시정명령을 한다. 다만, 원산지 거짓표시나 손상·변경하는 행위를 한 경우(동법 제33조 제4항 제1·2호) 판매분에 대하여는 1차 위반시에도 과징금을 부과한다.[33]

(3) 농수산물의 경우

원산지표시법에 별도의 과징금 규정이 있다. 세관장은[34] 동법 원산지표시 의무를 위반한 경우 2년 이내에 2회 이상 위반한 자에게 그 위반금액의 5배 이하에 해당하는 금액을 과징금으로 부과·징수할 수 있다. 위반금액은 원산지표시의무를 위반한 농수산물이나 그 가공품의 판매금액으로서 각 위반행위별 판매금액을 모두 더한 금액을 말한다. 다만, 통관단계의 위반금액은 원산지표시 의무를 위반한 농수산물이나 그 가공품의 수입 신고 금액으로서 각 위반행위별 수입 신고 금액을 모두 더한 금액을 말한다(원산지표시법 제6조의2 제2항).

제 5 절   대외무역법위반(국산가장수출)죄

제53조의2(벌칙) 다음 각 호의 어느 하나에 해당하는 자는 5년 이하의 징역 또는 1억원 이하의 벌금에 처한다. 이 경우 징역과 벌금은 병과(倂科)할 수 있다.
  4. 제38조에 따른 외국산 물품등의 국산 물품등으로의 가장 금지 의무를 위반한 자
제55조(미수범) 제53조의2 제4호의 미수범은 본죄에 준하여 처벌한다.
제57조(양벌규정) 법인의 대표자나 법인 또는 개인의 대리인, 사용인, 그 밖의 종업원이 그 법인 또는 개인의 업무에 관하여 제53조, 제53조의2 또는 제54조부터 제56조까지의 어느 하나에 해당하는 위반행위를 하면 그 행위자를 벌하는 외에 그 법인 또는 개인에게도 해당 조문의 벌금형을 과(科)한다. 다만, 법인 또는 개인이 그 위반행위를 방지하기 위하여 해당 업무에 관하여 상당한 주의와 감독을 게을리하지 아니한 경우에는 그러하지 아니하다.

---

33) 미판매분은 시정명령을 한다.
34) 관세청장은 과징금 부과·징수 등에 관한 권한을 세관장에게 위임하고 있다(원산지표시법 제13조, 동법 시행령 제9조 제4항).

I. 의 의

누구든지 원산지증명서를 위조 또는 변조하거나 거짓된 내용으로 원산지 증명서를 발급받거나 물품 등에 원산지를 거짓으로 표시하는 등의 방법으로 외국에서 생산된 물품 등의 원산지가 우리나라인 것처럼 가장(假裝)하여 그 물품 등을 수출하거나 외국에서 판매하여서는 아니 된다(대외무역법 제38조). 본죄의 규정 취지는 외국산 물품을 국산 물품으로 가장하여 수출하거나 외국에서 판매하는 행위를 금지함으로써 공정한 거래질서를 확립하고 외국산 물품이 외국에서 국산 물품으로 둔갑하여 유통됨에 따른 국산 물품의 신용도 하락 등을 방지하기 위함에 있다.[35]

II. 구성요건

1. 객 체

외국에서 생산된 물품의 범위에는 외국에서 생산되어 국내에서 대통령령으로 정하는 단순한 가공활동을 거친 물품등을 포함한다. 단순한 가공활동이란 원산지 판정기준에서 본 바와 같다(대외무역법 제38조, 동법 시행령 제67조, 대외무역관리규정 제85조 제8항).

2. 국산물품가장 수출 · 판매행위

대외무역법 제38조는 국산 물품 등으로 가장하는 행위로 '원산지증명서를 위조 또는 변조하는 것', '거짓된 내용으로 원산지증명서를 발급받는 것', '물품 등에 원산지를 거짓으로 표시하는 것'을 규정하고 있다. 이는 외국에서 생산된 물품 등의 원산지가 우리나라인 것처럼 가장하여 그 물품을 수출하거나 외국에서 판매하기 위한 방법'을 예시한 데 불과하다. 따라서 수출업자가 스스로 거짓된 내용의 원산지증명서를 발급하여 물품을 수출하는 행위,[36] 원산지증명

---

35) 대법원 2010. 10. 14. 선고 2009도8874 판결.
36) 대법원 2010. 10. 14. 선고 2009도8874 판결. 중국산 고춧가루를 수출하면서 원산지를 대한민국으로 표시한 거짓된 내용의 원산지증명서를 발급한 후 이를 선적서류에 첨부하여 거래은행

서 발급기관(대한상공회의소)으로부터 거짓된 내용의 원산지증명서를 발급받아 물품을 수출하는 행위,[37] 거짓된 원산지증명서를 물품과 함께 수출하는 행위와 물품 등에 원산지를 거짓으로 표시하여 수출하는 행위[38] 모두 본죄의 행위에 해당된다.[39] 외국산 물품을 국산 물품으로 가장하여 수출하는 방법이라는 면에서는 본질적인 차이가 없기 때문이다.

한편, 우리나라에서 수출하는 행위뿐만 아니라 외국에서 생산된 물품등의 원산지를 우리나라인 것처럼 판매하는 행위도 본죄에 해당된다.

Ⅲ. 허위신고죄와의 관계

원산지는 법정신고사항으로(관세법 시행령 제246조 제1항 제2호), 수출신고시 원산지를 국산으로 허위신고한 경우 관세법 제276조 제2항 제4호의 허위신고죄가 성립한다. 원산지증명서를 한국산으로 발급받고 수출신고서에 한국산으로 표시하여 수출한 경우 본죄와 허위신고죄의 경합범이 된다. 원산지 허위표시로 인한 대외무역법위반죄도 구성요건과 행위의 태양을 달리하므로 실체적 경합관계가 성립한다.

Ⅳ. 처 벌

본죄를 범한 자는 5년 이하의 징역 또는 1억원 이하의 벌금에 처한다. 이 경우 징역과 벌금은 병과(倂科)할 수 있다(대외무역법 제53조의2 제4호). 법인의 대표자나 법인 또는 개인의 대리인, 사용인, 그 밖의 종업원이 그 법인 또는 개인의 업무에 관하여 위반행위를 하면 그 행위자를 벌하는 외에 그 법인 또는 개인에게도 해당 조문의 벌금형을 과한다. 다만, 법인 또는 개인이 그 위반행위를 방지하기 위하여 해당 업무에 관하여 상당한 주의와 감독을 게을리하지 아니한 경우에는 그러하지 아니하다(대외무역법 제57조). 본죄와 관세법위반(허

에 제출함으로써 그 원산지증명서가 해당 수출품과 함께 수입업자에게 교부되도록 한 사례.

37) 서울서부지방법원 2020. 1. 10. 2019고단2146 판결. 중국산 직물류(HS 5516141000, 5407614000)의 세번이 변경되지 않는 단순가공을 하여 원산지가 한국산으로 변경되지 않은 사례.

38) 대구지방법원 2020. 2. 10. 선고 2019고단6554 판결. 중국으로부터 수입한 자동차 부품에 원산지를 국산으로 표시한 사례.

39) 대법원 2010. 10. 14. 선고 2009도8874 판결.

위신고)죄가 동시에 성립되어 실체적 경합관계인 경우 관세법위반(허위신고)죄에 대하여도 양벌규정이 적용된다(관세법 제279조 제1항).

제 6 절 FTA특례법위반죄

I. FTA특례법상 원산지규정

1. FTA특례법의 의의

「자유무역협정의 이행을 위한 관세법의 특례에 관한 법률」(이하 'FTA특례법'이라 한다)은 우리나라가 체약상대국과 체결한 자유무역협정의 이행을 위하여 필요한 관세의 부과·징수 및 감면, 수출입물품의 통관 등 관세법의 특례에 관한 사항과 자유무역협정에 규정된 체약상대국과의 관세행정 협조에 필요한 사항을 규정하고 있다(동법 제1조). '자유무역협정'이란 우리나라가 체약상대국과 관세의 철폐, 세율의 연차적인 인하 등 무역의 자유화를 내용으로 하여 체결한 「1994년도 관세 및 무역에 관한 일반협정」 제24조에 따른 국제협정과 이에 준하는 관세의 철폐 또는 인하에 관한 조약·협정을 말한다(FTA특례법 제2조 제1항 제1호).

2. 관세법 등과의 관계

FTA특례법은 관세법에 우선하여 적용하고, 동법에서 정하지 아니한 사항에 대해서는 관세법에서 정하는 바에 따른다(FTA특례법 제3조 제1항). 국회의 동의를 얻은 조약은 법률과 동일한 효력을 가지고 법률과 저촉될 경우 신법우선·특별법우선의 원칙에 따라 우열이 가려진다.[40] FTA특례법은 동법 또는 관세법이 협정과 상충되는 경우에는 협정을 우선하여 적용한다고 규정하고 있다(동조 제2항).

---

40) 성낙인, 319면.

3. 협정관세 적용요건

협정관세란 협정에 따라 체약상대국을 원산지로 하는 수입물품에 대하여 관세를 철폐하거나 세율을 연차적으로 인하하여 부과하여야 할 관세를 말한다(FTA특례법 제2조 제1항 제6호). 협정관세 적용을 받기 위해서는 ① 해당 수입물품이 협정에 따른 협정관세의 적용대상일 것, ② 해당 수입물품의 원산지가 해당 체약상대국일 것, ③ 해당 수입물품에 대하여 제8조 또는 제9조에 따라 협정관세의 적용을 신청할 것을 요한다(동법 제6조).

4. 원산지결정기준

해당 물품의 전부를 생산·가공 또는 제조한 국가의 경우 그 국가를 원산지로 한다(완전생산기준). 해당 물품이 둘 이상의 국가에 걸쳐 생산·가공 또는 제조된 경우에는 세번변경기준, 부가가치기준, 가공공정기준, 그 밖에 해당 물품이 협정에서 정한 원산지 인정 요건을 충족시킨 국가를 원산지로 한다(FTA특례법 제7조 제1항).

다만, 위 기준에 따라 원산지로 결정된 경우에도 해당 물품이 생산·가공 또는 제조된 이후에 원산지가 아닌 국가를 경유하여 운송되거나 원산지가 아닌 국가에서 선적(船積)된 경우에는 그 물품의 원산지로 인정하지 아니한다(동조 제2항 본문). 해당 물품이 원산지가 아닌 국가의 보세구역에서 운송 목적으로 환적(換積)되었거나 일시적으로 보관되었다고 인정되는 경우에는 예외로 하는데(동항 단서), 이것은 수입자가 입증하여야 한다(FTA특례법 시행규칙 제5조 제1항). 세관장은 원산지가 아닌 국가에서 생산과정 또는 작업과정이 추가된 경우이거나[41] 해당 물품이 원산지가 아닌 국가의 관세당국의 통제 또는 감독 하에 있지 아니하였던 경우에는 운송 목적으로 인정하지 아니한다(동조 제2항). 이 경우에도 협정에서 직접 운송의 요건 등에 관하여 다르게 규정한 경우에는 협정에서 정하는 바에 따른다(동조 제3항). 각 협정에 따른 원산지결정기준은 FTA특례법 시행규칙 별표 1에서 15의2에 각 협정별로 규정하고 있다(동 시행규칙 제4조).

---

41) 다만, 수입항까지 국제운송에 필요한 하역·선적·포장에 필요한 작업이나 물품을 양호한 상태로 보존하는 데 필요한 작업과정이 추가된 경우는 제외한다.

5. 원산지 사전심사

협정관세의 적용에 대한 기초가 되는 사항으로서 원산지결정기준의 충족 여부 등 대통령령으로 정하는 사항에 대하여 의문이 있는 자(체약상대국의 수출자 및 생산자와 그 대리인을 포함)는 해당 물품의 수입신고를 하기 전에 관세청장에게 대통령령으로 정하는 서류를 갖추어 그 의문사항을 미리 심사하여 줄 것을 신청할 수 있다. 다만, 협정에서 사전심사에 관한 사항을 정하지 아니한 경우에는 예외로 한다(FTA특례법 제31조 제1항).

사전심사 신청대상은 해당 물품 및 물품 생산에 사용된 재료의 원산지에 관한 사항, 해당 물품 및 물품 생산에 사용된 재료의 품목분류·가격 또는 원가결정에 관한 사항, 해당 물품의 생산·가공 또는 제조과정에서 발생한 부가가치의 산정에 관한 사항, 해당 물품에 대한 관세의 환급·감면에 관한 사항, 해당 물품의 원산지 표시에 관한 사항, 제3조에 따른 수량별 차등협정관세의 적용에 관한 사항, 그 밖에 협정관세의 적용 또는 관세면제에 대한 기초가 되는 사항으로서 기획재정부령으로 정하는 사항을 말한다(동법 시행령 제37조 제1항).

관세청장은 사전심사의 신청을 받으면 90일 이내에 이를 심사하여 그 결과를 기재한 서류(사전심사서)를 신청인에게 통지하여야 한다. 다만, 제출 자료의 미비 등으로 사전심사가 곤란한 경우에는 그 사유를 신청인에게 통지하여야 한다(법 제31조 제2항, 시행령 제37조 제5항). 사전심사의 결과에 이의가 있는 자는 그 결과를 통지받은 날부터 30일 이내에 대통령령으로 정하는 바에 따라 관세청장에게 이의를 제기할 수 있다(FTA특례법 제31조 제5항).

세관장은 수입자가 사전심사서에 따라 협정관세의 적용 등을 신청하는 경우 수입신고된 물품의 내용이 사전심사서의 내용과 같다고 인정하는 경우에는 대통령령으로 정하는 특별한 사유가 없으면 사전심사서의 내용에 따라 협정관세를 적용하여야 한다.

관세청장은 협정에서 정하는 바에 따라 사전심사서의 근거가 되는 사실관계 또는 상황의 변경 등 대통령령으로 정하는 사유가 있는 경우에는 사전심사서의 내용을 변경할 수 있다(FTA특례법 제32조 제1항). 이때 신청인에게 그 변경내용을 통지하여야 한다(동조 제2항). 사전심사서의 내용을 변경한 경우에는 그 변경일 후에 수입신고되는 물품에 대하여 변경된 내용을 적용한다. 다만, 협정에서 다르게 정하는 경우에는 협정에서 정하는 범위에서 대통령령으로 정하는 바에 따른다(동조 제3항). 사전심사서의 내용 변경이 자료제출 누락 또는 거짓 자료 제출 등 신청인에게 책임이 있는 사유로 인한 것인 경우에는 해당 사전심사와 관련하여 그 변경일 전에 수입신고된 물품에 대해서도 소급하여 변경된 내용을 적용한다(동조 제4항).

Ⅱ. 원산지증명

1. 의 의

수입자는 협정관세를 적용받으려는 수입물품에 대하여 협정 및 이 법에서 정하는 바에 따라 원산지를 증명하여야 한다(FTA특례법 제10조 제1항). 수출자 및 생산자는 체약상대국에서 협정관세를 적용받으려는 수출물품에 대하여 협정 및 이 법에서 정하는 바에 따라 원산지증빙서류를 작성하거나 발급받아야 한다(동조 제2항).

2. 원산지증명서 작성 · 발급

원산지증명서는 기관발급과 자율발급에 의하여 작성 · 발급한다(FTA특례법 제11조 제1항).

(1) 기관발급

협정에서 정하는 방법과 절차에 따라 기획재정부령으로 정하는 기관이 해당 물품에 대하여 원산지를 확인하여 발급하는 것이다. 예컨대, 중국과의 협정에 따라 원산지증명서를 발급하는 기관은 중국을 원산지로 하는 물품의 경우 중국해관총서 또는 중국국제무역촉진위원회, 대한민국을 원산지로 하는 물품의 경우 세관, 상공회의소 · 대한상공회의소(자유무역지역관리원 제외)이다(FTA특례법 시행규칙 제7조 제1항).[42]

---

42) 다만, 개성공업지구에서 생산된 물품의 원산지증명서를 발급하는 기관은 세관으로 한다.

(2) 자율발급

협정에서 정하는 방법과 절차에 따라 수출자·생산자 또는 수입자가 자율적으로 해당 물품에 대한 원산지를 확인하여 작성·서명하여 발급할 수 있다. 예컨대 유럽연합 당사자와의 협정에 따라 원산지인증수출자나 총 가격이 6천 유로를 초과하지 아니하는 물품의 수출자는 자율적으로 발급할 수 있고, 미합중국과의 협정에 따라 수출자, 생산자 또는 수입자가 자율적으로 서면 또는 전자적 방식으로 작성·발급할 수 있다(FTA특례법 시행규칙 제7조 제2항). 미합중국과의 협정에 따른 원산지증명서의 서식은 다음과 같다(FTA특례법 시행규칙 별지 제17호).

[서식 16.]

Certificate of Origin
Korea – US Free Trade Agreement

1.Expor ter (수출자)	Name (성명)		2. Blanket Period (원산지포괄증명기간)						
	Address(주소)								
	Telephone (전화)		YYYY (년)	MM (월)	DD (일)	YYYY (년)	MM (월)	DD (일)	
	Fax (팩스)		From: ____ /__ /__ To: ____ /__ /__						
	E–mail (전자주소)		(부터) (까지)						

3.Prod ucer (생산자)	Name (성명)		4.Impo rter (수입자)	Name (성명)	
	Address(주소)			Address (주소)	
	Telephone (전화)			Telephone (전화)	
	Fax (팩스)			Fax (팩스)	
	E–mail (전자주소)			E–mail (전자주소)	

5. 원산지증명대상물품내역

Serial No. (연번)	Description of Good(s) (품명·규격)	Quantity & Unit (수량 및 단위)	HS No. (품목번호 HS 6단위)	Preference Criterion[1] (원산지결정기준)	Country of Origin (원산지 국가)

6. Observations: (특이사항)

I certify that:
본인은 다음 사항을 확인합니다.
- The information in this document is true and accurate and I assume the responsibility for proving such representations. I understand that I am liable for any false statements or material omissions made on or in connection with this document. 상기 서식에 기재된 내용은 사실이고 정확하며, 기재된 사항에 대한 책임은 본인에게 있습니다. 이 증명서 또는 이와 관련한 허위 진술 또는 중대한 사실 누락에 대해서는 본인에게 책임이 있음을 확인합니다.
- I agree to maintain, and present upon request, documentation necessary to support this Certificate, and to inform, in writing, all persons to whom the Certificate was given of any changes that would affect the accuracy or validity of this Certificate. 본인은 이 증명서를 입증하는데 필요한 문서를 보관하며, 요청이 있을 경우 이를 제출할 뿐 아니라, 이 증명서의 정확성이나 유효기간에 영향을 미치는 여타 변동사항에 대해서 이 증명서를 받은 관계자들에게 서면으로 통보할 것에 동의합니다.
- The goods originate in the territory of one or both Parties and comply with the origin requirements specified for those goods in the Korea –United State of America Free Trade Agreement. 해당 물품은 대한민국과 미합중국간의 자유무역협정에 따른 원산지결정기준을 충족하고 있음을 확인합니다.
This Certificate consists of _____ pages, including all attachments.
이 증명서는 첨부서류를 포함하여 총___장으로 구성되어 있습니다.

7. Authorized Signature (서명권자의 서명)	Company (회사명)	
Name: (작성자 성명)	Title (직위)	
YYYY (년) MM (월) DD (일) ___ ___/ __ /__ /	Telephone: (전화번호)	Fax: (팩스번호)

1) Originating goods in accordance with Article 6.1(a) of the Agreement(미합중국과의 협정 제6.1조 가호에 따른 원산지물품): WO
Originating goods in accordance with Article 6.1(b) of the Agreement(미합중국과의 협정 제6.1조 나호에 따른 원산지물품): PSR
Originating goods in accordance with Article 6.1(c) of the Agreement(미합중국과의 협정 제6.1조 다호에 따른 원산지물품): PE
* 수입자, 생산자 란은 기재 생략 가능하며, 한글본과 영문을 선택하여 사용할 수 있습니다.

3. 원산지인증수출자

관세청장 또는 세관장은 수출물품에 대한 원산지증명능력 등 대통령령으로 정하는 요건을 충족하는 수출자를 원산지인증수출자로 인증할 수 있다(FTA 특례법 제12조 제1항). 업체별 원산지인증수출자는 ① 수출실적이 있는 물품 또는 새롭게 수출하려는 물품이 원산지 결정기준을 충족하는 물품(품목번호 6단위 기준)임을 증명할 수 있는 전산처리시스템을 보유하고 있거나 그 밖의 방법으로 증명할 능력이 있을 것, ② 원산지인증수출자 인증신청일 이전 최근 2년간 법 서면조사 또는 현지조사를 거부한 사실이 없을 것, ③ 원산지증명서 작성대장을 비치·관리하고 기획재정부령으로 정하는 원산지관리전담자를 지정·운영할 것, ④ 원산지인증수출자 인증신청일 이전 최근 2년간 본법에 따른 서류의 보관의무를 위반한 사실이 없을 것, ⑤ 원산지인증수출자 인증신청일 이전 최근 2년간 속임수 또는 부정한 방법으로 원산지증명서를 발급신청하거나 작성·발급한 사실이 없을 것을 요건으로 한다(동법 시행령 제7조 제1호).

품목별 원산지인증수출자는 업체별 원산지인증수출자에 해당하지 않는 자로서 수출실적이 있는 물품 또는 새롭게 수출하려는 물품이 원산지 결정기준을 충족하는 물품(품목번호 6단위를 기준으로 한다)일 것, 원산지증명서 작성대장을 비치·관리하고 기획재정부령으로 정하는 원산지관리전담자를 지정·운영할 것을 요건으로 한다(동조 제2호).

원산지인증수출자는 협정에서 정하는 범위에서 해당 물품에 대하여 자율적으로 원산지를 증명할 수 있으며, 기획재정부령으로 정하는 바에 따라 원산지증명에 관하여 간소한 절차를 적용받을 수 있다(FTA특례법 제12조 제2항).

Ⅲ. 허위 원산지증명서 작성·발급 등

원산지와 관련한 벌칙규정에 위반되는 행위를 한 자에 관하여는 관세법 제278조 형법 적용의 일부배제 및 조사와 처분에 관한 규정을 준용한다(FTA특례법 제44조 제4항).

양벌규정이 있어 행위자를 벌하는 외에 법인등에게도 벌금형을 과(科)한다. 다만, 법인 또는 개인이 그 위반행위를 방지하기 위하여 해당 업무에 관하여 상당한 주의와 감독을 게을리하지 아니한 경우에는 그러하지 아니하다(FTA

특례법 제45조).

1. 허위 원산지증빙서류 작성 · 발급

본죄는 협정 및 이 법에 따른 원산지증빙서류를 속임수 또는 그 밖의 부정한 방법으로 신청하여 발급받았거나 작성 · 발급한 경우 성립한다. 본죄를 범한 자는 2천만원 이하의 벌금에 처한다(FTA특례법 제44조 제2항 제1호).

2. 원산지증빙서류 보관의무위반

수입자 · 수출자 및 생산자는 협정 및 이 법에 따른 원산지의 확인, 협정관세의 적용 등에 필요한 것으로서 수입자 · 수출자 · 생산자별로 다음과 같은 원산지증빙서류를 5년의 범위에서 대통령령으로 정하는 기간43) 동안 보관하여야한다(FTA특례법 제15조, 동법 시행령 제10조 제2항).

수입자가 보관하여야 하는 서류는 원산지증명서(전자문서를 포함한다) 사본,44) 수입신고필증, 수입거래 관련 계약서, 지식재산권 거래 관련 계약서, 수입물품의 과세가격 결정에 관한 자료, 수입물품의 국제운송 관련 서류, 사전심사서 사본 및 사전심사에 필요한 증빙서류를 말한다.

수출자가 보관하여야 하는 서류는 체약상대국의 수입자에게 제공한 원산지증명서(전자문서 포함) 사본 및 원산지증명서 발급 신청서류(전자문서 포함) 사본, 수출신고필증, 해당 물품의 생산에 사용된 원재료의 수입신고필증(수출자의 명의로 수입신고한 경우만 해당), 수출거래 관련 계약서, 해당 물품 및 원재료의 생산 또는 구입 관련 증빙서류, 원가계산서 · 원재료내역서 및 공정명세서, 해당 물품 및 원재료의 출납 · 재고관리대장, 생산자 또는 해당 물품의 생산에 사용된 재료를 공급하거나 생산한 자가 해당 물품의 원산지증명을 위하여 작성

---

43) ① 수입자: 동법 제8조 제1항, 제9조 제1항 또는 제2항에 따라 협정관세의 적용을 신청한 날의 다음 날부터 5년

　　② 수출자 및 생산자: 원산지증명서의 작성일 또는 발급일부터 5년. 다만, 체약상대국이 중국인 경우에는 중국과의 협정 제3.20조에 따라 3년

44) 다만, 협정에 따라 수입자의 증명 또는 인지에 기초하여 협정관세 적용신청을 하는 경우로서 수출자 또는 생산자로부터 원산지증명서를 발급받지 아니한 경우에는 그 수입물품이 협정관세의 적용대상임을 증명하는 서류를 말한다.

한 후 수출자에게 제공한 서류를 말한다.

생산자가 보관하여야 하는 서류는 수출자 또는 체약상대국의 수입자에게 해당 물품의 원산지증명을 위하여 작성·제공한 서류, 수출자와의 물품공급계약서, 해당 물품의 생산에 사용된 원재료의 수입신고필증, 해당 물품 및 원재료의 생산 또는 구입 관련 증빙서류, 원가계산서·원재료내역서 및 공정명세서, 해당 물품 및 원재료의 출납·재고관리대장, 해당 물품의 생산에 사용된 재료를 공급하거나 생산한 자가 해당 재료의 원산지증명을 위하여 작성한 후 생산자에게 제공한 서류를 말한다(FTA특례법 시행령 제10조 제1항).

본죄는 정당한 사유 없이 원산지증빙서류 보관의무를 위반하여 관련 서류를 보관하지 아니한 경우 성립한다. 본죄를 범한 자는 2천만원 이하의 벌금에 처한다. 다만, 과실(過失)에 의한 경우에는 300만원 이하의 벌금에 처한다(FTA특례법 제44조 제2항 제3호).

3. 원산지증빙서류 허위제출

관세청장 또는 세관장은 협정에서 정하는 범위에서 원산지의 확인, 협정관세의 적용 등에 관한 심사를 하는 데 필요하다고 인정하는 경우에는 수입자, 수출자 또는 생산자(체약상대국에 거주하는 수출자 및 생산자를 포함), 해당 물품의 생산에 사용된 재료를 공급하거나 생산한 자(체약상대국에 거주하는 자를 포함), 해당 물품의 거래·유통·운송·보관 및 통관을 대행하거나 취급한 자에게 제15조에 따른 원산지증빙서류의 제출을 요구할 수 있다(FTA특례법 제16조 제1항, 동법 시행규칙 제21조 제1항). 이때 페루와의 협정 제4.8조 및 뉴질랜드와의 협정 3.24조에 따라 서류의 제출을 요구받은 자는 요구받은 날부터 90일, 그 밖의 자는 요구받은 날부터 30일 내에 이내에 이를 제출하여야 한다(FTA특례법 제16조). 다만, 부득이한 사유로 서류제출기한의 연장을 신청하는 경우에는 15일 이내에 연기신청서를 제출하여야 한다(동법 시행규칙 제21조 제3항).

본죄는 관세청장 또는 세관장이 요청한 원산지증빙서류를 거짓으로 제출한 경우 성립한다. 본죄를 범한 자는 2천만원 이하의 벌금에 처한다(FTA특례법 제44조 제2항 제4호).

4. 원산지 사전심사 허위자료제출

본죄는 원산지 사전심사에 필요한 자료를 거짓으로 제출하거나 고의로 제출하지 아니한 자에 대하여 성립한다. 본죄를 범한 자는 2천만원 이하의 벌금에 처한다(FTA특례법 제44조 제2항 제6호).

5. 원산지증빙서류 부정발급

본죄는 세관공무원과 원산지증명서 발급권한이 있는 기관에서 원산지증명서의 발급을 담당하는 직원이 협정 및 이 법에 따른 원산지증빙서류를 속임수나 그 밖의 부정한 방법으로 발급한 경우 성립한다. 본죄를 범한 자는 2천만원 이하의 벌금에 처한다(FTA특례법 제44조 제2항 제7호).

6. 과실범

과실로 협정 및 이 법에 따른 원산지증빙서류를 사실과 다르게 신청하여 발급받았거나 작성·발급한 자는 300만원 이하의 벌금에 처한다. 다만, 원산지증빙서류의 수정 통보를 한 자는 그러하지 아니하다(FTA특례법 제44조 제3항).

제 2 장

지식재산권에 관한 죄

제 1 절   관세법과 지식재산권

Ⅰ. 지식재산권의 보호

1. 지식재산권의 범위

지식재산권을 침해하는 물품은 수출하거나 수입할 수 없다. 관세법에서 보호대상으로 정하고 있는 지식재산권은 ① 상표법에 따라 설정등록된 상표권, ② 저작권법에 따른 저작권과 저작인접권, ③ 식물신품종 보호법에 따라 설정등록된 품종보호권, ④ 농산물품질관리법 또는 수산물품질관리법에 따라 등록되거나 조약·협정 등에 따라 보호대상으로 지정된 지리적표시권 또는 지리적표시, ⑤ 특허법에 따라 설정등록된 특허권, ⑥ 디자인보호법에 따라 설정등록된 디자인권이 있다(법 제235조 제1항).

2. 지식재산권 침해행위

다음과 같은 경우 지식재산권을 침해하는 행위로 본다(지식재산권고시 제4조). ① 상표법 제108조 제1항 제1호에 해당하는 행위, ② 저작권법 제124조 제1항 제1호 및 같은 조 제2항에 해당하는 행위, ③ 식물신품종 보호법 제84조 제1호 및 제2호에 해당하는 행위, ④ 농수산물 품질관리법 제36조 제2항 제1호, 제2호 및 제4호에 해당하는 행위, ⑤ 특허법 제127조 제1호 및 제2호에 해

당하는 행위, ⑥ 디자인보호법 제114조에 해당하는 행위

3. 지식재산권 신고

관세청장은 지식재산권을 침해하는 물품을 효율적으로 단속하기 위하여 해당 지식재산권을 관계 법령에 따라 등록 또는 설정등록한 자 등으로 하여금 해당 지식재산권에 관한 사항을 신고하게 할 수 있다(법 제235조 제2항). 현재 지식재산권의 신고서 접수 및 보완요구 업무를 사단법인 무역관련 지식재산권 보호협회(이하 '지식재산권보호협회'라 한다)의 장에게 위탁되어 있다(지식재산권고시 제10조 제1항). 지식재산권을 신고하려는 자는 상표권, 저작권등의 등록원부 사본과 침해가능성이 있는 수출입자, 해외공급자 등 침해관련 자료 등을 지식재산권보호협회장에게 제출하거나, 지식재산권 정보시스템을 통해 전자문서로 제출하여야 한다(동조 제2항).

II. 수출입통관보류

1. 침해의심물품 수출입신고 등 사실 통보

세관장은 수출입신고된 물품, 환적 또는 복합환적 신고된 물품, 보세구역에 반입신고된 물품, 보세운송신고된 물품, 일시양륙이 신고된 물품이 신고된 지식재산권을 침해하였다고 인정될 때에는 그 지식재산권을 신고한 자에게 해당 물품의 수출입, 환적, 복합환적, 보세구역 반입, 보세운송 또는 일시양륙의 신고(이하 '수출입신고 등'이라 한다) 또는 통관우체국 도착 사실을 통보하여야 한다(법 제235조 제3항). 수출입업자 등에게도 '세관신고권리 침해의심물품 수출입 등 사실 통보서'로 통보하여야 한다(지식재산권고시 제13조 제1항).

세관장은 지식재산권 권리자가 관세청장에게 지식재산권을 신고하지 아니한 경우에도 수출입 등 신고된 물품이 관련 법령에 따라 적법하게 등록된 권리를 침해하였다고 의심되는 때에는 수출입등 사실을 수출입자 등 및 지식재산권 권리자에게 지식재산권 침해의심물품 수출입 등 사실 통보서로 각각 통보할 수 있다(동조 제2항).

2. 지식재산권 권리자 통관보류 등 요청

침해의심물품 수출입신고등 사실의 통보를 받은 자는 세관장에게 담보를 제공하고 해당 물품의 통관보류나 유치를 요청할 수 있다(법 제235조 제3항). 담보제공금액은 과세가격의 100분의 120에 상당하는 금액(조세특례제한법 제5조 제1항에 따른 중소기업인 경우에는 100분의 40)을 말한다. 지식재산권 권리자가 세관장에게 통관보류 요청시 제공하는 담보는 포괄담보로 할 수 있다(지식재산권고시 제14조 제3항).

3. 수출입자 등 의견 제출

통보를 받은 수출입자 등은 세관장에게 해당 지식재산권을 침해하지 않았음을 소명하는 증거나 자료를 제출할 수 있다(지식재산권고시 제15조 제1항).

4. 통관보류 등 조치

(1) 통관보류

세관장은 지식재산권 권리자 등의 통관보류 등의 요청이 있는 경우 특별한 사유가 없으면 해당 물품에 대해 통관보류 등을 하여야 한다(지식재산권고시 제17조 제1항). 세관장은 수출입 등 물품에 대해 통관보류 등을 한 때에는 즉시 그 사실을 '지식재산권 침해물품 통관보류등 통보서'로 지식재산권 권리자 등 및 수출입자 등에게 각각 통보하여야 한다(동조 제2항).

(2) 수입신고수리 등 가능한 경우

세관장은 다음의 어느 하나에 해당하는 경우에는 해당 물품에 대해 수입신고수리 등 필요한 조치를 할 수 있다(지식재산권고시 제17조 제3항).
① 관련 법령에 의해 권리가 없음으로 판결되거나 소멸되는 경우
② 통관보류 등의 요청이 없는 경우
③ 지식재산권 권리자등이 소재불명, 수취거절 등으로 연락이 불가능한 경우
④ 법원에서 침해하지 않았다고 판결이 확정되거나, 지식재산권 권리자가

소송을 취하한 경우

⑤ 부패·변질 등의 사유로 통관보류 등 해제에 대한 법원의 결정이 있는 경우

⑥ 담보제공 시 명시된 제공기간 내에 갱신 또는 연장하지 아니한 경우

⑦ 송치의뢰한 결과 무혐의로 결정된 경우. 다만, 해당 물품이 침해가 명백한 것으로 명시된 것은 제외한다.

5. 침해가 명백한 물품 통관보류

세관장은 수출입등 신고된 물품이 다음의 어느 하나에 해당되어 지식재산권을 침해하였음이 명백한 경우에는 통관보류 등을 하고(법 제235조 제7항), 지식재산권 권리자와 수출입자 등에게 '지식재산권 침해물품 직권통관보류등 통보서'로 즉시 통보하여야 한다(지식재산권고시 제18조).

① 법원의 확정판결이 있는 경우

② 권한 있는 기관(저작권위원회, 무역위원회 등)의 침해여부에 대한 감정, 판정·결정이 있는 경우

③ 수출입자 등이 침해물품임을 서면으로 제출한 경우

④ 물품의 성상, 포장상태, 원산지, 적출국, 신고금액 등을 종합적으로 판단하여 해당 물품이 지식재산권을 침해하였음이 명백하다고 세관장이 인정하는 경우

6. 위조부분품에 대한 통관보류 등

진정상품에 부착된 위조부분품에 대해서는 침해의심물품에 준하여 통관보류 등 규정을 적용한다(지식재산권고시 제19조 제1항). 이에 따라 통관보류 등이 된 물품은 수출입자 등이 해당 위조부분품을 제거하거나 진품으로 교체한 경우 또는 지식재산권 권리자 등이 동의한 경우에는 통관보류 등을 해제하고 통관을 허용할 수 있다(동조 제2항).

제 2 절   상표법위반(상표권침해)죄

제230조(침해죄) 상표권 또는 전용사용권의 침해행위를 한 자는 7년 이하의 징역 또는 1억원 이하의 벌금에 처한다.

제235조(양벌규정) 법인의 대표자나 법인 또는 개인의 대리인, 사용인, 그 밖의 종업원이 그 법인 또는 개인의 업무에 관하여 제230조, 제233조 또는 제234조의 위반행위를 하면 그 행위자를 벌하는 외에 그 법인에는 다음 각 호의 구분에 따른 벌금형을 과(科)하고, 그 개인에게는 해당 조문의 벌금형을 과한다. 다만, 법인 또는 개인이 그 위반행위를 방지하기 위하여 해당 업무에 관하여 상당한 주의와 감독을 게을리하지 아니한 경우에는 그러하지 아니하다.

  1. 제230조를 위반한 경우: 3억원 이하의 벌금

제236조(몰수) ① 제230조에 따른 상표권 또는 전용사용권의 침해행위에 제공되거나 그 침해행위로 인하여 생긴 상표·포장 또는 상품(이하 이 항에서 "침해물"이라 한다)과 그 침해물 제작에 주로 사용하기 위하여 제공된 제작 용구 또는 재료는 몰수한다.

② 제1항에도 불구하고 상품이 그 기능 및 외관을 해치지 아니하고 상표 또는 포장과 쉽게 분리될 수 있는 경우에는 그 상품은 몰수하지 아니할 수 있다.

I. 개 관

상표는 특정한 영업주체의 상품을 표창하는 것으로서 그 출처의 동일성을 식별하게 함으로써 그 상품의 품위 및 성질을 보증하는 작용을 하며, 상표법은 이와 같은 상표의 출처 식별 및 품질 보증의 기능을 보호함으로써 당해 상표의 사용에 의하여 축조된 상표권자의 기업신뢰이익을 보호하고 유통질서를 유지하며 수요자의 이익도 보호한다.[1] 본죄는 상표권 또는 전용사용권의 침해행위를 한 경우 성립하고, 상표권자의 사익과 소비자의 이익이라는 공익을 보호법익으로 한다.

---

1) 대법원 1995. 11. 7. 선고 94도3287 판결, 대법원 1996. 7. 30. 선고 95후1821 판결 등.

II. 상표권 또는 전용사용권

1. 의 의

'상표'란 자기의 상품(지리적 표시가 사용되는 상품의 경우를 제외하고는 서비스 또는 서비스의 제공에 관련된 물건 포함)과 타인의 상품을 식별하기 위하여 사용하는 표장(標章)을 말한다(상표법 제2조 제1항 제1호). 상표로서의 기능을 하지 못하는 경우 상표법상 상표라고 할 수 없다. 판례는 공산품인 상품의 내부에 조립되어 기능하는 부품에 표시된 표장으로서 그 상품의 유통이나 통상적인 사용 혹은 유지행위에 있어서는 그 존재조차 알 수 없고, 오로지 그 상품을 분해하여야만 거래자나 일반 수요자들이 인식할 수 있는 표장은 그 상품에 있어서 상표로서의 기능을 다할 수 없어 상표법에서 말하는 상표라고 할 수 없다고 하였다. 그리고 타인의 등록상표와 유사한 표장을 이용한 경우라고 하더라도 그것이 상표의 본질적인 기능이라고 할 수 있는 출처표시를 위한 것이 아니라 상품의 기능을 설명하거나 상품의 기능이 적용되는 기종을 밝히기 위한 것으로서 상표의 사용으로 인식될 수 없는 경우에는 등록상표의 상표권을 침해한 것이라고 할 수 없다고 하였다.[2)

상표권은 설정등록에 의하여 발생하고(상표법 제82조 제1항), 상표권자는 지정상품에 관하여 그 등록상표를 사용할 권리를 독점한다(상표법 제89조 본문). 상표권자는 그 상표권에 관하여 타인에게 전용사용권을 설정할 수 있는데(상표법 제95조 제1항), 이때 전용사용권의 설정을 받은 전용사용권자는 그 설정행위로 정한 범위에서 지정상품에 관하여 등록상표를 사용할 권리를 독점한다(동조 제3항).

2. 상표권의 존재

본죄가 성립하기 위해서는 상표권이 유효하게 존재하고 있어야 한다. 타인의 등록상표권을 침해하였다는 행위가 그 등록을 무효로 한다는 심결이 확정되기 이전에 이루어졌다고 하더라도, 그 후 상표등록을 무효로 한다는 심결이 확정되었다면 침해되었다는 상표권은 처음부터 존재하지 아니하였던 것이

---

2) 대법원 2005. 6. 10. 선고 2005도1637 판결.

되므로, 그와 같은 행위를 상표권 침해행위에 해당한다고 볼 수 없다.3)

Ⅲ. 상표권 침해행위

1. 상표의 사용

상표권 침해가 인정될 수 있으려면 상표의 사용이 전제되어야 한다. 상표법상 '상표의 사용'이라 함은 다음의 어느 하나에 해당하는 행위를 말한다(상표법 제2조 제1항 제11호).

① 상품 또는 상품의 포장에 상표를 표시하는 행위

② 상품 또는 상품의 포장에 상표를 표시한 것을 양도 또는 인도하거나 양도 또는 인도할 목적으로 전시·수출 또는 수입하는 행위

③ 상품에 관한 광고·정가표(定價表)·거래서류, 그 밖의 수단에 상표를 표시하고 전시하거나 널리 알리는 행위

상표법상 '상표의 사용'이란 상품 또는 상품의 포장에 상표를 표시하는 행위, 상품 또는 상품의 포장에 상표를 표시한 것을 양도 또는 인도하거나 그 목적으로 전시·수출 또는 수입하는 행위 등을 의미하고, 여기에서 말하는 '상품'은 그 자체가 교환가치를 가지고 독립된 상거래의 목적물이 되는 물품을 의미한다. 따라서 일반 거래시장에서 독립적으로 유통되는 제품과 외관이나 품질 등이 유사하고 일부 판매하기도 한 물품이라면 그 자체가 교환가치를 가지고 독립된 상거래의 목적물이 되는 물품으로 상품에 해당하고, 그 물품의 일부가 사은품 또는 판촉물로서 무상으로 제공되었다고 하더라도 무상으로 제공된 부분만을 분리하여 그 상품성을 부정할 것은 아니다. 따라서 상표권자의 허락없이 임의로 상표를 표시하거나 그 상표가 표시된 물품을 양도하는 행위는 상표법상 상표의 사용에 해당한다.4)

---

3) 대법원 1996. 5. 16. 선고 93도839 전원합의체 판결. 동 판결에서 종전에 상표등록을 무효로 한다는 심결이 확정된 경우에도 상표등록 이후 등록무효심결이 확정되기까지 사이에 이루어진 행위는 상표권 침해행위에 해당된다는 취지로 판시한 대법원 1991. 1. 29. 선고 90도2636 판결을 폐기하였다.

4) 대법원 2022. 3. 17. 선고 2021도2180 판결. 상표권자의 허락 없이 상표를 임의로 표시한 수건을 주문·제작하여 그중 일부를 거래처에 판매하고 일부를 다른 거래처에 사은품 내지 판촉용

타인의 등록상표와 동일하거나 유사한 상표를 그 지정상품과 동일·유사한 상품의 광고에 표시하거나 전시하기만 하면 이는 상표의 사용에 해당하고, 그 같은 상표의 사용은 상표권의 침해행위로 상표법위반죄를 구성한다. 때문에 그 같은 상표를 사용한 광고의 목적이 그 해당 상품의 판매를 위한 것인지 아니면 구매대행만을 위한 것인지는 따질 필요가 없다.[5]

디자인과 상표는 배타적·선택적 관계에 있지 아니하므로, 디자인이 될 수 있는 형상이나 모양이라고 하더라도 그것이 상표의 본질적 기능인 자타상품의 출처표시로서 기능하는 경우에는 상표로서 사용된 것으로 보아야 한다.[6] 따라서 독특한 디자인적 특징을 가지고 있는 등록상표가 상품의 출처표시로 널리 알려져 사용되는 경우 이러한 등록상표와 유사한 디자인이 사용된 상품을 수입하였다면 상표권 침해죄가 성립한다.[7] 이때 사용표장인 문양에 대해 디자인 등록을 받은 사정은 사용표장의 사용이 '상표의 사용'에 해당하여 상표권침해로 되는 데 장애가 되지 못한다.[8]

2. 침해로 보는 행위

다음의 어느 하나에 해당하는 행위는 상표권(지리적 표시 단체표장권은 제외한다) 또는 전용사용권을 침해한 것으로 본다(상표법 제108조 제1항).

① 타인의 등록상표와 동일한 상표를 그 지정상품과 유사한 상품에 사용하거나 타인의 등록상표와 유사한 상표를 그 지정상품과 동일·유사한 상품에 사용하는 행위

② 타인의 등록상표와 동일·유사한 상표를 그 지정상품과 동일·유사한 상품에 사용하거나 사용하게 할 목적으로 교부·판매·위조·모조 또는 소지하는 행위

으로 제공하였으며, 피고인 을은 위 수건이 상표권자의 허락 없이 임의로 제작된 것임을 알면서도 그중 일부를 거래처에 제공하여 상표법 위반으로 기소된 사안에서, 수건의 외관·품질 및 거래 현황 등에 비추어 위 수건은 '상품'에 해당하고, 그중 일부가 사은품 또는 판촉물로서 무상으로 제공되었더라도 위 수건에 상표를 표시하거나 상표가 표시된 수건을 양도하는 행위는 상표법상 '상표의 사용'에 해당한다고 한 사례.

5) 대구지방법원 2022. 4. 22. 선고 2021노2551 판결.
6) 대법원 2000. 12. 26. 선고 98도2743 판결.
7) 대법원 2013. 2. 14. 선고 2011도13441 판결.
8) 대법원 2013. 3. 14. 선고 2010도15512 판결.

③ 타인의 등록상표를 위조 또는 모조하거나 위조 또는 모조하게 할 목적
   으로 그 용구를 제작·교부·판매 또는 소지하는 행위
④ 타인의 등록상표 또는 이와 유사한 상표가 표시된 지정상품과 동일·유
   사한 상품을 양도 또는 인도하기 위하여 소지하는 행위

대법원은 상표권자 내지 정당한 사용권자(상표권자등)에 의해 등록상표가
표시된 상품을 양수 또는 수입한 자가 임의로 그 상품을 소량으로 나누어 새로
운 용기에 담는 방식으로 포장한 후 그 등록상표를 표시하거나 위와 같이 등록
상표를 표시한 것을 양도하였다면, 비록 그 내용물이 상표권자 등의 제품이라
하더라도 상품의 출처표시 기능이나 품질보증 기능을 해칠 염려가 있으므로,
이러한 행위는 특별한 사정이 없는 한 상표권 내지 전용사용권을 침해하는 행
위에 해당한다고 하였다.9)

타인의 등록상표를 그 지정상품과 동일 또는 유사한 상품에 사용하면 타
인의 상표권을 침해하는 행위가 된다고 할 것이나, 타인의 등록상표를 이용한
경우라고 하더라도 그것이 상표의 본질적인 기능이라고 할 수 있는 출처표시
를 위한 것이 아니어서 상표의 사용으로 인식될 수 없는 경우에는 등록상표의
상표권을 침해한 행위로 볼 수 없다고 할 것이고, 그것이 상표로서 사용되고
있는지의 여부를 판단하기 위하여는 상품과의 관계, 당해 표장의 사용 태양(즉,
상품 등에 표시된 위치, 크기 등), 등록상표의 주지저명성 그리고 사용자의 의도와
사용경위 등을 종합하여 실제 거래계에서 그 표시된 표장이 상품의 식별표지
로서 사용되고 있는지 여부를 종합하여 판단하여야 할 것이다.10)

특별한 사정이 없는 한 상표권자 등이 국내에서 등록상표가 표시된 상품
을 양도한 경우에는 당해 상품에 대한 상표권은 그 목적을 달성한 것으로서 소
진되고, 그로써 상표권의 효력은 당해 상품을 사용, 양도 또는 대여한 행위 등
에는 미치지 않는다고 할 것이나, 원래의 상품과의 동일성을 해할 정도의 가공
이나 수선을 하는 경우에는 실질적으로 생산행위를 하는 것과 마찬가지이므로
이러한 경우에는 상표권자의 권리를 침해하는 것으로 보아야 할 것이다. 그리
고 동일성을 해할 정도의 가공이나 수선으로서 생산행위에 해당하는가의 여부
는 당해 상품의 객관적인 성질, 이용형태 및 상표법의 규정취지와 상표의 기능

---

9) 대법원 2012. 4. 26. 선고 2011도17524 판결.
10) 대법원 2003. 4. 11. 선고 2002도3445 판결.

등을 종합하여 판단하여야 할 것이다.[11]

3. 침해로 보지 아니하는 경우

(1) 원 칙

관세법 제235조는 지식재산권 침해 물품의 수출입금지에 관하여 규정하고 있고, 이에 따라 지식재산권고시(관세청 고시)에서는 상표권의 침해로 보지 아니한 경우 등에 관하여 규정하고 있다. 이에 의하면, 해당 상표에 대한 권리가 없는 자가 해당 상표를 적법하게 사용할 권리를 가진 자에 의해서 생산된 물품을 수입하는 경우로서 다음의 어느 하나에 해당하는 때에는 상표권을 침해한 것으로 보지 않는다(지식재산권고시 제5조 제1항).

① 국내외 상표권자(국내 상표권자가 전용사용권을 설정한 경우에는 전용사용권자를 말한다)가 동일인이거나 계열회사 관계(주식의 30% 이상을 소유하면서 최다 출자자인 경우), 수입대리점 관계 등 동일인으로 볼 수 있는 관계가 있는 경우(동일인 관계)

② 국내외 상표권자가 동일인 관계가 아니면서 국내 상표권자가 외국에서 생산된 진정상품(외국 상표권자의 허락을 받아 생산된 진정상품을 포함한다)을 수입하거나 판매하는 경우

③ 국내 상표권자가 수출한 물품을 국내로 다시 수입하는 경우

④ 외국 상표권자의 요청에 따라 주문제작하기 위하여 견본품을 수입하면서 그에 관한 입증자료를 제출하는 경우

⑤ 상표권자가 처분제한 없는 조건으로 양도담보 제공한 물품을 해당 상표에 대한 권리 없는 자가 수입(관세법 제240조에 따라 수입이 의제되는 경우 포함)하는 경우

다만, 대법원은 지식재산권고시는 행정청 나름의 기준을 설정한 것으로서 상표권 등 지적재산권 침해 여부나 병행수입의 허용 여부에 관한 법원의 사법적 판단을 기속한다고 볼 수는 없고, 다만 지적재산권 침해 여부에 관한 실체법적인 판단 기준을 설정함에 있어서 참고할 수 있는 사항일 뿐이라고 하였

---

11) 대법원 2003. 4. 11. 선고 2002도3445 판결..

다.12)

(2) 침해로 보는 경우

국내외 상표권자가 동일인이 아니면서 국내 상표권자가 해당 상표가 부착된 지정상품을 다음 중 어느 하나와 같이 제조만 하는 때에는 상표권을 침해한 것으로 본다(지식재산권고시 제5조 제2항).

① 전량 국내에서 제조하는 경우(국내 주문자상표부착방식 제조 포함)

② 해외에서 주문자상표부착방식으로 제조하여 수입하는 경우. 다만, 주문자상표부착방식으로 제조하는 외국 제조자가 국외 상표권자로부터 해당 상표의 사용허락을 받은 경우에는 그러하지 아니하다.

③ 국내 상표권자가 해당 상표가 부착된 부분품을 수입하여 조립하거나 일부 가공한 뒤 수입된 부분품과 HS 6단위 세번이 다른 완제품을 생산하는 경우

이때 국내 상표권자가 해당 상표가 부착된 지정상품을 수입하다가 수입을 중단하고 제조만 하는 경우에는 다음의 어느 하나에 해당하는 때부터 침해로 본다(동 고시 제5조 제3항).

① 과거에는 수입만 하였으나 수입을 중단하고 제조만 하는 경우에는 제조시설을 갖추어 제조를 시작한 사실을 지식재산권보호협회의 장에게 신고한 때

② 과거에는 수입과 제조를 병행하였으나 수입을 중단하고 제조만 하는 경우에는 수입을 중단한 사실을 지식재산권보호협회의 장에게 신고한 때

한편, 국내 상표권자가 통상사용권자 등 해당 상표사용 계약을 한 자가 수입하는 진정상품의 수입을 허락하거나 동의하여 수입자가 상표사용 허락사항 신고서 또는 수입통관동의서를 세관장에게 제출한 때에는 상표권을 침해하지 아니한 것으로 본다. 이 경우 허락 또는 동의 이후 상표권리가 없는 자가 수입하는 동일 지정상품에 대하여 허락 또는 동의의 효력이 미친다(동 고시 제5조 제4항).

---

12) 대법원 2010. 5. 27. 선고 2010도790 판결.

4. 병행수입과 상표법위반

국내에 등록된 상표와 동일·유사한 상표가 부착된 그 지정상품과 동일·유사한 상품을 수입하는 행위가 그 등록상표권의 침해 등을 구성하지 않는다고 하기 위해서는, 외국의 상표권자 내지 정당한 사용권자가 그 수입된 상품에 상표를 부착하였어야 하고, 그 외국 상표권자와 우리나라의 등록상표권자가 법적 또는 경제적으로 밀접한 관계에 있거나 그 밖의 사정에 의하여 위와 같은 수입상품에 부착된 상표가 우리나라의 등록상표와 동일한 출처를 표시하는 것으로 볼 수 있는 경우이어야 하며, 아울러 그 수입된 상품과 우리나라의 상표권자가 등록상표를 부착한 상품 사이에 품질에 있어 실질적인 차이가 없어야 한다.[13] 여기에서 품질의 차이란 제품 자체의 성능, 내구성 등의 차이를 의미하는 것이지 그에 부수되는 서비스로서의 고객지원, 무상수리, 부품교체 등의 유무에 따른 차이를 말하는 것이 아니다.[14]

외국의 상표권자 내지 정당한 사용권자가 상표를 부착한 이후 거래 당사자 사이의 판매지 제한 약정에 위반하여 다른 지역으로 그 상품이 판매 내지 수출되었더라도 그러한 사정만으로 그 상품의 출처가 변하는 것은 아니라고 할 것이어서 그러한 약정 위반만으로 외국 상표권자가 정당하게 부착한 상표가 위법한 것으로 되는 것은 아니라고 할 것이다.[15]

또한 병행수입 그 자체는 위법성이 없는 정당한 행위로서 상표권 침해 등을 구성하지 아니하므로 병행수입업자가 상표권자의 상표가 부착된 상태에서 상품을 판매하는 행위는 당연히 허용될 것인바, 상표제도는 상표를 보호함으로써 상표 사용자의 업무상의 신용유지를 도모하여 산업발전에 이바지함과 아울러 수요자의 이익을 보호함을 목적으로 하고(상표법 제1조), 상표는 기본적으로 당해 상표가 부착된 상품의 출처가 특정한 영업주체임을 나타내는 상품출처표시기능과 이에 수반되는 품질보증기능이 주된 기능이라는 점 등에 비추어 볼 때, 병행수입업자가 위와 같이 소극적으로 상표를 사용하는 것에 그치지 아니하고 나아가 적극적으로 상표권자의 상표를 사용하여 광고·선전행위를 하더라도 그로 인하여 위와 같은 상표의 기능을 훼손할 우려가 없고 국내 일반

---

13) 대법원 2010. 5. 27. 선고 2010도790 판결.
14) 대법원 2006. 10. 13. 선고 2006다40423 판결.
15) 대법원 2005. 6. 9. 선고 2002다61965 판결.

수요자들에게 상품의 출처나 품질에 관하여 오인·혼동을 불러일으킬 가능성
도 없다면, 이러한 행위는 실질적으로 상표권침해의 위법성이 있다고 볼 수 없
을 것이다.16)

병행수입업자가 수입물품을 진정상품으로 오인하였고, 더 나아가 병행수
입이 허용된다고 믿어 자신의 행위가 죄가 되지 아니하는 것으로 오인하였다
고 하더라도, 수입행위가 국내 전용사용권을 침해하는 것인지 여부에 관하여
전문가의 자문을 구하는 등의 아무런 조처도 없이 임의로 그와 같이 믿은 것에
지나지 아니하다면 거기에 정당한 이유가 있다고 보기는 어렵고, 이 경우 상표
권 침해의 범의가 조각된다고 할 수 없다.17)

5. 고의 등

모조상품을 광고하여 상표권침해행위를 하였다는 상표법위반죄에 있어서
도 해당상품이 진정상품이 아니라는 점에 대한 고의가 필요한 것은 당연하나,
그 같은 고의는 미필적고의로도 충분하다.18)

상표권 등 지식재산권 침해죄는 침해의 대상이 추상적 권리이므로 일반인
이 스스로 자신의 행위가 침해행위에 해당하는지 판단하기 어려워 전문가의
자문을 받아 이를 신뢰하여 행동한 경우에는 고의가 인정되기 어려울 것이다.
다만, 전문가에게 자문을 구함에 있어 중요한 사항을 감추거나 자기에게 일방
적으로 유리한 자료만 제출한 경우, 다른 분야의 전문가에게 자문을 구한 경
우, 전문가가 확정적인 답변을 하지 않은 경우 등에는 전문가의 의견에 기초하
여 행동하였다고 하더라도 고의가 인정될 수 있다.19)

형법 제16조에 따라 위법성의 착오는 그 착오에 정당한 이유가 있으면 책
임을 조각하고, 정당한 이유가 없는 때에는 책임이 조각되지 않고 고의범으로

---

16) 대법원 2002. 9. 24. 선고 99다42322 판결. 병행수입업자가 적극적으로 상표권자의 상표를 사
용하여 광고·선전행위를 한 것이 실질적으로 상표권 침해의 위법성이 있다고 볼 수 없어 상
표권 침해가 성립하지 아니한다고 하더라도, 그 사용태양 등에 비추어 영업표지로서의 기능을
갖는 경우에는 일반 수요자들로 하여금 병행수입업자가 외국 본사의 국내 공인 대리점 등으로
오인하게 할 우려가 있으므로, 이러한 사용행위는 부정경쟁방지법 제2조 제1호 (나)목 소정의
영업주체혼동행위에 해당되어 허용될 수 없다.

17) 대법원 1997. 10. 10. 선고 96도2191 판결.

18) 대구지방법원 2022. 4. 22. 선고 2021노2551 판결.

19) 정상조 외, 1263-1264면.

처벌된다. 대법원은 책임이 조각되는 위법성의 착오의 정당한 이유에 대하여 엄격하게 해석하고 있다. 대법원은 상표권 침해사안에서 "피고인들이 변리사로부터 그들의 행위가 고소인의 상표권을 침해하지 않는다는 취지의 회답과 감정결과를 통보받았고, 피고인들의 행위에 대하여 3회에 걸쳐 검사의 무혐의 처분이 내려졌다가 최종적으로 고소인의 재항고를 받아들인 대검찰청의 재기수사명령에 따라 공소가 제기되었으며, 피고인들로서는 대법원의 판례들을 잘못 이해함으로써 자신들의 행위는 죄가 되지 않는다고 확신을 하였고, 특허청도 피고인들의 상표출원을 받아들여서 등록하여 주었다는 등의 사유들만으로는 고소인의 상표권을 침해하는 것이 아니라고 믿은 데에 정당한 이유가 있다고 볼 수 없다"고 판시하였다.[20]

Ⅳ. 죄 수

수개의 등록상표에 대하여 상표권 침해행위가 계속하여 행하여진 경우에는 각 등록상표 1개마다 포괄하여 1개의 범죄가 성립한다 따라서 특별한 사정이 없는 한 상표권자 및 표장이 동일하다는 이유로 등록상표를 달리하는 수개의 상표권침해 행위를 포괄하여 하나의 죄로 볼 수 없다.[21]

Ⅴ. 처 벌

1. 법정형·양벌규정

상표권 또는 전용사용권의 침해행위를 한 자는 7년 이하의 징역 또는 1억원 이하의 벌금에 처한다(상표법 제230조). 양벌규정이 적용되어 법인의 대표자나 법인 또는 개인의 대리인, 사용인, 그 밖의 종업원이 그 법인 또는 개인의 업무에 관하여 위반행위를 하면 그 행위자를 벌하는 외에 그 법인에는 3억원 이하의 벌금형을 과하고, 그 개인에게는 해당 조문의 벌금형을 과한다. 다만, 법인 또는 개인이 그 위반행위를 방지하기 위하여 해당 업무에 관하여 상당한 주의와 감독을 게을리하지 아니한 경우에는 그러하지 아니하다(상표법 제235조).

---

20) 대법원 1998. 10. 13. 선고 97도3337 판결.
21) 대법원 2011. 7. 14. 선고 2009도10759 판결.

2. 필요적 몰수

상표권 또는 전용사용권의 침해행위에 제공되거나 그 침해행위로 인하여 생긴 상표·포장 또는 상품(이하 '침해물')과 그 침해물 제작에 주로 사용하기 위하여 제공된 제작 용구 또는 재료는 몰수한다(상표법 제236조 제1항). 다만 상품이 그 기능 및 외관을 해치지 아니하고 상표 또는 포장과 쉽게 분리될 수 있는 경우에는 그 상품은 몰수하지 아니할 수 있다(동조 제2항).

상표법은 제236조 제1항에서 상표권 또는 전용사용권 침해물품에 관한 필요적 몰수규정을 두고 있다. 그러나 추징 여부나 그 추징의 성격에 관하여는 아무런 규정을 두고 있지 않아 이를 임의적 추징으로 보아야 하는지 필요적으로 보아야 하는지 문제된다. 특별법에서 당해 법률의 입법목적과 취지 등을 고려하여 몰수, 추징의 성격이나 그 범위 등에 관하여 달리 규정한 경우에는 특별법 우선의 원칙상 형법 제48조의 적용이 배제된다고 할 것이지만 이는 그에 관한 명시적인 규정을 둔 경우를 전제로 하고, 추징은 형벌인 몰수(형법 제41조, 제49조)제도의 취지를 관철하기 위하여 인정된 제도로서 부가형으로서의 성질을 가지는 것이므로 추징에 관한 규정을 해석함에 있어서도 죄형법정주의의 원칙상 이를 엄격하게 해석해야 할 필요가 있는 점 등을 고려하면, 상표법에 필요적 몰수규정만 두고 있는 이상 상표권 침해로 인한 범죄수익에 대한 추징은 임의적인 것으로 법원의 재량에 맡겨져 있다고 보아야 할 것이다.[22]

3. 비친고죄

상표권의 침해는 상표권의 신용이나 재산권을 보호하는 사익적 측면뿐만 아니라 상품출처의 오인·혼동을 초래함으로써 소비자의 이익이라는 공익을 해할 수 있기 때문에 비친고죄로 하고 있다.[23] 양벌규정을 두고 있고, 과실범을 처벌하는 규정은 없다.

---

22) 부산지방법원 2009. 6. 11. 선고 2009노552 판결.
23) 윤선희, 568면.

제3절 저작권법위반죄

제136조(벌칙) ② 다음 각 호의 어느 하나에 해당하는 자는 3년 이하의 징역 또는 3천만원 이하의 벌금에 처하거나 이를 병과할 수 있다.

　4. 제124조 제1항에 따른 침해행위로 보는 행위를 한 자

제139조(몰수) 저작권, 그 밖에 이 법에 따라 보호되는 권리를 침해하여 만들어진 복제물과 그 복제물의 제작에 주로 사용된 도구나 재료 중 그 침해자·인쇄자·배포자 또는 공연자의 소유에 속하는 것은 몰수한다.

제140조(고소) 이 장의 죄에 대한 공소는 고소가 있어야 한다. 다만, 다음 각 호의 어느 하나에 해당하는 경우에는 그러하지 아니하다.

　1. 영리를 목적으로 또는 상습적으로 제136조 제1항 제1호, 제136조 제2항 제3호 및 제4호(제124조 제1항 제3호의 경우에는 피해자의 명시적 의사에 반하여 처벌하지 못한다)에 해당하는 행위를 한 경우

　2. 제136조 제2항 제2호 및 제3호의2부터 제3호의7까지, 제137조 제1항 제1호부터 제4호까지, 제6호 및 제7호와 제138조 제5호의 경우

제141조(양벌규정) 법인의 대표자나 법인 또는 개인의 대리인·사용인 그 밖의 종업원이 그 법인 또는 개인의 업무에 관하여 이 장의 죄를 범한 때에는 행위자를 벌하는 외에 그 법인 또는 개인에 대하여도 각 해당조의 벌금형을 과한다. 다만, 법인 또는 개인이 그 위반행위를 방지하기 위하여 해당 업무에 관하여 상당한 주의와 감독을 게을리하지 아니한 경우에는 그러하지 아니하다.

Ⅰ. 개 관

　　저작권법은 저작자의 권리와 이에 인접하는 권리를 보호하고 저작물의 공정한 이용을 도모함으로써 문화 및 관련 산업의 향상발전에 이바지함을 목적으로 한다(동법 제1조). 따라서 저작권법이 보호하는 권리는 저작자의 권리인 저작권과 이에 인접하는 권리인 저작인접권이라고 볼 수 있다.

Ⅱ. 저작권

1. 저작물

(1) 요 건

저작권법에서 보호하는 저작물로 인정되기 위해서는 인간의 사상이나 감정을 표현한 것으로서 창작성이 있을 것을 요한다(저작권법 제2조 제1호). 저작권법 제4조 제1항은 ① 소설·시·논문·강연·연설·각본 그 밖의 어문저작물, ② 음악저작물, ③ 연극 및 무용·무언극 그 밖의 연극저작물, ④ 회화·서예·조각·판화·공예·응용미술저작물 그 밖의 미술저작물, ⑤ 건축물·건축을 위한 모형 및 설계도서 그 밖의 건축저작물, ⑥ 사진저작물(이와 유사한 방법으로 제작된 것을 포함한다), ⑦ 영상저작물, ⑧ 지도·도표·설계도·약도·모형 그 밖의 도형저작물, ⑨ 컴퓨터프로그램저작물을 저작물의 예시로 규정하고 있다.

대법원은 "저작권법에 의하여 보호되는 저작물이기 위하여는 문학·학술 또는 예술의 범위에 속하는 창작물이어야 하므로 그 요건으로서 창작성이 요구되나 여기서 말하는 창작성이란 완전한 의미의 독창성을 말하는 것은 아니며 단지 어떠한 작품이 남의 것을 단순히 모방한 것이 아니고 작자 자신의 독자적인 사상 또는 감정의 표현을 담고 있음을 의미할 뿐이어서 이러한 요건을 충족하기 위하여는 단지 저작물에 그 저작자 나름대로의 정신적 노력의 소산으로서의 특성이 부여되어 있고 다른 저작자의 기존의 작품과 구별할 수 있을 정도이면 충분하다"고 판시하였다.[24]

한편 저작권법은 제4조 제1항 제8호에서 "지도·도표·설계도·약도·모형 그 밖의 도형저작물"을 저작물로 예시하고 있는데, 이와 같은 도형저작물은 예술성의 표현보다는 기능이나 실용적인 사상의 표현을 주된 목적으로 하는 이른바 기능적 저작물로서, 기능적 저작물은 그 표현하고자 하는 기능 또는 실용적인 사상이 속하는 분야에서의 일반적인 표현방법, 규격 또는 그 용도나 기능 자체, 저작물 이용자의 이해의 편의성 등에 의하여 그 표현이 제한되는 경우가 많으므로 작성자의 창조적 개성이 드러나지 않을 가능성이 크며, 동일한 기능을 하는 기계장치나 시스템의 연결관계를 표현하는 기능적 저작물에 있어서

---

24) 대법원 1995. 11. 14. 선고 94도2238 판결.

그 장치 등을 구성하는 장비 등이 달라지는 경우 그 표현이 달라지는 것은 당연한 것이고, 저작권법은 기능적 저작물이 담고 있는 사상을 보호하는 것이 아니라, 그 저작물의 창작성 있는 표현을 보호하는 것이므로, 기술 구성의 차이에 따라 달라진 표현에 대하여 동일한 기능을 달리 표현하였다는 사정만으로 그 창작성을 인정할 수는 없고 창조적 개성이 드러나 있는지 여부를 별도로 판단하여야 한다.25)

(2) 캐릭터의 저작물성

수입물품에는 다양한 캐릭터가 부착되어 있는 경우가 많다. 캐릭터의 저작물성 인정여부와 관련하여 부정설은 저작물로 성립하기 위해서는 사상이나 감정이 외부적으로 표현된 것이어야 하는데 캐릭터는 일정한 이름, 용모, 역할 등에서 특징을 가진 인물이 반복하여 묘사됨으로써 형성된 일종의 이미지에 해당하여 그 자체가 사상 또는 감정을 표현한 것으로 볼 수 없다는 점을 근거로 들고 있다.26) 그러나 대법원은 "만화, 텔레비전, 영화, 신문, 잡지 등 대중이 접하는 매체를 통하여 등장하는 인물, 동물 등의 형상과 명칭을 뜻하는 캐릭터의 경우 그 인물, 동물 등의 생김새, 동작 등의 시각적 표현에 작성자의 창조적 개성이 드러나 있으면 원저작물과 별개로 저작권법에 의하여 보호되는 저작물이 될 수 있다"고 판시하여 캐릭터에 대하여 독자적인 저작물성을 인정하고 있는 것으로 보인다.27)

2. 저작권

저작자는 저작인격권과 저작재산권을 가진다(저작권법 제10조 제1항). 저작권은 저작물을 창작한 때부터 발생하며 어떠한 절차나 형식의 이행을 필요로 하지 아니한다(동조 제2항).

---

25) 대법원 2005. 1. 27. 선고 2002도965 판결.

26) 오승종, 265 – 267면.

27) 대법원 2010. 2. 11. 선고 2007다63409 판결. 게임물에 등장하는 캐릭터에 창작성이 인정되므로 원저작물인 게임물과 별개로 저작권법의 보호대상이 될 수 있고, 그 캐릭터에 관하여 상품화가 이루어졌는지 여부는 저작권법에 의한 보호 여부를 판단함에 있어서 고려할 사항이 아니라고 한 사례.

(1) 저작인격권

저작인격권은 공표권, 성명표시권, 동일성유지권을 말한다. 공표권이란 저작자가 그의 저작물을 공표하거나 공표하지 아니할 것을 결정할 권리를 말한다(저작권법 제11조 제1항). 성명표시권이란 저작자가 저작물의 원본이나 그 복제물에 또는 저작물의 공표 매체에 그의 실명 또는 이명을 표시할 권리를 말한다(동법 제12조 제1항). 동일성유지권이란 저작자가 그의 저작물의 내용·형식 및 제호의 동일성을 유지할 권리를 말한다(동법 제13조 제1항). 저작인격권은 저작자 일신에 전속한다(동법 제14조 제1항). 공동저작물의 저작인격권은 저작자 전원의 합의에 의하지 아니하고는 이를 행사할 수 없다. 이 경우 각 저작자는 신의에 반하여 합의의 성립을 방해할 수 없다(동조 제2항).

(2) 저작재산권

저작재산권에는 저작자가 그의 저작물을 복제할 권리(복제권), 공연할 권리(공연권), 공중송신할 권리(공중송신권), 미술저작물등의 원본이나 그 복제물을 전시할 권리(전시권), 저작물의 원본이나 그 복제물을 배포할 권리[28](배포권), 상업적 목적으로 공표된 음반이나 상업적 목적으로 공표된 프로그램을 영리를 목적으로 대여할 권리(대여권), 그의 저작물을 원저작물로 하는 2차적저작물을 작성하여 이용할 권리(2차적 저작물작성권)가 있다(저작권법 제16-22조).

Ⅲ. 배포 목적 저작권 등 침해물건 수입죄

1. 침해행위

수입 시에 대한민국 내에서 만들어졌더라면 저작권 그 밖에 이 법에 따라 보호되는 권리의 침해로 될 물건을 대한민국 내에서 배포할 목적으로 수입하는 행위등은 권리의 침해로 본다(저작권법 제124조 제1항 제1호). 침해행위에 해당하는지 여부는 그 물건을 수입하는 때에 있어서 만약 그 물건이 국내에서 만들어졌더라면 저작권법 위반인지에 따라 판단하므로 그 저작물이 외국에서 적

---

28) 다만, 저작물의 원본이나 그 복제물이 해당 저작재산권자의 허락을 받아 판매 등의 방법으로 거래에 제공된 경우에는 그러하지 아니하다.

법하게 만들어졌는지 여부는 고려대상이 아니다. 따라서 그 물건이 만들어진 외국과 우리나라의 법 제도의 차이에 의하여 권리침해 여부가 결정되는 경우가 있다. 또한, 침해로 될 물건을 '배포할 목적'으로 수입하는 행위여야 하므로 개인적으로 즐기거나 연구를 목적으로 하는 등 배포의 목적이 없는 물건은 저작권의 침해행위가 아니다.[29)]

2. 구성요건

본죄는 침해행위로 보는 행위를 함으로써 성립한다. 본죄의 주체는 수입하는 자이다. 따라서 국외에서 그 물건을 만든 자라고 하더라도 수입하는 자가 아니라면 본죄의 주체가 되지 않는다. 침해로 간주되는지 여부는 그 물건의 수입시를 기준으로 판단한다.

Ⅳ. 다른 법률과의 관계

1. 상표법과의 관계

저작권법상 저작물에 해당하는 경우라도 상표권 등록을 하면 상표법의 보호도 받을 수 있다. 저작권법의 보호를 받지 못하는 캐릭터의 명칭이나 제호의 경우 상표권 등록의 필요성이 있을 수 있다. 다만, 상표등록을 위해서는 지정상품을 특정하여야 하며 포괄적인 상품지정은 허용되지 않는데, 상품화 사업자가 앞으로 사용될 모든 상품군을 예상하여 지정상품을 특정하는 것은 현실적으로 어렵고, 예상되는 모든 상품을 지정상품으로 하여 상표등록을 해둔다 하더라도 상표법은 상표권자 등이 정당한 이유 없이 국내에서 등록상표를 그 지정상품에 대하여 계속하여 3년 이상 사용하지 아니하였을 경우 불사용취소심판에 의하여 등록이 취소되도록 규정하고 있다(상표법 제119조 제1항 제3호).[30)]

한편, 먼저 창작된 저작물을 제3자가 후에 상표등록을 하는 경우 상표법과 저작권법이 저촉되게 된다. 이러한 경우에 대하여 상표법은 저작권자의 동의를 받지 아니하고는 그 등록상표를 사용할 수 없도록 규정하고 있다(상표법

---

29) 오승종, 1674면.

30) 오승종, 278면.

제92조 제1항).

2. 디자인보호법과의 관계

저작권법상 저작물에 해당하는 경우라도 디자인등록을 하면 디자인보호법에 의한 보호도 받을 수 있다. 다만, 디자인권의 경우 디자인등록의 요건을 만족시켜야 하고, 권리의 존속기간도 설정등록이 있은 날로부터 발생하여 디자인등록출원 후 20년으로 저작권에 비하여 단기간이다.

3. 부정경쟁방지법과의 관계

캐릭터 등의 보호는 저작권법에 의하는 것이 원칙이지만 상품화 사업 등이 이루어진 경우 부정경쟁방지법에 의한 보호가 가능하다.

V. 처 벌

1. 법정형·양벌규정

침해행위로 보는 행위를 한 자에 대하여는 3년 이하의 징역 또는 3천만원 이하의 벌금에 처하거나 이를 병과할 수 있다(저작권법 제136조 제2항 제4호). 법인의 대표자나 법인 또는 개인의 대리인·사용인 그 밖의 종업원이 그 법인 또는 개인의 업무에 관하여 이 장의 죄를 범한 때에는 행위자를 벌하는 외에 그 법인 또는 개인에 대하여도 각 해당조의 벌금형을 과한다. 다만, 법인 또는 개인이 그 위반행위를 방지하기 위하여 해당 업무에 관하여 상당한 주의와 감독을 게을리하지 아니한 경우에는 그러하지 아니하다(동법 제141조).

법인 등이 저작권 준수 프로그램 등 업무지침을 마련하여 시행한 경우 양벌규정의 적용을 피할 근거가 될 수 있을 것이다. 저작권 준수 프로그램은 기관 내에서 저작권 준수를 위한 제도의 수립과 이의 시행을 위한 담당자를 지정하고, 저작물 이용과 밀접한 관련이 있는 업무에 대해서는 결재를 위한 체크리스트에 저작권 준수여부를 검토하는 과정을 삽입하며, 종업원 등이 저작권 보호에 대하여 늘 경각심을 가지고 업무에 임할 수 있도록 정기적인 교육과 경고

문을 부착하는 등의 예를 들 수 있다.[31]

2. 몰 수

저작권, 그 밖에 이 법에 따라 보호되는 권리를 침해하여 만들어진 복제물과 그 복제물의 제작에 주로 사용된 도구나 재료 중 그 침해자·인쇄자·배포자 또는 공연자의 소유에 속하는 것은 몰수한다(저작권법 제139조).

3. 친고죄 등

저작권법위반죄는 원칙적으로 친고죄이다. 따라서 그 공소는 고소가 있어야 한다(저작권법 제140조 본문). 다만, 영리를 목적으로 또는 상습적으로 이루어지는 저작권침해죄의 경우에는 권리자의 고소 없이도 기소할 수 있다(동조 단서). 대법원은 여기서 '상습적으로'라고 함은 "반복하여 저작권 침해행위를 하는 습벽으로서의 행위자의 속성을 말한다고 봄이 상당하고, 이러한 습벽의 유무를 판단함에 있어서는 동종 전과가 중요한 판단자료가 되나 동종 전과가 없다고 하더라도 범행의 횟수, 수단과 방법, 동기 등 제반 사정을 참작하여 저작권 침해행위를 하는 습벽이 인정되는 경우에는 상습성을 인정하여야 할 것"이라고 판시하였다.[32] 양벌규정의 적용에 있어서는 행위자인 법인의 대표자나 법인 또는 개인의 대리인·사용인 그 밖의 종업원의 위와 같은 습벽 유무에 따라 친고죄인지 여부를 판단하여야 할 것이다.[33]

제 4 절   디자인보호법위반죄

제220조(침해죄) ① 디자인권 또는 전용실시권을 침해한 자는 7년 이하의 징역 또는 1억원 이하의 벌금에 처한다.

---

31) 오승종, 1671면.
32) 대법원 2011. 9. 8. 선고 2010도14475 판결.
33) 대법원 2011. 9. 8. 선고 2010도14475 판결.

② 제1항의 죄는 피해자가 명시한 의사에 반하여 공소를 제기할 수 없다.

제227조(양벌규정) 법인의 대표자나 법인 또는 개인의 대리인, 사용인, 그 밖의 종업원이 그 법인 또는 개인의 업무에 관하여 제220조 제1항, 제222조 또는 제223조의 어느 하나에 해당하는 위반행위를 하면 그 행위자를 벌하는 외에 그 법인에는 다음 각 호의 구분에 따른 벌금형을, 그 개인에게는 해당 조문의 벌금형을 과(科)한다. 다만, 법인 또는 개인이 그 위반행위를 방지하기 위하여 해당 업무에 관하여 상당한 주의와 감독을 게을리하지 아니한 경우에는 그러하지 아니하다.

　1. 제220조 제1항의 경우: 3억원 이하의 벌금

Ⅰ. 개 관

디자인보호법은 디자인권 또는 전용실시권을 보호하기 위하여 이를 침해하였을 때 형사처벌규정을 두고 있다. 종전에는 디자인권침해죄의 경우 권리자의 고소가 있어야 해당 죄를 범한 자를 기소할 수 있는 친고죄로 규정되어 있었다. 형사소송법 제230조에 따라 친고죄는 피해자가 범인을 알게 된 날로부터 6개월을 경과한 후에는 고소하지 못하도록 고소기간이 제한되어 있어 디자인권자 또는 전용실시권자가 위 제한된 고소기간이 도과한 후에야 침해사실을 알게 되어 고소를 할 수 없게 되거나 디자인권 침해가 불분명하더라도 고소기간이 도과하기 전 고소를 남발하는 문제 등이 발생할 수 있으며, 수사기관이 침해사실을 인지하여도 디자인권자 또는 전용실시권자의 고소 의사를 확인하기 전에는 적극적으로 수사를 진행하기 어려운 측면이 있었다. 이에 2022. 6. 10. 개정 디자인보호법[34]에서는 디자인권침해죄를 친고죄가 아니라 고소가 없이도 수사의 개시와 진행이 가능하되, 피해자가 기소를 원하지 않는다는 의사를 확실히 표명할 때에는 기소를 하지 않는 반의사불벌죄로 변경함으로써 디자인권과 전용실시권자의 권리 보호를 강화하였다.[35]

Ⅱ. 디자인권 · 전용실시권

디자인권은 설정등록에 의하여 발생한다(디자인보호법 제90조 제1항). 디자인권자는 그 디자인권에 대하여 타인에게 전용실시권을 설정할 수 있다. 다만,

---

34) 법률 18886호(2022. 6. 10. 시행).

35) 제 · 개정이유 참조.

기본디자인의 디자인권과 관련디자인의 디자인권에 대한 전용실시권은 같은 자에게 동시에 설정하여야 한다(디자인보호법 제97조 제1항). 디자인권자는 업으로서 등록디자인 또는 이와 유사한 디자인을 실시할 권리를 독점하지만, 그 디자인권에 관하여 전용실시권을 설정하였을 때에는 전용실시권자가 그 등록디자인 또는 이와 유사한 디자인을 실시할 권리를 독점하는 범위에서는 그러하지 아니하다(디자인보호법 제92조).

Ⅲ. 침해행위

디자인권의 침해는 제3자가 디자인권권자의 허락 없이 실시행위나 디자인보호법 제114조에 의하여 침해로 보는 행위(간접침해)를 하면 즉시 성립한다. 등록디자인이나 이와 유사한 디자인에 관한 물품의 생산에만 사용하는 물품을 업으로서 생산·양도·대여·수출 또는 수입하거나 업으로서 그 물품의 양도 또는 대여의 청약을 하는 행위는 그 디자인권 또는 전용실시권을 침해한 것으로 본다(디자인보호법 제114조).

등록디자인이 그 출원 전에 국내 또는 국외에서 공지되었거나 공연히 실시된 디자인이나 그 출원 전에 국내 또는 국외에서 반포된 간행물에 게재된 디자인과 동일 또는 유사한 경우에는 그에 대한 등록무효의 심결이 없어도 그 권리범위를 인정할 수 없다. 이와 같이 권리범위가 인정되지 아니하는 등록디자인에 대하여는 그 등록디자인과 동일한 디자인의 물품을 제작, 판매하였다 하여 디자인권침해죄를 구성할 수 없다.[36]

Ⅳ. 위법성 · 책임

지식재산권 침해에 있어서 침해의 대상이 추상적 권리여서 일반인이 스스로 자신의 행위가 침해에 해당하는지 여부를 판별하기 어렵다. 따라서 전문가의 조력을 받는 등으로 그 결과를 신뢰하여 행동한 경우 침해죄의 고의를 인정되기 어려울 수 있다.[37] 대법원도 의장권자로부터 제품의 제조 중지요청을 받고 즉시 변리사 및 전문감정인으로부터 침해가 되지 않는다는 회신을 받고 자

---

36) 대법원 2008. 9. 25. 선고 2008도3797 판결.
37) 정상조 외, 1263면.

신이 제조하는 제품에 대하여 의장등록까지 받았으며 관련사건에서도 같은 취지의 판결이 선고되었으나 대법원에서 파기환송된 사건에서, 특허나 의장권 관계의 법률에 관하여는 전혀 문외한인 피고인으로서는 위 대법원판결이 있을 때까지는 자신이 제조하는 양말이 피해자의 의장권을 침해하는 것이 아니라고 믿을 수밖에 없었다고 할 것이므로, 그 제조 판매하는 행위가 법령에 의하여 죄가 되지 않는다고 오인함에 있어서 정당한 이유가 있는 경우에 해당하여 처벌할 수 없다고 판시하였다.[38)]

V. 처 벌

1. 법정형·양벌규정

디자인권 또는 전용실시권을 침해한 자는 7년 이하의 징역 또는 1억원 이하의 벌금에 처한다(디자인보호법 제220조 제1항). 양벌규정이 있어 그 행위자를 벌하는 외에 그 법인에는 3억원 이하의 벌금형을 과(科)한다. 다만, 법인 또는 개인이 그 위반행위를 방지하기 위하여 해당 업무에 관하여 상당한 주의와 감독을 게을리하지 아니한 경우에는 그러하지 아니하다(동법 제227조 제1호).

2. 반의사불벌죄

디자인침해죄는 피해자가 명시한 의사에 반하여 공소를 제기할 수 없다. (디자인보호법 제220조 제2항). 공소제기 후 피해자가 처벌을 원하지 아니하는 의사표시를 하거나 처벌을 원하는 의사표시를 철회하였을 때 공소기각의 선고를 한다(형사소송법 제327조 제6호).

---

38) 대법원 1982. 1. 19. 선고 81도646 판결.

<h1 style="text-align:center">제 5 절 특허법위반죄</h1>

제225조(침해죄) ① 특허권 또는 전용실시권을 침해한 자는 7년 이하의 징역 또는 1억원 이하의 벌금에 처한다.

② 제1항의 죄는 피해자의 명시적인 의사에 반하여 공소(公訴)를 제기할 수 없다.

제230조(양벌규정) 법인의 대표자나 법인 또는 개인의 대리인, 사용인, 그 밖의 종업원이 그 법인 또는 개인의 업무에 관하여 제225조제1항, 제228조 또는 제229조의 어느 하나에 해당하는 위반행위를 하면 그 행위자를 벌하는 외에 그 법인에는 다음 각 호의 구분에 따른 벌금형을, 그 개인에게는 해당 조문의 벌금형을 과(科)한다. 다만, 법인 또는 개인이 그 위반행위를 방지하기 위하여 해당 업무에 관하여 상당한 주의와 감독을 게을리하지 아니한 경우에는 그러하지 아니하다.

1. 제225조 제1항의 경우: 3억원 이하의 벌금

제231조(몰수 등) ① 제225조제1항에 해당하는 침해행위를 조성한 물건 또는 그 침해행위로부터 생긴 물건은 몰수하거나 피해자의 청구에 따라 그 물건을 피해자에게 교부할 것을 선고하여야 한다.

② 피해자는 제1항에 따른 물건을 받은 경우에는 그 물건의 가액을 초과하는 손해액에 대해서만 배상을 청구할 수 있다.

Ⅰ. 개 관

특허제도는 최초 발명을 특허권으로 보호함으로써 타인의 실시를 제한하고, 특허권자에게는 해당 특허권으로 발생하는 실시료 등 이익을 향유할 수 있도록 하여 산업발전을 유도하는 데에 의의가 있다. 특허법은 특허권이 침해된 경우 민사적으로는 손해배상제도를, 형사적으로는 특허권침해죄 등으로 처벌하여 특허권 침해행위를 억제하고 있다.

종전에 특허권 또는 전용실시권 침해죄에 대해 7년 이하의 징역 또는 1억원 이하의 벌금에 처하되, 피해자의 고소가 없으면 공소를 제기할 수 없는 친고죄로 규정하고 있어 실효성 있는 수단이 되지 못하고 있다는 지적이 제기되었다. 이에 2020. 10. 20. 개정된 특허법[39]은 특허권 전용실시권 침해죄를 피해자의 명시적인 의사에 반하여 공소를 제기할 수 없는 반의사불벌죄로 개정하

---

39) 법률 제17536호(2020. 10. 20. 시행).

였다.

Ⅱ. 특허권·전용실시권

특허권자는 업으로서 그 특허발명을 실시할 권리를 독점한다(특허법 제94조). 발명의 실시란 ① 물건의 발명인 경우에는 그 물건을 생산·사용·양도·대여 또는 수입하거나 그 물건의 양도 또는 대여의 청약을 하는 행위 ② 방법의 발명인 경우에는 그 방법을 사용하는 행위 또는 그 방법의 사용을 청약하는 행위 ③ 물건을 생산하는 방법의 발명인 경우에는 위 ②의 행위 외에 그 방법에 의하여 생산한 물건을 사용·양도·대여 또는 수입하거나 그 물건의 양도 또는 대여의 청약을 하는 행위를 말한다(특허법 제2조 제3호).

특허권자는 그 특허권에 대하여 타인에게 전용실시권을 설정할 수 있다(특헙법 제100조 제1항). 전용실시권은 설정계약과 등록에 의하여 발생한다(특허법 제101조 제1항 제2호). 전용실시권을 설정받은 자는 그 설정행위로 정한 범위 안에서 업으로서 그 특허발명을 실시할 권리를 독점한다. 전용실시권은 물권적 권리이어서 설정계약에서 정한 범위 내에서 특허권은 전용실시권자에게 독점되므로 특허권자는 같은 내용의 권리를 제3자엥게 중복적으로 설정해 줄 수 없으며, 특약이 없는 한 특허권자 스스로도 그와 같은 내용의 권리를 행사할 수 없다. 다만, 제3자의 침해행위가 있는 경우, 전용실시권자가 스스로 금지청구권을 행사할 수 있는 것과 별도로 특허권자도 금지청구권자는 행사할 수 있다고 본다.[40)

Ⅲ. 침해행위

특허의 침해는 제3자가 특허권자의 허락 없이 실시행위를 하거나 특허법 제127조에 의하여 침해로 보는 행위(간접침해)를 하면 즉시 성립한다.

---

40) 조영선, 특허법 3.0, 박영사, 2023, 471면.

Ⅳ. 처 벌

1. 법정형 · 양벌규정

특허권 또는 전용실시권을 침해한 자는 7년 이하의 징역 또는 1억원 이하의 벌금에 처한다(특허법 제225조 제1항). 양벌규정이 있어 그 행위자를 벌하는 외에 그 법인에는 3억원 이하의 벌금형을 과(科)한다. 다만, 법인 또는 개인이 그 위반행위를 방지하기 위하여 해당 업무에 관하여 상당한 주의와 감독을 게을리하지 아니한 경우에는 그러하지 아니하다(동법 제230조 제1호).

2. 반의사불벌죄

특허법위반죄는 피해자의 명시적인 의사에 반하여 공소를 제기할 수 없다(특허법 제225조 제2항). 공소제기 후 피해자가 처벌을 원하지 아니하는 의사표시를 하거나 처벌을 원하는 의사표시를 철회하였을 때 공소기각의 선고를 한다(형사소송법 제327조 제6호).

제 3 장

국민보건에 관한 죄

제 1 절　수입식품안전관리특별법위반죄

Ⅰ. 개 관

1. 도입배경

종전 수입식품에 대하여는 식품위생법, 축산물위생관리법, 건강기능식품에 관한 법률의 일부 조항으로 관리하고 있었다. 따라서 수입식품 안전성 관리에 대한 체계적이고 구체적인 제도적 장치가 미흡하였고, 자유무역협정(FTA) 체결 등으로 국민이 섭취하는 식품의 절반 이상을 수입식품이 차지하고 있는 상황에서 수입식품의 안전을 확보할 필요성이 대두되었다. 이에 수입식품안전관리특별법(이하 '수입식품법'이라 한다)은 수입 전(前) 단계의 안전관리 강화와 더불어 통관단계, 시중 유통단계에서 수입식품 등의 안전성이 보장될 수 있도록 하는 것을 주된 골자로 하여 2015. 2. 3. 제정되어 2016. 2. 4. 시행되었다.

2. 수입식품법과 다른 법률과의 관계

수입식품법은 수입식품 등에 관하여 다른 법률보다 우선하여 적용한다(수입식품법 제4조 제1항). 수입식품 등과 관련하여 수입식품법에서 규정하지 아니한 사항에 대하여는 식품위생법, 건강기능식품에 관한 법률, 축산물 위생관리법, 식품·의약품분야 시험·검사 등에 관한 법률 등 관계 법률에 따른다(동조 제2항).

3. 세관의 수사권

통관단계에서 국경을 관리하는 세관공무원은 통관단계의 수입식품등의 관리에 관하여 규정하고 있는 수입식품법 제20조를 위반한 범죄에 관하여 수사권이 있다. 수입식품법위반에 관하여 세관조사가 이루어지는 경우는 주로 수입식품법 제20조에 위반하여 수입신고를 하지 않은 경우이지만, 수사 과정에서 수입식품법 제15조 영업등록조차 하지 않은 경우임을 알게 되는 경우가 많다. 수입신고를 하지 않은 경우의 상당수가 영업등록을 하지 않은 경우라는 점에서 수입식품법 제15조를 위반한 경우에도 세관에 수사권을 부여하는 것이 바람직하다.

Ⅱ. 통관단계 관리

1. 수입식품등의 범위

신고의 대상이 되는 '수입식품등'이란 해외에서 국내로 수입되는 식품위생법 제2조에 따른 식품, 식품첨가물, 기구, 용기·포장, 건강기능식품에 관한 법률 제3조에 따른 건강기능식품 및 축산물 위생관리법 제2조에 따른 축산물을 말한다(수입식품법 제2조 제1호). 주의하여야 할 것은 기구, 용기·포장이나 건강기능식품에 대하여도 수입식품법이 적용된다는 것이다. 따라서 이 경우에도 수입식품법의 의무규정을 지켜야 한다.

2. 영업등록의무

① 수입식품등 수입·판매업,[1] ② 수입식품등 신고 대행업, ③ 수입식품등 인터넷 구매 대행업, ④ 수입식품등 보관업을 하려는 자는 수입식품법에 따라 영업의 등록을 하여야 한다(수입식품법 제15조 제1항). 식품의약품안전처장은 영업등록을 하는 때에는 필요한 조건을 붙일 수 있다(동조 제2항). 수입식품법에 따른 영업등록증은 다음과 같다. 따라서 예컨대, 식품포장지를 수입하고자 하는 경우 다음과 같은 영업등록을 하여야 한다(동법 시행규칙 별지 제18호).

---

1) 수입식품등을 수입하여 판매하는 영업을 말한다.

[서식 17.]

제 호

영업등록증

○ 대표자 :   (생년월일 :   )

○ 영업소 명칭 :

○ 소재지 :

○ 영업장 면적 :

○ 영업의 종류 :

○ 조건 :

「수입식품안전관리 특별법」 제15조 제2항 및 같은 법 시행규칙 제16조 제3항에 따라 위와 같이 등록하였음을 증명합니다.

년   월   일

지방식품의약품안전청장 관인

성명: (서명 또는 인)

---

3. 수입신고의무

영업자가 판매를 목적으로 하거나 영업상 사용할 목적으로 수입식품등을 수입(수입신고 대행 포함)하려면 해당 수입식품등을 총리령으로 정하는 바에 따라 식품의약품안전처장에게 수입신고를 하여야 한다. 다만, 위생상 위해발생의 우려가 낮거나 없는 경우 등 총리령으로 정하는 경우에는 그러하지 아니하다(수입식품법 제20조 제1항).

수입신고를 하려는 자[2]는 '수입식품등의 수입신고서'에 다음의 서류를 첨부하여 수입식품등의 통관장소를 관할하는 지방식품의약품안전청장에게 제출하여야 한다.[3] 이 경우 수입식품등의 도착 예정일 5일 전부터 미리 신고할 수 있으며, 미리 신고한 도착항, 도착 예정일, 반입 장소 및 반입 예정일 등 주요 사항이 변경되는 경우에는 즉시 그 내용을 문서로 신고하여야 한다(동법 시행규칙 제27조 제1항).

① 한글표시가 된 포장지(한글표시가 인쇄된 스티커를 붙인 포장지를 포함한다) 또는 한글표시 내용이 적힌 서류

② 「식품·의약품분야 시험·검사 등에 관한 법률」 제8조에 따른 국외시험·검사기관이 정밀검사를 하여 발행한 시험·검사성적서(별표 9 제2호 다목에 따른 정밀검사 대상 수입식품등만 해당한다)

③ 유전자변형식품등[4] 표시대상에 해당하는 식품으로서 유전자변형식품등임을 표시하지 아니한 경우에는 ㉮ 구분유통증명서(종자구입·생산·제조·보관·선별·운반·선적 등 취급과정에서 유전자변형식품등과 구분하여 관리하였음을 증명하는 서류를 말한다. 이하 같다), ㉯ 구분유통증명서와 동등한 효력이 있음을 생산국의 정부가 인정하는 증명서, ㉰ 「식품·의약품분야 시험·검사 등에 관한 법률」 제6조 및 제8조에 따라 지정되었거나 지정된 것으로 보는 시험·검사기관에서 발행한 유전자변형식품등 표시대상이 아님을 입증하는 시험·검사성적서

---

2) 수입식품등 인터넷 구매대행업자는 제외한다.

3) 전자문서로 수입신고를 할 수 있다.

4) 식품위생법 제12조의2 제1항 각 호의 어느 하나에 해당하는 생명공학기술을 활용하여 재배·육성된 농·축·수산물 등으로서 안전성 심사를 받은 식품, 이를 원재료로 제조·가공한 식품 또는 식품첨가물을 말한다.

④ 수입식품법 제20조 제9항에 따른 유통기한 설정사유서 또는 제29조에 따른 유통기한 연장사유서(수입식품법 제18조 제2항에 따른 주문자상표부착 수입식품 등만 해당한다)

⑤ 수출계획서(국내 반입 후 계획이 구체적으로 적혀 있어야 하며, 대외무역법에 따라 외화획득용으로 수입하는 경우만 해당한다)

⑥ 영업허가 등 인허가 서류 사본 또는 품목제조보고서 사본(대외무역법에 따라 외화획득용으로 수입하는 원료나 자사제품 제조용 원료로 수입하는 경우만 해당하며, 전산상으로 확인되는 경우는 제외한다)

⑦ 위생증명서 또는 검사증명서(법 제37조 또는 농수산물품질관리법 제88조 제1항 제2호 등에 따라 수출국 정부와 증명서 첨부에 관하여 협약 등을 체결한 국가로부터 수입하는 수산물의 경우만 해당한다)

⑧ 수입식품법 제11조 제5항에 따른 수출 위생증명서(축산물의 경우만 해당하며, 식품의약품안전처장이 인정하는 수출국 정부기관의 통신망을 통하여 전송된 전자문서 형태의 수출 위생증명서를 포함한다)

⑨ ①~⑧까지의 서류 외에 수입식품등의 안전을 확보하기 위하여 식품의약품안전처장이 필요하다고 인정하는 다음의 서류

  ㉮ 소해면상뇌증에 감염되지 아니한 건강한 반추동물의 원료를 사용하였다는 생산국 정부증명서

  ㉯ 다이옥신 잔류량 검사성적서(열처리된 소금을 수입하는 경우만 해당한다)

  ㉰ 그 밖에 수출국 정부가 발행하는 서류 등 위해정보에 따라 식품의약품안전처장이 식품의약품안전처의 인터넷 홈페이지에 게재하는 서류

수입식품등의 수입신고서 서식은 다음과 같다(수입식품법 시행규칙 별지 제25호).

[서식 18.]

수입식품등의 수입신고서

※ [ ]에는 해당되는 곳에 √표를 해주시기 바랍니다.

신고시기	A: 본신고 [ ] B: 사전신고 [ ]	접수번호								접수일자		년 월 일
신고제품구분	1: 농·임산물 [ ] 2. 수산물 [ ] 3. 축산물 [ ] 4: 가공식품 [ ] 5: 식품첨가물 [ ] 6: 기구 또는 용기·포장 [ ] 7: 건강기능식품[ ]	처리기간	식품등·건강기능식품: 서류검사 2일, 현장검사 3일, 무작위표본검사 5일, 정밀검사 10일 (진균수시험대상 10일, 식품조사처리식품 14일, 가온보존시험대상 15일) 축산물: 서류검사 2일, 현장검사 3일, 무작위표본검사·정밀검사 18일									

수입신고인 (수입화주)	사업자등록번호			성명	
	상호				
	업종			허가(등록·신고)번호	
	주소				

제조 가공업자	사업자등록번호	성명
	상호	
	업종	허가(등록·신고)번호
	주소	

수입신고 대행업자	사업자등록번호	성명
	상호	등록번호
	주소	

제품명		한글명		유형 또는 품목	
총수량	(단위:)	순중량	kg	과세가격	(단위:US$)
총항수	항번	화물관리번호		선하증권(B/L)번호	
세번부호 (HSK 번호)		용도		품목제조보고번호(자사제조용 및 외화획득용만 해당합니다)	
				위생증명서 발급번호(해당 축산 물·수산물만 해당합니다)	
				원재료명·재질, 제조·가공방법, 한글표시사항 기재내용: 제2쪽에 기재	

소비기한	년 월 일(제조일)부터 년 월 일까지

생산국(제조국)			수출국		
해외제조업소 [축산물:해외작업장 (포장처리·가공장)]	등록번호		회사명		
	주소				
도축장 [축산물만 해당합니다]	등록번호		회사명		
	주소				
수출업소			회사명		
	주소				
포장장소	등록번호		주소		
선적일	년 월 일		선적항		
입항일	년 월 일		선명(기명)		국내도착항
검사(반입)장소	보관업 등록번호		상호	(☎ - -)	
			성명		

			주소	
반입일		년 월 일		
검사기관				
제품상태			통조림[ ], 병조림[ ], 레토르트식품[ ], 분말제품[ ], 액상제품[ ], 냉동식품(가열하지 않고 섭취)[ ], 살균제품[ ], 멸균제품[ ], 건조제품[ ], 유탕 또는 유처리 제품[ ], 캡슐제품[ ], 정제제품[ ], 더 이상 가공 가열 조리하지 않고 그대로 섭취하는 제품[ ], 해당 없음[ ]	
이력번호(수입쇠고기 및 수입돼지고기만 해당합니다)				
유전자변형식품 표시 여부			표시함[ ], 표시하지 않음[ ], 해당 없음[ ]	
유기식품등 여부			예[ ], 아니오[ ]	
영유아용으로 표시하여 판매하는 식품에의 해당 여부			예[ ], 아니오[ ]	
식품조사처리 여부			완제품 조사[ ], 원료조사[ ], 해당 없음[ ]	
주문자상표부착방식 식품 여부		예[ ], 아니오[ ]	건강기능식품 기능성분 규격 적용	원료성 제품[ ], 최종 제품[ ], 해당 없음[ ]
고열량 · 저영양 식품 해당 여부			예[ ], 아니오[ ], 해당없음[ ]	
고령친화식품 여부			영양성분 조절 식품[ ], 경도조절 제품[ ], 점도조절 제품[ ], 해당 없음[ ]	
기능성 표지 일반식품 여부		예[ ], 아니오[ ]	어린이 섭취용 건강기능식품 여부	예[ ], 아니오[ ]
서류검사 또는 현장검사 생략 대상 여부			예[ ], 아니오[ ]	
세트포장 여부			예[ ], 아니오[ ]	
우수수입업소 등록번호				

「수입식품안전관리 특별법」 제20조 및 같은 법 시행규칙 제27조 제1항에 따라 위와 같이 신고합니다.

년   월   일

신고인   (서명 또는 인)

○○지방식품의약품안전청장 귀하

4. 구매대행업자의 경우

인터넷 구매대행업에 대하여도 수입판매업과 동일하게 영업등록의무가 있다(수입식품법 제15조 제1항). 따라서 수입식품법이 적용되는 물품을 인터넷 구매대행하려는 경우 수입식품법에 따라 영업등록을 하여야 한다.

영업등록 후 수입시마다 수입신고를 하여야 한다(동법 제20조 제1항). 수입식품 등 인터넷 구매대행업 영업등록을 하고 대행업을 영위하는 이상 수입식품법 제20조 제1항에 따라 수입신고를 하여야 하고, 해외 판매자로부터 국내 소비자에게 직접 배송되었거나 수입 통관절차에 국내 소비자의 '개인통관고유부호'가 사용되었더라도 위 대행업에 해당하는 이상 수입신고가 필요하다.5)

수입신고는 서식 19.와 같은 인터넷 구매대행 수입식품등의 수입신고서를 수입식품등의 통관장소를 관할하는 지방식품의약품안전청장에게 제출하는 방식으로 한다(수입식품법 시행규칙 별지 제26호). 이 경우 수입신고는 수입통관이 이루어지기 전에 하여야 한다(수입식품법 시행규칙 제27조 제2항). 유니패스에서 전자적으로 제출할 수 있다.

---

5) 대법원 2022. 4. 14. 선고 2021도2046 판결.

[서식 19.]

인터넷 구매대행 수입식품등의 수입신고서

※ [ ]에는 해당되는 곳에 √표를 합니다.

신고시기	A: 본신고 [ ] B: 사전신고 [ ]		접수번호							접수일자	년 월 일
신고제품 구분	1: 식품 등 [ ] 2: 식품첨가물 [ ] 3: 기구 또는 용기·포장 [ ] 4: 축산물 [ ]		처리기간	식품 등: 서류검사 2일, 정밀검사 10일 (진균수시험대상 10일, 식품조사처리식품 14일, 가온보존 시험대상식품 15일) 축산물: 서류검사 3일, 정밀검사 18일							

수하인 (수입화주)	성명		개인통관고유부호
	연락처		

신고인 (구매대행 영업자)	성명	상호	영업등록번호
	주소		연락처
	전자상거래사이트주소		

송하인	전자상거래사이트주소

입항일	년 월 일	선명(기명)
검사(반입) 장소		(☎ - -)
반입일	년 월 일	선하증권(B/L)번호

항번호	제품명		제조회사명		제조국가		총수량	(단위: EA)	제품 URL
항번호	제품명		제조회사명		제조국가		총수량	(단위: EA)	제품 URL
항번호	제품명		제조회사명		제조국가		총수량	(단위: EA)	제품 URL
항번호	제품명		제조회사명		제조국가		총수량	(단위: EA)	제품 URL
항번호	제품명		제조회사명		제조국가		총수량	(단위: EA)	제품 URL
항번호	제품명		제조회사명		제조국가		총수량	(단위: EA)	제품 URL
항번호	제품명		제조회사명		제조국가		총수량	(단위: EA)	제품 URL

「수입식품안전관리 특별법」 제20조 및 같은 법 시행규칙 제27조 제2항에 따라 위와 같이 신고합니다.

년   월   일

신고인   (서명 또는 인)

○○지방식품의약품안전청장 귀하

신고된 구매대행 수입식품등은 식품표시광고법 제4조에 따른 표시, 같은 법 제5조에 따른 영양표시, 같은 법 제6조에 따른 나트륨 함량 비교 표시 및 식품위생법 제12조의2에 따른 유전자변형식품등의 표시를 생략할 수 있다(수입식품법 시행규칙 제27조 제3항).

5. 수리 또는 신고수리보류

(1) 의 의

식품의약품안전처장은 수입신고를 받은 경우에는 그 내용을 검토하여 이 법에 적합하면 신고를 수리하여야 하고, 필요한 경우에는 조건을 붙일 수 있다(수입식품법 제20조 제3항).

식품의약품안전처장은 검토 과정에서 수입신고된 수입식품등이 다음의 어느 하나에 해당하는 경우에는 수입식품등의 구분에 따라 식품위생법 제57조에 따른 식품위생심의위원회, 건강기능식품에 관한 법률 제27조에 따른 건강기능식품심의위원회, 축산물 위생관리법 제3조의2에 따른 축산물위생심의위원회 심의위원회의 심의·의결을 거쳐 해당 수입신고의 수리를 보류할 수 있다(수입식품법 제20조 제4·5항).

① 테러의 수단으로 사용될 우려가 있는 경우
② 「감염병의 예방 및 관리에 관한 법률」 제2조 제1호에 따른 감염병의 병원체에 오염되었거나 오염되었을 우려가 있는 경우
③ 인체에 위해한 물질에 오염되었을 것으로 판단되나 오염여부를 확인하기 위한 검사항목을 특정하기 어렵거나 정해진 시험방법이 없는 경우
④ 국내에 신고·등록 등을 하지 아니하거나 허가·승인 등을 받지 아니한 농약, 동물용 의약품, 유전자변형식품 등의 물질이 사용된 것으로 판단되는 경우로서 해당 원료 또는 성분에 관하여 정해진 시험방법이 없는 경우
⑤ 그 밖에 해당 수입식품등으로 인하여 국민건강에 중대한 위해가 발생하였거나 발생할 우려가 있어 신속한 조치가 필요한 경우

(2) 신고수리보류의 해제

식품의약품안전처장은 신고수리보류조치된 수입식품등에 대하여 직권으로

또는 이해관계가 있는 국가나 수입신고한 영업자의 이의 신청에 의하여 검토한 결과 그 수입식품등에 위해가 없는 것으로 인정되는 경우에는 심의위원회의 심의·의결을 거쳐 신고수리보류조치의 전부 또는 일부를 해제할 수 있다(수입식품법 제20조 제6항). 식품의약품안전처장은 신고수리보류조치된 수입식품등에 대하여 이해관계가 있는 국가 또는 수입신고한 영업자가 원인 규명 및 개선사항을 제시한 경우에는 신고수리보류조치의 전부 또는 일부를 해제할 수 있다. 이 경우 개선사항에 대한 확인이 필요한 때에는 현지실사를 할 수 있다(동조 제7항).

식품의약품안전처장은 신고수리보류조치나 해제조치를 하는 경우에는 이를 고시하여야 한다.

6. 수입검사

식품의약품안전처장은 수입신고된 수입식품등에 대하여 통관 절차가 끝나기 전에 관계 공무원 또는 축산물위생관리법 제13조의 검사관이나 검사기관으로 하여금 필요한 검사를 하게 하여야 한다. 이 경우 검사결과의 확인 전이나 위반사항에 대한 보완 전에 사용 또는 판매를 금지하는 등의 조건을 붙여 신고를 수리할 수 있다(수입식품법 제21조 제1항).

7. 검사명령

식품의약품안전처장은 다음의 어느 하나에 해당하는 경우에는 영업자에게 「식품·의약품분야 시험·검사 등에 관한 법률」에서 정한 검사기관에서 검사를 받을 것을 명할 수 있다. 다만, 검사로써 위해성분을 확인할 수 없다고 식품의약품안전처장이 인정하는 경우에는 관계 자료 제출 등으로 갈음할 수 있다(수입식품법 제22조 제1항).

① 국내외에서 식품의약품안전처장이 정하는 유해물질이 검출된 수입식품 등

① 수입검사 또는 출입·검사·수거 결과 부적합이 반복적으로 발생하는 수입식품 등

③ 그 밖에 국내외에서 위해발생의 우려가 제기된 수입식품 등

Ⅲ. 영업등록·수입신고의무위반

> **제42조(벌칙)** 다음 각 호의 어느 하나에 해당하는 자는 5년 이하의 징역 또는 5천만원 이하의 벌금에 처하거나 이를 병과할 수 있다.
> 1. 제15조 제1항을 위반하여 영업등록을 하지 아니한 자
> 2. 제20조 제1항을 위반하여 수입신고를 하지 아니한 자
> 3. 제20조 제2항 각 호의 어느 하나에 해당하는 위반행위를 한 자

1. 영업등록의무위반

앞서 본 바와 같이, ① 수입식품등 수입·판매업,[6] ② 수입식품등 신고 대행업, ③ 수입식품등 인터넷 구매대행업, ④ 수입식품등 보관업을 하려는 자는 식품의약품안전처장에게 영업등록을 하여야 하고, 중요사항을 변경하는 경우에도 이와 같다(수입식품법 제15조 제1항, 제14조 제1항). 본죄는 수입식품법 제15조 제1항을 위반하여 위와 같은 영업등록을 하지 아니함으로써 성립하는 범죄이다. 실무상 자주 문제되는 것은 건강기능식품 등의 경우 건강기능식품법에 따른 영업등록만 하고 수입식품법에 따른 영업등록을 하지 않은 사례, 기구·용기·포장 등에도 수입식품법이 적용된다는 것을 모르고 영업등록을 하지 않은 사례, 구매대행업자도 영업등록을 하여야 한다는 것을 모르고 하지 않은 사례 등이 있다.

2. 수입신고의무위반

영업자가 판매를 목적으로 하거나 영업상 사용할 목적으로 수입식품등을 수입(수입신고 대행 포함)하는 경우 식품의약품안전처장에게 수입신고를 하여야 한다. 본죄는 이를 위반하여 수입신고를 하지 아니한 경우 성립한다(수입식품법 제20조 제1항). 영업등록을 한 경우 영업자 등은 수입신고에 관한 안내 등을 받을 수 있고, 식약처에서도 수입신고 필요여부에 대하여 확인이 가능하다.

---

6) 수입식품등을 수입하여 판매하는 영업을 말한다.

3. 수입식품안전·품질책임

수입신고를 하려는 자 또는 수입신고를 한 자는 수입식품등의 안전과 품질에 대하여 책임을 지며, 다음에 해당하는 행위를 하여서는 아니 된다(수입식품법 제20조 제2항).

① 거짓이나 그 밖의 부정한 방법으로 수입신고하는 행위

② 수입신고내용과 다른 용도로 수입식품등을 사용하거나 판매하는 행위. 다만, 식품위생법 제37조에 따른 식품제조·가공업 또는 식품첨가물제조업 등록을 하거나 용기·포장류제조업 신고를 한 자 또는 축산물 위생관리법 제22조에 따른 축산물가공업 및 식육포장처리업 영업허가를 받은 자가 수입식품등을 자사제품의 제조용 원료로 수입신고한 후 총리령으로 정하는 바에 따라 용도변경 승인을 받은 경우는 제외한다.

③ 수입식품법 제21조 제1항에 따른 수입검사 결과 부적합 처분을 받아 수출국으로 반송되거나 다른 나라로 반출된 수입식품등을 재수입하는 행위

④ 수입식품법 제21조 제1항 후단에 따른 수입신고 조건을 위반하는 행위

⑤ 식품위생법 제7조, 건강기능식품에 관한 법률 제14조 및 축산물 위생관리법 제4조에 따른 기준 및 규격에 위반되는 수입식품등을 수입신고하는 행위

본죄는 위와 같이 금지되는 행위를 함으로써 성립한다(수입식품법 제42조 제3호).

4. 처 벌

본죄를 범한 자는 5년 이하의 징역 또는 5천만원 이하의 벌금에 처하거나 이를 병과할 수 있다(수입식품법 제42조). 양벌규정이 있어 그 행위자를 벌하는 외에 영업주인 법인 등에게도 해당 조문의 벌금형을 과한다. 다만, 법인 또는 개인이 그 위반행위를 방지하기 위하여 해당 업무에 관하여 상당한 주의와 감독을 게을리하지 아니한 경우에는 그러하지 아니하다(동법 제45조).

제 2 절 식품위생법위반죄

I. 개 관

1. 제·개정 연혁 등

식품위생법은 식품에 관한 기본법으로, 이를 기본으로 식품의 종류나 규율대상에 따라 세분화하며 별도의 법률을 제정하는 과정을 거쳐왔다. 1969년에 보건범죄단속에 관한 특별조치법을, 2002년에는 건강기능식품법을, 2008년에는 식품안전기본법과 「어린이 식생활안전관리 특별법」을 각각 제정하였다. 2013년 식품위생법에서 식품 위생 검사 기관 관련 규정을 분리하여 「식품·의약품분야 시험·검사 등에 관한 법률」을 제정하였다. 2015년에는 수입식품 등에 관한 특별규정으로 수입식품법을 제정하였다. 2018년에는 식품위생법에서 식품 표시 관련 규정을 분리하여 「식품 등의 표시·광고에 관한 법률」을 제정하여 식품 등의 표시 또는 광고에 관하여는 다른 법률에 우선하여 적용하도록 하였다. 이와 같이 제정된 법률은 그 입법목적에 따라 해당 법률에서 특별한 규율을 정하는 한편, 여전히 식품위생법은 기본법으로 적용되고 있다.

따라서 수출입업자 등은 식품위생법 외에도 식품위생법에서 분리되어 제정된 모든 법률을 살펴보아야 하고 그 적용상 우선순위까지 검토하여야 한다. 관세법과 마찬가지로 식품위생법규도 고시 등에 구체적인 규정을 두고 있어 일반인이 해당 사안에 적용되는 규정을 정확히 찾기 어렵다. 형사처벌되는 사례의 상당수는 이들 법률의 부지로 인한 것이 적지 않다.

2. 식품류의 통관방법

식품류는 세관장확인대상으로 원칙적으로 요건을 구비한 후 수입신고하여야 한다. 또한, 목록통관 배제대상물품이므로 일반수입신고를 통해 통관하여야 한다. 따라서 식품류를 목록통관하면 밀수입죄가 성립할 수 있고, 일반수입신고하더라도 요건을 갖추지 않고 수입하는 경우 부정수입죄에 해당할 수 있다. 자세한 내용은 제4편 제2장 제3절 Ⅲ. 전자상거래와 밀수입죄 4. 자가사용 인정기준에 자세히 설명하였다.

3. 세관의 수사권

세관에서는 수입물품에 대하여 식품위생법 제4조(위해식품등 판매등금지), 제5조(병든 동물 고기 등 판매등금지), 제6조(기준·규격이 정하여지지 아니한 화학적 합성품 등의 판매등금지), 제7조(식품 또는 식품첨가물에 관한 기준 및 규격), 제8조(유독기구 등의 판매·사용 금지), 제9조(기구 및 용기·포장에 관한 기준 및 규격), 제12조의2(유전자변형식품등의 표시)에 관하여 수사권이 있다.

Ⅱ. 판매 등 금지위반

> **제94조(벌칙)** ① 다음 각 호의 어느 하나에 해당하는 자는 10년 이하의 징역 또는 1억원 이하의 벌금에 처하거나 이를 병과할 수 있다.
> 1. 제4조부터 제6조까지(제88조에서 준용하는 경우를 포함하고, 제93조 제1항 및 제3항에 해당하는 경우는 제외한다)를 위반한 자

1. 위해식품등의 판매 등 금지

(1) 위해식품등의 범위

식품위생법상 판매가 금지되는 위해식품등의 범위는 다음과 같다(식품위생법 시행규칙 제4조).
1) 썩거나 상하거나 설익어서 인체의 건강을 해칠 우려가 있는 것
2) 유독·유해물질이 들어 있거나 묻어 있는 것 또는 그러할 염려가 있는 것. 다만, 식품의약품안전처장이 인체의 건강을 해칠 우려가 없다고 인정하는 것은 제외한다.
3) 병(病)을 일으키는 미생물에 오염되었거나 그러할 염려가 있어 인체의 건강을 해칠 우려가 있는 것
4) 불결하거나 다른 물질이 섞이거나 첨가된 것 또는 그 밖의 사유로 인체

의 건강을 해칠 우려가 있는 것

'그 밖의 사유로 인체의 건강을 해칠 우려가 있는 식품'에는 '식품의약
품안전처장이 고시한 '식품첨가물의 기준 및 규격'(식품첨가물공전)에 식
품에 사용가능한 첨가물로 규정되어 있으나 그 사용량의 최대한도에
관하여는 아무런 규정이 없는 식품첨가물의 경우에도 그 식품첨가물이
1일 섭취한도 권장량 등 일정한 기준을 현저히 초과하여 식품에 첨가
됨으로 인하여 그 식품이 인체의 건강을 해칠 우려가 있다고 인정되는
경우도 포함된다. 그와 같은 식품첨가물이 일정한 기준을 초과하여 식
품에 첨가됨으로 인하여 그 식품이 인체의 건강을 해칠 우려가 있는지
는 그 기준의 초과 정도, 기준을 초과한 식품첨가물이 첨가된 식품의
섭취로 인하여 발생할 수 있는 건강의 침해 정도와 침해 양상, 그 식품
의 용기 등에 건강에 영향을 미칠 수 있는 유의사항 등의 기재 여부와
그 내용 등을 종합하여 판단하여야 한다.[7]

5) 안전성 심사 대상인 농·축·수산물 등 가운데 안전성 심사를 받지 아
니하였거나 안전성 심사에서 식용으로 부적합하다고 인정된 것

6) 수입이 금지된 것 또는 수입식품법 제20조 제1항에 따른 수입신고를
하지 아니하고 수입한 것

7) 영업자가 아닌 자가 제조·가공·소분한 것

(2) 판매 등 금지

누구든지 위해식품등을 판매하거나 판매할 목적으로 채취·제조·수입·가공
·사용·조리·저장·소분·운반 또는 진열하여서는 아니 된다(식품위생법 제4조).

세관조사와 관련하여 주로 문제되는 것은 수입식품법 제20조 제1항에 따
른 수입신고를 하지 아니하고 수입한 것을 판매한 경우이다. 사료용·공업용
알코올 등 국내 수입이 허가(신고)되지 않은 수입품이나 보따리상 등을 통하여
수입되는 밀수품 등인 경우를 예로 들 수 있다.[8]

---

7) 대법원 2015. 10. 15. 선고 2015도2662 판결.
8) 임무혁 외, 44면.

2. 병든 동물 고기 등의 판매 등 금지

누구든지 질병에 걸렸거나 걸렸을 염려가 있는 동물이나 그 질병에 걸려 죽은 동물의 고기·뼈·젖·장기 또는 혈액을 식품으로 판매하거나 판매할 목적으로 채취·수입·가공·사용·조리·저장·소분 또는 운반하거나 진열하여서는 아니 된다(식품위생법 제5조).

3. 기준·규격위반 화학적 합성품 등 판매 등 금지

누구든지 기준·규격이 정하여지지 아니한 화학적 합성품인 첨가물과 이를 함유한 물질을 식품첨가물로 사용하거나 이러한 식품첨가물이 함유된 식품을 판매하거나 판매할 목적으로 제조·수입·가공·사용·조리·저장·소분·운반 또는 진열하는 행위를 하여서는 아니 된다(식품위생법 제6조).

4. 처 벌

식품위생법 제4조(위해식품등 판매), 제5조(병든 동물 고기 등 판매), 제6조(기준·규격위반 화학적 합성품 등 판매)위반의 경우 10년 이하의 징역 또는 1억원 이하의 벌금에 처하거나 이를 병과할 수 있다(식품위생법 제94조 제1항).

Ⅲ. 기준·규격위반

> **제95조(벌칙)** 다음 각 호의 어느 하나에 해당하는 자는 5년 이하의 징역 또는 5천만원 이하의 벌금에 처하거나 이를 병과할 수 있다.
> 1. 제7조 제4항(제88조에서 준용하는 경우를 포함한다) 또는 제9조 제4항(제88조에서 준용하는 경우를 포함한다)을 위반한 자

1. 식품공전

(1) 의 의

식품의약품안전처장은 국민보건을 위하여 필요하면 판매를 목적으로 하

는 식품 또는 식품첨가물에 관한 제조·가공·사용·조리·보존 방법에 관한 기준, 성분에 관한 규격을 정하여 고시한다. 이들 기준과 규격을 실어 모아놓은 것을 '식품공전'이라 한다(식품위생법 제7조 제1항).

식품공전에 고시되지 아니한 식품 또는 식품첨가물의 기준과 규격을 인정받으려는 자는 식품의약품안전처장이 지정한 식품전문 시험·검사기관 등의 검토를 거쳐 기준과 규격이 고시될 때까지 그 식품 또는 식품첨가물의 기준과 규격으로 인정받을 수 있다(동조 제2항). 한편, 수출할 식품 또는 식품첨가물의 기준과 규격은 수입자가 요구하는 기준과 규격을 따를 수 있다(동조 제3항).

(2) 식품 등 기준규격위반

기준과 규격이 정하여진 식품 또는 식품첨가물은 그 기준에 따라 제조·수입·가공·사용·조리·보존하여야 하며, 그 기준과 규격에 맞지 아니하는 식품 또는 식품첨가물은 판매하거나 판매할 목적으로 제조·수입·가공·사용·조리·저장·소분·운반·보존 또는 진열하여서는 아니 된다(식품위생법 제7조 제4항).

2. 식품용 기구 및 용기·포장 공전

(1) 의 의

식품의약품안전처장은 국민보건을 위하여 필요한 경우에는 판매하거나 영업에 사용하는 기구 및 용기·포장에 관하여 제조 방법에 관한 기준, 기구 및 용기·포장과 그 원재료에 관한 규격을 정하여 식품의약품안전처 고시인 기구 및 용기·포장의 기준 및 규격에 고시하고 있다(식품위생법 제9조 제1항). 이들 기준과 규격을 실어 모아놓은 것을 '식품용 기구 및 용기·포장 공전'이라 한다.

기준과 규격이 고시되지 아니한 기구 및 용기·포장의 기준과 규격을 인정받으려는 자는 식품의약품안전처장이 지정한 식품전문 시험·검사기관 등의 검토를 거쳐 기준과 규격이 고시될 때까지 해당 기구 및 용기·포장의 기준과 규격으로 인정받을 수 있다(식품위생법 제9조 제2항).

다만, 수출할 기구 및 용기·포장과 그 원재료에 관한 기준과 규격은 수입자가 요구하는 기준과 규격을 따를 수 있다(동조 제3항).

(2) 식품용기구·용기포장 기준규격위반

식품용 기구 및 용기·포장 공전 또는 인정기준에 따라 기준과 규격이 정하여진 기구 및 용기·포장은 그 기준에 따라 제조하여야 하며, 그 기준과 규격에 맞지 아니한 기구 및 용기·포장은 판매하거나 판매할 목적으로 제조·수입·저장·운반·진열하거나 영업에 사용하여서는 아니 된다(식품위생법 제9조 제4항).

3. 처 벌

식품위생법 제7조 제4항(식품 등 기준규격위반), 제9조 제4항(식품용기구·용기포장 기준규격위반)을 위반한 경우 5년 이하의 징역 또는 5천만원 이하의 벌금에 처하거나 이를 병과할 수 있다(동법 제95조 제1호).

Ⅳ. 유독기구 등 수입금지 위반

1. 유독기구 등의 판매·사용 금지

유독·유해물질이 들어 있거나 묻어 있어 인체의 건강을 해칠 우려가 있는 기구 및 용기·포장과 식품 또는 식품첨가물에 직접 닿으면 해로운 영향을 끼쳐 인체의 건강을 해칠 우려가 있는 기구 및 용기·포장을 판매하거나 판매할 목적으로 제조·수입·저장·운반·진열하거나 영업에 사용하여서는 아니 된다(식품위생법 제8조).

2. 처 벌

식품위생법 제8조를 위반한 경우 10년 이하의 징역 또는 1억원 이하의 벌금에 처하거나 이를 병과할 수 있다(식품위생법 제94조).

V. 유전자변형식품 표시의무위반

1. 유전자변형식품 표시의무

인위적으로 유전자를 재조합하거나 유전자를 구성하는 핵산을 세포 또는 세포 내 소기관으로 직접 주입하는 기술이나 분류학에 따른 과(科)의 범위를 넘는 세포융합기술을 활용하여 재배·육성된 농산물·축산물·수산물 등을 원재료로 하여 제조·가공한 식품 또는 식품첨가물(이하 '유전자변형식품등'이라 한다)은 유전자변형식품임을 표시하여야 한다(식품위생법 제12조의2 제1항).[9] 식품의약품안전처장은 '유전자변형식품등의 표시기준'에 표시의무자, 표시대상 및 표시방법 등에 필요한 사항은 식품의약품안전처장이 정하고 있다(동조 제3항). 표시하여야 하는 유전자변형식품등은 표시가 없으면 판매하거나 판매할 목적으로 수입·진열·운반하거나 영업에 사용하여서는 아니 된다(동조 제2항).

2. 처 벌

유전자변형식품 표시의무를 위반하는 경우 3년 이하의 징역 또는 3천만원 이하의 벌금에 처한다(식품위생법 제97조 제1호).

제 3 절 건강기능식품에 관한 법률위반죄

I. 개 관

1. 건강기능식품의 의의

건강기능식품이란 인체에 유용한 기능성을 가진 원료나 성분을 사용하여 제조(가공을 포함)한 식품을 말한다(건강기능식품법 제3조 제1호).

---

9) 다만, 제조·가공 후에 유전자변형 디엔에이(DNA, Deoxyribonucleic acid) 또는 유전자변형 단백질이 남아 있는 유전자변형식품등에 한정한다.

2. 건강기능식품의 통관방법

건강기능식품은 세관장확인대상으로 원칙적으로 요건을 구비한 후 수입신고하여야 한다. 다만, 자가사용 인정기준인 총 6병까지는 요건확인이 면제된다.[10] 그러나 건강기능식품은 목록통관 배제대상물품이므로 자가사용 인정기준 범위 내라고 하더라도 일반수입신고를 통해 통관하여야 한다. 따라서 건강기능식품은 자가사용 인정기준에 해당하더라도 목록통관하면 밀수입죄가 성립할 수 있고, 일반수입신고하더라도 자가사용 인정기준을 초과함에도 요건을 갖추지 않고 수입하는 경우 부정수입죄에 해당할 수 있다. 자세한 내용은 제4편 제2장 제3절 Ⅲ. 전자상거래와 밀수입죄 4. 자가사용 인정기준에 설명하였다.

3. 세관의 수사권

세관에서는 건강기능식품법 제17조의2(유전자변형건강기능식품표시) 및 제23조(위해 건강기능식품 판매등금지), 제24조(기준·규격위반 건강기능식품 판매등금지)에 대하여 수사권이 있다.

Ⅱ. 유전자변형건강기능식품 표시의무위반

1. 유전자변형건강기능식품의 표시 등

유전자변형건강기능식품이란 인위적으로 유전자를 재조합하거나 유전자를 구성하는 핵산을 세포 또는 세포 내 소기관으로 직접 주입하는 기술 또는 분류학에 따른 과(科)의 범위를 넘는 세포융합기술 등 생명공학기술을 활용하여 재배·육성된 농산물·축산물·수산물 등을 원재료로 하여 제조·가공한 건강기능식품을 말한다. 영업자(수입식품법 제15조에 따라 등록한 수입식품등 수입·판매업자 포함)는 유전자변형건강기능식품에 유전자변형건강기능식품임을 표시하여야 한다(건강기능식품법 제17조의2 제1항).[11] 또한, 영업자는 유전자변형건강기

---

10) 제4편 제2장 제3절 Ⅲ. 4. 자가사용 인정기준 참조.

11) 다만, 제조·가공 후에 유전자변형 디엔에이(DNA, Deoxyribonucleic acid) 또는 유전자변형

능식품에 표시를 하지 아니하고 판매하거나 판매할 목적으로 수입·진열·운반하거나 영업에 사용하여서는 아니 된다(동조 제2항).

2. 처 벌

영업자가 건강기능식품법 제17조의2 제2항을 위반하여 유전자변형건강기능식품에 표시를 하지 아니하고 판매하거나 판매할 목적으로 수입·진열·운반하거나 영업에 사용하는 경우 3년 이하의 징역 또는 3천만원 이하의 벌금에 처한다(건강기능식품법 제45조 제4의2호).

Ⅲ. 판매 등 금지위반

1. 위해 건강기능식품 등의 판매 등 금지

(1) 위해 건강기능식품

위해 건강기능식품이란 다음 중 어느 하나를 말한다(건강기능식품법 제23조).
① 썩었거나 상한 것으로서 인체의 건강을 해칠 우려가 있는 것
② 유독·유해물질이 들어 있거나 묻어 있는 것 또는 그럴 가능성이 있는 것. 다만, 인체의 건강을 해칠 우려가 없다고 식품의약품안전처장이 인정하는 것은 예외로 한다.
③ 병(病)을 일으키는 미생물에 오염되었거나 그럴 가능성이 있어 인체의 건강을 해칠 우려가 있는 것
④ 불결하거나 다른 물질이 섞이거나 첨가된 것 또는 그 밖의 사유로 인체의 건강을 해칠 우려가 있는 것
⑤ 영업허가를 받지 아니한 자가 제조한 것
⑥ 수입이 금지된 것 또는 수입식품법 제20조 제1항에 따른 수입신고를 하지 아니하고 수입한 것

단백질이 남아 있는 유전자변형건강기능식품에 한정한다.

(2) 판매 등 금지

누구든지 위해 건강기능식품을 판매하거나 판매할 목적으로 제조·수입·사용·저장 또는 운반하거나 진열하여서는 아니 된다(건강기능식품법 제23조).

2. 기준·규격위반 건강기능식품 판매 등 금지

(1) 건강기능식품의 기준 및 규격

식품의약품안전처장은 판매를 목적으로 하는 건강기능식품의 제조·사용 및 보존 등에 관한 기준과 규격을 정하여 '건강기능식품의 기준 및 규격'으로 고시하고 있다(건강기능식품법 제14조 제1항).

(2) 기준과 규격이 고시되지 아니한 건강기능식품의 기준과 규격

식품의약품안전처장은 기준과 규격이 고시되지 아니한 건강기능식품의 기준과 규격에 대해서는 영업자, 수입식품등 수입·판매업자 등으로부터 해당 건강기능식품의 기준·규격, 안전성 및 기능성 등에 관한 자료, 식품전문 시험·검사기관 또는 국외시험·검사기관에서 검사를 받은 시험성적서 또는 검사성적서를 제출받아 검토한 후 건강기능식품의 기준과 규격으로 인정할 수 있다(건강기능식품법 제14조 제2항). 다만, 수출을 목적으로 하는 건강기능식품의 기준 및 규격은 수입자가 요구하는 기준 및 규격을 따를 수 있다(동조 제4항).

(3) 기준규격위반 건강기능식품 판매 등 금지의무

영업자(수입식품법에 따라 등록한 수입식품등 수입·판매업자 포함)는 건강기능식품법 제14조 제1항 및 제2항에 따라 기준과 규격이 정하여진 건강기능식품을 그 기준에 따라 제조·사용·보존하여야 하며, 그 기준과 규격에 맞지 아니하는 건강기능식품을 판매하거나 판매할 목적으로 제조·수입·사용·저장·운반·보존 또는 진열하여서는 아니 된다(건강기능식품법 제24조 제1항).

3. 처 벌

기준규격위반 건강기능식품 판매 등 금지의무를 위반할 경우 10년 이하의
징역 또는 1억원 이하의 벌금에 처한다(건강기능식품법 제43조 제1항 제3호). 이
경우 징역과 벌금을 병과(倂科)할 수 있다(동법 제43조 제1항). 양벌규정이 있어
행위자를 벌하는 외에 그 법인 등 영업주에게도 벌금형을 과한다. 다만, 법인
등 영업주가 위반행위를 방지하기 위하여 해당 업무에 관하여 상당한 주의와
감독을 게을리하지 아니한 경우에는 그러하지 아니하다(동법 제46조).

제 4 절   의료기기법위반죄

I. 개 관

1. 의료기기의 의의

의료기기법은 의료기기의 제조·수입 및 판매 등에 관한 사항을 규정함으
로써 국민보건 향상에 이바지함을 목적으로 한다(동법 제1조). '의료기기'란 사
람이나 동물에게 단독 또는 조합하여 사용되는 기구·기계·장치·재료·소프
트웨어 또는 이와 유사한 제품으로서 ① 질병을 진단·치료·경감·처치 또는
예방할 목적으로 사용되는 제품, ② 상해(傷害) 또는 장애를 진단·치료·경감
또는 보정할 목적으로 사용되는 제품, ③ 구조 또는 기능을 검사·대체 또는 변
형할 목적으로 사용되는 제품, ④ 임신을 조절할 목적으로 사용되는 제품 중
어느 하나에 해당하는 제품을 말한다. 다만, 약사법에 따른 의약품과 의약외품
및 장애인복지법 제65조에 따른 장애인보조기구 중 의지(義肢)·보조기(補助器)
는 제외한다(의료기기법 제2조 제1항).

2. 의료기기 통관방법

의료기기는 요건확인대상으로, 예컨대 한국의료기기산업협회장에게 표준

통관예정보고를 필한 후 수입할 수 있다. 의료기기의 품목분류에 따라 구체적
요건은 달라진다.

3. 세관의 수사권

세관에서는 의료기기법 제20조(용기등 기재사항), 제21조(외부포장 등 기재사
항), 제22조(첨부문서의 기재사항), 제23조(기재시 주의사항), 제26조(일반행위의 금
지)를 위반한 범죄에 관하여 수사권이 있고, 수입단계에서 의료기기법위반 및
관세법위반(부정수입)죄 등으로 의율하여 의료기기법 위반 여부 등을 단속하고
있다. 주로 문제되는 사례는 문신기나 문신용 바늘 등 의료기기를 의료기기 품
목허가를 받지 않고 특송업체나 국제우편을 통해 반입함으로써 밀수입죄, 부
정수입죄 등과 함께 의료기기법위반이 되는 경우 등이다.

Ⅱ. 용기 등 기재사항 표시위반

1. 표시의무

의료기기 제조업자 및 수입업자는 의료기기의 용기나 외장(外裝)에 다음의
사항을 적어야 한다(의료기기법 제20조).
① 제조업자 또는 수입업자의 상호와 주소
② 수입품의 경우는 제조원(제조국 및 제조사명)
③ 허가(인증 또는 신고)번호, 명칭(제품명, 품목명, 모델명). 이 경우 제품명은
   제품명이 있는 경우만 해당한다.
④ 제조번호와 제조 연월(사용기한이 있는 경우에는 제조 연월 대신에 사용기한
   을 적을 수 있다)
⑤ 중량 또는 포장단위
⑥ "의료기기"라는 표시
⑦ 일회용인 경우는 "일회용"이라는 표시와 "재사용 금지"라는 표시
⑧ 식품의약품안전처장이 보건복지부장관과 협의하여 정하는 의료기기
   표준코드
⑨ 첨부문서를 인터넷 홈페이지에서 전자형태로 제공한다는 사실 및 첨부

문서가 제공되는 인터넷 홈페이지 주소(제22조 제2항에 따라 첨부문서를 인터넷 홈페이지에서 제공하는 경우에 한정한다)

의료기기의 용기나 외장에 적힌 사항이 외부의 용기나 포장에 가려 보이지 아니할 때에는 외부의 용기나 포장에도 같은 사항을 적어야 한다(동법 제21조). 의료기기 제조업자 및 수입업자는 의료기기의 첨부문서에 사용방법과 사용 시 주의사항 등을 적어야 한다(동법 제22조 제1항).

2. 처 벌

표시의무를 위반한 경우 500만원 이하의 벌금에 처한다(의료기기법 제54조 제1호). 법인의 대표자나 법인 또는 개인의 대리인, 사용인, 그 밖의 종업원이 그 법인 또는 개인의 업무에 관하여 위반행위를 하면 그 행위자를 벌하는 외에 그 법인 또는 개인에게도 해당 조문의 벌금형을 과(科)한다. 다만, 법인 또는 개인이 그 위반행위를 방지하기 위하여 해당 업무에 관하여 상당한 주의와 감독을 게을리하지 아니한 경우에는 그러하지 아니하다(동법 제55조).

Ⅲ. 무허가 의료기기 수입 등

1. 무허가 의료기기 수입금지

(1) 의 의

누구든지 허가 또는 인증을 받지 아니하거나 신고를 하지 아니한 의료기기를 수리·판매·임대·수여 또는 사용하여서는 아니 되며, 판매·임대·수여 또는 사용할 목적으로 제조·수입·수리·저장 또는 진열하여서는 아니 된다. 다만, 박람회·전람회·전시회 등에서 전시할 목적으로 총리령으로 정하는 절차 및 방법 등에 따라 의료기기를 제조·수입·저장 또는 진열하는 경우에는 그러하지 아니하다(의료기기법 제26조 제1항).

(2) 처 벌

무허가의료기기 수입금지의무를 위반한 경우 5년 이하의 징역 또는 5천만원 이하의 벌금에 처한다(의료기기법 제51조 제1항). 이 경우 징역과 벌금은 병과(倂科)할 수 있다(동법 제51조 제2항). 법인의 대표자나 법인 또는 개인의 대리인, 사용인, 그 밖의 종업원이 그 법인 또는 개인의 업무에 관하여 위반행위를 하면 그 행위자를 벌하는 외에 그 법인 또는 개인에게도 해당 조문의 벌금형을 과(科)한다. 다만, 법인 또는 개인이 그 위반행위를 방지하기 위하여 해당 업무에 관하여 상당한 주의와 감독을 게을리하지 아니한 경우에는 그러하지 아니하다(동법 제55조).

2. 수입금지 의료기기

(1) 의 의

수입이 금지된 의료기기로는 ① 허가 또는 인증을 받거나 신고한 내용과 다른 의료기기, ② 전부 또는 일부가 불결하거나 병원 미생물에 오염된 물질 또는 변질되거나 부패한 물질로 된 의료기기, ③ 그 밖에 국민보건에 위해를 끼쳤거나 끼칠 우려가 있는 경우로서 식품의약품안전처장 또는 특별자치시장·특별자치도지사·시장·군수·구청장이 폐기·사용중지·허가취소 등을 명한 의료기기 등이 있다. 누구든지 이러한 의료기기를 제조·수입·판매 또는 임대하여서는 아니 된다(의료기기법 제26조 제2항).

(2) 처 벌

수입금지의료기기를 수입하는 경우 3년 이하의 징역 또는 3천만원 이하의 벌금에 처한다(의료기기법 제52조 제1항 제1호). 이 경우 징역과 벌금은 병과(倂科)할 수 있다(동법 제52조 제2항).

제 5 절 약사법위반죄

Ⅰ. 개 관

1. 의약품과 의약외품

(1) 의약품

의약품이란 다음의 어느 하나에 해당하는 물품을 말한다(약사법 제2조 제4호).

1) 대한민국약전(大韓民國藥典)에 실린 물품 중 의약외품이 아닌 것

2) 사람이나 동물의 질병을 진단·치료·경감·처치 또는 예방할 목적으로 사용하는 물품 중 기구·기계 또는 장치가 아닌 것

3) 사람이나 동물의 구조와 기능에 약리학적(藥理學的) 영향을 줄 목적으로 사용하는 물품 중 기구·기계 또는 장치가 아닌 것

(2) 의약외품

식품의약품안전처 고시인 의약외품 범위 지정에 따르면 의약외품이란 다음과 같은 물품을 말한다(약사법 제2조 제7호).

1) 사람이나 동물의 질병을 치료·경감(輕減)·처치 또는 예방할 목적으로 사용되는 섬유·고무제품 또는 이와 유사한 것

① 생리혈 위생처리 제품(생리대, 탐폰, 생리컵), ② 마스크(수술용 마스크, 보건용 마스크, 비말차단용 마스크), ③ 환부의 보존, 보호, 처치 등의 목적으로 사용하는 물품(안대, 붕대, 탄력붕대, 석고붕대, 원통형 탄력붕대, 거즈, 탈지면, 반창고)

2) 인체에 대한 작용이 약하거나 인체에 직접 작용하지 아니하며, 기구 또는 기계가 아닌 것과 이와 유사한 것

① 구취 등 방지제(구중청량제, 액취방지제, 땀띠·짓무름용제, 치약제), ② 사람의 보건을 목적으로 인체에 적용하는 모기, 진드기 등의 기피제, ③ 콘택트렌즈관리용품, ④ 니코틴이 함유되지 않은 것으로서 담배의 흡연욕구를 저하시

킬 목적으로 사용하는 제품 또는 담배와 유사한 형태로 흡입하여 흡연 습관 개선에 도움을 줄 목적으로 사용하는 제품, ⑤ 인체에 직접 사용하는 과산화수소수, 이소프로필 알코올, 염화벤잘코늄, 크레졸 또는 에탄올을 주성분으로 하는 외용 소독제, ⑥ 식품의약품안전처장이 고시하는 의약외품 표준제조기준에서 정하는 연고제, 카타플라스마제 및 스프레이파스, ⑦ 내복용 제제(식품의약품안전처장이 정하여 고시하는 의약외품 표준제조기준에서 정하는 저함량 비타민 및 미네랄제제, 식품의약품안전처장이 정하여 고시하는 의약외품 표준제조기준에서 정하는 자양강장변질제로서 내용액제에 해당하는 제제, 식품의약품안전처장이 고시하는 의약외품 표준제조기준에서 정하는 건위소화제로서 내용액제에 해당하는 제제 및 정장제로서 내용고형제에 해당하는 제제), ⑧ 구강위생 등에 사용하는 제제등

3) 감염병 예방을 위하여 살균·살충 및 이와 유사한 용도로 사용되는 제제

2. 의약품 통관방법

의약품은 세관장확인대상으로 요건을 구비한 후 수입신고하여야 한다. 다만, 자가사용 인정기준인 총 6병까지는 요건확인이 면제된다.[12] 그러나 의약품은 목록통관 배제대상물품이므로 자가사용 인정기준 범위 내라고 하더라도 일반수입신고를 통해 통관하여야 한다. 따라서 의약품은 자가사용 인정기준에 해당하더라도 목록통관하면 밀수입죄가 성립할 수 있고, 일반수입신고하더라도 자가사용 인정기준을 초과함에도 요건을 갖추지 않고 수입하는 경우 부정수입죄에 해당할 수 있다. 자세한 내용은 제4편 제2장 제3절 Ⅲ. 전자상거래와 밀수입죄 4. 자가사용 인정기준에 자세히 설명하였다.

3. 세관의 수사권

세관에서는 약사법 제42조(의약품등의 수입허가등), 제43조(멸종 위기에 놓인 야생 동·식품의 국제교역등), 제56조부터 제58조까지(의약품 용기 등의 기재사항, 외부포장기재사항, 첨부문서 기재사항), 제61조(판매 등의 금지)에 대하여 수사권이 있

---

12) 제4편 제2장 제3절 Ⅲ. 4. 자가사용 인정기준 참조.

다. 대체로 무허가의약품수입, 의약품 기재사항위반, 성상·성능 또는 품질이 대한민국약전에서 정한 기준에 맞지 아니하는 의약품등의 수입을 금지하는 규정들이다. 통관단계에서부터 약사법위반 물품에 대한 통관을 차단하는 것이 국민보건 향상을 목적으로 하는 약사법의 취지를 달성하는 데에도 효율적이기 때문이다.

Ⅱ. 무허가 의약품 수입 등

1. 수입업 신고의무

의약품등의 수입을 업으로 하려는 자는 총리령으로 정하는 바에 따라 식품의약품안전처장에게 수입업 신고를 하여야 하며, 총리령으로 정하는 바에 따라 품목마다 식품의약품안전처장의 허가를 받거나 신고를 하여야 한다. 허가받은 사항 또는 신고한 사항을 변경하려는 경우에도 또한 같다(약사법 제42조 제1항).「멸종 위기에 놓인 야생 동·식물의 국제거래에 관한 협약」에 따른 동·식물의 가공품 중 의약품을 수출·수입 또는 공해(公海)를 통하여 반입하려는 자는 총리령으로 정하는 바에 따라 식품의약품안전처장의 허가를 받아야 한다(약사법 제43조 제1항).

2. 품목허가의무

의약품등의 수입업 신고를 하려는 자는 그 업종에 속하는 1개 이상 품목의 수입 품목허가를 동시에 신청하거나 1개 이상 품목을 동시에 수입 품목신고하여야 한다(의약품 등의 안전에 관한 규칙 제56조의2 제3항).

3. 수입관리자

의약품등 수입자(사람이나 동물의 질병을 치료·경감(輕減)·처치 또는 예방할 목적으로 사용되는 섬유·고무제품 또는 이와 유사한 의약외품 제외)는 그 영업소마다 1명 이상의 약사 또는 한약사를 두고 수입 업무를 관리하게 하여야 한다(약사법 제42조 제5항, 제36조 제1항).

사람이나 동물의 질병을 치료·경감(輕減)·처치 또는 예방할 목적으로 사용되는 섬유·고무제품 또는 이와 유사한 의약외품의 경우 수입관리자의 자격 범위가 다소 넓게 규정되어 있다. 이 경우 수입업무를 관리할 수 있는 자로는 ① 의사·약사 또는 4년제 대학의 이공계13) 학과의 학사 이상의 학위를 취득한 사람 또는 법령에 따라 이와 같은 수준의 학력이 있다고 인정되는 사람, ② 4년제 대학의 이공계 학과가 아닌 학과를 졸업한 사람으로서 2년 이상 의약외품 제조업무에 종사한 자, ③ 고등교육법 제48조에 따른 수업연한이 3년인 전문대학의 이공계 학과를 졸업한 사람으로서 1년 이상 의약외품 제조업무에 종사한 사람, ④ 고등교육법 제48조에 따른 수업연한이 2년인 전문대학의 이공계 학과를 졸업한 사람으로서 2년 이상 의약외품 제조업무에 종사한 사람, ⑤ 전문대학의 이공계 학과가 아닌 학과를 졸업한 사람으로서 3년 이상 의약외품 제조업무에 종사한 자, ⑥ 초·중등교육법에 따른 고등학교를 졸업한 사람으로서 4년 이상 의약외품 제조업무에 종사한 자등이 있다(의약품 등의 안전에 관한 규칙 제42조 제2항).

4. 처 벌

수입업 허가 또는 신고의무에 위반하여 허가를 받거나 신고를 하지 아니한 자 또는 변경허가를 받거나 변경신고를 하지 아니한 자는 5년 이하의 징역 또는 5천만원 이하의 벌금에 처한다(약사법 제93조 제1항 제5호).

수입관리자를 두지 않은 경우 1년 이하의 징역 또는 1천만원 이하의 벌금에 처한다(약사법 제95조 제1항 제7호).

위 각 경우 양벌규정에 따라 그 행위자를 벌하는 외에 그 법인 또는 개인에게도 해당 조문의 벌금형을 과(科)한다. 다만, 법인 또는 개인이 그 위반행위를 방지하기 위하여 해당 업무에 관하여 상당한 주의와 감독을 게을리하지 아니한 경우에는 그러하지 아니하다(약사법 제97조).

---

13) 「국가과학기술 경쟁력 강화를 위한 이공계지원 특별법」 제2조 제1호에 따른 이공계를 말한다.

Ⅲ. 멸종 위기 협약상 의약품수입허가 의무위반

1. 멸종 위기에 놓인 야생 동·식물의 국제교역 등

「멸종 위기에 놓인 야생 동·식물의 국제거래에 관한 협약」에 따른 동·식물의 가공품 중 의약품을 수출·수입 또는 공해(公海)를 통하여 반입하려는 자는 식품의약품안전처장의 허가를 받아야 한다(약사법 제43조 제1항). 또한, 누구든지 멸종 위기에 놓인 야생동물을 이용한 가공품인 코뿔소 뿔 또는 호랑이 뼈에 대하여 ① 이를 수입·판매하거나 판매할 목적으로 저장 또는 진열하는 행위, ② 이를 사용하여 의약품을 제조 또는 조제하는 행위, ③ 이를 사용하여 제조 또는 조제된 의약품을 판매하거나 판매할 목적으로 저장 또는 진열하는 행위를 하여서는 아니 된다(동조 제2항).

2. 처 벌

약사법 제43조를 위반하거나 거짓이나 그 밖의 부정한 방법으로 약사법 제43조 제1항에 따른 허가를 받은 자는 5년 이하의 징역 또는 5천만원 이하의 벌금에 처한다(약사법 제93조 제1항 제6·7호). 양벌규정에 따라 그 행위자를 벌하는 외에 그 법인 또는 개인에게도 해당 조문의 벌금형을 과(科)한다. 다만, 법인 또는 개인이 그 위반행위를 방지하기 위하여 해당 업무에 관하여 상당한 주의와 감독을 게을리하지 아니한 경우에는 그러하지 아니하다(동법 제97조).

Ⅳ. 기재사항위반

1. 의약품 용기 등 기재사항

의약품 품목허가를 받은 자와 수입자는 의약품의 용기나 포장에 다음의 사항을 적어야 한다(약사법 제56조 제1항).

① 의약품 품목허가를 받은 자 또는 수입자의 상호와 주소(위탁제조한 경우에는 제조소의 명칭과 주소를 포함한다)

② 제품명

③ 제조번호와 유효기한 또는 사용기한

④ 중량 또는 용량이나 개수

⑤ 대한민국약전에서 용기나 포장에 적도록 정한 사항

⑥ 기준이 정하여진 의약품은 그 저장 방법과 그 밖에 그 기준에서 용기
나 포장에 적도록 정한 사항

⑦ 품목허가증 및 품목신고증에 기재된 모든 성분의 명칭, 유효 성분의 분
량(유효 성분이 분명하지 아니한 것은 그 본질 및 그 제조방법의 요지) 및 보
존제의 분량. 다만, 보존제를 제외한 소량 함유 성분 등 총리령으로 정
하는 성분은 제외할 수 있다.

⑧ "전문의약품" 또는 "일반의약품"[안전상비의약품은 "일반(안전상비)의약품"]
이라는 문자

⑨ 첨부 문서 기재사항 중 ①-③까지에 규정된 사항

⑩ 그 밖에 총리령으로 정하는 사항

2. 외부포장 기재사항

의약품을 직접 담는 용기나 직접 포장하는 부분에 적힌 의약품 용기 등
기재사항이 외부의 용기나 포장에 가려 보이지 아니하면 그 외부의 용기나 포
장에도 같은 사항을 적어야 한다(약사법 제57조).

3. 첨부문서 기재사항

의약품에 첨부하는 문서에는 다음의 사항을 적어야 한다(약사법 제58조).

① 용법·용량, 그 밖에 사용 또는 취급할 때에 필요한 주의 사항

② 대한민국약전에 실린 의약품은 대한민국약전에서 의약품의 첨부 문서
또는 그 용기나 포장에 적도록 정한 사항

③ 기준이 정하여진 의약품은 그 기준에서 의약품의 첨부 문서 또는 그
용기나 포장에 적도록 정한 사항

④ 그 밖에 총리령으로 정하는 사항

4. 처 벌

기재사항을 위반한 경우 200만원 이하의 벌금에 처한다(약사법 제96조 제4호). 양벌규정이 적용되어 그 행위자를 벌하는 외에 그 법인 또는 개인에게도 해당 조문의 벌금형을 과(科)한다. 다만, 법인 또는 개인이 그 위반행위를 방지하기 위하여 해당 업무에 관하여 상당한 주의와 감독을 게을리하지 아니한 경우에는 그러하지 아니하다(약사법 제97조).

V. 판매 등 금지위반

1. 제조 등의 금지

누구든지 다음의 어느 하나에 해당하는 의약품을 판매하거나 판매할 목적으로 제조·수입·저장 또는 진열하여서는 아니 된다(약사법 제62조).

① 대한민국약전에 실린 의약품으로서 성상·성능 또는 품질이 대한민국약전에서 정한 기준에 맞지 아니하는 의약품

② 품목허가·품목신고·약국제제의 제조신고등에 따라 허가·변경허가 또는 신고·변경신고된 의약품으로서 그 성분 또는 분량(유효 성분이 분명하지 아니한 것은 본질 또는 제조 방법의 요지)이 허가·변경허가 또는 신고·변경신고된 내용과 다른 의약품

③ 제52조 제1항에 따라 기준이 정하여진 의약품으로서 정한 기준에 맞지 아니한 의약품

④ 전부 또는 일부가 불결한 물질 또는 변질이나 변하여 썩은 물질로 된 의약품

⑤ 병원 미생물(病原 微生物)에 오염되었거나 오염되었다고 인정되는 의약품

⑥ 이물질이 섞였거나 부착된 의약품

⑦ 식품의약품안전처장이 정한 타르 색소와 다른 타르 색소가 사용된 의약품

⑧ 보건위생에 위해가 있을 수 있는 비위생적 조건에서 제조되었거나 그 시설이 대통령령으로 정하는 기준에 맞지 아니한 곳에서 제조된 의약품

⑨ 용기나 포장이 불량하여 보건위생상 위해가 있을 염려가 있는 의약품

⑩ 용기나 포장이 그 의약품의 사용 방법을 오인하게 할 염려가 있는 의약품

⑪ 국민보건에 위해를 주었거나 줄 우려가 있는 의약품

2. 처 벌

제조 등의 금지규정을 위반하여 의약품을 판매·제조·수입·저장 또는 진열한 자는 3년 이하의 징역 또는 3천만원 이하의 벌금에 처한다(약사법 제94조 제1항 제9호). 이때 징역과 벌금은 병과할 수 있다(동조 제2항). 양벌규정이 적용되어 그 행위자를 벌하는 외에 그 법인 또는 개인에게도 해당 조문의 벌금형을 과(科)한다. 다만, 법인 또는 개인이 그 위반행위를 방지하기 위하여 해당 업무에 관하여 상당한 주의와 감독을 게을리하지 아니한 경우에는 그러하지 아니하다(약사법 제97조).

제 6 절 화장품법위반죄

I. 개 관

1. 화장품의 의의

화장품이란 인체를 청결·미화하여 매력을 더하고 용모를 밝게 변화시키거나 피부·모발의 건강을 유지 또는 증진하기 위하여 인체에 바르고 문지르거나 뿌리는 등 이와 유사한 방법으로 사용되는 물품으로서 인체에 대한 작용이 경미한 것을 말한다. 다만, 약사법 제2조 제4호의 의약품14)에 해당하는 물품은

---

14) 다음 중 어느 하나에 해당하는 물품을 말한다.
　① 대한민국약전(大韓民國藥典)에 실린 물품 중 의약외품이 아닌 것
　② 사람이나 동물의 질병을 진단·치료·경감·처치 또는 예방할 목적으로 사용하는 물품 중 기구·기계 또는 장치가 아닌 것
　③ 사람이나 동물의 구조와 기능에 약리학적(藥理學的) 영향을 줄 목적으로 사용하는 물품 중 기구·기계 또는 장치가 아닌 것

제외한다(화장품법 제2조 제1호).

2. 화장품 통관방법

(1) 원 칙

세관장확인대상으로 원칙적으로 요건구비(한국의약품수출입협회장에게 전자문서교환방식에 의한 표준통관예정보고) 후 수입신고를 하여야 한다.

(2) 목록통관

화장품의 경우도 목록통관 기준(자가사용 목적 물품가격 미화 150불 이하, 미국에서 수입되는 물품은 200불 이하)에 해당하고 목록통관 배제대상이 아닌 경우 목록통관이 가능하다. 목록통관 배제대상은 기능성화장품, 태반함유화장품, 스테로이드제 함유 화장품, 성분미상 등 유해화장품을 말한다. 기능성화장품이란 ① 피부의 미백에 도움을 주는 제품, ② 피부의 주름개선에 도움을 주는 제품, ③ 피부를 곱게 태워주거나 자외선으로부터 피부를 보호하는 데에 도움을 주는 제품, ④ 모발의 색상 변화, 제거 또는 영양공급에 도움을 주는 제품, ⑤ 피부나 모발의 기능 약화로 인한 건조함, 갈라짐, 빠짐, 각질화 등을 방지하거나 개선하는 데에 도움을 주는 제품을 말한다(화장품법 제2조 제2호). 신속통관을 위해 기능성화장품이 아닌 경우 통관목록의 '품명·규격'란에 "기능성 없음" 표시를 하는 것이 좋다.

화장품의 자가사용 인정기준은 따로 정하고 있지 않아(수입고시 자가사용 인정기준 별표 11 중 '기타'에 해당) 세관장이 판단하여 결정한다. 목록통관에서 배제되어 일반수입신고하는 화장품은 미국에서 발송되어도 물품가격이 미화 150불 이하만 소액물품 면세규정에 따라 관세와 부가가치세가 면제된다(관세법 제94조 제1항).

3. 세관의 수사권

세관에서는 화장품법 제9조(안전용기·포장 등), 제10조(화장품의 기재사항), 제15조(영업의 금지) 및 제16조 제1항 제1호(무등록자 수입화장품 판매 등 금지)와 관련하여 수사권이 있다.

Ⅱ. 안전용기·포장사용의무위반

1. 안전용기·포장사용의무

화장품책임판매업자 및 맞춤형화장품판매업자는 화장품을 판매할 때에는 어린이가 화장품을 잘못 사용하여 인체에 위해를 끼치는 사고가 발생하지 아니하도록 안전용기·포장을 사용하여야 한다(화장품법 제9조).

2. 처 벌

본죄를 범한 자는 1년 이하의 징역 또는 1천만원 이하의 벌금에 처한다(화장품법 제37조 제1항). 이때 징역형과 벌금형은 이를 함께 부과할 수 있다(동조 제2항). 양벌규정에 따라 그 행위자를 벌하는 외에 그 법인 또는 개인에게도 해당 조문의 벌금형을 과(科)한다(화장품법 제39조).

Ⅲ. 기재사항위반

1. 기재의무

화장품의 1차 포장 또는 2차 포장에는 해당 화장품 제조에 사용된 모든 성분(인체에 무해한 소량 함유 성분 등 총리령으로 정하는 성분은 제외한다), 내용물의 용량 또는 중량, 제조번호, 사용기한 또는 개봉 후 사용기간 등을 기재·표시하여야 한다. 다만, 내용량이 소량인 화장품의 포장 등 총리령으로 정하는 포장에는 화장품의 명칭, 화장품책임판매업자 및 맞춤형화장품판매업자의 상호, 가격, 제조번호와 사용기한 또는 개봉 후 사용기간(개봉 후 사용기간을 기재할 경우에는 제조연월일을 병행 표기하여야 한다(화장품법 제10조 제1항)).

2. 처 벌

기재의무를 위반할 경우 200만원 이하의 벌금에 처한다(화장품법 제38조 제2호). 양벌규정에 따라 그 행위자를 벌하는 외에 그 법인 또는 개인에게도 해당 조문의 벌금형을 과(科)한다(화장품법 제39조).

Ⅳ. 판매목적 수입금지화장품 수입 등

1. 판매목적 수입금지화장품

누구든지 다음의 어느 하나에 해당하는 화장품을 판매(수입대행형 거래를 목적으로 하는 알선·수여를 포함한다)하거나 판매할 목적으로 제조·수입·보관 또는 진열하여서는 아니 된다(화장품법 제15조).

① 심사를 받지 아니하거나 보고서를 제출하지 아니한 기능성화장품
② 전부 또는 일부가 변패(變敗)된 화장품
③ 병원미생물에 오염된 화장품
④ 이물이 혼입되었거나 부착된 것
⑤ 화장품에 사용할 수 없는 원료를 사용하였거나 유통화장품 안전관리 기준에 적합하지 아니한 화장품
⑥ 코뿔소 뿔 또는 호랑이 뼈와 그 추출물을 사용한 화장품
⑦ 보건위생상 위해가 발생할 우려가 있는 비위생적인 조건에서 제조되었거나 시설기준에 적합하지 아니한 시설에서 제조된 것
⑧ 용기나 포장이 불량하여 해당 화장품이 보건위생상 위해를 발생할 우려가 있는 것
⑨ 사용기한 또는 개봉 후 사용기간(병행 표기된 제조연월일을 포함한다)을 위조·변조한 화장품
⑩ 식품의 형태·냄새·색깔·크기·용기 및 포장 등을 모방하여 섭취 등 식품으로 오용될 우려가 있는 화장품

2. 처 벌

본죄를 범한 자는 3년 이하의 징역 또는 3천만원 이하의 벌금에 처한다(화장품법 제36조 제1항 제3호). 징역형과 벌금형은 이를 함께 부과할 수 있다(동조 제2항). 양벌규정에 따라 그 행위자를 벌하는 외에 그 법인 또는 개인에게도 해당 조문의 벌금형을 과(科)한다(화장품법 제39조).

V. 무등록자수입화장품판매

1. 판매 등 금지의무

누구든지 화장품법 제3조 제1항에 따른 등록을 하지 아니한 자가 제조한 화장품 또는 제조·수입하여 유통·판매한 화장품을 판매하거나 판매할 목적으로 보관 또는 진열하여서는 아니 된다(화장품법 제16조 제1항 제1호).

2. 처 벌

본죄를 범한 자는 3년 이하의 징역 또는 3천만원 이하의 벌금에 처한다(화장품법 제36조 제1항 제4호). 징역형과 벌금형은 이를 함께 부과할 수 있다(동조 제2항). 양벌규정에 따라 그 행위자를 벌하는 외에 그 법인 또는 개인에게도 해당 조문의 벌금형을 과(科)한다(화장품법 제39조).

제 7 절   조사절차 등

I. 통관단계

1. 통관보류

국민보건 등을 해칠 우려가 있는 경우 해당 물품의 통관을 보류할 수 있다(관세법 제237조 제1항 제3호). 식품의약품안전처(이하 '식약처'라 한다)에서 정하는 일부 식품류에 대해서는 세관과 합동으로 통관단계에서 유해성분 함유 등에 대한 안전성 협업검사를 하고, 이에 따라 통관을 보류하고 있다.

2. 품질 등 허위·오인표시 물품의 통관제한

통관단계에서는 세관에서 관세법에 따라 통관을 제한한다. 세관장은 물품의 품질, 내용, 제조 방법, 용도, 수량(이하 '품질등'이라 한다)을 사실과 다르게 표시한 물품 또는 품질등을 오인(誤認)할 수 있도록 표시하거나 오인할 수 있는 표지를 붙인 물품으로서 「부정경쟁방지 및 영업비밀보호에 관한 법률」, 「식품등의 표시·광고에 관한 법률」, 「산업표준화법」 등 품질등의 표시에 관한 법령을 위반한 물품에 대하여는 통관을 허용하여서는 아니 된다(관세법 제230조의2).

Ⅱ. 세관 및 식약처(청) 조사

1. 세관조사

세관에서 적발된 경우 제6편의 관세형사절차대로 진행된다.

2. 식약처(청) 조사

식약처와 그 소속 기관, 특별시·광역시·도 및 시·군·구에 근무하며 식품 단속 사무, 의약품·화장품·의료기기 단속 사무에 종사하는 4급부터 9급까지의 국가공무원 및 지방공무원도 세관공무원과 같이 사법경찰관리의 직무를 수행한다(사법경찰직무법 제5조 제8·9호). 식약처는 그 산하에 6개 지방청을 두고 있고(이하 '식약청'이라 한다), 식약청에서 집행업무의 대부분을 수행한다. 통상 식약처(청)에서 적발된 경우 식약처(청) 조사를 받고 검찰에 송치되거나, 식약처(청)에서 경찰에 고발하여 경찰조사를 받은 후 검찰로 사건이 송치된다.

Ⅲ. 식약처(청) 통보 후 행정절차

세관에서 적발된 경우 세관조사 후 검찰로 사건을 송치함과 동시에 식약처(청)에 위반사실을 통보한다. 이에 따라 식품의약품안전처장은 행정제재를 하게 되는데, 수출입업자의 입장에서는 관세법위반이나 수입식품법위반으로 인한 형사처벌보다 영업등록취소나 영업정지 등 행정처분으로 인한 타격을 더 크게 느끼는 경우가 많으므로 이 부분에 대하여도 살펴본다.

1. 출입 · 검사 · 수거

세관조사 이후 식약청에 위반사실을 통보한 후 식약처(청)에서는 해당 사업장에 나와 출입 · 검사 · 수거 등의 조치를 하게 된다. 통관 이후 단계에서 식품의약품안전처장은 식품등의 위해방지 또는 수입식품 관련 법률 위반 여부 확인을 위해 ① 영업자나 그 밖의 관계인에게 필요한 서류나 그 밖의 자료의 제출 요구, ② 관계 공무원으로 하여금 ㉠ 영업소(사무소, 창고, 제조소, 저장소, 판매소, 그 밖에 이와 유사한 장소를 포함한다)에 출입하여 판매를 목적으로 하거나 영업에 사용하는 식품등 또는 영업시설 등에 대하여 하는 검사, ㉡ · 검사 · 수거 등의 조치에 따른 검사에 필요한 최소량의 식품등의 무상 수거, ㉢ 영업에 관계되는 장부 또는 서류의 열람을 하게 할 수 있다(수입식품법 제25조 제1항, 식품위생법 제22조 제1항).

2. 시정명령

식품의약품안전처장은 수입식품등의 안전관리를 위하여 수입식품법을 지키지 아니한 영업자에게 필요한 시정을 명한다(수입식품법 제27조).

3. 폐쇄조치 · 폐기처분 등

식품의약품안전처장은 등록을 하지 아니하고 영업을 하는 경우 또는 등록이 취소되었는데도 불구하고 계속하여 영업을 하는 경우에는 해당 영업소를 폐쇄하기 위하여 관계 공무원에게 ① 해당 영업소의 간판 등 영업 표지물의 제거나 삭제, ② 해당 영업소가 적법한 영업소가 아님을 알리는 게시문 등의 부착, ③ 해당 영업소의 시설물과 영업에 사용하는 기계·기구 등을 사용할 수 없게 하는 봉인을 하게 할 수 있다(수입식품법 제31조 제1항).

식품의약품안전처장은 영업자(수입식품법 제15조에 따라 등록한 수입식품등 수입·판매업자를 포함)가 식품위생법 제4조부터 제6조까지(판매등금지위반), 제7조 제4항(기준규격위반), 제8조(유독기구등수입), 제9조 제4항(기구·용기·포장에 관한 기준규격위반) 또는 제12조의2 제2항(미표시유전자변형식품등수입)을 위반한 경우 관계 공무원에게 그 식품등을 압류 또는 폐기하게 하거나 용도·처리방법 등을 정하여 영업자에게 위해를 없애는 조치를 하도록 명한다(식품위생법 제72조 제1항).

4. 영업등록취소·영업정지

(1) 수입식품법위반의 경우

1) 행정처분기준

식품의약품안전처장은 영업자가 수입식품법 제15조 제1항, 제20조 제1·2항 등을 위반한 경우, 식품위생법 제4조부터 제6조까지 등의 규정을 위반한 경우 영업의 등록을 취소하거나 6개월 이내의 기간을 정하여 그 영업의 정지를 명할 수 있다(수입식품법 제29조 제1항). 행정처분의 기준은 수입식품법 시행규칙 제46조 별표 13에 규정되어 있다.

예컨대, 식품포장회사가 수입식품법 제20조 제1항의 수입신고를 하지 아니하고 식품포장지를 수입한 경우, 1차 위반시에는 영업정지 2개월과 해당 제품 폐기처분을 하게 된다(수입식품법 제29조 제1항 제8호, 동법 시행규칙 제46조 별표 13 Ⅱ. 개별기준 제8호 바목).

2) 가중·감경사유

수입식품법 시행규칙 별표 13 행정처분의 기준의 일반기준에서는 가중·감경하는 경우 등에 대하여 규정하고 있다. 실무상 주로 문제되는 것은 감경사유에 해당하는지 여부인데, 감경사유에 해당하면 행정처분의 기준이 영업정지인 경우에는 정지처분 기간의 2분의 1 이하의 범위에서, 영업등록 취소인 경우에는 영업정지 3개월 이상의 범위에서 각각 그 처분을 경감할 수 있다. 감경사유는 다음과 같다.

① 수입식품등의 기준 및 규격 위반사항 중 산가, 과산화물가 또는 성분 배합비율을 위반한 사항으로서 국민보건상 인체의 건강을 해칠 우려가 없다고 인정되는 경우

② 표시기준의 위반사항 중 일부 제품에 대한 제조일자 등의 표시누락 등 그 위반사유가 영업자의 고의나 과실이 아닌 단순한 기계작동 상의 오류에 기인한다고 인정되는 경우

③ 수입식품등을 수입만 하고 시중에 유통시키지 아니한 경우로서 그 위반사항이 고의성이 없는 경우

④ 수입식품등을 수입하는 자가 수입식품등 이력추적관리 등록을 한 경우

⑤ 위반사항 중 그 위반의 정도가 경미하거나 고의성이 없는 사소한 부주의로 인한 것인 경우

⑥ 해당 위반사항에 관하여 검사로부터 기소유예의 처분을 받거나 법원으로부터 선고유예의 판결을 받은 경우로서 그 위반사항이 고의성이 없거나 국민보건상 인체의 건강을 해칠 우려가 없다고 인정되는 경우

⑦ 식중독을 발생하게 한 영업자가 식중독의 재발 및 확산을 방지하기 위한 대책으로 식중독을 유발한 수입식품등을 자발적으로 회수한 경우

⑧ 수입식품등의 기준 및 규격이 정해지지 않은 유독·유해물질 등이 해당 수입식품등에 혼입여부를 전혀 예상할 수 없었고 고의성이 없는 최초의 사례로 인정되는 경우

⑨ 그 밖에 수입식품등의 수급정책상 필요하다고 인정되는 경우

(2) 식품위생법위반의 경우

식품의약품안전처장은 식품위생법 제4조부터 제6조까지(판매등금지위반), 제7조 제4항(기준규격위반), 제8조(유독기구등수입), 제9조 제4항(기구·용기·포장에 관한 기준규격위반) 또는 제12조의2 제2항(미표시유전자변형식품등수입)을 위반한 경우 영업허가 또는 등록을 취소하거나 6개월 이내의 기간을 정하여 그 영업의 전부 또는 일부를 정지하거나 영업소 폐쇄를 명할 수 있다(식품위생법 제75조 제1항). 예컨대, 식품포장회사가 수입식품법 제20조 제1항의 수입신고를 하지 아니하고 식품포장지를 수입하여 판매하였고, 이를 구입하여 식품제조·가공에 사용한 회사가 다시 그 완제품을 판매하였다면, 이 식품제조·가공회사 역

시 영업정지 2개월과 해당 제품 폐기처분을 받을 수 있다. 다만, 고의가 없는 등 감경사유에 해당하면 2분의 1 이하의 범위에서 감경될 수 있다(식품위생법 시행규칙 별표 23 Ⅱ. 개별기준 1. 식품제조·가공업 등 제1호 바목).

5. 과징금 부과

(1) 영업정지 등 처분에 갈음한 과징금 부과

1) 과징금 산정기준

식품의약품안전처장은 영업정지 처분을 갈음하여 2억원 이하의 과징금을 부과할 수 있다(수입식품법 제33조 제1항). 과징금 산정기준은 수입식품법 시행령 별표1에 규정하고 있다. 과징금은 처분일이 속한 연도의 전년도의 1년간 총매출금액을 기준으로 영업정지 1일에 해당하는 과징금의 금액을 정한다. 식품의약품안전처장은 과징금을 징수하기 위하여 필요한 경우에는 관할 세무서장에게 과징금 부과기준이 되는 매출 금액 등 과세정보의 제공을 요청할 수 있다(동법 제33조 제3항).

식품위생법위반의 경우에도 영업정지, 품목 제조정지 또는 품목류 제조정지 처분을 갈음하여 10억원 이하의 과징금을 부과할 수 있다(식품위생법 제82조 제1항).

2) 과징금 처분 제외 대상

수입식품법 제20조 제1항에 따른 수입신고를 하지 아니하고 수입한 것을 판매한 경우, 1차 위반행위가 영업정지 1개월 이상에 해당하는 경우로서 2차 위반사항에 해당하는 경우, 3차 위반사항에 해당하는 경우, 과징금을 체납 중인 경우 등에는 과징금 처분으로 갈음할 수 없다. 다만, 행정처분 경감대상에 해당하는 경우에는 과징금 처분을 할 수 있다(수입식품법 시행규칙 별표 13, Ⅲ. 과징금 처분 제외 대상). 예컨대, 수입신고를 하지 않고 수입된 식품 또는 식품포장지등을 판매한 경우 고의가 인정되어 벌금 이상의 형이 확정되었다면 영업정지처분을 하여야 하고 과징금 처분으로 갈음할 수 없다. 이밖에도 다음과 같은 위해수입식품 판매 등에 따른 과징금이 별도로 부과된다.

(2) 위해수입식품 판매 등에 따른 과징금 부과

1) 과징금 부과대상

식품의약품안전처장은 위해 수입식품등의 판매 등 금지에 관한 식품위생법 제4조부터 제6조까지 또는 제8조, 건강기능식품에 관한 법률 제23조 또는 제24조, 축산물 위생관리법 제33조 제1항을 위반한 경우로서 ① 식품위생법 제4조 제2호·제3호·제5호·제6호, 건강기능식품 법 제23조 제2호·제3호·제6호 또는 제24조 제2항 제3호, 축산물 위생관리법 제33조 제1항 제2호·제3호·제5호·제9호를 위반하여 제29조에 따라 영업정지 2개월 이상의 처분, 영업등록의 취소를 받은 자, ② 식품위생법 제5조, 제6조 또는 제8조를 위반하여 제29조에 따라 영업등록의 취소를 받은 자에게 그가 판매한 해당 수입식품등의 판매금액을 과징금으로 부과할 수 있다(수입식품법 제34조 제1항). 예컨대, 수입식품법 제20조 제1항의 수입신고를 하지 아니하고 수입하여 판매한 경우 본조에 따라 해당 수입식품등의 판매금액 상당액의 과징금이 부과되게 되는 것이다(수입식품법 제34조 제1항 제1호, 식품위생법 제4조 제6호).

2) 과징금 산정

판매금액은 판매한 해당 수입식품등의 판매량에 판매가격을 곱한 금액으로 한다(수입식품법 시행령 제12조 제1항). 여기서 판매량은 해당 수입식품등을 최초로 판매한 시점부터 적발시점까지의 출하량에서 회수량 및 반품·검사 등의 사유로 실제로 판매되지 아니한 양을 제외한 수량으로 한다(동조 제2항). 판매가격은 판매기간 중 가격이 변동된 경우에는 판매시기별 가격으로 한다(동조 제3항).

(3) 과징금 부과 및 납부절차

식품의약품안전처장은 과징금을 부과하려면 그 위반행위의 종류와 해당 과징금의 금액 등을 명시하여 납부할 것을 문서로 통지하여야 한다(수입식품법 시행령 제10조 제1항). 이에 따라 통지를 받은 자는 통지를 받은 날부터 20일 이내에 과징금을 식품의약품안전처장이 정하는 수납기관에 납부하여야 한다. 다만, 천재지변이나 그 밖의 부득이한 사유로 그 기간에 납부할 수 없을 때에는 그 사유가 해소된 날부터 7일 이내에 납부하여야 한다(동조 제2항).

6. 처분의 사전통지와 의견제출

(1) 사전통지

행정청은 영업정지 또는 과징금 부과처분 등 당사자에게 의무를 부과하거나 권익을 제한하는 처분을 하는 경우 ① 처분의 제목, ② 당사자의 성명 또는 명칭과 주소, ③ 처분하려는 원인이 되는 사실과 처분의 내용 및 법적 근거, ④ 의견을 제출할 수 있다는 뜻과 의견을 제출하지 아니하는 경우의 처리방법, ⑤ 의견제출기관의 명칭과 주소, ⑥ 의견제출기한 등을 당사자에게 통지하여야 한다(행정절차법 제21조 제1항). 이때 의견제출기한은 10일 이상으로 고려하여 정하여야 한다(동조 제3항).

(2) 의견제출

당사자 등은 처분 전에 그 처분의 관할 행정청에 서면이나 말로 또는 정보통신망을 이용하여 의견제출을 할 수 있다(행정절차법 제27조 제1항). 이때 그 주장을 입증하기 위한 증거자료 등을 첨부할 수 있다(동조 제2항). 당사자 등이 정당한 이유 없이 의견제출기한까지 의견제출을 하지 아니한 경우에는 의견이 없는 것으로 간주하여 사전 통지된 내용으로 처분하게 된다(동조 제4항).

(3) 처분 등

행정청은 처분을 할 때에 당사자 등이 제출한 의견이 상당한 이유가 있다고 인정하는 경우에는 이를 반영하여야 한다(행정절차법 제27조의2 제1항). 행정청은 당사자 등이 제출한 의견을 반영하지 아니하고 처분을 한 경우 당사자등이 처분이 있음을 안 날부터 90일 이내에 그 이유의 설명을 요청하면 서면으로 그 이유를 알려야 한다. 다만, 당사자 등이 동의하면 말·정보통신망 또는 그 밖의 방법으로 알릴 수 있다(동조 제2항).

7. 불 복

영업취소·정지 또는 과징금 부과 등 행정처분에 이의가 있을 경우 행정심판법에 따라 처분이 있음을 안 날로부터 90일 이내 또는 처분이 있었던 날로부터 180일 이내에 처분청 또는 중앙행정심판위원회에 행정심판을 청구하거나, 행정소송법에 따라 처분이 있음을 안 날로부터 90일 이내 또는 처분이 있었던 날로부터 1년 이내에 관할 행정법원에 행정소송을 제기하여야 한다.

제 4 장

외국환에 관한 죄

제 1 절 총 설

Ⅰ. 개 관

외국환거래법은 외국환거래의 기본법으로 대외거래의 원활화를 위해 원칙자유, 예외적으로 규제하는 방식을 채택하고 있다. 동법은 모든 외국환거래행위에 대하여 '원인행위', '지급 및 영수행위', 그리고 '지급 및 영수방법' 등 3가지 측면에서 절차를 정하고, 규제절차 또한 원인행위, 지급 및 영수행위, 그리고 지급 및 영수방법에서 각각 이루어지고 하고 있다. 자본거래에 대하여는 원인행위를 중심으로, 경상적 거래에 대하여는 지급 및 영수행위를 중심으로 각 규제하고 있다.[1]

한편, 외환정책을 총괄하는 기획재정부장관은 외국환거래법상 권한의 일부를 금융위원회, 증권선물위원회, 관계 행정기관의 장, 한국은행총재, 금융감독원장, 외국환업무취급기관등의 장, 관세청장에 위임·위탁하고 있는데(외국환거래법 제23조 제1항, 동법 시행령 제37조), 실무상 제재조치는 금융감독원장과 관세청장으로부터 재위임 받은 세관장에 의해 이루어지는 경우가 많다. 세관에서는 지급수단 등의 수출입거래, 이와 관련된 용역거래, 자본거래 및 이와 관련된 외환거래의 적법성여부 검사, 행정처분, 과태료의 부과·징수, 지급수단의 국경간 이동에 대한 신고 등 업무, 환전영업자에 대한 등록, 관리, 감독에 관한 업무를 수행하고(동법 시행령 제37조 제1항), 외국환거래법상 수출입거래에 관한

---

1) 헌재 2005. 6. 30. 2003헌바114.

범죄 등에 대한 수사권을 가지고 있다. 무역계약에 따른 물품의 수출입에는 외국환거래가 수반될 수밖에 없으므로 세관에서 이와 관련된 업무를 수행하고 수출입거래에 관한 범죄를 수사하는 것이 용이하기 때문이다.

Ⅱ. 적용대상

1. 의 의

외국환거래법은 대한민국에서의 외국환과 대한민국에서 하는 외국환거래 및 그 밖에 이와 관련되는 행위, 대한민국과 외국 간의 거래 또는 지급·수령, 그 밖에 이와 관련되는 행위(외국에서 하는 행위로서 대한민국에서 그 효과가 발생하는 것을 포함한다), 외국에 주소 또는 거소를 둔 개인과 외국에 주된 사무소를 둔 법인이 하는 거래로서 대한민국 통화(通貨)로 표시되거나 지급받을 수 있는 거래와 그 밖에 이와 관련되는 행위, 대한민국에 주소 또는 거소를 둔 개인 또는 그 대리인, 사용인, 그 밖의 종업원이 외국에서 그 개인의 재산 또는 업무에 관하여 한 행위, 대한민국에 주된 사무소를 둔 법인의 대표자, 대리인, 사용인, 그 밖의 종업원이 외국에서 그 법인의 재산 또는 업무에 관하여 한 행위에 대하여 적용한다(외국환거래법 제2조 제1항).

2. 거주자 · 비거주자

(1) 의 의

'거주자 및 비거주자'의 개념은 외국환거래법 전반에 걸쳐 사용되고 있는 외국환관리의 기본적인 개념이다. 외국환관리의 원리는 거주자와 비거주자간의 채권·채무 관계를 규제하는 것인바, 거주자와 비거주자를 구분하는 거주성(居住性) 개념은 국적과는 관계없이 일정 기간을 거주하고 있거나 거주할 의사를 가지고 있고 경제적으로 밀착되어 있는 지역을 기준으로 한다. 즉, 외국 국적을 가진 사람이 대한민국에 경제이익의 중심을 두고 있는 경우에는 외국인이라고 하여도 거주자로 취급되므로, 거주성의 개념이 국적과 논리 필연적인 관계에 있는 것은 아니다.[2]

---

2) 헌재 2005. 6. 30. 2003헌바114.

(2) 거주자와 비거주자의 개념

'거주자'라 함은 대한민국에 주소 또는 거소를 둔 개인과 대한민국에 주된 사무소를 둔 법인을 말하고(외국환거래법 제3조 제1항 제14호), '비거주자'라 함은 거주자 외의 개인 및 법인을 말하며, 다만 비거주자의 대한민국 안의 지점·출장소 기타의 사무소는 법률상 대리권의 유무에 불구하고 거주자로 본다(동항 제15호). 이에 따른 거주자와 비거주자의 구분이 명백하지 아니한 경우에는 동법 시행령 제10조의 거주자와 비거주자의 구분에 따른다. 거주자와 비거주자의 구분이 명백하지 아니한 경우란 대한민국 내에 주소 또는 거소를 둔 개인 또는 주된 사무소를 둔 법인 아닌 경우만을 가리키는 것은 아니고, 대한민국 내에 주소, 거소 또는 사무소를 두고 있는 경우라도 대한민국 외에도 주소, 거소 또는 사무소를 함께 두는 등의 사정으로 거주자와 비거주자의 구분이 명백하지 아니한 경우도 포함한다.[3]

(3) 구체적인 경우

구체적인 경우 다음과 같은 자를 거주자 또는 비거주자로 본다(동법 시행령 제10조 제1항·제2항). 거주자 또는 비거주자에 의하여 주로 생계를 유지하는 동거 가족은 해당 거주자 또는 비거주자의 구분에 따라 거주자 또는 비거주자로 구분한다(동조 제3항).

1) 거주자

① 대한민국 재외공관
② 국내에 주된 사무소가 있는 단체·기관, 그 밖에 이에 준하는 조직체
③ 다음의 어느 하나에 해당하는 대한민국국민
  ㉮ 대한민국 재외공관에서 근무할 목적으로 외국에 파견되어 체재하고 있는 자
  ㉯ 비거주자이었던 자로서 입국하여 국내에 3개월 이상 체재하고 있는 자
  ㉰ 그 밖에 영업 양태, 주요 체재지 등을 고려하여 거주자로 판단할 필요성이 인정되는 자로서 기획재정부장관이 정하는 자

---

3) 대법원 1999. 4. 9. 선고 99도362 판결.

④ 다음의 어느 하나에 해당하는 외국인[4]

㉮ 국내에서 영업활동에 종사하고 있는 자

㉯ 6개월 이상 국내에서 체재하고 있는 자

2) 비거주자

① 국내에 있는 외국정부의 공관과 국제기구

② 「대한민국과 아메리카합중국 간의 상호방위조약 제4조에 의한 시설과 구역 및 대한민국에서의 합중국군대의 지위에 관한 협정」에 따른 미합중국군대 및 이에 준하는 국제연합군, 미합중국군대등의 구성원·군속·초청계약자와 미합중국군대등의 비세출자금기관·군사우편국 및 군용은행시설

③ 외국에 있는 국내법인 등의 영업소 및 그 밖의 사무소

④ 외국에 주된 사무소가 있는 단체·기관, 그 밖에 이에 준하는 조직체

⑤ 다음의 어느 하나에 해당하는 대한민국 국민

㉮ 외국에서 영업활동에 종사하고 있는 자

㉯ 외국에 있는 국제기구에서 근무하고 있는 자

㉰ 2년 이상 외국에 체재하고 있는 자. 이 경우 일시 귀국의 목적으로 귀국하여 3개월 이내의 기간 동안 체재한 경우 그 체재기간은 2년에 포함되는 것으로 본다.

㉱ 그 밖에 영업양태, 주요 체재지 등을 고려하여 비거주자로 판단할 필요성이 인정되는 자로서 기획재정부장관이 정하는 자

⑥ 다음의 어느 하나에 해당하는 외국인

㉮ 국내에 있는 외국정부의 공관 또는 국제기구에서 근무하는 외교관·영사 또는 그 수행원이나 사용인

㉯ 외국정부 또는 국제기구의 공무로 입국하는 자

㉰ 거주자였던 외국인으로서 출국하여 외국에서 3개월 이상 체재 중인 자

---

4) 미합중국군대 등, 국내에 있는 외국정부의 공관 또는 국제기구에서 근무하는 외교관·영사, 또는 그 수행원이나 사용인, 외국정부 또는 국제기구의 공무로 입국하는 자는 제외한다.

제 2 절   외국환업무취급기관 등에 관한 죄

제27조의2(벌칙) ① 다음 각 호의 어느 하나에 해당하는 자는 3년 이하의 징역 또는 3억원 이하의 벌금에 처한다. 다만, 위반행위의 목적물 가액의 3배가 3억원을 초과하는 경우에는 그 벌금을 목적물 가액의 3배 이하로 한다.
  1. 제8조 제1항 본문 또는 같은 조 제3항에 따른 등록을 하지 아니하거나, 거짓이나 그 밖의 부정한 방법으로 등록을 하고 외국환업무를 한 자(제8조 제4항에 따른 폐지신고를 거짓으로 하고 외국환업무를 한 자 및 제12조 제1항에 따른 처분을 위반하여 외국환업무를 한 자를 포함한다)
② 제1항의 징역과 벌금은 병과할 수 있다.
제30조(몰수·추징) 제27조 제1항 각 호, 제27조의2 제1항 각 호 또는 제29조 제1항 각 호의 어느 하나에 해당하는 자가 해당 행위를 하여 취득한 외국환이나 그 밖에 증권, 귀금속, 부동산 및 내국지급수단은 몰수하며, 몰수할 수 없는 경우에는 그 가액을 추징한다.

I. 의 의

　　외국환거래법은 대한민국과 외국 간의 지급이나 수령 등은 외국환업무취급기관에 의하여 하도록 하고 있다. 이러한 외국환업무취급기관에 의하지 않고 지급이나 수령 등을 하는 것을 소위 '환치기'라 부른다. 적발된 환치기 사례는 주로 조세포탈이나 밀수, 범죄자금 등의 국외도피 목적인 경우가 많다. 환치기의 전형적인 수법은 환치기업자가 외국에 송금하고자 하는 거주자로부터 국내통화를 받고, 외국에서 그 환치기업자와 공범관계에 있는 자가 외국통화로 그 대금 상당액을 지급하는 것이다. 그 반대의 경우는 외국에서 환치기업자에게 외화를 지급하고 국내에서 환치기업자의 공범 등으로부터 국내통화로 그 대금 상당액을 지급받는 것이다.[5] 외국환거래법에서는 외국환업무취급기관 이외에도 환전영업자, 소액해외송금업자, 기타전문외국환취급업자 제도를 두고 있는데, 이러한 제도를 통하지 않고 외국환업무를 하는 경우를 모두 환치기라 부르고 있다. 외국환거래법은 등록하지 않고 외국환업무를 한 자에 대하여 본죄로, 환치기업자에게 환치기를 의뢰한 자는 제16조 제4호에 따라 처벌하도록

---

5) 최응렬·송봉규, 범죄조직의 대체송금시스템(환치기)에 관한 연구, 한국공인행정학회, 2009. 524-525면.

하고 있다. 세관에서 수사하는 외국환거래법위반 사건은 이러한 환치기 형태에 대한 것이 많다. 세관실무에서 자주 문제되는 사례는 국내에서 거주하고 있는 외국인들이 외국의 가족들에게 자금을 송금하는 수단으로 사용하거나, 물품을 수출입하면서 밀수 또는 관세포탈 목적으로 물품대금 또는 수출입신고한 금액을 초과하는 금액을 환치기 형태로 송금하는 경우 등이 있다.

Ⅱ. 외국환업무의 범위

외국환업무란 다음의 어느 하나에 해당하는 것을 말한다(외국환거래법 제3조 제1항 제16호).

- ㉮ 외국환의 발행 또는 매매
- ㉯ 대한민국과 외국 간의 지급·추심(推尋) 및 수령
- ㉰ 외국통화로 표시되거나 지급되는 거주자와의 예금, 금전의 대차 또는 보증
- ㉱ 비거주자와의 예금, 금전의 대차 또는 보증
- ㉲ 그 밖에 ㉮부터 ㉱까지의 규정과 유사한 업무로서 대통령령으로 정하는 업무

'대한민국과 외국 간의 지급·추심 및 수령'에 직접적으로 필요하고 밀접하게 관련된 부대업무는 외국환거래법 제3조 제1항 제16호 (마)목의 외국환업무에 해당한다.[6)]

"외국환거래법 제3조 제1항 제14호 (나)목은 '대한민국과 외국간의 지급·추심 및 영수'가, 같은 호 (마)목은 '위 (나)목 등과 유사한 업무로서 대통령령으로 정하는 업무'가 '외국환업무'에 해당하는 것으로 각 규정하고 있고, 외국환거래법 시행령 제5조 제3호는 '위 (나)목 등의 업무에 부대되는 업무'가 '위 대통령령이 정하는 업무'에 해당하는 것으로 규정하고 있는바, '대한민국과 외국 간의 지급·추심 및 영수'에 직접적으로 필요하고 밀접하게 관련된 부대업무는 위 (마)목의 외국환업무에 해당한다 할 것이다. 피고인은 공소외 1, 공소외 2와 공모하여 재정경제부장관에게 등록하지 아니한 채 한국에서 미국으로 또는 미

---

6) 대법원 2008. 5. 8. 선고 2005도1603 판결, 대법원 2017. 4. 26. 선고 2017도2134 판결.

국에서 한국으로 송금을 원하는 사람들로부터 돈을 받아 송금하여 주는 것과 같은 효과를 발생시키면서 환율의 차이에 따른 이익을 취득하는 소위 '환치기업'에 종사하여 오던 중 한국에 있는 피고인이 미국에 있는 공범인 공소외 2의 지시에 따라 성명불상자로부터 그가 미국에 있는 누군가에게 송금하고자 하는 제1심 판시 별지 범죄일람표(1) 제761번 기재 돈 1억 2천만원을 전달받았다는 것인바, 사실관계가 위와 같다면 피고인이 미국으로 송금을 원하는 성명불상자로부터 환율 차이에 따른 이익 등을 포함한 수수료와 함께 위 돈을 전달받은 것은 위 '대한민국과 외국간의 지급·추심 및 영수'에 직접적으로 필요하고 밀접하게 관련된 부대업무로서, '외국환업무'에 해당한다 할 것이다."[7]

Ⅲ. 무등록외국환업무 등으로 인한 외국환거래법위반죄

1. 외국환업무취급기관

(1) 등록의무

외국환업무를 업으로 하려는 자는 대통령령으로 정하는 바에 따라 외국환업무를 하는 데에 충분한 자본·시설 및 전문인력을 갖추어 미리 기획재정부장관에게 등록하여야 한다(외국환거래법 제8조 제1항). 등록신청, 요건, 등록 등에 관하여는 외국환거래법 시행령 제13조에서 규정하고 있다. 그 등록사항 중 대통령령으로 정하는 사항을 변경하려 하거나 외국환업무를 폐지하려는 경우에는 대통령령으로 정하는 바에 따라 기획재정부장관에게 미리 그 사실을 신고하여야 한다(동법 제8조 제4항).

(2) 무등록외국환거래법위반죄

외국환거래법 제8조 제1항 본문 위반에 의한 미등록 외국환업무로 인한 외국환거래법위반죄는 적법하게 등록하지 아니하고 대한민국과 외국 간의 지급·추심·수령 업무를 영위하거나, 그 업무에 직접적으로 필요하고 밀접하게 관련된 부대업무를 수행함으로써 성립한다. 국내와 외국에 각각 법인을 설립

---

7) 대법원 2008. 5. 8. 선고 2005도1603 판결.

한 다음 기획재정부장관에게 등록하지 아니하고 일정기간 동안 계속하여 대한민국과 외국 간의 지급, 추심 및 영수에 관한 외국환업무를 영위한 행위가 포괄하여 1개의 미등록외국환거래법위반죄를 구성한다.[8]

환전영업자의 업무를 벗어나 환전업무를 영위한 경우에도 본죄가 성립할 수 있다. 피고인이 등록된 환전영업자로서의 업무만을 수행하였을 뿐이라면서 외국환업무의 범의를 부인하는 경우 문제된다. 이러한 경우 대법원은 객관적으로 드러난 피고인의 구체적 업무태양과 통상적인 환전영업자의 업무태양 및 외국환거래법 위반으로 처벌받는 환치기 범행의 일반적인 수법과의 각 비교, 피고인과 관련된 주위 정황 등을 종합적으로 고려하여 판단하여야 한다고 하였다.

"피고인이 등록된 환전영업자로서의 업무만을 수행하였을 뿐이라면서 외국환업무의 범의를 부인하는 경우에는 사물의 성질상 범의와 상당한 관련성이 있는 간접사실 또는 정황사실을 증명하는 방법에 의하여 입증할 수밖에 없고, 무엇이 상당한 관련성이 있는 간접사실에 해당할 것인가는 정상적인 경험칙에 바탕을 두고 치밀한 관찰력이나 분석력에 의하여 사실의 연결상태를 합리적으로 판단하는 방법에 의하여야 한다. 따라서 객관적으로 드러난 피고인의 구체적 업무태양과 통상적인 환전영업자의 업무태양 및 외국환거래법 위반으로 처벌받는 환치기 범행의 일반적인 수법과의 각 비교, 피고인과 관련된 주위 정황 등을 종합적으로 고려하여 피고인의 영업행위를 객관적으로 환전영업자의 정상적인 업무 범위 내의 행위로 평가할 수 있는지 아니면 외국에서 대한민국으로 외국환을 지급·수령하기 위한 목적을 가진 행위의 일환으로 볼 것인지 및 이에 대하여 피고인의 범의가 인정되는지를 판단하여야 한다."[9]

2. 환전영업자

(1) 환전업무

환전업무란 '외국통화의 매입 또는 매도, 외국에서 발행한 여행자수표의 매입'의 외국환업무를 말한다(외국환거래법 시행령 제15조 제1항). 외국환거래법에서 환전업무를 행하는 것이라 함은 영리적, 계속적인 외국통화의 매매 및 외국

---

8) 대법원 2003. 8. 22. 선고 2002도5341 판결.
9) 대법원 2016. 8. 29. 선고 2014도14364 판결.

에서 발행한 여행자수표의 매입을 뜻한다 할 것이므로 그 환전행위에 영리성이 없으면 이를 환전상 업무라고 볼 수는 없다.[10]

"피고인이 기획재정부장관에게 등록하지 아니하고 2000년 2월 중순경 서울 중구 회현동 소재 피고인의 사무실에서 공소외 불법환전상(일명 암달러상)들로부터 외국환인 미국 달러를 매입하고 상피고인에게 한화를 미화 5만불로 환전하여 주어 외국환 매매업무를 하였다는 범죄사실은 외국환거래법 제27조 제1항 제6호, 제8조 제3항 소정의 무등록 환전업무를 영위한 것에 해당한다."[11]

(2) 등록의무

환전영업자는 일반(카지노)환전, 온라인환전, 무인환전기기환전의 형태가 있다. 환전업무를 업으로 하려는 자는 기획재정부장관에게 등록을 신청하여야 한다(외국환거래법 제8조 제3항 제1호, 동법 시행령 제15조 제1항).

(3) 무등록외국환거래법위반죄

본죄는 등록을 하지 아니하거나 거짓이나 그밖의 부정한 방법으로 등록을 하고 환전하거나(외국환거래법 제8조 제3항), 기획재정부장관에게 폐지신고를 거짓으로 하고 환전업무를 한 경우(동조 제4항), 기획재정부장관의 등록취소, 업무제한, 업무정지 처분을 위반하여 외국환업무를 한 경우(동법 제12조 제1항) 성립한다.

3. 소액해외송금업무

(1) 소액해외송금업무

소액해외송금업무란 대한민국과 외국 간의 지급 및 수령과 이에 수반되는 외국통화의 매입 또는 매도의 외국환업무를 말한다(외국환거래법 제8조 제3항 제2호, 시행령 제15조의2 제1항).

(2) 등록의무

소액해외송금업무를 업으로 하려는 자는 해당 업무에 필요한 자본·시설 및

---

10) 대법원 1987. 11. 24. 선고 87도558 판결.
11) 대법원 2001. 11. 27. 선고 2001도4829 판결.

전문인력 등 대통령령으로 정하는 요건12)을 갖추어 미리 기획재정부장관에게 등록하여야 한다(외국환거래법 제8조 제3항 제2호, 동법 시행령 제15조의2 제1·2항).

(3) 무등록외국환거래법위반죄

본죄는 등록을 하지 아니하거나, 거짓이나 그 밖의 부정한 방법으로 등록을 하고 소액해외송금업무를 함으로써 성립한다.

4. 기타전문외국환업무

(1) 기타전문외국환업무

기타전문외국환업무란, 전자금융거래법에 따른 전자화폐의 발행·관리업무, 선불전자지급수단의 발행·관리업무 또는 전자지급결제대행에 관한 업무와 직접 관련된 외국환업무로서 기획재정부장관이 정하여 고시하는 업무를 말한다(외국환거래법 시행령 제15조의5 제1항).

(2) 등록의무

기타전문외국환업무를 업으로 하려는 경우에는 해당 업무에 필요한 자본·시설 및 전문인력 등 대통령령으로 정하는 요건을 갖추어 미리 기획재정부장관에게 등록하여야 한다(외국환거래법 제8조 제3항 제3호, 동법 시행령 제15조의5).

(3) 무등록외국환거래법위반죄

본죄는 등록을 하지 아니하거나, 거짓이나 그 밖의 부정한 방법으로 등록

---

12) 소액해외송금업무를 등록하려는 자는 다음의 요건을 모두 갖추어야 한다(동법 시행령 제15조의2 제2항).
   ① 상법 제169조에 따른 회사로서 자기자본이 10억원 이상일 것
   ② 기획재정부장관이 정하여 고시하는 재무건전성 기준을 충족할 것
   ③ 외환정보집중기관과 전산망이 연결되어 있을 것
   ④ 소액해외송금업무 및 그에 따른 사후관리를 원활하게 수행할 수 있는 기획재정부장관이 정하여 고시하는 전산설비 및 전산 전문인력을 갖추고 있을 것
   ⑤ 외국환업무에 2년 이상 종사한 경력이 있는 사람 또는 기획재정부장관이 정하는 교육을 이수한 사람을 2명 이상 확보할 것
   ⑥ 임원이 「금융회사의 지배구조에 관한 법률」 제5조 제1항 각 호에 따른 결격사유에 해당하지 아니할 것

을 하고 기타전문외국환업무를 함으로써 성립한다.

5. 처벌 등

(1) 법정형 등

3년 이하의 징역 또는 3억원 이하의 벌금에 처한다. 다만, 위반행위의 목적물 가액의 3배가 3억원을 초과하는 경우에는 그 벌금을 목적물 가액의 3배 이하로 한다(외국환거래법 제27조의2 제1항). 징역과 벌금은 병과할 수 있다(동조 제2항). 양벌규정이 있어 행위자 외에 법인 등에게도 벌금형을 과한다(동법 제31조).

(2) 몰수 · 추징

해당 행위를 하여 취득한 외국환이나 그 밖에 증권, 귀금속, 부동산 및 내국지급수단은 몰수하며, 몰수할 수 없는 경우에는 그 가액을 추징한다(외국환거래법 제30조). 이때 몰수·추징의 대상은 범인이 해당 행위로 인하여 취득한 외국환 기타 지급수단 등을 뜻하고, 이는 범인이 외국환거래법에서 규제하는 행위로 인하여 취득한 외국환 등이 있을 때 이를 몰수하거나 추징한다는 취지이며, 위의 '취득'이라 함은 해당 범죄행위로 인하여 결과적으로 이를 취득한 때를 말한다. 따라서 무등록 외국환업무 등을 영위하면서 환전을 위하여 받은 국내지급수단이나 외국환 자체는 외국환거래법상 몰수·추징 대상이 아니고, 다만 수수료로 받은 금액에 대하여 몰수·추징할 수 있을 뿐이다.[13]

(3) 죄수 및 타죄와의 관계

1) 죄 수

수개의 무등록 외국환업무를 단일하고 계속된 범의하에 일정 기간 계속하여 행할 경우 포괄일죄를 구성한다.[14]

"피고인이 탈북자들의 북한 거주 가족의 탈북을 위한 비용, 북한 가족에

---

13) 대법원 2013. 7. 12. 선고 2013도4721 판결, 다만, 포괄일죄를 구성하거나 구성할 수 있는 행위에 제공된 금원은 범죄행위에 제공하였거나 제공하려고 한 물건으로서 형법 제48조 제1항 제1호에 의한 몰수의 대상이 될 수 있다(대법원 2009. 10. 15. 선고 2008도10912 판결).

14) 대법원 2013. 11. 28. 선고 2011도13007 판결.

대한 송금의뢰 등 중국으로 송금하고자 하는 금원을 피고인 명의의 국내 은행 계좌로 입금 받고 다시 환치기 브로커가 지정한 통장으로 송금한 각각의 거래행위가 '대한민국과 외국 간의 지급·추심 및 영수'에 직접적으로 필요하고 밀접하게 관련된 부대업무로서 포괄일죄를 구성한다.

무등록 외국환업무 부대행위의 목적물 가액을 계산함에 있어 피고인이 송금의뢰인으로부터 입금 받은 돈을 환치기 브로커가 지정한 통장으로 송금한 경우 그 입금된 금액과 송금한 금액을 단순 합산하였는바, 위 각 행위가 동일한 법익 침해를 향한 단계적 행위라는 점을 고려하면 위와 같은 경우에 목적물 가액은 피고인이 송금의뢰인으로부터 입금 받은 금액만이 되고 이를 다시 환치기 계좌로 송금한 금액까지 목적물의 가액에 합산하여서는 안 된다."

2) 타죄와의 관계

물품을 수출입하면서 밀수 또는 관세포탈 목적으로 물품대금 또는 수출입 신고한 금액을 초과하는 금액을 환치기 형태로 송금하는 경우 외국환거래법위반 외에 밀수입죄 또는 관세포탈죄 등 관세법위반이 별도로 성립하고, 실체적 경합관계에 있다.

제 3 절 지급수단에 관한 죄

I. 개 관

외국환거래법은 대부분의 외국환의 지급 또는 수령을 자유화하고 있다. 다만, 외환거래 동향을 파악하고 거래의 투명성을 제고하기 위해 일부 사항에 대하여 한국은행에 신고하거나 국세청, 관세청, 금융감독원에 지급내용이 통보되도록 하는 등 최소한의 제한을 하고 있다. 외국환거래법 제15조 제1항에서 지급·수령행위를 제한하는 일반조항을 두고, 제15조 제2항에서 우리나라가 체결한 조약 및 일반적으로 승인된 국제외국환거래법규의 성실한 이행을 위하여 불가피한 경우와 국제평화 및 안전유지를 위한 국제적 노력에 특히 기여할 필요가 있는 경우 허가사항으로 규율하고 있다. 기획재정부장관은 지급 또는 수령과 관련하여 환전절차, 송금절차, 재산반출절차 등 필요한 사항을 외국환거래규정에 고시하고 있고(외국환거래법 제15조 제1항), 지급등의 허가 및 절차는 동 규정 제4장에 규정하고 있다.

Ⅱ. 지급·수령 절차

1. 외국환은행장 지급등 증빙서류 제출사항

건당 미화 5천불을 초과하는 지급등을 하고자 하는 자는 외국환은행의 장에게 지급등의 사유와 금액을 입증하는 서류(지급등의 증빙서류)를 제출하여야 한다. 다만, 이 규정에 따른 신고를 요하지 않는 거래로서 비거주자 또는 외국인거주자가 외국에 있는 자금을 국내로 반입하기 위하여 수령하는 경우에는 예외로 한다(외국환거래규정 제4-2조 제1항). 지급등을 하고자 하는 자는 당해 지급등을 하기에 앞서 당해 지급등 또는 그 원인이 되는 거래, 행위가 법, 영, 이 규정 및 타법령 등에 의하여 신고등을 하여야 하는 경우에는 그 신고등을 먼저 하여야 한다(동조 제2항). 지급등을 하고자 하는 자가 당해 지급등과 관련하여 필요한 신고등 또는 보고를 이행하지 않는 등 법, 영 및 이 규정을 위반한 경우에는 당해 위반사실을 제재기관의 장(금융감독원장 포함)에게 외국환은행을 경유하여 보고하고 필요한 신고 또는 보고절차를 사후적으로 완료한 후 지급등을 할 수 있다. 다만, 수령를 하고자 하는 경우에는 위반사실을 제재기관의 장에게 보고한 후 수령할 수 있다(동조 제3항). 제재기관의 장은 위반한 당사자가 법제19조 제2항에 따른 제재를 받을 우려가 있거나 기타 제재의 실효성 확보를 위하여 필요하다고 인정되는 경우 제재처분 확정시까지 지급등을 중단시킬 수 있다(동조 제4항). 동 규정에 따라 거래외국환은행을 지정한 경우에는 당해 외국환은행을 통하여 지급등(휴대수출입을 위한 환전 포함)을 하여야 한다(동조 제5항).

2. 거주자의 지급절차 예외

거주자(외국인거주자 제외)는 다음 중 어느 하나에 해당하는 경우 외국환은행장에게 지급등의 증빙서류를 제출하지 아니하고 지급등을 할 수 있다(외국환거래규정 제4-3조 제1항).

① 이 규정에 따른 신고를 필요로 하지 않는 거래로서 다음 어느 하나에 해당하는 지급[15][16]

㉮ 연간 누계금액이 미화 10만불 이내(제7-2조 제8호의 거래[17]에 따른 지급금액을 포함)인 경우

㉯ 연간 누계금액이 미화 10만불을 초과하는 지급으로서 당해 거래의 내용과 금액을 서류를 통해 외국환은행의 장이 확인할 수 있는 경우

② 이 규정에 따른 신고를 필요로 하지 않는 수령.[18] 다만, 동일자·동일인 기준 미화 10만불을 초과하는 경우에는 서면에 의하여 외국환은행의 장으로부터 수령사유를 확인받아야 한다.

③ 정부 또는 지방자치단체의 지급등

④ 해외여행경비·해외이주비·재외동포의 국내재산 반출절차에 의한 지급을 제외하고 거래 또는 행위가 발생하기 전에 하는 지급. 이 경우 거래 또는 행위발생 후 일정한 기간내에 지급 증빙서류를 제출하여 정산하여야 한다. 다만, 그 지급금액의 100분의 10 이내에서는 정산의무를 면제할 수 있다.

⑤ 전년도 수출실적이 미화 3천만불 이상인 기업의 송금방식 수출대금의 수령 및 전년도 수입실적이 미화 3천만불 이상인 기업의 송금방식 수입대금의 지급(다만, 「새만금사업 추진 및 지원에 관한 특별법」 제2조 제1호에 따른 새만금사업지역 내에 소재한 기업의 경우 전년도 수출 또는 수입실적이 미화 1천만불 이상인 경우로 한다). 다만, 지급등의 증빙서류 제출을 면제받은 기업은 관련 지급등의 증빙서류를 5년간 보관하여야 한다.

⑥ 「외국인투자촉진법」상 외국인투자기업 및 외국기업 국내지사의 설립을 위하여 비거주자가 지출한 비용의 반환을 위한 지급과 해외직접투자 및 해외지사 설립을 위하여 거주자가 지출한 비용의 회수를 위한

---

15) 증빙서류를 제출하지 않는 경우에도 지급등을 하고자 하는 자는 외국환은행의 장에게 당해 거래의 내용을 설명하고 동 규정 제2-1조의 2의 절차에 따라 확인을 받아야 한다(동 규정 제2항).
16) 이에 따라 지급을 하고자 하는 자는 거래외국환은행을 지정하여야 한다(동 규정 제3항).
17) 이 장에 의한 자본거래로서 거주자(외국인거주자 제외)의 거래 건당 지급금액이 미화 5천불 초과 10만불 이내인 경우이고, 연간 지급누계금액이 제4-3조 제1항 제1호 가목 본문의 금액을 초과하지 않는 경우. 다만, 지급시 지정거래외국환은행의 장으로부터 거래의 내용을 확인받아야 한다.
18) 증빙서류를 제출하지 않는 경우에도 지급등을 하고자 하는 자는 외국환은행의 장에게 당해 거래의 내용을 설명하고 확인을 받아야 한다(동 규정 제2항).

수령. 다만, 지출비용을 수령 또는 지급한 외국환은행을 통하여 지급등을 하여야 한다.

⑦ 해외여행경비·해외이주비·재외동포의 국내재산 반출절차에서 지급등의 증빙서류를 제출하지 않고 지급할 수 있도록 별도로 정한 자금의 지급

3. 비거주자 또는 외국인거주자의 지급

비거주자 및 외국인거주자의 경우도 제한 없이 국외로 지급이 가능한 것은 아니다. 비거주자 및 외국인거주자는 자금의 취득경위를 입증하는 서류(취득경위 입증서류)를 제출하여 외국환은행 장의 확인을 받은 경우에 한하여 지급할 수 있다(외국환거래규정 제4-4조 제1항). 아래 사유에 해당되지 않는 경우 비거주자등은 연간 미화 5만불 범위 내에서 지정거래외국환은행을 통해 지급할 수 있다(동조 제2항). 또한, 매각실적 등이 없는 비거주자의 경우에는 미화 1만불 이내의 대외지급수단과 외국인거주자의 미화 1만불 이내의 해외여행경비는 이러한 제한 없이 지급할 수 있다(동조 제3항).

① 비거주자 또는 외국인거주자(배우자와 직계존비속을 포함한다)가 외국으로부터 이 규정에서 정한 바에 따라 수령 또는 휴대수입한 대외지급수단 범위 이내의 경우. 다만, 비거주자의 경우 최근 입국일 이후 수령 또는 휴대수입한 대외지급수단에 한한다.

② 제2-3조 제1항 제3호[19]의 규정에 의하여 한국은행총재에게 신고한 범위 이내의 경우

③ 국내에서의 고용, 근무에 따라 취득한 국내보수 또는 자유업 영위에 따른 소득 및 국내로부터 지급받는 사회보험 및 보장급부 또는 연금 기타 이와 유사한 소득범위 이내에서 지정거래외국환은행을 통해 지급하는 경우. 다만, 「외국인근로자의 고용등에 관한 법률」에 따른 출국만기보험 수령은 지정거래외국환은행을 통하지 아니하여도 된다.

④ 주한 외교기관이 징수한 영사수입 기타 수수료의 지급

⑤ 제2-2조(외국환의 매입) 제1항 제4호의 규정에 의한 매각실적 범위내의

---

[19] 외국인거주자의 국내부동산 매각대금의 지급 등을 위하여 외국환을 매각하는 경우에는 당해 매입을 하고자 하는 자가 대외지급수단매매신고서에 의하여 한국은행총재에게 신고하여야 한다.

지급

⑥ 제2-3조(외국환의 매각) 제4항 단서규정에서 정한 비거주자의 지급

⑦ 기타 제7장 내지 제9장의 규정에 따라 대외지급이 인정된 자금의 지급

4. 해외여행경비의 지급

(1) 지급방법

해외여행경비는 해외유학생경비, 해외체재비, 일반해외여행자경비로 구분된다. 해외여행자는 해외여행경비를 외국환은행을 통하여 지급하거나 휴대수출할 수 있다. 다만, 일반해외여행자가 외국환은행을 통하여 외국에 지급할 수 있는 경우는 다음 중 어느 하나에 한한다(외국환거래규정 제4-5조 제1항).

① 다음 중 어느 하나에 해당하는 기관의 예산으로 지급되는 금액

 ㉮ 정부, 지방자치단체

 ㉯ 「공공기관의 운영에 관한 법률」에 따라 지정된 공공기관

 ㉰ 한국은행, 외국환은행

 ㉱ 한국무역협회·중소기업협동조합중앙회·언론기관(국내 신문사, 통신사, 방송국에 한함)·대한체육회·전국경제인연합회·대한상공회의소

② 다음 중 어느 하나에 해당하는 자에 대하여 주무부장관 또는 한국무역협회의 장이 필요성을 인정하여 추천하는 금액

 ㉮ 수출·해외건설 등 외화획득을 위한 여행자

 ㉯ 방위산업체 근무자

 ㉰ 기술·연구목적 여행자

③ 외국에서의 치료비

④ 당해 수학기관에 지급하는 등록금, 연수비와 교재대금 등 교육관련 경비

⑤ 외국에 소재한 여행업자, 숙박업자, 운수업자에 대한 해외여행경비의 지급(소속 임직원의 일반해외여행경비에 대해서 당해 법인이 지급하는 경우 및 해외여행자의 관광상품권 비용을 여행업자가 일괄지급하는 경우를 포함한다)

(2) 지급절차

해외체재자 및 해외유학생이 해외여행경비를 지급하고자 하는 경우에는 거래외국환은행을 지정하여야 하며, 해외체재 또는 해외유학을 입증할 수 있

는 서류를 제출하여야 한다. 다만, 해외유학생은 이후에도 매연도별로 외국교육기관의 장이 발급하는 재학증명서 등 재학사실을 입증할 수 있는 서류를 제출하여야 한다(외국환거래규정 제4-5조 제2항).

여행업자 또는 교육기관등(국내 해외연수알선업체 포함)과의 계약에 의하여 해외여행을 하고자 하는 해외여행자는 해외여행경비의 전부 또는 일부를 당해 여행업자 또는 교육기관등에게 외국환은행을 통하여 지급할 수 있으며, 여행업자 또는 교육기관등은 동 경비를 외국의 숙박업자·여행사 또는 해외연수기관(외국 연수알선업체 포함)에 외국환은행을 통하여 지급하거나 휴대수출하여 지급할 수 있다(동조 제3항).

여행업자 또는 교육기관등이 해외여행자와의 계약에 의한 필요외화 소요경비를 환전하고자 하는 경우에는 외국환은행의 장으로부터 환전금액이 해외여행자와의 계약에 따른 필요외화 소요경비임을 확인받아야 한다(동조 제4항). 지정거래외국환은행의 장은 이에 따라 해외여행경비를 매각하는 경우로서 해외여행자가 외국인거주자인 경우에는 당해 해외여행자의 여권에 매각금액을 표시하여야 한다. 다만, 1백만원 이하에 상당하는 외국통화를 매각하는 경우에는 그러하지 아니하다(동조 제5항).

해외여행자는 해외여행경비를 신용카드등(여행자카드 포함)으로 지급(현지에서의 외국통화 인출을 포함)할 수 있다. 다만, 외국인거주자의 경우 연간 미화 5만불 범위 이내에서 해외여행경비를 신용카드등으로 지정거래외국환은행을 통하여 지급할 수 있다(동조 제6항).

법인은 당해 법인의 예산으로 소속 임직원(일반해외여행자에 한함)에게 해외여행경비 지급할 경우 법인명의로 환전하여 지급하거나, 법인명의의 신용카드등(여행자카드 포함)으로 지급할 수 있다(동조 제7항).

5. 해외이주비의 지급

해외이주자가 해외이주비를 지급하고자 하는 경우에는 국내로부터 이주하는 자는 외교통상부로부터 해외이주신고확인서를 발급받은 날, 현지 이주하는 자는 재외공관으로부터 최초로 거주여권을 발급받은 날부터 3년 이내에 지정거래외국환은행을 통하여 지급하거나 미화 1만불 초과시 지정거래외국환은행의 확인을 받아 휴대수출할 수 있다. 단, 이주자가 이주기간이 지연되는 상황에 대해 소명한 후 대외송금 기한을 연장할 수 있다(외국환거래규정 제4-6조 제1항). 해외이주예정자가 영주권등을 취득하기 위한 자금을 지급하고자 하는 경우에는 미화 1만불 초과시 지정거래외국환은행의 확인을 받아 휴대수출할 수 있다(동조 제2항). 해외이주자(해외이주예정자 포함)는 세대별 해외이주비 지급 누계금액이 미화 10만불을 초과하는 경우에는 해외이주자의 관할세무서장이 발급하는 해외이주비 전체금액에 대한 자금출처확인서를 지정거래외국환은행의 장에게 제출하여야 한다(동조 제3항).

해외이주예정자는 해외이주비의 지급 후 1년 이내에 영주권등을 취득하였음을 입증하는 서류를 지정거래외국환은행의 장에게 제출하거나, 지급한 자금을 국내로 회수하여야 한다. 다만, 영주권등을 1년 이내에 취득하는 것이 불가능하다는 사실을 입증할 경우, 영주권등을 취득하였음을 입증하는 서류의 제출기한을 연장할 수 있으며, 이 경우 매년 영주권등 취득현황을 통보하여야 한다(동조 제4항).

6. 재외동포의 국내재산 반출절차

종전 재외동포의 국내재산 반출에 대하여는 금액 제한 등이 있었으나 2001년 외환자유화 조치에 따라 재외동포재산반출신고서와 지급증빙서류를 지정거래외국환은행의 장에게 제출한 경우 제한 없이 국외로 반출할 수 있게 되었다.

재외동포가 본인 명의로 보유하고 있는 국내재산[20](재외동포 자격 취득 후 형성된 재산 포함)을 국외로 반출하고자 하는 경우에는 거래외국환은행을 지정하여야 하고, 다음과 같은 취득경위 입증서류를 지정거래외국환은행의 장에게 제출하여야 한다(외국환거래규정 제4-7조 제1·2항).

① 부동산처분대금의 경우 부동산소재지 또는 신청자의 최종주소지 관할 세무서장이 발행한 부동산매각자금확인서(다만, 확인서 신청일 현재 부동산 처분일로부터 5년이 경과하지 아니한 부동산 처분대금에 한함)

② 국내예금·신탁계정관련 원리금, 증권매각대금, 본인명의 예금 또는 부

---

20) 부동산 처분대금(부동산을 매각하여 금융자산으로 보유하고 있는 경우 포함), 국내예금·신탁계정관련 원리금, 증권매각대금, 본인명의 예금 또는 부동산을 담보로 하여 외국환은행으로부터 취득한 원화대출금, 본인명의 부동산의 임대보증금을 말한다.

동산을 담보로 하여 외국환은행으로부터 취득한 원화대출금, 본인명의 부동산의 임대보증금의 지급누계금액이 미화 10만불을 초과하는 경우 지정거래외국환은행의 주소지 또는 신청자의 최종주소지 관할세무서장이 발행한 전체 금액에 대한 자금출처확인서 등(다만, 반출월로부터 과거 3월간 취득한 국내에서의 고용, 근무에 따른 국내보수 또는 자유업 영위에 따른 소득 및 국내로부터 지급받는 사회보험 및 보장급부 또는 기타 이와 유사한 소득범위 이내에 대하여는 취득경위 입증서류 제출로 갈음함).

국외로 반출할 자금은 지정거래외국환은행을 통하여 지급하거나 미화 1만불 초과시 지정거래외국환은행의 확인을 받아 휴대수출할 수 있으며, 해외이주자계정에 예치할 경우에는 담보활용이 가능하다. 다만, 담보권실행에 의한 예치금의 해외지급은 당해 신청자의 국내재산이 반출된 것으로 간주한다(동조 제4항).

7. 국세청장 등 통보

(1) 국세청장 통보사항

외국환거래법은 외국환거래 자유화를 원칙으로 사후 적정성 관리를 위해 외환전산망을 통하여 국세청장, 관세청장, 금융감독원장에게 관련 정보를 통보하고 있다(외국환거래법 제21조 제1항). 외국환은행의 장은 다음의 어느 하나에 해당하는 지급등의 경우에는 매월별로 익월 10일 이내에 지급등의 내용을 국세청장에게 통보하여야 한다. 다만, 정부 또는 지방자치단체의 지급등은 그러하지 아니하다(외국환거래규정 제4-8조 제1항).
① 제4-3조(거주자의 지급등 절차 예외) 제1항 제1호[21] 내지 제2호[22]의 규정에 의한 지급등의 금액이 지급인 및 수령인별로 연간 미화 1만불을 초과하는 경우 및 제7-11조 제2항의 규정에 의한 지급금액이 지급인별로 연간 미화 1만불을 초과하는 경우

---

[21] 이 규정에 따른 신고를 필요로 하지 않는 거래로서 연간 누계금액이 미화 5만불 이내인 경우나, 연간 누계금액이 미화 5만불을 초과하는 지급으로서 당해 거래의 내용과 금액을 서류를 통해 외국환은행의 장이 확인할 수 있는 경우.

[22] 이 규정에 따른 신고를 필요로 하지 않는 수령. 다만, 동일자·동일인 기준 미화 5만불을 초과하는 경우에는 서면에 의하여 외국환은행의 장으로부터 수령사유를 확인받아야 한다.

② 해외유학생 및 해외체재자의 해외여행경비 지급금액이 연간 미화 10만
불을 초과하는 경우

③ 건당 미화 1만불을 초과하는 금액을 외국환은행을 통하여 지급등(송금
수표에 의한 지급등을 포함한다)하는 경우

(2) 관세청장 통보사항

외국환은행의 장은 다음의 어느 하나에 해당하는 지급등의 내용을 매월별
로 익월 10일까지 관세청장에게 통보하여야 한다. 다만, 정부 또는 지방자치단
체의 지급은 그러하지 아니하다(외국환거래규정 제4-8조 제2항).

① 수출입대금의 지급 또는 수령

② 외국환은행을 통한 용역대가의 지급 또는 수령

③ 제4-3조(거주자의 지급등 절차 예외) 제1항 제1호 내지 제2호의 규정에
의한 지급등

④ 건당 미화 1만불을 초과하는 해외이주비의 지급

⑤ ① 내지 ④의 경우를 제외하고 건당 미화 1만불을 초과하는 금액을 외
국환은행을 통하여 지급등(송금수표에 의한 지급을 포함한다)을 하는 경우

(3) 금융감독원장 통보사항

외국환은행의 장은 다음의 하나에 해당하는 지급등의 내용을 매월별로 익
월 10일까지 금융감독원장에게 통보하여야 한다. 다만, 정부 또는 지방자치단
체의 지급은 예외로 한다(외국환거래규정 제4-8조 제3항).

① 제4-3조(거주자의 지급등 절차 예외) 제1항 제1호의 규정에 의한 지급 및
제7-11조 제2항의 규정에 의한 지급금액이 지급인별로 연간 미화 1만
불을 초과하는 경우

② 해외유학생 및 해외체재자의 해외여행경비 지급금액이 연간 미화 10만
불을 초과하는 경우

③ 위 ①, ②를 제외하고 건당 미화 1만불을 초과하는 금액을 외국환은행
을 통하여 지급등(송금수표에 의한 지급을 포함한다)을 하는 경우

8. 과태료

외국환거래법 제15조 제1항에 따른 지급절차 등을 위반하여 지급·수령을 하거나 자금을 이동시킨 자에 대하여는 5천만원 이하의 과태료를 부과한다(외국환거래법 제32조 제2항 제2호).

Ⅲ. 지급·수령 허가와 처벌

제27조의2(벌칙) ① 다음 각 호의 어느 하나에 해당하는 자는 3년 이하의 징역 또는 3억원 이하의 벌금에 처한다. 다만, 위반행위의 목적물 가액의 3배가 3억원을 초과하는 경우에는 그 벌금을 목적물 가액의 3배 이하로 한다.

　3. 제15조 제2항에 따른 허가를 받지 아니하거나, 거짓이나 그 밖의 부정한 방법으로 허가를
　　받고 지급 또는 수령을 한 자

② 제1항의 징역과 벌금은 병과할 수 있다.

제30조(몰수·추징) 제27조 제1항 각 호, 제27조의2 제1항 각 호 또는 제29조 제1항 각 호의 어느 하나에 해당하는 자가 해당 행위를 하여 취득한 외국환이나 그 밖에 증권, 귀금속, 부동산 및 내국지급수단은 몰수하며, 몰수할 수 없는 경우에는 그 가액을 추징한다.

제31조(양벌규정) 법인의 대표자나 법인 또는 개인의 대리인, 사용인, 그 밖의 종업원이 그 법인 또는 개인의 재산 또는 업무에 관하여 제27조, 제27조의2, 제28조 및 제29조의 어느 하나에 해당하는 위반행위를 하면 그 행위자를 벌하는 외에 그 법인 또는 개인에게도 해당 조문의 벌금형을 과(科)한다. 다만, 법인 또는 개인이 그 위반행위를 방지하기 위하여 해당 재산 또는 업무에 관하여 상당한 주의와 감독을 게을리하지 아니한 경우에는 그러하지 아니하다.

1. 의 의

기획재정부장관은 우리나라가 체결한 조약 및 일반적으로 승인된 국제외국환거래법규의 성실한 이행을 위하여 불가피한 경우와 국제평화 및 안전유지를 위한 국제적 노력에 특히 기여할 필요가 있는 경우에 거주자 또는 비거주자로 하여금 경상적 지급 및 영수에 관하여 허가를 받도록 할 수 있다(외국환거래법 제15조 제2항, 동법 시행령 제29조). 기획재정부 고시인 '국제평화 및 안전유지 등의 의무이행을 위한 지급 및 영수허가지침'에 지급 및 영수의 제한에 관한 상세한 사항이 규정되어 있다.

2. 구성요건

본죄는 제15조 제2항에 따른 기획재정부장관의 허가를 받지 아니하거나, 거짓이나 그 밖의 부정한 방법으로 허가를 받고 지급 또는 수령을 하는 경우 성립한다(외국환거래법 제27조의2 제1항 제3호).

3. 처 벌

(1) 법정형 등

3년 이하의 징역 또는 3억원 이하의 벌금에 처한다. 다만, 위반행위의 목적물 가액의 3배가 3억원을 초과하는 경우에는 그 벌금을 목적물 가액의 3배 이하로 한다(외국환거래법 제27조의2 제1항 제3호). 징역과 벌금은 병과할 수 있다(동조 제2항). 양벌규정이 있어 행위자 외에 법인 등에게도 벌금형을 과한다(동법 제31조).

(2) 몰수 · 추징

본죄를 범한 자가 해당 행위를 하여 취득한 외국환이나 그 밖에 증권, 귀금속, 부동산 및 내국지급수단은 몰수하며, 몰수할 수 없는 경우에는 그 가액을 추징한다(외국환거래법 제30조). 대법원은 외국환관리법상의 몰수와 추징은 일반 형사법의 경우와 달리 범죄사실에 대한 징벌적 제재의 성격을 띠고 있다고 하였다.[23]

"여러 사람이 공모하여 범칙행위를 한 경우 몰수대상인 외국환 등을 몰수할 수 없을 때에는 각 범칙자 전원에 대하여 그 취득한 외국환 등의 가액 전부의 추징을 명하여야 하고, 그 중 한 사람이 추징금 전액을 납부하였을 때에는 다른 사람은 추징의 집행을 면할 것이나, 그 일부라도 납부되지 아니하였을 때에는 그 범위 내에서 각 범칙자는 추징의 집행을 면할 수 없다."

이에 반해, 외국환관리법상의 추징은 관세법상의 추징과는 그 조문의 규정내용과 형식이 모두 다르고, 관련 규정의 문언과 공동연대 추징의 문제점 등에도 불구하고 외국환관리법위반의 경우에까지 공동연대 추징의 유추해석을

---

23) 대법원 1998. 5. 21. 선고 95도2002 전원합의체 판결.

도출하는 것은 죄형법정주의 원칙에 위배된다는 견해가 있다.[24]

Ⅳ. 지급·수령 방법과 처벌

제29조(벌칙) ① 다음 각 호의 어느 하나에 해당하는 자는 1년 이하의 징역 또는 1억원 이하의 벌금에 처한다. 다만, 위반행위의 목적물 가액의 3배가 1억원을 초과하는 경우에는 그 벌금을 목적물 가액의 3배 이하로 한다.

　3. 제16조 또는 제18조에 따른 신고의무를 위반한 금액이 5억원 이상의 범위에서 대통령령으로 정하는 금액을 초과하는 자

제30조(몰수·추징) 제27조 제1항 각 호, 제27조의2 제1항 각 호 또는 제29조 제1항 각 호의 어느 하나에 해당하는 자가 해당 행위를 하여 취득한 외국환이나 그 밖에 증권, 귀금속, 부동산 및 내국지급수단은 몰수하며, 몰수할 수 없는 경우에는 그 가액을 추징한다.

제31조(양벌규정) 법인의 대표자나 법인 또는 개인의 대리인, 사용인, 그 밖의 종업원이 그 법인 또는 개인의 재산 또는 업무에 관하여 제27조, 제27조의2, 제28조 및 제29조의 어느 하나에 해당하는 위반행위를 하면 그 행위자를 벌하는 외에 그 법인 또는 개인에게도 해당 조문의 벌금형을 과(科)한다. 다만, 법인 또는 개인이 그 위반행위를 방지하기 위하여 해당 재산 또는 업무에 관하여 상당한 주의와 감독을 게을리하지 아니한 경우에는 그러하지 아니하다.

제32조(과태료) ① 다음 각 호의 어느 하나에 해당하는 자에게는 1억원 이하의 과태료를 부과한다.

　3. 제16조에 따른 신고를 하지 아니하거나 거짓으로 신고를 하고 지급 또는 수령을 한 자

1. 의 의

　　외국환거래법 제16조는 거주자 간, 거주자와 비거주자 간 또는 비거주자 상호 간의 거래나 행위에 따른 채권·채무를 결제할 때 거주자가 상계, 기간초과 지급 수령, 제3자 지급·수령, 은행을 통하지 않는 결제를 하는 경우 대통령령으로 정하는 바에 따라 그 지급 또는 수령의 방법을 기획재정부장관에게 미리 신고하여야 한다고 규정하고, 동법 제29조 제1항 제3호에서 제16조에 따른 신고의무를 위반한 자를 처벌하도록 규정하고 있다.

---

24) 위 전원합의체 판결의 반대의견; 노수환, 외국환거래법상 필요적 몰수·추징 규정에 관한 몇 가지 고찰, 성균관법학 2017.

2. 상 계

(1) 신고의무

1) 외국환은행의 장 신고사항

거주자가 수출입, 용역거래, 자본거래 등 대외거래를 함에 있어서 계정의 대기 또는 차기에 의하여 결제하는 등 비거주자에 대한 채권 또는 채무를 비거주자에 대한 채무 또는 채권으로 상계를 하고자 하는 경우에는 외국환은행의 장에게 신고하거나, 상계처리 후 1개월 이내에 외국환은행의 장에게 사후 보고를 하여야 한다(외국환거래규정 제5-4조 제2항).

2) 한국은행총재 신고사항

다국적 기업의 상계센터를 통하여 상계하거나 다수의 당사자의 채권 또는 채무를 상계하고자 하는 경우에는 한국은행총재에게 신고하여야 한다(외국환거래규정 제5-4조 제3항).

3) 국세청장 등 통보

신고 또는 사후보고를 받은 한국은행 총재 또는 외국환은행의 장은 동 신고 또는 사후보고 내용을 다음반기 첫째달 말일까지 국세청장 및 관세청장에게 통보하여야 한다(외국환거래규정 제5-4조 제4항).

(2) 신고의무의 예외

다음의 어느 하나에 해당하는 방법으로 지급등을 하고자 하는 경우에는 신고를 요하지 아니한다(외국환거래규정 제5-4조 제1항).

① 일방의 금액(분할하여 지급등을 하는 경우에는 각각의 지급등의 금액을 합산한 금액을 말한다)이 미화 5천불 이하인 채권 또는 채무를 상계하고자 하는 경우

② 거주자가 거주자와 비거주자간의 거래 또는 행위에 따른 채권 또는 채무를 이 절 제2관의 규정에 의한 상호계산계정을 통하여 당해 거래의 당사자인 비거주자에 대한 채무 또는 채권으로 상계하고자 하는 경우

③ 신용카드발행업자가 외국에 있는 신용카드발행업자로부터 수령할 금

액과 당해 외국에 있는 신용카드발행업자에게 지급할 금액(거주자의 신용카드 대외지급대금, 사용수수료 및 회비)을 상계하거나 그 상계한 잔액을 지급 또는 수령하는 경우

④ 보험업법에 의한 보험사업자 및 특정보험사업자(신용협동조합법, 수산업협동조합법 및 새마을금고법에 따른 공제사업자를 포함한다)가 외국의 보험사업자와의 재보험계약에 의하여 재보험료, 재보험금, 대행중개수수료, 대행업무비용, 공탁금 및 공탁금 이자 등을 지급 또는 수령함에 있어서 그 대차를 차감한 잔액을 지급 또는 수령하는 경우

⑤ 거주자가 파생상품거래에 의하여 취득하는 채권 또는 채무를 당해 거래상대방과의 반대거래 또는 당해 장내파생상품시장에서 동종의 파생상품거래에 의하여 취득하는 채무 또는 채권과 상계하거나 그 상계한 잔액을 지급 또는 수령하는 경우

⑥ 연계무역, 위탁가공무역 및 수탁가공무역에 의하여 수출대금과 관련 수입대금을 상계하고자 하는 경우

⑦ 물품의 수출입대금과 당해 수출입거래에 직접 수반되는 중개 또는 대리점 수수료 등을 상계하고자 하는 경우

⑧ 외국항로에 취항하는 국내의 항공 또는 선박회사가 외국에서 취득하는 외국항로의 항공임 또는 선박임과 경상운항경비를 상계하거나 그 상계한 잔액을 지급 또는 수령하는 경우

⑨ 외국항로에 취항하고 있는 국내선박회사가 외국선박회사와 공동운항계약을 체결하고 선복 및 장비의 상호사용에 따른 채권과 채무를 상계하고자 하는 경우

⑩ 국내외철도승차권 등(선박, 항공기 또는 교통수단 등의 이용권을 포함한다)의 판매대금과 당해 거래에 직접 수반되는 수수료를 상계하고자 하는 경우

⑪ 거주자간에 외화표시 채권 또는 채무를 상계하고자 하는 경우

⑫ 국내 통신사업자가 외국에 있는 통신사업자로부터 수령할 통신망 사용대가와 당해 통신사업자에게 지급할 통신망 사용대가를 상계하거나 그 상계한 잔액을 지급 또는 수령하는 경우

⑬ 조세에 관한 법률 등에 따라 거주자와 비거주자간 거래와 관련하여 발생한 소득에 대한 원천징수 후 잔액을 지급 또는 수령하는 경우

(3) 구성요건 등

본죄는 신고예외대상이 아님에도 신고 없이 '상계 등의 방법'으로 채권·채무를 소멸시키거나 상쇄시키는 방법으로 결제함으로써 성립한다. 따라서 채권·채무를 소멸시키거나 상쇄시키는 방법에 해당하더라도 '상계 등의 방법'에 의한 것이 아닌 이상 여기에서 정한 결제방법에 해당한다고 볼 수 없다.[25]

"외국환거래법 제16조 제1호는 채권·채무를 소멸시키거나 상쇄시키는 방법으로 결제하는 경우에 해당하는 구체적인 사례로서 상계를 규정하는 예시적 입법형식을 취하고 있는데, 외국환거래법 규율영역의 복잡다양성 등을 고려하여 그러한 규정형식의 필요성을 인정하더라도 그 규정이 형벌법규에 해당되는 이상 그 의미를 피고인들에게 불리한 방향으로 지나치게 확장 내지 유추해석하는 것은 죄형법정주의의 원칙에 비추어 허용되지 아니한다. 따라서 외국환거래법 제16조 제1호 소정의 '상계 등'이란 채권·채무를 소멸시키거나 상쇄시키는 결제방법 중에서 법률적으로 상계와 일치하지는 아니하지만 상계와 유사한 개념으로서 상계와 동일한 법적 평가를 받거나 적어도 상계라는 표현으로 충분히 예측가능할 만큼 유사한 행위유형이 되어야 하는 것으로 해석하여야 할 것이다. 그리고 외국환거래법이 이와 같이 상계 등의 결제방법에 대하여 신고의무를 규정한 취지는 허위의 채권·채무를 내세우는 등의 방법으로 외환을 불법적으로 유출하거나 유입하는 것을 막고자 하는 데 있으므로, 어떠한 거래가 외국환거래법 제16조 제1호 소정의 '상계 등의 방법'에 해당하는지 여부를 판단할 때 그 거래로 인하여 외환의 불법적인 유출 또는 유입의 가능성이 있는지 여부도 함께 고려하여야 한다."[26]

(4) 판례의 사례

"피고인이 2007. 12. 21.경부터 같은 해 12. 27.경까지 사이에 매도인인 광주신주해운유한공사에 2개월 동안 이 사건 선박을 임대하여 받기로 한 용선료 중국 통화 1,200,000위안에 상당하는 미화 162,162달러를 기획재정부장관에게 미리 신고하지 아니하고 이 사건 선박의 매매대금과 상계한 행위는 외국환거래법 위반죄에 해당한다."[27]

---

25) 대법원 2014. 8. 28. 선고 2013도9374 판결.
26) 대법원 2014. 8. 28. 선고 2013도9374 판결.
27) 대법원 2011. 7. 14. 선고 2011도2136 판결.

"갑 주식회사 임원인 피고인이, 갑 회사가 을 주식회사로부터 받은 광고비 전액 중 해외 광고매체사로부터 수령할 수수료를 공제한 잔액만을 지급하는 방법으로 해외 광고매체사와 사이에 채권·채무를 결제하면서 이를 신고하지 아니한 경우 '상계 등의 방법으로 채권·채무를 소멸시키거나 상쇄시키는 방법으로 결제하는 경우'에 해당한다."[28]

3. 기간초과 지급·수령

(1) 수출입대금의 지급

거주자가 수출입대금의 지급등을 하고자 하는 경우에는 신고를 요하지 아니한다(외국환거래규정 제5-8조 제1항).

(2) 한국은행총재 신고사항

다음의 어느 하나에 해당하는 방법으로 지급등을 하고자 하는 자는 한국은행총재에게 신고하여야 한다(외국환거래규정 제5-8조 제1항).

① 계약건당 미화 5만불을 초과하는 수출대금을 다음 중 하나에 해당하는 방법으로 수령하고자 하는 경우

㉮ 본지사 간의 수출거래로서 무신용장 인수인도조건방식 또는 외상수출채권매입방식에 의하여 결제기간이 물품의 선적 후 또는 수출환어음의 일람 후 3년을 초과하는 경우

㉯ 본지사 간의 수출거래로서 수출대금을 물품의 선적 전에 수령하고자 하는 경우

㉰ 본지사 간이 아닌 수출거래로서 수출대금을 물품의 선적 전 1년을 초과하여 수령하고자 하는 경우. 다만, 선박, 철도차량, 항공기, 대외무역법에 의한 산업설비의 경우는 제외한다.

② 다음의 어느 하나에 해당하는 방법으로 수입대금을 지급하고자 하는 경우

㉮ 계약 건당 미화 5만불을 초과하는 미가공 재수출할 목적으로 금을 수입하는 경우로서 수입대금을 선적서류 또는 물품의 수령일부터

---

28) 대법원 2012. 9. 27. 선고 2011도11064 판결.

30일을 초과하여 지급하거나 내수용으로 30일을 초과하여 연지급수입한 금을 미가공 재수출하고자 하는 경우

㉯ 계약 건당 미화 2만불을 초과하는 수입대금을 선적서류 또는 물품의 수령 전 1년을 초과하여 송금방식에 의하여 지급하고자 하는 경우. 다만, 선박, 철도차량, 항공기, 대외무역법에 따른 산업설비에 대한 미화 5백만불 이내의 수입대금을 지급하는 경우는 제외한다.

(3) 대응수출입 이행의무

건당 미화 5만불을 초과하는 수출대금을 물품의 선적 전에 수령한 자는 동 대금을 반환하거나 대응수출을 이행하여야 한다(외국환거래규정 제5-9조 제1항). 선적서류 또는 물품의 수령 전에 송금방식에 의하여 건당 미화 2만불을 초과하는 수입대금을 지급한 자는 동 대금을 반환받거나 대응수입을 이행하여야 한다(외국환거래규정 제5-9조 제2항).

(4) 구성요건

본죄는 기획재정부장관이 정하는 기간을 넘겨 결제하는 경우로서 신고예외사유가 없음에도 신고 없이 지급 또는 수령을 함으로써 성립한다.

4. 제3자 지급·수령

(1) 원 칙

신고예외사유를 제외하고 거주자가 미화 5천불을 초과하고 미화 1만불 이내의 금액(분할하여 지급등을 하는 경우에는 각각의 지급등의 금액을 합산한 금액을 말한다)을 제3자와 지급등을 하려는 경우에는 외국환은행의 장에게 신고하여야 한다(외국환거래규정 제5-10조 제2항).

신고예외사유 및 외국환은행의 장에게 신고하는 경우를 제외하고 거주자가 제3자와 지급등을 하려는 경우에는 한국은행총재에게 신고하여야 한다(외국환거래규정 제5-10조 제3항).

거주자와 다국적회사인 비거주자와의 거래의 결제를 위하여 당해 거래의 당사자가 아닌 다국적회사의 자금관리전문회사로 지정된 자에게 지급하는 경우에는 지급일로부터 1개월 이내에 위 신고를 사후 보고할 수 있다(외국환거래

규정 제5-10조 제4항).

(2) 신고를 요하지 않는 경우

신고예외사유는 다음과 같다(외국환거래규정 제5-10조 제1항).

① 미화 5천불 이하의 금액을 제3자 지급등을 하는 경우(분할하여 지급등을 하는 경우에는 각각의 지급등의 금액을 합산한 금액을 말한다)

② 거주자간 또는 거주자와 비거주자간 거래의 결제를 위하여 당해 거래의 당사자인 거주자가 당해 거래의 당사자가 아닌 비거주자로부터 수령하는 경우

③ 비거주자간 또는 거주자와 비거주자간 거래의 결제를 위하여 당해 거래의 당사자가 아닌 거주자가 당해 거래의 당사자인 비거주자로부터 수령하는 경우 및 동 자금을 당해 거래의 당사자인 거주자가 당해 거래의 당사자가 아닌 거주자로부터 수령하는 경우

④ 외국환은행이 당해 외국환은행의 해외지점 및 현지법인의 여신과 관련하여 차주, 담보제공자 또는 보증인으로부터 여신원리금을 회수하여 지급하고자 하는 경우

⑤ 거주자인 예탁결제원이 예탁기관으로서 법·영 및 이 규정에서 정하는 바에 따라 비거주자가 발행한 주식예탁증서의 권리행사 및 의무이행과 관련된 내국지급수단 또는 대외지급수단을 지급 또는 수령하는 경우

⑥ 거래당사자가 회원으로 가입된 국제적인 결제기구와 지급 또는 수령하는 경우

⑦ 인정된 거래[29]에 따른 채권의 매매 및 양도, 채무의 인수가 이루어진 경우(비거주자간의 외화채권의 이전을 포함한다)

⑧ 인정된 거래에 따라 외국에 있는 부동산 또는 이에 관한 권리를 취득하고자 하는 거주자가 동 취득대금을 당해 부동산 소재지 국가에서 부동산계약을 중개·대리하는 자(제9-39조 제2항 제2호에 해당하는 경우에는 거주자의 배우자를 포함한다)에게 지급하는 경우

⑨ 인정된 거래에 따라 외국에서 외화증권을 발행한 거주자가 원리금상환 및 매입소각 등을 위하여 자금관리위탁계약을 맺은 자에게 지급하고자

---

29) '인정된 거래'란 외국환거래법, 동법 시행령, 외국환거래규정에 의하여 신고 등을 하였거나 신고 등을 요하지 아니하는 거래를 말한다(외국환거래규정 제1-2조 제25호).

하는 경우

⑩ 인정된 거래에 따라 외화증권을 취득하고자 하는 자가 관련자금을 예탁결제원에게 지급하는 경우

⑪ 외국기업 국내지사 등 직원인 거주자가 주식 또는 지분을 취득한 경우30) 동 취득대금을 외국인투자촉진법에 의한 외국인투자기업(국내자회사를 포함한다), 외국기업국내지사, 외국은행국내지점 또는 사무소가 본사(본사의 지주회사나 방계회사를 포함한다)에게 직접 지급하는 경우

⑫ 해외현지법인을 설립하거나 해외지사를 설치하고자 하는 거주자가 동 자금을 해외직접투자와 관련된 대리관계가 확인된 거주자 또는 비거주자에게 지급하는 경우

⑬ 외교통상부의·신속 해외송금 지원제도 운영 지침·에 따라 대한민국 재외공관이 국민인비거주자에게 긴급경비를 지급하는 경우

⑭ 수입대행업체(거주자)에게 단순수입대행을 위탁한 거주자(납세의무자)가 수입대행계약시 미리 정한 바에 따라 수입대금을 수출자인 비거주자에게 지급하는 경우

⑮ 거주자가 인터넷으로 물품 수입을 하고 수입대금은 국내 구매대행업체를 통하여 지급하는 경우 및 수입대금을 받은 구매대행업체가 수출자에게 지급하는 경우

⑯ 비거주자가 인터넷으로 판매자인 다른 비거주자로부터 물품을 구매하고 구매대금을 거주자인 구매대행업체를 통하여 지급하는 경우 및 구매대금을 받은 거주자인 구매대행업체가 판매자인 다른 비거주자에게 지급하는 경우

⑰ 거주자인 정유회사 및 원유, 액화천연가스 또는 액화석유가스 수입업자가 외국정부 또는 외국정부가 운영하는 기업으로부터 원유, 액화천연가스 또는 액화석유가스를 수입함에 있어 당해 수출국의 법률이 정한 바에 따라 수입대금을 수출국의 중앙은행에 지급하는 경우

⑱ 해운대리점 또는 선박관리업자가 비거주자인 선주(운항사업자를 포함한다)로부터 수령한 자금으로 국내에 입항 또는 국내에서 건조중인 선박의 외항선원 급여등 해상운항경비를 외항선박의 선장 등 관리책임자에

---

30) 외국환거래규정 제7-31조 제1항 제10호.

게 지급하는 경우

⑲ 거주자간 거래의 결제를 위하여 당해 거래의 당사자인 거주자가 당해 거래의 당사자가 아닌 거주자와 지급등을 하는 경우

⑳ 거주자인 통신사업자와 비거주자인 통신사업자간 통신망 사용대가의 결제를 위하여 당해 거래의 당사자인 거주자가 당사자가 아닌 비거주자와 지급등을 하는 경우

㉑ 「정보통신망 이용촉진 및 정보보호 등에 관한 법률」에 따라 등록된 통신과금서비스제공자가 거주자 또는 비거주자의 전자적 방법에 의한 재화의 구입 또는 용역의 이용에 있어 그 대가의 정산을 대행하기 위해 지급등을 하는 경우

㉒ 거주자가 외국환은행 또는 이에 상응하는 금융기관에 개설된 에스크로 계좌(상거래의 안정성을 확보하기 위하여 중립적인 제3자로 하여금 거래대금을 일시적으로 예치하였다가 일정 조건이 충족되면 당초 약정한 대로 자금의 집행이 이루어지는 계좌를 말한다)를 통해 비거주자와 지급등을 하는 경우

㉓ 해외광고 및 선박관리 대리대행계약에 따라 동 업무를 대리·대행하는 자가 지급 또는 수령하는 경우

㉔ 국제개발협력기본법에 따른 국제개발협력과 관련한 자금을 거래당사자가 아닌 자에게 지급하는 경우

㉕ 다국적 기업의 상계센터를 통한 상계로서 한국은행총재에게 상계 신고를 이행한 후 상계잔액을 해당 센터에 지급하는 경우

㉖ 거주자인 「외국인관광객 등에 대한 부가가치세 및 개별소비세 특례규정」에 따른 환급창구운영사업자가 지급 업무의 대행에 대한 협약을 맺은 업체를 통해 비거주자에게 환급금을 지급하는 경우

㉗ 거주자가 외국에 있는 과세당국에 세금을 납부하기 위해 비거주자인 납세대리인을 지정하고, 당해 대리인에게 지급하는 경우

㉘ 선주상호보험조합법에 따른 선주상호보험조합이 선주상호보험사업과 관련한 자금을 거래당사자가 아닌 자에게 지급등을 하는 경우

(3) 구성요건

본죄는 신고예외사유가 아님에도 신고 없이 거주자가 해당 거래의 당사자가 아닌 자와 지급 또는 수령을 하거나 해당 거래의 당사자가 아닌 거주자가

그 거래의 당사자인 비거주자와 지급 또는 수령을 함으로써 성립한다.

5. 외국환은행을 통하지 아니한 지급·수령

(1) 의 의

원칙적으로 지급·수령은 외국환은행을 통하여 하여야 한다(외국환거래규정 제5−11조 제1항). 다음의 신고 예외사유를 제외하고, 거주자가 외국환은행을 통하지 아니하고 지급등을 하고자 하는 경우(물품 또는 용역의 제공, 권리의 이전 등으로 비거주자와의 채권·채무를 결제하는 경우 포함)에는 한국은행총재에게 신고하여야 한다(동조 제3항).

(2) 신고 예외사유

거주자가 외국환은행을 통하지 아니하고 지급수단을 '수령'하고자 하는 경우 신고를 요하지 아니한다. 또한, 다음 중 하나에 해당하는 방법으로 '지급'을 하고자 하는 경우에는 신고를 요하지 아니한다(외국환거래규정 제5−11조 제1항).

① 외항운송업자와 승객간에 외국항로에 취항하는 항공기 또는 선박안에서 매입, 매각한 물품대금을 직접 지급 또는 수령하는 경우
② 해외여행자(여행업자 및 교육기관등을 포함한다) 또는 해외이주자(해외이주예정자를 포함한다) 및 재외동포가 해외여행경비, 해외이주비 및 국내재산을 외국에서 직접 지급하는 경우. 다만, 미화 1만불을 초과하는 대외지급수단을 휴대수출하여 지급하는 경우는 다음 중 하나에 한한다.
㉮ 지정거래외국환은행의 장의 확인
㉠ 해외체재자, 해외유학생이 대외지급수단을 휴대수출하여 지급하는 경우
㉡ 해외이주자, 해외이주예정자 및 재외동포가 대외지급수단을 휴대수출하여 지급하는 경우
㉯ 일반해외여행자(외국인거주자는 제외한다)가 대외지급수단을 관할세관의 장에게 신고한 후 휴대수출하여 지급하는 경우
㉰ 정부, 지방자치단체, 「공공기관의 운영에 관한 법률」에 따라 지정된 공공기관, 한국은행, 외국환은행, 한국무역협회·중소기업협동조합

중앙회·언론기관(국내 신문사, 통신사, 방송국에 한함)·대한체육회·전
국경제인연합회·대한상공회의소등 기관의 예산으로 지급되는 해외
여행경비를 휴대수출하여 지급하는 경우

㉯ 해외체재자 및 해외유학생이 지정거래외국환은행의 장이 확인한 금
액을 초과하여 관할세관의 장에게 신고한 후 휴대수출하여 지급하
는 경우. 다만, 초과금액이 미화 1만불 이하의 경우에는 신고를 요
하지 아니한다.

㉰ 여행업자(교육기관등을 포함한다)가 외국환은행의 장의 확인을 받은
대외지급수단을 휴대수출하여 지급하는 경우

③ 거주자가 인정된 거래에 따른 지급을 위하여 송금수표, 우편환 또는 유
네스코쿠폰으로 지급하는 경우

④ 거주자가 외국에서 보유가 인정된 대외지급수단으로 인정된 거래에 따
른 대가를 외국에서 직접 지급하는 경우

⑤ 거주자와 비거주자간에 국내에서 '내국통화'로 표시된 거래를 함에 따
라 내국지급수단으로 지급하고자 하는 경우[31]

⑥ 건당 미화 5천불 초과하는 지급등을 하는 경우 외국환은행의 장에게
지급등 증빙서류를 제출하는 절차를 거친 후 당해 외국환은행의 장의
확인을 받은 다음의 어느 하나에 해당하는 경우

㉮ 대외무역관리규정 별표 3(수출승인의 면제) 및 별표 4(수입승인의 면제)
에서 정한 물품을 외국에서 수리 또는 검사를 위하여 출국하는 자
가 외국통화 및 여행자수표를 휴대수출하여 당해 수리 또는 검사비
를 외국에서 직접 지급하는 경우

㉯ 외국항로에 취항하는 항공 또는 선박회사가 외국통화를 휴대수출하
여 외국에서 운항경비를 직접 지급하는 경우

㉰ 원양어업자가 어업규정준수 여부 확인 등을 위하여 승선하는 상대
국의 감독관 등에게 지급하여야 할 경비를 휴대수출하여 지급하는
경우

㉱ 영화, 음반, 방송물 및 광고물을 외국에서 제작함에 필요한 경비를
당해 거주자가 대외지급수단을 휴대수출하여 외국에서 직접 지급하

---

31) 거주자가 외국에 거주하는 비거주자와 거래하는 경우 국내에서 이루어진 거래라고 할 수 없어
신고예외사유로 볼 수 없다(대법원 2005. 12. 9. 선고 2005도6234 판결).

는 경우

⑪ 스포츠경기, 현상광고, 국제학술대회 등과 관련한 상금을 당해 입상자에게 직접 지급하는 경우

⑫ 외국인거주자(비거주자를 포함한다)가 국내에서 고용등에 따라 취득한 국내보수에 관하여 자금의 취득경위 입증서류를 제출하여 지정거래외국환은행으로부터 매입한 대외지급수단을 휴대수출하여 지급하는 경우

⑬ 수출·해외건설 등 외화획득을 위한 여행자, 방위산업체 근무자, 기술·연구목적 여행자에 대하여 주무부장관 또는 한국무역협회의 장이 필요성을 인정하여 추천하는 금액, 외국에서의 치료비, 당해 수학기관에 지급하는 등록금, 연수비와 교재대금 등 교육관련 경비 등 해외여행경비를 휴대수출하여 지급하는 경우

⑭ 외국인거주자(비거주자를 포함한다)가 제2-3조(외국환의 매각) 제1항 제3호의 규정에 의하여 취득한 대외지급수단을 휴대수출하여 지급하는 경우

⑮ 해운대리점 또는 선박관리업자가 비거주자인 선주(운항사업자를 포함한다)로부터 수령한 자금으로 국내에 입항 또는 국내에서 건조중인 선박(외항선박)의 외항선원 급여등 해상운항경비를 외항선박의 선장 등 관리책임자에게 지급하는 경우

⑦ 제7장 제2절(예금, 신탁계약에 따른 자본거래)의 규정에 의하여 인정된 외화자금을 직접 예치·처분하는 경우 및 인정된 거래에 따른 대가를 당해 예금기관이 발행한 외화수표 또는 신용카드등으로 국내에서 직접 지급하는 경우

⑧ 거주자와 비거주자간 또는 거주자와 다른 거주자간의 건당 미화 1만불 이하(단, 「경제자유구역의 지정 및 운영에 관한 특별법」에 따른 경제자유구역에서는 10만불 이하)의 경상거래에 따른 대가를 대외지급수단으로 직접 지급하는 경우

⑨ 본인명의의 신용카드 등(여행자카드 포함)으로 다음 중 하나에 해당하는 지급을 하고자 하는 경우

㉮ 외국에서의 해외여행경비 지급(외국통화를 인출하여 지급하는 것을 포함한다)

㉯ 거주자가 국제기구, 국제단체, 국제회의에 대한 가입비, 회비 및 분
담금을 지급하는 경우

㉰ 거주자의 외국간행물에 연구논문, 창작작품 등의 발표, 기고에 따른
게재료 및 별책대금 등 제경비 지급

㉱ 기타 비거주자와의 인정된 거래(자본거래를 제외한다)에 따른 결제대
금을 국내에서 지급(국내계정에서 지급하는 것을 의미한다)하는 경우

⑩ 외국인관광객 등에 대한 부가가치세 및 개별소비세특례규정에 의한 환
급창구운영사업자가 환급금을 직접 지급하는 경우

⑪ 법인의 예산으로 해외여행을 하고자 하는 법인소속의 해외여행자(일반
해외여행자에 한함)가 당해 법인명의로 환전한 해외여행경비를 휴대수출
하여 지급하는 경우

⑫ 거주자가 제9장 제1절(해외직접투자), 제2절(국내기업 등 해외지사), 제4절
(거주자의 외국부동산 취득)의 규정에 의한 건당 미화 1만불 이하 대외지
급수단을 직접 지급하는 경우

⑬ 원양어업자가 원양어로자금 조달을 위한 현지금융의 원리금 또는 어로
경비 및 해외지사의 유지활동비를 외국에서 직접 수출하는 어획물의
판매대금으로 상환하거나 지급하는 경우

(3) 외국환신고(확인)필증

확인요청을 받은 외국환은행의 장은 지급수단의 취득사실을 확인하고 당
해 거주자에게 다음의 외국환신고(확인)필증을 발행·교부하여야 한다(외국환거
래규정 제5-11조 제2항, 별지 제6-1호 서식).

[서식 20.]

	반출입구분(Ex or Import)

외국환신고(확인)필증 (Declaration of Currency or Monetary Instruments)		
성 명 Name Last First Middle Initial	생년월일 Date of Birth	. . .
	국 적 Nationality	
주민등록번호: Passport No.:	체재기간 From Expected Term of Stay To	

신고내역 및 금액 (Description and Amount of Declaration)

신고사유 Reasons	통화종류 Code of Currency	형태 Form	통화별금액 Amount in each Currency	합계(미화상당) Sum (US$ equiv)	반출입 용도 Use	비 고(Note) (수표번호 등)
휴 대 (Carried)						
송 금 (Remitted)						
기 타 (From Other eligible sources)						

신고일자: .   신고인 서명 (Signature)

확인자 성명: (전화번호:) 확인기관: 직인

- -

외국환매입장(Record of Foreign Exchange Sold) (official use only)			
일자 Date	금액 Amount	매 입 기 관 Bank Money Changer or Post Officer	확 인 Responsible Official

재반출 확인(Confirmation of Re−Export) (official use only)				
일자 Date	통화종류 Code of Currency	금액 Amount	확인기관 Confirmation Office	확인자 Signature

※ 이 서류는 원·외화 반출입 시 소지하여 세관에 제시하여야 합니다.(This sheet must be submitted to Customs officer when you carry with the Currency or Monetary Instruments.)

(4) 구성요건 등

본죄의 주체는 제한이 없다. 본죄의 행위는 외국환은행, 한국은행에 신고의무가 있음에도 신고의무를 위반한 행위를 말한다. 예컨대, 소위 환치기행위가 여기에 해당된다. 환치기를 의뢰한 자는 본죄가 성립하고, 환치기업자는 외국환거래법 제8조 제1항 위반으로 동법 제27조의2 제1항에 따라 본죄보다 중하게 처벌된다.

신고의무가 면제되는 경우 본죄가 성립하지 않는다. 대법원은, 중국으로 출국할 때마다 미화 1만 달러 이하를 소지하고 출국하여 수입물품에 대한 착수금을 각 지급한 경우, 각 지급행위는 외국환거래규정 제5-11조 제1항 제4호에 해당하여 외국환거래법 제16조에 의한 신고의무가 없다고 하였다.[32]

"거주자가 미화 1만 달러 이하의 외국통화 등 대외지급수단을 소지하고 외국으로 출국하여 외국에서 물품을 구입하는 등 경상거래를 하고 그에 따른 대가를 외국환업무취급기관을 통하지 아니하고 외국에서 직접 지급하더라도, 이는 외국환거래규정 제5-11조 제1항 제4호 소정의 "거주자가 외국에서 보유가 인정된 대외지급수단으로 인정된 거래에 따른 대가를 외국에서 직접 지급하는 경우"에 해당하므로 외국환거래법 제16조에 의한 신고 의무가 있다고 볼 수 없다. 한편, 외국환거래규정 제5-11조 제1항 제8호는 "거주자와 비거주자 간 또는 거주자와 다른 거주자간의 건당 미화 1천 달러 이하의 경상거래에 따른 대가를 대외지급수단으로 직접 지급하는 경우"에 외국환거래법 제16조에 의한 신고의무가 면제되는 것으로 규정하고 있으므로, 거주자가 비거주자와 사이에 건당 미화 1천 달러가 넘는 경상거래에 따른 대가를 외국환업무취급기관을 통하지 아니하고 외국통화 등 대외지급수단으로 직접 지급하는 경우에는 외국환거래법 제16조에 의한 신고를 하여야 할 의무를 부담하는 것이 원칙이나, 외국환거래규정 제5-11조 제1항 각 호의 사유들은 외국환업무취급기관을 통하지 아니하고 지급 등을 하더라도 재정경제부장관에게 신고를 요하지 아니하는 사유를 열거한 것으로서 그 중 어느 하나에 해당하는 한, 제5-11조 제1항 각 호 중 다른 조항에 의하여 신고의무가 면제되는 것인지 여부를 따질 필요는 없는 것이므로, 앞서 본 바와 같이 외국환거래규정 제5-11조 제1항 제4

---

32) 대법원 2007. 2. 23. 선고 2005도9823 판결.

호에 의하여 신고의무가 면제된 이상 같은 항 제8호의 반대해석에 의하여 신
고의무가 있다고 해석할 수는 없다."

6. 처 벌

(1) 법정형 등

신고의무를 위반한 금액이 50억원을 초과하는 자는 1년 이하의 징역 또는
1억원 이하의 벌금에 처한다. 다만, 위반행위의 목적물 가액의 3배가 1억원을
초과하는 경우에는 그 벌금을 목적물 가액의 3배 이하로 한다(외국환거래법 제
29조 제1항 제3호, 동법 시행령 제40조 제1항 제1호). 양벌규정이 있어 행위자 외에
법인 등에게도 벌금형을 과한다(동법 제31조).

(2) 몰수·추징

본죄를 범한 자가 해당 행위를 하여 취득한 외국환이나 그 밖에 증권, 귀
금속, 부동산 및 내국지급수단은 몰수하며, 몰수할 수 없는 경우에는 그 가액
을 추징한다(동법 제30조).

(3) 과태료

제16조에 따른 신고를 하지 아니하거나 거짓으로 신고를 하고 지급 또는
수령을 한자에게는 1억원 이하의 과태료를 부과한다(동법 제32조 제1항 제3호).

V. 지급수단 수출입과 처벌

제29조(벌칙) ① 다음 각 호의 어느 하나에 해당하는 자는 1년 이하의 징역 또는 1억원 이하의
벌금에 처한다. 다만, 위반행위의 목적물 가액의 3배가 1억원을 초과하는 경우에는 그 벌금을
목적물 가액의 3배 이하로 한다.
　4. 제17조에 따른 신고를 하지 아니하거나 거짓으로 신고를 하고 지급수단 또는 증권을 수출
　　하거나 수입한 자(제17조에 따른 신고의무를 위반한 금액이 미화 2만달러 이상의 범위에
　　서 대통령령으로 정하는 금액을 초과하는 경우로 한정한다)
제30조(몰수·추징) 제27조 제1항 각 호, 제27조의2 제1항 각 호 또는 제29조 제1항 각 호의 어느
하나에 해당하는 자가 해당 행위를 하여 취득한 외국환이나 그 밖에 증권, 귀금속, 부동산 및

내국지급수단은 몰수하며, 몰수할 수 없는 경우에는 그 가액을 추징한다.

3. 제16조 또는 제18조에 따른 신고의무를 위반한 금액이 5억원 이상의 범위에서 대통령령으로 정하는 금액을 초과하는 자

제31조(양벌규정) 법인의 대표자나 법인 또는 개인의 대리인, 사용인, 그 밖의 종업원이 그 법인 또는 개인의 재산 또는 업무에 관하여 제27조, 제27조의2, 제28조 및 제29조의 어느 하나에 해당하는 위반행위를 하면 그 행위자를 벌하는 외에 그 법인 또는 개인에게도 해당 조문의 벌금형을 과(科)한다. 다만, 법인 또는 개인이 그 위반행위를 방지하기 위하여 해당 재산 또는 업무에 관하여 상당한 주의와 감독을 게을리하지 아니한 경우에는 그러하지 아니하다.

제32조(과태료) ② 다음 각 호의 어느 하나에 해당하는 자에게는 5천만원 이하의 과태료를 부과한다.

3. 제17조에 따른 신고를 하지 아니하거나 거짓으로 신고를 하고 지급수단 또는 증권을 수출입하거나 수출입하려 한 자

1. 의 의

외국환거래법은 그 실효성을 확보하기 위하여 지급수단 또는 증권을 수출 또는 수입하려는 거주자나 비거주자로 하여금 그 지급수단 또는 증권을 수출 또는 수입할 때 대통령령으로 정하는 바에 따라 신고하도록 규정하고 있다(외국환거래법 제17조). '지급수단'이라 함은 정부지폐·은행권·주화·수표·우편환·신용장과 환어음·약속어음·상품권·기타 지급받을 수 있는 내용이 표시된 우편 또는 전신에 의한 지급지시 및 전자금융거래법상 전자화폐, 선불전자지급수단 등 전자적 방법에 따른 지급수단을 말한다. 다만, 액면가격을 초과하여 매매되는 금화 등은 주화에서 제외한다(동법 제3조 제1항 제3호, 외국환거래규정 제1-2조 제34호). '대외지급수단'이란 외국통화, 외국통화로 표시된 지급수단, 그 밖에 표시통화에 관계없이 외국에서 사용할 수 있는 지급수단을 말한다(동법 제3조 제1항 제4호). '증권'이란 지급수단에 해당하지 아니하는 것으로서 「자본시장과 금융투자업에 관한 법률」 제4조에 따른 증권, 무기명양도성예금증서, 그 밖에 재산적 가치가 있는 권리가 표시된 증권 또는 증서로서 투자의 대상으로 유통될 수 있는 것을 말한다(동법 제3조 제1항 제7호, 동법 시행령 제4조).

2. 세관장 신고사항 및 신고방법

(1) 신고사항

신고예외사유를 제외하고, 다음과 같은 경우에는 관할세관의 장에게 신고하여야 한다(외국환거래규정 제6-2조 제2항).

① 거주자 또는 비거주자가 미화 1만불을 초과하는 지급수단(대외지급수단과 내국통화, 원화표시여행자수표 및 원화표시자기앞수표를 말한다)을 휴대수입하는 경우

② 국민인 거주자가 미화 1만불을 초과하는 지급수단(대외지급수단, 내국통화, 원화표시여행자수표 및 원화표시자기앞수표를 말한다)을 휴대수출하는 경우

거주자 또는 비거주자가 지급수단등을 수출입하고자 하는 경우에는 관할세관의 장에게 신고하여야 하며, 국제우편물로 수입되어 수입된 사실을 알지 못하는 등 불가피한 사유로 인정되는 경우에는 지급수단이 수입된 날로부터 30일 이내에 사후 보고를 할 수 있다(동 규정 제6-3조).

(2) 신고방법

신고를 하고자 하는 자는 다음의 지급수단등의 수출입(변경) 신고서에 당해 지급수단등의 수출입사유나 원인이 되는 거래 또는 행위의 증빙서류, 정상적인 거래관행에 부합하는지 여부 등 수출입의 필요성을 입증하는 서류를 첨부하여 세관장에게 제출하여야 한다. 신고한 내용을 변경하고자 하는 경우에도 이와 같다(외국환거래규정 제6-3조 제2항, 별지 제6-2호 서식).

[서식 21.]

지급수단 등의 수출입(변경) 신고서		처 리 기 간

지급수단등	① 종 류	
	② 수 량	
	③ 수 출 입 금 액	
	④ 대 가 결 제 방 법	
상대처	⑤ 상 호	
	⑥ 대 표 자	
	⑦ 소 재 지	
⑧ 기 타(또는 변 경 내 용)		

외국환거래법 제17조의 규정에 의하여 위와 같이 신고합니다.

년   월   일

신고인   주   소: (전화:)
                    (E-mail:)

상   호:
대 표 자: ㉑
(전화   )

세관의 장 귀하

	신 고 번 호	
	신 고 금 액	
	신 고 일 자	
	유 효 기 간	

<첨부서류>   1. 사유서 2. 거래당사자의 실체확인서류
            3. 원인거래 입증서류(계약서, 신고서 등)   4. 수출입 소요량 입증서류
            5. 지급수단 사본(필요시)
            6. 기타 세관의 장이 필요하다고 인정하는 서류

세관장은 입출국하는 자가 지급수단등을 수출입할 때에는 질문, 증빙서류 제시요구 등을 통하여 지급수단등의 수출입 신고를 하였는지 여부를 확인하여야 하며 신고를 하여야 하는 수출입으로서 신고를 하지 아니하고 수출입하는 경우에 대하여는 신고를 하게 하거나 당해 지급수단등의 수출 또는 수입을 제한하는 등 필요한 조치를 할 수 있다(외국환거래규정 제6-4조).

3. 외국환은행의 장 확인사항

비거주자 또는 외국인거주자가 미화 1만불을 초과하는 대외지급수단을 국내에서 취득하는 경우에는 당해 취득사실에 대하여 외국환은행의 장의 확인을 받아야 한다(외국환거래규정 제6-2조 제3항).

(1) 비거주자의 대외지급수단 취득[33]

① 대외지급수단을 대외계정 및 비거주자외화신탁계정의 인출 등으로 취득하거나 송금을 수령하는 경우
② 비거주자가 최근 입국일 이후 외국으로부터 수령하거나 휴대수입한 외화금액 범위 내에서 1만불 초과 재환전시

(2) 외국인거주자의 대외지급수단 취득

① 대외지급수단을 대외계정 및 비거주자외화신탁계정의 인출 등으로 취득하거나 송금을 수령하는 경우
② 비거주자가 최근 입국일 이후 외국으로부터 수령하거나 휴대수입한 외화금액 범위 내에서 1만불 초과 재환전시
③ 해외여행경비 지급을 위하여 취득하는 경우. 다만, 해외체재자 및 해외유학생은 제5-11조(외국환은행을 통하지 아니하는 지급등의 방법)의 규정에 따른다.

---

[33] 다만, 미합중국군대, 국내에 있는 외국정부의 공관 또는 국제기구에서 근무하는 외교관 등은 제외한다.

4. 신고예외사유

거주자 또는 비거주자가 다음의 어느 하나에 해당하는 지급수단등을 수출입하는 경우에는 신고를 요하지 아니한다(외국환거래규정 제6-2조 제1항).

(1) 미화 1만불 이하 지급수단 등 수출입등

① 미화 1만불 이하의 지급수단등을 수입하는 경우. 다만, 내국통화, 원화표시여행자수표 및 원화표시자기앞수표 이외의 내국지급수단을 제외한다.

② 약속어음·환어음·신용장을 수입하는 경우

③ 미화 1만불 이하의 지급수단(대외지급수단, 내국통화, 원화표시자기앞수표 및 원화표시여행자수표를 말한다) 및 외국환신고(확인)필증이 발급된 대외지급수단을 수출하는 경우

④ 외국인투자기업(국내자회사 포함), 외국기업국내지사, 외국은행국내지점 또는 사무소에 근무하는 자로서 본사(본사의 지주회사나 방계회사 포함)의 주식 또는 지분을 취득한 자가 대외지급수단을 수출입하는 경우

(2) 인정된 거래인 경우

① 외국환은행을 통하지 아니하는 지급 등의 방법(외국환거래규정 제5-11조)에 의하여 인정된 대외지급수단을 수출하는 경우

② 비거주자가 다음에 해당하는 대외지급수단을 수출하는 경우

㉠ 인정된 거래에 따른 대외지급을 위하여 송금수표 또는 우편환을 수출하는 경우

㉡ 최근 입국시 휴대수입한 범위내 또는 국내에서 인정된 거래에 의하여 취득한 대외지급수단을 수출하는 경우

㉢ 이 법의 적용을 받지 않는 거래에 의하여 취득한 채권을 처분하고자 발행한 수표를 수출하는 경우

㉣ 주한 미합중국 군대 및 이에 준하는 국제연합군이 한미행정협정과 관련한 근무 또는 고용에 따라 취득하거나 외국의 원천으로부터 취득한 대외지급수단 또는 당해 국가의 공금인 대외지급수단을 수출하는 경우

③ 외국인거주자가 이 법의 적용을 받지 않는 거래에 의하여 취득한 대외
지급수단을 수출하는 경우

④ 다음에 해당하는 내국지급수단을 수출하는 경우

㉮ 수출물품에 포함 또는 가공되어 대외무역법에서 정하는 바에 의해
내국지급수단을 수출하는 경우

㉯ 비거주자가 입국시 휴대수입하거나 국내에서 매입한 원화표시여행
자수표를 수출하는 경우

(3) 외국환은행·한국은행의 업무 관련

① 외국환은행이 외국환은행해외지점, 외국환은행현지법인 또는 외국금융
기관(외국환전영업자를 포함한다)과 내국통화를 수출입하는 경우

② 한국은행·외국환은행 또는 체신관서가 인정된 업무를 영위함에 있어
대외지급수단을 수출입하는 경우

(4) 기타 지급수단등 수출입신고 예외 거래

① 다음의 지급수단등을 수출입하는 경우

㉮ 자본거래의 신고를 한 자가 신고한 바에 따라 기명식증권을 수출입
하는 경우

㉯ 외국인투자촉진법에 의하여 취득한 기명식증권을 수출입하는 경우

㉰ 외국인투자기업(국내자회사 포함), 외국기업국내지사, 외국은행국내지
점 또는 사무소에 근무하는 자로서 본사(본사의 지주회사나 방계회사
포함)의 주식 또는 지분을 취득한 거주자가 취득한 본사의 주식이나
국제수익증권 등을 수출입하는 경우

② 거주자가 미화 5만불 상당액 이내의 외국통화 또는 내국통화를 지급수
단으로 사용하지 아니하고 자가화폐수집용·기념용·자동판매기시험용·
외국전시용 또는 화폐수집가 등에 대한 판매를 위하여 수출입하고자
하는 경우

③ 거주자가 수출대금 및 용역대금의 수령을 위하여 외국통화표시수표를
휴대수입 이외의 방법으로 수입하는 경우

5. 구성요건

(1) 주체 및 행위

본죄의 주체는 제한이 없다. 본죄의 행위는 신고의무를 위반하여 수출 또는 수입하는 것이다. 대법원은, 거주자가 미화 1만 달러 이하의 외국통화 등 대외지급수단을 소지하고 출국하여 외국에서 물품을 구입하는 등 경상거래를 하고 그에 따른 대가를 외국환업무취급기관을 통하지 아니하고 외국에서 직접 지급하는 경우에 외국환거래법 제16조에 의한 신고의무가 있다고 볼 수 없다고 하였다.[34]

비거주자인 재외동포가 미화 1만불을 초과하는 국내재산 내지 대외지급수단을 휴대수출하여 지급하고자 하는 경우 원칙적으로 관할세관의 장에게 이를 신고하여야 할 의무가 있다.[35]

"비거주자인 재외동포가 미화 1만불을 초과하는 국내재산 내지 대외지급수단을 휴대수출하여 지급하고자 하는 경우 원칙적으로 관할세관의 장에게 이를 신고하여야 할 의무가 있고, 다만 제5-11조가 규정하는 절차에 따라 지정거래외국환은행의 장의 확인이 담긴 외국환신고(확인)필증의 발행·교부가 있는 경우에는 그와 같은 신고를 요하지 아니한다고 해석하여야 할 것이다."

(2) 실행의 착수

지급수단 등을 국외로 반출하기 위한 행위에 근접·밀착하는 행위가 행하여진 때에 그 실행의 착수가 있다. 대법원은 지급수단등을 기탁화물로 부칠 때, 휴대용 가방에 넣어 비행기에 탑승하는 경우에는 그 휴대용 가방을 보안검색대에 올려 놓거나 이를 휴대하고 통과하는 때에 실행의 착수가 있다고 하였다. 반면에 휴대용 가방을 가지고 보안검색대에 나아가지 않은 채 공항 내에서 탑승

---

34) 대법원 2006. 9. 28. 선고 2004도8435 판결. 일본으로 출국할 때마다 미화 1만 달러 이하에 해당하는 일본국 엔화를 소지하여, 일본에서 물품을 구입하고 엔화로 그 대가를 지급한 다음, 귀국시 관세를 납부하고 위 물품을 반입하여 판매한 경우, 각 지급행위는 외국환거래규정 제5-11조 제1항 제4호에 해당하여 외국환거래법 제16조에 의한 신고의무가 없다고 한 사례.

35) 대법원 2013. 10. 11. 선고 2011도13101 판결. 거래외국환은행 지정신청서와 재외동포재산반출신청서를 작성·제출하였을 뿐 지정외국환은행의 장의 확인을 받지 않은 사례에서, 관할세관의 장에게 일화의 휴대수출 내지 반출 사실을 신고하지 않은 채 미화 1만불을 초과하는 금액에 상당하는 일화를 소지하고 출국하려다가 보안검색대에서 적발되었으므로 지급수단 휴대수출 미수의 죄책을 부담한다고 보았다.

을 기다리던 중 체포되었다면 실행의 착수가 있다고 볼 수 없다고 하였다.[36]

6. 처 벌

(1) 법정형 등

신고의무를 위반한 금액이 미화 3만달러를 초과한 자는 1년 이하의 징역 또는 1억원 이하의 벌금에 처한다. 다만, 위반행위의 목적물 가액의 3배가 1억 원을 초과하는 경우에는 그 벌금을 목적물 가액의 3배 이하로 한다(외국환거래법 제29조 제1항 제4호, 동법 시행령 제40조 제2항). 양벌규정이 있어 행위자 외에 법인 등에게도 벌금형을 과한다(동법 제31조).

(2) 몰수·추징

본죄를 범하여 취득한 외국환이나 그 밖에 증권, 귀금속, 부동산 및 내국 지급수단은 몰수하며, 몰수할 수 없는 경우에는 그 가액을 추징한다(동법 제30조). 범인이 외국환거래법에서 규제하는 행위로 인하여 취득한 외국환 및 증권 등이 있을 때 이를 몰수하거나 추징한다는 취지이므로 그 위반행위가 증권을 수출한 경우에는 그 수출행위 자체로 인하여 취득한 증권이란 있을 수 없으므로 수출한 증권의 가액을 추징하지 아니한다.[37]

(3) 과태료

신고의무를 위반한 금액이 3만달러 이하인 경우에는 과태료를 부과한다(외국환거래법 제32조 제2항 제3호, 동법 시행령 제40조 제2항).

---

36) 대법원 2001. 7. 27. 선고 2000도4298 판결.
37) 대법원 1988. 8. 9. 선고 87도82 판결.

제 4 절 자본거래에 관한 죄

I. 개 관

1. 자본거래 신고의무

(1) 자본거래

'자본거래'란 다음의 어느 하나에 해당하는 거래 또는 행위를 말한다(외국환거래법 제3조 제1항 제19호, 동법 시행령 제9조 제1항).

① 예금계약, 신탁계약, 금전대차계약, 채무보증계약, 대외지급수단·채권 등의 매매계약(다목에 해당하는 경우는 제외한다)에 따른 채권의 발생·변경 또는 소멸에 관한 거래(거주자 간 거래는 외국환과 관련된 경우로 한정한다)

② 증권의 발행·모집, 증권 또는 이에 관한 권리의 취득(③에 해당하는 경우는 제외하며, 거주자 간 거래는 외국환과 관련된 경우로 한정한다)

③ 파생상품거래(거주자 간의 파생상품거래는 외국환과 관련된 경우로 한정한다)

④ 거주자에 의한 외국에 있는 부동산이나 이에 관한 권리의 취득 또는 비거주자에 의한 국내에 있는 부동산이나 이에 관한 권리의 취득

⑤ ①의 경우를 제외하고 법인의 국내에 있는 본점, 지점, 출장소, 그 밖의 사무소와 외국에 있는 사무소 사이에 이루어지는 사무소의 설치·확장 또는 운영 등과 관련된 행위와 그에 따른 자금의 수수(사무소를 유지하는 데에 필요한 경비나 경상적 거래와 관련된 자금의 수수로서 대통령령으로 정하는 것은 제외한다)

⑥ 집기구매대금·사무실 임대비용 등 사무소를 유지하는 데에 직접 필요한 경비의 지급 또는 수령, 물품의 수출입대금과 이에 직접 딸린 운임·보험료, 그 밖의 비용의 지급 또는 수령, 용역거래의 대가와 이에 직접 딸린 비용의 지급 또는 수령

(2) 자본거래 신고의무

외국환거래법에서 정한 신고대상인 자본거래를 하려는 자는 원칙적으로

해당 자본거래를 하기 전에 외국환거래규정에서 정한 절차 및 방법에 따라 그 자본거래에 관하여 신고하여야 한다(외국환거래법 제18조 제1항). 대법원은 신고 의무 대상이 되는 자본거래에 해당하는지 여부는 실질적으로 판단하여야 한다고 하였다.[38]

"피고인이 지정거래 외국환은행의 장에게 신고를 하지 아니하고 2005. 12. 21.부터 2007. 12. 18까지 6회에 걸쳐, 사실은 피고인 회사가 싱가포르 소재 ○○사로부터 달러화 및 유로화를 차입하는 것임에도 형식적으로는 위 회사에 콩을 수출하고 그 대금을 수령하는 것처럼 처리하여 위 회사로부터 판시 기재 선이자를 공제한 달러화와 유로화를 피고인 회사 명의의 계좌로 입금 받은 사실을 인정한 다음, 이와 같이 외관상으로만 중계무역 형식을 취하고 있을 뿐 실질적으로는 자본거래에 해당하는 경우에도 구 외국환거래법(2008. 2. 29. 법률 제8863호로 개정되기 전의 것) 제18조 제1항 본문의 '신고의무'의 대상이 된다고 할 것이고, 비록 위 거래과정에서 신용장이 개설되고 외화 차입금이 지정 거래 은행에 입금되었다고 하더라도 이를 들어 지정거래 외국환은행의 장에게 신고된 것과 동일시하거나 신고의무가 면제된 것으로 볼 수 없다."

2. 신고 등의 예외거래

다음의 자본거래를 하고자 하는 경우에는 신고 등을 요하지 아니한다(외국환거래규정 제7-2조).

① 거래당사자의 일방이 신고 등을 한 거래(다만, 신고인이 정해진 경우 해당 신고인이 신고 등을 한 거래)

② 거주자가 자금통합관리를 위하여 미화 5천만불 이내에서 지정거래외국환은행을 통하여 비거주자와 행하는 해외예금, 금전대차, 담보제공거래 및 외국환은행에 대한 담보제공

③ 자본거래로서 거래 건당 지급등의 금액(분할하여 지급등을 하는 경우에는 각각의 지급등의 금액을 합산한 금액)이 미화 5천불 이내인 경우

④ 자본거래로서 거주자(외국인거주자를 제외)의 거래 건당 지급금액이 미화 5천불 초과 10만불 이내이고, 연간 지급누계금액이 10만불을 초과

---

38) 대법원 2010. 5. 27. 선고 2009도4311 판결.

하지 않는 경우. 다만, 지급시 지정거래외국환은행의 장으로부터 거래
의 내용을 확인받아야 한다.

⑤ 자본거래로서 거주자의 거래 건당 수령금액이 미화 5천불 초과 10만불
이내이고, 연간 수령누계금액이 미화 10만불을 초과하지 않는 경우. 다
만, 지정거래외국환은행의 장으로부터 거래내용을 확인받아야 하며,
제4-3조의 절차에 따라 수령하여야 한다.

Ⅱ. 유형별 신고의무

1. 해외예금 및 해외신탁

(1) 신고의 예외거래

거주자가 비거주자와 해외에서 다음의 어느 하나에 해당하는 예금거래 및
신탁거래를 하고자 하는 경우에는 신고를 요하지 아니한다(외국환거래규정 제
7-11조 제1항).

① 외국에 체재하고 있는 거주자가 외화예금 또는 외화신탁거래를 하는
경우

② 거주자가 「공공차관의 도입 및 관리에 관한 법률」 또는 이 규정에 의
한 비거주자로부터의 외화자금차입과 관련하여 외화예금거래를 하는
경우

③ 해외장내파생상품거래를 하고자 하는 거주자가 당해 거래와 관련하여
외국에 있는 금융기관과 외화예금거래를 하는 경우

④ 국민인거주자가 거주자가 되기 이전에 외국에 있는 금융기관에 예치한
외화예금 또는 외화신탁계정을 처분하는 경우

⑤ 거주자가 외국에서의 증권발행과 관련하여 예금거래를 하는 경우

⑥ 거주자가 증권투자, 거주자의 현지 사용 목적 외화자금 차입, 해외직접
투자 및 해외지사와 관련하여 외화예금거래를 하는 경우

⑦ 예탁결제원이 거주자가 취득한 외화증권을 외국에 있는 증권예탁기관
또는 금융기관에 예탁·보관하고 동 예탁·보관증권의 권리행사를 위
하여 외화예금거래를 하는 경우

⑧ 인정된 거래에 따른 지급을 위하여 외화예금 및 외화신탁계정을 처분
   하는 경우

⑨ 외환동시결제시스템을 통한 결제와 관련하여 외국환업무취급기관이
   CLS은행 또는 외환동시결제시스템의 비거주자 회원은행과 복수통화
   (원화 포함)예금 또는 원화예금거래를 하는 경우

⑩ 인정된 거래에 따라 외국에 있는 부동산 또는 이에 관한 권리를 취득
   하고자 하거나 이미 취득한 거주자가 신고한 내용에 따라 당해 부동산
   취득과 관련하여 국내에서 송금한 자금으로 외화예금거래를 하는 경우

⑪ 예탁결제원, 증권금융회사 또는 증권대차거래의 중개업무를 영위하는
   투자매매업자 또는 투자중개업자가 증권대차거래와 관련하여 외화예
   금거래를 하는 경우

⑫ 외화예금거래 신고를 한 거주자가 인정된 거래에 따라 해외에서 취득
   한 자금을 예치하는 경우

⑬ 국내에 본점을 둔 외국환은행해외지점 또는 현지법인 금융기관, 외국
   금융기관에 예치하는 경우

⑭ 거주자인 「채무자 회생 및 파산에 관한 법률」에 따른 파산관재인이 해
   외에서 채권을 회수하여 취득한 자금으로 비거주자와 외화예금거래를
   하고자 하는 경우

(2) 지정거래외국환은행의 장 신고사항

신고예외사유를 제외하고 거주자가 해외에서 비거주자와 외화예금거래를
하고자 하는 경우에는 지정거래외국환은행의 장에게 신고하여야 한다. 다만,
국내에서 송금한 자금으로 예치하고자 하는 경우에는 지정거래외국환은행을
통하여 송금하여야 한다(외국환거래규정 제7-11조 제2항).

(3) 한국은행총재 신고사항

거주자가 해외에서 비거주자와 다음의 예금거래 및 신탁거래를 하고자 하
는 경우에는 한국은행총재에게 신고하여야 한다(외국환거래규정 제7-11조 제3항).

① 거주자39)가 건당(동일자, 동일인 기준) 미화 5만불을 초과하여 국내에서

---

39) 기관투자가, 전년도 수출입 실적이 미화 5백만불 이상인 자, 해외건설촉진법에 의한 해외건설
   업자, 외국항로에 취항하고 있는 국내의 항공 또는 선박회사, 원양어업자를 제외한다.

송금한 자금으로 예치하고자 하는 경우. 이 경우에도 지정거래외국환 은행을 통하여 송금하여야 한다.

② 거주자가 해외에서 비거주자와 신탁거래를 하고자 하는 경우. 다만, 신 고예외사유 중 외국에 체재하고 있는 거주자가 외화예금 또는 외화신 탁거래를 하는 경우, 국민인거주자가 거주자가 되기 이전에 외국에 있 는 금융기관에 예치한 외화예금 또는 외화신탁계정을 처분하는 경우, 인정된 거래에 따른 지급을 위하여 외화예금 및 외화신탁계정을 처분 하는 경우는 제외한다.

2. 금전의 대차계약

(1) 신고의 예외거래

거주자가 금전의 대차계약에 따른 채권의 발생등에 관한 거래를 하고자 하는 경우로서 다음의 어느 하나에 해당하는 경우에는 신고를 요하지 아니한 다(외국환거래규정 제7-13조).

① 거주자가 다른 거주자와 금전의 대차계약에 따른 외국통화로 표시되거 나 지급을 받을 수 있는 채권의 발생등에 관한 거래를 하고자 하는 경우

② 거주자가 비거주자와 「외국인투자촉진법」에 의한 차관계약을 체결하 거나 「공공차관의 도입 및 관리에 관한 법률」에 의한 공공차관협약을 체결하는 경우

③ 거주자가 비거주자와 「대외경제협력기금법」에 의한 차관공여계약을 체 결하는 경우

④ 국민인 거주자와 국민인 비거주자간에 국내에서 내국통화로 표시되고 지급되는 금전의 대차계약을 하는 경우

⑤ 대한민국 정부의 재외공관근무자, 그 동거가족 또는 해외체재자 및 해 외유학생가 그 체재함에 필요한 생활비 및 학자금 등의 지급을 위하여 비거주자와 금전의 대차계약을 하는 경우

⑥ 국제유가증권결제기구에 가입한 거주자가 유가증권거래의 결제와 관련하 여 비거주자로부터 일중대출(intra-day credit) 또는 일일대출(over-night credit)을 받는 경우

⑦ 인정된 거래에 따라 제9-39조 제2항의 부동산을 취득하면서 취득자금
에 충당하기 위해 취득부동산을 담보로 비거주자로부터 외화자금을 차
입하는 경우

⑧ 외환동시결제시스템을 통한 결제와 관련하여 거주자 회원은행이 CLS
은행으로부터 CLS은행이 정한 일정 한도의 원화 지급포지션(Short
Position)을 받거나 비거주자에게 일중 원화신용공여(Intra-day Credit) 또
는 일일 원화신용공여(Over-night Credit)를 하는 경우

⑨ 외환동시결제시스템을 통한 결제와 관련하여 외국환업무취급기관이
비거주자 회원은행으로부터 일중 신용공여(Intra-day Credit) 또는 일일
신용공여(Over-night Credit)를 받는 경우

(2) 지정거래외국환은행의 장 신고사항

① 신고예외거래를 제외하고, 거주자[40]가 비거주자로부터 외화자금을 차
입(외화증권 및 원화연계외화증권 발행을 포함)하고자 하는 경우에는 지정거래외국
환은행의 장에게 신고하여야 한다. 다만, 미화 5천만불(차입신고시점으로부터 과
거 1년간의 누적차입금액을 포함)을 초과하여 차입하고자 하는 경우에는 지정거래
외국환은행을 경유하여 기획재정부장관에게 신고하여야 한다(외국환거래규정 제
7-14조 제1항).

② 외국인투자촉진법에 의하여 일반제조업을 영위하는 업체 또는 기획재
정부장관으로부터 조세감면 결정을 받은 외국인투자기업으로서 고도의 기술을
수반하는 사업 및 산업지원서비스업을 영위하는 업체가 일정 한도범위 내에서
비거주자로부터 상환기간이 1년 이하인 단기외화자금을 차입하고자 하는 경우
에도 지정거래외국환은행의 장에게 신고하여야 한다(동조 제2항).

③ 신고예외거래를 제외하고 외국 법인에 투자한 거주자가 해당 외국법인
에 대하여 상환기간을 1년 미만으로 하여 금전을 대여하는 경우에는 지정거래
외국환은행의 장에게 신고하여야 한다(외국환거래규정 제7-16조 제1항).

(3) 한국은행총재 신고사항

신고예외거래를 제외하고, 개인 및 비영리법인이 비거주자로부터 외화자

---

40) 지방자치단체, 공공기관, 공공목적의 달성을 위해 정부 또는 지방자치단체, 공공기관이 설립하
거나 출자·출연한 법인 또는 정부업무수탁법인, 영리법인에 해당하는 거주자를 말한다.

금을 차입하고자 하는 경우에는 지정거래외국환은행을 경유하여 한국은행총재
에게 신고하여야 한다. 다만, 비영리법인의 현지 사용목적 현지차입의 경우에
는 지정거래외국환은행의 장에게 거래가 있었던 날로부터 1개월 이내에 거래
사실을 보고하여야 한다(외국환거래규정 제7-14조 제5항).

신고예외거래를 제외하고, 거주자가 비거주자에게 대출을 하고자 하는 경
우(제2장에서 외국환업무취급기관의 외국환업무로서 허용된 경우 제외)에는 한국은행
총재에게 신고하여야 한다. 다만, 신고사항 중 다른 거주자의 보증 또는 담보
를 제공받아 대출하는 경우 및 10억원을 초과하는 원화자금을 대출하고자 하
는 경우에는 대출을 받고자 하는 비거주자가 신고하여야 한다(외국환거래규정
제7-16조 제2항).

3. 채무의 보증계약

(1) 신고예외거래

다음의 어느 하나에 해당하는 채무의 보증계약에 따른 채권의 발생등에
관한 거래를 하고자 하는 경우에는 신고를 요하지 아니한다(외국환거래규정 제
7-17조).

① 거주자(채권자)와 거주자(채무자)의 거래에 대하여 거주자가 외국통화표
   시 보증을 하는 경우

② 거주자의 수출거래와 관련하여 외국의 수입업자가 외국환은행으로부
   터 역외금융대출을 받음에 있어 당해 거주자가 그 역외금융대출에 대
   하여 당해 외국환은행에 외국통화표시 보증을 하는 경우(당해 외국환은
   행은 수출관련 역외금융대출보증에 관한 보고서를 매분기별로 익월 20일까지
   한국은행총재에게 제출하여야 한다)

③ 국내에 본점을 둔 시설대여회사가 당해 시설대여회사 현지법인에 대한
   외국환은행의 역외금융대출에 대하여 본사의 출자금액 범위내에서 외
   국통화표시 보증을 하는 경우

④ 거주자가 이 규정에 의해 인정된 거래를 함에 따라 비거주자로부터 보
   증을 받는 경우

⑤ 거주자가 다음의 어느 하나에 해당하는 보증을 하는 경우

㉮ 제7－14조(거주자의 외화자금차입) 및 제7－15조(거주자의 원화자금차입)의 규정에 의한 자금차입계약에 관하여 거주자가 비거주자에게 보증을 하는 경우. 다만, 주채무계열 소속 상위 30대 계열기업체의 외화자금차입계약에 관하여 동 계열 소속 다른 기업체가 보증하고자 하는 경우에는 그러하지 아니하다.

㉯ 거주자가 제4장(지급과 수령)에서 규정한 지급(제4－5조 내지 제4－7조의 규정에 의한 경우 제외)을 위한 외국통화표시 보증을 하는 경우

㉰ 거주자가 임차계약을 함에 따라 국내의 다른 거주자가 외국통화표시 보증을 하거나 시설대여회사가 외국의 시설대여회사와 국내의 실수요자간의 인정된 시설대여계약에 대하여 외국통화표시 보증을 하는 경우

㉱ 거주자의 약속어음매각과 관련하여 당해 거주자의 계열기업이 외국통화표시 대외보증을 하는 경우

㉲ 비거주자가 한국은행총재에게 신고하고(제2－6조 제2항에 의해 신고가 면제되는 경우 포함) 외국환은행으로부터 대출을 받음에 있어, 거주자가 보증 또는 담보를 제공하는 경우

⑥ 거주자가 비거주자와 물품의 수출·수입 또는 용역거래를 함에 있어서 보증을 하는 경우

⑦ 거주자 및 거주자의 현지법인이나 해외지점의 수출, 해외건설 및 용역사업 등 외화획득을 위한 국제입찰 또는 계약과 관련한 입찰보증등을 위하여 비거주자가 보증금을 지급하거나 이에 갈음하는 보증을 함에 있어서 보증 등을 하는 비거주자가 부담하는 채무의 이행을 당해 거주자 또는 계열관계에 있는 거주자가 보증 또는 부담하는 계약을 체결하는 경우

⑧ 거주자의 해외장내파생상품거래에 필요한 자금의 지급에 갈음하여 비거주자가 지급 또는 보증을 함에 있어서 지급 또는 보증을 하는 비거주자가 부담하는 채무의 이행을 당해 거주자 또는 당해 거주자의 계열기업이 보증 또는 부담하는 계약을 체결하는 경우

⑨ 국민인 거주자와 국민인 비거주자간에 다른 거주자를 위하여 내국통화로 표시되고 지급되는 채무의 보증계약을 하는 경우

⑩ 「자본시장과 금융투자업에 관한 법률」에 의한 증권금융회사가 비거주

자에게 보증하는 경우

⑪ 거주자 및 거주자의 현지법인이나 해외지점이 비거주자와 해외건설 및 용역사업, 물품수출거래를 함에 있어 당해 비거주자(입찰대행기관 및 수입대행기관을 포함한다)와 보증등을 하는 경우

⑫ 파생상품거래에 관하여 거주자가 비거주자에게 보증을 하는 경우

(2) 외국환은행의 장 신고사항

거주자가 비거주자와 채무의 보증계약에 따른 채권의 발생등에 관한 거래를 하고자 하는 경우로서 다음의 어느 하나에 해당하는 경우에는 외국환은행의 장에게 거래가 있었던 날로부터 1개월 이내에 거래사실을 보고(④ 및 ⑤의 경우에는 현지금융을 받는 거주자 또는 현지법인 등을 설치한 거주자의 지정거래외국환은행에 보고)하여야 한다(외국환거래규정 제7-18조 제1항).

① 국내에 본점을 둔 투자매매업자·투자중개업자가 당해 투자매매업자·투자중개업자 현지법인의 인정된 업무에 수반되는 현지차입에 대하여 보증을 하는 경우. 다만, 보증금액은 당해 현지법인에 대한 거주자의 출자금액의 300% 이내에 한한다.

② 거주자의 현지법인이 외국의 시설대여회사로부터 인정된 사업수행에 필요한 시설재를 임차함에 있어서 당해 현지법인이 부담하는 채무의 이행을 당해 거주자 또는 계열관계에 있는 거주자가 보증하는 경우

③ 국내에 본점을 둔 시설대여회사가 당해 시설대여회사 현지법인의 인정된 업무에 수반되는 현지차입에 대하여 본사의 출자금액 범위 내에서 보증(담보 포함)을 하는 경우

④ 제7-14조 제1항에 해당하는 현지금융 관련 거주자가 보증(담보 포함)을 하는 경우

⑤ 제7-14조의2에 해당하는 현지금융 관련 거주자가 보증(담보 포함)을 하는 경우

(3) 지정거래외국환은행의 장 신고사항

주채무계열 소속 상위 30대 계열기업체의 상환기간이 1년을 초과하는 장기외화자금차입계약과 관련하여 동 계열 소속 다른 기업체가 보증하고자 하는 경우에는 보증하고자 하는 자가 차입자의 지정거래외국환은행의 장에게 거래

가 있었던 날로부터 1개월 이내에 거래사실을 보고하여야 한다. 이 경우 제
7-14조 제1항(거주자의 외화자금차입)의 규정에 의하여 차입에 관한 보고 또는
신고를 하는 자가 보증하는 자를 대신하여 보고할 수 있다(외국환거래규정 제
7-18조 제2항).

(4) 한국은행총재 신고사항

신고예외거래와 지정거래외국환은행의 장에게 신고사항을 제외하고 거주
자와 비거주자의 거래 또는 비거주자간 거래에 관하여 거주자가 채권자인 거
주자 또는 비거주자와 채무의 보증계약(외국환은행에 보증 또는 담보를 제공하는
행위 포함)에 따른 채권의 발생등에 관한 거래를 하고자 하는 경우에는 한국은
행총재에게 신고하여야 한다(외국환거래규정 제7-19조).

4. 대외지급수단, 채권 기타의 매매 및 용역계약에 따른 자본거래

(1) 거주자간 거래

1) 신고예외거래

거주자가 다른 거주자와 대외지급수단, 채권 기타의 매매 및 용역계약에
따른 외국통화로 표시되거나 지급을 받을 수 있는 채권의 발생 등에 관한 거래
를 하고자 하는 경우로서 다음의 어느 하나에 해당하는 경우에는 신고를 요하
지 아니한다(외국환거래규정 제7-20조 제1항).

① 거주자와 다른 거주자간 물품 기타의 매매, 용역계약에 따른 외국통화
　　로 지급받을 수 있는 채권의 발생등에 관한 거래

② 거주자 간에 지급수단으로 사용목적이 아닌 화폐수집용 및 기념용으로
　　외국통화를 매매하는 거래

③ 해외건설 및 용역사업자와 면세용물품제조자 간에 해외취업근로자에
　　대한 면세쿠폰을 매매하는 거래

④ 외국환은행이 거주자의 수입대금의 지급을 위하여 유네스코쿠폰을 당
　　해 거주자에게 매각하는 거래

⑤ 거주자간 인정된 거래로 취득한 채권의 매매계약에 따른 외국통화로
　　표시되거나 지급받을 수 있는 채권의 발생등에 관한 거래

⑥ 거주자간 매매차익을 목적으로 하지 않는 거래로서 동일자에 미화 5천 불 이내에서 대외지급수단을 매매하는 거래

2) 한국은행총재 신고사항

거주자가 다른 거주자와 대외지급수단의 매매계약에 따른 외국통화로 표시되거나 지급받을 수 있는 채권의 발생 등에 관한 거래를 하고자 하는 경우에는 한국은행총재에게 신고하여야 한다(외국환거래규정 제7-20 제2항).

(2) 거주자와 비거주자간 거래

1) 신고예외거래

거주자가 비거주자와 대외지급수단, 채권의 매매계약에 따른 채권의 발생 등에 관한 거래를 하고자 하는 경우로서 다음의 어느 하나에 해당하는 경우에는 신고를 요하지 아니한다(외국환거래규정 제7-21조 제1항).

① 외국환은행해외지점, 외국환은행현지법인, 외국금융기관(외국환전영업자 포함)이 해외에 체재하는 거주자와 원화표시여행자수표, 원화표시자기 앞수표 또는 내국통화의 매매거래를 하는 경우

② 외국에 체재하는 거주자(재외공관근무자 또는 그 동거가족, 해외체재자를 포함한다)가 비거주자와 체재에 직접 필요한 대외지급수단, 채권의 매매 거래를 하는 경우

③ 거주자가 외국에서 보유가 인정된 대외지급수단 또는 외화채권으로 다른 외국통화표시 대외지급수단 또는 외화채권을 매입하는 경우

④ 거주자가 수출관련 외화채권을 비거주자에게 매각하고 동 매각자금 전액을 외국환은행을 통하여 국내로 회수하는 경우

⑤ 거주자가 국내외 부동산·시설물 등의 이용·사용과 관련된 회원권, 비거주자가 발행한 약속어음 및 비거주자에 대한 외화채권 등을 비거주자에게 매각하고 동 매각자금을 외국환은행을 통하여 국내로 회수하는 경우

⑥ 거주자가 비거주자에게 매각한 국내의 부동산·시설물 등의 이용·사용과 관련된 회원권 등을 비거주자로부터 재매입하는 경우

2) 외국환은행의 장 보고사항

신고예외거래를 제외하고, 거주자가 거주자 또는 비거주자와 외국의 부동산·시설물 등의 이용·사용 또는 이에 관한 권리의 취득에 따른 회원권의 매입거래를 하고자 하는 경우에는 외국환은행의 장에게 거래가 있었던 날로부터 1개월 이내에 보고하여야 한다(외국환거래규정 제7-21조 제2항).

3) 한국은행총재 신고사항

신고예외거래를 제외하고, 거주자가 비거주자와 대외지급수단 및 채권의 매매계약에 따른 채권의 발생등에 관한 거래를 하고자 하는 경우에는 한국은행총재에게 신고하여야 한다(외국환거래규정 제7-21조 제3항).

5. 증권의 발행

(1) 거주자의 증권발행

1) 신고예외거래

거주자가 국내에서 외화증권을 발행 또는 모집하고자 하는 경우에는 허가 및 신고를 요하지 아니한다(외국환거래규정 제7-22조 제1항).

2) 지정거래외국환은행의 장 신고사항

거주자가 외국에서 외화증권을 발행하고자 하는 경우[41]에는 지정거래외국환은행의 장 등에게 보고 또는 신고등을 하여야 하며, 제7-14조의 규정을 준용한다. 다만, 외화증권발행방식에 의하여 미화 5천만불을 초과하는 현지금융을 받고자 하는 경우에는 지정거래외국환은행을 경유하여 기획재정부장관에게 신고하여야 한다(외국환거래규정 제7-22 제2항).

3) 기획재정부장관 신고사항

거주자(외국환업무취급기관 포함)가 외국에서 원화증권을 발행하고자 하는

---

[41] 거주자가 국내에서 발행한 외화증권을 비거주자가 「자본시장과 금융투자업에 관한 법률」 제9조 제8항에서 규정하는 사모로 취득하는 경우를 포함한다.

경우에는 기획재정부장관에게 신고하여야 한다(외국환거래규정 제7-22 제3항).

(2) 비거주자의 증권발행

비거주자가 국내에서 원화 또는 외화증권을 발행하고자 하는 경우, 비거주자가 외국에서 원화증권을 발행하고자 하는 경우에는 증권발행신고서에 발행자금의 용도를 기재한 발행계획서를 첨부하여 기획재정부장관에게 제출하여야 한다(외국환거래규정 제7-24조 제1항, 제7-29조 제1항).

6. 증권의 취득

(1) 거주자의 증권취득

1) 신고예외거래

거주자가 비거주자로부터 증권을 취득하고자 하는 경우로서 다음의 어느 하나에 해당하는 경우에는 신고를 요하지 아니한다(외국환거래규정 제7-31조 제1항).[42]

① 거주자가 외화증권에 투자하는 경우
② 거주자가 비거주자로부터 상속·유증·증여로 인하여 증권을 취득하는 경우
③ 거주자가 증권의 만기 전 상환 및 매입소각 등을 위하여 증권을 취득하는 경우
④ 거주자가 인정된 거래에 따라 취득한 주식 또는 지분에 대신하여 합병 후 존속·신설된 법인의 주식 또는 지분을 비거주자로부터 취득하는 경우
⑤ 거주자가 외국의 법령에 의한 의무를 이행하기 위하여 비거주자로부터 외화증권을 취득하는 경우
⑥ 거주자가 국민인 비거주자로부터 국내에서 원화증권을 내국통화로 취득하는 경우
⑦ 거주자가 인정된 거래에 따른 대부금의 대물변제, 담보권의 행사와 관

---

42) 다만, 외국법인의 경영에 참가하기 위하여 당해 법인의 주식 또는 출자지분을 취득하고자 하는 경우에는 제9장(해외직접투자)의 규정에 의한다.

련하여 비거주자로부터 외화증권을 취득하는 경우

⑧ 거주자가 비거주자가 국내 또는 국외에서 발행한 만기 1년 이상인 원화증권을 취득하거나 비거주자가 발행한 해외판매채권을 「자본시장과 금융투자업에 관한 법률」 및 시행령이 정하는 바에 따라 비거주자에게 매각할 목적으로 국내인수회사가 취득하는 경우. 다만, 거주자가 원주를 취득하는 경우에는 제2관의 규정을 준용한다.

⑨ 국내기업이 사업활동과 관련하여 외국기업과의 거래관계의 유지 또는 원활화를 위하여 미화 5만불 이하의 당해 외국기업의 주식 또는 지분을 취득하는 경우

⑩ 외국인투자촉진법에 의한 외국인투자기업(국내자회사 포함), 외국기업국내지사, 외국은행국내지점 또는 사무소에 근무하는 자가 본사(본사의 지주회사나 방계회사를 포함한다)의 주식 또는 지분을 취득하는 경우

⑪ 거주자가 국내유가증권시장에 상장 또는 등록된 외화증권을 비거주자로부터 취득하거나 부여된 권리행사에 따른 주식 또는 지분을 취득하는 경우

⑫ 외국환거래규정에 따른 외국인투자절차, 외국인투자촉진법에 의하거나, 외국환은행 또는 한국은행 신고를 통하여 증권을 취득한 비거주자로부터 동 증권을 취득하는 경우

2) 한국은행총재 신고사항

신고예외거래를 제외하고, 거주자가 비거주자로부터 증권을 취득하고자 하는 경우에는 한국은행총재에게 신고하여야 한다(외국환거래규정 제7-31조 제2항).

(2) 비거주자의 증권취득

1) 신고예외거래

비거주자가 거주자로부터 증권을 취득하고자 하는 경우로서 다음의 어느 하나에 해당하는 경우에는 신고를 요하지 아니한다(외국환거래규정 제7-32조 제1항).

① 외국환거래규정에서 정한 절차에 따라 원화증권을 취득하는 경우, 다만, 인정된 증권대차거래를 위하여 외국금융기관에 개설한 계좌에 외

화담보를 예치 및 처분하는 경우에는 외국환거래규정에 의한 거래로
간주한다.

② 외국인투자촉진법에 따라 인정된 외국인투자를 위하여 비거주자가 거
주자로부터 증권을 취득하는 경우

③ 비거주자가 거주자로부터 상속·유증으로 증권을 취득하는 경우

④ 비거주자가 국내법령에 정하는 의무의 이행을 위하여 국공채를 매입하
는 경우

⑤ 국내 외국기업의 직원인 거주자가 취득한 본사의 주식(지분 포함)을 비
거주자가 당해 거주자로부터 매입하는 경우

⑥ 비거주자가 거주자가 외국에서 발행한 외화증권을 취득하거나 부여된
권리행사에 따른 주식 또는 지분을 취득하는 경우

⑦ 국민인 비거주자가 거주자로부터 국내에서 원화증권을 취득하는 경우

⑧ 국내에서 원화증권 및 원화연계외화증권을 발행한 비거주자가 당초 허
가를 받거나 신고된 바에 따라 만기전 상환 등을 위하여 증권을 취득
하는 경우, 비거주자가 발행한 주식예탁증서를「자본시장과 금융투자
업에 관한 법률」및 시행령이 정하는 바에 따라 거주자로부터 취득하
거나 비거주자가 주식예탁증서의 원주를 거주자로부터 취득하는 경우
또는 해외판매채권을「자본시장과 금융투자업에 관한 법률」및 시행령
이 정하는 바에 따라 인수한 국내 인수회사로부터 취득하는 경우

⑨ 비거주자가 인정된 거래에 따른 대부금의 대물변제, 담보권의 행사 및
채권의 출자전환(「금융산업의 구조개선에 관한 법률」,「기업구조조정촉진법」,
「채무자 회생 및 파산에 관한 법률」에 따른 출자전환을 말한다)과 관련하여
거주자로부터 증권을 취득하는 경우

⑩ 비거주자가 국내유가증권시장에 상장 또는 등록된 외화증권 또는 국내
외국환은행이 발행한 외화 양도성예금증서를 취득하는 경우. 다만, 절
차 등은 제3관(외국인투자자의 국내원화증권 투자절차)의 규정을 준용한다.

⑪ 외국환거래규정에 따른 거주자의 외화증권 투자절차 또는 거주자의 신
고절차를 통하여 증권을 취득한 거주자로부터 동 증권을 취득하는 경우

2) 외국환은행의 장 신고사항

신고예외거래를 제외하고, 비거주자가 거주자로부터 국내법인의 비상장·

비등록 내국통화표시 주식 또는 지분을 외국인투자촉진법에서 정한 출자목적물에 의해 취득하는 경우로서 외국인투자촉진법에서 정한 외국인투자에 해당하지 아니하는 경우에는 외국환은행의 장에게 신고하여야 한다(외국환거래규정 제7-32조 제2항).

3) 한국은행 신고사항

신고예외거래, 외국환은행의 장 신고사항을 제외하고, 비거주자가 거주자로부터 증권을 취득하고자 하는 경우에는 한국은행총재에게 신고하여야 한다(외국환거래규정 제7-32조 제3항).

7. 파생상품거래

(1) 신고예외거래

거주자간 또는 거주자와 비거주자간 파생상품거래로서 외국환업무취급기관이 외국환업무로서 행하는 거래는 신고를 요하지 아니한다(외국환거래규정 제7-40조 제1항).

(2) 한국은행총재 신고사항

거주자간 또는 거주자와 비거주자간 파생상품거래로서 신고예외거래에 해당하지 않는 거래 또는 신고예외거래 중 다음의 어느 하나에 해당하는 경우에는 거주자가 한국은행총재에게 신고하여야 한다(동조 제2항).
① 액면금액의 100분의 20 이상을 옵션프레미엄 등 선급수수료로 지급하는 거래를 하는 경우
② 기체결된 파생상품거래를 변경·취소 및 종료할 경우에 기체결된 파생상품거래에서 발생한 손실을 새로운 파생상품거래의 가격에 반영하는 거래를 하고자 하는 경우
③ 파생상품거래를 자금유출입·거주자의 비거주자에 대한 원화대출·거주자의 비거주자로부터의 자금조달 등의 거래에 있어 이 법·영 및 규정에서 정한 신고등의 절차를 회피하기 위하여 행하는 경우
④ 한국은행총재에게 신고해야 한다고 규정된 경우

8. 기타 자본거래

(1) 거주자와 다른 거주자간 외국통화표시 기타 자본거래

1) 적용범위

외국환거래규정은 거주자가 다른 거주자와 다음의 거래 또는 행위를 하고자 하는 경우에 대하여 규율한다(외국환거래규정 제7-43조 제1항).

① 거주자가 다른 거주자와 외국통화로 표시되거나 지급을 받을 수 있는 임대차계약·담보·보증·보험(보험업법에 의한 보험사업자의 보험거래는 제외한다)·조합·사용대차·채무의 인수 기타 이와 유사한 계약에 따른 채권의 발생등에 관한 거래[43]

② 거주자간의 상속·유증·증여에 따른 외국통화로 지급을 받을 수 있는 채권의 발생 등에 관한 거래

③ 거주자가 다른 거주자로부터 외화증권 또는 이에 관한 권리의 취득. 다만, 당해 외화증권의 취득으로 인하여 해외직접투자의 요건을 충족하게 된 경우에는 제9장(해외직접투자)의 규정에 따른다.

2) 신고예외거래

거주자가 다른 거주자와 적용범위에 해당하는 거래 또는 행위를 하고자 하는 경우에는 신고를 요하지 아니한다. 거주자간 담보·보증계약에 따른 채권의 발생 등에 관한 거래에 관하여는 동 규정 제3절 제2관의 채무의 보증계약에 관한 규정을 준용한다(외국환거래규정 제7-43조 제1항).

(2) 거주자와 비거주자간 기타 자본거래

1) 신고예외거래

거주자와 비거주자간의 다음의 어느 하나에 해당하는 거래 또는 행위를 하고자 하는 자는 허가 및 신고를 요하지 아니한다(외국환거래규정 제7-45조 제1항).

① 한국은행, 외국환업무취급기관이 외국환업무를 영위함에 따라 비거주

---

43) 외국환거래법 제3조 제1항 제19호 가목(예금계약, 신탁계약, 금전대차계약, 채무보증계약, 대외지급수단·채권 등의 매매계약에 따른 채권의 발생·변경 또는 소멸에 관한 거래)에 해당하는 경우는 제외한다.

자에게 담보를 제공하는 경우

② 신용카드에 의한 현금서비스거래

③ 거주자가 물품의 수출과 관련하여 외국에 있는 금융기관이 발행한 신용장을 그 신용장 조건에 따라 비거주자에게 양도하는 경우

④ 소유권 이전의 경우를 제외하고 국내의 외항운송업자와 비거주자간의 선박이나 항공기(항공기엔진 및 외국환거래업무취급지침에서 정하는 관련 주요부품을 포함하며 이하 이 관에서 같다)를 임대차기간이 1년 미만인 조건으로 외화표시 임대차계약을 체결하는 경우

⑤ 거주자가 신고수리를 받아 취득한 외국에 있는 부동산을 비거주자에게 취득신고수리시 인정된 범위 내에서 외국통화표시 임대를 하는 경우

⑥ 거주자가 비거주자로부터 부동산 이외의 물품을 무상으로 임차하는 경우

⑦ 비거주자가 이 규정에 의하여 외국으로의 원리금 송금이 허용되는 예금·신탁·증권 등을 금융기관의 자기여신에 관련된 담보로 제공하거나 제3자를 위해 담보로 제공하는 경우

⑧ 비거주자가 국내에서의 법적절차를 위해 필요한 예치금을 납입하거나 예치금에 갈음하여 내국법인이 발행한 외화증권을 제공하는 경우

⑨ 보험에 관한 법령의 규정에 의하여 인정된 바에 따라 국내의 거주자가 비거주자와 외국통화표시 보험계약을 체결하거나 외국에 있는 보험사업자와 재보험계약을 체결하는 경우

⑩ 해외건설 및 용역사업자가 해외건설 및 용역사업과 관련하여 현지에서 비거주자로부터 장비를 임차하는 계약을 체결하는 경우

⑪ 거주차와 국민인 비거주자간에 국내에서 내국통화로 표시되고 지급되는 임대차계약·조합·사용대차·채무의 인수·화해 기타 이와 유사한 계약에 따른 채권의 발생등에 관한 거래 및 상속·유증·증여에 따른 채권의 발생등에 관한 거래 또는 행위를 하는 경우

⑫ 거주자가 비거주자로부터 상속·유증·증여에 의한 채권의 발생등의 당사자가 되는 경우

⑬ 국제유가증권결제기구에 가입한 거주자가 일중대출과 관련하여 담보를 제공하는 경우

⑭ 기관투자가가 인정된 거래에 따라 보유한 외화증권을 외국증권대여기관(Securities Lending Agent)을 통하여 대여하는 경우, 직전 분기말 기준

자기자본 1조원 이상의 투자매매업자 또는 투자중개업자가 외화증권을 차입·대여하는 경우

⑮ 임차계약 만료 전에 수출자유지역내에서 당해 수출자유지역 관리소장의 허가를 받아 폐기처분하는 경우

⑯ 거주자와 비거주자가 예탁결제원, 증권금융회사 또는 증권대차거래의 중개업무를 영위하는 투자매매업자 또는 투자중개업자를 통하여 원화증권 및 원화연계외화증권을 차입·대여하거나 이와 관련하여 원화증권, 외화증권 또는 현금(외국통화를 포함한다)을 담보로 제공하는 경우.

⑰ 거주자의 현지법인이 거주자의 보증·담보제공이 수반된 현지금융을 상환하기 위하여 국내에서 원화증권을 발행하는 경우로서 현지법인을 위하여 당해 거주자(계열회사를 포함한다)가 보증 및 담보를 제공하는 경우

⑱ 거주자가 비거주자로부터 국내부동산을 임차하는 경우. 다만, 내국통화로 지급하는 경우에 한한다.

⑲ 외환동시결제시스템을 통한 결제와 관련하여 거주자 회원은행이 CLS은행과 결제관련 약정(손실부담약정 포함)을 체결하고 동 약정에 따라 자금을 지급 또는 수령하는 경우

⑳ 외환동시결제시스템을 통한 결제와 관련하여 외국환업무취급기관이 비거주자와 결제관련 약정(손실부담에 관한 합의 포함)을 체결하고 동 약정에 따라 자금을 지급 또는 수령하는 경우

㉑ 종교단체가 해외에 선교자금을 지급하는 경우

㉒ 비영리법인이 해외에서의 구호활동에 필요한 자금을 지급하는 경우. 다만, 당해법인의 설립취지에 부합하여야 한다.

㉓ 비거주자가 거주자로부터 상속·유증을 받는 경우

㉔ 거주자가 국제기구, 국제단체 또는 외국정부에 대해 의연금, 기부금을 지급하는 경우

2) 외국환은행의 장 보고사항

비거주자와 다음의 어느 하나에 해당하는 거래 또는 행위를 하고자 하는 거주자는 거래 또는 행위가 있었던 날로부터 1개월 이내에 외국환은행의 장에게 거래사실을 보고하여야 한다(외국환거래규정 제7-46조 제1항).

① 거주자와 비거주자간에 계약 건당 미화 3천만불 이하인 경우로서 부동산 이외의 물품임대차 계약을(소유권 이전하는 경우를 포함한다) 체결하는 경우

② 소유권 이전의 경우를 제외하고 국내의 외항운송업자와 비거주자간의 선박이나 항공기를 임대차기간이 1년 이상인 조건으로 외국통화표시 임대차계약을 체결하는 경우

3) 한국은행총재 신고사항

신고예외거래 및 외국환은행의 장 신고사항을 제외하고, 거주자와 비거주자간 기타 자본거래를 하는 경우에는 당해 거주자가 한국은행총재에게 신고하여야 한다(동조 제2항).

Ⅲ. 미신고 자본거래죄

제29조(벌칙) ① 다음 각 호의 어느 하나에 해당하는 자는 1년 이하의 징역 또는 1억원 이하의 벌금에 처한다. 다만, 위반행위의 목적물 가액의 3배가 1억원을 초과하는 경우에는 그 벌금을 목적물 가액의 3배 이하로 한다.

　3. 제16조 또는 제18조에 따른 신고의무를 위반한 금액이 5억원 이상의 범위에서 대통령령으로 정하는 금액을 초과하는 자

제30조(몰수·추징) 제27조 제1항 각 호, 제27조의2 제1항 각 호 또는 제29조 제1항 각 호의 어느 하나에 해당하는 자가 해당 행위를 하여 취득한 외국환이나 그 밖에 증권, 귀금속, 부동산 및 내국지급수단은 몰수하며, 몰수할 수 없는 경우에는 그 가액을 추징한다.

제31조(양벌규정) 법인의 대표자나 법인 또는 개인의 대리인, 사용인, 그 밖의 종업원이 그 법인 또는 개인의 재산 또는 업무에 관하여 제27조, 제27조의2, 제28조 및 제29조의 어느 하나에 해당하는 위반행위를 하면 그 행위자를 벌하는 외에 그 법인 또는 개인에게도 해당 조문의 벌금형을 과(科)한다. 다만, 법인 또는 개인이 그 위반행위를 방지하기 위하여 해당 재산 또는 업무에 관하여 상당한 주의와 감독을 게을리하지 아니한 경우에는 그러하지 아니하다.

제32조(과태료) ① 다음 각 호의 어느 하나에 해당하는 자에게는 1억원 이하의 과태료를 부과한다.

　4. 제18조 제1항에 따른 신고를 하지 아니하거나 거짓으로 신고를 하고 자본거래를 한 자

1. 구성요건

미신고 자본거래로 인한 외국환거래법 위반죄는 신고의무를 이행하지 아니하였다는 것만으로 구성요건이 실현되는 것은 아니고, 나아가 자본거래까지 하였다는 요건을 충족하여야 비로소 구성요건이 실현된다.[44]

수입과 관련하여서는, 예컨대 거주자가 해외에서 비거주자와 외화예금거래를 하면서 신고를 하지 아니하고 비거주자인 일본 은행 계좌에 금형 부품 구입대금 명목으로 송금하는 등 해외 예금거래를 하는 경우 본죄가 성립한다.[45]

모든 미신고 자본거래에 대하여 형사처벌을 하는 것은 과도하므로 외국환거래법은 신고의무 위반 금액이 10억원을 초과하는 경우에만 형사처벌 대상으로 규정하고 있다. 대법원은 외국환거래법상 자본거래의 일종인 예금거래에 관하여, 개별 예금거래 금액이 처벌기준인 10억원을 초과하지는 않지만 일정 거래금액을 합하면 10억원을 초과하는 경우의 처벌 가부가 쟁점이 된 사안에서, 금액을 일부러 나누어 거래하는 이른바 '분할거래 방식'의 자본거래에 해당한다는 등의 특별한 사정이 없는 한, 처벌 대상이 되는 '미신고 자본거래'는 개별적으로 이루어지는 자본거래 금액이 10억원 이상인 경우를 의미한다고 하였다.[46]

2. 법정형 등

신고의무 위반금액이 10억원을 초과한 경우에는 1년 이하의 징역 또는 1억원 이하의 벌금에 처한다. 다만, 위반행위의 목적물 가액의 3배가 1억원을 초과하는 경우에는 그 벌금을 목적물 가액의 3배 이하로 한다(동법 제29조 제1항 제3호). 10억원 이하인 경우에는 1억원 이하의 과태료 처분을 한다(동법 제32조 제1항 제4호). 양벌규정이 있어 행위자 외에 법인 등에게도 벌금형을 과한다(동법 제31조).

---

44) 대법원 2019. 4. 11. 선고 2015도1230 판결.
45) 서울중앙지방법원 2016. 4. 21. 선고 2015고합577,821 판결.
46) 대법원 2019. 1. 31. 선고 2018도16474 판결.

3. 몰수 · 추징

본죄를 범한 자가 해당 행위를 하여 취득한 외국환이나 그 밖에 증권, 귀금속, 부동산 및 내국지급수단은 몰수하며, 몰수할 수 없는 경우에는 그 가액을 추징한다(동법 제30조). 범인이 외국환거래법에서 규제하는 행위로 인하여 취득한 외국환 등이 있을 때 이를 몰수하거나 추징한다는 것으로, 여기서 취득이란 해당 범죄행위로 인하여 결과적으로 이를 취득한 때를 말한다.47)

한편, 거주자가 비거주자와 대통령령으로 정한 금액 이상의 자본거래를 하면서 신고 없이 비거주자로부터 국내로 돈을 송금 받은 위반행위에 대하여 그 송금된 돈을 필요적으로 몰수 · 추징하는 것은 헌법 제37조 제2항의 과잉금지원칙에 반하고 헌법상 보장된 사유재산권을 과도하게 제한하여 위헌이므로 이를 임의적 몰수 · 추징으로 개정하여야 한다는 견해가 있다.48)

제 5 절　특경법위반(재산국외도피)죄

제4조(재산국외도피의 죄) ① 법령을 위반하여 대한민국 또는 대한민국국민의 재산을 국외로 이동하거나 국내로 반입하여야 할 재산을 국외에서 은닉 또는 처분하여 도피시켰을 때에는 1년 이상의 유기징역 또는 해당 범죄행위의 목적물 가액(이하 이 조에서 "도피액"이라 한다)의 2배 이상 10배 이하에 상당하는 벌금에 처한다.
② 제1항의 경우 도피액이 5억원 이상일 때에는 다음 각 호의 구분에 따라 가중처벌한다.
　1. 도피액이 50억원 이상일 때: 무기 또는 10년 이상의 징역
　2. 도피액이 5억원 이상 50억원 미만일 때: 5년 이상의 유기징역
③ 제1항 또는 제2항의 미수범은 각 죄에 해당하는 형으로 처벌한다.
④ 법인의 대표자나 법인 또는 개인의 대리인, 사용인, 그 밖의 종업원이 그 법인 또는 개인의 업무에 관하여 제1항부터 제3항까지의 어느 하나에 해당하는 위반행위를 하면 그 행위자를 벌

---

47) 대법원 2017. 5. 31. 선고 2013도8389 판결. 거주자인 갑 재단법인이 비거주자인 을 회사로부터 원화자금 및 외화자금을 차입하는 자본거래를 할 때 갑 재단법인의 이사 겸 사무총장으로서 자금관리 업무를 총괄하는 피고인이 신고의무를 위반하였다는 내용으로 외국환거래법 위반죄가 인정된 사안에서, 금전대차계약의 차용 당사자는 갑 재단법인으로서 피고인이 위 계약에 의하여 결과적으로 외국환거래법에서 규제하는 차입금을 취득하였다고 인정하기 어려워 피고인으로부터 차입금을 몰수하거나 그 가액을 추징할 수 없다고 한 사례.
48) 노수환, 외국환거래법상 필요적 몰수 · 추징 규정에 관한 몇 가지 고찰, 성균관법학 2017.

하는 외에 그 법인 또는 개인에게도 제1항의 벌금형을 과(科)한다. 다만, 법인 또는 개인이 그 위반행위를 방지하기 위하여 해당 업무에 관하여 상당한 주의와 감독을 게을리하지 아니한 경우에는 그러하지 아니하다.

I. 의 의

재산국외도피죄는 국내의 재산을 해외에 도피시킴으로써 국부에 손실을 가져오는 행위를 처벌함으로써 국가재산을 보호하려는 데에 입법취지가 있다.[49] 세관에서는 외국환거래법, 대외무역법위반 등으로 인한 특경법 제4조의 재산국외도피죄에 대하여 수사권이 있다.

II. 구성요건

1. 법령위반

'법령'은 '외국환 관리에 관한 법률과 법규명령'을 의미한다. 대법원은 대외무역법도 위 법령에 포함된다고 본다.[50]

"특경법 제4조 제1항의 '법령을 위반하여'에서의 '법령'은 '외국환 관리에 관한 법률과 법규명령'을 의미하는바, ① 대외무역법에 따른 물품의 수출·수입대금의 결제가 결국 외국환에 의하여 이루어지는 점, ② '외화 도피 목적의 수출입 가격 조작'을 금지하는 대외무역법 제43조의 경우 그 자체로 외국환의 거래 및 국외 이동이 예정되어 있는 점, ③ 특정경제범죄법 제4조 제1항의 '법령'은 그 입법 취지 등을 고려할 때 법령의 형식적 명칭과 목적이 어떠한지를 가리지 않고 국내 재산의 국외로의 이동을 규율·관리하는 법령을 모두 포함하는 취지로 볼 수 있는 점 등을 종합할 때, 대외무역법도 위 법령에 포함된다고 해석함이 상당하다."

---

49) 대법원 2005. 4. 29. 선고 2002도7262 판결.
50) 대법원 2015. 5. 29. 선고 2013도3295 판결.

2. 재산국외도피행위

대한민국 또는 대한민국 국민의 국내 재산을 국외로 이동한 행위가 도피에 해당하려면 재산에 대한 지배·관리 상태를 국내에서 국외로 옮기는 경우여야 하고 이동으로 인하여 재산에 대한 지배·관리 상태를 상실하는 경우는 여기에 해당하지 않는다.[51]

대법원은 '법령에 위반하여'가 재산국외도피의 행위태양인 '국외 이동 또는 국외에서의 은닉·처분'과 함께 '국내에 반입하여야 할 재산'도 수식하는 것으로 본다. 따라서 국외에서의 은닉 또는 처분에 의한 재산국외도피죄는 법령에 의하여 국내로 반입하여야 할 재산을 이에 위반하여 은닉 또는 처분시킨 때에 성립한다. '국내에 반입하여야 할 재산'이라 함은 법령에 의하여 국내에 반입하여야 할 의무를 부담하는 대한민국 또는 대한민국 국민의 재산을 의미하고, 법령상 국내로의 반입의무 유무와 상관없이 국내로의 반입이 예정된 재산을 의미하는 것으로 확장하여 해석하는 것은 형벌법규를 지나치게 유추 또는 확장해석하여 죄형법정주의의 원칙에 어긋나는 것으로서 허용될 수 없다.[52]

한편, 어떠한 행위가 특경법 제4조 제1항 소정의 재산국외도피에 해당하는지를 판단함에 있어서는 당시 행위자가 처하였던 경제적 사정 내지 그 행위를 통하여 추구하고자 한 경제적 이익의 내용 등 그러한 행위에 이르게 된 동기, 행위의 방법 내지 수단이 은밀하고 탈법적인 것인지 여부, 행위 이후 행위

---

51) 대법원 2019. 8. 29. 선고 2018도2738 전원합의체 판결. 피고인들이 공소외 4 회사의 국내 자금을 용역대금 명목으로 독일 은행 공소외 5 회사 명의의 계좌에 송금하였으나, 뇌물수수자인 공소외 3이 위 용역대금을 해외에서 자신의 필요에 따라 임의로 지배·관리하였고 뇌물공여자인 피고인들이 용역대금에 대하여 임의로 소비, 축적, 은닉 등 지배·관리하였던 것으로 볼 수 없다는 이유로 공소사실을 무죄로 판단한 사례.

52) 대법원 2010. 9. 9. 선고 2007도3681 판결. 피고인이 비거주자인 외국회사와의 중개거래에 의하여 취득한 중개수수료를 지정거래 외국환은행장에게 신고하지 아니한 외국은행의 예금계좌로 입금 받음으로써 이를 국내로 반입하지 않고 국외에서 은닉·도피시켰다는 특정경제범죄 가중처벌 등에 관한 법률 위반의 공소사실에 대하여, 피고인은 현지 영업비용을 원활하게 조달할 의사로 이 수수료를 외국은행 계좌로 입금 받은 것이고, 위 계좌가 회계장부에 계상되지 아니하여 과세자료에는 반영되지 않았으나, 그 명의가 피고인의 실명으로 되어 있을 뿐 아니라 송장 등 무역관계서류에 기재되어 있어 그 존재를 쉽게 확인할 수 있는 사정에 비추어, 위 행위가 구 외국환거래법(2009. 1. 30. 법률 제9351호로 개정되기 전의 것) 위반죄나 조세범 처벌법 위반죄를 구성함은 별론으로 하고, 이 수수료가 당시 적용되던 법령이 정한 회수대상채권에 해당하는지 여부가 불분명하여 재산국외도피죄를 구성한다거나 그 범의가 있었다고 단정하기 어렵다고 본 사례.

자가 취한 조치 등 여러 사정을 두루 참작하여 엄격하고 신중하게 판단하여야 한다.[53)]

수입과 관련하여 본죄가 문제되는 경우는 예컨대, 거주자가 해외에서 비거주자와 외화예금거래를 하고자 하는 경우에는 기획재정부장관에게 신고하여야 함에도 신고를 하지 아니하고 비거주자인 일본은행에 계좌를 개설한 다음, 제품 생산을 위한 금형 부품을 구입하는 수입대금 명목으로 송금한 후 페이퍼컴퍼니 명의의 일본은행 계좌를 통해 미국 계좌에 이체한 경우 등이 있다.[54)]

3. 고 의

재산국외도피죄는 자신의 행위가 법령을 위반하여 국내 재산을 해외로 이동한다는 인식과 그 행위가 재산을 대한민국의 법률과 제도에 의한 규율과 관리를 받지 않고 자신이 해외에서 임의로 소비, 축적, 은닉 등 지배·관리할 수 있는 상태에 두는 행위라는 인식을 가지고 국내 재산을 해외로 이동하여 대한민국 또는 대한민국 국민의 재산이 유출될 위험이 있는 상태를 발생하게 한 때에 성립한다.[55)]

미필적으로나마 허위수출입을 통하여 수입대금을 해외 페이퍼컴퍼니 명의 계좌로 송금한다는 사실을 충분히 인식하면서도 정범의 지시에 따라 은행 업무를 수행한 사실을 인정할 수 있다면 공범의 재산국외도피 범의를 인정할 수 있다.[56)]

Ⅲ. 처 벌

1년 이상의 유기징역 또는 해당 범죄행위의 목적물 가액(도피액)의 2배 이상 10배 이하에 상당하는 벌금에 처한다(특경법 제4조 제1항). 도피액이 5억원 이상 50억원 미만일 때에는 5년 이상의 유기징역, 도피액이 50억원 이상일 때

---

53) 대법원 2010. 9. 9. 선고 2007도3681 판결.
54) 광주고등법원 2017. 1. 12. 선고 2016노232 판결, 대법원 2017. 5. 31. 선고 2017도1660 판결로 상고기각되어 확정되었다.
55) 대법원 2005. 4. 29. 선고 2002도7262 판결, 대법원 2016. 10. 13. 선고 2016도8130 판결.
56) 광주고등법원 2017. 1. 12. 선고 2016노232 판결, 대법원 2017. 5. 31. 선고 2017도1660 판결로 상고기각되어 확정되었다.

에는 무기 또는 10년 이상의 징역으로 가중처벌한다(동조 제2항). 양벌규정이 있어 행위자를 벌하는 외에 영업주인 법인등에도 위 규정의 벌금형을 부과한다. 다만, 법인등이 그 위반행위를 방지하기 위하여 해당 업무에 관하여 상당한 주의와 감독을 게을리하지 아니한 경우는 면책된다(동조 제4항).

Ⅳ. 필요적 몰수·추징

범인이 도피시키거나 도피시키려고 한 재산은 몰수한다(특경법 제10조 제1항). 몰수할 수 없을 때에는 그 가액을 추징한다(동조 제3항). 특경법 제10조 제1항 및 제3항의 몰수·추징은 범죄로 인한 이득의 박탈을 목적으로 한 형법상의 몰수·추징과는 달리 재산국외도피 사범에 대한 징벌의 정도를 강화하여 범행대상인 재산을 필요적으로 몰수하고 그 몰수가 불능인 때에는 그 가액을 납부하게 하는 소위 징벌적 성격의 처분이다. 범인에는 공동정범자 뿐만 아니라 종범 또는 교사범도 포함된다.[57] 대법원은 "도피재산이 피고인들이 아닌 회사의 소유라거나 피고인들이 이를 점유하고 그로 인하여 이득을 취한 바가 없다고 하더라도 피고인들 모두에 대하여 그 도피재산의 가액 전부의 추징을 명하여야 한다"고 판시하였다.[58][59]

제6절 범죄수익은닉의 규제 및 처벌 등에 관한 법률위반죄

Ⅰ. 의 의

범죄수익은닉규제법은 국제적 기준에 맞는 자금세탁방지 제도를 마련하고 범죄수익의 몰수·추징에 관한 특례를 규정함으로써 특정범죄를 조장하는

---

57) 대법원 1985. 6. 25. 선고 85도652 판결.
58) 대법원 2005. 4. 29. 선고 2002도7262 판결.
59) 광주고등법원 2017. 1. 12. 선고 2016노232 판결, 대법원 2017. 5. 31. 선고 2017도1660 판결로 상고기각되어 확정되었다. "피고인이 개인적으로 취득한 이익이 없다고 하더라도 정범의 재산국외도피 범행 전체에 대하여 실행행위를 용이하게 한 이상 정범의 국외재산도피액 전액인 외화 국외송금액과 외화 국내송금액의 차액에 피고인이 정범으로부터 송금 받은 금액을 더한 금액의 추징을 명하여야 한다."

경제적 요인을 근원적으로 제거하기 위하여 제정되었다(동법 제1조). 동법은 특정범죄를 직접 처벌하는 형법 등을 보충함으로써 중대범죄를 억제하기 위한 역할을 한다고 볼 수 있다.[60] 세관에서는 관세법, 대외무역법, 상표법위반 등으로 인한 범죄수익은닉규제법위반사범에 대하여 수사권이 있다.

Ⅱ. 전제범죄

전제범죄로서 특정범죄에 해당하여야 한다. 특정범죄란 재산상의 부정한 이익을 취득할 목적으로 범한 죄로서 다음의 어느 하나에 해당하는 것을 말한다(범죄수익은닉규제법 제2조 제1호).

① 사형, 무기 또는 장기 3년 이상의 징역이나 금고에 해당하는 죄(제2호나 목에 규정된 죄는 제외한다)

② 별표에 규정된 죄[61]로 관세법 제270조의2의 죄(가격조작죄) 등이 있다.

③ 특경법 제4조의 죄 등[62]

④ 위 ①, ②에 규정된 죄(이하 "중대범죄"라 한다) 및 특경법 제4조의 죄 등이 형법 제40조에 따른 상상적 경합 관계에 있는 경우에는 그 다른 죄

⑤ 외국인이 대한민국 영역 밖에서 한 행위가 대한민국 영역 안에서 행하여졌다면 중대범죄 또는 특경법 제4조의 죄 등에 해당하고 행위지의 법령에 따라 죄에 해당하는 경우 그 죄

---

60) 대법원 2018. 5. 30. 선고 2018도3619 판결.

61) 형법 중 유가증권, 우표와 인지에 관한 죄 중 제224조(제214조 및 제215조의 예비·음모만 해당한다)의 죄, 성풍속에 관한 죄 중 제243조 및 제244조의 죄, 제315조의 죄, 제357조 제2항의 죄, 3.「정보통신망 이용촉진 및 정보보호 등에 관한 법률」제74조 제1항제2호·제6호의 죄,「영화 및 비디오물의 진흥에 관한 법률」제95조제6호의 죄, 여권법 제25조 제2호의 죄, 한국토지주택공사법 제28조 제1항의 죄 등이 있다.

62) 이밖에「성매매알선 등 행위의 처벌에 관한 법률」제19조 제2항 제1호(성매매알선등행위 중 성매매에 제공되는 사실을 알면서 자금·토지 또는 건물을 제공하는 행위만 해당한다)의 죄,「폭력행위 등 처벌에 관한 법률」제5조 제2항 및 제6조(제5조 제2항의 미수범만 해당한다)의 죄,「국제상거래에 있어서 외국공무원에 대한 뇌물방지법」제3조 제1항의 죄,「국제형사재판소 관할 범죄의 처벌 등에 관한 법률」제8조부터 제16조까지의 죄,「공중 등 협박목적 및 대량살상무기확산을 위한 자금조달행위의 금지에 관한 법률」제6조 제1항·제4항(제6조 제1항 제1호의 미수범에 한정한다)의 죄가 있다. 이들 범죄를 이하에서 '특경법 제4조의 죄 등'이라 한다.

Ⅲ. 범죄수익등

'범죄수익'이란 ① 중대범죄에 해당하는 범죄행위에 의하여 생긴 재산이나 그 범죄행위의 보수로 얻은 재산 또는 ② 특경법 제4조의 죄 등에 관계된 자금 또는 재산을 말한다(동법 제2조 제2호). 여기서 '중대범죄에 해당하는 범죄행위에 의하여 생긴 재산'에는 중대범죄의 범죄행위에 의하여 새로 만들어지거나 그 범죄행위로 직접 취득한 재산 또는 범죄행위에 대한 직접적 대가로서 취득한 재산은 포함되지만, 단순히 그 범죄행위와 관계된 재산이나 범죄수익을 보유하거나 처분하여 2차적으로 얻은 재산은 포함되지 않는다.[63]

'범죄수익에서 유래한 재산'이란 범죄수익의 과실로 얻은 재산, 범죄수익의 대가로 얻은 재산 및 이들 재산의 대가로 얻은 재산, 그 밖에 범죄수익의 보유 또는 처분에 의하여 얻은 재산을 말한다(동조 제3호).

'범죄수익등'이란 범죄수익, 범죄수익에서 유래한 재산 및 이들 재산과 그 외의 재산이 합쳐진 재산을 말한다(동조 제4호).

Ⅳ. 범죄수익등 은닉·가장죄

> **제3조(범죄수익등의 은닉 및 가장)** ① 다음 각 호의 어느 하나에 해당하는 자는 5년 이하의 징역 또는 3천만원 이하의 벌금에 처한다.
> 1. 범죄수익등의 취득 또는 처분에 관한 사실을 가장한 자
> 2. 범죄수익의 발생 원인에 관한 사실을 가장한 자
> 3. 특정범죄를 조장하거나 적법하게 취득한 재산으로 가장할 목적으로 범죄수익등을 은닉한 자
> ② 제1항의 미수범은 처벌한다.
> ③ 제1항의 죄를 범할 목적으로 예비하거나 음모한 자는 2년 이하의 징역 또는 1천만원 이하의 벌금에 처한다.

1. 주 체

본죄의 주체에는 제한이 없어 특정범죄의 본범도 본죄의 주체가 된다. 따라서 특정범죄의 본범이 범죄수익등을 직접 가장·은닉하는 경우에도 본죄가

---

63) 대법원 2017. 3. 15. 선고 2016도19659 판결.

성립한다.[64]

2. 객 체

본죄의 객체는 범죄수익 또는 범죄수익등으로, 이에 대한 설명은 전술한 바와 같다.

3. 행 위

본죄의 행위는 범죄수익등의 취득 또는 처분에 관한 사실을 가장(제1호), 범죄수익의 발생 원인에 관한 사실을 가장(제2호), 특정범죄(중대범죄)를 조장하거나 적법하게 취득한 재산으로 가장할 목적으로 범죄수익등을 은닉(제3호)하는 것이다(범죄수익은닉법 제3조 제1항).

'범죄수익의 취득 또는 처분에 관한 사실을 가장하는 행위'는 제3호가 규정하는 '범죄수익을 은닉하는 행위'와 달리 '특정범죄를 조장하거나 또는 적법하게 취득한 재산으로 가장할 목적'을 구성요건으로 하고 있지 않음이 법문상 명백하므로, 특정범죄를 조장하거나 또는 적법하게 취득한 재산으로 가장할 목적이 없었더라도 범죄수익 등의 취득 또는 처분에 관한 사실을 가장하였다면 본죄가 성립한다.[65]

'범죄수익의 발생 원인에 관한 사실을 가장'하는 행위는 범죄수익의 발생 원인에 관하여 존재하지 않는 사실을 존재하는 것처럼 가장하거나 존재하는 사실을 존재하지 않는 것처럼 가장하는 행위를 의미하는 것으로서, 시간적으로 범죄수익을 발생시키는 범죄행위의 기수 이전의 행위라도 해당할 수 있다.[66]

'범죄수익의 은닉'이라 함은 범죄수익의 특정이나 추적 또는 발견을 불가능하게 하거나 현저하게 곤란하게 하는 행위로서 통상의 보관방법이라고 보기 어려운 경우를 말한다.[67]

---

64) 법무부, 104면.
65) 대법원 2008. 2. 28. 선고 2007도10004 판결.
66) 대법원 2019. 8. 29. 선고 2018도2738 전원합의체 판결.
67) 대법원 2004. 12. 10. 선고 2004도5652 판결.

4. 고의 등

대상재산이 범죄수익등 또는 범죄수익이라는 인식과 이를 가장·은닉하려는 고의를 요한다. 이 경우 고의는 미필적인 것으로 족하다. 범죄수익등에 대한 인식은 당해 재산이 특정범죄에 의하여 생긴 것이라는 인식이 있으면 족하고, 반드시 특정범죄의 구체적 내용까지 알아야 하는 것은 아니다. 범죄수익등을 은닉에는 고의 외에 특정범죄를 조장하거나 적법하게 취득한 재산으로 가장할 목적이 있음을 요한다. 이는 은닉행위의 적용범위가 지나치게 확대되는 것을 방지하기 위함이다. 이 경우 목적은 결과발생을 희망할 필요는 없고 결과발생에 대한 미필적 인식으로 족하다. 또한 위와 같은 목적이 유일한 동기일 필요는 없다. 따라서 밀수업자가 밀수품 보관과 함께 주거용도에 사용할 목적으로 밀수품 판매대금으로 주택을 구입한 경우에도 특정범죄를 조장할 목적이 있다고 할 것이다.[68]

5. 처 벌

5년 이하의 징역 또는 3천만원 이하의 벌금형에 처한다(동법 제3조 제1항). 징역형과 벌금형은 병과할 수 있고(동법 제6조), 법인에 대하여도 양벌규정에 의하여 본조의 벌금형을 과한다(동법 제7조). 몰수·추징에 대하여는 후술한다.

6. 미수 · 예비 · 음모죄

본죄의 미수범은 처벌한다(동법 제3조 제2항). 또한 본죄의 중대성과 위험성을 고려하여 본죄를 범할 목적으로 예비하거나 음모한 자에 대하여도 2년 이하의 징역 또는 1천만원 이하의 벌금에 처하도록 하고 있다(동조 제3항).

---

68) 법무부, 108-109면.

V. 범죄수익등 수수죄

제4조(범죄수익등의 수수) 그 정황을 알면서 범죄수익등을 수수(收受)한 자는 3년 이하의 징역 또는 2천만원 이하의 벌금에 처한다. 다만, 법령에 따른 의무 이행으로서 제공된 것을 수수한 자 또는 계약(채권자가 상당한 재산상의 이익을 제공하는 것만 해당한다) 시에 그 계약에 관련된 채무의 이행이 범죄수익등에 의하여 행하여지는 것이라는 정황을 알지 못하고 그 계약과 관련된 채무의 이행으로서 제공된 것을 수수한 자의 경우에는 그러하지 아니하다.

1. 주 체

본죄의 주체는 특정범죄의 본범 이외의 자이다. 특정범죄의 정범 또는 공동정범은 본죄의 주체가 될 수 없으므로 공동정범 사이에 범죄수익등을 수수·양도·보관하여도 본죄가 성립하지 않는다. 그러나 본범에 대한 협의의 공범인 교사범 또는 방조범은 스스로 특정범죄를 실행한 자가 아니라 가공한 자에 불과하므로 본죄의 주체가 될 수 있다. 특정범죄를 교사한 자가 범죄수익 등을 수수한 때에는 특정범죄의 교사범과 본죄의 경합범이 된다. 한편, 본죄는 특정범죄의 본범으로부터 직접 범죄수익등을 수수할 것을 요하지 아니하므로 범죄수익을 매수한 자가 이를 전매한 경우 매수인과 제2매수인 모두 범죄수익이라는 정을 알고 수취하였다면 본죄의 주체가 될 수 있다.[69]

2. 객 체

본죄의 객체는 범죄수익 또는 범죄수익등으로, 이에 대한 설명은 전술한 바와 같다.

3. 행 위

본죄의 행위는 그 정황을 알면서 범죄수익등을 수수하는 것이다. 다만, 법령에 따른 의무 이행으로서 제공된 것을 수수한 자 또는 계약(채권자가 상당한

---

69) 법무부, 121면.

재산상의 이익을 제공하는 것만 해당한다) 시에 그 계약에 관련된 채무의 이행이 범죄수익등에 의하여 행하여지는 것이라는 정황을 알지 못하고 그 계약과 관련된 채무의 이행으로서 제공된 것을 수수한 자의 경우에는 본죄가 성립하지 않는다(동법 제4조).

4. 고 의

'정을 알면서 범죄수익 등을 수수'하는 행위에 있어서 주관적 요건인 '범죄수익 등이라는 정'의 인식은 반드시 확정적인 것을 요하지 않고, 범죄수익 등일지도 모른다는 의심을 가지는 정도의 미필적 인식으로도 족하다.[70]

"범죄수익 등을 수수하였다고 공소가 제기된 피고인이 그 범의를 부인하는 경우에는 교부자 및 교부를 받은 사람의 신분과 서로의 관계, 수수의 경위, 시간과 장소, 수수되는 재물의 성질과 형태, 대가성의 유무 등 범죄수익 등이 수수될 당시의 모든 객관적인 상황을 참작하여 이를 인정하여야 할 것이다."

범죄수익등인 정을 알지 못하고 선의로 범죄수익등을 수수한 자로부터 다시 범죄수익등을 수수한 자가 악의인 경우 악의의 수수자에게는 본죄가 성립하지 않는다고 해석하여야 한다. 악의의 수수자를 처벌하게 되면 선의의 수수자의 재산처분권에 사실상 제약을 가하는 것이 되기 때문이다. 다만, 본범이 악의의 수수자에게 범죄수익을 양도하며 선의의 제3자를 중간에 끼워넣기로 공모한 경우 실질적으로 본범으로부터 악의의 제3자에게 범죄수익이 직접 양도된 것과 같다고 할 수 있으므로 이 경우의 악의의 제3자에게 범죄수익등의 수수죄가 성립한다고 볼 수 있을 것이다.[71]

5. 위법성

본조 단서에서는 범죄수익등의 수수행위 중 특정범죄를 조장할 가능성이 희박하고 거래 관련자의 권리를 보호할 필요성이 현저한 행위 유형에 대하여 처벌하지 않도록 하고 있다. 즉, 법령에 따른 의무 이행으로서 제공된 것을 수수한 자 또는 계약(채권자가 상당한 재산상의 이익을 제공하는 것만 해당한다) 시에

---

70) 대법원 2007. 2. 9. 선고 2005도2709 판결.
71) 법무부, 128-129면.

그 계약에 관련된 채무의 이행이 범죄수익등에 의하여 행하여지는 것이라는
정황을 알지 못하고 그 계약과 관련된 채무의 이행으로서 제공된 것을 수수한
자의 경우에는 처벌의 예외로 규정하고 있다. 이는 특수한 위법성조각사유라
할 수 있다.[72]

6. 처 벌

3년 이하의 징역 또는 2천만원 이하의 벌금에 처한다(동법 제4조). 징역형
과 벌금형은 병과할 수 있고(동법 제6조), 법인에 대하여도 양벌규정에 의하여
본조의 벌금형을 과한다(동법 제7조). 몰수·추징에 대하여는 후술한다.

Ⅵ. 몰수·추징

1. 몰수대상재산

본법에서 규정한 몰수대상재산은 몰수할 수 있다. 몰수대상재산은 ① 범
죄수익, ② 범죄수익에서 유래한 재산, ③ 범죄수익등 은닉·가장·수수죄의 범
죄행위에 관계된 범죄수익등, ④ 범죄수익등 은닉·가장·수수죄에 의하여 생
긴 재산 또는 그 범죄행위의 보수로 얻은 재산, ⑤ 범죄수익등 은닉·가장·수
수죄에 따른 재산의 과실 또는 대가로 얻은 재산 또는 이들 재산의 대가로 얻
은 재산, 그 밖에 그 재산의 보유 또는 처분에 의하여 얻은 재산을 말한다(동법
제8조 제1항).

대법원은 범죄수익은닉규제법에 정한 중대범죄에 해당하는 범죄행위에
의하여 취득한 것으로 재산적 가치가 인정되는 무형재산도 몰수할 수 있다고
하였다.[73]

"범죄수익은닉규제법은 '중대범죄에 해당하는 범죄행위에 의하여 생긴 재
산 또는 그 범죄행위의 보수로 얻은 재산'을 범죄수익으로 규정하고[제2조 제2

---

72) 법무부, 124-125면.
73) 대법원 2018. 5. 30. 선고 2018도3619 판결. 비트코인은 재산적 가치가 있는 무형의 재산이라
고 보아야 하고, 몰수의 대상인 비트코인이 특정되어 있다는 이유로 피고인이 취득한 비트코
인을 몰수할 수 있다고 본 원심판단이 정당하다고 한 사례.

호 (가)목], 범죄수익을 몰수할 수 있다고 규정한다(제8조 제1항 제1호). 그리고 범죄수익은닉규제법 시행령은 '은닉재산이란 몰수·추징의 판결이 확정된 자가 은닉한 현금, 예금, 주식, 그 밖에 재산적 가치가 있는 유형·무형의 재산을 말한다.'라고 규정하고 있다(제2조 제2항 본문). 위와 같은 범죄수익은닉규제법의 입법 취지 및 법률 규정의 내용을 종합하여 보면, 범죄수익은닉규제법에 정한 중대범죄에 해당하는 범죄행위에 의하여 취득한 것으로 재산적 가치가 인정되는 무형재산도 몰수할 수 있다."

2. 몰수의 요건

몰수대상재산이 몰수대상재산 외의 재산과 합쳐진 경우 그 몰수대상재산을 몰수하여야 할 때에는 합쳐짐으로써 생긴 재산 중 몰수대상재산(합쳐지는 데에 관련된 부분만 해당한다)의 금액 또는 수량에 상당하는 부분을 몰수할 수 있다(동법 제8조 제2항). 즉, 중대범죄에 의하여 취득한 금액에 상당하는 부분만 몰수할 수 있다.[74]

한편, 몰수는 몰수대상재산 또는 혼화재산이 범인 외의 자에게 귀속되지 아니하는 경우에만 할 수 있다. 다만, 범인 외의 자가 범죄 후 그 정황을 알면서 그 몰수대상재산 또는 혼화재산을 취득한 경우(그 몰수대상재산 또는 혼화재산의 취득이 제4조 단서에 해당하는 경우는 제외한다)에는 그 몰수대상재산 또는 혼화재산이 범인 외의 자에게 귀속된 경우에도 몰수할 수 있다(동법 제9조 제1항). 지상권·저당권 또는 그 밖의 권리가 설정된 재산을 몰수하는 경우 범인 외의 자가 범죄 전에 그 권리를 취득하였을 때 또는 범죄 후 그 정황을 알지 못하고 그 권리를 취득하였을 때에는 그 권리를 존속시킨다(동조 제2항).

3. 추 징

몰수할 재산을 몰수할 수 없거나 그 재산의 성질, 사용 상황, 그 재산에 관한 범인 외의 자의 권리 유무, 그 밖의 사정으로 인하여 그 재산을 몰수하는 것이 적절하지 아니하다고 인정될 때에는 그 가액을 범인으로부터 추징할 수

---

74) 대법원 2018. 5. 30. 선고 2018도3619 판결.

있다(동법 제10조 제1항). 몰수대상재산이 범죄피해재산인 경우에는 그 가액을 추징할 수 없다(동조 제2항).

관세형사절차

제 1 장

세관조사(수사)

제1절 총설

일반적으로 형사법은 실체법인 형법과 절차법인 형사소송법으로 구성된다. 관세형사법은 실체법과 절차법 모두 관세법에 규율되어 있고, 절차적인 부분 중 관세법에 특별한 규정이 없는 것은 형사소송법을 준용하고 있다.

관세법에서는 형사소송법상 수사를 조사라고 한다. 범칙조사란 세관공무원이 범칙행위에 대하여 범인을 검거하고 범죄사실 및 증거를 확인·확보·보전하기 위하여 수행하는 일련의 조사활동을 말한다(범칙조사훈령 제2조 제1호). 따라서 이 책에서는 수사 또는 세관조사, 관세조사, 범칙조사를 같은 의미로 사용하였다.

관세범 외에도 세관에 수사권이 있어 세관조사가 이루어지는 광의의 관세형법에 대하여도 세관조사절차는 같다. 다만, 관세청장이나 세관장은 관세범에 대한 처분에 있어서 통고처분 및 고발을 할 수 있으나, 광의의 관세형법의 경우 통고처분을 하거나 고발을 할 근거가 없어 조사 후 사건을 검찰로 송치하게 된다.

관세조사는 관세범죄에 대한 전문성을 가진 세관공무원이 전속적 권한을 가지고, 관세법 외의 광의의 관세형법에 관하여도 세관에 수사권을 부여하여 효율적 단속이 가능하도록 하고 있다. 관세조사의 개시와 관련해서 통관단계에서 밀수신고·적발의 비중이 높으며, 기업심사 과정에서 범칙조사로 전환되는 특징이 있다. 세관의 특유한 조사절차로 납세자권리헌장의 교부나 자료제출요구, 통제배달 등이 있다. 이밖에 임의수사로서 피의자신문, 참고인조사, 사

실조사가 있고, 강제수사로 체포, 구속, 압수·수색·검증, 통신제한조치 등이
있다.

제 2 절   관세조사기관

Ⅰ. 조사·처분 전담권

관세법은 형사소송법의 특칙으로 관세범죄에 대한 전문성을 가지고 있는
세관공무원으로 하여금 관세범의 조사와 처분에 관한 전속적 권한을 행사할
수 있도록 하고 있다(법 제283조 제2항). 따라서 다른 기관이 관세범에 관한 사
건을 발견하거나 피의자를 체포하였을 때에는 즉시 관세청이나 세관에 인계하
여야 한다(법 제284조 제2항).

Ⅱ. 직무범위와 조사관할

1. 특별사법경찰관리

세관공무원은 관세범에 관하여 「사법경찰관리의 직무를 수행할 자와 그
직무범위에 관한 법률」(이하 '사법경찰직무법'이라 한다)에서 정하는 바에 따라
사법경찰관리의 직무를 수행한다(법 제295조). 이와 같이 특수분야의 수사를
담당하는 사법경찰관리를 특별사법경찰관리라 한다. 특별사법경찰관리는 관
세범의 조사 업무에 종사하는 세관공무원에 대하여 소속 관서의 장의 제청에
의하여 그 근무지를 관할하는 지방검찰청검사장이 지명한다. 7급 이상의 국
가공무원 또는 지방공무원 및 소방위 이상의 소방공무원은 사법경찰관의 직
무를, 8급·9급의 국가공무원 또는 지방공무원 및 소방장 이하의 소방공무원
은 사법경찰리의 직무를 수행한다(사법경찰직무법 제5조 제17호).

2. 직무범위와 조사관할

(1) 의 의

사법경찰직무법에서는 사법경찰관리의 직무를 수행할 자의 직무범위와 수사 관할에 대하여 열거식으로 규정하고 있다. 관세범의 조사 사무에 종사하는 세관공무원은 수출입과 관련된 대외무역법위반, 지식재산권 침해사범, 외국환거래법위반, 마약사범, 범죄수익은닉의 규제 및 처벌 등에 관한 법률, 수입식품안전관리특별법, 약사법, 의료기기법 등 위반 범죄에 대하여도 사법경찰관리의 직무를 수행할 수 있다(사법경찰직무법 제6조).

(2) 직무범위

세관공무원이 사법경찰관리의 직무를 수행하는 범죄는 다음과 같다.

1) 관세 특별법

관세사법, 환특법, FTA특례법, 자유무역지역법, 대한민국과 아메리카합중국 간의 상호방위조약 제4조에 의한 시설과 구역 및 대한민국에서의 합중국군대의 지위에 관한 협정의 실시에 따른 관세법 등의 임시특례에 관한 법률에 규정된 범죄

2) 대외무역법위반

대외무역법에 규정된 범죄, 불공정무역행위 조사 및 산업피해구제에 관한 법률 제4조 제1항 제2호를 위반한 범죄

3) 지식재산권침해사범

수출입 물품의 통관 및 환적과 관련된 지식재산권을 침해하는 범죄

4) 외국환거래법위반

외국환거래법에 규정된 지급수단·증권의 수출입에 관한 범죄, 수출입거래에 관한 범죄, 수출입거래와 관련되거나 대체송금을 목적으로 외국환거래법 제16조 제3호·제4호의 방법으로 지급 또는 수령하는 경우의 용역거래·자본거래에 관하여 외국환거래법에 규정된 범죄, 외국환거래법 제8조 제3항을 위반

한 범죄, 외국환거래법 제8조 제3항 제1호의 외국환업무를 한 자와 그 거래 당사자·관계인에 관하여 외국환거래법에 규정된 범죄

5) 위 1), 2), 3), 4)항의 범죄에 대한 특경법 제4조에 규정된 재산국외도피사범

6) 위 1), 2), 3), 4)항의 범죄에 대한 범죄수익은닉규제법위반사범

7) 위 1), 2), 3), 4)항의 범죄와 경합범 관계에 있는 형법 제2편 제20장 문서에 관한 죄 및 같은 편 제21장 인장에 관한 죄에 해당하는 범죄

8) 마약사범

우리나라와 외국을 왕래하는 항공기 또는 선박이 입·출항하는 공항·항만과 보세구역에서 발생하는 마약·향정신성의약품 및 대마사범

9) 농수산물의 원산지 표시에 관한 법률

수출입물품 및 그 가공품(대외무역법 제33조에 따른 원산지표시대상물품)과 관련된 「농수산물의 원산지 표시에 관한 법률」에 규정된 범죄

10) 국민건강 · 보건사범

수입물품에 대한 식품위생법 제4조부터 제7조까지, 제8조부터 제10조까지 및 제12조의2, 건강기능식품법 제17조의2 및 제23조부터 제25조까지, 수입식품법 제20조, 약사법 제42조, 제43조, 제56조부터 제58조까지, 제61조(약사법 제56조부터 제58조까지의 규정에 한정한다), 제62조부터 제65조까지, 제65조의2, 제65조의3 및 제66조, 화장품법 제7조, 제9조, 제10조, 제15조 및 제16조 제1항 제1호, 의료기기법 제20조부터 제23조까지 및 제26조를 위반한 범죄[1]

Ⅲ. 검사의 지휘

2020. 2. 4. 법률 제16924호로 개정되어 2021. 1. 1. 시행된 형사소송법은 수사·공소제기 및 공소유지에 관하여 검찰과 경찰 양 기관을 상호 협력관계로 설정하면서 경찰에게 1차 수사에서 보다 많은 자율권을 부여하고 있으나, 특별

---

1) 2017. 12. 19. 법률 제15253호로 국민건강 침해범죄에 대하여 직무범위가 확대되었다.

사법경찰관리의 경우 예외로 하고 있다. 따라서 개정 형사소송법 시행 후에도 세관공무원은 종전과 같이 모든 수사에 관하여 검사의 지휘를 받고, 검사의 지휘가 있는 때에는 이에 따라야 하는 상명하복 관계에 있다(형사소송법 제245조의 10 제2·4항).

세관공무원은 관세범이 있다고 인정할 때에는 범인, 범죄사실 및 증거를 조사하여야 한다(법 제290조). 따라서 세관공무원은 독자적 수사개시권이 있으나 수사를 개시한 후에 관계 서류와 증거물을 지체 없이 검사에게 송부하여야 한다(형사소송법 제245조의10 제5항). 세관공무원은 피의자신문조서를 작성한 때, 긴급체포를 한 때, 검사에게 체포·구속영장을 신청한 때, 압수·수색·검증영장을 신청한 때에는 관계 서류와 증거물을 검사에게 제출하여 사후통제를 받아야 한다.

제 3 절   관세조사의 개시

Ⅰ. 조사의 단서

관세조사는 세관공무원의 주관적 혐의에 의하여 개시된다. 조사개시의 원인을 조사의 단서라 한다. 조사의 단서로는 현행범인의 체포, 타 기관에서 관세범을 인계하는 경우, 고발 및 밀수신고에 의한 경우가 있다. 또한, 일반물품, 특송물품, 여행자휴대품, 우편물, 이사물품 등의 수출입통관 과정에서 심사 및 검사, 자체 정보분석 결과 등이 조사의 단서가 된다. 기업심사 과정에서 관세벌칙규정에 위반한 혐의가 발견된 경우 범칙조사로 전환되므로 기업심사도 조사의 단서가 될 수 있다. 기업심사는 납세자에 미치는 영향이 크므로 제4절에서 별도로 자세히 설명하기로 한다.

Ⅱ. 조사의뢰

통관부서에서 적발한 경우 조사부서에 조사의뢰가 된다. 예컨대, 세관 통관부서나 심사부서에서 소액물품 면세통관 후 전산자료 등을 사후 분석하여 상용물품으로 인정되거나 과세대상물품을 분할하여 부당하게 면세 통관한 것

으로 확인된 경우에는 합산과세의 기준2)에 따라 관세 등을 추징하거나 조사의
뢰하여야 한다(수입고시 제69조 제4항).

Ⅲ. 고발 및 밀수신고

1. 고 발

수사의 단서로서의 고발이란 고소권자와 범인 이외의 사람이 수사기관에
대하여 범죄사실을 신고하여 범인의 처벌을 희망하는 의사표시를 말한다. 세
관장이 소송조건으로 하는 고발과 구별된다. 누구든지 범죄가 있다고 사료하
는 때에는 고발할 수 있다(형사소송법 제234조 제1항).

2. 밀수신고

실무상 세관조사와 관련하여서는 밀수신고에 의해 고발을 받는 경우가 많
다. 밀수신고란 인편, 구두, 전화, 인터넷 및 팩시밀리 등을 통하여 관세청이나
세관에 알리는 행위를 말한다(밀수훈령 제2조 제1호). 관세청은 밀수신고센터를
운영하고 있는데 밀수신고대상에는 밀수출입죄에 한정되지 않는다. 즉, 관세포
탈죄 등을 비롯한 모든 관세범, 외화유출 등 외국환거래법위반, 대외무역법위
반, 지식재산권 침해사범, 마약사범, 수입식품법위반 등 국민건강 · 보건사범 등
세관공무원에 수사권 있는 범죄도 포함된다.

한편, 관세청장 또는 세관장은 밀수 등 신고를 독려하기 위해 밀수신고센
터에 신고한 사람 중 포상을 받을 만한 공로가 있는 자에 대한 포상 제도를 운
영하고 있다(법 제324조, 시행령 제277 · 278조). 밀수 등 신고자의 포상에 관한 세
부 사항은 '밀수 등 신고자 포상에 관한 훈령'에서 정하고 있다.

Ⅳ. 내 사

관세법위반사건으로 내사란 범죄혐의 유무를 확인하기 위한 사전조사활

---

2) 제4편 제2장 제3절 Ⅲ. 전자상거래와 밀수입죄 참고.

동으로 조사 시작 이전에 은밀하게 자료를 수집하는 활동 등을 말한다(범칙조사훈령 제2조 제6호). 내사는 밀수신고나 정보, 첩보, 조사의뢰, 타기관 이첩 등 조사의 단서에 의하여 수사를 개시하는 단계로 조사의 전단계이다. 조사단계가 임의수사, 강제수사 등에 의해 범죄를 입증하기 위한 증거를 수집하는 단계인 것과 구별된다.

Ⅴ. 관세범칙조사심의위원회

2019. 12. 31. 개정된 관세법[3]은 범칙사건에 관한 조사의 시작 여부에 관한 사항을 심의하는 관세범칙조사심의위원회의 설치 근거를 마련하였다(법 제284조의2). 이에 따라 세관 조사과에서 외부위원을 포함한 관세범칙조사심의위원회에 심의를 요청하여, 동 위원회에서 처벌을 위한 조사 착수의 실익이 없다거나 조사 착수하여 처벌하여야 한다는 결정을 하게 된다. 이로 인해 조사 착수 여부에 관하여 객관성을 담보하게 되었다.

제4절 기업심사

Ⅰ. 기업심사의 의의

1. 범칙조사와 구별

관세법 제110조 제2항 제2호는 관세의 과세표준과 세액의 결정 또는 경정을 위하여 납세자를 방문 또는 서면으로 조사하는 것도 범칙조사인 관세법 제11장의 관세조사와 동일하게 '관세조사'라고 규정하고 있다. 그러나 관세의 과세표준과 세액의 결정 또는 결정에 대한 심사하는 것은 행정조사의 성격을 가지고 있고, 이는 범칙조사로서의 관세조사와 구별된다. 행정조사를 범칙조사로서의 관세조사와 구별하기 위하여 실무상 기업심사라 하고, 이는 국세의 경우 세무조사에 대응하여 이해하면 된다.

---

3) 법률 제16838호.

기업심사는 관세행정상 목적을 달성하기 위한 행정조사로 단순한 행정상 목적을 넘어서서 실질적으로 여타의 광범위한 행정목적(수입억제 등)으로 사용될 가능성이 있다. 기업심사를 본래의 목적 외에 다른 목적을 위하여 강제적 조사방법으로 사용하는 것은 법위반의 문제가 있으므로 주의하여야 한다.[4]

한편, 기업심사 과정에서 관세벌칙규정에 위반한 혐의가 발견된 경우 범칙조사로 전환되어 관세조사가 개시될 수 있다. 따라서 기업심사는 범칙조사와 구별되나 관세조사의 단서가 될 수 있는 것이다.

2. 통합조사의 원칙

(1) 원 칙

기업심사는 신고납부세액과 관세법 및 다른 법령에서 정하는 수출입 관련 의무 이행과 관련하여 그 법령상의 권한에 속하는 사항은 통합하여 조사하는 것을 원칙으로 한다(법 제110조의2).

(2) 예 외

세금탈루, 의무위반 혐의, 업종·규모 등을 고려하여 특정사안만을 조사할 필요가 있는 경우, 조세채권의 확보를 위하여 긴급히 조사할 필요가 있는 경우, 조사의 효율성이나 납세자 편의 등을 고려하여 특정 분야만을 조사할 필요가 있는 경우는 통합조사원칙의 예외로 할 수 있다(시행령 제135조의2).

Ⅱ. 기업심사 절차와 내용

1. 심사대상의 선정

심사대상자는 실질 또는 명의상 수입자·수출자·환급받은 자와 이들의 수출입물품과 관련한 생산·거래·유통·운송·보관 및 통관업에 종사하거나 해당 물품의 생산에 사용된 재료를 공급하거나 생산한 자(관련자)가 된다(기업심사훈령 제7조).

---

4) 김동희, 행정법 Ⅱ, 606-607면.

(1) 정기선정

정기적으로 신고의 적정성을 검증하기 위하여 대상을 선정하는 것을 말한다. 정기선정 대상자는 관세청장이 수출입업자의 신고 내용에 대하여 정기적으로 성실도를 분석한 결과 불성실혐의가 있다고 인정되는 경우, 최근 4년 이상 조사를 받지 아니한 납세자의 업종·규모 등을 고려하여 신고 적정성 검증 필요가 있는 경우, 무작위추출방식으로 표본조사하려는 경우가 있다. 이 경우 세관장은 객관적 기준에 따라 공정하게 그 대상을 선정하여야 한다(법 제110조의3 제1항). 정기선정 방법으로 선정된 기업심사 대상 업체에 대하여 통관적법성을 심사하는 것을 법인심사, 수시선정 방법으로 선정된 기업심사 대상 업체에 대하여 통관적법성을 심사하는 것을 기획심사라 한다(기업심사훈령 제2조 제3·4호).

(2) 정기선정조사 외의 조사

세관장은 정기선정조사 외에 납세자가 관세법의 신고·신청, 과세가격결정자료 제출 등의 납세협력의무를 이행하지 아니한 경우, 수출입업자에 대한 구체적인 탈세제보 등이 있는 경우, 신고내용에 탈세나 오류의 혐의를 인정할 만한 자료가 있는 경우, 납세자가 세관공무원에게 직무와 관련하여 금품을 제공하거나 금품제공을 알선한 경우 조사할 수 있다(법 제110조의3 제2항).

(3) 소규모 성실사업자 관세조사 면제

소규모 성실사업자에 대하여는 정기조사를 하지 아니할 수 있다. 관세조사가 면제되는 소규모 성실사업자는 ① 최근 2년간 수출입신고 실적이 30억원 이하임과 동시에 ② 최근 4년 내 수출입 관련 법령을 위반하여 통고처분을 받거나 벌금형 이상의 형의 선고를 받은 사실이 없고, 관세 및 내국세를 체납한 사실이 없으며, 부족세액에 대한 경정처분을 받은 사실이 없어야 한다(법 제110조의2 제4항 본문, 시행령 제135조의4). 다만, 객관적인 증거자료에 의하여 과소 신고한 것이 명백한 경우에는 정기조사가 면제되지 않는다(법 제110조의2 제4항 단서).

(4) 부과고지를 위한 조사

법 제39조 제1항에 따라 부과고지를 하는 경우 과세표준과 세액을 결정하기 위한 조사를 할 수 있다(법 제110조의2 제3항).

2. 심사분야

심사대상자에 대한 통관적법성 심사분야는 ① 과세가격 및 세율에 관한 사항, ② 수출입에 관한 허가·승인·추천 등의 요건의 구비 여부에 관한 사항, ③ 수출입 신고물품에 대한 품명·규격·수량·중량 등 수출입신고의 적정성에 관한 사항, ④ 관세환급(소요량 계산을 포함한다)에 관한 사항, ⑤ 관세감면 및 사후관리에 관한 사항, ⑥ 개별소비세 등 내국세에 대한 신고 및 납부에 관한 사항, ⑦ 원산지 또는 협정관세 적용 및 증명서류에 관한 사항, ⑧ 지식재산권 침해 및 원산지표시에 관한 사항, ⑨ 보세구역 관련 업무수행의 적법성 여부에 관한 사항, ⑩ 그 밖에 통관, 외환거래 및 수출입 물품과 관련한 관련법령 위반 사항이다(기업심사훈령 제9조 제1항).

세관장은 기업심사를 하는 경우 위 통관적법성 심사분야 모두를 심사하는 통합심사를 원칙으로 하되, ① 세금탈루 혐의, 수출입 관련 의무위반 혐의, 수출입업자 등의 업종·규모 등을 고려하여 특정 사안만을 심사할 필요가 있는 경우이거나, ② 조세채권의 확보 등을 위하여 긴급히 심사할 필요가 있는 경우에는 부분심사를 할 수 있다(동조 제2항).

3. 심사기간 및 심사의 중지

(1) 기업심사기간

심사대상자의 수출입 규모, 심사인원, 방법, 범위 및 난이도 등을 종합적으로 고려하여 최소한이 되도록 하되, 방문하여 조사하는 경우 그 조사기간은 20일 이내로 한다(시행령 제139조의2 제2항 본문). 다만, 조사대상자가 장부·서류 등을 은닉하거나 그 제출을 지연 또는 거부하는 등 조사를 기피하는 행위가 명백한 경우, 조사범위를 다른 품목이나 거래상대방 등으로 확대할 필요가 있는 경우, 천재지변이나 노동쟁의로 조사가 중단되는 경우, 이에 준하는 사유로 사실관계의 확인이나 증거 확보 등을 위하여 조사기간을 연장할 필요가 있는 경우 20일 이내의 범위에서 조사기간을 연장할 수 있다. 이 경우 2회 이상 연장하는 경우에는 관세청장의 승인을 받아 각각 20일 이내에서 연장할 수 있다(시행령 제139조의2 제2항 단서).

(2) 심사의 중지

세관장은 다음의 어느 하나에 해당하는 사유로 심사를 중지할 수 있다. 이
때 관세청장엥게 보고하고 승인을 받아 심사대상자에게 기업심사 중지 통지서
를 보내주어야 한다(기업심사훈령 제36조 제1항).

① 기업심사 연기신청 사유에 해당하여 심사대상자가 심사중지를 신청한
경우

② 납세자가 장부·서류 등을 은닉하거나 그 제출을 지연 또는 거부하는
등의 사유로 인하여 기업심사 기간 내에 심사를 진행하기 어려운 경우

③ 노동쟁의 등의 발생으로 심사를 정상적으로 진행하기 어려운 경우

④ 품목분류·관세평가 관련 협의기구에 안건 상정, 상급기관 및 유관기관
등에 질의, 품목분류·과세가격 사전심사의 신청, 동종·동류비율의 산
출 등 이에 준하는 경우

⑤ 납세자가 해외 특수관계자 등에게 과세자료를 제출받는데 있어 상당한
시간이 소요되는 등의 사유로 기업심사 기간 내에 심사를 진행하기 어
려운 경우

⑥ 납세자의 권리보호를 위해 납세자보호관등이 심사의 일시중지를 요청
하는 경우

세관장은 심사를 중지한 경우에는 그 중지사유가 소멸하면 관세청장에게
보고하고 승인을 받아 즉시 심사를 재개해야 한다. 다만, 관세채권의 확보 등
긴급히 심사를 재개해야 할 필요가 있는 경우에는 그 중지사유가 소멸하기 전
이라도 심사를 재개할 수 있다(동조 제2항). 기업심사를 재개할 때에는 심사대
상자에게 기업심사 재개 통지서를 보내 주어야 한다(동조 제3항).

4. 심사대상기간의 준수

원칙적으로 사전에 정한 심사대상기간을 준수하여 기업심사(재조사를 포함
한다)를 실시해야 한다. 다만, 다음의 어느 하나에 해당하는 경우 최소한의 범
위에서 심사대상기간을 확장할 수 있다(기업심사훈령 제37조 제1항).

① 탈세제보, 신고내용에 탈세나 오류혐의를 인정할 만한 자료 등에 의하

여 구체적인 관세탈루혐의 및 통관적법성 위반 사항이 여러 과세기간
에 걸쳐 광범위하게 계속된 것으로 확인된 경우
② 심사대상자가 심사에 불성실하게 응대하거나 방문심사를 해야 통관적
법성 위반 여부 판단이 가능한 경우 등의 사유로 심사방법 및 심사유
형이 변경 또는 전환된 경우
③ 그 밖에 수출입 의무이행 관련 법령 위반 사항을 확인하기 위한 경우

심사대상기간을 확장 또는 유형전환하려는 경우 심사대상자에게 별지 제
20호서식에 의한 기업심사 범위 확대(유형전환) 통지를 해야 한다(동조 제2항).

5. 심사방법

기업심사는 방문심사와 서면심사방법으로 한다. 방문조사는 세관공무원이
기업심사 대상자의 주사무소, 주된 사업장 또는 주소지에서 실시함을 원칙으
로 한다. 다만, 세관장은 심사대상자로부터 사업장 이외의 장소에서 기업심사
신청서를 제출 받은 경우 그 사유가 타당하고 심사 장소로 적합하다고 판단하
는 때에는 신청한 장소에서 심사를 실시할 수 있다. 방문심사는 심사대상자의
근무시간 내에 해야 하며, 심사대상자의 요구나 동의가 있는 경우에는 근무시
간 외에도 할 수 있다. 서면심사는 심사대상자로부터 서류나 장부 등을 제출받
아 세관 사무실에서 심사를 실시한다(기업심사훈령 제2조 제5·6호, 제34조).

6. 기업심사 결과 통지

세관공무원은 기업심사를 종료하였을 때에는 종료 후 20일 이내에 그 조
사 결과를 서면으로 납세자에게 통지하여야 한다. 다만, 납세자가 폐업한 경우
등 대통령령으로 정하는 경우에는 그러하지 아니하다(법 제115조).

Ⅲ. 납세자 권익보호제도

1. 관세조사권 남용 금지

(1) 원 칙

세관공무원은 공평한 과세를 실현하고 통관의 적법성을 보장하기 위하여 필요한 최소한의 범위에서 관세조사를 하여야 하며 다른 목적 등을 위하여 조사권을 남용하여서는 아니 된다(법 제111조 제1항).

(2) 중복조사금지

세관공무원은 예외적인 경우를 제외하고는 해당 사안에 대하여 이미 조사를 받은 자에 대하여 재조사를 할 수 없다. 나아가 금지되는 재조사에 기하여 과세처분을 하는 것은 단순히 당초 과세처분의 오류를 경정하는 경우에 불과하다는 등의 특별한 사정이 없는 한 그 자체로 위법하고, 이는 과세관청이 그러한 재조사로 얻은 과세자료를 과세처분의 근거로 삼지 않았다거나 이를 배제하고서도 동일한 과세처분이 가능한 경우라고 하여 달리 볼 것은 아니다.

이러한 이유로 최근 대법원은 1차 조사결과 관세평가방법 중 제6방법을 적용하였다가 2차 조사결과 제1방법을 적용한 사안에서, 위 각 조사는 모두 동일한 물품의 과세가격 결정에 관한 것으로서 그 대상이 동일하다고 보아 2차 조사는 금지되는 재조사에 해당하고, 이러한 2차 조사에 기하여 이루어진 처분은 특별한 사정이 없는 한 그 자체로 위법하다고 하였다.[5]

"세관공무원의 조사행위가 재조사가 금지되는 '조사'에 해당하는지 여부는 조사의 목적과 실시 경위, 질문조사의 대상과 방법 및 내용, 조사를 통하여 획득한 자료, 조사행위의 규모와 기간 등을 종합적으로 고려하여 구체적 사안에서 개별적으로 판단하며, 납세자 등을 접촉하여 상당한 시일에 걸쳐 질문검사권을 행사하여 과세요건사실을 조사·확인하고 일정한 기간 과세에 필요한 직간접의 자료를 검사·조사하고 수집하는 일련의 행위를 한 경우에는 특별한 사정이 없는 한 재조사가 금지되는 '조사'로 보아야 한다. 세관공무원이 어느 수입물품의 과세가격에 대하여 조사한 경우에 다시 동일한 수입물품의 과세가격

---

5) 대법원 2020. 2. 13. 선고 2015두745 판결.

에 대하여 조사를 하는 것은 특별한 사정이 없는 한 구 관세법 제111조에서 금지하는 재조사에 해당하고, 세관공무원이 동일한 사안에 대하여 당초 조사한 과세가격 결정방법이 아닌 다른 과세가격 결정방법을 조사하였다고 하여 달리 볼 것은 아니다."[6)]

(3) 예 외

예외적으로 ① 관세포탈 등의 혐의를 인정할 만한 명백한 자료가 있는 경우, ② 이미 심사받은 자의 거래 상대방을 심사할 필요가 있는 경우, ③ 법에 따른 이의신청·심사청구 또는 심판청구가 이유 있다고 인정되어 내려진 필요한 처분의 결정에 따라 심사하는 경우, ④ 밀수출입, 부정·불공정무역 등 경제질서 교란 등을 통한 탈세혐의가 있는 자에 대하여 일제심사를 하는 경우에 한하여 중복조사를 허용한다(법 제111조 제2항, 시행령 제136조).

2. 납세자의 성실성 추정

세관공무원은 원칙적으로 납세자가 제출한 신고서 등이 진실한 것으로 추정하여야 한다(법 제113조 제1항). 다만, 납세자가 관세법에서 정하는 신고·신청, 과세자료의 제출 등 납세협력의무를 이행하지 아니한 경우, 납세자에 대한 구체적인 탈세정보가 있는 경우, 신고내용에 탈루·오류의 혐의를 인정할 만한 명백한 자료가 있는 경우, 납세자의 신고내용이 관세청장이 정한 기준과 비교하여 불성실하다고 인정되는 경우는 예외로 한다(시행령 제138조 제1항).

납세자의 성실성 추정에도 불구하고, 세관공무원은 납세자가 제출한 신고서 등의 내용에 관하여 질문을 하거나 신고한 물품에 대하여 확인을 하는 행위 등, 즉 법 제38조 제2항에 따른 세액심사를 위한 질문이나 자료제출의 요구, 법 제246조에 따른 물품의 검사, 법 제266조 제1항에 따른 장부 또는 자료의 제출, 환특법 등에 따른 자료조사나 자료제출의 요구를 할 수 있다(법 제113조 제2항, 시행령 제138조 제2항).

---

6) 대법원 2020. 2. 13. 선고 2015두745 판결.

3. 사전통지·연기

(1) 사전통지

기업심사를 받게 될 납세자(위임받은 자 포함)에게 조사 시작 15일 전까지 납세자·수임자 성명·주소·거소, 조사기간·대상·사유 등을 기재한 사전통지서에 의해 사전통지를 해야 한다. 다만, 범칙사건에 대하여 조사하는 경우이거나 사전에 통지하면 증거인멸 등으로 심사목적을 달성할 수 없다고 판단되는 경우에는 예외로 한다. 이때에는 방문심사를 시작하는 날에 기업심사 통지를 할 수 있다(법 제114조 제1항, 시행령 제139조).

(2) 관세조사 연기

사전통지를 받은 납세자가 ① 화재나 그 밖의 재해로 사업상 심한 어려움이 있는 경우, ② 납세자 또는 그 위임을 받은 자의 질병, 장기출장 등으로 관세조사가 곤란하다고 판단되는 경우, ③ 권한 있는 기관에 의하여 장부 및 증빙서류가 압수 또는 영치된 경우 등 이에 준하는 사유가 있는 경우 세관장에게 조사를 연기하여 줄 것을 신청할 수 있다(법 제114조 제2항, 시행령 제140조 제1항). 관세조사 연기를 신청받은 세관장은 연기신청 승인 여부를 결정하고 그 결과를 조사 개시 전까지 신청인에게 통지하여야 한다(시행령 제140조 제3항).

4. 장부·서류 등의 보관 금지

세관공무원은 관세조사의 목적으로 납세자의 장부·서류 또는 그 밖의 물건(이하 '장부등'이라 한다)을 세관관서에 임의로 보관할 수 없다(법 제114조의2 제1항). 다만, 세관공무원은 납세자가 납세협력의무를 이행하지 않거나 구체적 탈세제보 또는 신고내용에 탈세나 오류의 혐의를 인정할 만한 자료가 있는 경우 등에는 조사목적에 필요한 최소한의 범위에서 납세자, 소지자 또는 보관자 등 정당한 권한이 있는 자가 임의로 제출한 장부등을 납세자의 동의를 받아 세관관서에 일시 보관할 수 있다(동조 제2항). 납세자의 장부등을 세관관서에 일시 보관하려는 경우 납세자로부터 일시 보관 동의서를 받아야 하며, 일시 보관증을 교부하여야 한다(동조 제3항).

세관공무원은 일시 보관하고 있는 장부등에 대하여 납세자가 반환을 요청한 경우로서 관세조사에 지장이 없다고 판단될 때에는 요청한 장부등을 즉시 반환하여야 하고(동조 제5항), 납세자가 그 반환을 요청한 날부터 14일을 초과하여 장부등을 보관할 수 없다. 다만, 조사목적을 달성하기 위하여 필요한 경우에는 납세자보호위원회의 심의를 거쳐 한 차례만 14일 이내의 범위에서 보관 기간을 연장할 수 있다(동조 제4항). 납세자에게 장부등을 반환하는 경우 세관공무원은 장부등의 사본을 보관할 수 있고, 그 사본이 원본과 다름없다는 사실을 확인하는 납세자의 서명 또는 날인을 요구할 수 있다(동조 제6항).

5. 조력을 받을 권리

납세자는 변호사, 관세사의 조력을 받을 권리가 있다. 세관공무원은 심사대상자가 기업심사 과정에서 변호사, 관세사의 조력을 받으려는 경우 그 권리를 보장해야 한다(법 제112조).

6. 납세자보호관 및 납세자보호위원회

(1) 의 의

납세자의 권리보호를 위하여 관세청에 납세자 권리보호업무를 총괄하는 납세자보호관을 두고, 인천세관, 서울세관, 부산세관, 대구세관 및 광주세관(이하 '본부세관'이라 한다)에 납세자 권리보호업무를 수행하는 담당관을 각각 1명을 둔다(법 제118조의2 제2항).

또한, 납세자 권리보호, 과세전적부심사, 심사청구, 이의신청에 관한 사항을 심의하기 위하여 본부세관 및 관세청에 납세자보호위원회를 둔다(법 제118조의4 제1항). 관세심사위원회는 종전에는 별개의 위원회였으나 2022. 12. 31. 개정 관세법[7]은 세관 납세자보호위원회 및 관세청 납세자보호위원회에 각각 분과위원회로 관세심사위원회를 두는 것으로 개정되었다. 이 경우 관세심사위원회의 심의 또는 심의·의결은 납세자보호위원회의 심의 또는 심의·의결로 본다(동조 제9항). 납세자보호관은 납세자보호위원회의 의결사항에 대한 이행여

---

7) 법률 제19186호(시행 2023. 7. 1.)

부 등을 감독한다(동조 제11항).

(2) 심의대상

관세청과 본부세관 납세자보호위원회의 심의대상은 다음과 같다(법 제118조의4 제2·3항).

1) 관세청 납세자보호위원회

① 세관 납세자보호위원회의 심의를 거친 해당 세관장의 결정에 대한 납세자의 취소 또는 변경 요청, ② 과세전적부심사, ③ 심사청구, ④ 그 밖에 고충민원의 처리 또는 납세자 권리보호를 위한 관세행정의 제도 및 절차 개선 등으로서 납세자보호위원회의 위원장 또는 납세자보호관이 심의가 필요하다고 인정하는 사항

2) 세관 납세자보호위원회

① 관세조사 범위의 확대, ② 관세조사 기간 연장에 대한 납세자의 관세조사 일시중지 또는 중지 요청, ③ 위법·부당한 관세조사 및 관세조사 중 세관공무원의 위법·부당한 행위에 대한 납세자의 관세조사 일시중지 또는 중지 요청, ④ 장부등의 일시 보관 기간 연장, ⑤ 과세전적부심사, ⑥ 이의신청, ⑦ 그 밖에 고충민원의 처리 등 납세자의 권리보호를 위하여 납세자보호담당관이 심의가 필요하다고 인정하는 안건

(3) 권리보호요청

1) 의 의

권리보호요청이란 세관관서장의 처분이 완료되기 전의 사항으로서, 관세조사·세원관리 및 강제징수 등 관세행정 집행 또는 집행이 예정되는 과정에서 세관공무원이 재량을 남용하는 등 납세자의 권리가 부당하게 침해되거나 권리침해가 현저히 예상되는 경우에 납세자 또는 그 대리인이 납세자보호관 또는 납세자보호담당관에게 권리의 보호를 요청하는 행위를 말한다(납세자보호훈령 제2조 제6호). 납세자 또는 그 대리인(권리보호요청인)은 권리를 부당하게 침해당하거나 침해가 예상되는 경우 권리보호요청을 할 수 있다(납세자보호훈령 제55조

제1항).

2) 대 상

(가) 관세조사(기업심사) 관련 권리보호요청

관세조사(기업심사)와 관련한 권리보호요청 대상은 납세자의 권리가 부당하게 침해되고 있거나 침해가 예상되는 경우로서 다음의 어느 하나에 해당하는 기업심사 및 기업심사 중 세관공무원의 행위 등이다(법 제118조의4 제2항 제2·3호, 납세자보호훈령 제54조 제1항).

① 관세법령에 명백히 위반되는 위법한 관세조사(기업심사)

② 조세탈루의 혐의를 인정할 만한 명백한 자료가 없는 등 법령이 정하는 구체적 사유 없이 같은 통관적법성분야 및 같은 조사대상기간에 대한 재조사(중복조사)

③ 관세조사 일시중지 또는 중지가 요청된 관세조사

④ 다음에 해당하는 관세조사 중인 세관공무원의 위법·부당한 행위

  ㉮ 조사대상 통관적법성 분야 및 기간의 과세표준·세액 계산과 관련 없는 장부 등의 제출을 요구하는 행위

  ㉯ 적법한 절차를 거치지 아니하고 조사대상 통관적법성 분야 및 기간 등 조사범위를 벗어 조사하거나 조사기간을 임의로 연장 또는 중지하는 행위

  ㉰ 납세자 또는 권한 있는 자로부터 동의를 받지 않거나 적법한 절차를 거치지 아니하고 임의로 장부·서류·증빙 등을 열람·복사하거나 일시보관하는 행위

  ㉱ 납세자 또는 그 대리인에게 금품·향응 또는 업무집행과 직접 관련 없는 사적편의 제공을 요구하는 행위

  ㉲ 납세자가 제출한 자료나 업무상 취득한 자료를 관련 법령에 따르지 않고 타인에게 제공 또는 누설하거나, 사적인 용도로 사용하는 행위

  ㉳ 관세조사가 종결되어 조사결과를 통지한 후 세액의 결정 또는 경정을 위한 질문을 하거나 장부 등의 검사·조사 또는 제출을 요구하는 행위

⑤ 그 밖에 ①부터 ④까지에 준하는 사유로서 납세자의 권리가 부당하게

침해되고 있거나 침해가 현저히 예상되는 경우

(나) 일반 관세행정 분야의 권리보호요청

일반 관세행정 분야에서 권리보호요청은 세원관리 및 강제징수 등 관세행정 집행과정에서 납세자의 권리가 부당하게 침해되고 있거나 침해가 예상되는 경우로서 다음의 어느 하나에 해당하는 세관공무원의 행위를 대상으로 한다(납세자보호훈령 제54조 제3항).

① 소명자료 제출·고충민원·불복청구·체납세액 완납 등의 절차가 완료되었으나 그에 필요한 고지취소·환급·압류해제 등 후속처분을 지연하는 행위

② 사전예고 또는 독촉 없이 재산을 압류하거나 소명안내 없이 과세자료에 따라 고지처분을 진행하는 행위(관련 법령 또는 규정에 따른 경우는 제외한다)

③ 납세자가 권리구제 등의 필요에 따라 본인의 과세정보에 대해 열람 또는 제공 요구를 한 경우에 대해 특별한 사유 없이 이를 거부하거나 제공을 지연하는 행위

④ 납세자 또는 그 대리인에게 금품·향응 또는 업무집행과 직접 관련 없는 사적편의 제공을 요구하는 행위

⑤ 납세자가 제출한 자료나 업무상 취득한 자료를 관련 법령에 따르지 않고 다른 사람에게 제공 또는 누설하거나 사적인 용도로 사용하는 행위

⑥ 과세자료 처리 등에 있어 세금의 부과·징수와 관련 없는 자료 또는 소명을 과도하게 요구하거나 납세자가 이미 제출 또는 소명한 자료 등을 반복적으로 요구하는 행위

⑦ 과세자료 처리 시 납세자가 해명자료를 제출하였음에도 정당한 사유 없이 처리를 지연하는 행위

⑧ 신고내용 확인에 대한 적법 절차를 미준수하여 납세자의 권리를 부당하게 침해하는 행위

⑨ 현장확인 시 출장 목적과 관련 없이 무리하게 장부·서류 등 제출을 요구하거나 사실관계를 확인하는 행위

⑩ ①부터 ⑨까지의 규정에 준하는 사유로 납세자 권리가 부당하게 침해되고 있거나 침해가 현저히 예상되는 경우

3) 권리보호요청 방법

관세조사(기업심사) 관련 권리보호요청은 권리보호 심의 요청서에 따라 요청해야 한다(납세자보호훈령 제55조 제2항). 본부세관 납세자보호위원회를 통한 권리보호요청의 경우 권리보호요청인은 관세조사(기업심사) 관련 권리침해 사실이 있는 경우에는 '권리보호 심의 요청서'에 따라 관세조사기간이 끝나기 전까지 관할 세관관서의 납세자보호담당관에게 권리보호에 대한 납세자보호위원회의 심의를 요청해야 한다. 다만, 관세조사 중인 세관공무원의 위법·부당한 행위는 '권리보호 요청서'에 따라 권리보호를 요청할 수 있다(동 훈령 제60조 제1항).

일반 관세행정 분야의 권리보호요청은 '권리보호 요청서'에 따라 권리보호를 요청해야 한다(납세자보호훈령 제55조 제2항).

4) 시정요구

납세자보호담당관은 관세조사 중인 세관공무원의 행위가 명백히 위법·부당하다고 판단되는 경우에는 소관부서장에게 시정을 요구할 수 있고(납세자보호훈령 제68조 제1항), 세관공무원의 위법·부당한 행위가 사실로 확정되고 납세자 권익이 심각하게 침해될 우려가 있는 경우 납세자의 의사를 확인하여 납세자보호관에게 조사팀 교체 명령을 요청해야 한다(동 훈령 제75조 제3항). 납세자보호담당관은 권리보호요청 처리 과정이나 납세자보호위원회 심의 과정에서 관세공무원이 납세자 또는 그 대리인에게 금품·향응 또는 업무집행과 직접 관련 없는 사적편의 제공을 요구하는 행위가 사실로 확인되는 경우 본부세관 감사담당관에게 통보하고 징계 등 필요한 조치를 요구할 수 있다(동조 제1항).

Ⅳ. 범칙조사로의 전환

1. 범칙조사 전환 대상

심사대상자가 다음과 같은 경우 범칙예비조사 대상으로 전환한다(기업심사훈령 제45조).

① 법 제268조의2, 제269조, 제270조, 제270조의2, 제271조, 제274조, 제

275조의2, 제275조의3 또는 제276조에 규정된 위반행위를 한 혐의가
있는 경우

② 환특법 제23조에 규정된 부정환급 등의 위반행위를 한 혐의가 있는 경우

③ FTA특례법, 대외무역법, 외국환거래법 등 수출입관련 의무이행을 정하고 있는 다른 법령의 처벌규정에서 정하고 있는 위반행위를 한 혐의가 있는 경우

④ 세관공무원의 질문에 대하여 허위 진술을 하거나 그 직무의 집행을 거부 또는 기피한 경우

⑤ 법 제263조에 따른 서류의 제출, 보고 그 밖에 필요한 사항에 관한 명령을 이행하지 아니하거나 허위로 보고한 경우

⑥ 법 제265조에 따른 세관장 또는 세관공무원의 조치를 거부 또는 방해한 경우

⑦ 법 제266조 제1항에 따른 세관공무원의 장부 또는 자료의 제시요구 또는 제출요구를 거부한 경우

⑧ 환특법 제20조 제3항에 따른 관세청장 또는 세관장의 자료 제출요구를 거부한 경우

2. 고발 · 송치 의뢰

심사요원은 범칙예비조사를 하려는 경우 심사대상자에게 범죄사실 확인서 및 문답서를 받을 수 있다. 심사요원은 범칙사건 관련 증거물이나 몰수가 예상되는 물품에 대하여 심사대상자에게 임의제출을 요구할 수 있으며, 이 경우 임의제출서를 작성하게 하여야 한다(기업심사훈령 제47조 제1항). 심사요원은 사안이 중대하고, 증거확보를 위하여 압수 · 수색이 필요한 경우 조사부서의 협조를 받아 합동으로 범칙조사를 할 수 있다(동조 제3항). 심사요원은 조사부서에 고발 · 송치를 의뢰할 때 임의제출을 받거나 압수한 증거물이나 몰수가 예상되는 물품을 함께 송부한다(동조 제4항).

제5절 세관의 특유한 조사절차

Ⅰ. 개 관

관세청과 산하 세관은 밀수 및 부정무역에 대처하기 위하여 수출입통관자료 및 여권, 출입국, 선박 및 선원자료 등을 연계·분석하는 통합정보시스템을 활용하고 있으며, 계좌추적·통제배달 등의 특수조사기법, 과학적 감시장비 등도 도입하고 있다.[8] 또한, 관세범은 관세포탈죄 등에서 납세자를 주체로 하는 경우가 많아 납세자권리헌장을 교부하거나 자료제출요구를 하는 등 일반 형사범과는 다른 조사 절차상 특징이 있다.

Ⅱ. 납세자권리헌장 교부

1. 의 의

2000. 12. 29. 개정된 관세법[9]은 관세청장으로 하여금 납세자권리헌장을 제정하여 고시하도록 하고, 세관공무원은 관세포탈·부정감면 및 부정환급에 관한 범칙사건을 조사하거나 관세부과처분을 위하여 납세자를 방문하여 조사하는 때에 납세자권리헌장을 납세자에게 교부하도록 하였다(법 제110조). 또한, 납세자가 납세자의 권리행사에 필요한 정보를 요구하는 경우 세관공무원은 이를 신속하게 제공하도록 함과 아울러 납세자가 반드시 알아야 한다고 판단되는 정보를 납세자가 요구한 정보와 함께 제공하도록 함으로써 홍보부족 등으로 인하여 납세자가 불이익을 받지 아니하도록 하였다(법 제117조).

2. 교부대상

2017. 12. 19. 개정된 관세법[10]은 세관공무원이 납세자에게 납세자권리헌

---

8) 헌재 2019. 2. 28. 2016헌가13.
9) 법률 제6305호.
10) 법률 제15218호.

장이 수록된 문서를 교부해야 하는 범칙사건을 관세포탈·부정감면·부정환급에 대한 범칙사건에서 더 나아가 금지품수출입죄, 밀수출입죄, 가격조작죄, 밀수품 취득죄 등 모든 범칙사건으로 확대하였다(법 제110조 제2항 제1호).[11][12]

3. 내 용

납세자권리헌장은 범칙조사뿐만 아니라 관세의 과세표준과 세액의 결정 또는 경정을 위하여 납세자를 방문 또는 서면으로 조사하는 관세조사(기업심사) 시에도 교부된다. 따라서 그 대부분의 내용은 관세심사를 위한 조사의 경우 조사대상자 선정(법 제110조의3), 조사범위, 관세조사권 남용 금지(법 제111조 제1항), 재조사금지(법 제111조 제2항), 조사기간 연장 등의 경우 서면으로 통지받을 권리(법 제114조), 장부·서류 등의 보관금지(법 제114조의2), 과세정보에 대한 비밀유지(법 제116조), 위법·부당한 처분에 대한 과세전적부심사(법 제118조) 등 불복에 대한 것이다.

범칙조사로서 관세조사에 있어서 의미가 있는 내용은 변호사 또는 관세사로 하여금 조사에 참여하게 하거나 의견을 진술하게 할 수 있는 권리를 고지하는 것이다(법 제112조). 그 구체적인 내용은 서식 22.와 같다(납세자권리헌장 제정에 관한 고시 별지).

4. 교부시기

납세자권리헌장은 관세조사를 개시할 때, 즉 자료제출요구를 하거나 압수수색영장을 교부할 때 또는 피의자신문을 시작할 때 교부한다. 다만, 납세자를 긴급히 체포·압수·수색하는 경우 또는 현행범인 납세자가 도주할 우려가 있는 등 조사목적을 달성할 수 없다고 인정되는 경우에는 납세자권리헌장을 내주지 아니할 수 있다(법 제110조 제3항).

---

11) 환특법 제23조 제1항부터 제4항까지의 규정에 따른 죄를 포함한다.
12) 납세자를 긴급히 체포·압수·수색하는 경우 또는 현행범인 납세자가 도주할 우려가 있는 등 조사목적을 달성할 수 없다고 인정되는 경우에는 납세자권리헌장을 내주지 아니할 수 있다(법 제110조 제3항).

[서식 22.]

납세자권리헌장

1. 납세자로서 귀하의 권리는 헌법과 법률이 정하는 바에 따라 존중되고 보장됩니다.

2. 귀하는 신고 등의 의무를 이행하지 않았거나 구체적인 관세포탈 등의 혐의가 없는 한 성실한 납세자로 추정됩니다.

3. 귀하는 법령에 의해서만 관세조사의 대상으로 선정되며, 공평한 과세를 실현하고 통관의 적법성을 보장하기 위하여 필요한 최소한의 범위에서 조사받을 권리가 있습니다.

4. 귀하는 관세포탈 등의 혐의를 인정할 만한 명백한 자료가 있는 경우 등을 제외하고는 이미 조사받은 사안에 대하여 다시 조사 받지 아니할 권리가 있습니다.

5. 귀하는 증거인멸이 우려되는 경우 등을 제외하고는 관세조사의 대상·사유·기간을 사전에 통지받으며, 사업상 어려움 등으로 조사를 받기가 곤란한 경우에는 조사의 연기를 요구하고 그 결과를 통지받을 권리가 있습니다.

6. 귀하는 세관공무원에게 조사를 받게 되는 경우에 변호사 또는 관세사로 하여금 조사에 참여하게 하거나 의견을 진술하게 할 수 있는 권리가 있습니다.

7. 귀하의 동의가 있어야 조사목적에 필요한 최소한의 범위에서 장부와 서류 등이 세관관서에 일시 보관될 수 있는 것이며, 관세조사가 종료되었을 때에 귀하는 세관관서에 일시 보관된 장부등을 반환받을 권리가 있습니다.

8. 귀하는 관세조사 기간이 연장, 중지 또는 재개될 때, 조사가 종료되었을 때에는 그 사유와 결과를 서면으로 통지받을 권리가 있습니다.

9. 귀하는 과세정보에 대한 비밀을 보호받을 권리가 있으며, 귀하의 권리행사에 필요한 정보를 세관공무원으로부터 신속하게 제공받을 권리가 있습니다.

10. 귀하는 위법·부당한 처분 등으로 권익을 침해당할 우려가 있거나 침해당한 경우에는 과세전적부심사 또는 불복을 제기하여 공정하고 신속하게 구제받을 권리가 있으며, 납세자보호담당관과 납세자보호위원회를 통하여 정당한 권익을 보호받을 수 있습니다.

Ⅲ. 자료제출요구

1. 의 의

관세조사절차에서는 일반형사범과는 달리 거래상대방이 국외에 있어 피의자의 수출입내역, 외화송금내역, 국내판매내역, 관련법령상 수출입조건구비 등 자료제출 협조가 중요하다. 따라서 관세법에서는 세관공무원의 자료제출요구에 관하여 규정하고 있다.

2. 자료제출대상

세관공무원은 관세법에 따른 직무를 집행하기 위하여 필요하다고 인정될 때에는 수출입업자·판매업자 또는 그 밖의 관계자에 대하여 질문하거나 문서화·전산화된 장부, 서류 등 관계 자료 또는 물품을 조사하거나, 그 제시 또는 제출을 요구할 수 있다(법 제266조 제1항).

3. 처 벌

자료제출요구의 실효적 이행을 보장하기 위하여 관세법은 세관공무원의 장부 또는 자료의 제시요구 또는 제출요구를 거부한 자에 대해 1천만원 이하의 벌금에 처하도록 규정하고 있다(법 제276조 제4항 제8호).

Ⅳ. 상설영업장 판매자의 자료보관·영업보고 의무

1. 자료보관

상설영업장을 갖추고 외국에서 생산된 물품을 판매하는 다음의 자는 해당 물품에 관하여 부가가치세법 제32조(세금계산서) 및 제35조(수입세금계산서)에 따른 세금계산서나 수입 사실 등을 증명하는 자료를 영업장에 갖춰 두어야 한다(법 제266조 제3항, 시행규칙 제80조).

① 백화점
② 최근 1년간 수입물품의 매출액이 5억원 이상인 수입물품만을 취급하거나 수입물품을 할인판매하는 상설영업장
③ 통신판매하는 자로서 최근 1년간 수입물품의 매출액이 10억원 이상인 상설영업장
④ 관세청장이 정하는 물품을 판매하는 자로서 최근 1년간 수입물품의 매출액이 전체 매출액의 30퍼센트를 초과하는 상설영업장
⑤ 상설영업장의 판매자 또는 그 대리인이 최근 3년 이내에「관세법」또는 관세사법위반으로 처벌받은 사실이 있는 경우 그 상설영업장

2. 영업보고

관세청장이나 세관장은 법 또는 법에 따른 명령을 집행하기 위하여 필요하다고 인정될 때에는 제2항에 따른 상설영업장의 판매자나 그 밖의 관계인으로 하여금 판매물품에 관한 다음의 사항에 관한 보고서의 제출을 명할 수 있다(법 제266조 제4항).

① 판매물품의 품명·규격 및 수량
② 수입대상국과 생산국 또는 원산지
③ 수입가격 또는 구입가격
④ 수입자 또는 구입처
⑤ 구입일자, 당해 영업장에의 반입일자
⑥ 판매일자

V. 통신판매중개업자에 대한 유통실태 조사

1. 의 의

관세청장이나 세관장은 소비자 피해를 예방하기 위하여 필요한 경우「전자상거래 등에서의 소비자보호에 관한 법률」제2조 제4호에 따른 통신판매중개를 하는 자를 대상으로 통신판매중개를 하는 사이버몰에서 거래되는 물품 중 이 법 제226조(허가·승인 등의 증명 및 확인), 제230조(품질등 허위·오인 표시물

품의 통관 제한) 및 제235조(지식재산권 보호)를 위반하여 수입된 물품(이하 '부정수입물품'이라 한다)의 유통실태 조사를 서면으로 실시할 수 있다(법 제266조 제4항).

2. 실태조사 범위

관세청장은 서면실태조사를 매년 1회 실시할 수 있다(시행령 제264조의2 제1항). 관세청장은 서면실태조사를 하는 경우에 공정거래위원회, 관련 업체 및 단체 등의 의견을 수렴하여 실시계획을 수립하고 이에 따라 실태조사를 해야 한다(동조 제2항).

서면실태조사의 항목에는 통신판매중개자가 운영 중인 사이버몰 관련 정보 중에서 다음의 사항이 포함되어야 한다(동조 제3항).

① 사이버몰에서 부정수입물품을 판매한 통신판매자가 사이버몰에 등록한 정보에 대한 통신판매중개자의 관리 실태

② 통신판매중개자가 사이버몰에서 부정수입물품이 유통되는 것을 방지하기 위하여 통신판매자와 판매물품을 검증할 목적으로 갖추고 있는 인력·기술, 검증체계 및 방법에 관한 사항

③ 사이버몰에서 부정수입물품 유통 또는 거래내역 발견 시 판매중지, 거래취소 및 환불 등 소비자 보호에 관한 사항

3. 조사 결과 공표

관세청장은 서면실태조사의 결과를 공정거래위원회에 제공할 수 있고, 공정거래위원회와 소비자 피해 예방을 위하여 필요하다고 합의한 경우에는 대통령령으로 정하는 바에 따라 그 조사 결과를 공개할 수 있다(동조 제5항).

관세청장은 조사결과를 공개하기 전에 조사대상자에게 조사결과를 통지하여 소명자료를 제출하거나 의견을 진술할 수 있는 기회를 부여해야 한다(동조 제7항, 시행령 제264조의3 제1항).

관세청장은 공정거래위원회와 함께 서면실태조사의 결과 및 서면실태 조사대상자의 소명자료·의견을 검토한 후에 소비자 피해 예방을 위하여 필요한 경우에는 다음의 사항을 관세청과 공정거래위원회의 홈페이지에 게시하는 방법으로 공표할 수 있다(시행령 제264조의3 제2항).

① 통신판매중개자의 사이버몰에서 판매된 부정수입물품 내역

② 해당 통신판매중개자가 운영하는 사이버몰의 명칭, 소재지 및 대표자 성명

③ 그 밖에 해당 통신판매중개자에 대한 서면실태조사 결과

4. 자료제출요구

관세청장이나 세관장은 제4항에 따른 서면실태조사를 위하여 필요한 경우에는 해당 통신판매중개를 하는 자에게 필요한 자료의 제출을 요구할 수 있다 (동조 제6항).

VI. 통제배달

1. 의 의

수사기관이 적발한 마약류 등 금제품을 충분한 감시 아래 배송하는 방법으로 거래자를 밝혀 검거하는 수사기법을 통제배달(controlled delivery)이라고 한다(마약류 불법거래 방지에 관한 특례법 제3·4조). 통제배달에는 물품을 원상태로 그대로 두는 통상적인(live) 통제배달과 무해한 물품으로 바꿔치기 하는 클린(clean) 통제배달이 있다. 이는 임의수사 방법으로 인정된다.[13]

2. 원 칙

원칙적으로 통제배달은 강제처분으로서의 압수가 아니므로 영장을 받아야 할 필요는 없다. "세관에서 우편물 중에서 시료를 채취하고, 인천공항세관 분석실에서 성분분석을 하는 데에는 검사의 청구에 의하여 법관이 발부한 압수·수색영장이 필요하지 않고 수사기관에서 우편물을 수취한 피고인으로부터 임의제출 받아 영장 없이 압수한 것은 적법하고, 위 우편물에 대한 통제배달의 과정에서 수사관이 사실상 해당 우편물에 대한 점유를 확보하고 있더라도 이

---

13) 이재상 외, 형사소송법, 241면.

는 수취인을 특정하기 위한 특별한 배달방법으로 봄이 상당하고 이를 해당 우편물의 수취인이 특정되지도 아니한 상태에서 강제로 점유를 취득하고자 하는 강제처분으로서의 압수라고 할 수는 없다"[14]

형사소송법 제218조는 검사 또는 사법경찰관은 피의자, 기타인의 유류한 물건이나 소유자, 소지자 또는 보관자가 임의로 제출한 물건을 영장 없이 압수할 수 있다고 규정하고 있고, 압수는 증거물 또는 몰수할 것으로 사료되는 물건의 점유를 취득하는 강제처분으로서, 세관공무원이 통관검사를 위하여 직무상 소지 또는 보관하는 우편물을 수사기관에 임의로 제출한 경우에는 비록 소유자의 동의를 받지 않았다 하더라도 수사기관이 강제로 점유를 취득하지 않은 이상 해당 우편물을 압수하였다고 할 수 없다.[15]

3. 예 외

마약류 불법거래 방지에 관한 특례법 제4조 제1항에 따른 조치의 일환으로 특정한 수출입물품을 개봉하여 검사하고 그 내용물의 점유를 취득한 행위는 위에서 본 수출입물품에 대한 적정한 통관 등을 목적으로 조사를 하는 경우와는 달리, 범죄수사인 압수 또는 수색에 해당하여 사전 또는 사후에 영장을 받아야 한다.[16]

Ⅶ. 신변수색

세관공무원은 범죄사실을 증명하기에 충분한 물품을 피의자가 신변에 은닉하였다고 인정될 때에는 이를 내보이도록 요구하고, 이에 따르지 아니하는 경우에는 신변을 수색할 수 있다(법 제301조 제1항). 여성의 신변을 수색할 때에는 성년의 여성을 참여시켜야 한다(동조 제2항).

---

14) 대법원 2013. 9. 26. 선고 2013도7718 판결.
15) 대법원 2008. 5. 15. 선고 2008도1097 판결.
16) 대법원 2017. 7. 18. 선고 2014도8719 판결.

제 6 절   임의수사

Ⅰ. 개 관

수사의 방법에는 임의수사와 강제수사가 있다. 임의수사란 강제력을 행사하지 않고 상대방의 동의나 승낙을 받아서 하는 수사를 말한다. 조사는 원칙적으로 임의수사에 의하고, 강제수사는 법률에 규정된 경우에 한하여 허용된다. 관세법은 임의수사의 방법으로 피의자신문, 참고인신문 등을 규정하고 있다.

Ⅱ. 피의자신문

1. 의 의

피의자신문은 수사기관이 범죄의 혐의를 받고 있는 피의자의 진술을 통해 직접 증거를 수집하는 절차이다. 피의자는 자기에게 유리한 사실을 주장할 수 있는 기회를 가질 수 있다. 피의자신문은 진술거부권이 보장되어 있어 진술을 강제할 수 없으므로 임의수사에 속한다.17)

2. 출석요구

세관공무원이 관세범 조사에 필요하다고 인정할 때에는 피의자의 출석을 요구할 수 있다(법 제294조 제1항). 피의자에게 출석요구를 할 때에는 출석요구의 취지를 명백하게 기재하여 출석요구서를 발급하여야 한다(법 제294조 제3항). 피의자에게 출석요구를 하려는 경우 피의자와 조사의 일시·장소에 관하여 협의해야 한다. 이 경우 변호인이 있는 경우에는 변호인과도 협의해야 한다(범칙조사훈령 제27조 제2항). 출석요구서는 인편 또는 등기우편으로 송달함을 원칙으로 한다. 다만, 신속한 출석요구 등을 위하여 필요한 경우에는 전화, 팩스, 그 밖의 상당한 방법으로 출석요구를 할 수 있다(동조 제3항).

---

17) 이재상 외, 형사소송법, 234면.

출석을 요구하는 장소는 수사관서일 것을 요하지 않으므로 수사기관이 피의자가 있는 곳에 가서 신문할 수 있다. 피의자는 출석요구에 응할 의무가 없으므로 출석을 거부할 수 있고, 출석한 때에도 언제나 퇴거할 수 있다.[18] 그러나 출석요구의 불응은 체포영장에 의한 체포의 요건이 될 수 있다.

3. 진술거부권의 고지

세관공무원은 피의자에게 ① 일체의 진술을 하지 아니하거나 개개의 질문에 대하여 진술을 하지 아니할 수 있다는 것, ② 진술을 하지 아니하더라도 불이익을 받지 아니한다는 것, ③ 진술을 거부할 권리를 포기하고 행한 진술은 법정에서 유죄의 증거로 사용될 수 있다는 것, ④ 신문을 받을 때에는 변호인을 참여하게 하는 등 변호인의 조력을 받을 수 있다는 것을 알려 주어야 한다(형사소송법 제244조의3 제1항, 범칙조사훈령 제28조 제1항).

피의자에 대한 진술거부권 고지는 피의자의 진술거부권을 실효적으로 보장하여 진술이 강요되는 것을 막기 위해 인정되는 것이다. 피의자의 진술거부권은 헌법이 보장하는 형사상 자기에 불리한 진술을 강요당하지 않는 자기부죄거부의 권리에 터잡은 것이므로 수사기관이 피의자를 신문함에 있어서 피의자에게 미리 진술거부권을 고지하지 않은 때에는 그 피의자의 진술은 위법하게 수집된 증거로서 진술의 임의성이 인정되는 경우라도 증거능력이 없다.[19]

피의자의 진술을 녹취 내지 기재한 서류 또는 문서가 수사기관에서의 조사과정에서 작성된 것이라면, 그것이 '진술조서, 진술서, 자술서'라는 형식을 취하였다고 하더라도 피의자신문조서와 달리 볼 수 없으므로 진술거부권을 고지하여야 한다.[20]

수사기관에 의한 진술거부권 고지의 대상이 되는 피의자의 지위는 수사기관이 조사대상자에 대한 범죄혐의를 인정하여 수사를 개시하는 행위를 한 때에 인정된다. 따라서 이러한 피의자의 지위에 있지 아니한 자(참고인 등)에 대하여는 진술거부권이 고지되지 아니하였다 하더라도 그 진술의 증거능력이 부인되지 않는다.[21]

---

18) 이재상 외, 형사소송법, 234 – 235면.
19) 대법원 2010. 5. 27. 선고 2010도1755 판결.
20) 대법원 2004. 9. 3. 선고 2003도3588 판결.
21) 대법원 2011. 11. 10. 선고 2011도8125 판결. 피고인들이 중국에 있는 갑과 공모한 후 중국에

특별사법경찰관은 피의자신문조서 작성을 갈음하여 피의자에게 진술서를 작성하도록 하는 경우 등 피의자신문조서를 작성하지 않은 경우에는 진술거부권 등을 고지한 사실과 진술거부권 등의 고지에 대한 피의자의 답변에 대하여 피의자로부터 진술거부권 및 변호인 조력권 고지 등 확인서를 제출받아 기록에 편철해야 한다(동 훈령 제28조 제3항).

4. 조력자의 참여

(1) 조력자의 범위

2018년 개정 관세법은 모든 범칙사건에 납세자권리헌장을 교부하도록 하면서, 납세자권리헌장 교부대상의 경우에 해당하여 세관공무원에게 조사를 받는 경우 변호사뿐만 아니라 관세사도 조사에 참여하거나 의견을 진술할 수 있도록 하였다(법 제112조). 이로써 관세사도 피의자신문에 참여할 수 있게 되었다.

(2) 내 용

특별사법경찰관은 피의자 또는 그 조력자·법정대리인·배우자·직계친족·형제자매의 신청에 따라 변호인등을 피의자와 접견하게 하거나 정당한 사유가 없는 한 피의자신문에 참여하게 하여야 한다(형사소송법 제243조의2 제1항). 신문에 참여하고자 하는 조력자가 2인 이상인 때에는 피의자가 신문에 참여할 조력자 1인을 지정한다. 지정이 없는 경우에는 세관공무원이 이를 지정할 수 있다(동조 제2항).

신문에 참여한 조력자는 신문 후 의견을 진술할 수 있다. 다만, 신문 중이라도 부당한 신문방법에 대하여 이의를 제기할 수 있고, 세관공무원의 승인을 얻어 의견을 진술할 수 있다(동조 제3항).

서 입국하는 을을 통하여 필로폰이 들어 있는 곡물포대를 배달받는 방법으로 필로폰을 수입하였다고 하여 주위적으로 기소되었는데 검사가 을에게서 곡물포대를 건네받아 피고인들에게 전달하는 역할을 한 참고인 병에 대한 검사 작성 진술조서를 증거로 신청한 사안에서, 참고인으로서 조사를 받으면서 수사기관에게서 진술거부권을 고지받지 않았다는 이유만으로 그 진술조서가 위법수집증거로서 증거능력이 없다고 할 수 없다고 하였다.

(3) 신뢰관계자 동석

형사소송법은 장애인, 아동, 노인, 여성, 외국인 등 특별히 보호를 요하는 사회적 약자가 방어권을 충분히 행사할 수 있도록 신뢰관계자를 동석하는 제도를 두고 있다. 세관공무원은 ① 피의자가 신체적 또는 정신적 장애로 사물을 변별하거나 의사를 결정·전달할 능력이 미약한 때, ② 피의자의 연령·성별·국적 등의 사정을 고려하여 그 심리적 안정의 도모와 원활한 의사소통을 위하여 필요한 경우에는 직권 또는 피의자·법정대리인의 신청에 따라 피의자와 신뢰관계에 있는 자를 동석하게 할 수 있다(형사소송법 제244조의5).

5. 진술의 임의성 보장

(1) 피의자신문조서 열람과 이의제기

피의자의 진술은 조서에 기재하며 조서내용을 피의자에게 열람하게 하거나 읽어 들려주어야 하고, 진술한 대로 기재되지 아니하였거나 사실과 다른 부분의 유무를 물어 피의자가 증감 또는 변경의 청구 등 이의를 제기하거나 의견을 진술한 때에는 이를 조서에 추가로 기재한다. 이 경우 피의자가 이의를 제기하였던 부분은 읽을 수 있도록 남겨 두어야 한다(범칙조사훈령 제28조 제4항). 피의자가 조서에 대하여 이의나 의견이 없음을 진술한 때에는 피의자로 하여금 그 취지를 자필로 기재하게 하고 조서에 간인한 후 기명날인 또는 서명하게 한다(동조 제5항).

(2) 조사과정의 기록

수사과정을 투명하게 하여 진술의 임의성을 보장하기 위해 수사과정을 기록하도록 하고 있다. 세관공무원은 피의자가 조사장소에 도착한 시각, 조사의 시작 및 종료 시각 등을 기재하고, 조사장소의 도착시각과 조사의 시작 시각에 상당한 시간적 차이가 있으면 그 구체적인 이유 등을 기재하며, 조사가 중단되었다가 재개되면 그 이유와 중단 시각 및 재개 시각 등을 구체적으로 기재하는 등 조사과정의 진행 경과를 확인하기 위하여 필요한 사항을 기재하여야 한다(범칙조사훈령 제32조).

(3) 장시간 조사 제한

특별사법경찰관리는 피의자 등 사건관계인을 조사할 때에는 대기시간, 휴식시간 및 식사시간 등 모든 시간을 합산한 조사시간(이하 '총 조사시간'이라 한다)이 12시간을 초과하지 않도록 해야 한다. 다만, 다음의 어느 하나에 해당하는 경우에는 예외로 한다(범칙조사훈령 제29조의2 제1항).

① 피의자나 사건관계인의 서면 요청에 따라 조서를 열람하는 경우
② 피의자를 체포한 후 48시간 이내에 구속영장의 신청 여부를 판단하기 위해 불가피한 경우
③ 공소시효가 임박한 경우
④ 피의자나 사건관계인이 출국, 입원, 원거리 거주, 직업상 사유 등 재출석이 곤란한 구체적인 사유를 들어 심야조사를 요청한 경우(변호인이 심야조사에 동의하지 않는다는 의사를 명시한 경우는 제외한다)로서 해당 요청에 상당한 이유가 있다고 인정되는 경우

특별사법경찰관리는 특별한 사정이 없는 한, 총 조사시간 중 식사시간, 휴식 시간 및 조서의 열람 시간을 제외한 실제 조사시간이 8시간을 초과하지 않도록 해야 한다(동조 제2항).

특별사법경찰관은 피의자나 사건관계인에 대한 조사를 마친 때부터 8시간이 지나기 전에는 다시 조사할 수 없다. 다만, 위 ②~④에 해당하는 경우에는 예외로 한다(동조 제3항).

(4) 심야조사 제한

특별사법경찰관은 조사, 신문, 면담 등 명칭을 불문하고 오후 9시부터 오전 6시까지 사이의 심야조사를 해서는 안 된다. 다만, 이미 작성된 조서의 열람을 위한 절차는 자정 이전까지 진행할 수 있다(동 훈령 제29조의3 제1항).

(5) 휴식시간 부여

특별사법경찰관은 조사에 장시간이 소요되는 경우 조사 도중에 최소한 2시간마다 10분 이상의 휴식시간을 부여하여야 한다(동 훈령 제29조의4 제1항).

특별사법경찰관은 조사 도중 피의자, 사건관계인 또는 그 변호인으로부터

휴식시간의 부여를 요청받았을 때에는 그때까지 조사에 소요된 시간, 피의자 또는 사건관계인의 건강상태 등을 고려해 적정하다고 판단될 경우 휴식시간을 주어야 한다(동조 제2항). 특별사법경찰관은 조사 중인 피의자 또는 사건관계인의 건강상태에 이상 징후가 발견되면 의사의 진료를 받게 하거나 휴식하게 하는 등 필요한 조치를 해야 한다(동조 제3항).

6. 영상녹화

(1) 의 의

특별사법경찰관은 피의자에 대하여 조서를 작성할 때 사건의 특성, 증거의 유무, 재판과정에서의 현출 가능성 등을 종합적으로 고려하여 영상녹화 여부를 결정한다(범칙조사훈령 제55조 제1항).

(2) 녹화대상

다음의 경우 영상녹화를 실시해야 한다.

① 진술 외에 다른 증거가 없고 법정에서 진술번복이 예상되는 사건, ② 진술보호가 필요한 조직범죄 사건의 참고인을 조사하는 경우(다만, 조직범죄사건 제보자 등의 신원보호를 위해 가명조사하는 경우 제외), ③ 글을 읽거나 쓰지 못하는 사람, 시각에 이상이 생겨 앞을 보지 못하는 사람을 조사하는 경우, ④ 피의자가 정당한 이유없이 폭력 또는 소란행위 등을 하며 조사를 거부하는 경우(범칙조사훈령 제55조 제2항).

다음의 경우 영상녹화를 원칙으로 한다. 다만, 특별사법경찰관이 수사상 필요하지 않다고 판단하는 경우에는 실시하지 아니할 수 있다.

① 고발·통고처분훈령에 의한 고발대상 사건으로 범행사실을 부인하는 등 향후 증거보존이 필요한 사건, ② 사회적 이목이 집중되는 사건, ③ 사건관계인의 수사태도 등을 재판과정에서 현출시킬 필요가 있는 사건, ④ 조사과정에서 적법절차나 인권침해 시비 차단이 필요한 사건, ⑤ 소재불명 등으로 기소중지 처분이 예상되는 공범이 있는 사건, ⑥ 공범간의 공모관계 등에 대한 진술확보가 필요한 사건, ⑦ 사건관계인이 대질신문 등을 대신하여 영상녹화를 요청하는 사건

(3) 녹화절차

세관공무원이 피의자에 대한 조사과정을 영상녹화하는 경우 피의자에게 미리 영상녹화사실을 알려주어야 하고, 조사의 시작부터 조서에 기명날인 또는 서명을 마치는 시점까지의 전 과정을 영상녹화하여야 한다(형사소송법 제244조의2 제1항 2문). 조사 도중 영상녹화의 필요성이 발생한 경우에는 그 시점에서 진행 중인 조사를 끝내고, 그 다음 조사의 시작부터 조서에 서명날인 또는 서명을 마치는 시점까지의 전 과정을 영상녹화한다(범칙조사훈령 제56조 제2항). 피의자에 대한 조사과정을 영상녹화하는 경우 형사소송법 제243조의 참여규정을 준수하며 이때 참여자는 반드시 조사실에 동석한다(동조 제5항).

Ⅲ. 참고인조사

세관공무원은 관세범 조사에 필요하다고 인정할 때에는 참고인을 조사할 수 있다(법 제291조). 피의자 아닌 제3자를 참고인이라 한다. 세관공무원이 관세범 조사에 필요하다고 인정할 때에는 참고인의 출석을 요구할 수 있다(법 제294조 제1항). 참고인은 제3자라는 점에서 넓은 의미에서 증인이라고 할 수 있으나 참고인은 수사기관에 대하여 진술하는 사람이라는 점에서 증인과 다르다.

참고인에 대한 출석요구의 절차는 피의자신문의 경우와 같다. 참고인에 대하여 진술거부권을 고지할 필요는 없으나, 참고인은 수사에 대한 협조자에 불과하므로 참고인에 대한 출석과 진술을 강요해서는 안 된다.

참고인의 진술은 조서에 기재하며 진술사항이 복잡하거나 참고인이 서면진술을 원하는 때에는 진술서를 작성하여 제출하게 할 수 있다(범칙조사훈령 제29조 제2항).

Ⅳ. 사실조회 등

1. 신원조회 · 전과조회

수사기관에 관하여는 공무소 기타 공사단체에 조회하여 필요한 사항의 보고를 요구할 수 있다(형사소송법 제199조 제2항).

2. 금융거래정보요구

(1) 의 의

금융실명법 제4조 제1항은 금융거래정보 등을 타인에게 제공하거나 누설 금지를 원칙으로 하고 예외적인 경우 정보의 제공을 허용하고 있다. 세관조사 직원이 금융거래 내용을 조사하려는 때에는 금융실명법 제4조 제2항에 따라 그 사유와 범위를 명시하여 세관장의 승인을 받은 후 해당 금융기관에 금융거 래정보를 요구한다(범칙조사훈령 제46조 제1항).

세관조사직원이 금융기관에 금융거래정보를 요구하는 때에는 해당 금융 기관의 특정점포에 세관장 명의의 금융거래정보의 제공요구서를 송부한다(동 조 제2항). 세관조사직원이 조사대상자의 금융계좌가 개설된 특정점포를 알 수 없으면 다음과 같이 처리한다(동조 제3항).

① 조사대상자의 동의서가 첨부된 세관장 명의의 협조공문을 각 금융기관 특정점포 또는 본점 전산부에 제출하여 금융거래정보를 요구한다.

② 금융기관 전산부에 대한 압수·수색영장을 발부받아 조사대상자의 금 융거래정보를 요구한다.

③ 조사대상자의 변동된 주소지 또는 사업장 인근의 금융기관 특정점포에 요구서를 송부하여 금융거래정보를 요구한다.

세관장은 금융기관으로부터 금융거래정보를 제공받은 경우 관련서류 및 자료활용 결과를 기록·비치·관리한다(동조 제4항).

(2) 제공사실의 통보유예 요청

세관공무원은 금융실명법 제4조의2 제2항에 따라 ① 사람의 생명이나 신 체의 안전을 위협할 우려가 있는 경우, ② 해당 통보가 증거인멸·증인위협 등 공정한 사법절차의 진행을 방해할 우려가 명백한 경우, ③ 질문·조사 등의 행 정절차의 진행을 방해하거나 과도하게 지연시킬 우려가 명백한 경우에 금융거 래 조사 대상자에게 금융거래정보 제공사실을 일정기간 통보하지 않도록 금융 기관에 요청한다(범칙조사훈령 제47조 제1항).

세관공무원은 금융거래정보 제공사실의 통보유예 요청을 할 때에는 6개월의 범위에서 통보유예기간을 정하여 요청을 하여야 하며, 유예사유가 계속될 때에는 유예를 다시 요청할 수 있다(동조 제2항).

V. 감정·통역·번역의 위촉

검사 또는 사법경찰관은 수사에 필요한 때에는 감정·통역 또는 번역을 위촉할 수 있다(형사소송법 제221조 제2항). 검사는 감정을 위촉하는 경우에 유치처분이 필요할 때에는 판사에게 이를 청구하여야 한다(동법 제221조의3). 감정의 위촉을 받은 자는 판사의 허가를 얻어 감정에 필요한 처분을 할 수 있다(동법 제221조의4). 위촉을 받은 자가 작성한 감정서는 일정한 조건 아래에서 증거능력이 인정된다(동법 제313조 제2항).

제 7 절   강제처분과 강제수사

I. 개 관

강제처분이란 소송의 진행과 형벌의 집행을 확보하기 위하여 강제력을 사용하는 것을 말한다. 강제처분은 헌법에 의하여 보장되는 개인의 자유와 권리를 침해할 가능성이 크므로 엄격히 제한되어야 한다.[22] 따라서 강제처분은 법률에 특별한 규정이 있는 경우에 한하며 필요한 최소한도의 범위 안에서만 하여야 한다(형사소송법 제199조 제1항). 강제처분에는 대인적 강제처분으로 체포와 구속이, 대물적 강제처분으로 압수·수색·검증이 있다. 이밖에 통신제한조치, 출국규제 등도 개인의 프라이버시를 침해할 수 있으므로 법률에 근거를 두고 필요 최소한도의 범위 안에서 하여야 한다.

---

22) 이재상 외, 형사소송법, 220면.

II. 체 포

1. 의 의

체포란 죄를 범하였다고 의심할 만한 상당한 이유가 있는 피의자의 신병을 확보하기 위하여 피의자를 단기간 동안 수사관서 등에 인치하는 강제처분이다. 형사소송법은 체포영장에 의한 체포, 긴급체포, 현행범인의 체포에 대하여 규정하고 있다.

2. 체포영장에 의한 체포

형사소송법 제200조의2에서는 피의자의 체포에 대하여 체포영장에 의한 체포를 원칙으로 정하고 있다.

(1) 요 건

피의자가 죄를 범하였다고 의심할 만한 상당한 이유가 있고, 정당한 이유 없이 수사기관의 출석요구에 응하지 아니하거나 응하지 아니할 우려가 있어야 한다. 다만, 50만원 이하의 벌금, 구류, 과료에 해당하는 사건에 관해서는 피의자가 일정한 주거가 없는 경우 또는 정당한 이유 없이 출석요구에 응하지 아니한 경우에 한정한다(형사소송법 제200조의2 제1항). 또한 명백히 체포의 필요가 인정되지 아니하는 경우에는 체포하여서는 안 된다(동조 제2항).

(2) 체포의 절차

1) 체포영장의 청구

사법경찰관은 검사에게 신청하여 검사의 청구로 관할지방법원판사의 체포영장을 발부받아 피의자를 체포할 수 있다(형사소송법 제200조의2 제1항). 검사가 체포영장을 청구함에 있어서 동일한 범죄사실에 관하여 그 피의자에 대하여 전에 체포영장을 청구하였거나 발부받은 사실이 있는 때에는 다시 체포영장을 청구하는 취지 및 이유를 기재하여야 한다(동조 제4항).

청구를 받은 지방법원판사는 상당하다고 인정할 때에는 체포영장을 발부한다(동조 제2항). 구속영장의 경우와는 달리 체포영장의 발부 전 지방법원판사가 피의자를 심문하는 것은 인정되지 않는다. 체포영장에는 피의자의 성명, 주거, 죄명, 피의사실의 요지, 인치·구금할 장소, 발부년월일, 그 유효기간과 그 기간을 경과하면 집행에 착수하지 못하며 영장을 반환하여야 할 취지를 기재하고 법관이 서명날인하여야 한다(형사소송법 제200조의6, 제75조 제1항). 지방법원판사가 체포영장을 발부하지 아니할 때에는 청구서에 그 취지 및 이유를 기재하고 서명날인하여 청구한 검사에게 교부한다(형사소송법 제200조의2 제3항).

2) 체포영장의 발부

검사의 체포영장 또는 구속영장 청구에 대한 지방법원판사의 재판은 형사소송법 제402조의 규정에 의하여 항고의 대상이 되는 '법원의 결정'에 해당되지 아니하고, 제416조 제1항의 규정에 의하여 준항고의 대상이 되는 '재판장 또는 수명법관의 구금 등에 관한 재판'에도 해당되지 아니한다. 피의자에 대한 체포영장 또는 구속영장의 청구에 관한 재판 자체에 대하여 항고 또는 준항고를 통한 불복을 허용하게 되면 그 재판의 효력이 장기간 유동적인 상태에 놓여 피의자의 지위가 불안하게 될 우려가 있으므로 그와 관련된 법률관계를 가급적 조속히 확정시키는 것이 바람직하다는 점 등을 고려하여, 체포영장 또는 구속영장에 관한 재판 그 자체에 대하여 직접 항고 또는 준항고를 하는 방법으로 불복하는 것은 이를 허용하지 아니하는 것이다. 대신에, 체포영장 또는 구속영장이 발부된 경우에는 피의자에게 체포 또는 구속의 적부심사를 청구할 수 있도록 하고 그 영장청구가 기각된 경우에는 검사로 하여금 그 영장의 발부를 재청구할 수 있도록 허용함으로써 간접적인 방법으로 불복할 수 있을 뿐이다.23)

3) 체포영장의 집행

체포영장을 집행함에는 체포영장을 피의자에게 반드시 제시하여야 한다(형사소송법 제200조의6, 제85조 제1항). 다만, 체포영장을 소지하지 아니한 경우에 급속을 요하는 때에는 피의자에 대하여 피의사실의 요지와 영장이 발부되었음을 고하고 집행할 수 있다(동조 제3항). 이 경우 집행을 완료한 후에는 신속히 구속영장을 제시하고 그 사본을 교부하여야 한다(동조 제4항).

---

23) 대법원 2006. 12. 18.자 2006모646 결정.

피의자를 체포하는 경우에는 피의사실의 요지, 체포의 이유와 변호인을 선임할 수 있음을 말하고 변명할 기회를 주어야 한다(동법 제200조의5).

(3) 체포영장 집행 후의 절차

피의자를 체포한 때에는 신속히 지정된 법원 기타 장소에 인치하여야 한다(형사소송법 제200조의6, 제85조 제1항). 변호인이 있는 경우에는 변호인에게, 변호인이 없는 경우에는 변호인 선임권자 가운데 피의자가 지정한 자에게 피의사건명, 체포일시·장소, 피의사실의 요지, 체포의 이유와 변호인을 선임할 수 있는 취지를 알려야 한다(형사소송법 제200조의6, 제87조).

체포된 피의자는 법원, 교도소장 또는 구치소장 또는 그 대리자에게 변호사를 지정하여 변호인의 선임을 의뢰할 수 있다. 의뢰를 받은 법원, 교도소장 또는 구치소장 또는 그 대리자는 급속히 피의자가 지명한 변호사에게 그 취지를 통지하여야 한다(형사소송법 제200조의6, 제90조). 체포된 피의자는 법률이 정한 범위에서 타인과 접견하고 서류나 물건을 수수하며 의사의 진료를 받을 수 있다(형사소송법 제200조의6, 제89조).

(4) 체포 후의 조치

체포된 피의자를 구속하고자 할 때에는 검사는 체포한 때로부터 48시간 이내에 구속영장을 청구하여야 한다(형사소송법 제200조의2 제5항). 따라서 세관공무원은 체포한 피의자에 대해 검사에게 구속영장의 청구를 신청하는 경우에는 체포한 때부터 48시간 이내에 검사가 관할지방법원판사에게 구속영장을 청구할 수 있도록 체포한 때부터 36시간 내에 조사기록 그 밖에 구속을 필요로 하는 사유를 소명하는 자료를 첨부하여 피의자별로 검사에게 구속영장을 신청한다. 검사가 그 기간 내에 구속영장을 청구하지 아니한 때에는 피의자를 즉시 석방하며 다시 체포할 경우에는 체포영장을 발부받아야 한다(범칙조사훈령 제34조 제2항). 48시간 이내에 구속영장을 청구하면 족하므로 구속영장이 발부될 것을 요하는 것은 아니다.

체포영장에 의하여 체포된 피의자에게도 체포적부심사청구권이 인정된다(형사소송법 제214조의2 제1항). 체포영장에 의하여 체포된 피의자를 구속영장에 의하여 구속한 때에는 구속기간은 체포된 때부터 기산한다(동법 제203조의1).

3. 긴급체포

형사소송법 제200조의3에서는 중대한 범죄의 경우에 긴급을 요하여 지방 법원 판사의 체포영장을 받을 수 없는 때 수사기관이 영장 없이 피의자를 긴급 체포할 수 있도록 하고 있다. 헌법 제12조 제3항 단서는 장기 3년 이상의 형에 해당하는 죄를 범하고 도피 또는 증거인멸의 염려가 있을 때에는 사후에 영장 을 청구할 수 있다고 하여 영장주의의 예외를 인정하고 있다.

(1) 요 건

피의자가 사형, 무기, 또는 장기 3년 이상의 징역이나 금고에 해당하는 죄 를 범하였다고 의심할 만한 상당한 이유가 있고 피의자가 증거를 인멸할 염려 가 있는 때나 피의자가 도망하거나 도망할 우려가 있는 때로서 긴급하여 지방 법원판사의 체포영장을 받을 수 없는 때일 것을 요한다.

긴급체포는 긴급을 요하여 체포영장을 받을 수 없는 때에 할 수 있는 것 이고, 이 경우 긴급을 요한다 함은 피의자를 우연히 발견한 경우 등과 같이 체 포영장을 받을 시간적 여유가 없는 때를 말한다(형사소송법 제200조의3 제1항).

긴급체포의 요건을 갖추었는지 여부는 체포 당시의 상황을 기초로 판단하 여야 하고, 이에 관한 검사나 사법경찰관의 판단에는 상당한 재량의 여지가 있 으나, 긴급체포 당시의 상황으로 보아서도 그 요건의 충족 여부에 관한 검사나 사법경찰관의 판단이 경험칙에 비추어 현저히 합리성을 잃은 경우에는 그 체 포는 위법하다.[24]

대법원은 경찰관이 이미 피고인의 신원과 주거지 및 전화번호 등을 모두 파악하고 있었고, 당시 마약 투약의 범죄 증거가 급속하게 소멸될 상황이 아니 었던 사안에서 피고인의 집 문을 강제로 열고 들어가 피고인을 긴급체포한 것 은 미리 체포영장을 받을 시간적 여유가 없었던 경우에 해당하지 않아 위법하 다고 하였다.[25]

위법한 긴급체포에 의한 유치 중에 작성된 피의자신문조서는 위법하게 수 집된 증거로서 유죄의 증거로 사용할 수 없다.[26]

---

24) 대법원 2006. 9. 8. 선고 2006도148 판결.
25) 대법원 2016. 10. 13. 선고 2016도5814 판결.
26) 대법원 2002. 6. 11. 선고 2000도5701 판결.

(2) 긴급체포의 절차

세관공무원이 피의자를 긴급체포하는 경우에는 피의자에게 긴급체포를 한다는 사유를 알리고(형사소송법 제200조의3 제1항), 피의사실의 요지와 변호인을 선임할 수 있음을 말하고 변명의 기회를 주어야 한다(동법 제200조의5).

세광공무원이 피의자를 긴급체포한 때에는 즉시 체포한 일시·장소, 범죄사실 및 긴급체포한 사유, 체포자의 관직 성명 등을 기재한 긴급체포서를 작성한다(형사소송법 제200조의3 제3항, 범칙조사훈령 제37조 제1항).

세관공무원이 피의자를 긴급체포하는 경우에 영장 없이 타인의 주거에서 피의자를 수색하거나, 체포현장에서 압수·수색·검증을 할 수 있다(동법 제216조 제1항). 세관공무원은 긴급체포된 자가 소유·소지 또는 보관하는 물건에 대하여 긴급히 압수할 필요가 있는 경우에는 체포한 때부터 24시간 이내에 한하여 영장 없이 압수·수색 또는 검증을 할 수 있다(동법 제217조 제1항).

(3) 긴급체포 후의 조치

긴급체포한 피의자를 구속하고자 할 때에는 지체 없이 검사는 관할 지방법원판사에게 구속영장을 청구하여야 하고, 사법경찰관은 검사에게 신청하여 검사의 청구로 관할 지방법원판사에게 구속영장을 청구하여야 한다. 이 경우 구속영장은 피의자를 체포한 때부터 48시간 이내에 청구하여야 하며, 구속영장을 청구할 때에는 긴급체포서를 첨부하여야 한다(형사소송법 제200조의4 제1항). 48시간 이내에 구속영장을 청구하지 아니하거나 발부받지 못한 때에는 피의자를 즉시 석방하여야 한다(동조 제2항). 48시간 이내에 구속영장을 청구하였다면 이 기간을 넘어서 구속영장이 발부되었다고 하더라도 피의자를 석방하여야 하는 것은 아니다.

(4) 재체포의 제한

긴급체포되었으나 구속영장을 청구하지 아니하거나 구속영장을 발부받지 못하여 석방된 자는 영장 없이는 동일한 범죄사실에 관하여 다시 체포하지 못한다. 따라서 피의자를 다시 체포할 경우에는 체포영장을 발부받아야 한다(형사소송법 제200조의4 제3항).

4. 현행범인의 체포

(1) 의 의

현행범인이란 범죄의 실행 중이거나 실행의 즉후인 자를 말한다(형사소송법 제211조 제1항). 헌법은 현행범인의 체포에 대하여 영장주의의 예외를 인정하고 있다(헌법 제12조 제3항). 현행범인에 대한 체포는 그 범죄가 명백하여 수사기관에 의한 권한남용의 위험이 없고 긴급한 필요성이 있어 영장주의의 예외를 인정하는 것이다.

한편, 현행범인은 아니지만 현행범인으로 간주되는 자를 준현행범인이라 한다. 다음에 해당하는 사람은 현행범인으로 본다(형사소송법 제211조 제2항, 범칙조사훈령 제38조 제1항).

① 범인으로 불리며 추적되고 있을 때

② 장물이나 범죄에 사용되었다고 인정하기에 충분한 흉기나 그 밖의 물건을 소지하고 있을 때

③ 신체나 의복류에 증거가 될 만한 뚜렷한 흔적이 있을 때

④ 누구냐고 묻자 도망하려고 할 때

(2) 현행범인의 체포

관세법은 현행범인의 체포에 관하여 별도의 규정을 두고 있다. 관세범의 현행범인이 그 장소에 있을 때에는 누구든지 체포할 수 있다(법 제298조 제1항). 관세범의 현행범인을 발견하였을 때에는 즉시 체포하여야 한다(법 제297조).

현행범인으로 체포하기 위하여는 행위의 가벌성, 범죄의 현행성·시간적 접착성, 범인·범죄의 명백성 외에 체포의 필요성, 즉 도망 또는 증거인멸의 염려가 있어야 하는데, 이러한 현행범인 체포의 요건을 갖추었는지는 체포 당시의 상황을 기초로 판단하여야 하고, 이에 관한 수사주체의 판단에는 상당한 재량의 여지가 있다. 따라서 체포 당시의 상황에서 보아 그 요건에 관한 수사주체의 판단이 경험칙에 비추어 현저히 합리성이 없다고 인정되지 않는 한 수사주체의 현행범인 체포를 위법하다고 단정할 것은 아니다.[27]

---

27) 대법원 2016. 2. 18. 선고 2015도13726 판결.

(3) 현행범인의 인도

범인을 체포한 자는 지체 없이 세관공무원에게 범인을 인도하여야 한다
(법 제298조 제2항). '지체 없이'라고 함은 반드시 체포시점과 시간적으로 밀착된
시점이어야 하는 것은 아니고, '정당한 이유 없이 인도를 지연하거나 체포를
계속하는 등으로 불필요한 지체를 함이 없이'라는 의미이다.[28]

(4) 구속영장의 청구

검사 또는 사법경찰관리가 체포한 현행범인을 구속하고자 할 때에는 체포
한 때부터 48시간 이내에 구속영장을 청구하여야 하고, 그 기간 내에 구속영장
을 청구하지 아니하는 때에는 피의자를 즉시 석방하여야 한다(형사소송법 제213
조의2, 제200조의2 제5항).

체포된 현행범인에 대하여 일정 시간 내에 구속영장 청구 여부를 결정하
도록 하고 그 기간 내에 구속영장을 청구하지 아니하는 때에는 즉시 석방하도
록 한 것은 영장에 의하지 아니한 체포 상태가 부당하게 장기화되어서는 안 된
다는 인권보호의 요청과 함께 수사기관에서 구속영장 청구 여부를 결정하기
위한 합리적이고 충분한 시간을 보장해 주려는 데에도 그 입법취지가 있다고
할 것이다. 따라서 검사 등이 아닌 이에 의하여 현행범인이 체포된 후 불필요
한 지체 없이 검사 등에게 인도된 경우 위 48시간의 기산점은 체포시가 아니라
검사 등이 현행범인을 인도받은 때라고 할 것이다.[29]

Ⅲ. 피의자와 피고인의 구속

1. 의 의

구속이란 피의자 또는 피고인의 신체의 자유를 장기간에 걸쳐 제한하는
강제처분으로 단기간 피의자의 신체의 자유를 제한하는 체포와 구별되고 따라
서 보다 엄격한 요건을 필요로 한다. 피의자에 대한 수사는 불구속 상태에서
함을 원칙으로 하고(형사소송법 제198조 제1항), 피고인도 불구속 재판을 원칙으

---

28) 대법원 2011. 12. 22. 선고 2011도12927 판결.
29) 대법원 2011. 12. 22. 선고 2011도12927 판결.

로 한다. 관세범에 대한 조사도 불구속 상태에서 함을 원칙으로 하고 예외적인 경우 구속수사를 하게 된다.

피의자의 경우 체포된 피의자뿐만 아니라 체포되지 아니한 피의자를 직접 구속하는 경우도 있다(형사소송법 제201조, 제201조의2 제2항). 피고인의 구속이란 공소제기 후 법원이 구속영장에 의하여 피고인을 구인 또는 구금하는 것을 말한다. 구속은 사전에 발부된 구속영장에 의한 구속만 인정된다는 점에서 영장 없는 체포가 인정되는 체포와 구별된다.

구속에는 구인과 구금이 포함된다. 구금이란 피고인 또는 피의자를 교도소 또는 구치소 등에 감금하는 강제처분이며, 구인은 피고인 또는 피의자를 법원이나 그 밖의 장소에 인치하는 강제처분이다. 구인한 피고인 등을 인치한 경우에 구금할 필요가 없다고 인정한 때에는 인치한 때로부터 24시간 이내에 석방하여야 한다(형사소송법 제71조, 제209조). 피의자에 대한 구인은 체포되지 아니한 피의자의 구속전피의자심문을 위한 수단으로 이용될 수 있다(동법 제201조의2 제2항).[30]

수사기관이 관할 지방법원 판사가 발부한 구속영장에 의하여 피의자를 구속하는 경우 그 구속영장은 기본적으로 장차 공판정에의 출석이나 형의 집행을 담보하기 위한 것이지만, 피의자신문의 방식으로 구속된 피의자를 조사하는 등 적정한 방법으로 범죄를 수사하는 것도 예정하고 있다고 할 것이다. 대법원은 구속영장 발부에 의하여 적법하게 구금된 피의자가 피의자신문을 위한 출석요구에 응하지 아니하면서 수사기관 조사실에의 출석을 거부한다면 수사기관은 그 구속영장의 효력에 의하여 피의자를 조사실로 구인할 수 있다고 하였다.[31]

2. 구속의 요건

구속의 요건은 피고인이나 피의자가 죄를 범하였다고 의심할 만한 상당한 이유가 있고, 구속사유로 ① 일정한 주거가 없을 때, ② 증거를 인멸할 염려가 있을 때, ③ 도망 또는 도망할 염려가 있을 때 중 하나에 해당하는 사유가 있는 경우에는 구속할 수 있다(형사소송법 제70조, 제201조).

---

30) 이재상, 형사소송법, 257-258면.
31) 대법원 2013. 7. 1.자 2013모160 결정.

(1) 범죄의 혐의

형사소송법은 피고인과 피의자가 죄를 범하였다고 의심할 만한 상당한 이유가 있을 것을 요구하고 있으므로, 혐의의 정도는 체포영장 발부의 경우와 동일하다. 죄를 범하였다고 의심할만한 상당한 이유는 죄를 범하였음을 인정할 고도의 개연성을 의미한다고 해석해야 한다.

혐의의 대상은 소송법상 공소를 제기할 수 있는 위법하고 유책하게 실행된 범죄이다. 따라서 위법성조각사유나 책임조각사유가 있는 때, 소송조건이 구비될 수 없는 것이 명백한 때에는 범죄의 혐의를 인정할 수 없다. 범죄의 혐의는 구속시를 기준으로 하므로 수사나 심리의 진행에 따라 혐의가 없어질 수도 있다.[32]

(2) 구속사유

① 피의자가 일정한 주거가 없는 때, ② 증거를 인멸할 염려가 있는 때, ③ 도망하거나 도망할 염려가 있는 때 구속사유가 된다(형사소송법 제70조 제1항). 법원이 구속사유를 심사함에 있어서 범죄의 중대성, 재범의 위험성, 피해자 및 중요 참고인 등에 대한 위해우려 등을 고려하여야 한다(동조 제2항).

범죄의 중대성과 재범의 위험성, 피해자 및 중요 참고인 등에 대한 위해우려 등은 독립된 구속사유가 아니라 구속사유를 심사함에 있어서 고려해야 할 사정에 불과하다. 따라서 구속사유가 없는 경우에 범죄의 중대성을 이유로 구속할 수는 없다.

구속영장의 청구에는 구속의 필요를 인정할 수 있는 자료를 제출하여야 한다(형사소송법 제201조 제2항). 구속사유는 객관적인 구체적 사실을 기초로 인정되어야 하며, 법관의 추측에 의할 수 없다.

① 주거가 일정하지 않다고 하여 그것만으로 도망할 위험이 있다고 할 수는 없으며 주거가 일정하다고 하여 도망의 위험이 없는 것도 아니므로 이를 독립된 구속사유로 규정한 것은 타당하다고 할 수 없다. 다만, 다액 50만원 이하의 벌금, 구류 또는 과료에 해당하는 경미한 사건에 관하여는 유일한 구속사유가 된다(형사소송법 제70조 제3항, 제201조 제1항 단서).

---

32) 이재상, 형사소송법, 260면.

② 증거인멸의 위험은 피고인 또는 피의자를 구속하지 않으면 증거방법을 훼손·변경·위조하거나, 공범자·증인·감정인에게 허위의 진술을 하게 하여 진실발견을 곤란하게 할 구체적 위험이 있는 경우에 인정된다. 부정한 방법으로 증거를 인멸할 현저한 혐의가 있어야 하므로 피의자가 피의사실을 다투거나 자백을 거부한다는 이유만으로 증거인멸의 위험을 인정해서는 안 된다. 피고인 또는 피의자가 방어를 위하여 유리한 증거를 수집하거나 진술거부권을 행사하는 것도 부정한 방법이라 할 수 없다. 수사가 종결된 경우 증거인멸의 위험이 없어지는 것은 아니다. 증거인멸의 위험만을 기초로 한 구속사유는 사실심 심리가 종결되면 소멸된다.

③ 도망이란 형사소송이나 형의 집행을 피하여 영구히 또는 장기간에 걸쳐 숨는 것을 말한다. 수사기관이나 법원에서 연락하지 못하도록 종래의 주거를 떠나 새로운 거처를 정하지 않거나 돌아오지 않을 의사로 외국으로 떠나는 것을 말한다.

도망할 염려는 범죄의 경중, 피의자의 전과와 가족관계 및 사회적 환경을 종합적으로 고려하여 판단하여야 한다. 형사소송에서 선고될 형량은 도망할 염려를 판단할 중요한 자료가 된다.[33]

(3) 별건구속 문제

별건구속이란 수사기관이 본래 수사하고자 하는 본건에 대하여는 구속영장을 발부받기 어렵다고 판단하여 구속요건이 구비된 별건으로 피의자를 구속하는 것을 말한다. 별건 자체만을 놓고 보면 적법한 구속이나 본건에 대한 구속사유가 없음에도 불구하고 실질적으로 본건에 대한 구속을 인정하는 결과가 되어 영장주의에 반하여 위법하다. 그러나 본건에 대한 적법한 구속영장으로 여죄를 수사하는 것은 수사의 합목적성 측면에서 허용된다.[34]

3. 피의자의 구속

범죄의 혐의, 구속사유가 있는 경우 검사는 관할지방법원판사에게 청구하여 구속영장을 받아 피의자를 구속할 수 있고 사법경찰관은 검사에게 신청하

---

33) 임동규, 197면.
34) 임동규, 199면.

여 검사의 청구로 관할지방법원판사의 구속영장을 받아 피의자를 구속할 수 있다(형사소송법 제201조 제1항).

(1) 구속영장의 청구

구속영장의 청구권자는 검사에 한한다(형사소송법 제201조 제1항). 세관공무원은 검사에게 신청하여 검사의 청구에 의하여 구속영장을 발부받을 수 있다.

(2) 영장실질심사제도

1) 의 의

영장실질심사제도란 구속영장의 청구를 받은 판사가 피의자를 직접 심문하여 구속사유를 판단하는 것을 말한다. 형사소송법은 구속전피의자심문을 피의자나 법관의 의사와 관계없이 필요적으로 실시하도록 하고 있다. 구속전피의자심문절차는 구속피의자에게 국선변호인을 선정해주고 구속영장이 발부된 때에는 그 선정의 효력이 제1심까지 미친다는 점에도 의의가 있다.

2) 심문기일의 지정과 통지

체포영장에 의한 체포, 긴급체포 또는 현행범인의 체포에 의하여 체포된 피의자에 대하여 구속영장을 청구 받은 판사는 지체 없이 피의자를 심문하여야 한다. 이 경우 특별한 사정이 없는 한 구속영장이 청구된 날의 다음날까지 심문하여야 한다(형사소송법 제201조의2 제1항).

체포되지 아니한 피의자에 대하여 사전 구속영장을 청구 받은 판사는 피의자가 죄를 범하였다고 의심할 만한 이유가 있는 경우에 구인을 위한 구속영장을 발부하여 피의자를 구인한 후 심문하여야 한다(동조 제2항).

체포되지 아니한 피의자에 대한 심문기일은 관계인에 대한 심문기일의 통지 및 그 출석에 소요되는 시간 등을 고려하여 피의자가 법원에 인치된 때로부터 가능한 한 빠른 일시로 지정해야 한다(형사소송규칙 제96조의12 제2항). 심문기일의 통지는 서면 이외에 구술·전화·모사전송·전자우편·휴대전화 문자전송 그 밖에 적당한 방법으로 신속하게 하여야 한다(동조 제3항).

판사는 지정된 심문기일에 피의자를 심문할 수 없는 특별한 사정이 있는 경우에는 그 심문기일을 변경할 수 있다(형사소송규칙 제96조의22).

3) 피의자의 인치

검사는 피의자가 체포되어 있는 때에는 심문기일에 피의자를 출석시켜야 한다(형사소송법 제201조의2 제3항). 체포의 효력에 의하여 피의자를 법원에 인치하는 것이다. 체포되지 않은 피의자에 대하여 구속영장을 청구받은 판사는 피의자가 죄를 범하였다고 의심할 만한 이유가 있는 경우에 구속영장을 발부하여 피의자를 구인한 후 심문한다. 다만, 피의자가 도망하는 등의 사유로 심문할 수 없는 경우에는 그러하지 아니하다(동법 제2항). 법원은 인치받은 피의자를 유치할 필요가 있는 때에는 교도소·구치소 또는 경찰서 유치장에 유치할 수 있다. 이 경우 유치기간은 인치한 때부터 24시간을 초과할 수 없다(형사소송법 제201조의2 제10항, 제71조의2).

4) 심문기일의 출석

심문기일에 판사는 구속사유를 판단하기 위하여 피의자를 심문하고, 검사와 변호인은 심문기일에 출석하여 의견을 진술할 수 있다(형사소송법 제201조의2 제4항).

판사는 피의자가 심문기일에의 출석을 거부하거나 질병 그 밖의 사유로 출석이 현저하게 곤란하고, 피의자를 심문 법정에 인치할 수 없다고 인정되는 때에는 피의자의 출석 없이 심문절차를 진행할 수 있다(형사소송규칙 제96조의13 제1항). 검사는 피의자가 심문기일에의 출석을 거부하는 때에는 판사에게 그 취지 및 사유를 기재한 서면을 작성 제출하여야 한다(동조 제2항). 피의자의 출석 없이 심문절차를 진행할 경우에는 출석한 검사 및 변호인의 의견을 듣고, 수사기록 그 밖에 적당하다고 인정하는 방법으로 구속사유의 유무를 조사할 수 있다(동조 제3항).

5) 심문의 방법

피의자의 심문은 법원청사내에서 하여야 한다. 다만, 피의자가 출석을 거부하거나 질병 기타 부득이한 사유로 법원에 출석할 수 없는 때에는 경찰서, 구치소 기타 적당한 장소에서 심문할 수 있다(형사소송규칙 제96조의15). 피의자에 대한 심문절차는 공개하지 아니한다. 다만, 판사는 상당하다고 인정하는 경우에는 피의자의 친족, 피해자 등 이해관계인의 방청을 허가할 수 있다(동 규칙

제96조의14). 판사는 피의자에게 구속영장청구서에 기재된 범죄사실의 요지를 고지하고, 피의자에게 일체의 진술을 하지 아니하거나 개개의 질문에 대하여 진술을 거부할 수 있으며, 이익되는 사실을 진술할 수 있음을 알려주어야 한다 (동 규칙 제96조의16 제1항). 판사는 구속 여부를 판단하기 위하여 필요한 사항에 관하여 신속하고 간결하게 심문하여야 한다. 증거인멸 또는 도망의 염려를 판단하기 위하여 필요한 때에는 피의자의 경력, 가족관계나 교우관계 등 개인적인 사항에 관하여 심문할 수 있다(동조 제2항). 검사와 변호인은 판사의 심문이 끝난 후에 의견을 진술할 수 있다. 다만, 필요한 경우에는 심문 도중에도 판사의 허가를 얻어 의견을 진술할 수 있다(동조 제3항). 피의자는 판사의 심문 도중에도 변호인에게 조력을 구할 수 있다(동조 제4항). 판사는 구속 여부의 판단을 위하여 필요하다고 인정하는 때에는 심문장소에 출석한 피해자 그 밖의 제3자를 심문할 수 있다(동조 제5항).

6) 국선변호인의 선정

심문할 피의자에게 변호인이 없는 때에는 지방법원판사는 직권으로 변호인을 선정하여야 한다. 이 경우 변호인의 선정은 피의자에 대한 구속영장 청구가 기각되어 효력이 소멸한 경우를 제외하고는 제1심까지 효력이 있다(형사소송법 제201조의2 제8항).

(3) 결 정

구속영장의 청구를 받은 지방법원판사는 신속히 구속영장의 발부여부를 결정하여야 한다(형사소송법 제201조 제3항). 상당하다고 인정할 때에는 구속영장을 발부하고, 기각결정을 하는 때에는 청구서에 그 취지 및 이유를 기재하고 서명·날인하여 청구한 검사에게 교부한다(동조 제4항). 구속영장을 발부한 결정이나 영장의 발부를 기각한 결정에 대하여는 항고나 준항고가 허용되지 않는다.

(4) 구속기간의 연장

세관공무원이 피의자를 구속한 때에는 10일 이내에 피의자를 검사에게 인치하지 아니하면 석방하여야 한다(형사소송법 제202조). 검사의 구속기간도 10일이고(동법 제203조), 지방법원판사의 허가를 얻어 10일을 초과하지 않는 한도에서 구속기간을 연장할 수 있다(동법 제205조).

구속기간의 기산점은 체포영장에 의한 체포, 긴급체포 또는 현행범인의 체포에 의하여 체포되었거나 구인을 위한 구속영장에 의하여 구인된 경우에는 피의자를 체포 또는 구인한 날이다(동법 제203조의2).

Ⅳ. 압수 · 수색 · 검증

1. 의 의

관세법은 압수 · 수색에 있어 영장주의 원칙을 규정하고 있다. 즉 관세법에 따라 수색 · 압수를 할 때에는 관할 지방법원 판사의 영장을 받아야 하고(법 제296조 제1항), 긴급한 경우에는 사후에 영장을 발급받아야 한다(동조 제2항). 다만, 검사 또는 사법경찰관이 피의자를 구속하는 경우 또는 체포영장에 의한 체포, 긴급체포 및 현행범인을 체포하는 경우 필요한 때에는 영장 없이 체포현장에서 압수 · 수색 · 검증을 할 수 있다(형사소송법 제216조 제1항 제2호). 또한, 긴급체포된 자가 소유 · 소지 또는 보관하는 물건에 대하여 긴급히 압수할 필요가 있는 경우에는 피의자를 체포한 때부터 24시간 이내에 한하여 영장 없이 압수 · 수색 또는 검증을 할 수 있다(형사소송법 제217조 제1항).

2. 요 건

(1) 범죄의 혐의

세관공무원은 관세범 조사에 의하여 발견한 물품이 범죄의 사실을 증명하기에 충분하거나 몰수하여야 하는 것으로 인정될 때에는 이를 압수할 수 있다(법 제303조 제1항). 합리적인 의심의 여지가 없을 정도로 범죄사실이 인정되어야 하는 것은 아니다.[35] 다수설은 압수 · 수색 · 검증은 대부분 수사 초기에 구속에 앞서 행하여지는 것인 점에 비추어 이때의 범죄의 혐의는 신체구속의 경우 요구되는 정도에 이를 것을 요하지 않고, 단순한 최초의 혐의로 충분하다고 본다.[36]

---

35) 대법원 1997. 1. 9. 자 96모34 결정.
36) 이재상 외, 형사소송법, 312-313면.

(2) 필요성

압수·수색·검증은 강제처분이므로 임의수사로 수사의 목적을 달성할 수 있을 때에는 압수·수색·검증을 할 수 없다. 범죄사실 수사에 필요한 최소한의 범위 내의 것으로서 압수의 대상이 되는 것인지는 당해 범죄사실의 구체적인 내용과 성질, 압수하고자 하는 물건의 형상, 성질, 당해 범죄사실과의 관련 정도와 증거가치, 인멸의 우려는 물론 압수로 인하여 발생하는 불이익의 정도 등 압수 당시의 여러 사정을 종합적으로 고려하여 객관적으로 판단하여야 한다.[37]

(3) 압수·수색의 목적물

압수의 목적물은 증거물 또는 몰수할 것으로 인정되는 물품이다(법 제303조 제1항). 증거물의 압수는 절차확보를, 몰수물의 압수는 판결확보의 기능을 가진다.

수색의 목적물은 사람의 신체, 물건 또는 주거, 기타 장소이다.

3. 영장발부 및 집행절차

(1) 의 의

형사소송법과 형사소송규칙의 절차 조항은 헌법에서 선언하고 있는 적법절차와 영장주의를 구현하기 위한 것이다. 따라서 형사소송법 등에서 정한 절차에 따르지 않고 수집된 증거는 기본적 인권 보장을 위해 마련된 적법한 절차에 따르지 않은 것으로서 원칙적으로 유죄 인정의 증거로 삼을 수 없다.[38]

(2) 압수·수색영장의 발부

수사기관의 압수·수색은 법관이 발부한 압수수색영장에 의하여야 하는 것이 원칙이다. 세관공무원이 범죄수사에 필요한 때에는 검사에게 신청하여 검사의 청구로 지방법원판사가 발부한 영장에 의하여 압수·수색할 수 있다(법 제296조 제1항 본문, 형사소송법 제215조). 압수·수색·검증영장에는 사전영장, 영

---

37) 대법원 2008. 7. 10. 선고 2008도2245 판결.
38) 대법원 2007. 11. 15. 선고 2007도3061 전원합의체 판결.

장 없이 압수한 후 발부되는 사후영장, 금융계좌추적을 위한 압수·수색·검증영
장39)이 있다.

압수·수색영장에는 피의자의 성명, 압수할 물건, 수색할 장소·신체·물건
과 압수수색의 사유 등이 특정되어야 한다(형사소송법 제215조, 제219조, 제114조
제1항, 형사소송규칙 제58조).

수사기관이 압수·수색영장을 제시하고 집행에 착수하여 압수·수색을 실
시하고 그 집행을 종료하였다면 이미 그 영장은 목적을 달성하여 효력이 상실
되는 것이고, 동일한 장소 또는 목적물에 대하여 다시 압수·수색할 필요가 있
는 경우라면 그 필요성을 소명하여 법원으로부터 새로운 압수·수색영장을 발
부 받아야 한다.40) 별건압수·별건수색은 허용되지 않는다. 따라서 범죄사실이
다른 때 동일한 물건에 대하여 재압수절차를 거쳐야 한다.

(3) 압수·수색영장의 집행

1) 증표제시 및 야간집행 제한

세관공무원은 조사·검증·수색 또는 압수를 할 때에는 제복을 착용하거나
그 신분을 증명할 증표를 지니고 그 처분을 받을 자가 요구하면 이를 보여 주
어야 한다(법 제308조). 세관공무원이 제복을 착용하지 아니한 경우로서 그 신
분을 증명하는 증표제시 요구를 따르지 아니하는 경우에는 처분을 받을 자는
그 처분을 거부할 수 있다(법 제308조). 현행범인인 경우를 제외하고 해 진 후부
터 해 뜨기 전까지는 검증·수색 또는 압수를 할 수 없다. 다만 이미 시작한 압
수·수색·검증은 계속할 수 있다(법 제306조). 세관공무원은 피의자·증인 또는
참고인에 대한 조사·검증·수색 또는 압수 중에는 누구를 막론하고 그 장소에
의 출입을 금할 수 있다(법 제307조).

2) 압수·수색영장의 제시

세관공무원이 압수·수색영장을 집행할 때에는 처분을 받는 자에게 반드
시 압수·수색영장을 제시하여야 한다(형사소송법 제118조, 제219조). 이는 법관이
발부한 영장 없이 압수·수색을 하는 것을 방지하여 영장주의 원칙을 절차적으

---

39) 금융실명법 제4조.
40) 대법원 1999. 12. 1. 자 99모161 결정.

로 보장하고, 압수·수색영장에 기재된 물건, 장소, 신체에 대해서만 압수·수색을 하도록 하여 개인의 사생활과 재산권의 침해를 최소화하는 한편, 준항고 등 피압수자의 불복신청의 기회를 실질적으로 보장하기 위한 것이다. 따라서 피압수자로 하여금 법관이 발부한 영장에 의한 압수·수색이라는 사실을 확인함과 동시에 형사소송법이 압수·수색영장에 필요적으로 기재하도록 정한 사항이나 그와 일체를 이루는 사항을 충분히 알 수 있도록 압수·수색영장을 제시하여야 한다. 현장에서 피압수자가 여러 명일 경우에는 그들 모두에게 개별적으로 영장을 제시해야 하는 것이 원칙이다. 수사기관이 압수·수색에 착수하면서 그 장소의 관리책임자에게 영장을 제시하였더라도, 물건을 소지하고 있는 다른 사람으로부터 이를 압수하고자 하는 때에는 그 사람에게 따로 영장을 제시하여야 한다.[41]

3) 피의자 · 변호인 등의 참여

검사·피고인(피의자) 또는 변호인은 압수·수색영장의 집행에 참여할 수 있다. 압수·수색영장을 집행함에는 미리 집행의 일시와 장소를 참여권자에게 통지하여야 한다. 단, 참여하지 아니한다는 의사를 명시한 때 또는 급속을 요하는 때에는 예외로 한다(형사소송법 제121조, 제219조). '급속을 요하는 때'란 압수·수색영장 집행 사실을 미리 알려주면 증거물을 은닉할 염려 등이 있어 압수·수색의 실효를 거두기 어려울 경우를 말한다.[42] 정보처리매체를 압수한 경우 범죄 혐의사실과 관련 있는 정보를 탐색하여 해당 전자정보를 문서로 출력하거나 파일을 복사하는 과정도 전체적으로 압수·수색영장 집행에 포함되므로 참여의 기회를 보장하여야 한다.[43]

4) 압수목록의 교부

압수물을 압수한 경우에는 목록을 작성하여 소유자, 소지자 등에게 교부하여야 한다(형사소송법 제219조, 제129조). 압수물 목록은 피압수자 등이 압수처

---

41) 대법원 2017. 9. 21. 선고 2015도12400 판결.
42) 대법원 2012. 10. 11. 선고 2012도7455 판결.
43) 대법원 2018. 2. 8. 선고 2017도13263 판결. 제출받아 압수하였다면 이로써 압수의 목적물에 대한 압수·수색 절차는 종료된 것이므로, 수사기관이 수사기관 사무실에서 위와 같이 압수된 이미지 파일을 탐색·복제·출력하는 과정에서도 피의자 등에게 참여의 기회를 보장하여야 하는 것은 아니다.

분에 대한 준항고를 하는 등 권리행사절차를 밟는 가장 기초적인 자료가 되므로, 수사기관은 이러한 권리행사에 지장이 없도록 압수 직후 현장에서 압수물목록을 바로 작성하여 교부해야 하는 것이 원칙이다.[44] 압수된 정보의 상세목록에는 정보의 파일 명세가 특정되어 있어야 하고, 수사기관은 이를 출력한 서면을 교부하거나 전자파일 형태로 복사해 주거나 이메일을 전송하는 등의 방식으로도 할 수 있다.[45]

4. 전자정보에 대한 압수

(1) 전자정보의 압수

수사기관이 컴퓨터에 입력된 정보 자체(소위 디지털 증거)를 압수하기 위해서는 영장을 받아야 한다. 수사기관의 전자정보에 대한 압수·수색은 원칙적으로 영장 발부의 사유로 된 범죄 혐의사실과 관련된 부분만을 문서 출력물로 수집하거나 수사기관이 휴대한 저장매체에 해당 파일을 복사하는 방식으로 이루어져야 한다(형사소송법 제219조, 제106조 제3항 본문).[46]

(2) 역외 압수수색

관세범죄의 관련 증거는 해외 서버에 저장된 이메일이나 해외에 서버를 둔 쇼핑몰 판매자료 등이 핵심적인 경우가 많다. 형사소송법에서 압수할 물건과 압수수색이 이루어지는 장소를 특정하는 등 포괄영장을 지양하는 취지에 비추어 보면 장소의 제약이 없는 원격 압수수색, 즉 해외 서버에 저장된 자료에 대한 압수수색(역외 압수수색)은 현행법상 위법한 증거수집이라고 볼 수 있다.[47] 그러나 대법원은 형사소송법의 해석의 방법으로 역외 압수수색을 허용하고 있다.[48]

---

44) 대법원 2009. 3. 12. 선고 2008도763 판결.
45) 대법원 2018. 2. 8. 선고 2017도13263 판결.
46) 대법원 2015. 7. 16. 자 2011모1839 전원합의체 결정.
47) 서울고등법원 2017. 6. 13. 선고 2017노23 판결.
48) 대법원 2017. 11. 29. 선고 2017도9747 판결. 역외 압수수색에 대한 입법을 통해 절차적 명확성을 기하고 압수수색 피처분자의 피해를 최소화하여야 한다는 주장에 이수용·임규철, 역외 압수수색의 절차적 위법성에 대한 비판적 소고-대법원 2017. 11. 29. 선고 2017도9747 판결을 중심으로-, 비교법연구 제18권 제2호, 2018.

"압수·수색할 전자정보가 압수·수색영장에 기재된 수색장소에 있는 컴퓨터 등 정보처리장치 내에 있지 아니하고 그 정보처리장치와 정보통신망으로 연결되어 제3자가 관리하는 원격지의 서버 등 저장매체에 저장되어 있는 경우에도, 수사기관이 피의자의 이메일 계정에 대한 접근권한에 갈음하여 발부받은 영장에 따라 원격지의 저장매체에 적법하게 접속하여 내려받거나 현출된 전자정보를 대상으로 하여 범죄 혐의사실과 관련된 부분에 대하여 압수·수색하는 것은, 압수·수색영장의 집행을 원활하고 적정하게 행하기 위하여 필요한 최소한도의 범위 내에서 이루어지며 그 수단과 목적에 비추어 사회통념상 타당하다고 인정되는 대물적 강제처분 행위로서 허용되며, 형사소송법 제120조 제1항에서 정한 압수·수색영장의 집행에 필요한 처분에 해당한다. 이러한 법리는 원격지의 저장매체가 국외에 있는 경우라 하더라도 마찬가지로 적용된다."

(3) 정보저장매체의 압수

수사기관은 압수의 대상이 되는 전자정보의 범위를 정하여 출력 또는 복제하는 방법이 불가능하거나 압수의 목적을 달성하기에 현저히 곤란하다고 인정되는 때에는 정보저장매체등을 압수할 수 있다(형사소송법 제219조, 제106조 제3항 단서). 정보저장매체를 압수하여 외부로 반출하기 위해서는 전자정보에 대한 복제 등의 방식의 집행이 불가능하거나 현저히 곤란한 부득이한 사정이 있는 경우로서 저장매체 자체를 직접 또는 하드카피나 이미징 등 형태로 수사기관 사무실 등 외부로 반출하여 해당 파일을 압수·수색할 수 있도록 영장에 기재되어 있는 경우에 한해 저장매체 자체를 수사기관 사무실 등 외부로 반출할 수 있다.[49] 이 경우 피압수자 등의 참여 하에 정보저장매체를 봉인하여 수사기관 사무실 등으로 옮긴 후 영장에 기재된 범죄혐의 관련 전자정보를 탐색하여 해당 전자정보를 문서로 출력하거나 파일로 복제한 후 지체 없이 반환해야 한다.[50]

(4) 서버의 압수

서버에 저장된 전자정보를 출력하거나 복제하는 방법으로 압수하여야 한

---

49) 대법원 2012. 3. 29. 선고 2011도10508 판결. 수사기관 사무실 등으로 옮긴 저장매체에서 범죄혐의와 관련성에 대한 구분 없이 저장된 전자정보 중 임의로 문서출력 또는 파일복사를 하는 행위는 특별한 사정이 없는 한 영장주의 등 원칙에 반하는 위법한 집행이 된다.
50) 임동규, 238면.

다. 다만, 피의자가 서버를 구축하여 범죄의 도구로 이용한 경우 서버 자체를 압수할 수 있다.[51]

(5) 디지털 증거의 증거능력

압수물인 디지털 저장매체로부터 출력된 문건이 증거로 사용되기 위해서는 디지털 저장매체 원본에 저장된 내용과 출력된 문건의 동일성이 인정되어야 한다. 그 동일성을 인정하기 위해서는 디지털 저장매체 원본이 압수된 이후 문건 출력에 이르기까지 변경되지 않았음이 담보되어야 하고 특히 디지털 저장매체 원본에 변화가 일어나는 것을 방지하기 위해 디지털 저장매체 원본을 대신하여 디지털 저장매체에 저장된 자료를 '하드카피'·'이미징'한 매체로부터 문건이 출력된 경우에는 디지털 저장매체 원본과 '하드카피'·'이미징'한 매체 사이에 자료의 동일성도 인정되어야 한다. 나아가 법원 감정을 통해 디지털 저장매체 원본 혹은 '하드카피'·'이미징'한 매체에 저장된 내용과 출력된 문건의 동일성을 확인하는 과정에서 이용된 컴퓨터의 기계적 정확성, 프로그램의 신뢰성, 입력·처리·출력의 각 단계에서 조작자의 전문적인 기술능력과 정확성이 담보되어야 한다.

그리고 압수된 디지털 저장매체로부터 출력된 문건이 진술증거로 사용되는 경우에는 그 기재 내용의 진실성에 관하여 전문법칙이 적용되므로, 형사소송법 제313조 제1항에 의하여 그 작성자 또는 진술자의 진술에 의하여 그 성립의 진정함이 증명된 때에 한하여 이를 증거로 사용할 수 있다.[52]

5. 금융정보에 대한 압수

(1) 금융계좌추적

수사기관이 피의자의 금융거래정보를 얻기 위해서는 금융계좌추적용 압수·수색영장을 발부받아야 한다. 금융계좌추적용 압수수색영장이 발부되기 위해서는 범죄혐의가 존재하여야 하고, 필요최소한도의 범위 안에서 허용된다. 압수수색의 대상자만 특정한 채 그 대상자가 모든 금융기관에 개설한 예금계

---

51) 임동규, 238면.
52) 대법원 2007. 12. 13. 선고 2007도7257 판결.

좌 일체에 대한 압수·수색은 범죄혐의사실과 관련 없는 예금거래의 비밀이 침해될 위험이 크기 때문에 엄격히 제한된다.[53]

(2) 금융거래정보

수사기관이 범죄의 수사를 목적으로 금융거래의 내용에 대한 정보 또는 자료(거래정보 등)를 획득하기 위해서는 법관의 영장이 필요하다. 신용카드에 의하여 물품을 거래할 때 '금융회사 등'이 발행하는 매출전표의 거래명의자에 관한 정보 또한 금융실명법에서 정하는 '거래정보 등'에 해당한다. 따라서 수사기관이 금융회사 등에 그와 같은 정보를 요구하는 경우에도 법관이 발부한 영장에 의하여야 한다. 그럼에도 수사기관이 영장에 의하지 아니하고 매출전표의 거래명의자에 관한 정보를 획득하였다면, 그와 같이 수집된 증거는 원칙적으로 형사소송법 제308조의2에서 정하는 '적법한 절차에 따르지 아니하고 수집한 증거'에 해당하여 유죄의 증거로 삼을 수 없다.[54]

6. 임의제출물의 압수

소유자·점유자 또는 보관자가 임의로 제출한 물품이나 남겨 둔 물품은 영장 없이 압수할 수 있다(법 제296조 제2항, 형사소송법 제218조). 이를 영치라 하는데 점유취득과정에는 강제력이 행사되지 않았으나 일단 영치된 이상 제출자가 임의로 취거할 수 없어 강제처분으로 인정되고 있다.[55]

임의제출한 물건의 압수가 적법하기 위해서는 제출이 임의적·자발적이어야 하고, 수사기관의 우월적 지위에 의하여 임의제출의 명목으로 실질적으로 강제적인 압수가 행하여질 수 있으므로 제출의 임의성은 검사가 합리적 의심을 배제할 수 있을 정도로 증명하여야 한다.[56]

대법원은 세관공무원이 통관검사를 위하여 직무상 소지 또는 보관하는 우

---

53) 임동규, 234 – 235면.

54) 대법원 2013. 3. 28. 선고 2012도13607 판결. 수사기관에서 카드회사에 공문을 발송하는 방법으로 매출전표의 거래명의자에 대한 인적 사항을 알아내어 범행의 용의자를 특정한 경우, 대법원은 수사기관이 법관의 영장도 없이 위와 같이 매출전표의 거래명의자에 관한 정보를 획득한 조치는 위법하다고 하였다.

55) 이재상 외, 형사소송법, 329면.

56) 대법원 2016. 3. 10. 선고 2013도11233 판결.

편물을 제출받은 경우,[57] 현행범인 체포현장이나 범죄장소에서 소지자로부터 필로폰을 임의로 제출받은 경우[58] 특별한 사정이 없는 한 위 물건들에 대한 압수는 적법하다고 하였다.

소유자, 소지자 또는 보관자가 아닌 자로부터 제출받은 물건을 영장 없이 압수한 것은 위법하여 유죄의 증거로 사용할 수 없다.[59]

7. 압수물의 처리

(1) 압수물의 보관과 폐기

압수물품은 압수한 수사기관에서 보관하는 것이 원칙이다. 편의에 따라 소지자나 시·군·읍·면사무소에 보관시킬 수 있다(법 제303조 제2항). 관세청장이나 세관장은 압수물품이 ① 부패 또는 손상되거나 그 밖에 사용할 수 있는 기간이 지날 우려가 있는 경우, ② 보관하기가 극히 불편하다고 인정되는 경우, ③ 처분이 지연되면 상품가치가 크게 떨어질 우려가 있는 경우, ④ 피의자나 관계인이 매각을 요청하는 경우 피의자나 관계인에게 통고한 후 매각하여 그 대금을 보관하거나 공탁할 수 있다. 다만, 통고할 여유가 없을 때에는 매각한 후 통고하여야 한다(법 제303조 제3항).

관세청장이나 세관장은 압수물품 중 ① 사람의 생명이나 재산을 해칠 우려가 있는 것, ② 부패하거나 변질된 것, ③ 유효기간이 지난 것, ④ 상품가치가 없어진 것은 피의자나 관계인에게 통고한 후 폐기할 수 있다. 다만, 통고할 여유가 없을 때에는 폐기한 후 즉시 통고하여야 한다(법 제304조).

---

57) 대법원 2013. 9. 26. 선고 2013도7718 판결.

58) 대법원 2016. 2. 18. 선고 2015도13726 판결.

59) 대법원 2010. 1. 28. 선고 2009도10092 판결. 피고인 소유의 쇠파이프를 피고인의 주거지 앞마당에서 발견하였으면서도 그 소유자, 소지자 또는 보관자가 아닌 피해자로부터 임의로 제출받는 형식으로 위 쇠파이프를 압수한 것은 위법하여 유죄의 증거로 사용할 수 없고, 헌법과 형사소송법이 선언한 영장주의의 중요성에 비추어 볼 때 피고인이나 변호인이 이를 증거로 함에 동의하였다고 하더라도 달리 볼 것은 아니다.

(2) 압수물의 가환부와 환부

1) 압수물의 가환부

가환부란 압수의 효력은 존속시키면서 압수물을 소유자 또는 소지자 등에게 잠정적으로 돌려주는 제도이다. 가환부의 대상은 증거에만 공할 목적으로 압수한 물건이므로 몰수의 대상이 되는 압수물은 가환부할 수 없다.[60]

검사 또는 사법경찰관은 사본을 확보한 경우 등 압수를 계속할 필요가 없다고 인정되는 압수물 및 증거에 사용할 압수물에 대하여 공소제기 전이라도 소유자, 소지자, 보관자 또는 제출인의 청구가 있는 때에는 환부 또는 가환부하여야 한다. 검사가 이를 거부하는 경우에는 신청인은 해당 검사의 소속 검찰청에 대응한 법원에 압수물의 환부 또는 가환부 결정을 청구할 수 있다. 다만, 사법경찰관은 검사의 지휘를 받아야 한다(형사소송법 제218조의2 제1·4항). 법원이 환부 또는 가환부를 결정하면 검사는 신청인에게 압수물을 환부 또는 가환부하여야 한다(동조 제3항).

2) 압수물품의 반환

관세청장이나 세관장은 압수물품을 몰수하지 아니할 때에는 그 압수물품이나 그 물품의 환가대금을 반환하여야 한다(법 제313조 제1항). 압수물품에 대하여 관세가 미납된 경우에는 반환받을 자로부터 해당 관세를 징수한 후 그 물품이나 그 환가대금을 반환하여야 한다(법 제313조 제4항).

압수물품이나 그 환가대금을 반환받을 자의 주소 및 거소가 분명하지 아니하거나 그 밖의 사유로 반환할 수 없을 때에는 그 요지를 공고하여야 한다(법 제313조 제2항). 공고를 한 날부터 6개월이 지날 때까지 반환의 청구가 없는 경우에는 그 물품이나 그 환가대금을 국고에 귀속시킬 수 있다(법 제313조 제3항).

8. 검 증

검증이란 사람, 장소, 물건의 성질·형상을 오관의 작용에 의하여 인식하는 강제처분을 말한다. 수사기관의 검증은 증거를 수집·보전하기 위한 강제처

---

60) 대법원 1984. 7. 24. 자 84모43 결정.

분에 속하므로 원칙적으로 법관의 영장에 의하여야 한다(형사소송법 제215조). 검증의 요건이나 영장발부 및 집행절차는 압수수색의 경우와 동일하다.

V. 통신제한조치 등

1. 통신제한조치

(1) 대 상

통신제한조치란 우편물의 검열, 전기통신의 감청 등을 말한다. 통신비밀보호법은 통신의 비밀과 자유를 신장하기 위하여 예외적인 경우 통신제한조치를 할 수 있도록 하고 있다(통신비밀보호법 제5조). 세관에서도 통신비밀보호법 제5조 제1항 제6호·제9호 및 제10호의 마약류사범, 특가법에 해당하는 관세범, 특경법에 해당하는 외환사범 등이 동 법률에 규정된 범칙을 계획 또는 실행하고 있거나 실행하였다고 의심할 만한 충분한 이유가 있고, 다른 방법으로는 그 범칙의 실행을 저지하거나 범인의 체포 또는 증거의 수집이 어려운 경우만 통신제한조치를 실행한다(범칙조사훈령 제48조).

(2) 절 차

1) 일반적인 경우

세관공무원이 통신제한조치를 할 경우에는 사전에 세관장의 승인을 받아 관할 지방검찰청 검사에게 통신제한조치에 대한 허가의 청구를 신청하여 관할 지방법원으로부터 통신제한조치의 허가를 받는다(범칙조사훈령 제49조 제1항). 이 때 필요한 통신제한조치의 종류·그 목적·대상·범위·기간·집행장소·방법 및 통신제한조치의 허가요건을 충족하는 사유 등의 신청이유를 기재한 통신제한조치허가신청서에 의하며, 신청이유에 대한 소명자료를 첨부한다(동조 제2항).

2) 긴급통신제한조치

세관공무원은 조직범죄의 계획이나 실행등과 같은 긴박한 상황이 있고, 원칙적인 절차를 거칠 수 없는 긴급한 사유가 있는 때에는 검사의 지휘에 따라 법원의 허가 없이 긴급통신제한조치를 할 수 있다. 다만, 특히 긴급하여 미리 지휘를 받을 수 없는 사유가 있는 경우에는 긴급통신제한조치의 집행시작 후 지체 없이 검사의 승인을 받아야 한다(범칙조사훈령 제49조 제4항).

세관공무원이 긴급통신제한조치를 한 때에는 집행시작 후 지체 없이 검사에게 신청하여 법원에 허가를 청구하며 긴급통신제한조치를 한 때부터 36시간 이내에 법원의 허가를 받지 못한 때에는 즉시 긴급통신제한조치를 중지한다(동조 제5항). 긴급통신제한조치는 긴급감청서에 의하며 소속기관에 긴급통신제한조치대장을 갖춰 둔다(동조 제6항). 긴급통신제한조치가 단시간 이내 끝나 법원의 허가를 받을 필요가 없는 경우에는 그 종료 후 7일 이내에 지방검찰청검사장이 법원장에게 통보할 수 있도록 긴급통신제한조치통보서를 송부한다(동조 제7항).

(3) 제한조치 기간

통신제한조치 기간은 2개월을 초과하지 못하고, 그 기간 중 통신제한조치의 목적이 달성되었을 경우에는 즉시 끝낸다. 다만, 통신비밀보호법 제5조 제1항의 허가요건이 존속하는 경우에는 2개월의 범위에서 통신제한조치의 기간연장을 신청할 수 있다(범칙조사훈령 제49조 제3항).

(4) 집행 및 집행에 관한 통지

세관공무원은 통신제한조치를 집행하고(범칙조사훈령 제50조), 통신제한조치를 집행한 사건에 관하여 검사로부터 공소를 제기하거나 제기하지 아니하는 처분(기소중지 결정은 제외)의 통보를 받거나 내사사건에 관하여 입건하지 아니하는 처분을 한 때에는 그 날부터 30일 이내에 우편물 검열의 경우에는 그 대상자에게, 감청의 경우에는 그 대상이 된 전기통신의 가입자에게 통신제한조치를 집행한 사실과 그 기간 등을 서면으로 통지하고, 지체 없이 관할 지방검찰청검사장에게 보고한다(동 훈령 제51조 제1항). 다만, 통신제한조치를 통지할 경우 국가의 안전보장 · 공공의 안녕질서를 위태롭게 할 현저한 우려가 있거나 통신제한조치를 통지할 경우 사람의 생명 · 신체에 중대한 위험을 초래할 염려가 현저한 때에는 그 사유가 없어질 때까지 통지를 유예할 수 있다(동조 제2항).

(5) 집행 후의 조치

통신제한조치의 집행으로 취득한 물건은 통신제한조치허가서 및 집행조서와 함께 봉인한 후 허가번호와 보존기간을 표기하여 별도로 보관하고 조사담당자 외의 사람이 열람할 수 없도록 한다(범칙조사훈령 제52조 제2항). 통신제한조치를 집행한 사건을 고발 또는 송치하는 때에는 수사기록표지의 증거품란에 "통신제한조치"라고 표기하고 통신제한조치집행으로 취득한 물건은 특별사법경찰관이 직접 압수물에 준하여 고발 또는 송치한다(동조 제3항). 통신제한조치를 집행하여 내사 또는 조사한 사건을 종결하는 경우 그 집행으로 취득한 물건·자료 등은 보존기간이 경과한 후 검사의 지휘를 받아 즉시 폐기한다(동조 제4항).

2. 통신사실확인자료 요청

통신사실확인자료란 ① 가입자의 전기통신일시, ② 전기통신개시·종료시간, ③ 발·착신 통신번호 등 상대방의 가입자번호, ④ 사용도수, ⑤ 컴퓨터통신 또는 인터넷의 사용자가 전기통신역무를 이용한 사실에 관한 컴퓨터통신 또는 인터넷의 로그기록자료, ⑥ 정보통신망에 접속된 정보통신기기의 위치를 확인할 수 있는 발신기지국의 위치추적자료, ⑦ 컴퓨터통신 또는 인터넷의 사용자가 정보통신망에 접속하기 위하여 사용하는 정보통신기기의 위치를 확인할 수 있는 접속지의 추적자료 등을 말한다(통신비밀보호법 제2조 제11호).

통신사실확인자료의 제공은 원칙적으로 금지된다(통신비밀보호법 제3조 제1항). 다만, 예외적으로 수사를 위하여 필요한 경우 지방법원 또는 지원의 허가를 받아 통신사실확인자료를 제공받을 수 있고 긴급한 사유가 있는 때에는 통신사실확인자료제공 요청 후 지체 없이 그 허가를 받아 전기통신사업자에게 송부하여야 한다(동법 제13조 제1·2항). 세관에서도 범죄조사를 위하여 필요한 경우 요청사유, 해당가입자와의 연관성, 필요한 자료의 범위를 기록한 서면으로 관할지방법원 또는 지원의 허가를 받아 통신사실확인자료의 열람이나 제출을 요청하고 있다(범칙조사훈령 제53조 제1항).

Ⅵ. 지명수배·통보 및 출국 규제

1. 지명수배·통보

(1) 의 의

세관에서는 수사결과 소재불명으로 검거하지 못하였거나 소재불명을 이유로 기소중지 의견으로 고발 또는 송치할 때에는 지명수배 또는 통보를 한다. 지명수배란 미체포 피의자의 체포를 의뢰하여 그 인도를 요구하는 수배를 말하고, 지명통보란 미체포 피의자의 소재를 발견하였을 때 그 사실을 통보토록 요구하는 것을 말한다(범칙조사훈령 제2조 제13·14호). 지명통보, 입국시통보요청 등은 임의수사로 볼 수 있으나 편의상 지명수배와 같이 설명하기로 한다.

(2) 대 상

1) 지명수배 대상

① 법정형이 사형·무기 또는 장기 3년 이상의 징역이나 금고에 해당하는 죄를 범하였다고 의심할 만한 상당한 이유가 있어 체포영장 또는 구속영장이 발부된 사람. 다만, 조사상 필요한 경우에는 체포영장 또는 구속영장을 발부받지 아니한 사람을 포함한다. ② 지명통보 대상인 사람으로서 지명수배의 필요가 있어 체포영장 또는 구속영장이 발부된 사람을 대상으로 한다(범칙조사훈령 제59조).

2) 지명통보 대상

① 법정형이 장기 3년 미만의 징역 또는 금고, 벌금에 해당하는 죄를 범하였다고 의심할 만한 상당한 이유가 있고, 출석요구에 응하지 아니하며 소재수사결과 소재가 분명하지 아니한 사람, ② 법정형이 장기 3년 이상의 징역이나 금고에 해당하는 죄를 범하였다고 의심되더라도 사안이 경미하거나 기록상 혐의를 인정하기 어려운 사람으로서 출석요구에 불응하고 소재가 분명하지 아니한 사람, ③ 구속영장을 청구하지 아니하거나 발부받지 못하여 긴급체포되었다가 석방된 지명수배자를 대상으로 한다(범칙조사훈령 제59조).

(3) 소재수사

지명수배·통보를 한 경우 지명수배·통보자에 대하여 필요한 경우 연 1회 이상 소재수사를 실시한다(범칙조사훈령 제61조 제1항). 지명수배·통보를 한 세관장은 지명수배·통보자의 연고지 관할 세관장에게 소재수사를 의뢰할 수 있다(동조 제2항).

(4) 소재 발견시 조치

지명수배자의 소재를 발견하였을 때에는 체포영장 또는 구속영장을 제시하고 즉시 피의자 신병을 지명수배 세관에 인계한다(범칙조사훈령 제62조 제1항). 기소중지한 지명수배자의 소재를 발견한 경우에는 즉시 관할지방검찰청 검사에게 기소중지자 소재발견보고를 하고 검사의 수사재기 지휘를 받아 처리한다(동조 제4항).

지명통보자의 소재를 발견한 때에는 피의자에게 지명통보된 사실과 범죄사실, 지명통보 세관 등을 고지하고 발견일부터 1개월 이내에 지명통보세관에 출석하겠다는 내용이 기재된 지명통보자 소재발견보고서 3부를 작성하여 1부는 피의자에게 주고 1부는 발견세관에서 보관하며 1부는 지명통보세관에 송부한다(범칙조사훈령 제63조 제1항). 지명통보자 소재발견보고서를 송부받은 지명통보세관의 세관공무원은 즉시 지명통보자가 출석하기로 한 일자에 출석하라는 취지의 출석요구서를 발송한다(동조 제3항). 지명통보된 피의자가 출석하기로 한 일자에 정당한 이유 없이 출석하지 아니한 때에는 특별사법경찰관은 피의자에 대하여 체포영장을 발부받아 지명수배하고, 지명통보를 해제한다. 이 경우 체포영장 신청기록에 지명통보자 소재발견보고서, 출석요구서 사본 등 지명통보된 피의자가 본인이 확인한 일자에 정당한 이유 없이 출석하지 아니하였다는 취지의 소명자료를 첨부한다(동조 제4항).

2. 출국금지 및 출국정지

(1) 범죄수사를 위한 출국금지 및 출국정지

범죄수사를 위하여 출국이 적당하지 아니하다고 인정되는 사람에 대하여는 1개월 이내의 기간을 정하여 출국을 금지할 수 있다(출입국관리법 제4조 제2항). 수사가 진행되는 동안 그 기간을 연장할 수 있다(동법 제4조의2 제1항). 출국을 금지하거나 출국금지기간을 연장하였을 때에는 즉시 당사자에게 그 사유와 기간 등을 밝혀 서면으로 통지하여야 한다(동법 제4조의4 제1항). 출국금지결정에 대하여 이의신청을 할 수 있다(동법 제4조의5 제1항). 만약 범죄혐의자가 외국인인 경우 출국을 정지할 수 있다(동법 제29조 제1항). 관련 절차는 출국금지규정을 준용한다(동조 제2항).

(2) 관세 체납자에 대한 출국금지 및 출국정지

1) 출국금지 요청의 요건

관세청장은 정당한 사유 없이 5천만원 이상의 관세(세관장이 부과·징수하는 내국세등 포함)를 체납한 자 중 대통령령으로 정하는 자에 대하여 법무부장관에게 출입국관리법 제4조 제3항 및 같은 법 제29조 제2항에 따라 출국금지 또는 출국정지를 즉시 요청하여야 한다(법 제116조의5 제1항).

여기서 대통령령으로 정하는 자란 다음의 어느 하나에 해당하는 사람으로서 관할 세관장이 압류·공매, 담보 제공, 보증인의 납세보증서 등으로 조세채권을 확보할 수 없고, 강제징수를 회피할 우려가 있다고 인정되는 사람을 말한다(시행령 제141조의11 제1항).

① 배우자 또는 직계존비속이 국외로 이주(국외에 3년 이상 장기체류 중인 경우를 포함한다)한 사람

② 출입국관리법 제4조에 따른 출국금지(같은 법 제29조에 따른 출국정지 포함)의 요청일 현재 최근 2년간 미화 5만달러 상당액 이상을 국외로 송금한 사람

③ 미화 5만달러 상당액 이상의 국외자산이 발견된 사람

④ 법 제116조의2에 따라 명단이 공개된 고액·상습체납자

⑤ 출국금지 요청일을 기준으로 최근 1년간 체납된 관세(세관장이 부과·징수하는 내국세등 포함)가 5천만원 이상인 상태에서 사업 목적, 질병 치료, 직계존비속의 사망 등 정당한 사유 없이 국외 출입 횟수가 3회 이상이거나 국외 체류 일수가 6개월 이상인 사람

⑥ 법 제26조에 따라 국세징수법 제25조에 따른 사해행위 취소소송 중이

거나 국세기본법 제35조 제6항에 따른 제3자와 짜고 한 거짓계약에 대
한 취소소송 중인 사람

관세청장은 법무부장관에게 체납자에 대한 출국금지를 요청하는 경우에
는 해당 체납자가 위의 어느 항목에 해당하는지와 조세채권을 확보할 수 없고
강제징수를 회피할 우려가 있다고 인정하는 사유를 구체적으로 밝혀야 한다(동
조 제2항).

2) 출국금지 등 통보

법무부장관은 출국금지 또는 출국정지 요청에 따라 출국금지 또는 출국정
지를 한 경우에는 관세청장에게 그 결과를 「정보통신망 이용촉진 및 정보보호
등에 관한 법률」 제2조 제1항 제1호에 따른 정보통신망 등을 통하여 통보하여
야 한다(법 제116조의5 제2항).

3) 출국금지 등 해제 요청

관세청장은 다음의 어느 하나에 해당하는 경우에는 즉시 법무부장관에게
출국금지 또는 출국정지의 해제를 요청하여야 한다(동조 제3항, 시행령 제141조의
12 제1항).

① 체납액의 부과결정의 취소등에 따라 체납된 관세(세관장이 부과·징수하
  는 내국세등 포함)가 5천만원 미만이 된 경우
② 위 출국금지 요청의 요건을 충족하지 않게 된 경우

관세청장은 출국금지 중인 사람에게 다음의 어느 하나에 해당하는 사유가
발생한 경우로서 강제징수를 회피할 목적으로 국외로 도피할 우려가 없다고
인정할 때에는 법무부장관에게 출국금지의 해제를 요청할 수 있다(시행령 제141
조의12 제2항).

① 국외건설계약 체결, 수출신용장 개설, 외국인과의 합작사업계약 체결
  등 구체적인 사업계획을 가지고 출국하려는 경우
② 국외에 거주하는 직계존비속이 사망하여 출국하려는 경우
③ 위 ①, ②의 사유 외에 본인의 신병 치료 등 불가피한 사유로 출국할
  필요가 있다고 인정되는 경우

3. 입국시 통보요청

세관장 또는 조사부서의 장은 장기간 해외체류 중인 피의자 등에 대하여 신병확보 등이 필요한 경우 여행자정보훈령에서 정하는 바에 따라 APIS(여행자정보사전확인제도) 운영 세관장 또는 부서의 장에게 입국 시 통보를 요청할 수 있다(범칙조사훈령 제71조 제1항). 필요시 6개월의 범위에서 기간연장을 할 수 있다(동조 제2항). 요청을 받은 APIS 운영 세관장 또는 부서의 장은 입국 시 통보 대상자를 APIS 시스템에 등록하여 관리하고, 해당자 입국 시 요청 세관장 또는 부서의 장에게 유선 통보한다(동조 제4항).

제**2**장

관세청장 또는 세관장의 처분

제 1 절 총 설

관세범에 대한 관세청장 또는 세관장의 처분으로는 통고처분 또는 검찰에 고발·송치가 있다. 관세범의 경우 통고처분하여 전과가 남지 않을 수 있다는 점이 일반 형사범과 가장 큰 차이점이라고 할 수 있다.

2019. 12. 31. 개정된 관세법[1]은 범칙사건에 관한 조사 결과에 따른 고발 및 송치 등에 관한 사항을 심의하는 관세범칙조사심의위원회의 설치 근거를 마련하였다(법 제284조의2). 이에 따라 세관에서 관세범칙조사심의위원회에 통고처분 및 조사종결 여부에 관한 심의를 요청하는 경우, 관세범칙조사심의위원회에서는 통고처분으로 수사를 종결, 고발 및 송치 세관에 수사권 없는 범죄에 관하여 경찰서에 정보통보 등에 대하여 결정하게 된다.

한편, 광의의 관세형법, 즉 원산지에 관한 죄와 관련한 대외무역법위반, 국민보건에 관한 죄, 지식재산권에 관한 죄, 외국환에 관한 죄 등은 통고처분을 할 수 있는 근거가 없다. 이들 범죄에 대하여는 세관조사 후 특별사법경찰관리 집무규칙 제62조(사건송치)에 따라 사건을 검찰로 송치하게 된다. 관세법위반과 이들 범죄와 경합되는 경우 관세범에 대하여 통고처분 대상에 해당한다고 하더라도 사건 전체를 검찰로 송치하고 관세범에 대하여는 고발하게 된다.

---

1) 법률 제16838호.

제 2 절   통고처분

Ⅰ. 의 의

  통고처분이란 법원에 의하여 자유형 또는 재산형에 처하는 과벌제도에 갈음하여 행정관청이 법규위반자에게 금전적 제재를 통고하고 이를 이행한 경우에는 당해 위반행위에 대한 소추를 면하게 하는 것을 말한다. 관세법상의 통고처분은 관세청장 또는 세관장이 관세범을 조사한 결과 범죄에 대한 확증을 얻었을 때에 범인에 대하여 그 이유를 명시하고 벌금에 상당하는 금액 등을 납부할 것을 통고하는 행정처분이다. 통고처분은 밀수입죄나 관세포탈죄 등의 경우 부족한 관세액과 그 가산세의 납부를 명하는 부과처분과는 구별된다.

  관세법상 통고처분의 제도적 의의는 헌법재판소에서 자세히 설시한 바 있다.[2]

  "첫째, 관세범에 대한 효율적·기술적 처리를 도모하고 법원·검찰의 업무부담을 덜어 준다. 관세범은 수출입 물품과 관련된 범죄이므로 범죄행위를 하는 자도 무역에 전문지식을 가진 자인 경우가 많으므로 이를 조사·처벌하는 기관도 관세법 및 대외무역관계의 전문지식이 필요하다. 이러한 전문지식과 경험을 가진 관계 공무원으로 하여금 1차적으로 처리하게 하는 것이 기술적으로 합리적일 뿐만 아니라 결국 검찰과 법원 등 사법기관의 과중한 업무를 덜어 준다. 둘째, 증거인멸과 재산도피 이전에 신속히 해결할 수 있고, 국가세수확보에 이바지한다. 특히 관세범의 경우 증거인멸의 염려가 많으므로 정식재판의 단계에 들어가지 않고 행정절차에 의하여 간이·신속하게 처리함으로써 범행으로 인한 법익침해를 신속히 회복하고, 재발을 억제하는 등 제재의 취지를 효과적으로 달성할 수 있으며 나아가 범죄자의 주거이동 내지 재산은닉·이전의 신속한 집행, 특히 가납제도의 활용으로 국가의 수입확보의 견지에서도 타당하다. 셋째, 정식절차는 오히려 비용증가·신용실추·고통장기화로 범죄자에게 불리하다. 범죄자의 입장에서 볼 때 통고처분에 승복할 경우 통고처분이라는 불이익을 당하는 것으로 당해 행위에 대한 법적 제재가 신속·간편하게 종결되며 따라서 시간과 비용을 절약하고 심리적 불안감에서 빨리 해방될 수 있으며,

---

  2) 헌재 1998. 5. 28. 96헌바4.

수형인명부 등에 등재되어 전과자로서 사회활동에 제약을 받는 등 범죄행위로 인한 사후관리 대상에서 제외됨으로써 명예나 업무상 신용이 손상되지 않는다."

Ⅱ. 요 건

1. 통고처분권자

관세범에 대한 통고처분권자는 관세청장 또는 세관장이다(법 제311조 제1항).

2. 관세범죄의 확증

통고처분은 관세범죄의 확증을 요건으로 한다. 확증이란 관세범죄의 구성요건사실에 대하여 인적·물적 증거에 의하여 입증할 수 있을 정도를 말한다.

3. 통고처분의 대상

(1) 관세범 등

관세법은 통고처분의 대상을 관세범이라고 규정하고 있다(법 제311조 제1항). 관세범이란 관세법 제11장 벌칙에 규정된 범죄를 말한다. 또한, 관세사법, 환특법, 자유무역지역법, FTA특례법은 관세법을 준용하고 있어 이러한 법률 위반의 경우에도 다음의 통고처분 기준에 해당하면 통고처분할 수 있다.

그러나 특가법 적용대상인 경우 통고처분할 수 없다. 관세청장 또는 세관장이 통고처분을 할 권한이 없이 한 통고처분은 무효이다.[3]

(2) 통고처분 기준

통고를 불이행한 경우, 무자력고발 요건에 해당하는 경우, 관세법 위반사항과 타 법령 위반사항이 경합되는 경우, 범칙물품의 소유자, 점유자 또는 보관자가 관세법 제296조 제2항에 의한 임의제출을 거부하는 경우, 여죄, 공범

---

3) 대법원 1982. 11. 23. 선고 81도1737 판결, 대법원 1988. 11. 8. 선고 87도1059 판결.

등의 정황이 있다고 판단되는 경우, 기타 조사에 장기간이 소요되는 등 인지한 부서에서 처리가 곤란하다고 판단되는 경우, 고발·통고처분훈령에 관세범의 고발기준에 해당하는 경우 통고처분하지 않고 고발의뢰한다.

관세범의 고발 기준과 통고처분 기준은 다음과 같다(고발·통고처분훈령 별 표 고발기준).

1) 관세법 제268조의2(전자문서 위조·변조죄), 제269조 제1항(금지품수출입죄)은 해당사건 전부를 고발한다. 따라서 통고처분 대상에 해당되지 않는다.

2) 관세법 제269조 제2항 및 제3항(밀수출입죄), 제270조 제1항 제3호(수입 제한 완제품 분할수입), 제2항(부정수입죄), 제3항(부정수출죄), 제270조의2 (가격조작죄), 제274조(밀수품의 취득죄)는 물품원가 5,000만원 이상인 경 우 고발하고, 그 미만인 경우 통고처분한다.

3) 관세법 제270조 제1항 제1호·제2호(관세포탈죄), 제4항(부정감면죄), 제5 항(부정환급죄)은 포탈·부정감면·부정환급세액 2,000만원 이상인 경우 고발하고, 그 미만인 경우 통고처분한다.

4) 관세사법 제29조 제1항, 제2항, 제3항의 경우 해당사건 전부를 고발(송 치)한다.

5) 환특법 제23조 제1항의 경우 부정환급세액 2,000만원 이상인 경우 고발 하고, 그 미만인 경우 통고처분한다.

6) 자유무역지역법 제56조, 제58조, 제60조 제1호에 해당할 경우 해당 사 건 전부를 고발한다. 동법 제57조, 제59조, 제65조에 해당할 경우 물품 원가 5,000만원 이상인 경우 고발하고, 미만인 경우 통고처분한다.

7) FTA특례법 제44조 제1항, 제44조 제2항 제7호에 해당할 경우 해당사건 전부 고발(송치)한다.

다만, 이러한 고발기준에도 불구하고, ① 고발 전까지 해당 사건에 대한 부족세액을 자진 납부한 자, ② 관세법 제255조의2에 따른 수출입 안전관리 우 수업체, ③ 세관의 출석 요구 전에 자수하거나, 출석 요구에 순응하여 범행을 자백하고 증거를 제시하는 등 조사에 적극협조한 자, ④ 관세범에 대한 정보제 공 등 관세범죄 검거 및 예방에 적극 협조한 자, ⑤ 수출유공 또는 납세유공으 로 관세청장 이상의 표창을 수상한 자, ⑥ 위에 준하는 경우로 관세범칙조사심 의위원회에서 통고처분 사전승인 신청을 의결한 경우 통고처분할 수 있다(고발

· 통고처분훈령 제2조 제3항).

Ⅲ. 통고처분 양정기준

1. 의 의

관세청장 또는 세관장은 ① 벌금에 상당하는 금액, ② 몰수에 해당하는 물품, ③ 추징금에 해당하는 금액의 납부를 통고할 수 있다(법 제311조 제1항). 통고처분 금액 중 벌금에 상당하는 금액은 해당 벌금 최고액의 100분의 30으로 한다. 해당 물품의 원가가 해당 벌금의 최고액 이하인 경우에는 해당 물품 원가의 100분의 30으로 한다(법 제311조 제1항 제1호, 시행령 제270조의2 제1항).

2. 가중 · 감경 사유

(1) 가중사유

관세청장이나 세관장은 관세범이 조사를 방해하거나 증거물을 은닉 · 인멸 · 훼손한 경우 등 관세청장이 정하여 고시하는 사유에 해당하는 경우에는 제1항에 따른 금액의 100분의 50 범위에서 관세청장이 정하여 고시하는 비율에 따라 그 금액을 늘릴 수 있다(시행령 제270조의2 제2항). 2가지 이상 해당하는 경우에는 각각의 비율을 합산하되, 합산한 비율이 100분의 50을 초과하는 경우에는 100분의 50으로 한다(동조 제4항).

(2) 감경사유

관세청장이나 세관장은 관세범이 조사 중 해당 사건의 부족세액을 자진하여 납부한 경우, 심신미약자인 경우 또는 자수한 경우 등 관세청장이 정하여 고시하는 사유에 해당하는 경우에는 100분의 50 범위에서 관세청장이 정하여 고시하는 비율에 따라 그 금액을 줄일 수 있다(시행령 제270조의2 제3항). 2가지 이상 해당하는 경우에는 각각의 비율을 합산하되, 합산한 비율이 100분의 50을 초과하는 경우에는 100분의 50으로 한다(동조 제4항).

IV. 절 차

1. 통고서 작성

통고서에는 처분을 받을 자의 성명, 나이, 성별, 직업 및 주소, 벌금에 상당한 금액, 몰수에 해당하는 물품 또는 추징금에 상당한 금액, 범죄사실, 적용 법조문, 이행 장소, 통고처분 연월일을 적고 처분을 한 자가 서명·날인하여야 한다(법 제314조 제1·2항).

2. 통고의 방법

관세청장이나 세관장은 통고처분을 하는 경우 관세범의 조사를 마친 날부터 10일 이내에 그 범칙행위자 및 양벌 규정이 적용되는 법인 또는 개인별로 통고서를 작성하여 통고해야 한다(시행령 제270조의2 제5항). 통고처분의 고지는 통고서를 송달하는 방법으로 하여야 한다(법 제315조).

3. 이행기간

관세범인이 통고서의 송달을 받았을 때에는 그 날부터 15일 이내에 이를 이행하여야 하며, 이 기간 내에 이행하지 아니하였을 때에는 관세청장이나 세관장은 즉시 고발하여야 한다. 다만, 15일이 지난 후 고발이 되기 전에 관세범인이 통고처분을 이행한 경우에는 그러하지 아니하다(법 제316조).

V. 통고처분의 효력

1. 공소시효의 중단

통고가 있는 때에는 공소의 시효가 정지된다(법 제311조 제3항).

2. 관세징수권의 소멸시효 중단

통고처분으로 관세징수권의 소멸시효는 중단된다(법 제23조 제1항 제4호).

Ⅵ. 통고처분 이행의 효력

1. 일사부재리의 효력

통고처분제도는 관세범에 대하여 사법적 절차에 의하지 아니하고 처벌을 종결하는 제도이다. 관세범인이 통고의 요지를 이행하였을 때에는 동일사건에 대하여 다시 처벌을 받지 아니한다(법 제317조). 여기서 공소사실이나 범죄사실의 동일성 여부와 관련하여 대법원은, 사실의 동일성이 갖는 법률적 기능을 염두에 두고 피고인의 행위와 그 사회적인 사실관계를 기본으로 하면서 규범적 요소 또한 아울러 고려하여 판단한다.[4] 또한 확정판결에 준하는 효력이 인정되는 범위는 통고의 이유에 기재된 당해 범칙행위 자체 및 범칙행위와 동일성이 인정되는 범칙행위에 한정되므로, 범칙행위와 같은 시간과 장소에서 이루어진 행위라 하더라도 범칙행위의 동일성을 벗어난 형사범죄행위에 대하여는 통고처분 납부로 인한 확정판결에 준하는 일사부재리의 효력이 미치지 아니한다.[5]

한편, 특가법이 적용되는 관세법 위반 행위에 대하여는 관세청장 또는 세관장이 통고처분을 할 권한이 없으므로 통고처분 하였다고 하더라도 그 통고처분은 무효이어서 일사부재리의 원칙이 적용되지 않는다. 따라서 이 경우 검사는 통고처분 이행자에 대하여 다시 공소를 제기할 수 있다.[6]

2. 수입의 의제

관세법 제269조(밀수출입죄), 제272조(밀수 전용 운반기구의 몰수), 제273조(범

---

4) 대법원 1994. 3. 22. 선고 93도2080 전원합의체 판결, 대법원 2011. 4. 28. 선고 2009도12249 판결.
5) 대법원 2012. 9. 13. 선고 2012도6612 판결.
6) 대법원 1982. 11. 23. 선고 81도1737 판결, 대법원 1988. 11. 8. 선고 87도1059 판결.

죄에 사용된 물품의 몰수 등) 또는 제274조 제1항 제1호(밀수품 취득죄)에 해당하여 몰수대상인 경우 통고처분으로 납부된 외국물품은 관세법에 따라 적법하게 수입된 것으로 보고 관세 등을 따로 징수하지 아니한다(법 제240조 제1항 제4호).

Ⅶ. 통고처분의 면제

1. 의 의

2019. 12. 31. 개정된 관세법[7])에서는 납세자 부담 완화를 위하여 관세청장이나 세관장은 경미한 관세법 위반행위에 대해 통고처분을 면제할 수 있도록 하는 규정을 신설하였다. 이에 따라 통고처분 대상자의 연령과 환경, 법 위반의 동기와 결과, 범칙금 부담능력과 그 밖에 정상을 고려하여 통고처분을 면제할 수 있게 되었다.

2. 절 차

관세청장이나 세관장은 관세범칙조사심의위원회의 심의·의결을 거쳐 통고처분을 면제할 수 있고, 이 경우 관세청장이나 세관장은 관세범칙조사심의위원회의 심의·의결 결과를 따라야 한다(법 제311조 제8항).

3. 면제대상

통고처분의 면제는 벌금에 상당하는 금액이 30만원 이하일 것, 몰수에 해당하는 물품의 가액과 추징금에 해당하는 금액을 합한 금액이 100만원 이하일 것의 요건을 모두 갖춘 관세범을 대상으로 한다(법 제311조 제9항).

---

7) 법률 제16838호.

Ⅷ. 불복방법

1. 의 의

통고처분에 대하여 이의가 있으면 통고내용을 이행하지 않음으로써 고발되어(법 제232조) 형사재판절차에서 통고처분의 위법·부당함을 다툴 수 있다. 헌법재판소는 통고처분은 법관이 아닌 행정관청에 의한 것이지만 당사자의 임의의 승복을 발효요건으로 하고 불응시 정식재판의 절차가 보장되어 있으므로 법관에 의한 재판받을 권리를 침해한다든가 적법절차의 원칙에 저촉된다고 볼 수 없다고 하였다.[8]

2. 행정쟁송 가부

헌법재판소는 통고처분의 처분성을 부정한 바 있고,[9] 관세법 제119조 제1항 제1호에서는 "관세법에 따른 통고처분에 대하여는 그 처분의 취소 또는 변경을 청구하거나 필요한 처분을 청구할 수 없다"고 규정하고 있어 통고처분의 취소를 구하는 행정소송을 제기할 수 없다.

제 3 절 고발 전치주의

Ⅰ. 적용범위

통고처분하거나 검사의 지휘를 받아 입건하지 아니한 사건을 제외하고, 특별사법경찰관이 수사를 종결한 때에는 관할 지방검찰청 검사장 또는 지청장에게 사건을 송치하여야 한다(특별사법경찰관리 집무규칙 제62조). 관세법 제284

---

8) 헌재 1998. 5. 28. 96헌바4.

9) 헌재 1998. 5. 28. 96헌바4. 통고처분을 받은 자는 사실상 통고이행을 거부하기를 주저하여 그 처분에 따를 가능성이 적지 않기 때문에 통고처분은 사실상 강제력을 가지고 있다. 그러나 통고처분은 법적으로는 어디까지나 임의이행을 원칙으로 하는 이상 심리적 차원에서 임의성이 약하다는 이유를 들어 법적인 의무 내지 강제와 동일시하여 통고처분에 대하여 행정쟁송의 대상으로서의 처분성을 부여할 수는 없는 것이다.

조는 관세범에 관한 사건에 대하여는 관세청장이나 세관장의 고발이 없으면 검사는 공소를 제기할 수 없다고 규정하고 있고, 관세사법 제32조, 환특법 제24조, 자유무역지역법 제69조, FTA특례법 제44조 제4항은 관세법 제12장의 조사와 처분 규정을 준용하고 있다. 따라서 관세법, 관세사법, 환특법, 자유무역지역법, FTA특례법을 위반한 관세범에 대하여 고발전치주의가 적용된다.

관세법 이외의 법위반에 대해서는 고발전치주의가 적용되지 않는다. 따라서 예컨대 대외무역법위반에 대해 세관공무원이 수사하여 검찰에 송치하는 경우 세관장의 고발장을 첨부하지 않는다. 특가법에 따른 가중처벌 대상인 경우 고발이 없어도 공소를 제기할 수 있다(특가법 제16조).

Ⅱ. 고발의 유형

1. 즉시고발

관세청장이나 세관장은 범죄의 정상이 징역형에 처해질 것으로 인정될 때에는 통고처분 규정에도 불구하고 즉시 고발하여야 한다(법 제312조).

2. 무자력고발 등

관세청장이나 세관장은 관세범인이 통고를 이행할 수 있는 자금능력이 없다고 인정되는 경우, 관세범인의 주소 및 거소가 분명하지 아니하거나 그 밖의 사유로 통고를 하기 곤란하다고 인정되는 경우에는 즉시 고발하여야 한다(법 제318조).

통고처분을 할 것인지 여부는 관세청장 또는 세관장의 재량에 맡겨져 있다. 따라서 관세범에 대하여 통고처분을 하지 아니한 채 고발하였다고 하여 그 고발 및 이에 기한 공소의 제기가 부적법한 것은 아니다.[10] 실무상 세관공무원은 피의자신문의 말미에 피의자에게 통고처분 이행 여부에 대한 의사를 묻고 이행의사가 있다고 하는 경우 통고처분을 하고, 피의자가 통고처분 이행의사가 없다고 하며 고발을 요청하는 경우 바로 고발하게 된다(범칙조사훈령 제15조 제6항).

---

10) 대법원 2007. 5. 11. 선고 2006도1993 판결.

3. 통고처분 불이행

관세범인이 통고서의 송달을 받은 날부터 15일 이내에 이행하지 아니하였을 때에는 관세청장이나 세관장은 즉시 고발하여야 한다. 다만, 15일이 지난 후 고발이 되기 전에 관세범인이 통고처분을 이행한 경우에는 그러하지 아니하다(법 제316조).

Ⅲ. 고발요건과 효과

1. 고발의 요건

관세법위반의 범죄에 대한 세관장의 고발은 구체적인 범죄사실에 대하여 범인의 처벌을 구하는 뜻의 의사표시이지만 반드시 공소장 기재요건과 동일한 범죄의 일시, 장소 등을 표시하여 사건의 동일성을 특정할 수 있을 정도로 범죄사실을 표시함을 필요로 하는 것은 아니고, 관세법 소정의 어떠한 태양의 범죄인지를 판명할 수 있을 정도의 사실을 일응 확정할 수 있을 정도로 표시하면 족하다. 따라서 예컨대 범죄의 일시에 관한 기재는 범죄의 동일성을 인식할 수 있는 표식에 불과하므로 그 일시에 관한 기재가 사실과 다소 틀리더라도 고발서의 전후기재로 보아 범죄가 될 사실을 특정할 수 있으면 고발로서는 유효하다.[11]

2. 고발의 효력

(1) 공소의 요건

관세범에 관한 사건에 대하여는 관세청장이나 세관장의 고발이 없으면 검사는 공소를 제기할 수 없다(법 제284조 제1항). 따라서 관세청장 또는 세관장의 고발 없는 공소제기는 공소제기절차가 법률의 규정에 위반되어 위법하므로 공소기각사유에 해당한다. 다만 고발은 공소의 요건일 뿐 수사개시의 요건은 아니므로 검사가 관세청장이나 세관장의 고발이 있기 전 수사를 개시하였더라도 공소제기 전 고발이 있은 이상 공소제기는 적법하고, 고발 전 검사가 작성한

---

11) 대법원 1982. 1. 19. 선고 80도1759 판결.

피의자신문조서 등의 증거능력도 인정된다.[12]

(2) 고발의 범위

고발요건의 구비 여부는 범인 개개인에 대하여 개별적으로 판단하여야 한다. 따라서 법인에 대하여만 고발하고 법인의 대표자인 자연인에 대하여는 고발하지 않을 수도 있다.[13]

(3) 관세징수권의 소멸시효 중단

고발이 있으면 관세징수권의 소멸시효가 중단된다(법 제23조 제1항 제5호).

3. 고발의 취소

고발취소는 가능하다. 고발은 제1심 판결선고 전까지 취소할 수 있다.[14]

4. 고발의 추완

관세청장 또는 세관장의 고발 없이 공소가 제기된 후 고발을 보완하더라도 공소제기 절차의 하자가 치유된다고 할 수 없다.[15]

---

12) 대법원 1995. 2. 24. 선고 94도252 판결.
13) 대법원 1971. 11. 23. 선고 71도1106 판결.
14) 대법원 1957. 3. 29. 선고 57도58 판결.
15) 대법원 1970. 7. 28. 선고 70도942 판결.

제3장

관세범의 공소시효

제1절 의 의

공소시효란 검사가 일정한 기간 동안 공소를 제기하지 않는 경우 국가의 소추권을 소멸시키는 제도를 말한다. 공소시효는 시간의 경과에 따른 사실관계를 존중하여 사회와 개인생활의 안정을 도모하고, 형벌부과의 적정을 기하는 데에 존재 이유가 있다. 시간의 경과에 의한 가벌성의 감소, 장기간의 도망생활로 인하여 처벌받은 것과 같은 상태가 되는 점, 국가의 태만으로 인한 책임을 범인에게만 돌리는 것은 부당하다는 점 등이 고려된 것이다.[1]

제2절 공소시효 기간

I. 공소시효의 기간

1. 기 준

(1) 원 칙

공소시효는 다음 기간의 경과로 완성한다(형사소송법 제249조 제1항). 2개 이상의 형을 병과하거나 2개 이상의 형에서 그 1개를 과할 범죄에는 중한 형을

---

1) 이재상 외, 형사소송법, 419면.

기준으로 적용한다(형사소송법 제250조 제1항). 공소가 제기된 범죄는 판결의 확
정이 없이 공소를 제기한 때로부터 25년을 경과하면 공소시효가 완성한 것으
로 간주한다.

① 사형에 해당하는 범죄에는 25년

② 무기징역 또는 무기금고에 해당하는 범죄에는 15년

③ 장기 10년 이상의 징역 또는 금고에 해당하는 범죄에는 10년

④ 장기 10년 미만의 징역 또는 금고에 해당하는 범죄에는 7년

⑤ 장기 5년 미만의 징역 또는 금고, 장기10년 이상의 자격정지 또는 벌금
   에 해당하는 범죄에는 5년

⑥ 장기 5년 이상의 자격정지에 해당하는 범죄에는 3년

⑦ 장기 5년 미만의 자격정지, 구류, 과료 또는 몰수에 해당하는 범죄에는 1년

(2) 법률의 개정

범죄 후 법률의 개정에 의하여 법정형이 가벼워진 경우에는 형법 제1조
제2항에 의하여 당해 범죄사실에 적용될 가벼운 법정형(신법의 법정형)이 공소
시효기간의 기준이 된다.[2] 특정범죄가중처벌 등에 관한 법률의 개정으로 어떤
관세범죄가 특별법의 적용대상에서 제외되어 일반법인 관세법으로 의율 받게
된 것도 범죄 후 법률의 개정으로 법정형이 가벼워진 때에 해당하므로, 그 공
소시효기간도 관세법의 법정형을 기준으로 한다.[3]

2. 관세범의 공소시효

관세범의 공소시효는 다음과 같다.

① 전자문서 위조·변조죄에는 10년

② 금지품수출입죄에는 7년

③ 밀수입죄에는 7년

④ 밀수출죄, 밀수품취득죄에는 5년

⑤ 관세포탈에 대한 죄(관세포탈죄, 부정감면죄, 부정환급죄), 명의대여죄, 강
   제징수면탈죄에는 5년

2) 대법원 1987. 12. 22. 선고 87도84 판결.
3) 대법원 2008. 12. 11. 선고 2008도4376 판결.

⑥ 부정수출입죄에는 5년

⑦ 가격조작죄, 허위신고죄에는 5년

3. 특가법과 공소시효

특가법이 적용되는 관세범의 공소시효는 다음과 같다.

① 물품가액이 1억원 이상인 금지품수출입죄에는 15년

② 물품가액이 3천만원 이상 1억원 미만인 금지품수출입죄에는 10년

③ 물품원가가 2억원 이상인 밀수입죄에는 15년

④ 물품원가가 5억원 이상인 밀수출죄에는 15년

⑤ 포탈·감면·환급세액 5천만원 이상인 관세포탈[4]·부정감면·부정환급
죄에는 15년

⑥ 물품원가 2억원 이상인 부정수입죄에는 15년

Ⅱ. 시효의 정지와 효력

1. 시효의 정지

(1) 공소의 제기

시효는 공소의 제기로 진행이 정지되고 공소기각 또는 관할위반의 재판이
확정된 때로부터 진행한다(형사소송법 제253조 제1항).

(2) 국외체류

범인이 형사처분을 면할 목적으로 국외에 있는 경우 그 기간 동안 공소시
효는 정지된다(형사소송법 제253조 제3항). 범인이 국외에 체류하는 목적은 오로
지 형사처분을 면할 목적에 한정되지 않고 범인이 가지는 여러 국외체류 목적
중 형사처분을 면할 목적이 포함되어 있으면 족하다.[5]

---

4) 품목분류사전심사(재심사) 신청으로 인한 관세포탈죄의 공소시효는 물품원가 2억원 이상인 경
   우 15년이다(특가법 제6조 제5항).

5) 대법원 2003. 1. 24. 선고 2002도4994 판결.

2. 공범에 대한 효력

공소시효 정지의 효력은 공소제기된 피고인에 대하여만 미친다. 다만, 공범의 1인에 대한 시효정지는 다른 공범자에게 대하여 효력이 미치고 당해 사건의 재판이 확정된 때로부터 진행한다(형사소송법 제253조 제2항).

3. 공소시효 완성의 효과

공소시효의 완성은 소송조건에 해당하므로 공소가 제기되지 않은 때에는 검사는 공소권 없음의 불기소처분을 하여야 한다. 공소가 제기된 후에 공소시효 완성된 사실이 판명된 때에는 법원은 면소의 판결을 하여야 한다(형사소송법 제326조 제3호). 면소의 판결을 하지 않고 유죄 또는 무죄의 실체판결을 한 경우 항소 또는 상고이유가 된다.

제 **4** 장

수사의 종결과 공판

제 1 절   수사의 종결

Ⅰ. 불기소 처분

1. 협의의 불기소처분

협의의 불기소처분에는 혐의 없음, 죄가 안 됨, 공소권 없음, 각하가 있다. 피의사실이 범죄를 구성하지 아니하거나 인정되지 아니하는 경우 또는 피의사실을 인정할 만한 증거가 없는 경우 혐의 없음 결정을 한다. 피의사실이 범죄 구성요건에 해당하나 위법성조각사유나 책임조각사유가 있는 경우 죄가 안 됨 처분을 한다. 피의사실에 관하여 소송조건이 결여되었거나 형이 면제되는 경우 공소권 없음처분을 한다. 고소 또는 고발이 있는 사건에 관하여 고소인 또는 고발인의 진술이나 고발장에 의하여 혐의 없음, 죄가 안 됨, 공소권 없음에 해당함이 명백한 경우이거나 동일사건에 관하여 검사의 불기소처분이 있는 경우 등에는 각하 결정을 한다(검찰사건사무규칙 제69조 제3항 제5호).

2. 기소유예

기소유예란 피의사건에 관하여 범죄의 혐의가 인정되고 소송조건이 구비되었으나 범인의 연령, 성행, 지능과 환경, 피해자에 대한 관계, 범행의 동기, 수단과 결과, 범행 후의 정황을 참작하여 공소를 제기하지 아니하는 경우를 말한다(형사소송법 제247조). 기소유예처분에는 확정판결의 경우와 같은 확정력이 인정되지 않는다. 따라서 검사가 기소유예처분을 한 것을 재기하여 공소제기를 하였다고 해도 공소제기의 효력에 영향이 없다. 또한, 법원이 이에 대하여 유죄판결을 선고하였다고 하여도 일사부재리의 원칙에 반한다고 할 수 없다.[1]

3. 기소중지 · 참고인중지

기소중지란 검사가 피의자의 소재불명 등의 사유로 수사를 종결할 수 없는 경우 그 사유가 해소될 때까지 하는 처분이다. 고소인, 고발인 또는 중요 참고인의 소재가 불명인 때에는 참고인중지 결정을 할 수 있다. 엄밀히 말하면 수사종결이 아니라 수사중지처분에 해당한다.

Ⅱ. 공소의 제기

1. 공소제기의 의의 · 방식

공소제기는 공소장을 관할법원에 제출함으로써 한다(형사소송법 제254조 제1항). 공소장에는 피고인·죄명·공소사실 및 적용법조를 기재하여야 한다(동조 제3항). 공소사실의 기재는 범죄의 일시·장소와 방법을 명시하여 심판대상을 명확히 하여 피고인의 방어권행사를 보호하도록 하고 있다(동조 제4항).

2. 공소제기의 효과

공소제기에 의하여 법원의 공판절차가 개시된다. 공소제기로 인하여 피의자는 피고인으로 전환된다. 공소제기로 법원의 심판의 범위도 공소장에 기재된 공소사실에 한정된다. 공소불가분의 원칙에 의하여 범죄사실의 일부에 대한 공소의 효력은 전부에 미치나 법원의 심판의 범위는 공소장에 기재된 공소사실에 제한되며 공소사실과 동일성이 인정되는 사실도 공소장 변경에 의하여 비로소 법원의 현실적인 심판의 대상이 될 수 있을 뿐이다.[2]

---

1) 대법원 1987. 11. 10. 선고 87도2020 판결.
2) 이재상 외, 형사소송법, 409면.

"우편물의 경우 관세법 제241조 제1항에 따른 신고의무가 인정되기 위해서는 해당 물품이 최소한 물품가격 FOB 200만원을 초과해야 한다(시행령 제261조 제5호, 수출고시 제36조 제8호). 200만원 이하에 해당하여 신고의무가 없는 물품인 경우 품명 등의 허위 기재가 있더라도 이는 법 제241조 제2항 위반여부에 관한 것으로 동조 제1항 위반으로 기소된 사건의 판단대상이 아니다."3)

제 2 절 공판준비절차

Ⅰ. 공판기일 전의 절차

1. 공소장부본의 송달

공판절차는 검사의 공소제기로 시작된다. 법원은 공소의 제기가 있는 때에는 지체없이 공소장의 부본을 피고인 또는 변호인에게 송달하여야 한다. 단, 피고인의 충분한 방어기회 보장을 위해 최소한 제1회 공판기일 전 5일까지 송달하여야 한다(형사소송법 제266조).

2. 의견서의 제출

피고인 또는 변호인은 공소장 부본을 송달받은 날부터 7일 이내에 공소사실에 대한 인정 여부, 공판준비절차에 관한 의견 등을 기재한 의견서를 법원에 제출하여야 한다(형사소송법 제266조의2 제1항).4) 이때 7일은 훈시규정이다. 실무적으로 피고인이 첫 공판기일 전까지 의견서를 제출하지 않거나 국선변호인 선정신청서를 제출하지 않은 경우라도 판사는 첫 공판기일에 피고인의 의견을 구두로 청취하거나 국선변호인을 선정하여 그 도움을 받아 2회 기일에 공소사

---

3) 부산지방법원 2019. 6. 13. 선고 2018노2676 판결(대법원 2019. 9. 10. 선고 2019도8725 판결로 확정).

4) 다만, 피고인이 진술을 거부하는 경우에는 그 취지를 기재한 의견서를 제출할 수 있다.

실에 대한 의견 등을 진술할 수 있도록 하고 있다.

　법원은 피고인 또는 변호인의 의견서가 제출된 때에는 이를 검사에게 송부하여야 한다(동조 제2항).

3. 공소제기 후 검사가 보관하고 있는 서류 등의 열람 · 등사

　피고인 또는 변호인은 검사에게 공소제기된 사건에 관한 서류 또는 물건(이하 '서류등'이라 한다)[5]의 목록과 공소사실의 인정 또는 양형에 영향을 미칠 수 있는 다음 서류등의 열람 · 등사 또는 서면의 교부를 신청할 수 있다. 다만, 피고인에게 변호인이 있는 경우에는 피고인은 열람만을 신청할 수 있다(법 제266조의3 제1항).

　① 검사가 증거로 신청할 서류등
　② 검사가 증인으로 신청할 사람의 성명 · 사건과의 관계 등을 기재한 서면 또는 그 사람이 공판기일 전에 행한 진술을 기재한 서류등
　③ 제1호 또는 제2호의 서면 또는 서류등의 증명력과 관련된 서류등
　④ 피고인 또는 변호인이 행한 법률상 · 사실상 주장과 관련된 서류등(관련 형사재판확정기록, 불기소처분기록 등을 포함한다)

　검사는 국가안보, 증인보호의 필요성, 증거인멸의 염려, 관련 사건의 수사에 장애를 가져올 것으로 예상되는 구체적인 사유 등 열람 · 등사 또는 서면의 교부를 허용하지 아니할 상당한 이유가 있다고 인정하는 때에는 열람 · 등사 또는 서면의 교부를 거부하거나 그 범위를 제한할 수 있다(동조 제2항). 이때에도 서류등의 목록에 대하여는 열람 또는 등사를 거부할 수 없다(동조 제4항).

　검사는 열람 · 등사 또는 서면의 교부를 거부하거나 그 범위를 제한하는 때에는 지체 없이 그 이유를 서면으로 통지하여야 한다(동조 제3항). 피고인 또는 변호인은 검사가 제1항의 신청을 받은 때부터 48시간 이내에 이 통지를 하지 아니하는 때 또는 검사가 서류등의 열람 · 등사 또는 서면의 교부를 거부하거나 그 범위를 제한한 때에는 법원에 검사가 열람 · 등사 또는 서면의 교부를 허

---

5) 서류등은 도면 · 사진 · 녹음테이프 · 비디오테이프 · 컴퓨터용 디스크, 그 밖에 정보를 담기 위하여 만들어진 물건으로서 문서가 아닌 특수매체를 포함한다. 이 경우 특수매체에 대한 등사는 필요 최소한의 범위에 한한다(동조 제6항).

용하도록 할 것을 신청할 수 있다(동조 제4항, 동법 제266조의4 제1항).

4. 공판기일의 지정 및 변경

재판장은 공판기일을 정하고(형사소송법 제267조 제1항), 공판기일에는 피고인, 대표자 또는 대리인을 소환한다(동조 제2항). 공판기일은 검사, 변호인과 보조인에게 통지하여야 한다(동조 제3항).

재판장은 직권 또는 검사, 피고인이나 변호인의 신청에 의하여 공판기일을 변경할 수 있다(동법 제270조 제1항).

5. 공판기일 전의 증거조사

법원 또는 소송관계인은 공판기일 전에 증거를 수집·정리하여 공판기일에 신속한 심리가 이루어지도록 할 필요가 있다.6)

법원은 검사, 피고인 또는 변호인의 신청에 의하여 공판준비에 필요하다고 인정한 때에는 공판기일 전에 피고인 또는 증인을 신문할 수 있고 검증, 감정 또는 번역을 명할 수 있다(동법 제273조 제1항).

검사, 피고인 또는 변호인은 공판기일 전에 서류나 물건을 증거로 법원에 제출할 수 있다(동법 제274조).

법원은 직권 또는 검사, 피고인이나 변호인의 신청에 의하여 공무소 또는 공사단체에 조회하여 필요한 사항의 보고 또는 그 보관서류의 송부를 요구할 수 있다(동법 제272조 제1항).

---

6) 이러한 공판기일 전의 증거조사가 가능한 공판기일이란 제1회 공판기일 이전에 법원의 예단을 금지하는 공소장일본주의를 고려하면 제1회 공판기일 이후의 공판기일을 의미한다고 해석해야 한다(이재상, 형사소송법, 462 – 463면).

Ⅱ. 공판준비절차

1. 의의 및 대상

재판장은 효율적이고 집중적인 심리를 위하여 사건을 공판준비절차에 부칠 수 있다(동법 제266조의5 제1항). 공판준비절차란 제1회 공판기일 이전에 사건의 쟁점과 증거를 정리하는 절차를 말한다.

공판준비절차는 주장 및 입증계획 등을 서면으로 준비하게 하거나 공판준비기일을 열어 진행한다(동법 제266조의5 제2항). 검사, 피고인 또는 변호인은 증거를 미리 수집·정리하는 등 공판준비절차가 원활하게 진행될 수 있도록 협력하여야 한다(동조 제3항).

2. 공판준비기일

법원은 검사, 피고인 또는 변호인의 의견을 들어 공판준비기일을 지정할 수 있다(동법 제266조의7 제1항). 검사, 피고인 또는 변호인은 법원에 대하여 공판준비기일의 지정을 신청할 수 있다. 이 경우 당해 신청에 관한 법원의 결정에 대하여는 불복할 수 없다(동조 제2항).

공판준비기일에는 검사 및 변호인이 출석하여야 한다(동법 제266조의8 제1항). 법원은 검사, 피고인 및 변호인에게 공판준비기일을 통지하여야 한다(동조 제3항). 법원은 공판준비기일이 지정된 사건에 관하여 변호인이 없는 때에는 직권으로 변호인을 선정하여야 한다(동조 제4항). 피고인의 출석은 필수적 요건이 아니나 법원은 필요하다고 인정하는 때에는 피고인을 소환할 수 있으며, 피고인은 법원의 소환이 없는 때에도 공판준비기일에 출석할 수 있다(동조 제5항).

공판준비기일은 공개한다. 다만, 공개하면 절차의 진행이 방해될 우려가 있는 때에는 공개하지 아니할 수 있다(동조 제4항).

3. 기일간 공판준비절차

법원은 쟁점 및 증거의 정리를 위하여 필요한 경우에는 제1회 공판기일

후에도 사건을 공판준비절차에 부칠 수 있다(동법 제266조의15).

제 3 절   공판절차

형사소송법은 헌법 제12조 제1항이 규정한 적법절차의 원칙, 그리고 헌법 제27조가 보장하는 공정한 재판을 받을 권리를 구현하기 위하여 공판중심주의·구두변론주의·직접심리주의를 기본원칙으로 하고 있다. 따라서 법관의 면전에서 조사·진술되지 아니하고 그에 대하여 피고인이 공격·방어할 수 있는 반대신문의 기회가 실질적으로 부여되지 아니한 진술은 원칙적으로 증거로 할 수 없다.[7)]

I. 공판정의 심리

1. 판사·검사, 변호인의 출석

공판기일에는 공판정에서 심리한다(동법 제275조 제1항). 공판정은 판사와 검사, 법원사무관등이 출석하여 개정한다(동조 제2항). 검사의 좌석과 피고인 및 변호인의 좌석은 대등하며, 법대의 좌우측에 마주 보고 위치하고, 증인의 좌석은 법대의 정면에 위치한다. 다만, 피고인신문을 하는 때에는 피고인은 증인석에 좌석한다(동조 제3항). 공판정에서는 피고인의 신체를 구속하지 못한다. 다만, 재판장은 피고인이 폭력을 행사하거나 도망할 염려가 있다고 인정하는 때에는 피고인의 신체의 구속을 명하거나 기타 필요한 조치를 할 수 있다(동법 제280조).

검사의 출석은 공판개정의 요건이다. 검사가 공판기일의 통지를 2회 이상 받고 출석하지 아니하거나 판결만을 선고하는 때에는 검사의 출석 없이 개정할 수 있다(동법 제278조).

---

7) 대법원 2014. 2. 21. 선고 2013도12652 판결.

2. 피고인의 출석

피고인이 공판기일에 출석하지 아니한 때에는 특별한 규정이 없으면 개정하지 못한다. 피고인은 출석의무뿐만 아니라 재정의무도 있어 출석한 피고인은 재판장의 허가 없이 퇴정하지 못한다(동법 제281조 제1항).

다음의 경미사건 등에는 피고인의 출석을 요하지 아니하는데, 이 경우 피고인은 대리인을 출석하게 할 수 있다(동법 제277조).

① 다액 500만원 이하의 벌금 또는 과료에 해당하는 사건
② 공소기각 또는 면소의 재판을 할 것이 명백한 사건
③ 장기 3년 이하의 징역 또는 금고, 다액 500만원을 초과하는 벌금 또는 구류에 해당하는 사건에서 피고인의 불출석허가신청이 있고 법원이 피고인의 불출석이 그의 권리를 보호함에 지장이 없다고 인정하여 이를 허가한 사건. 다만, 인정신문 절차를 진행하거나 판결을 선고하는 공판기일에는 출석하여야 한다.
④ 약식명령에 대하여 피고인만이 정식재판의 청구를 하여 판결을 선고하는 사건

피고인이 법인인 경우에는 대표자가 출석한다(동법 제27조 제1항). 이 경우에 대표자가 반드시 출석하여야 하는 것은 아니고, 대리인을 출석하게 할 수 있다(동법 제276조).

3. 국선변호인

다음의 어느 하나에 해당하는 경우에 변호인이 없는 때에는 법원은 직권으로 변호인을 선정하여야 한다(동법 제33조 제1항).

① 피고인이 구속된 때
② 피고인이 미성년자인 때
③ 피고인이 70세 이상인 때
④ 피고인이 듣거나 말하는 데 모두 장애가 있는 사람인 때
⑤ 피고인이 심신장애가 있는 것으로 의심되는 때
⑥ 피고인이 사형, 무기 또는 단기 3년 이상의 징역이나 금고에 해당하

는 사건으로 기소된 때

법원은 피고인이 빈곤이나 그 밖의 사유로 변호인을 선임할 수 없는 경우에 피고인이 청구하면 변호인을 선정하여야 한다(동조 제2항).

법원은 피고인의 나이·지능 및 교육 정도 등을 참작하여 권리보호를 위하여 필요하다고 인정하면 피고인의 명시적 의사에 반하지 아니하는 범위에서 변호인을 선정하여야 한다(동조 제3항).

위와 같은 규정에 따라 국선변호인이 선정된 사건에 관하여는 변호인 없이 개정하지 못한다. 단, 판결만을 선고할 경우에는 예외로 한다(동법 제282조).

Ⅱ. 공판기일의 절차

1. 진술거부권의 고지

피고인은 진술하지 아니하거나 개개의 질문에 대하여 진술을 거부할 수 있다. 재판장은 피고인에게 진술을 거부할 수 있음을 고지하여야 한다(동법 제283조의2).

2. 인정신문

재판장은 피고인의 성명, 연령, 등록기준지, 주거와 직업을 물어서 피고인임에 틀림없음을 확인하여야 한다(동법 제284조).

3. 검사의 모두진술

검사는 공소장에 의하여 공소사실·죄명 및 적용법조를 낭독하여야 한다. 다만, 재판장은 필요하다고 인정하는 때에는 검사에게 공소의 요지를 진술하게 할 수 있다(동법 제285조).

4. 피고인의 모두진술

피고인은 검사의 모두진술이 끝난 뒤에 공소사실의 인정 여부를 진술하여야 한다. 다만, 피고인이 진술거부권을 행사하는 경우에는 그러하지 아니하다(동법 제286조 제1항). 피고인 및 변호인은 이익이 되는 사실 등을 진술할 수 있다(동조 제2항).

5. 재판장의 쟁점정리 및 검사·변호인의 증거관계 등에 대한 진술

재판장은 피고인의 모두진술이 끝난 다음에 피고인 또는 변호인에게 쟁점의 정리를 위하여 필요한 질문을 할 수 있다(동법 제287조 제1항).

재판장은 증거조사를 하기에 앞서 검사 및 변호인으로 하여금 공소사실 등의 증명과 관련된 주장 및 입증계획 등을 진술하게 할 수 있다. 다만, 증거로 할 수 없거나 증거로 신청할 의사가 없는 자료에 기초하여 법원에 사건에 대한 예단 또는 편견을 발생하게 할 염려가 있는 사항은 진술할 수 없다(동조 제2항).

6. 증거조사

검사·변호인의 증거관계 등에 대한 진술 후에 증거조사를 실시한다. 소송관계인이 증거로 제출한 서류나 물건 또는 공무소등에 대한 조회로 송부된 서류, 공판기일 전의 증거조사에 따른 서류는 검사, 변호인 또는 피고인이 공판정에서 개별적으로 지시설명하여 조사하여야 한다(동법 제291조 제1항). 재판장은 직권으로 공판정에서 증거조사할 수 있다(동조 제2항).

법원은 검사가 신청한 증거를 조사한 후 피고인 또는 변호인이 신청한 증거를 조사하고(동법 제291조의2 제1항), 다음으로 법원이 직권으로 결정한 증거를 조사한다(동조 제2항). 법원은 직권 또는 검사, 피고인·변호인의 신청에 따라 증거조사의 순서를 변경할 수 있다(동조 제3항).

검사, 피고인 또는 변호인의 신청에 따라 증거서류를 조사하는 때에는 신청인이 이를 낭독하여야 한다(법 제292조 제1항). 법원이 직권으로 증거서류를 조사하는 때에는 소지인 또는 재판장이 이를 낭독하여야 한다(동조 제2항). 재판장은 열람이 다른 방법보다 적절하다고 인정하는 때에는 증거서류를 제시하여 열람하게 하는 방법으로 조사할 수 있다(동조 제4항).

7. 피고인신문

검사 또는 변호인은 증거조사 종료 후에 순차로 피고인에게 공소사실 및 정상에 관하여 필요한 사항을 신문할 수 있다. 다만, 재판장은 필요하다고 인정하는 때에는 증거조사가 완료되기 전이라도 이를 허가할 수 있다(동법 제296조의2 제1항). 재판장은 필요하다고 인정하는 때에는 피고인을 신문할 수 있다(동조 제2항).

8. 최종변론

피고인 신문과 증거조사가 종료한 때에는 검사는 사실과 법률적용에 관하여 의견을 진술하여야 한다(동법 제302조).

재판장은 검사의 의견을 들은 후 피고인과 변호인에게 최종의 의견을 진술할 기회를 주어야 한다(제303조).

9. 판결의 선고

판결의 선고는 변론을 종결한 기일에 하여야 한다. 다만, 특별한 사정이 있는 때에는 따로 선고기일을 지정할 수 있다(동법 제318조의4 제1항).

변론을 종결한 기일에 판결을 선고하는 경우에는 판결의 선고 후에 판결서를 작성할 수 있다(동조 제2항).

판결의 선고에 의하여 당해 심급의 공판절차는 종결된다.

Ⅲ. 간이공판절차

1. 요 건

피고인이 공판정에서 공소사실에 대하여 자백한 때에는 법원은 그 공소사실에 한하여 간이공판절차에 의하여 심판할 것을 결정할 수 있다(동법 제286조의2).

2. 증거능력에 관한 특례

간이공판절차에서의 증거에 관하여는 전문법칙이 적용되는 증거(제310조의2, 제312조 내지 제314조 및 제316조의 규정에 의한 증거에 대하여 제318조 제1항의 동의가 있는 것으로 간주한다. 단, 검사, 피고인 또는 변호인이 증거로 함에 이의가 있는 때에는 그러하지 아니하다(동법 제318조의3).

3. 증거조사에 관한 특례

간이공판절차에서는 정식 증거조사방식에 의하지 않고 법원이 상당하다고 인정하는 방법으로 증거조사를 할 수 있다(동법 제297조의2). 제1심에서 상당하다고 인정하는 방법으로 증거조사를 한 이상 항소심에 이르러 범행을 부인하였다고 하더라도 증거로 할 수 있고 다시 증거조사를 할 필요가 없다.[8]

간이공판절차에서는 증인신문의 방식, 증거조사의 시기와 방식, 증거조사 결과와 피고인의 의견, 증인신문시의 피고인의 퇴정에 관한 규정의 적용이 배제된다(동법 제297조의2).

4. 간이공판절차의 취소

법원은 피고인의 자백이 신빙할 수 없다고 인정되거나 간이공판절차로 심판하는 것이 현저히 부당하다고 인정할 때에는 검사의 의견을 들어 그 결정을 취소하여야 한다(동법 제286조의3).

---

8) 대법원 2005. 3. 1. 선고 2004도8313 판결.

Ⅳ. 공판심리의 범위

검사가 공소를 제기함에는 법원에 공소장을 제출하여야 하고, 공소장에 기재된 공소사실은 범죄의 시일, 장소와 방법을 명시하여 사실을 특정할 수 있어야 한다(형사소송법 제254조 제1항, 제4항). 법원의 심판대상은 공소장에 기재된 피고인과 공소사실에 제한된다.

1. 공소장 변경

공소장 변경이란 검사가 공소사실이 동일성을 해하지 않는 한도에서 법원의 허가를 얻어 공소장에 기재된 공소사실 또는 적용법조를 추가·철회 또는 변경하는 것을 말한다(형사소송법 제298조 제1항). 법원이 검사에게 공소장 변경을 요구할 것인지 여부는 재량에 속하는 것이므로, 법원이 검사에게 공소장의 변경을 요구하지 아니하였다고 하여 위법하다고 할 수 없다.[9] 따라서 법원이 전자문서 등 변조로 인한 관세법위반죄의 공소사실을 공문서변조죄로 공소장 변경을 요구하지 아니한 것을 위법하다고 볼 수 없다.[10]

2. 공소사실의 동일성

공소장 변경은 공소사실의 동일성을 해하지 않는 범위에서 허용된다(형사소송법 제298조 제1항). 이러한 의미에서 공소사실의 동일성은 공소제기의 효력과 기판력이 미치는 범위를 결정하고, 공소장 변경의 한계를 결정하는 기능을 한다.[11]

공소사실의 동일성의 기준과 관련하여 죄질동일설, 구성요건공통설, 소인공통설 등이 있으나, 대법원은 일관하여 공소사실의 동일성은 그 사실의 기초가 되는 사회적 사실관계가 기본적인 점에서 동일한 것인가에 따라서 판단하여야 한다고 판시하고 있고, 다수설 역시 기본적 사실 동일성설의 입장이다.[12] 기본적 사실관계의 동일성을 판단함에 있어서는 그 사실의 동일성이 갖는 법

---

9) 대법원 1999. 12. 24. 선고 99도3003 판결, 대법원 2009. 5. 14. 선고 2007도616 판결 등.
10) 대법원 2012. 7. 12. 선고 2010도5835 판결.
11) 이재상 외, 형사소송법, 443면.
12) 대법원 2012. 4. 13. 선고 2010도16659 판결.

률적 기능을 염두에 두고 피고인의 행위와 그 사회적인 사실관계를 기본으로
하되 규범적 요소도 아울러 고려하여야 한다.[13]

목재이용법에 따라 미리 규격·품질 검사를 받아야 함에도 그와 같은 검사
를 받지 않은 목탄 및 성형목탄을 국내로 수입하는 행위와 관련하여 검사가 관
세법위반에서 목재이용법위반으로 공소장변경허가신청을 한 사례에서, 대법원
은 변경 전·후의 공소사실은 행위의 주체, 범행의 일시 및 장소, 행위의 객체
인 물품 및 수량, 검사의무의 근거가 되는 법률, 행위태양 등 공소사실의 기초
되는 사실관계가 기본적인 점에서 동일하다고 볼 수 있다고 하였다.[14]

3. 공소장 변경의 필요성

(1) 사실기재설

공소장에 기재되어 있는 사실과 실질적으로 다른 사실을 인정할 때 공소
장변경을 필요로 한다는 사실기재설이 통설과 판례이다.[15] 구성요건이 같은
경우 피고인의 방어에 중요한 의의를 가지는 지 고려하여 범죄의 일시, 장소
또는 수단과 방법, 객체 등은 원칙적으로 공소장 변경을 요한다. 구성요건이
다른 경우 그 사실의 변경은 피고인의 방어에 영향을 미치므로 원칙적으로 공
소장 변경이 필요하다.

"밀수출입죄 미수로 인한 관세법(특가법)위반죄로 공소제기된 경우에는 밀
수출입죄 예비죄를 구성한다고 하더라도 공소장변경을 하지 아니한 이상 법원
은 이에 관하여 심판할 수 없다."[16]

(2) 법적 평가만을 달리하는 경우

사실의 변화 없이 법적 평가만을 달리하는 경우에는 원칙적으로 공소장
변경을 요하지 않는다. 따라서 특가법위반의 공소사실에 대하여 수뢰죄, 관세
법위반, 준강도죄를 적용할 때에는 반드시 공소장 변경이 있어야 하는 것은 아

---

13) 대법원 1994. 3. 22. 선고 93도2080 전원합의체 판결, 대법원 2002. 3. 29. 선고 2002도587 판
     결, 대법원 2003. 7. 11. 선고 2002도2642 판결 등.
14) 대법원 2021. 7. 21. 선고 2020도13812 판결.
15) 이재상 외, 형사소송법, 451면.
16) 대법원 1983. 4. 12. 선고 82도2939 판결.

니다. 그러나 공소장에 기재된 적용법조보다 법정형이 무거운 적용법조를 인정하는 경우에는 피고인의 방어에 실질적 불이익을 줄 수 있기 때문에 공소장변경을 요한다. 다만, 죄수에 대한 법적 평가만을 달리하는 경우에는 공소장변경을 요하지 않는다. 따라서 경합범으로 공소제기된 것을 포괄일죄나 상상적 경합으로 인정하는 때, 포괄일죄의 공소사실을 경합범으로 인정하는 경우 공소장변경을 요하지 않는다.[17]

"공소장 변경절차 없이 특가법 제6조 제7항의 관세포탈의 상습일죄로 공소제기된 본건 관세포탈사실에 대하여 개개의 관세법 제180조 제1항의 포탈행위로 인정하여 경합범으로 처단하였다 하여도 공소사실의 동일성에 변경이 없을 뿐 아니라 피고인의 방어권 행사에 무슨 불이익을 주는 것도 아니다."

V. 약식절차

1. 약식명령의 청구

약식명령을 청구할 수 있는 사건은 지방법원의 관할에 속하는 사건으로서 벌금, 과료 또는 몰수에 처할 수 있는 사건에 한한다(형사소송법 제448조 제1항). 약식명령은 검사의 청구가 있을 것을 요건으로 한다. 약식명령의 청구는 공소제기와 동시에 서면으로 하여야 한다(동법 제449조). 따라서 약식명령의 청구는 공소의 제기가 아니라 약식절차에 의할 것을 청구하는 별개의 소송행위이다. 검사는 약식명령의 청구와 동시에 약식명령을 하는 데 필요한 증거서류 및 증거물을 법원에 제출하여야 한다.

2. 약식명령

(1) 공판절차로의 이행

약식명령의 청구가 있으면 법원은 검사가 제출한 서류 및 증거물에 대한 서면심사를 하게 된다. 법원은 약식명령의 청구가 있는 경우 그 사건이 약식명령으로 할 수 없거나 약식명령으로 하는 것이 적당하지 아니하다고 인정한 때

---

17) 대법원 1980. 3. 11. 선고 80도217 판결.

에는 공판절차에 의하여 심판하여야 한다(형사소송법 제450조). 약식명령을 청구할 때에는 공소장 부본이 피고인에게 송달되지 않는다. 그러나 공판절차에 이행에 의하여 보통의 심판을 하는 경우에는 공소장 부본을 피고인에게 송달하여야 한다. 공소장일본주의의 취지에 비추어 검사가 제출한 증거서류와 증거물은 다시 검사에게 반환하여야 한다.18)

(2) 약식명령

법원은 심사 결과 공판절차에 이행할 경우가 아니면 약식명령을 하여야 한다. 약식명령의 고지는 검사와 피고인에 대한 재판서의 송달에 의하여야 한다(형사소송법 제452조).

(3) 약식명령의 효력

약식명령은 재판서가 피고인에게 송달됨으로써 효력이 발생한다. 정식재판 청구기간이 경과하거나 그 청구의 취하 또는 청구기각의 결정이 확정한 때에는 확정판결과 동일한 효력이 있다(형사소송법 제457조). 유죄의 확정판결과 동일한 효력이 있으므로 기판력과 집행력이 발생한다.

3. 정식재판의 청구

정식재판의 청구권자는 검사와 피고인이다. 피고인의 법정대리인은 피고인의 의사와 관계없이, 피고인의 배우자·직계친족·형제자매·대리인 또는 변호인은 피고인의 명시의 의사에 반하지 않는 한 독립하여 정식재판을 청구할 수 있다(형사소송법 제458조, 제340조, 제341조). 정식재판의 청구는 약식명령의 고지를 받은 날로부터 7일 이내에 하여야 한다(동법 제453조 제1항).

정식재판의 청구는 제1심 판결선고 전까지 취하할 수 있고(동법 제454조), 정식재판청구를 취하한 자는 다시 정식재판을 청구하지 못한다(동법 제458조, 제354조).

---

18) 이재상 외, 형사소송법, 865-867면.

부록 1

물품별 적정 원산지표시 방법

□ 일반원칙

o 본 표에 게기되지 않은 물품이라 할지라도 본 표의 HS세번에 해당되고 게재된 물품과 유사할 경우에는 해당 물품에 준하여 원산지표시를 하여야 한다.

o 본 표에 게기되지 않은 원산지표시 대상물품은 해당 물품의 특성을 고려하여 원산지표시 원칙에 알맞은 방법으로 원산지표시를 하여야 한다.

o 본 표에서 허용되는 '소매용 최소포장 원산지표시'는 「대외무역관리규정」 제75조제2항 각 호에 해당하는 물품에 한하여 적용한다.

HS	물품명	적정표시방법	비 고
0106	자라	o보관시설(수족관, 활어차량 등)에 푯말 또는 표시판 등으로 표시	원산지표시 의무이행요구
0201 ~0205	육류(소, 돼지, 면양, 산양, 말, 당나귀, 노새, 버새 등)	o포장상자, 용기 등에 원산지표시 o비닐로 내포장이 되어 있는 경우 비닐에도 원산지표시	원산지표시 의무이행요구 ※비닐에 국가명이 들어간 축산물 위생검사 스탬프도 원산지표시로 인정
0207	닭고기	o포장상자, 용기 등에 원산지표시 o비닐로 내포장이 되어 있는 경우 비닐에도 원산지표시	원산지표시 의무이행요구
0301, 0306, 0307	활어	o보관시설(수족관, 활어차량 등)에 푯말 또는 표시판 등으로 표시	원산지표시 의무이행요구
0302 ~0308	냉장, 냉동어류 피레트, 염장어류 새우, 조개류, 수생 무척추동물	o소매용 최소포장에 원산지표시 o포장상자, 용기 등에 원산지표시 o살아있는 갑각류·연체동물은 활어의 원산지표시 방법과 동일	원산지표시 의무이행요구
0401	우유, 버터, 치즈	o소매용 최소포장에 원산지표시	원산지표시 의무이행요구

HS	물품명	적정표시방법	비 고
~0406		○ 포장상자, 용기 등에 원산지표시	
0407	굽거나 삶은 계란, 신선·저장계란	○ 소매용 최소포장에 원산지표시	
0409	천연꿀	○ 소매용 최소포장에 원산지표시 ○ 포장상자, 용기 등에 원산지표시	원산지표시 의무이행요구
0410	로얄제리, 거북알 등 동물생산품	○ 소매용 최소포장에 원산지표시 ○ 포장상자, 용기 등에 원산지표시	원산지표시 의무이행요구
0504, 0506	동물의 장, 방광, 위, 뼈, 혼코어	○ 포장상자, 용기 등에 원산지표시	원산지표시 의무이행요구
0507	녹용, 녹각	○ 포장상자, 용기 등에 원산지표시	원산지표시 의무이행요구
0510	사향, 담즙 등	○ 소매용 최소포장에 원산지표시 ○ 포장상자, 자루, 용기 등에 원산지표시	원산지표시 의무이행요구
0601	꽃의 인경, 구근	○ 소매용 최소포장에 원산지표시 ○ 포장상자, 자루, 용기 등에 원산지표시	원산지표시 의무이행요구
0602	나무묘목	○ 현품(묘목)에 철사 택으로 원산지표시 ○ 다발(묶음) 단위로 원산지표시	원산지표시 의무이행요구
0603	절화, 꽃봉오리	○ 묶음별로 원산지표시 ○ 포장상자, 용기 등에 원산지표시	원산지표시 의무이행요구
0604	식물의 잎, 가지, 이끼 등	○ 포장상자, 용기 등에 원산지표시	원산지표시 의무이행요구
0701	감자	○ 소매용 최소포장에 원산지표시 ○ 포장상자, 자루, 용기 등에 원산지표시	원산지표시 의무이행요구
0702	토마토	○ 소매용 최소포장에 원산지표시 ○ 포장상자, 자루, 용기 등에 원산지표시	원산지표시 의무이행요구
0703	양파, 파, 마늘, 리크(부추) 등	○ 소매용 최소포장에 원산지표시 ○ 포장상자, 자루, 용기 등에 원산지표시	원산지표시 의무이행요구
0704	배추, 양배추, 케일	○ 소매용 최소포장에 원산지표시	원산지표시 의무이행요구

HS	물품명	적정표시방법	비 고
	등	○포장상자, 자루, 용기 등에 원산지 표시	
0705	상추, 치커리 등	○소매용 최소포장에 원산지표시 ○포장상자, 용기 등에 원산지표시	원산지표시 의무이행요구
0706	당근, 순무, 더덕, 도라지 등	○소매용 최소포장에 원산지표시 ○포장상자, 용기 등에 원산지표시	원산지표시 의무이행요구
0707	오이	○소매용 최소포장에 원산지표시 ○포장상자, 용기 등에 원산지표시	원산지표시 의무이행요구
0708	콩, 완두 등 채두류 (신선, 냉장)	○소매용 최소포장에 원산지표시 ○포장상자, 자루, 용기 등에 원산지 표시	원산지표시 의무이행요구
0709	호박, 고사리, 버섯, 가지, 고추 등	○소매용 최소포장에 원산지표시 ○포장상자, 자루, 용기 등에 원산지 표시	원산지표시 의무이행요구
0710	냉동채소	○포장상자, 용기 등에 원산지표시	원산지표시 의무이행요구
0711	염수, 유황수, 이산화유황가스 등에 일시적으로 저장 처리한 채소	○포장상자, 자루, 용기 등에 원산지 표시	원산지표시 의무이행요구
0712	고사리, 호박 등 건조한 채소	○소매용 최소포장에 원산지표시 ○포장상자, 자루, 용기 등에 원산지 표시	원산지표시 의무이행요구
0713	고구마, 칡뿌리 등	○소매용 최소포장에 원산지표시 ○포장상자, 자루, 용기 등에 원산지 표시	원산지표시 의무이행요구
0802	밤, 호도, 아몬드	○소매용 최소포장에 원산지표시 ○포장상자, 자루, 용기 등에 원산지 표시	원산지표시 의무이행요구
0803	바나나	○소매용 최소포장에 원산지표시 ○포장상자, 자루, 용기 등에 원산지 표시	원산지표시 의무이행요구
0804	파인애플, 대추야자, 무화과	○소매용 최소포장에 원산지표시 ○포장상자, 자루, 용기 등에 원산지 표시	원산지표시 의무이행요구

HS	물품명	적정표시방법	비 고
0805	오렌지	○소매용 최소포장에 원산지표시 ○포장상자, 자루, 용기 등에 원산지표시	원산지표시 의무이행요구
0806	포도	○소매용 최소포장에 원산지표시 ○포장상자, 용기 등에 원산지표시	원산지표시 의무이행요구
0807	멜론, 수박	○소매용 최소포장에 원산지표시 ○포장상자, 자루, 용기 등에 원산지표시	
0808	사과, 배	○소매용 최소포장에 원산지표시 ○포장상자, 자루, 용기 등에 원산지표시	원산지표시 의무이행요구
0809	살구, 버찌, 복숭아, 자두	○소매용 최소포장에 원산지표시 ○포장상자, 자루, 용기 등에 원산지표시	원산지표시 의무이행요구
0810	대추, 매실, 두리언, 나무딸기	○소매용 최소포장에 원산지표시 ○포장상자, 자루, 용기 등에 원산지표시	원산지표시 의무이행요구
0811	냉동과일, 냉동견과류	○소매용 최소포장에 원산지표시 ○포장상자, 용기 등에 원산지표시	원산지표시 의무이행요구
0812	일시 저장 처리한 딸기, 버찌 등	○소매용 최소포장에 원산지표시 ○포장상자, 용기 등에 원산지표시	원산지표시 의무이행요구
0813	건조한 과일 (살구, 감, 대추)	○소매용 최소포장에 원산지표시 ○포장상자, 자루, 용기 등에 원산지표시	원산지표시 의무이행요구
0901	커피	○소매용 최소포장에 원산지표시 ○포장상자, 자루, 용기 등에 원산지표시	원산지표시 의무이행요구
0902	녹차, 홍차, 발효차	○소매용 최소포장에 원산지표시 ○포장상자, 자루, 용기 등에 원산지표시	원산지표시 의무이행요구
0903 ~0904, 0906~ 0908	마태 및 건조·파쇄·분쇄한 후추, 고추류	○소매용 최소포장에 원산지표시 ○포장상자, 자루, 용기 등에 원산지표시	원산지표시 의무이행요구

HS	물품명	적정표시방법	비 고
0910	생강	○ 소매용 최소포장에 원산지표시 ○ 포장상자, 용기 등에 원산지표시	원산지표시 의무이행요구
1001 ~1008	밀, 보리, 옥수수, 쌀, 수수, 메밀, 조 등	○ 소매용 최소포장에 원산지표시 ○ 포장상자, 자루, 용기 등에 원산지표시	원산지표시 의무이행요구
1101 ~1109	곡물 가공품	○ 소매용 최소포장에 원산지표시 ○ 포장상자, 자루, 용기 등에 원산지표시	원산지표시 의무이행요구
1201 ~1208	채유용 식물종자 (들깨, 참깨 등)	○ 소매용 최소포장에 원산지표시 ○ 포장상자, 자루, 용기 등에 원산지표시	원산지표시 의무이행요구
1211	한약재, 인삼, 도라지류	○ 소매용 최소포장에 원산지표시 ○ 포장상자, 자루, 용기 등에 원산지표시	원산지표시 의무이행요구
1212	미역, 다시마, 김 등 해조류	○ 소매용 최소포장에 원산지표시 ○ 포장상자, 자루, 용기 등에 원산지표시	원산지표시 의무이행요구
1501 ~1522	동식물성 유지	○ 소매용 최소포장에 원산지표시 ○ 포장상자, 용기 등에 원산지표시	원산지표시 의무이행요구
1601 ~1605	육류, 어류 조제 식료품	○ 소매용 최소포장에 원산지표시 ○ 포장상자, 용기 등에 원산지표시	원산지표시 의무이행요구
1701 ~1703	당류, 당밀	○ 소매용 최소포장에 원산지표시 ○ 포장상자, 용기 등에 원산지표시	원산지표시 의무이행요구
1704	설탕과자류 (사탕, 캔디, 캐라멜)	○ 소매용 최소포장에 12포인트 이상 의 크기로 원산지표시	
1801 ~1805	코코아 두, 코코아 웨이스트, 코코아 버터, 코코아 분말	○ 소매용 최소포장에 원산지표시 ○ 포장상자, 자루, 용기 등에 원산지표시	원산지표시 의무이행요구
1806	초콜릿, 초콜릿 과자, 코코아 조제품	○ 소매용 최소포장에 원산지표시	
1901 ~1904	곡물, 분, 전분 또 는 밀크 조제식료품	○ 소매용 최소포장에 원산지표시 ○ 포장상자, 자루, 용기 등에 원산지표시	원산지표시 의무이행요구

HS	물품명	적정표시방법	비 고
1905	베이커리 제품(빵, 파이, 케이크, 비스킷)	ㅇ소매용 최소포장에 원산지표시	
2001 ~2006	식초, 초산으로 조제·저장 처리한 식품	ㅇ소매용 최소포장에 원산지표시 ㅇ포장상자, 용기 등에 원산지표시	원산지표시 의무이행요구
2007	잼, 과실제리, 퓨레, 페이스트	ㅇ소매용 최소포장에 원산지표시 ㅇ포장상자, 용기 등에 원산지표시	원산지표시 의무이행요구
2008	조제·저장 처리한 과실, 견과류	ㅇ소매용 최소포장에 원산지표시 ㅇ포장상자, 용기 등에 원산지표시	원산지표시 의무이행요구
2009	과일쥬스	ㅇ소매용 최소포장에 원산지표시 ㅇ포장용기 등에 원산지표시	원산지표시 의무이행요구
2101 ~2102	커피·차·마태의 엑스와 농축물, 효모, 베이킹 파우더	ㅇ소매용 최소포장에 원산지표시 ㅇ포장상자, 자루, 용기 등에 원산지표시	원산지표시 의무이행요구
2103 ~2106	소스, 수프, 빙과류, 기타 조제식료품	ㅇ소매용 최소포장에 원산지표시 ㅇ포장용기 등에 원산지표시	원산지표시 의무이행요구
2201	물, 광수, 탄산수	ㅇ소매용 최소포장에 원산지표시	
2202	인삼음료, 과즙음료(쥬스 제외), 식혜	ㅇ소매용 최소포장에 원산지표시 ㅇ포장용기 등에 원산지표시	원산지표시 의무이행요구
2203 ~2206	맥주, 포도주, 기타 발효주	ㅇ소매용 최소포장에 원산지표시 ㅇ포장용기 등에 원산지표시	원산지표시 의무이행요구
2207 ~2208	주정, 꼬냑, 위스키, 보드카 등	ㅇ소매용 최소포장에 원산지표시 ㅇ포장용기 등에 원산지표시	원산지표시 의무이행요구
2209	식초	ㅇ소매용 최소포장에 원산지표시 ㅇ포장용기 등에 원산지표시	원산지표시 의무이행요구
2401	잎담배	ㅇ포장상자, 자루, 용기 등에 원산지표시	원산지표시 의무이행요구
2402	시가, 필터담배	ㅇ소매용 최소포장에 원산지표시	
2403	기타 담배 (파이프 담배 등)	ㅇ소매용 최소포장에 원산지표시 ㅇ포장상자, 자루, 용기 등에 원산지표시	원산지표시 의무이행요구
2501	소금	ㅇ소매용 최소포장에 원산지표시	원산지표시 의무이행요구

HS	물품명	적정표시방법	비 고
		ㅇ포장상자, 자루, 용기 등에 원산지 표시	
3003 ~3004	의약품	ㅇ소매용 최소포장에 원산지표시	
3005	탈지면, 거즈, 붕대 및 유사제품	ㅇ소매용 최소포장에 원산지표시 ㅇ포장상자, 용기 등에 원산지표시	원산지표시 의무이행요구
3006	의료용품	ㅇ소매용 최소포장에 원산지표시	
3101	동물성, 식물성 비료	ㅇ소매용 최소포장에 원산지표시 ㅇ포장상자, 자루, 용기 등에 원산지 표시	원산지표시 의무이행요구
3201 ~3203	유연 또는 염색엑스, 유연제, 식물성 또는 동물성 착색제	ㅇ소매용 최소포장에 원산지표시 ㅇ포장상자, 자루, 용기 등에 원산지 표시	원산지표시 의무이행요구
3208 ~3210	페인트, 바니시(에 나멜, 래커 포함)	ㅇ소매용 최소포장에 원산지표시 ㅇ포장용기 등에 원산지표시	원산지표시 의무이행요구
3213	유성·수성물감	ㅇ소매용 최소포장에 원산지표시 ㅇ포장용기 등에 원산지표시	원산지표시 의무이행요구
3215	잉크	ㅇ소매용 최소포장에 원산지표시 ㅇ포장용기 등에 원산지표시	원산지표시 의무이행요구
3303	향수 또는 화장수	ㅇ소매용 최소포장에 원산지표시	
3304	화장품	ㅇ소매용 최소포장에 원산지표시	
3305	샴푸, 린스	ㅇ소매용 최소포장에 원산지표시	
3306	치약, 구강용품	ㅇ소매용 최소포장에 원산지표시	
3307	세이빙로션, 탈취제, 탈모제, 조제향료	ㅇ소매용 최소포장에 원산지표시	
3401 ~3402	비누, 계면활성제	ㅇ소매용 최소포장에 원산지표시 ㅇ포장상자, 자루, 용기 등에 원산지 표시	원산지표시 의무이행요구
3403 ~3405	조제윤활유, 왁스, 광택제	ㅇ소매용 최소포장에 원산지표시 ㅇ포장상자, 용기 등에 원산지표시	원산지표시 의무이행요구
3406	양초	ㅇ소매용 최소포장에 원산지표시	원산지표시 의무이행요구

HS	물품명	적정표시방법	비 고
		○포장상자, 용기 등에 원산지표시	
3505	변성전분(녹말)	○소매용 최소포장에 원산지표시 ○포장상자, 자루, 용기 등에 원산지표시	원산지표시 의무이행요구
3506	접착제	○소매용 최소포장에 원산지표시 ○포장상자, 자루, 용기 등에 원산지표시	원산지표시 의무이행요구
3604	불꽃제품, 신호용 조명탄	○소매용 최소포장에 원산지표시	
3605	성냥	○소매용 최소포장에 원산지표시 ○포장상자, 용기 등에 원산지표시	원산지표시 의무이행요구
3606	라이터 충전용연료, 고체연료	○소매용 최소포장에 원산지표시 ○포장상자, 용기 등에 원산지표시	원산지표시 의무이행요구
3702 ~3704	사진필름, 사진 인화지, 사진플레 이트와 필름	○소매용 최소포장에 원산지표시 ○포장상자, 용기 등에 원산지표시	원산지표시 의무이행요구
3826	바이오디젤	○소매용 최소포장에 원산지표시 ○포장상자, 용기 등에 원산지표시	원산지표시 의무이행요구
3918	플라스틱 바닥깔개, 장판 등	○현품에 원산지표시 ○롤 형태는 현품 및 말대에 원산지표시	원산지표시 의무이행요구
3920	수지제 포장필름	○소매용 최소포장에 원산지표시	
3922	목욕통, 세면기, 비 데, 변기용 시트와 커버	○현품에 원산지표시	
3923	플라스틱제 포장용기	○현품에 원산지표시	
3924	플라스틱제 식탁, 주방용품	○현품에 원산지표시	
3925	플라스틱제 건축용 품(문, 셔터, 블라 인드)	○현품에 원산지표시	
3926	플라스틱 필통, 기타제품	○현품에 원산지표시	

HS	물품명	적정표시방법	비 고
4007	고무사, 고무끈(가황)	○소매용 최소포장에 원산지표시	
4011 ~4012	타이어(재생, 중고 포함)	○현품에 원산지표시	
4014	콘돔, 젖꼭지	○소매용 최소포장에 원산지표시	
4015	고무장갑(용도불문)	○소매용 최소포장에 원산지표시 ○포장상자 등에 원산지표시	원산지표시 의무이행요구
4016	가황한 고무제품 (바닥깔개, 매트, 공기 매트리스, 베 개, 쿠션)	○현품에 원산지표시	원산지표시 의무이행요구
4016	지우개, 고무풍선, 밴드, 골무	○소매용 최소포장에 원산지표시	
4114 ~4115	세무가죽, 콤포지션 레더	○현품 및 말대에 원산지표시 ○포장된 경우 포장에도 원산지표시	원산지표시 의무이행요구
4202	트렁크, 가방, 배 낭, 핸드백, 지갑,	○현품에 라벨 봉제 원산지표시	라벨 봉제가 불가능한 경 우 다른 방법 허용
4202	각종케이스(안경, 악기, 사진기, 총, 담배, 공구 등)	○현품에 원산지표시 ○'Case made in 국가명' 형태로 표시	
4202	골프가방	○현품에 라벨 봉제 원산지표시	
4203	가죽의류, 가죽장 갑, 가죽벨트	○현품에 라벨 봉제 원산지표시	라벨 봉제가 불가능한 경 우 다른 방법 허용
4205	벨트(기계용, 공업용)	○현품에 원산지표시	
4303	모피의류	○의류 안쪽에 라벨 봉제 원산지표시	
4402	목탄	○소매용 최소포장에 원산지표시	
4409	목제 마루판	○현품에 원산지표시 ○진공포장의 경우 소매용 최소포장 에 원산지표시 허용	
4411, 4412	섬유판(목제), 합판	○현품에 원산지표시 ○포장 등으로 낱장 표시가 어려운 경우에만 최소포장 등에 허용	원산지표시 의무이행요구

HS	물품명	적정표시방법	비 고
4414 ~4415	목제 그림틀, 사진틀, 거울틀, 목제 케이스	ㅇ 현품에 원산지표시 ㅇ 'Case made in 국가명' 형태로 표시	
4416 ~4418	목제 통, 배트, 공구, 건축용 목제건구, 목공품	ㅇ 현품에 원산지표시	
4419	목제 식탁용품, 주방용품(젓가락 등)	ㅇ 현품에 원산지표시 ㅇ 벌크로 수입되는 경우 포장상자 등에 원산지표시	원산지표시 의무이행요구
4419	목기	ㅇ 옻칠 등으로 도색 처리한 것은 현품에 원산지표시 ㅇ 제작자 또는 상표 표시방법(각인 등)과 동일한 방법으로 원산지표시	도색처리하지 않은 것은 원산지표시 의무이행요구
4420	목제품	ㅇ 현품에 원산지표시	
4421	옷걸이	ㅇ 현품에 원산지표시	
4421	이쑤시개	ㅇ 소매용 최소포장에 원산지표시 ㅇ 벌크로 수입되는 경우 포장상자 등에 원산지표시	원산지표시 의무이행요구
4601	조물제품 (매트류, 발)	ㅇ 현품에 원산지표시	
4602	농세공품(대나무 바구니, 주방용품, 식탁용품)	ㅇ 현품에 원산지표시	원산지표시 의무이행요구
4803, 4818	화장지, 티슈	ㅇ 소매용 최소포장에 원산지표시	
4804 ~4808	크라프트지(롤상, 시트상), 판지	ㅇ 소매용 최소포장에 원산지표시 ㅇ 포장상자, 포장지 등에 원산지표시	원산지표시 의무이행요구
4809	카본지, 셀프 복사지	ㅇ 소매용 최소포장에 원산지표시 ㅇ 포장상자, 포장지 등에 원산지표시	원산지표시 의무이행요구
4810 ~4813	종이, 판지, 궐연지	ㅇ 소매용 최소포장에 원산지표시 ㅇ 포장상자, 포장지 등에 원산지표시	원산지표시 의무이행요구
4814	벽지	ㅇ 소매용 최소포장에 원산지표시	
5006	견사	ㅇ 소매용 최소포장에 원산지표시	

HS	물품명	적정표시방법	비 고
5007	견직물	○현품 끝부분 및 말대에 원산지표시 ○포장된 경우 포장에도 원산지표시	원산지표시 의무이행요구
5109, 5110	양모사, 섬수모사, 조수모사, 마모사	○소매용 최소포장에 원산지표시	
5111 ~5113	직물(양모, 섬수모, 조수모, 마모)	○현품 끝부분 및 말대에 원산지표시 ○포장된 경우 포장에도 원산지표시	원산지표시 의무이행요구
5204	면 재봉사	○소매용 최소포장에 원산지표시	
5207	면사(소매용)	○소매용 최소포장에 원산지표시	
5401	인조필라멘트사	○소매용 최소포장에 원산지표시	
5508	인조스테플섬유의 재봉사	○소매용 최소포장에 원산지표시	
5511	인조스테플 섬유사	○소매용 최소포장에 원산지표시	
5112 ~5516	직물(합성스테플섬 유, 면과 혼방 합성 스테플섬유, 재생 또는 반합성스테플섬유)	○현품 끝부분 및 말대에 원산지표시 ○포장된 경우 포장에도 원산지표시	원산지표시 의무이행요구
5701 ~5705	양탄자류, 기타 방 직용 섬유제 바닥 깔개	○현품에 원산지표시	
5807	섬유제의 레이브, 배지	○소매용 최소포장에 원산지표시	원산지표시 의무이행요구
6101 ~6114	의류(메리야스 편 물 및 뜨개질 편물 의 것)	○현품에 라벨 봉제 원산지표시	
6115	양말, 스타킹, 타이 즈, 팬티호스	○컬레 단위로 현품에 원산지표시 ○소매용 최소포장에 원산지표시	
6116	장갑	○현품에 원산지표시 ○작업용 면장갑은 10족까지 소매용 최소포장에 원산지표시 허용	
6117, 6214, 6215	쇼울, 스카프, 머플 러, 넥타이	○현품에 라벨 봉제 원산지표시	

HS	물품명	적정표시방법	비 고
6201 ~6211	의류	○ 현품에 라벨 봉제 원산지표시	
6212	브래지어, 거들, 콜셋, 브레이스	○ 현품에 라벨 봉제 원산지표시	
6213	손수건	○ 현품에 라벨 봉제 원산지표시 ○ 선물용 세트는 케이스에 원산지표시 허용	
6301	모포, 여행용 러그	○ 현품에 라벨 봉제 원산지표시	
6302	린넨	○ 현품에 라벨 봉제 원산지표시	
6303	커튼, 브라인드, 침대용 밸란스	○ 현품에 원산지표시	
6304	침대덮개	○ 현품에 원산지표시	
6305	포장용 빈 포대	○ 현품에 원산지표시 (Packing made in 국가명) ○ 제조업체 납품시 포장상자, 자루 등에 원산지표시 허용	
6306	타포린, 천막, 텐트, 돛 및 압축공기식 매트리스	○ 현품에 원산지표시	
6307	마루닦이포, 마스크, 청소용포,	○ 현품에 원산지표시 ○ 소매용 최소포장에 원산지표시 허용	
6307	옷커버	○ 현품에 원산지표시 (Cover made in 국가명) ○ 1회용 또는 제조업체 납품시 포장상자 등에 원산지표시 허용	
6307	보자기	○ 현품에 원산지표시	
6307	반도체용 청소포	○ 현품에 원산지표시 ○ 소매용 최소포장에 원산지표시 허용	
6309	중고의류	○ 현품에 라벨 봉제 원산지표시 ○ 포장상자, 자루 등에 원산지표시 허용	원산지표시 의무이행요구
6310	넝마	○ 현품에 원산지표시	

HS	물품명	적정표시방법	비 고
6401 ~6405	신발류(구두, 부츠, 등산화, 각종 스포츠화)	○ 구두, 부츠는 바깥바닥 또는 신발 안쪽 모델 및 사이즈 표시밑에 각인 또는 인쇄 ○ 운동화, 등산화 등은 바깥바닥 또는 텅(윗 덮개) 끝부분에 라벨, 각인 또는 인쇄	
6406	갑피	○ 현품에 원산지표시 ○ 제조업체 납품시 포장상자, 자루 등에 원산지표시 허용	
6504 ~6506	모자	○ 현품에 라벨 봉제 원산지표시	
6507	모자용 밴드, 모자 프레임	○ 현품에 원산지표시 ○ 제조업체 납품시 포장상자, 자루 등에 원산지표시 허용	
6601	우산, 양산	○ 현품에 원산지표시	
6602	지팡이, 승마용 채찍	○ 현품에 원산지표시	
6704	가발, 속눈썹	○ 현품에 원산지표시 ○ 소매용 최소포장에 원산지표시 허용	
6801	포석, 연석 및 판석	○ 현품에 원산지표시 ○ 30cm×30cm(면적기준:900㎠)미만은 포장상자에 원산지표시 허용 ○ 날인(stamping) 허용	원산지표시 의무이행요구
6802	가공한 비석용 또는 건축용 석재	○ 현품에 원산지표시 ○ 최소포장에 원산지표시 허용 ─ HS6단위:6802.21, 29, 91, 92 ─ 건축용석재로(6802.21, 29, 91, 92 제외) 30cm×30cm(면적기준:900㎠)미만 ○ 밑면(바닥)에 표시 허용 ─ 장묘용, 석공예품 ○ 날인(stamping) 허용	원산지표시 의무이행요구
6804	숫돌, 그라인딩 휠	○ 현품에 원산지표시 ○ 소매용 최소포장에 원산지표시 허용	

HS	물품명	적정표시방법	비 고
6806	슬랙울, 록울, 세라믹파이버, 미네랄울텍스	○ 현품에 원산지 표시 ○ 소매용 최소포장에 원산지 표시 허용	원산지표시 의무이행요구
6809	플라스터 제품, 석고보드, 석고텍스	○ 현품에 원산지 표시 ○ 소매용 최소포장에 원산지 표시 허용	원산지표시 의무이행요구
6810	시멘트·인조석 제품(블록, 벽돌, 기와)	○ 현품에 원산지표시 ○ 포장상자, 케이스 등에 원산지표시 허용	원산지표시 의무이행요구
6810	철도침목, 전주, 빔, 파일, 관, 조립식 건축자재	○ 현품에 원산지표시	
6906	도자제의 관·도관·홈통 및 관의 연결구류	○ 현품에 원산지 표시 ○ 소매용 최소포장에 원산지 표시 허용 ○ 날인(stamping) 허용	
6907, 6908	도자제 타일	○ 현품에 원산지표시 ○ 최소포장에 원산지표시 허용	원산지표시 의무이행요구
6910	도자제 세면대, 위생용기	○ 현품에 원산지표시 ○ 제6조에 따른 예외적인 원산지표시방법 적용 배제	
6911, 6912	도자제 식탁용품, 주방용품(그릇, 접시)	○ 현품에 원산지표시 ○ 제6조에 따른 예외적인 원산지표시방법 적용 배제	반제품은 원산지표시 의무이행요구
6913, 6914	도자제 장식제품, 분수대, 화분	○ 현품에 원산지표시 ○ 제6조에 따른 예외적인 원산지표시방법 적용 배제	
7003	무늬유리 (주입법, 롤법)	○ 현품에 원산지표시	단순가공 후 판매시 원산지표시 의무이행요구
7004	판유리 (인상법, 취입법)	○ 현품에 원산지표시	단순가공 후 판매시 원산지표시 의무이행요구
7005	플로트 유리	○ 현품에 원산지표시	단순가공 후 판매시 원산지표시 의무이행요구
7006	기타 유리(에나멜	○ 현품에 원산지표시	

HS	물품명	적정표시방법	비 고
	등 페인팅 유리)		
7007	안전유리(강화유리, 접합유리)	○ 현품에 원산지표시	
7008	복층유리	○ 현품에 원산지표시	
7009	유리거울 (백미러 포함)	○ 현품에 원산지표시	단순가공 후 판매시 원산지표시 의무이행요구
7010	유리 카보이, 병, 프라스크, 단지, 항아리, 약병, 앰플	○ 제품하단에 'Bottle made in 국가명' 형태로 각인 또는 스티커 부착	
7013	유리제품(식탁·주방·사무·실내장식용)	○ 현품에 원산지표시	
7015	안경유리, 선글라스용 유리	○ 소매용 최소포장에 원산지표시	
7018	유리 비드, 모조진주, 모조산호	○ 소매용 최소포장에 원산지표시	
7019	유리섬유 및 이들의 제품	○ 소매용 최소포장에 원산지 표시 ○ 글라스울 외포장에 원산지표시 허용	원산지표시 의무이행요구
7113, 7114, 7117	금은 세공품, 모조신변장식품	○ 현품에 원산지표시 ○ 현품에 표시가 곤란한 경우 택에 의한 원산지표시 허용	
7214	철근 등	○ 최소포장에 원산지표시 허용(중량 1톤 기준) ○ 예외적인 원산지표시방법 허용	원산지표시 의무이행요구
7216	형강	○ 현품에 원산지표시	원산지표시 의무이행요구
7208, 7210.30 7210.41 7210.49 7210.70 7219	열연강판 및 후판, 아연도금강판(전기, 용융, 착색방식에 한함), 스테인리스강판	○ 현품에 원산지표시 ○ 예외적인 원산지표시방법 허용 ○ 소매용 최소포장에 원산지 표시 허용 － 철강판재류로 두께 10mm 미만	원산지표시 의무이행요구
7225 7226	평판압연 합금강	○ 현품에 원산지표시 ○ 예외적인 원산지표시방법 허용	원산지표시 의무이행요구

HS	물품명	적정표시방법	비 고
		○ 판재류 두께 10mm 미만은 소매용 최소포장에 원산지표시 허용	
7228	합금강의 형강 등	○ 현품에 원산지표시 ○ 예외적인 원산지표시방법 허용 ○ 철근 및 봉 종류는 최소포장에 원산지표시 허용(중량 1톤 기준)	원산지표시 의무이행요구
7307	플랜지에 한함	○ 현품에 원산지 표시	
7311	액화가스 용기	○ 현품에 원산지표시	
7315	체인	○ 현품에 원산지표시 ○ 소매용 최소포장에 원산지표시 허용, 단 롤러체인(7315.11 − 0000)은 제6조에 따른 예외적인 원산지표시방법 적용 배제	
7317	철강제 못, 압정, 스테이플	○ 소매용 최소포장에 원산지표시	
7318	스크루, 볼트, 너트, 리벳	○ 최소포장에 원산지표시	원산지표시 의무이행요구
7320	판 스프링, 나선용 스프링	○ 현품에 원산지표시	
7321	철강제 스토브, 바비큐 통, 화로	○ 현품에 원산지표시	
7323	철강제 식탁용품, 주방용품	○ 현품에 원산지표시	
7324	철강제 위생용품	○ 현품에 원산지표시	
7325	철강제의 기타 주물제품	○ 현품에 원산지 표시 ○ 날인(stamping) 허용	
7326	철장제의 기타 제품	○ 현품에 원산지 표시 ○ 최소포장에 원산지 표시 허용 − Flat tie, Hook 등 상거래 관행상 최소포장단위 거래 물품 ○ 날인(stamping) 허용	
7415	동제 못, 압정, 핀 스테이플, 볼트, 너트	○ 최소포장에 원산지표시	원산지표시 의무이행요구

HS	물품명	적정표시방법	비 고
7418	동제 식탁용품, 주방용품, 위생용품	○ 현품에 원산지표시	
7508	니켈제의 기타 제품	○ 현품에 원산지 표시 ○ 날인(stamping) 허용	
7615	알루미늄제 식탁용품, 주방용품, 위생용품	○ 현품에 원산지표시	
7616	알루미늄제 못, 압정, 스테이플, 볼트, 너트	○ 최소포장에 원산지표시	원산지표시 의무이행요구
7806	연제의 기타 제품	○ 현품에 원산지 표시 ○ 날인(stamping) 허용	
7907	아연제의 기타 제품	○ 현품에 원산지 표시 ○ 날인(stamping) 허용	
8007	주석제의 기타 제품	○ 현품에 원산지 표시 ○ 날인(stamping) 허용	
8201 ~8205	수동식 농기구, 톱날, 공구	○ 현품에 원산지표시	
8206	공구세트	○ 세트 구성품에 각각 원산지표시 ○ 소매용 최소포장에도 구성품의 원산지표시	
8207	착암·굴착·태핑·드릴링·밀링 공구	○ 현품에 원산지표시 ○ 직경 10mm 이하는 소매용 최소포장에 원산지표시 허용	원산지표시 의무이행요구
8208	칼(기계용, 기구용)	○ 현품에 원산지표시	
8209	공구용 판·봉·팁	○ 현품에 원산지표시	
8211, 8213	칼(절단용, 전정용)	○ 현품에 원산지표시	
8212	면도기, 면도날	○ 현품에 원산지표시 ○ 면도날은 소매용 최소포장에 원산지표시 허용	
8213	가위(가정·사무·작업용)	○ 현품에 원산지표시	

HS	물품명	적정표시방법	비 고
8214	칼(정육용, 주방용), 연필깍기, 조발기	○ 현품에 원산지표시	
8215	수푼, 포크, 국자, 생선용 칼	○ 현품에 원산지표시 ○ 선물용 스푼, 포크세트는 소매용 최소포장에 원산지표시 허용	
8301	자물쇠, 도아록	○ 현품에 원산지표시	
8302	경첩, 장착구	○ 현품에 원산지표시	
8303	금고	○ 현품에 원산지표시	
8306	비금속제 사진틀·그림틀, 벨, 징	○ 현품에 원산지표시	
8406 ~8408	증기터빈, 내연기관	○ 현품에 원산지표시	
8413	액체펌프	○ 현품에 원산지표시	
8414	펌프(기체, 진공), 기체압축기, 팬, 후드	○ 현품에 원산지표시	
8415	공기조절기(에어컨)	○ 현품에 원산지표시	
8418	냉장고, 냉동고	○ 현품에 원산지표시	
8419	가열기, 냉각기, 증발기, 응축기, 항온항습기	○ 현품에 원산지표시	
8421	원심분리기, 탈수기, 여과기, 청정기 및 그 부분품	○ 현품에 원산지표시 ○ 필터는 소매용 최소포장에 원산지표시 허용	
8422	세척기(접시, 병), 자동포장기계, 자동결속기, 진공포장기	○ 현품에 원산지표시	
8424	동력분무기	○ 현품에 원산지표시	
8432	농업·원예·임업용 기계(쟁기, 제초기, 파종기, 이식기)	○ 현품에 원산지표시	

HS	물품명	적정표시방법	비 고
8433	수확기, 탈곡기	○ 현품에 원산지표시	
8434	착유기, 낙농기계	○ 현품에 원산지표시	
8451	드라이 클리닝기, 다림질기, 세척기, 표백기, 염색기	○ 현품에 원산지표시	
8452	재봉기	○ 현품에 원산지표시	
8467	수지식 공구(착암기, 스크루, 드라이버, 드림, 임팩트렌치)	○ 현품에 원산지표시	
8468	용접기, 납땜기	○ 현품에 원산지표시	
8469	타자기	○ 현품에 원산지표시	
8470	전자계산기, 전자수첩, 금전등록기	○ 현품에 원산지표시	
8471	개인용 컴퓨터, CPU, 입력장치, 출력장치, 기억장치	○ 현품에 원산지표시	
8472	등사기, 현금자동처리기, 연필절삭기, 서류절단기, 천공기	○ 현품에 원산지표시	
8473	컴퓨터 카드(사운드, 비디오, 멀티미디어, 인터넷 접속, D램 모듈), 컴퓨터케이스	○ 현품에 원산지표시 ○ 컴퓨터케이스는 'Case made in 국가명' 형태로 표시	
8482	볼베어링, 롤러베어링	○ 현품에 원산지표시 각인 또는 인쇄 ○ 내경 8㎜이하 또는 두께 3㎜이하는 최소포장에 원산지표시 허용	
8483	전동축, 크랭크, 기어, 볼·롤러 스크루, 기어박스, 클러치, 베어링 하우징	○ 현품에 원산지표시	

HS	물품명	적정표시방법	비 고
8501	전동기, 발전기	○현품에 원산지표시	
8504	전기안정기, 변압기, 변환기, 밧데리, 충전기, 아답터	○현품에 원산지표시	
8506	건전지	○현품에 원산지표시 ○밀봉된 것은 소매용 최소포장에 원산지 표시 허용	
8508	진공소제기	○현품에 원산지표시	
8509	가정용 전기기기 (믹서, 그라인더, 녹즙기, 바닥광택제, 커피·얼음분쇄기, 주방용 쓰레기처리기)	○현품에 원산지표시	
8517	전화기, 기타 음성·영상·자료 송수신기	○현품에 원산지표시	
8518	마이크로 폰, 스피커, 헤드폰, 이어폰	○현품에 원산지표시 ○이어폰은 소매용 최소포장에 원산지표시 허용	
8519	음성 녹음 또는 재생기기	○현품에 원산지표시	
8523	공CD, 공디스크 등 저장매체	○소매용 최소포장에 원산지표시	
8525	방송용 송수신기, TV카메라, 디지털 카메라, 비디오카메라 레코더	○현품에 원산지표시	
8526	레이더 기기, 항행용 무선기, 무선원격조절 기기(리모콘), GPS	○현품에 원산지표시	
8527, 8528	라디오, 텔레비젼, CRT	○현품에 원산지표시	
8531	경보기(도난, 화재,	○현품에 원산지표시	

HS	물품명	적정표시방법	비 고
	가스), 사이렌, 벨, 발광다이오드표시판		
8536	전기개폐기, 계전기, 퓨즈, 플러그, 소켓, 램프홀더, 커넥터	○ 현품에 원산지표시 ○ 퓨즈, 플러그, 소형 커넥터는 소매용 최소 포장에 원산지표시 허용	
8539	램프(할로겐, 백열, 형광, 수은 등)	○ 현품에 원산지표시	
8542	IC	○ 소매용 최소포장에 원산지표시	
8544	절연전선, 케이블 (동축, 광섬유)	○ 현품에 원산지표시 ○ 포장상자, 자루, 케이스 등에 원산지표시 허용	원산지표시 의무이행요구
8701	트랙터	○ 트랙터 운전석문 안쪽에 원산지표시	
8703	승용차	○ 자동차 운전석문 안쪽에 원산지표시 ○ 자기인증표시상의 원산지표시 인정	
8708	자동차 부분품, 부속품	○ 현품에 원산지표시 ○ 최소포장에 원산지표시 허용	다른 호에 분류되는 자동차 부분품, 부속품도 포함
8711	모터사이클, 모터자전거, 사이드 카	○ 현품(차대 부분)에 원산지표시	
8712	자전거	○ 현품(차체부분)에 원산지표시	
8715	유모차	○ 현품(차체부분)에 원산지표시	
9001	콘텍트 렌즈, 안경렌즈	○ 최소포장에 원산지표시 ○ 낱개 포장이 되지 않은 것은 외포장에 원산지표시	
9002	대물렌즈	○ 소매용 최소포장에 원산지표시	
9003	안경테	○ 안경테 안쪽 다리부분에 원산지표시 ○ 안경테 다리가 가늘어 원산지표시가 곤란한 경우에만 팁(Tip)부분에 표시 허용	
9004	선글라스, 시력교정용 안경	○ 안경테 안쪽 다리부분에 원산지표시 ○ 안경테 다리가 가늘어 원산지표시가 곤란한 경우에만 팁(Tip)부분에 표시 허용	

HS	물품명	적정표시방법	비 고
9005	쌍안경, 망원경	○현품에 원산지표시	.
9006	사진기, 폴라로이드 사진기	○현품에 원산지표시	
9012	현미경	○현품에 원산지표시	
9013	레이저기기, 기타 광학기기	○현품에 원산지표시	
9016	저울	○현품에 원산지표시	
9017	제도용구, 설계용 구, 계산용구, 길이 측정 기기(자, 줄자, 마이크로미터)	○현품에 원산지표시	
9018	의료기기(내과, 외 과, 치과, 수의용)	○현품에 원산지표시 ○주사기, 주사침은 소매용 최소포 장에 원산지표시 허용	
9019	마사지용 기기, 산 소호흡기, 인공호 흡기, 에어로졸 치 료기	○현품에 원산지표시	
9021	보청기	○소매용 최소포장에 원산지표시	
9024	금속, 목재 등의 경 도, 항장력, 압축 성, 탄성 시험기기	○현품에 원산지표시	
9025	온도계, 고온계, 기압계, 습도계	○현품에 원산지표시	
9026	압력계	○현품 전면에 원산지표시	
9027	편광계, 조도계, 열량계	○현품에 원산지표시	
9029	속도계, 거리계, 열량계	○현품에 원산지표시	
9101 ~9103	시계	○문자판 또는 케이스 뒷면에 원산 지표시	
9106,	타임 레지스터, 타	○현품에 원산지표시	

HS	물품명	적정표시방법	비 고
9107	임 레코더, 순찰시계, 타이머, 주차기록계, 타임스위치		
9108 ~9110	무브먼트	○소매용 최소포장에 원산지표시 ○제조업체 납품시 포장상자, 케이스 등에 원산지표시 허용	
9111	휴대용 시계케이스	○현품에 원산지표시(Case made in 국가명) ○제조업체에서 수입시 포장상자, 케이스 등에 원산지표시 허용	
9201	피아노	○현품에 원산지표시	
9202	현악기(바이올린, 첼로, 하프, 만도린)	○악기 내부에 원산지표시	
9205	트럼펫, 플루트, 섹스폰, 클라리넷, 파이프오르간, 아코디언, 하모니카	○현품에 원산지표시	
9206	타악기(북, 목금, 심벌, 탬버린)	○현품에 원산지표시	
9207, 9208	전자(오르간·피아노·기타·아코디언)	○현품에 원산지표시	
9401	의자, 소파	○현품에 원산지표시 ○조립식 의자(DIY 등)는 소매용 최소포장에 원산지표시 허용	조립식 의자의 견본품 및 조립 판매시 원산지표시 의무이행 요구
9402	의자(의료·이발·미용실), 수술대	○현품에 원산지표시	
9403	가구(책상, 침대, 문갑, 화장대, 장롱, 거실장, 식탁)	○현품에 원산지표시 ○조립식 가구(DIY 등)는 소매용 최소포장에 원산지표시 허용	조립식 가구의 견본품 및 조립 판매시 원산지표시 의무이행 요구
9404	매트리스	○현품에 원산지표시	
9405	램프, 조명기구	○현품에 원산지표시	
9503	세발자전거, 스쿠터, 보행기, 바퀴달	○현품에 원산지표시 ○조립식 완구 및 퍼즐은 소매용 최	

HS	물품명	적정표시방법	비 고
	린 완구, 사람모양 완구, 퍼즐	소포장에 원산지표시 허용	
9504	비디오 게임용구	○현품에 원산지표시	
9504	당구용품, 볼링용품, 유희용 카드, 전자식 게임기	○현품에 원산지표시 ○카드는 소매용 최소포장에 원산지표시 허용	
9506	스키용품	○현품에 원산지표시	
9506	골프채	○현품에 원산지표시 ○샤프트에 견고한 스티커 허용 ○헤드, 샤프트의 원산지와 조립국이 다른 경우 - 현품에 'Head 국가명, Shaft 국가명, Assembled in 국가명'을 병기하거나, - 골프채 조립공정을 수행한 국가를 'made in 국가명' 으로 원산지표시	
9506	골프공	○현품에 원산지표시 ○소매용 최소포장에 원산지표시 허용 ○골프연습장에서만 사용될 것으로 인정되는 경우, 포장상자 등에 원산지표시 허용	원산지표시 의무이행요구
9506	축구공, 농구공, 배구공, 야구공	○현품에 원산지표시	
9506	배드민턴공	○소매용 최소포장에 원산지표시	
9507	낚시용구(낚시대, 낚시릴, 낚시바늘)	○현품에 원산지표시 ○낚시바늘, 기타 낚시용구는 소매용 최소포장 원산지표시 허용	
9603	비, 부러시, 붓	○현품에 원산지표시	
9603	칫솔	○소매용 최소포장에 원산지표시	
9608	볼펜, 볼펜심, 만년필	○현품에 원산지표시 ○볼펜심은 소매용 최소포장에 원산지표시 허용	

HS	물품명	적정표시방법	비 고
9609	연필, 색연필, 크레용, 파스텔, 분필	ㅇ소매용 최소포장에 원산지표시(문구류 세트 포함) ㅇ연필은 현품에 원산지표시	도색처리하지 않은 연필은 원산지표시 의무이행 요구
9613	라이터	ㅇ현품에 원산지표시	
9615	머리빗, 머리핀	ㅇ현품에 원산지표시	
9617	보온병, 보온도시락	ㅇ현품에 원산지표시	
9618	마네킹 인형	ㅇ현품에 원산지표시	
9619	위생용품	ㅇ소매용 최소포장에 원산지 표시	원산지표시 의무이행요구

부록 2

관세범죄 양형기준(2023. 7. 1. 시행)

관세범죄의 양형기준은 무신고 수입 등(관세법 제269조 제2항), 무신고 수출 등(관세법 제269조 제3항), 과세가격·관세율 거짓 신고 등(관세 법 제270조 제1항 제1호), 부정 수입(관세법 제270조 제2항), 부정 수출(관세법 제270조 제3항), 부정 관세감면 등(관세법 제270조 제4항), 부정 관세환급(관세법 제270조 제5항), 밀수품 취득 등(관세법 제274조 제1항), 무신고 수입 등 가중처벌(특정범죄가중법 제6조 제2항), 무신고 수출 등 가중처벌(특정범죄가중법 제6조 제3항), 관세포탈 가중처벌(특정범죄가중법 제6조 제4항), 부정 수입 가중처벌(특정범죄가중법 제6조 제5항), 관세범죄의 집단범·상습범(특정범죄가중법 제6조 제8항)의 범죄를 저지른 성인(19세 이상) 피고인에 대하여 적용한다.

◈ 약어표 ◈
특정범죄 가중처벌 등에 관한 법률: 특정범죄가중법

I. 형종 및 형량의 기준

1. 관세포탈

유형	구분	감경	기본	가중
1	5,000만 원 미만	− 10월	6월 − 1년2월	1년 − 2년
2	5,000만 원 이상, 2억 원 미만	1년6월 − 2년6월	2년 − 4년	3년 − 5년
3	2억 원 이상	2년6월 − 5년	4년 − 7년	6년 − 10년
4	집단범 · 상습범	5년 − 8년	6년 − 10년	9년 − 13년

구분		감경요소	가중요소
특별양형인자	행위	◦ 범행가담에 특히 참작할 사유가 있는 경우 ◦ 실제 이득액이 경미한 경우 ◦ 미필적 고의로 범행을 저지른 경우 ◦ 포탈세액 등 합계액이 5,000만 원 미만인 경우(4유형)	◦ 범행수법이 매우 불량한 경우 ◦ 피지휘자에 대한 교사 ◦ 포탈세액 등 합계액이 2억 원 이상인 경우(4유형)
	행위자/기타	◦ 청각 및 언어 장애인 ◦ 심신미약(본인 책임 없음) ◦ 자수, 내부 고발 또는 조직적 범행의 전모에 관한 완전하고 자발적인 개시 ◦ 포탈한 관세를 상당 부분 납부하거나 납부할 것이 명백한 경우	◦ 동종 누범 ◦ 관세업무를 대리하는 관세사의 교사행위 또는 세관공무원의 범행
일반양형인자	행위	◦ 범행동기에 참작할 만한 사정이 있는 경우 ◦ 포탈한 관세 중 일정 부분 이상이 징수되거나 징수되리라 예상되는 경우	◦ 포탈한 관세의 징수를 회피하기 위하여 재산을 은닉한 경우 ◦ 관세조사 또는 세관공무원의 조사에도 불구하고 범행을 계속한 경우 ◦ 세관공무원과 결탁한 경우
	행위자/기타	◦ 진지한 반성 ◦ 형사처벌 전력 없음 ◦ 일반적 수사 협조	◦ 관세조사 등을 방해하거나 범행 후 증거은폐 또는 은폐 시도 ◦ 이종 누범, 누범에 해당하지 않는 동종 실형전과(집행 종료 후 10년 미만)

2. 무신고 수입 등

가. 무신고 수입/신고와 다른 물품 수입

유형	구분	감경	기본	가중
1	2억 원 미만	4월 – 1년	8월 – 1년6월	1년2월 – 3년6월
2	2억 원 이상, 5억 원 미만	1년6월 – 2년6월	2년 – 4년	3년 – 5년
3	5억 원 이상	2년6월 – 5년	4년 – 7년	6년 – 10년
4	집단범 · 상습범	5년 – 8년	6년 – 10년	9년 – 13년

구분		감경요소	가중요소
특별양형인자	행위	◦ 범행가담에 특히 참작할 사유가 있는 경우 ◦ 수입한 물품이 유통되지 않은 경우 ◦ 실제 이득액이 경미한 경우 ◦ 미필적 고의로 범행을 저지른 경우 ◦ 물품원가 합계액이 2억 원 미만인 경우(4유형)	◦ 범행수법이 매우 불량한 경우 ◦ 중대한 폐해가 발생하거나 그 위험성이 매우 높은 경우 ◦ 피지휘자에 대한 교사 ◦ 물품원가 합계액이 5억 원 이상인 경우(4유형)
	행위자/기타	◦ 청각 및 언어 장애인 ◦ 심신미약(본인 책임 없음) ◦ 자수, 내부 고발 또는 조직적 범행의 전모에 관한 완전하고 자발적인 개시	◦ 동종 누범 ◦ 관세업무를 대리하는 관세사의 교사 행위 또는 세관공무원의 범행
일반양형인자	행위	◦ 범행동기에 참작할 만한 사정이 있는 경우 ◦ 수입한 물품이 관세가 부과되지 않는 물품인 경우	◦ 범죄수익을 의도적으로 은닉한 경우 ◦ 관세조사 또는 세관공무원의 조사에도 불구하고 범행을 계속한 경우 ◦ 세관공무원과 결탁한 경우
	행위자/기타	◦ 진지한 반성 ◦ 형사처벌 전력 없음 ◦ 일반적 수사협조	◦ 관세조사 등을 방해하거나 범행 후 증거은폐 또는 은폐 시도 ◦ 이종 누범, 누범에 해당하지 않는 동종 실형전과(집행 종료 후 10년 미만)

나. 부정 수입

유형	구분	감경	기본	가중
1	2억 원 미만	− 10월	6월 − 1년2월	1년 − 2년
2	2억 원 이상, 5억 원 미만	6월 − 1년4월	10월 − 2년	1년6월 − 4년
3	5억 원 이상	1년6월 − 2년6월	2년 − 4년	3년 − 6년
4	집단범 · 상습범	5년 − 8년	6년 − 10년	9년 − 13년

구분		감경요소	가중요소
특별양형인자	행위	○ 범행가담에 특히 참작할 사유가 있는 경우 ○ 수입한 물품이 유통되지 않은 경우 ○ 실제 이득액이 경미한 경우 ○ 미필적 고의로 범행을 저지른 경우 ○ 물품원가 합계액이 2억 원 미만인 경우(4유형)	○ 범행수법이 매우 불량한 경우 ○ 중대한 폐해가 발생하거나 그 위험성이 매우 높은 경우 ○ 피지휘자에 대한 교사 ○ 물품원가 합계액이 5억 원 이상인 경우(4유형)
	행위자 /기타	○ 청각 및 언어 장애인 ○ 심신미약(본인 책임 없음) ○ 자수, 내부 고발 또는 조직적 범행의 전모에 관한 완전하고 자발적인 개시	○ 동종 누범 ○ 관세업무를 대리하는 관세사의 교사 행위 또는 세관공무원의 범행
일반양형인자	행위	○ 범행동기에 참작할 만한 사정이 있는 경우	○ 범죄수익을 의도적으로 은닉한 경우 ○ 관세조사 또는 세관공무원의 조사에도 불구하고 범행을 계속한 경우 ○ 세관공무원과 결탁한 경우
	행위자 /기타	○ 진지한 반성 ○ 형사처벌 전력 없음 ○ 일반적 수사협조	○ 관세조사 등을 방해하거나 범행 후 증거은폐 또는 은폐 시도 ○ 이종 누범, 누범에 해당하지 않는 동종 실형전과(집행 종료 후 10년 미만)

3. 무신고 수출 등

가. 무신고 수출·반송/신고와 다른 물품 수출·반송

유형	구분	감경	기본	가중
1	5억 원 미만	- 10월	6월 - 1년2월	1년 - 2년
2	5억 원 이상	6월 - 1년4월	10월 - 2년	1년6월 - 5년
3	집단범·상습범	5년 - 8년	6년 - 10년	9년 - 13년

구분		감경요소	가중요소
특별양형인자	행위	◦ 범행가담에 특히 참작할 사유가 있는 경우 ◦ 수출한 물품이 유통되지 않은 경우 ◦ 실제 이득액이 경미한 경우 ◦ 미필적 고의로 범행을 저지른 경우 ◦ 물품원가 합계액이 2억 원 미만인 경우(3유형)	◦ 범행수법이 매우 불량한 경우 ◦ 중대한 폐해가 발생하거나 그 위험성이 매우 높은 경우 ◦ 피지휘자에 대한 교사 ◦ 물품원가 합계액이 5억 원 이상인 경우(3유형)
	행위자 /기타	◦ 청각 및 언어 장애인 ◦ 심신미약(본인 책임 없음) ◦ 자수, 내부 고발 또는 조직적 범행의 전모에 관한 완전하고 자발적인 개시	◦ 동종 누범 ◦ 관세업무를 대리하는 관세사의 교사행위 또는 세관공무원의 범행
일반양형인자	행위	◦ 범행동기에 참작할 만한 사정이 있는 경우	◦ 범죄수익을 의도적으로 은닉한 경우 ◦ 관세조사 또는 세관공무원의 조사에도 불구하고 범행을 계속한 경우 ◦ 세관공무원과 결탁한 경우
	행위자 /기타	◦ 진지한 반성 ◦ 형사처벌 전력 없음 ◦ 일반적 수사협조	◦ 관세조사 등을 방해하거나 범행 후 증거은폐 또는 은폐 시도 ◦ 이종 누범, 누범에 해당하지 않는 동종 실형전과(집행 종료 후 10년 미만)

나. 부정수출

유형	구분	감경	기본	가중
1	일반 부정 수출	– 6월	4월 – 8월	6월 – 1년
2	집단법·상습범	5년 – 8년	6년 – 10년	9년 – 13년

구분		감경요소	가중요소
특별양형인자	행위	◦ 범행가담에 특히 참작할 사유가 있는 경우 ◦ 수출한 물품이 유통되지 않은 경우 ◦ 실제 이득액이 경미한 경우 ◦ 미필적 고의로 범행을 저지른 경우 ◦ 물품원가 합계액이 2억 원 미만인 경우(2유형)	◦ 범행수법이 매우 불량한 경우 ◦ 중대한 폐해가 발생하거나 그 위험성이 매우 높은 경우 ◦ 피지휘자에 대한 교사 ◦ 물품원가가 5억 원 이상인 경우(1유형) ◦ 물품원가 합계액이 5억 원 이상인 경우(2유형)
	행위자/기타	◦ 청각 및 언어 장애인 ◦ 심신미약(본인 책임 없음) ◦ 자수, 내부 고발 또는 조직적 범행의 전모에 관한 완전하고 자발적인 개시	◦ 동종 누범 ◦ 관세업무를 대리하는 관세사의 교사 행위 또는 세관공무원의 범행
일반양형인자	행위	◦ 범행동기에 참작할 만한 사정이 있는 경우	◦ 범죄수익을 의도적으로 은닉한 경우 ◦ 관세조사 또는 세관공무원의 조사에도 불구하고 범행을 계속한 경우 ◦ 세관공무원과 결탁한 경우
	행위자/기타	◦ 진지한 반성 ◦ 형사처벌 전력 없음 ◦ 일반적 수사협조	◦ 관세조사 등을 방해하거나 범행 후 증거은폐 또는 은폐 시도 ◦ 이종 누범, 누범에 해당하지 않는 동종 실형전과(집행 종료 후 10년 미만)

4. 밀수품 취득 등

유형	구분	감경	기본	가중
1	일반 밀수품 취득 등	- 10월	6월 - 1년2월	1년 - 2년6월
2	집단법·상습범	5년 - 8년	6년 - 10년	9년 - 13년

구분		감경요소	가중요소
특별 양형 인자	행위	◦ 범행가담에 특히 참작할 사유가 있는 경우 ◦ 밀수품이 유통되지 않은 경우 ◦ 실제 이득액이 경미한 경우 ◦ 취득 등 밀수품의 규모가 작은 경우 ◦ 미필적 고의로 범행을 저지른 경우	◦ 범행수법이 매우 불량한 경우 ◦ 중대한 폐해가 발생하거나 그 위험성이 매우 높은 경우 ◦ 취득 등 밀수품의 규모가 큰 경우 ◦ 적극적으로 본범을 유발한 경우 ◦ 피지휘자에 대한 교사
	행위자 /기타	◦ 청각 및 언어 장애인 ◦ 심신미약(본인 책임 없음) ◦ 자수, 내부 고발 또는 조직적 범행의 전모에 관한 완전하고 자발적인 개시	◦ 동종 누범 ◦ 관세업무를 대리하는 관세사의 교사행위 또는 세관공무원의 범행
일반 양형 인자	행위	◦ 범행동기에 참작할 만한 사정이 있는 경우	◦ 범죄수익을 의도적으로 은닉한 경우 ◦ 관세조사 또는 세관공무원의 조사에도 불구하고 범행을 계속한 경우 ◦ 세관공무원과 결탁한 경우
	행위자 /기타	◦ 진지한 반성 ◦ 형사처벌 전력 없음 ◦ 일반적 수사협조	◦ 관세조사 등을 방해하거나 범행 후 증거은폐 또는 은폐 시도 ◦ 이종 누범, 누범에 해당하지 않는 동종 실형전과(집행 종료 후 10년 미만)

[유형의 정의]

1. 관세포탈

○ 아래 구성요건 및 적용법조에 해당하는 행위를 의미한다.

구성요건	적용법조
과세가격·관세율 거짓 신고 또는 무신고	관세법 제270조 제1항 제1호
부정 관세감면 또는 관세감면 물품에 대한 관세징수 면탈	관세법 제270조 제4항
부정 관세환급	관세법 제270조 제5항
포탈세액 등이 5,000만 원 이상, 2억 원 미만인 경우	특정범죄가중법 제6조 제4항 제2호, 관세법 제270조 제1항 제1호, 제4항, 제5항
포탈세액 등이 2억 원 이상인 경우	특정범죄가중법 제6조 제4항 제1호, 관세법 제270조 제1항 제1호, 제4항, 제5항
단체 또는 집단을 구성하거나 상습적으로 관세법 제270조의 죄를 범한 경우	특정범죄가중법 제6조 제8항, 관세법 제270조

(1) 제1유형 : 포탈·면탈하거나 감면·환급받은 세액(이하 '포탈세액 등'이라 한다)이 5,000만 원 미만인 경우를 의미한다.
(2) 제2유형 : 포탈세액 등이 5,000만 원 이상, 2억 원 미만인 경우를 의미한다.
(3) 제3유형 : 포탈세액 등이 2억 원 이상인 경우를 의미한다.
(4) 제4유형 : 포탈세액 등과 상관없이 단체 또는 집단을 구성하거나 상습적으로 관세포탈 범죄를 저지른 경우를 의미한다.

2. 무신고 수입 등

가. 무신고 수입/신고와 다른 물품 수입

○ 아래 구성요건 및 적용법조에 해당하는 행위를 의미한다.

구성요건	적용법조
무신고 수입/신고와 다른 물품 수입	관세법 제269조 제2항 제1호/제2호
물품원가가 2억 원 이상, 5억 원 미만인 경우	특정범죄가중법 제6조 제2항 제2호, 관세법 제269조 제2항
물품원가가 5억 원 이상인 경우	특정범죄가중법 제6조 제2항 제1호, 관세법 제269조 제2항
단체 또는 집단을 구성하거나 상습적으로 관세법 제269조의 죄를 범한 경우	특정범죄가중법 제6조 제8항, 관세법 제269조

(1) 제1유형 : 수입한 물품원가가 2억 원 미만인 경우를 의미한다.

(2) 제2유형 : 수입한 물품원가가 2억 원 이상, 5억 원 미만인 경우를 의미한다.

(3) 제3유형 : 수입한 물품원가가 5억 원 이상인 경우를 의미한다.

(4) 제4유형 : 수입한 물품원가와 상관없이 단체 또는 집단을 구성하거나 상습적으로 무신고 수입 등 범죄를 저지른 경우를 의미한다.

나. 부정수입

○ 아래 구성요건 및 적용법조에 해당하는 행위를 의미한다.

구성요건	적용법조
부정수입	관세법 제270조 제2항
물품원가가 2억 원 이상, 5억 원 미만인 경우	특정범죄가중법 제6조 제5항 제2호, 관세법 제270조 제2항
물품원가가 5억 원 이상인 경우	특정범죄가중법 제6조 제5항 제1호, 관세법 제270조 제2항
단체 또는 집단을 구성하거나 상습적으로 관세법 제270조의 죄를 범한 경우	특정범죄가중법 제6조 제8항, 관세법 제270조

(1) 제1유형 : 수입한 물품원가가 2억 원 미만인 경우를 의미한다.

(2) 제2유형 : 수입한 물품원가가 2억 원 이상, 5억 원 미만인 경우를 의미한다.

(3) 제3유형 : 수입한 물품원가가 5억 원 이상인 경우를 의미한다.

(4) 제4유형 : 수입한 물품원가와 상관없이 단체 또는 집단을 구성하거나 상습적으로 무신고 수입 등 범죄를 저지른 경우를 의미한다.

3. 무신고 수출 등

가. 무신고 수출 · 반송/신고와 다른 물품 수출 · 반송

○ 아래 구성요건 및 적용법조에 해당하는 행위를 의미한다.

구성요건	적용법조
무신고 수출·반송/ 신고와 다른 물품 수출·반송	관세법 제269조 제3항 제1호/제2호
물품원가가 5억원 이상인 경우	특정범죄가중법 제6조 제3항, 관세법 제269조 제3항
단체 또는 집단을 구성하거나 상습적으로 관세법 제269조의 죄를 범한 경우	특정범죄가중법 제6조 제8항, 관세법 제269조

(1) 제1유형 : 수출한 물품원가가 5억 원 미만인 경우를 의미한다.

(2) 제2유형 : 수출한 물품원가가 5억 원 이상인 경우를 의미한다.

(3) 제3유형 : 수출한 물품원가와 상관없이 단체 또는 집단을 구성하거나 상습적으로 무신고 수출 등 범죄를 저지른 경우를 의미한다.

나. 부정 수출

○ 아래 구성요건 및 적용법조에 해당하는 행위를 의미한다(이하 같음).

(1) 제1유형(일반 부정 수출)

구성요건	적용법조
부정 수출	관세법 제270조 제3항

(2) 제2유형(집단범 · 상습범)

구성요건	적용법조
단체 또는 집단을 구성하거나 상습적으로 관세법 제270조의 죄를 범한 경우	특정범죄가중법 제6조 제8항, 관세법 제270조

4. 밀수품 취득 등

○ 아래 구성요건 및 적용법조에 해당하는 행위를 의미한다(이하 같음).

(1) 제1유형(일반 밀수품 취득 등)

구성요건	적용법조
밀수출입품(관세법 제269조) 또는 부정 수출입품 (관세법 제270조 제1항 제3호, 제2항, 제3항) 취득 · 양도 · 운반 · 보관 · 알선 · 감정	관세법 제274조 제1항

(2) 제2유형(집단범 · 상습범)

구성요건	적용법조
단체 또는 집단을 구성하거나 상습적으로 관세법 제274조의 죄를 범한 경우	특정범죄가중법 제6조 제8항, 관세법 제274조

[양형인자의 정의]

1. 관세포탈[1]

가. 범행가담에 특히 참작할 사유가 있는 경우

○ 다음 요소 중 하나 이상에 해당하는 경우를 의미한다.

- 타인의 강압이나 위협 등에 의하여 강요된 상태에서 범행에 가담한 경우(형법 제12조에 해당하는 경우는 제외)
- 범행을 단순 공모하였을 뿐 범행을 주도하지 아니하고, 실행행위를 분담하지도 아니한 경우
- 범행을 주도·계획·지휘하지 않고 매우 단순한 실행행위만을 분담한 경우
- 그 밖에 이에 준하는 경우

나. 실제 이득액이 경미한 경우

○ 다음 요소 중 하나 이상에 해당하는 경우를 의미한다.

- 행위자 개인에게 관세포탈로 인한 이익이 귀속되지 아니하는 등 범행을 통하여 실제로 취득한 이익이 없거나 적은 경우
- 그 밖에 이에 준하는 경우

다. 포탈한 관세를 상당 부분 납부하거나 납부할 것이 명백한 경우

○ 다음 요소 중 하나 이상에 해당하는 경우를 의미한다.

- 피고인이 포탈세액 중 약 2/3 이상을 자진하여 납부한 경우(관세법 제46조의 관세환급금의 충당에 의한 경우를 포함)
- 피고인이 담보의 제공이나 분할납부의 약속 등으로 장래 포탈세액 중 약 2/3 이상을 자진하여 납부할 것이 명백한 경우
- 그 밖에 이에 준하는 경우

---

1) 무신고 수입 등, 무신고 수출 등, 밀수품 취득 등에도 적용되는 동일한 명칭의 양형인자의 경우 따로 정의하지 않는 한 이와 같다.

라. 범행수법이 매우 불량한 경우

○ 다음 요소 중 하나 이상에 해당하는 경우를 의미한다.
- 범행의 수단과 방법을 사전에 치밀하게 계획한 경우
- 고도의 지능적인 방법을 동원하여 범행한 경우
- 지금까지 알려지지 아니한 신종의 전문적 수법을 창출하여 범행한 경우
- 다수인이 역할을 분담하여 조직적으로 범행하거나 범행에 전문적인 장비나 기술을 사용한 경우에 있어서 범행을 주도적으로 계획 또는 실행을 지휘하는 등 핵심적 역할을 담당한 경우
- 증거인멸을 사전에 치밀하게 준비한 경우
- 그 밖에 이에 준하는 경우

마. 범행동기에 참작할 만한 사정이 있는 경우

○ 다음 요소 중 하나 이상에 해당하는 경우를 의미한다.
- 우월적 지위에 있는 거래처의 일방적인 단가 인하 또는 지나치게 낮은 단가 결정으로 인하여 범행에 이르게 된 경우
- 자금 경색 등 경제적으로 급박한 상황에서 범행에 이르게 된 경우
- 그 밖에 이에 준하는 경우

바. 포탈한 관세 중 일정 부분 이상이 징수되거나 징수되리라 예상되는 경우

○ 피고인의 재산에 강제징수절차가 진행되어 포탈세액 중 약 1/3 이상이 징수되거나 징수되리라 예상되는 경우(관세법 제46조의 관세환급금의 충당에 의한 경우를 포함)를 의미한다.

사. 진지한 반성

○ 범행을 인정한 구체적 경위, 피해 회복 또는 재범 방지를 위한 자발적 노력 여부 등을 조사, 판단한 결과 피고인이 자신의 범행에 대하여 진심으로 뉘우치고 있다고 인정되는 경우를 의미한다.

아. 형사처벌 전력 없음

○ 피고인이 해당 범행 전까지 단 한 번도 범행을 저지르지 아니한 경우

를 의미한다. 다만, 상당한 기간에 걸쳐 반복적으로 범행한 경우는 제외한다.

자. 일반적 수사 협조

○ '범행의 전모에 관한 완전하고 자발적인 개시'에는 이르지 못하지만, 피고인이 자신의 범행과 후속 범행에 관하여 사실대로 진술하여 관련자 처벌 및 후속범죄 저지 등 수사에 기여한 경우를 의미한다.

차. 포탈한 관세의 징수를 회피하기 위하여 재산을 은닉한 경우

○ 재산을 의도적으로 은닉하여 포탈세액의 징수에 지장을 초래하는 경우를 의미한다. 다만, 관세법 제275조의2에 해당하는 경우와 같이 별도의 범죄에 해당하는 경우는 제외한다.

2. 무신고 수입 등
가. 수입한 물품이 유통되지 않은 경우

○ 다음 요소 중 하나 이상에 해당하는 경우를 의미한다. 다만, 이 인자를 적용하는 경우, '실제 이득액이 경미한 경우'는 중복하여 적용하지 아니한다.
− 수입한 물품 대부분이 제3자에게 점유·소유가 넘겨지지 아니하고 피고인(공범 포함)의 지배 하에 있는 경우
− 수입한 물품 대부분을 폐기한 경우
− 수입한 물품 중 일부가 유통되었으나 상당한 비용·노력을 들여 유통된 물품을 자발적으로 회수한 경우
− 그 밖에 이에 준하는 경우

나. 실제 이득액이 경미한 경우

○ 다음 요소 중 하나 이상에 해당하는 경우를 의미한다.
− 행위자 개인에게 무신고 수입 등으로 인한 이익이 귀속되지 아니하는 등 범행을 통하여 실제로 취득한 이익이 없거나 적은 경우
− 그 밖에 이에 준하는 경우

다. 중대한 폐해가 발생하거나 그 위험성이 매우 높은 경우

○ 다음 요소 중 하나 이상에 해당하는 경우를 의미한다. 다만, 별도의 범
죄가 성립되어 다수범죄 처리기준이 적용되는 경우에는 이 인자를 적
용하지 아니한다.

− 국민의 생명과 건강에 대한 직접적인 피해가 발생하거나 발생할 위험
이 매우 높은 경우

− 국가의 안보, 경제질서 또는 사회적·문화적 질서 등을 현저히 교란시
키거나 해칠 우려가 매우 높은 경우

− 경쟁관계에 있는 국내산업에 심각한 피해를 초래하거나 초래할 우려가
매우 높은 경우

− 그 밖에 이에 준하는 경우

라. 범행동기에 참작할 만한 사정이 있는 경우

○ 다음 요소 중 하나 이상에 해당하는 경우를 의미한다.

− 우월적 지위에 있는 거래처의 무자료거래 등 요구로 범행에 이르게 된
경우

− 예측할 수 없었던 재해, 재난 등으로 예정했던 수입 일정에 차질이 생
긴 상황에서 거래처와의 납품기한 준수, 그 위반으로 인한 불이익의 최
소화 등을 위해 범행에 이르게 된 경우

− 자금 사정 등으로 원자재의 정상적인 조달이 불가능한 상황에서 공장 가
동에 필요한 최소한도의 물량을 확보하기 위해 범행에 이르게 된 경우

− 그 밖에 이에 준하는 경우

마. 수입한 물품이 관세가 부과되지 않는 물품인 경우

○ '관세가 부과되지 않는 물품'은 수입 당시 관세율이 0%이거나 관세를
면제받을 수 있었던 물품을 의미한다(관세법 및 다른 법령에 의한 수입금
지물품은 해당하지 아니한다).

바. 범죄수익을 의도적으로 은닉한 경우

○ 다음 요소 중 하나 이상에 해당하는 경우를 의미한다.

- 벌금형 또는 몰수·추징형의 집행을 피하기 위하여 범죄수익 등을 의도
  적으로 은닉한 경우
- 그 밖에 이에 준하는 경우

3. 무신고 수출 등

가. 수출한 물품이 유통되지 않은 경우

○ 다음 요소 중 하나 이상에 해당하는 경우를 의미한다. 다만, 이 인자를
적용하는 경우, '실제 이득액이 경미한 경우'는 중복하여 적용하지 아니
한다.
- 수출한 물품 대부분을 폐기한 경우
- 수출한 물품 중 일부가 유통되었으나 상당한 비용·노력을 들여 유통된
  물품을 자발적으로 회수한 경우
- 그 밖에 이에 준하는 경우

나. 실제 이득액이 경미한 경우

○ 다음 요소 중 하나 이상에 해당하는 경우를 의미한다.
- 행위자 개인에게 무신고 수출 등으로 인한 이익이 귀속되지 아니하는
  등 범행을 통하여 실제로 취득한 이익이 없거나 적은 경우
- 수출한 물품과 정상적으로 통관된 물품의 원가 대비 시가에 별다른 차
  이가 없어 그 유통 등으로 인한 이익이 없거나 적은 경우
- 그 밖에 이에 준하는 경우

다. 중대한 폐해가 발생하거나 그 위험성이 매우 높은 경우

○ 다음 요소 중 하나 이상에 해당하는 경우를 의미한다. 다만, 별도의 범
죄가 성립되어 다수범죄 처리기준이 적용되는 경우에는 이 인자를 적
용하지 아니한다.
- 수입국 국민의 생명과 건강에 대한 직접적인 피해가 발생하거나 발생
  할 위험이 매우 높은 경우
- 수입국의 안보, 경제질서 또는 사회적·문화적 질서 등을 현저히 교란
  시키거나 해칠 우려가 매우 높은 경우

- 경쟁관계에 있는 수입국의 산업 또는 수입국에서 시장을 개척한 우리나라의 기업에 심각한 피해를 초래하거나 초래할 우려가 매우 높은 경우
- 수입국에서 우리나라의 수출 할당량을 대폭 줄이는 등 우리나라의 국가 신인도를 현저히 하락시키거나 해칠 우려가 매우 높은 경우
- 그 밖에 이에 준하는 경우

라. 범행동기에 참작할 만한 사정이 있는 경우

○ 다음 요소 중 하나 이상에 해당하는 경우를 의미한다.
- 우월적 지위에 있는 수입국 거래처의 무자료거래 등 요구로 범행에 이르게 된 경우
- 예측할 수 없었던 재해, 재난 등으로 예정했던 수출 일정에 차질이 생긴 상황에서 수입국 거래처와의 납품기한 준수, 그 위반으로 인한 불이익 최소화 등을 위해 범행에 이르게 된 경우
- 그 밖에 이에 준하는 경우

4. 밀수품 취득 등

가. 밀수품이 유통되지 않은 경우

○ 다음 요소 중 하나 이상에 해당하는 경우를 의미한다. 다만, 이 인자를 적용하는 경우, '실제 이득액이 경미한 경우'는 중복하여 적용하지 아니한다.
- 밀수품 대부분이 제3자에게 점유·소유가 넘겨지지 아니하고 피고인(공범 포함)의 지배하에 있는 경우
- 밀수품 대부분을 폐기한 경우
- 밀수품 중 일부가 유통되었으나 상당한 비용·노력을 들여 유통된 밀수품을 자발적으로 회수한 경우
- 그 밖에 이에 준하는 경우

나. 실제 이득액이 경미한 경우

○ 다음 요소 중 하나 이상에 해당하는 경우를 의미한다.
- 행위자 개인에게 밀수품 취득 등으로 인한 이익이 귀속되지 아니하는 등 범행을 통하여 실제로 취득한 이익이 없거나 적은 경우
- 밀수품과 정상적으로 통관된 물품의 원가 대비 시가에 별다른 차이가 없어 그 유통 등으로 인한 이익이 없거나 적은 경우
- 그 밖에 이에 준하는 경우

다. 취득 등 밀수품의 규모가 작은 경우

○ 1유형의 경우, 밀수품의 물품가액이 3,000만 원 미만이거나(관세법 제269조 제1항에서 정한 금지물품), 물품원가가 2억 원 미만인 경우(관세법 제269조 제2, 3항, 제270조 제2, 3항에서 정한 무신고 또는 부정 물품)를 의미한다.
○ 2유형의 경우, 밀수품의 물품가액 합계가 3,000만 원 미만이거나(관세법 제269조 제1항에서 정한 금지물품), 물품원가 합계가 2억 원 미만인 경우(관세법 제269조 제2, 3항, 제270조 제2, 3항에서 정한 무신고 또는 부정 물품)를 의미한다.

라. 중대한 폐해가 발생하거나 그 위험성이 매우 높은 경우

○ 다음 요소 중 하나 이상에 해당하는 경우를 의미한다. 다만, 별도의 범죄가 성립되어 다수범죄 처리기준이 적용되는 경우에는 이 인자를 적용하지 아니한다.
- 우리나라 또는 수입국 국민의 생명과 건강에 대한 직접적인 피해가 발생하거나 발생할 위험이 매우 높은 경우
- 우리나라 또는 수입국의 안보, 경제질서 또는 사회적·문화적 질서 등을 현저히 교란시키거나 해칠 우려가 매우 높은 경우
- 경쟁관계에 있는 국내산업 또는 수입국의 산업이나 수입국에서 시장을 개척한 우리나라의 기업에 심각한 피해를 초래하거나 초래할 우려가 매우 높은 경우
- 수입국에서 우리나라의 수출 할당량을 대폭 줄이는 등 우리나라의 국가 신인도를 현저히 하락시키거나 해칠 우려가 매우 높은 경우

- 그 밖에 이에 준하는 경우

마. 취득 등 밀수품의 규모가 큰 경우

○ 1유형의 경우, 밀수품의 물품가액이 1억 원 이상이거나(관세법 제269조 제1항에서 정한 금지물품), 물품원가가 5억 원 이상인 경우(관세법 제269조 제2, 3항, 제270조 제2, 3항에서 정한 무신고 또는 부정 물품)를 의미한다.

○ 2유형의 경우, 밀수품의 물품가액 합계가 1억 원 이상이거나(관세법 제 269조 제1항에서 정한 금지물품), 물품원가 합계가 5억 원 이상인 경우(관세법 제269조 제2, 3항, 제270조 제2, 3항에서 정한 무신고 또는 부정 물품)를 의미한다.

바. 적극적으로 본범을 유발한 경우

○ 인터넷 등에 광고를 하거나 명함을 배포하는 방법, 또는 대가 지급을 제안하며 본범(관세법 제269조, 제270조에서 정한 금지품수 출입죄, 무신고수 출입죄, 부정수출입죄)을 유인하는 방법 등을 이용하여 밀수품 취득 등 범행 가능성을 사전에 알려 적극적으로 본범을 유발한 경우를 의미한다. 다만, 본범 유발과 관련해 본범의 교사죄가 성립되어 그 범죄의 양형기준과 다수범죄 처리기준이 적용되는 경우에는 이 인자를 적용하지 아니한다.

사. 범행동기에 참작할 만한 사정이 있는 경우

○ 다음 요소 중 하나 이상에 해당하는 경우를 의미한다.
- 우월적 지위에 있는 거래처의 밀수품 취득, 운반, 보관 등 요구로 범행에 이르게 된 경우
- 본범과 특별한 인적관계(형법 제328조 제1항 소정의 친족관계, 형법 제328조 제1항 이외의 친족관계, 사실혼 관계 등)에 있고, 그러한 인적관계로 인하여 본범의 부탁 등에 따른 밀수품 취득 등 범행을 거절하기 어려워 부득이 범행에 이르게 된 경우
- 그 밖에 이에 준하는 경우

[양형인자의 평가원칙]

1. 형량범위의 결정방법

○ 형량범위는 특별양형인자를 고려하여 결정한다.

○ 다만, 복수의 특별양형인자가 있는 경우에는 아래와 같은 원칙에 따라 평가한 후 그 평가 결과에 따라 형량범위의 변동 여부를 결정한다.

① 같은 숫자의 행위인자는 같은 숫자의 행위자/기타인자보다 중하게 고려한다.

② 같은 숫자의 행위인자 상호간 또는 행위자/기타인자 상호간은 동등한 것으로 본다.

③ 위 ①, ② 원칙에 의하여도 형량범위가 확정되지 않는 사건에 대하여는 법관이 위 ①, ② 원칙에 기초하여 특별양형인자를 종합적으로 비교 평가함으로써 형량범위의 변동 여부를 결정한다.

○ 양형인자에 대한 평가 결과 가중요소가 큰 경우에는 가중적 형량범위를, 감경요소가 큰 경우에는 감경적 형량범위를, 그 밖의 경우에는 기본적 형량범위를 선택할 것을 권고한다.

2. 선고형의 결정방법

○ 선고형은 위 1항에 의하여 결정된 형량범위 내에서 일반양형인자와 특별양형인자를 종합적으로 고려하여 결정한다.

[공통원칙]

1. 양형기준상 권고 형량범위의 특별 조정

① 특별양형인자에 대한 평가 결과 가중영역에 해당하는 사건에서 특별가 중인자만 2개 이상 존재하거나 특별가중인자가 특별감경 인자보다 2개 이상 많을 경우에는 양형기준에서 권고하는 형량 범위 상한을 1/2까지 가중한다.

② 특별양형인자에 대한 평가 결과 감경영역에 해당하는 사건에서 특별감 경인자만 2개 이상 존재하거나 특별감경인자가 특별가중인자보다 2개 이상 많을 경우에는 양형기준에서 권고하는 형량 범위 하한을 1/2까지 감경한다.

2. 양형기준상 권고 형량범위와 법률상 처단형 범위와의 관계

○ 양형기준에서 권고하는 형량범위가 법률상 가중/감경에 의한 처단형 범 위와 불일치하는 경우에는 법률상 처단형의 상한 또는 하한에 따른다.

3. 법률상 임의적 감경사유의 처리방법

○ 양형기준의 양형인자표에 포함된 법률상 임의적 감경사유에 대하여 법 관이 법률상 감경을 하지 않기로 하는 경우에는 정상참작감경 사유로 고려한다.

[다수범죄 처리기준]

1. 적용범위

○ 양형기준이 설정된 범죄 사이의 형법 제37조 전단 경합범에 대하여 적용한다. 다만, 양형기준이 설정된 범죄와 양형기준이 설정되지 아니한 범죄 사이의 형법 제37조 전단 경합범에 관하여는 그 하한은 양형기준이 설정된 범죄의 양형기준상 형량범위의 하한에 따른다.

2. 기본범죄 결정

○ 기본범죄는 형종 선택 및 법률상 가중/감경을 거친 후 형이 가장 중한 범죄를 의미한다. 다만, 위 범죄의 양형기준상 형량범위 상한이 이와 경합되는 범죄의 양형기준상 형량범위 상한보다 낮은 경우에는 경합되는 범죄를 기본범죄로 한다.

3. 동종경합범의 처리방법

○ 관세포탈 범죄 사이의 동종경합범, 무신고 수입/신고와 다른 물품 수입 범죄 사이의 동종경합범, 부정 수입 범죄 사이의 동종경합범, 무신고 수출·반송/신고와 다른 물품 수출·반송 범죄 사이의 동종경합범에 대하여는 아래의 다수범죄 처리방법을 적용한다.

① 포탈세액 또는 물품원가를 합산한 금액을 기준으로 결정하되, 그 유형 중에서 제반 사정을 고려하여 적정하다고 판단되는 형량범위 영역을 선택한다.

② 다만, 합산 결과 가장 중한 단일범죄보다 유형이 1단계 높아지는 경우에는 형량범위 하한의 1/3을 감경하고, 가장 중한 단일범죄보다 유형이 2단계 이상 높아지는 경우에는 형량범위 하한의 1/2을 감경하되, 가장 중한 단일범죄에 적용되는 유형의 형량범위 하한을 한도로 한다.

○ 관세포탈 범죄, 무신고 수입/신고와 다른 물품 수입 범죄, 부정 수입 범죄, 무신고 수출·반송/신고와 다른 물품 수출·반송 범죄, 부정 수출 범죄, 밀수품 취득 등 범죄 사이의 경합범에 대하 여는 아래의 '이종경합범 처리방법'의 예에 따른다.

4. 이종경합범의 처리방법

○ 이종경합범에 대하여는 양형기준상 하나의 범죄로 취급되는 경우 외에는 아래의 다수범죄 가중방법을 적용한다.

① 2개의 다수범에 있어서는, 기본범죄의 형량범위 상한에 다른 범죄의 형량범위 상한의 1/2을 합산하여 형량범위를 정한다.

② 3개 이상의 다수범에 있어서는, 기본범죄의 형량범위 상한에 다른 범죄 중 형량범위 상한이 가장 높은 범죄의 형량범위 상한의 1/2, 두 번째로 높은 범죄의 형량범위 상한의 1/3을 합산하여 형량범위를 정한다.

③ 기본범죄의 형량범위 하한보다 다른 범죄의 형량범위 하한이 높은 경우에는 다수범죄 처리 결과로 인한 형량범위 하한은 다른 범죄의 형량범위 하한으로 한다.

○ 다만, 관세포탈 범죄 사이의 동종경합범, 무신고 수입/신고와 다른 물품 수입 범죄 사이의 동종경합범, 부정 수입 범죄 사이의 동종경합범, 무신고 수출·반송/신고와 다른 물품 수출·반송 범죄 사이의 동종경합범이 포함되어 있는 경우에는 먼저 위 각 동종경합범에 대한 처리방법을 적용하여 산출한 각 형량범위를 기준으로 위 다수범죄 가중방법을 적용한다.

II. 집행유예 기준

1. 관세포탈

구분	부정적	긍정적
주요 참작 사유	◦ 범행수법이 매우 불량한 경우 ◦ 관세업무를 대리하는 관세사의 교사행위 또는 세관공무원의 범행 ◦ 동종 전과[5년 이내의, 금고형의 집행유예 이상 또는 3회 이상 벌금(집행유예 포함)]	◦ 범행가담에 특히 참작할 사유가 있는 경우 ◦ 실제 이득액이 경미한 경우 ◦ 미필적 고의로 범행을 저지른 경우 ◦ 포탈한 관세를 상당 부분 납부하거나 납부할 것이 명백한 경우 ◦ 공법의 범행수행을 저지하거나 곤란하게 한 경우 ◦ 자수, 내부 고발 또는 조직적 범행의 전모에 관한 완전하고 자발적인 개시 ◦ 형사처벌 전력 없음
일반 참작 사유	◦ 포탈한 관세의 징수를 회피하기 위하여 재산을 은닉한 경우 ◦ 관세조사 또는 세관공무원의 조사에도 불구하고 범행을 계속한 경우 ◦ 세관공무원과 결탁한 경우 ◦ 관세조사 등을 방해하거나 범행 후 증거은폐 또는 은폐 시도 ◦ 진지한 반성 없음 ◦ 동종 전과 및 통고처분 등 제재 조치를 받은 전력 또는 2회 이상 금고형의 집행유예 이상 전과 ◦ 사회적 유대관계 결여	◦ 범행동기에 참작할 만한 사정이 있는 경우 ◦ 포탈한 관세 중 일정 부분 이상이 징수 되거나 징수되리라 예상되는 경우 ◦ 일반적 수사 협조 ◦ 진지한 반성 ◦ 금고형의 집행유예 이상 전과 없음 ◦ 사회적 유대관계 분명 ◦ 피고인의 건강상태가 매우 좋지 않음 ◦ 피고인의 구금이 부양가족에게 과도한 곤경을 수반

2. 무신고 수입 등

구분	부정적	긍정적
주요 참작 사유	◦ 범행수법이 매우 불량한 경우 ◦ 중대한 폐해가 발생하거나 그 위험성이 매우 높은 경우 ◦ 관세업무를 대리하는 관세사의 교사행위 또는 세관공무원의 범행 ◦ 동종 전과[5년 이내의, 금고형의 집행유예 이상 또는 3회 이상 벌금(집행유예 포함)]	◦ 범행가담에 특히 참작할 사유가 있는 경우 ◦ 수입한 물품이 유통되지 않은 경우 ◦ 실제 이득액이 경미한 경우 ◦ 미필적 고의로 범행을 저지른 경우 ◦ 공범의 범행수행을 저지하거나 곤란하게 한 경우 ◦ 자수, 내부 고발 또는 조직적 범행의 전모에 관한 완전하고 자발적인 개시 ◦ 형사처벌 전력 없음
일반 참작 사유	◦ 범죄수익을 의도적으로 은닉한 경우 ◦ 관세조사 또는 세관공무원의 조사에도 불구하고 범행을 계속한 경우 ◦ 세관공무원과 결탁한 경우 ◦ 관세조사 등을 방해하거나 범행 후 증거은폐 또는 은폐 시도 ◦ 진지한 반성 없음 ◦ 동종 전과 및 통고처분 등 제재조치를 받은 전력 또는 2회 이상 금고형의 집행유예 이상 전과 ◦ 사회적 유대관계 결여	◦ 범행동기에 참작할 만한 사정이 있는 경우 ◦ 일반적 수사 협조 ◦ 진지한 반성 ◦ 금고형의 집행유예 이상 전과 없음 ◦ 사회적 유대관계 분명 ◦ 피고인의 건강상태가 매우 좋지 않음 ◦ 피고인의 구금이 부양가족에게 과도한 곤경을 수반

3. 무신고 수출 등

구분	부정적	긍정적
주요 참작 사유	◦ 범행수법이 매우 불량한 경우 ◦ 중대한 폐해가 발생하거나 그 위험성이 매우 높은 경우 ◦ 관세업무를 대리하는 관세사의 교사행위 또는 세관공무원의 범행 ◦ 동종 전과[5년 이내의, 금고형의 집행유예 이상 또는 3회 이상 벌금(집행유예 포함)]	◦ 범행가담에 특히 참작할 사유가 있는 경우 ◦ 수출한 물품이 유통되지 않은 경우 ◦ 실제 이득액이 경미한 경우 ◦ 미필적 고의로 범행을 저지른 경우 ◦ 공범의 범행수행을 저지하거나 곤란하게 한 경우 ◦ 자수, 내부 고발 또는 조직적 범행의 전모에 관한 완전하고 자발적인 개시 ◦ 형사처벌 전력 없음
일반 참작 사유	◦ 범죄수익을 의도적으로 은닉한 경우 ◦ 관세조사 또는 세관공무원의 조사에도 불구하고 범행을 계속한 경우 ◦ 세관공무원과 결탁한 경우 ◦ 관세조사 등을 방해하거나 범행 후 증거은폐 또는 은폐 시도 ◦ 진지한 반성 없음 ◦ 동종 전과 및 통고처분 등 제재조치를 받은 전력 또는 2회 이상 금고형의 집행유예 이상 전과 ◦ 사회적 유대관계 결여	◦ 범행동기에 참작할 만한 사정이 있는 경우 ◦ 일반적 수사 협조 ◦ 진지한 반성 ◦ 금고형의 집행유예 이상 전과 없음 ◦ 사회적 유대관계 분명 ◦ 피고인의 건강상태가 매우 좋지 않음 ◦ 피고인의 구금이 부양가족에게 과도한 곤경을 수반

4. 밀수품 취득 등

구분	부정적	긍정적
주요 참작 사유	◦ 범행수법이 매우 불량한 경우 ◦ 중대한 폐해가 발생하거나 그 위험성이 매우 높은 경우 ◦ 관세업무를 대리하는 관세사의 교사행위 또는 세관공무원의 범행 ◦ 동종 전과[5년 이내의, 금고형의 집행유예 이상 또는 3회 이상 벌금(집행유예 포함)]	◦ 범행가담에 특히 참작할 사유가 있는 경우 ◦ 밀수품이 유통되지 않은 경우 ◦ 실제 이득액이 경미한 경우 ◦ 미필적 고의로 범행을 저지른 경우 ◦ 공범의 범행수행을 저지하거나 곤란하게 한 경우 ◦ 자수, 내부 고발 또는 조직적 범행의 전모에 관한 완전하고 자발적인 개시 ◦ 형사처벌 전력 없음
일반 참작 사유	◦ 범죄수익을 의도적으로 은닉한 경우 ◦ 관세조사 또는 세관공무원의 조사에도 불구하고 범행을 계속한 경우 ◦ 세관공무원과 결탁한 경우 ◦ 관세조사 등을 방해하거나 범행 후 증거은폐 또는 은폐 시도 ◦ 진지한 반성 없음 ◦ 동종 전과 및 통고처분 등 제재조치를 받은 전력 또는 2회 이상 금고형의 집행유예 이상 전과 ◦ 사회적 유대관계 결여	◦ 범행동기에 참작할 만한 사정이 있는 경우 ◦ 일반적 수사 협조 ◦ 진지한 반성 ◦ 금고형의 집행유예 이상 전과 없음 ◦ 사회적 유대관계 분명 ◦ 피고인의 건강상태가 매우 좋지 않음 ◦ 피고인의 구금이 부양가족에게 과도한 곤경을 수반

[집행유예 참작사유의 정의]

○ 양형인자와 동일한 집행유예 참작사유
– 양형인자의 정의 부분과 같다.

○ 전과의 기간 계산
– 전과의 기간은 집행유예 및 벌금은 판결 확정일, 실형은 집행 종료일로
부터 범행 시까지로 계산한다.

[집행유예 참작사유의 평가원칙]

○ 권고되는 형이 징역형인 경우 그 집행유예 여부를 판단함에 있어 주요
참작사유는 일반참작사유보다 중하게 고려함을 원칙으로 하되, 권고
기준은 아래와 같다.
① 주요긍정사유만 2개 이상 존재하거나 주요긍정사유가 주요부정사유
보다 2개 이상 많을 경우에는 집행유예를 권고한다.
② 주요부정사유만 2개 이상 존재하거나 주요부정사유가 주요긍정사유
보다 2개 이상 많을 경우에는 실형을 권고한다.
③ 위 ① 또는 ②에 해당하나 일반부정(긍정)사유와 일반긍정(부정)사유
의 개수 차이가 주요긍정(부정)사유와 주요부정(긍정) 사유의 개수
차이보다 많은 경우이거나, 위 ① 또는 ②에 해당하지 않는 경우에
는 집행유예 참작사유를 종합적으로 비교·평가하여 집행유예 여부
를 결정한다.

참고문헌

1. 단행본

관세국경관리연수원, 관세형법, 2020.
관세청, 수출입통관편람, 한국관세무역개발원, 2016.
구종순, 무역실무, 박영사, 2019.
김동희, 행정법Ⅰ, 2019.
김동희, 행정법Ⅱ, 2019.
남풍우, 무역실무, 두남, 2007.
박대위·구종순, 무역실무, 법문사, 2016.
법무부, 범죄수익은닉의 규제 및 처벌 등에 관한 법률 해설, 2002.
부산본부세관, 수입신용장을 악용한 재산국외도피사범 수사실무, 2010.
성낙인, 헌법학, 법문사, 2018.
송관호, 관세범죄해설, 2016.
신동운, 형사소송법, 법문사, 2014.
여성구, 대외무역법, 2010.
오승종, 저작권법, 박영사, 2020.
윤선희, 상표법, 법문사, 2015.
이용근, 무역실무, 삼영사, 2006.
이재상·장영민·강동범, 형법각론, 박영사, 2019.
이재상·장영민·강동범, 형법총론, 박영사, 2019.
이재상·조균석, 형사소송법, 박영사, 2019.
이창희, 세법강의, 박영사, 2013.
이태로·한만수, 조세법강의, 박영사, 2013.
인천지방검찰청, 관세형사법, 2017.
임동규, 형사소송법, 법문사, 2019.
임무혁·고송부·김수창, 실무를 위한 식품위생법규, 2019.
임승순, 조세법, 박영사, 2013.
임쌍구·김대희, 수출입물품 품목분류 실무완성, 한국관세무역개발원, 2019.
임웅, 형법각론, 법문사, 2013.

임웅, 형법총론, 법문사, 2019.

정상조·설범식·김기영·백강진, 디자인보호법 주해, 박영사, 2015.

정재완, 관세법, 무역경영사, 2014.

한국무역협회, 무역실무길라잡이, 2020.

2. 논 문

김민정, 다국적기업의 관세회피에 대한 법적 대응방안에 관한 연구, 서울시립
　　　대학교 세무전문대학원 박사학위논문, 2018.

김상만, 인코텀즈 2020 주요 개정 내용과 시사점, 경북대학교 법학연구원 법학
　　　논고 제67집, 2019.

남선모, 관세범 처벌규정의 체계에 관한 연구－관세형벌 및 질서벌을 중심으
　　　로－, 관세학회지 제19권 제2호, 2018.

노수환, 외국환거래법상 필요적 몰수·추징 규정에 관한 몇 가지 고찰, 성균관
　　　법학, 2017.

박광서, 대외무역법 원산지표시위반 관련 벌칙에 관한 연구, 한국무역상무학회
　　　지 제47권, 2010.

송관호, 원산지표시의무가 면제되는 외화획득용원료와 원산지표시대상인 수입
　　　원료의 개념 기준, 동아대학교 법학연구소, 2020.

안성훈·배상균·김민정, 무역환경 변화에 대응한 수출입거래 악용 가격조작범
　　　죄 단속 실효성 제고방안 연구, 관세청 연구용역보고서, 2021.

최민영, 관세법상 가격조작죄(제270조의2)의 형법적 정당성 검토, 경북대학교
　　　법학연구원 법학논고 제50집, 2015.

최승환, 전략물자수출통제와 남북경협, 국제거래법학회, 2005.

최응렬·송봉규, 범죄조직의 대체송금시스템(환치기)에 관한 연구, 한국공안행
　　　정학회, 2009.

한국법제연구원, 수출입 관련 범죄에 대한 수사기능 강화 방안 연구, 2012.

찾아보기

저자약력

김민정

제18회 관세사 자격시험 최연소 합격
관세청 근무
제51회 사법시험 합격(연수원 41기)
정부법무공단 근무
서울시립대학교 세무전문대학원 세무학 석사(관세법 전공)
서울시립대학교 세무전문대학원 세무학 박사(관세법 전공)
관세법률사무소 대표변호사
AT관세사무소 대표관세사
관세청 관세평가자문위원회 위원
관세청 법인심사대상 선정심의위원회 위원
관세청 보세판매장 특허심사위원
관세평가분류원 관세평가협의회 위원
인천본부세관 관세심사위원회 위원
인천본부세관 범칙조사심의위원회 위원
인천본부세관 보통징계위원회 위원
인천본부세관 손실보상심의위원회 위원
서울본부세관 관세심사위원회 위원
서울본부세관 납세자보호위원회 위원
서울본부세관 손실보상심의위원회 위원
서울특별시 지방세심의위원회 위원
국세청 국세법령해석심의위원회 위원
도봉·양천세무서 국세심사위원회 위원
서울특별시교육청 행정심판위원회 위원
서울특별시의회 입법·법률고문
인천본부세관 고문변호사
한국관세무역개발원 고문변호사
경희대학교 법무대학원 관세법론·관세형사법 강의
인천지방법원 관세법 강의
관세청 국경관리연수원 외래교수
한국관세학회 상임이사
법무법인 세종 파트너변호사(관세팀장)
법률사무소 관세 대표변호사
BNC 관세사무소 대표관세사

제2판

세관조사와 관세형사법

초판발행	2021년 8월 20일
제2판발행	2023년 10월 10일
지은이	김민정
펴낸이	안종만 · 안상준
편 집	장유나
기획/마케팅	정연환
표지디자인	권아린
제 작	고철민 · 조영환
펴낸곳	(주) **박영사**
	서울특별시 금천구 가산디지털2로 53, 210호(가산동, 한라시그마밸리)
	등록 1959. 3. 11. 제300-1959-1호(倫)
전 화	02)733-6771
f a x	02)736-4818
e-mail	pys@pybook.co.kr
homepage	www.pybook.co.kr
ISBN	979-11-303-4545-1 93360

정 가   50,000원